रज़ा पुस्तक माला

रंगेर कवि असितकुमार हालदार

जीवनी

रज़ा फ़ाउण्डेशन | THE RAZA FOUNDATION

रंगेर कवि असितकुमार हालदार

गौतम हालदार

बाङ्ला से अनुवाद
डॉ. रामशंकर द्विवेदी

राजकमल प्रकाशन

रज़ा पुस्तक माला : **जीवनी** | **अनुवाद**
प्रधान सम्पादक : अशोक वाजपेयी | सम्पादक : पीयूष दईया
राजकमल प्रकाशन प्रा.लि. और रज़ा फ़ाउण्डेशन का सह-प्रकाशन

ISBN : 978-93-90971-43-5

मूल्य : ₹1495

पहला संस्करण : 2021

प्रकाशक : राजकमल प्रकाशन प्रा. लि.
1-बी, नेताजी सुभाष मार्ग, दरियागंज
नई दिल्ली-110 002

शाखाएँ : अशोक राजपथ, साइंस कॉलेज के सामने, पटना-800 006
पहली मंजिल, दरबारी बिल्डिंग, महात्मा गांधी मार्ग, प्रयागराज-211 001
36 ए, शेक्सपियर सरणी, कोलकाता-700 017

वेबसाइट : www.rajkamalprakashan.com
ई-मेल : info@rajkamalprakashan.com

मुद्रक : यश प्रिंटोग्राफिक्स
नोएडा-201 310 (उत्तर प्रदेश)

RANGER KAVI ASIT KUMAR HALDAR
EK JIVNALEKHYA
Biography by Gautam Haldar
Translated by Dr. Ramshankar Dwivedi

स्वर्गीय माँ-बाबा
एवं श्रद्धेय अध्यापक शंकरीप्रसाद वसु
की स्मृति के उपलक्ष्य
में
समर्पित

आमुख

कलाओं में भारतीय आधुनिकता के एक मूर्धन्य सैयद हैदर रज़ा एक अथक और अनोखे चित्रकार तो थे ही उनकी अन्य कलाओं में भी गहरी दिलचस्पी थी। विशेषत: कविता और विचार में। वे हिन्दी को अपनी मातृभाषा मानते थे और हालाँकि उनका फ्रेंच और अँग्रेज़ी का ज्ञान और उन पर अधिकार गहरा था, वे फ्रांस में साठ वर्ष बिताने के बाद भी, हिन्दी में रमे रहे। यह आकस्मिक नहीं है कि अपने कला-जीवन के उत्तरार्द्ध में उनके सभी चित्रों के शीर्षक हिन्दी में होते थे। वे संसार के श्रेष्ठ चित्रकारों में, २०वीं २१वीं सदियों में, शायद अकेले हैं जिन्होंने अपने सौ से अधिक चित्रों में देवनागरी में संस्कृत, हिन्दी और उर्दू कविता में पंक्तियाँ अंकित कीं। बरसों तक मैं जब उनके साथ कुछ समय पेरिस में बिताने जाता था तो उनके इसरार पर अपने साथ नवप्रकाशित हिन्दी कविता की पुस्तकें ले जाता था : उनके पुस्तक-संग्रह में, जो अब दिल्ली स्थित रज़ा अभिलेखागार का एक हिस्सा है, हिन्दी कविता का एक बड़ा संग्रह शामिल था।

रज़ा की एक चिन्ता यह भी थी कि हिन्दी में कई विषयों में अच्छी पुस्तकों की कमी है। विशेषत: कलाओं और विचार आदि को लेकर। वे चाहते थे कि हमें कुछ पहल करनी चाहिए। २०१६ में साढ़े चौरानवे वर्ष की आयु में उनकी मृत्यु के बाद रज़ा फ़ाउण्डेशन ने उनकी इच्छा का सम्मान करते हुए हिन्दी में कुछ नयी क़िस्म की पुस्तकें प्रकाशित करने की पहल *रज़ा पुस्तक माला* के रूप में की है, जिनमें कुछ अप्राप्य पूर्व प्रकाशित पुस्तकों का पुनर्प्रकाशन भी शामिल है। उनमें गाँधी, संस्कृति-चिन्तन, संवाद, भारतीय

भाषाओं से विशेषत: कला-चिन्तन के हिन्दी अनुवाद, कविता आदि की पुस्तकें शामिल की जा रही हैं।

रज़ा फ़ाउण्डेशन हिन्दी के प्रसिद्ध लेखकों और भारत के मूर्धन्य कलाकारों की जीवनियाँ लिखवाने की एक योजना पर कुछ वर्षों से सक्रिय रहा है। उसके अन्तर्गत अब तक जैनेन्द्र कुमार, नागार्जुन, रघुवीर सहाय, शंखो चौधुरी, भूपेन खख्खर की जीवनियाँ प्रकाशित हो चुकी हैं। इसके अलावा रज़ा पुस्तक माला के अन्तर्गत बाङ्ला से अनुवाद में उस्ताद विलायत ख़ाँ, उदयशंकर के जीवन और आत्म-वृत्तान्त भी प्रकाशित हुए हैं। असितकुमार हालदार की यह जीवनी उसी सिलसिले में वरिष्ठ अनुवादक रामशंकर द्विवेदी के हिन्दी अनुवाद में प्रस्तुत करते हुए हमें प्रसन्नता है।

अशोक वाजपेयी

अक्टूबर २०२०, नयी दिल्ली

निवेदन

सत्तर के दशक में अध्यापक शंकरीप्रसाद वसु (१९२८-२०१४) ने भगिनी निवेदिता के पत्र-संकलन का काम शुरू किया था। विश्ववरेण्य भारतीय कला के व्याख्याता आनन्द केन्टिश कुमार स्वामी की जन्मशताब्दी के वर्ष में, मलयदेश के आनन्द कुमारस्वामी के जीवनी लेखक एस. दुराई राजा सिंगम की (१९०९-१९९३) पूर्व व्यवस्था के अनुसार, उनके प्रतिनिधि के रूप में मैं गया था अध्यापक वसु के घर, निवेदिता के पत्रों से, कुमारस्वामी से सम्बन्धित उल्लेख योग्य अंशों को संकलित करने।

ऐसे संयोग और काम के बीच में अध्यापक वसु ने शिल्पी असितकुमार हालदार (१८९०-१९६४) के साथ मेरा पारिवारिक सम्बन्ध है यह जानकर मुझसे चित्रशिल्पी असितकुमार की जीवनी लिखने की बात कही। यहाँ तक कि किस तरह से एक सौ पन्नों के परिसर में जीवनी लिखनी होगी उस विषय में विशद रूप से मुझे समझाते हुए साहित्य साधक चरितमाला के अन्तर्गत प्रकाशित एक चरितग्रन्थ भी मुझे पढ़ने को दिया। उस प्रस्ताव का मूल कारण क्या है, इस दृष्टि से मुझसे कहा था—भगिनी निवेदिता ने जिसकी चित्रकला की प्रशंसा और विवेचना की है और प्रत्यक्ष रूप से जिसे पहचानती थीं, ऐसे एक शिल्पी की जीवनी लिखना एक आवश्यक काम है। ऐसी भविष्यवाणी भी उन्होंने जोरदार शब्दों में की थी—शिल्पी के परिवार का कोई व्यक्ति इस काम में आगे अगर नहीं आता है, तो इस देश में दूसरा कोई यह काम नहीं करेगा।

भारतीय शिल्पकला आन्दोलन को प्रोत्साहित करने वाली भगिनी निवेदिता

के विशेष अवदान के विषय में असितकुमार एवं उनके सतीर्थों ने लिखा है। शिल्पकला के क्षेत्र में पाश्चात्यों के अनुकरण की प्रवृत्ति के प्रति सावधान करते हुए अवनीन्द्रनाथ और उनके मुट्ठीभर प्रतिभावान शिष्यों से निवेदिता कहा करती थीं, ''यदि कोई देश अपनी राष्ट्रीय धारा की गहरायी में अपने जीवन की जड़ें नहीं रोप पाता है, विजातीय संस्कृति के सामने अपने को खोलकर रख पाना उसके लिए विपज्जनक हो सकता है; कारण अपनी संस्कृति को ही तब वह खो सकता है।'' निवेदिता की ये बातें तरुण शिल्पी असितकुमार के मन में तब गुँथ जाती हैं। फल यह हुआ गुरु अवनीन्द्रनाथ की छत्रच्छाया में, शिक्षार्थी जीवन में, अजन्ता और बाघ गुफाचित्रों की नक़ल करने के काम का व्रत लेकर उन्होंने अनुभव किया था युग-युगान्तर में व्याप्त प्राचीन भारतीय कला की जड़ें कितनी गहरायी में जमी हुई हैं। इसके बाद आजीवन अपने निजी वैशिष्ट्य को लेकर उनके शिल्पसृजन में समाविष्ट रही थी वही अपनी जड़ों को खोजने की इच्छा।

•

शिल्पी असितकुमार की जीवनी लिखने के कार्य में उनकी ज्येष्ठा कन्या शिल्पी अतसी बरुआ (जन्म १९२१) एवं परलोकगत शंकरीप्रसाद वसु के अतिरिक्त लम्बे समय तक विशेष रूप से उत्साह पाता रहा हूँ श्रीसुविमल लाहिड़ी, श्री हर्षदत्त एवं डॉ. प्रतापादित्य पाल से।

सुविमलदा ने स्वतः प्रवृत्त होकर मेरी आलोच्य पुस्तक के पहले मसौदे को आद्यन्त देखकर, जहाँ आवश्यकता हुई वहाँ उसका परिमार्जन कर दिया था। शंकरीदा के माध्यम से हावड़ा रामकृष्ण विवेकानन्द आश्रम के साथ क्षीण योग-सूत्र से उस आश्रम के कार्यकलापों के साथ गम्भीर रूप से जुड़े हुए विख्यात उपन्यासकार एवं 'देश' पत्रिका के सम्पादक (श्रीहर्षदत्त उस समय 'देश' पत्रिका के सम्पादक थे—अनुवादक) श्री हर्षदत्त के साथ मेरा परिचय होता है। २००६ ई. के बाद वाले समय में 'देश' पत्रिका के शारदीय अंक के लिए शिल्पी असितकुमार हालदार को लिखे हुए गुणीजनों के अप्रकाशित पत्रों को सटीक भूमिका के साथ लिखने का अवसर देने के कारण उन्होंने प्रत्यक्ष रूप से शिल्पी असितकुमार की जीवनी लिखने का एक तरह से मुझे साहस बँधा दिया था।

अमेरिका-अधिवासी अन्तरराष्ट्रीय ख्यातिसम्पन्न कला के इतिहासकार मुम्बई की अँग्रेज़ी 'मार्ग' (Marg) त्रैमासिक पत्रिका के पूर्व प्रधान सम्पादक डॉ. प्रतापादित्य पाल के साथ आनन्द कुमारस्वामी के जीवन और कृतित्व विषयक जिज्ञासाओं के मध्य मेरा पत्राचार शुरू हुआ था गत शताब्दी के अस्सीवें दशक में। उन्होंने २००९ ई. के सितम्बर मास में दूरभाष पर मुझसे मार्ग फ़ाउण्डेशन प्रकाशन की ओर से रवीन्द्रनाथ की डेढ़ सौवीं जयन्ती के उपलक्ष्य में प्रकाशित होने वाले अँग्रेज़ी संकलन ग्रन्थ के लिए रवीन्द्रनाथ के साथ असितकुमार का क्या सम्बन्ध था, इस विषय में एक लेख लिखने के लिए कहकर उस समय अपने एक आत्मीय की दारुण दुर्घटनाजनित मेरे मानसिक दबाव को बहुत कुछ प्रशमित कर दिया था। अपनी सामर्थ्य के अनुसार एक बाङ्ला निबन्ध लिखकर यथासमय भेज दिया था 'मार्ग' पत्रिका के दफ़्तर में। स्वयं प्रधान सम्पादक ने उसका अँग्रेज़ी अनुवाद कर अपने 'Something Old-Something New' शीर्षक संग्रह ग्रन्थ में उसे प्रकाशित कर दिया था (२०११)। कविगुरु स्मारक ग्रन्थ में शिल्पी असितकुमार के साथ कविगुरु के ऐतिहासिक सम्बन्ध के विषय में लिखने का अभावित सुअवसर देकर उन्होंने सहज रूप से ही जीवनी रचना के काम को त्वरान्वित कर दिया था। जीवनकथा के अन्तिम मसौदे को भी उन्होंने विदेश में अपने हज़ारों व्यस्त कार्य-कलापों के मध्य भी समय निकालकर पढ़ा है, अनुवाद और विदेशी स्थान और व्यक्तियों के नामों की उच्चारण के अनुसार क्या वर्तनी है, इसके अलावा अन्यान्य परिमार्जन के विषय में अपनी सुचिन्तित राय दी है।

•

आलोच्य ग्रन्थ-रचना के पर्याप्त तथ्य प्राप्त हुए हैं, श्रद्धेया शिल्पी अतसी बरुआ के संग्रह में सुरक्षित अपने पिता को अब तक लिखे गये पत्रों, छवियों, पुस्तकों, आलोक चित्रों, पत्र-पत्रिकाओं में प्रकाशित निबन्धों, संवाद-पत्रों की कतरनों और विभिन्न अप्रकाशित रचनाओं की पाण्डुलिपियों से। अध्यापक वसु के परामर्श से शिल्पी असितकुमार को लिखे देशी-विदेशी बहुगुणीजनों के पत्रों की अनुलिपि उतारना शुरू की १९७७ ई. में। उनके उत्साह से ग्रन्थाकार में न होते हुए भी सबसे पहले असितकुमार के जीवन का संक्षिप्त विवरण कोलकाता के सारदा मठ के नये त्रैमासिक 'निबोधत' पत्रिका में तीन किश्तों में प्रकाशित हुआ था। चित्रकार असितकुमार को लिखे हुए पत्रों

की कॉपी करने का काम बन्द नहीं था। अन्त में सरकारी काम से अवसर ग्रहण करने के बाद (२००६) असितकुमार को लिखे पत्रों का टिप्पणियों सहित संकलन देश एवं साहित्य और संस्कृति पत्रिका के शारदीय अंकों में प्रकाशित होने के साथ-साथ जीवनकथा लिखने का काम भी आगे बढ़ने लगा।

२०१४ ई. में चित्रशिल्पी असितकुमार की १२५वीं जयन्ती प्रारम्भ होने के उपलक्ष्य में विक्टोरिया मेमोरियल के मुख्य निदेशक और संरक्षक एवं भारतीय पुरातत्त्व संग्रहालय के संचालक डॉ. जयन्तसेन गुप्त के सहयोग से उनके हॉल में इलाहाबाद म्यूज़ियम के संचालक श्री राजेश पुरोहित के प्रयास और उनके संयोजन में इलाहाबाद म्यूज़ियम 'हालदार्स हॉल' में सुरक्षित शिल्पी की चुनी हुई कुछ मूल छवियों की घूमने वाली प्रदर्शनी देखने का मुझे सुअवसर मिला। श्रीयुत् पुरोहित ने मेरी इच्छा के अनुसार अपने संग्रह के असितकुमार के कई चित्र ग्रन्थ में प्रकाशित करने की अनुमति शिल्पी के प्रति गहरे प्रेम और श्रद्धावश दी है।

विश्वभारती रवीन्द्रभवन की अध्यक्ष डॉ. तपती मुखोपाध्याय और श्री उत्पल मित्र ने अपने अभिलेखागार में सुरक्षित सुकुमार हालदार और असितकुमार हालदार के आवश्यक दस्तावेज़ों को सहृदयतापूर्वक मुझे दिखाकर मेरा काम सहज कर दिया है। विश्वभारती कलाभवन के अधिकारियों ने अपने पहले अध्यक्ष के १२५वें जन्मवर्ष की पूर्ति की स्मृति में नन्दन वीथिका में एक चित्र-प्रदर्शनी का आयोजन कर अपनी श्रद्धा ज्ञापित की थी। अधिकारियों की ओर से अध्यक्ष श्री दिलीपकुमार मित्र और संरक्षक श्री सुशोभन अधिकारी ने कई चित्र प्रकाशित करने की अनुमति दी है। इण्डियन म्यूज़ियम के डॉ. जयन्तसेन गुप्त, डॉ. नीतासेन ने चित्र प्रकाशित करने में सहायता की है। शान्तिपुर निवासी श्रीप्रवर्तक सेन ने अपने पितामह शिल्पी ललितमोहन सेन के संग्रह से लखनऊ राजकीय कला विद्यालय के अध्यक्ष, शिक्षक, छात्रों के चित्र जीवनी-ग्रन्थ में प्रकाशित करने के लिए भेजे हैं। कोलकाता मैक्समूलर भवन की प्राक्तन ग्रन्थागारिक श्रीमती क्रिस्टल दास, कोर्टिण्ड इंस्टीट्यूट ऑफ़ आर्ट, लन्दन और एल्महर्स्ट सेंटर के अधिकारी एवं फिलाडेल्फिया म्यूज़ियम ऑफ़ आर्ट की श्रीमती वेन्सी वेक्स्टार ने मेरी प्रार्थना पर प्रत्युत्तर देकर आवश्यक तथ्यादि भेजे थे। अद्वैत आश्रम के श्रद्धेय अध्यक्ष स्वामी तत्त्वविदानन्द और कोलकाता दफ़्तर के मैनेजर स्वामी विभात्मानन्द ने भगिनी

निवेदिता को प्रदत्त असितकुमार के 'ध्रुव' चित्र को पुनः प्रकाशित करने की प्रार्थना को आनन्दपूर्वक अनुमोदित कर एवं राममोहन लाइब्रेरी के संचालक श्री शंकर भट्टाचार्य और बंगीय साहित्य परिषद् लाइब्रेरी के अधिकारियों ने अपने दुर्लभ संग्रह की पुस्तकों के आवश्यकता पड़ने पर प्रयोग करने देने में अकुण्ठ सहायता की है। चित्र प्रकाशित करने के लिए सहायता की है श्री देवाशिस गायेन ने। ये सभी लोग मेरी कृतज्ञता प्राप्त करने के भाजन हैं।

ग्रन्थ-रचनाकाल में मेरे आत्मीय और परिचित जन—जिन्होंने अपने संग्रह की पुस्तकें, पत्र-पत्रिकाएँ, फ़ोटोग्राफ़ और आवश्यक संवाद आदि देकर सहायता के काम में आगे बढ़कर आ गये थे—उनका ऋण स्वीकार अपरिहार्य है। जिनमें हैं : चित्रकार असितकुमार के छोटे बेटे अधीश हालदार (हॉलैण्ड), कनिष्ठ कन्या रोचना साहा, परलोकगत लोकेश हालदार (मुम्बई), श्री देवाशीष वंद्योपाध्याय, श्रीमती सुनन्दा वंद्योपाध्याय, श्री सत्यव्रत भट्टाचार्य, श्री सौम्येन पाल, श्री प्रसेनजित दासगुप्त, शिल्प-इतिहासकार डॉ. पार्थ मित्र, स्व. राम पी. कुमारस्वामी, श्रीमती लिपिका मुखोपाध्याय, श्री देवल हालदार, श्रीमती कमला मुखोपाध्याय, हावड़ा रामकृष्ण-विवेकानन्द आश्रम के संचालक श्री विमल कुमार घोष, मार्ग फ़ाउण्डेशन, मुम्बई की श्रीमती सविता चन्द्रीरमानी, श्रीमती सुलोचना हालदार, स्व. जिमूतेन्द्रनाथ चट्टोपाध्याय, श्री जयन्त चट्टोपाध्याय, श्रीमती कल्पिता चक्रवर्ती, श्री अतनुराय, परलोकगत इन्द्रनाथ मजूमदार (सुवर्णरेखा), श्री प्रदीप कुमार दत्त, श्री प्रदीप कुमार चक्रवर्ती।

कहाँ तक कहें, स्त्री पूर्णिमा हालदार ने घर-गृहस्थी की अनेक असुविधाओं से मुझे बचाये रखकर लम्बे समय तक मेरे पढ़ने और लिखने में चुपचाप सहायता की है। वे एक तरह से मेरी मौन सहायक हुई हैं। उनकी और शिल्प अनुरागीगणों की सहृदयतापूर्ण सहयोगिता से यह जीवनालेख्य (जीवनी—अनुवादक) घटनाक्रम से चित्रशिल्पी असितकुमार की एक सौ पच्चीसवीं जन्मशतवर्ष पूर्ति पर (२०१५) मैं समाप्त करने में समर्थ हो सका हूँ। आनन्द प्रकाशन की ओर से श्री सुवीर मित्र की अनुकूलता एवं उनके दफ़्तर के सहकर्मियों के परिश्रम और कार्यतत्परता से तैयार पुस्तक सुधी पाठकों के समक्ष यदि अनुशीलन योग्य हो सकी तो सभी का परिश्रम सार्थक होगा।

—गौतम हालदार

प्रासंगिक

इसे आप संयोग कहेंगे या और कुछ मेरी कला-सम्बन्धी सारी पुस्तकों के अनुवाद और प्रकाशन के नेपथ्य में जिस व्यक्ति की सक्रिय उपस्थिति रही है वह हैं अशोक वाजपेयी। ललित कला अकादेमी द्वारा सबसे पहले मेरी पुस्तक छपी है 'शिल्पी रामकिंकर : आलापचारी'। इसके लेखक हैं रवीन्द्र साहित्य और कला विशेषज्ञ सोमेन्द्रनाथ वंद्योपाध्याय, फिर दूसरी छपी 'गणेश पाइन के पत्र'। और तीसरी-चौथी छपी वागीश्वरी शिल्प प्रबन्धावली, शिल्पगुरु अवनीन्द्रनाथ के कला सम्बन्धी निबन्धों वाली पुस्तक और इसके साथ बिनोद बिहारी मुखर्जी की आत्मकथा 'चित्रकार'। अन्तिम दो पुस्तकें बड़ी ही प्रतिकूल परिस्थितियों में प्रकाशित हुई थीं। आशा नहीं थी कि छप सकेंगी, हालाँकि उस समय ललित कला के कर्मठ सम्पादक ज्योतिष जोशी ने हार नहीं मानी थी और वे सफल हो गये इन दोनों पुस्तकों के प्रकाशन में। पर, इन चारों पुस्तकों की स्वीकृति दी थी ललित कला अकादेमी के अध्यक्ष अशोक वाजपेयी ने।

इसके बाद रज़ा फ़ाउण्डेशन के प्रबन्ध न्यासी अशोक जी ने जब महत्त्वपूर्ण और लीक से हटकर विभिन्न विधाओं की पुस्तकों के प्रकाशन की योजना बनायी तो उसमें मेरी तीन पुस्तकों का चयन हुआ—कोमलगांधार (उस्ताद विलायत ख़ाँ की आत्मकथा), उदयेर पथे-पथे, नृत्य विशारद उदयशंकर की नृत्यकला की यात्रा और तीसरी भारत के विख्यात सितारवादक रविशंकर की आत्मकथा—राग-अनुराग। उपर्युक्त पुस्तकों में से ऊपर की दो पुस्तकें प्रकाशित हो चुकी हैं, रविशंकर की आत्मकथा प्रकाशनाधीन है।

गत वर्ष रज़ा फ़ाउण्डेशन की ओर से मेरी दो पुस्तकें और चुनी गयीं। एक, चित्रकार असितकुमार की जीवनी और दूसरी, रवीन्द्र चित्रकला पर सोमेन्द्रनाथ वंद्योपाध्याय की विख्यात पुस्तक। यहाँ असितकुमार पर लिखी पुस्तक पर थोड़ा विस्तार से विचार कर लें। दरअसल, शान्तिनिकेतन के कलाभवन और जोड़ा-साँको के विचित्र स्टूडियो तथा कोलकाता के राजकीय शिल्प विद्यालय और अवनीन्द्रनाथ द्वारा प्राच्य कला परिषद् की ओर से जिस नव्य कला बंगाल के आन्दोलन की शुरुआत हुई थी उसके अन्यतम शिल्पी नन्दलाल का नाम सबने सुना है लेकिन कला भवन शान्तिनिकेतन के पहले अध्यक्ष असितकुमार का नाम कुछ नेपथ्य में रह जाता है। असितकुमार को लिखे रवीन्द्रनाथ के पत्रों का अनुवाद करते समय मेरा ध्यान असितकुमार के बारे में अधिक जानने को उत्सुक रहा। संयोगवश 'देश' पत्रिका में जब उनके ऊपर गौतम हालदार द्वारा लिखे ग्रन्थ की समीक्षा पढ़ी, तब उस पुस्तक को देखने की इच्छा हुई। किसी तरह ग्रन्थ मँगवाया, उलटा-पलटा और जब इसकी चर्चा अशोक जी से की तब उन्होंने इसकी विषय-सूची पढ़वाकर सुनी और उसके अनुवाद की स्वीकृति दी।

इस पुस्तक का नाम है : 'रंगेर कवि असितकुमार हालदार'—शीर्षक जितना काव्यमय है, विषयवस्तु और उसके साथ लेखक का ट्रीटमेंट, उतना ही गम्भीर है। पहले पचास पृष्ठों में तो सन्, तारीख़ों की भरमार है। पुस्तक में जो भी नाम आया है कोष्ठक में उसकी जन्म-मृत्यु तिथि पहले दी हुई है। इसमें कोई सन्देह नहीं कि इन तिथियों को जुटाने में लेखक को प्रभूत परिश्रम करना पड़ा है। पर अत्यधिक तिथियों के उल्लेख से जन मन ऊब जाता था तब बाङ्ला के प्रसिद्ध उपन्यासकार विमल मित्र का यह कथन याद आया कि किसी भी गम्भीर पुस्तक का आनन्द पचास से एक सौ पृष्ठों के बाद ही आता है। इतने पृष्ठों में तो लेखक अपनी विषयवस्तु को ही उभार पाता है। सो धैर्यपूर्वक इस पुस्तक को पढ़ता रहा और उसके अनुवाद में डूब गया।

गौतम हालदार महाशय ने इसे असितकुमार हालदार का जीवनालेख्य कहा है। पर यह सिर्फ़ असितकुमार के जीवन-प्रसंगों को ही हमारे सामने नहीं लाती है। इसमें अवनीन्द्रनाथ द्वारा प्रवर्तित बंगाल के नवजागरण से उद्भूत कला आन्दोलन के विभिन्न पर्व, अजन्ता और बाघगुहा से चित्रों की प्रतिकृतियों के अभियान में नन्दलाल और असितकुमार का योगदान, अजन्ता की

प्रतिकृतियाँ बनायी जायें इसके पीछे भगिनी निवेदिता की प्रेरणा, चित्रशिल्पी रोथेंस्टाइन, हेवेल और रूसी चित्रकार रोरिक की भारतीय कला के प्रति रुचि, रवीन्द्रनाथ, गगनेन्द्रनाथ, द्विजेन्द्रनाथ और कलागुरु अवनीन्द्रनाथ की कला, असितकुमार द्वारा लखनऊ राजकीय कला महाविद्यालय के द्वारा शिल्प और हस्तशिल्प में किया गया योगदान, कला के प्रति उनके विचार-बिन्दु, बचपन से ही चित्रकला के प्रति उनकी रुचि, जयपुर महाराजा कला और हस्तशिल्प विद्यालय की प्रगति में उनका योगदान इस 'रंगेर कवि असितकुमार हालदार' जैसी जीवनी में एक कलारसिक पाठक को सब कुछ मिलेगा। कुछ व्यक्ति केवल चित्रकार होते हैं, शिल्पी अथवा मूर्तिकार या स्थपति, असितकुमार एक संगीतकार, नाटककार, अभिनेता, मूर्तिकार, हस्तशिल्पी, गायक, गीत रचयिता और साहित्यकार सभी कुछ थे।

इसमें कोई सन्देह नहीं इस ग्रन्थ के लेखक गौतम हालदार ने काफ़ी परिश्रम के साथ इस ग्रन्थ की रचना की है। चित्रकला और एक व्यक्ति की जीवनी लिखने में उन्होंने पूरे ऐतिहासिक परिवेश का चित्रण कर इसे कला-इतिहास का एक ग्रन्थ भी बना दिया है।

अन्त में रज़ा फ़ाउण्डेशन के प्रबन्ध न्यासी अशोक वाजपेयी के प्रति मैं हृदय से कृतज्ञ हूँ जो मुझे असितकुमार जैसे एक चित्र-शिल्पी के जीवन के अवगाहन का उन्होंने अवसर दिया और इस पुस्तक को रज़ा पुस्तक माला में छापने की अनुमति।

रामशंकर द्विवेदी

वैशाख शुक्ल प्रतिपदा संवत् २०७६
मई, २०१९

प्रस्तावना

भारतीय कला नवजागरण के अन्यतम अग्रपथिक

बीसवीं शताब्दी के पहले दो दशकों में जिन थोड़े से प्रतिभाशाली कला-शिक्षार्थियों ने तदानीन्तन कोलकाता राजकीय कला-विद्यालय में (१९५१ ई. में कोलकाता विश्वविद्यालय के अन्तर्गत 'गवर्नमेंट कॉलेज ऑफ़ आर्ट) शिल्पाचार्य अवनीन्द्रनाथ ठाकुर की (१८७१-१९५१) शिक्षण-पद्धति के अधीन रहकर शिक्षा प्राप्त की थी, कालक्रमानुसार शिल्प-साधना के पथ पर भारतीय कला-आन्दोलन को प्रगतिपथ पर ले जाने के लिए जो प्रयासरत हुए थे उनमें शिल्पी असितकुमार हालदार (१८९०-१९६४) अद्वितीय थे। सतीर्थ नन्दलाल वसु (१८८२-१९६६), सुरेन्द्रनाथ गांगुली (१८२७-१९०९) आदि प्रमुख गुणी शिक्षार्थीगण, अवनीन्द्रनाथ के मत के अनुसार, पहले से ही एक शिल्पी के रूप में ही उनके पास आये थे। सौभाग्यवश आर्ट स्कूल में शिक्षार्थी जीवन के पहले ही असितकुमार ने चित्रांकन के विषय में रवीन्द्रनाथ, अपने रविदामोशाई (१८६१-१९४१) एवं भगिनी निवेदिता (Matgaret Elezabeth Noble) का प्रोत्साहन और अमूल्य पथनिर्देशन प्राप्त किया था।

शिक्षार्थी जीवन में जोड़ासाँको-भवन में वे परिचित हुए थे आनन्द केन्टिस आनन्द स्वामी (१८७७-१९४७) के साथ, जिन्होंने परवर्तीकाल में भारत की सनातन शिल्प कला को विश्व मानचित्र पर स्थापित किया था, अपनी असामान्य मेधा और शिल्प व्याख्या की वजह से। १९१० ई. में कुमारस्वामी के दोनों तरफ़ बैठे हुए गगनेन्द्रनाथ ठाकुर (१८६७-१९३८) और असितकुमार ने उनके अनिंद्य सुन्दर चेहरे के लक्षणों का रेखांकन किया था।

आर्ट स्कूल में रहते समय निवेदिता के उद्योग से भारतीय प्राच्यकला परिषद्

(स्थापित १९०७ ई.) की तरफ़ से गगनेन्द्रनाथ और अवनीन्द्रनाथ की आर्थिक सहायता से असितकुमार विख्यात ब्रिटिश प्रतिलिपिकार शिल्पी श्रीमती क्रिश्चियाना जेन हेरिंघम (Mrs. Christiana Jane Herringham-१८५१-१९२९) के अधीन दो दौर में अजन्ता गुहाचित्रों की प्रतिलिपि करने का (१९०९-१०, १९१०-११) दुर्लभ सुयोग प्राप्त किया था। छोटी दीदीमाँ स्वर्णकुमारी देवी (१८५५-१९३२) ने 'भारती' पत्रिका में बोलचाल की बाङ्ला में अजन्ता सम्बन्धी अनुभवों को उनके द्वारा उस समय (१९१३ ई. में) लिखवाकर प्रकाशित किया था। असितकुमार छोटी ही उम्र में उनके सान्निध्य में साहित्य क्षेत्र में दीक्षित हो गये थे।

छात्रावस्था में असितकुमार के 'भारतमाता' (१९०६), 'नृत्यरता अप्सरा' (१९०७), 'अशोकवन में सीता' (१९०७), 'माँ यशोदा' (१९०८) आदि चित्र १९०८ ई. से शुरू हुई भारतीय प्राच्यकला परिषद् की वार्षिक प्रदर्शनी में दिखाये गये। उनके प्रायः सभी चित्र शिल्परसिक-संग्रहकर्त्ताओं ने ख़रीद लिए। प्रसंगतः, उल्लेखनीय यह है कि अजन्ता के गुहाचित्रों की अनुकृति करने के पूर्व आँके गये उनके 'नृत्यरता अप्सरा' चित्र पर (१९०७) कुमारस्वामी ने अजन्ता के प्रभाव को देखा था।

कलाविद्यालय की पढ़ाई समाप्त कर रवीन्द्रनाथ के आह्वान पर कवि की स्नेहच्छाया में उनके द्वारा प्रायोजित शान्तिनिकेतन आश्रम के ब्रह्मविद्यालय में शिल्पकला का अंकुरण कर (१९११-१६) विश्वभारती कलाभवन के अन्यतम संस्थापक सदस्य एवं पहले अध्यक्ष हो गये थे (१९२०-२३) असितकुमार। जोड़ासाँको में गगनेन्द्रनाथ, अवनीन्द्रनाथ और रवीन्द्रनाथ ठाकुर द्वारा प्रायोजित 'बिचित्रा स्टूडियो' के (The Bichitra Studio for Artists of the New Bengal) अन्यतम संस्थापक सदस्य के रूप में (१९१७) उन्होंने काम किया एवं बिचित्रा स्टूडियो के बन्द हो जाने पर अध्यक्ष पार्सी ब्राउन (Percy Brown) के आह्वान पर राजकीय आर्ट स्कूल में शिक्षण और सहअध्यक्षता के काम में (१९१८-१९) वे कोलकाता में रहे थे।

१९११ ई. में लाहौर में विवाह हो जाने के बाद स्थायी रूप से शान्तिनिकेतन में न रह पाने के कारण कभी राँची में अपने पिता के आवास पर, कभी जगछल में देश के घर, कभी कोलकाता और शान्तिनिकेतन में चित्रांकन करते हुए उन्होंने स्वाधीन रूप से अपना जीवन बिताने की चेष्टा की थी। १९११-१६ की समयावधि में उनका जीवन मुख्य रूप से शान्तिनिकेतन में

बीता था। शिल्पी जीवन के प्रारम्भ में कई घटनाओं ने असितकुमार के मन में गहरा रेखापात किया था। जैसे, १९१२ में जापान के नव्य शिल्प आन्दोलन के अन्यतम होता काकुजो ओकाकुरा (Kakzo Okakura Tenshim, १८६२-१९१३) आकर उपस्थित हुए थे उनके राँची के आवास पर उनके चित्र देखने के लिए। और एक घटना है, १९१४ ई. में प्रथम विश्वयुद्ध के समय भारतीय पुरातत्त्व विभाग की वृत्ति पाकर, अपने सहपाठी समरेन्द्रनाथ गुप्त (१८८७-१९६४) को साथ लेकर मध्य प्रदेश के सरगुजा अंचल में स्थित, दुर्गम रामगढ़ पहाड़ पर, तीन सौ शताब्दी ईसापूर्व के भारत के सबसे प्राचीन जोगीमारा गुहाचित्रों की नक़ल करने के लिए उनका जाना हुआ था।

किसी भी शुभ अनुष्ठान के मौके पर जोड़ासाँकी में बिचित्रा सभा के उत्सव प्रांगण में अवनीन्द्रनाथ द्वारा परिकल्पित अल्पना अलंकरण में सजाने की रीति का शान्तिनिकेतन में सबसे पहले असितकुमार ने ही प्रवर्तन किया था। वहाँ पर, नोबेल प्राइज़ मिलने (१९१३) के उपलक्ष्य में, कोलकाता के विशिष्ट व्यक्तियों के समागम पर, रवीन्द्रनाथ की अभ्यर्थना के उपलक्ष्य में बनाये गये सभास्थल को अल्पनाओं से चित्रित किया गया था। उस सभा में हुई एक मज़ेदार घटना की बात असितकुमार ने लिखी है! अल्पनाओं से सजे स्थल को देखकर, एक ब्राह्म भद्रपुरुष ने कहा था, ''रविबाबू तो ब्राह्म हैं, फिर भी इन अल्पनाओं के बनाने से पुण्य होता है, क्या इस बात पर वे विश्वास करते हैं। उस समय क्षितिदा (क्षिति मोहन सेन, १८८०-१९६०) ने कहा था—इसमें पुण्य चाहे न हो किन्तु, निपुणता तो है[१] ही।'' अल्पना बनाने के काम में वहाँ उनको प्रोत्साहित किया था स्वयं कवि ने। उस समय उस काम में भाग लिया था मणीन्द्रभूषण गुप्त (१८९८-१९६८), धीरेन्द्र कृष्णदेव वर्मा (१९०१-१९९५), सुशील वंद्योपाध्याय, अन्नदाप्रसाद मजूमदार जैसे शिशु विभाग के छात्रों ने। १९१५ ई. में गवर्नर लॉर्ड कारमाइकेल (Lord Thomas David Gibson Carmichael-१८५१-१९२६) संवर्धना अनुष्ठान के प्रसंग पर उन्होंने लिखा था, ''हम लोगों ने आम्रवन में अर्धचन्द्राकार वेदी की रचना कर, फूल-पत्तियों से रचित चन्द्रातप के नीचे चौक बनाकर धूप-दीप-चन्दन तथा माला पहनाकर उनकी अभ्यर्थना का आयोजन किया था।''[२] इसके बाद विश्वभारती में देशी-विदेशी गुणीजनों का संवर्धना-स्थल अल्पनाओं से सजाया जाता था, उसी प्राचीन ऐतिह्य को वहन करने वाली भारतीय प्रथा के अनुसार। उस ज़माने में सुदूर फ्रांस में सामानों, पर्दों पर

उन्हीं परिकल्पिक अल्पनाओं का प्रयोग किया जाने लगा था शिल्पी आन्द्रे कारपेल (Mr. Andree Karpeles, १८८५-१९५६) के सचेष्ट प्रयास से।

वहाँ पर और जो घटना उनकी स्मृति में अमलिन रूप में विराजती रहती थी, वह है : अग्रजप्रतिभ सतीर्थ बन्धु नन्दलाल वसु को १९१२ ई. से लिखे अपने सचित्र पत्रों से धीरे-धीरे नन्दलाल में जो लालच उत्पन्न हुआ उसका परिणाम अन्त में उनको आश्रमकर्ता रवीन्द्रनाथ की सहायता करने १९१४ ई. के अप्रैल मास में शान्तिनिकेतन में ले आने में सफल हुआ। रवीन्द्रनाथ ने उनकी गुणग्राहिता की वजह से आश्रम विद्यालय में अपनी एक स्वरचित कविता, 'तोमार तूलिका रंजित करे', 'तुम्हारी तूलिका आसपास के जीवन को रंजित कर देती है', के द्वारा शिल्पी नन्दलाल की आदरपूर्वक अभ्यर्थना की थी। कवि के द्वारा बोलपुर के निर्जन आश्रम में 'नन्द' (नन्दलाल वसु) को (उस समय असित-नन्द परस्पर एक-दूसरे को 'तू' कहकर आत्मीयता के बन्धन में एकात्म्य हो जाते थे) अल्पना के द्वारा सज्जित लालमाटी के प्रांगण में संवर्धना का यह काम बहुत अच्छा लगा था।'[३]

शान्तिनिकेतन में रहते समय उनकी एक और अप्रत्याशित अभिज्ञता, ऐतिहासिक बाघ गुफाओं के चित्रों की नक़ल करने का सुअवसर मिलना था। बिचित्रा स्टूडियो में रहते समय, अप्रैल १९१७ में, चित्रकला अनुरागी श्रद्धेय रेव. चार्ल्स ऐण्ड्रज़ (Rav. Charles Freer Androws, १८७१-१९४०) की सहायता से वे पहले भारतीय चित्रशिल्पी थे, जो भारतीय पुरातत्त्व विभाग के आमन्त्रण पर मध्यप्रदेश की ध्वंसप्राय बाघ गुफाओं के स्थल का पर्यवेक्षण करने गये थे। उस यात्रा की रपट प्रस्तुत करने के काफ़ी समय बाद वे १९२१ ई. के प्रारम्भ में कलाभवन के अध्यक्ष असितकुमार अपने सतीर्थ नन्दलाल और सुरेन्द्रनाथ (१८९२-१९७०) को लेकर बाघ गुफाचित्रों की नक़ल करने गये थे।

२

१९२३ ई. में अपने स्वल्पकालीन यूरोप भ्रमण की समाप्ति पर देश वापस आकर शिल्प साधना के अपने प्रिय स्थान शान्तिनिकेतन को छोड़कर अप्रत्याशित रूप से असितकुमार को, अवनीन्द्रनाथ की व्यवस्था के अनुसार,

जयपुर राजकीय कलाविद्यालय के अध्यक्ष (१९२३-२४) पद पर नियुक्त होकर प्रवास-जीवन शुरू करना पड़ा था। इसके पश्चात अपने प्रयास से अखिल भारतीय प्रतियोगिता में लखनऊ राजकीय आर्ट एण्ड क्राफ़्ट स्कूल के लिए अध्यक्ष पद पर चयनित होकर उन्होंने दीर्घ दो दशक का समय (१९२५-४५) लखनऊ में बिताया था। वही पहले भारतीय चित्रकार हैं, जो पराधीन भारतवर्ष में ब्रिटिश रॉयल आर्ट स्कूल में परम्परागत शिक्षा प्राप्त चित्रकार न होते हुए भी राजकीय आर्ट स्कूल में स्थायी अध्यक्ष पद प्राप्त करने में सफल हुए थे। उनकी अध्यक्षता की अवधि में ही लखनऊ राजकीय आर्ट एण्ड क्राफ़्टस स्कूल (१९७५ ई. से 'लखनऊ विश्वविद्यालय के अधीन कॉलेज ऑफ़ आर्ट एण्ड क्राफ़्ट्स') भारतवर्ष के अद्वितीय श्रेष्ठ कला शिक्षा संस्थान में परिणत हो गया था।

रवीन्द्रनाथ उनके रवि दादा, गगनेन्द्रनाथ ठाकुर उनके गगनमामा, अवनीन्द्रनाथ उनके अवनमामा, अग्रज सतीर्थ नन्दलाल वसु—इन सबके साथ असितकुमार का खट्टा-मीठा हार्दिक सम्बन्ध का बन्धन आजीवन अटूट बना रहा था। लखनऊ में एकाध बार सपरिवार असितकुमार के अतिथि हुए थे ये सभी लोग। आनन्द कुमारस्वामी, सुनीति कुमार चटर्जी (१८९०-१९७७), स्टेला क्रामरिश (Stella Kramrisch, १८९६-१९९३), आद्रियान बाके (Arnold Adrian Bakey, १८९९-१९६३), जेम्स काजिन्स (James Henry Cousins, १८७३-१९५६), अर्धेन्कुमार गांगुली (१८८२-१९७४), अमियचन्द्र चक्रवर्ती (१९०१-१९८६), प्रमथनाथ चौधुरी (१८६८-१९४६), इन्दिरा देवी (१८७३-१९६०), नरेन्द्र देव (१८८८-१९७१), विभूतिभूषण वंद्योपाध्याय (१८९४-१९५०), बुद्धदेव वसु (१९०८-१९७४) जैसे प्रमुख बहुत से अन्तरंग देशी-विदेशी शिल्पी, कवि, साहित्यकार और आचार्य भी उनके आन्तरिक आतिथेय से मुग्ध हुए थे।

प्रायः सभी के लिए वे थे सहज, सुन्दर, आनन्दमय, लेकिन स्पष्टवादी व्यक्ति। सहपाठियों, सतीर्थ यहाँ तक कि गुरु जैसे व्यक्तियों के साथ उनका सैद्धान्तिक मतभेद होने पर वे उसे बातचीत अथवा रचनाओं में बिना किसी संकोच के व्यक्त करते थे। फलस्वरूप, अनेक व्यक्तियों के ये अप्रिय हो गये थे। कवि नरेन्द्रदेव उनके सम्बन्ध में कहा करते थे, असित बाबू झंझटों में पड़ जाते हैं, उसके लिए वे स्वयं ही उत्तरदायी हैं। नरेन्द्रदेव की सहधर्मिणी साहित्यकार राधारानी देवी (१९०३-१९९८) ने असितकुमार की एक स्मृति

सभा में पढ़ने के लिए एक वक्तव्य लिखा था,

> असितकुमार का वैशिष्ट्य इस बात में था कि उनका भीतर-बाहर सब कुछ जैसे कला से ही आच्छन्न था। उनका चेहरा, उनकी बातचीत, हँसी, चिट्‌ठी-पत्री, उनके कार्यकलाप, शिल्पविचार, किसी में भी मानो शिल्प की अनुपस्थिति नहीं थी। यहाँ तक कि किसी अन्य शिल्पी में भी यह सब देखने को नहीं मिलता था। उनकी भूलभ्रान्ति, उनकी सफलता, असफलता, सभी कुछ में मानो उनके शिल्पीसुलभ चित्त की सत्ता का बोध हो जाता था। असितबाबू की समग्र सत्ता में ही उनका शिल्पी स्वभाव स्वतः ही उन्मत्त होकर खिल उठता था। उनका मन शिल्पी सुलभ होने की वजह से, संसार और समाज के औपचारिक शिष्टाचार के 'प्रोटोकाल' से बँधे व्यक्तियों के साथ प्रायः उनका मतभेद घटित हो जाता था।[४]

वास्तव में सत्य-मिथ्या रख-ढककर आचरण करने में अनभ्यस्त होने के कारण शिल्पी असितकुमार एक खुले और निष्कपट मन के व्यक्ति थे।

लखनऊ में उस युग में कवि अतुलप्रसाद सेन (१८७१-१९३४) का 'हेमच्छाया' गृह प्रवासी बंगालियों का मुख्य अड्डास्थल होते हुए भी असितकुमार का विस्तृत परिसर वाला सरकारी बँगला भी एक आदर्श अड्डे की जगह थी। लखनऊ विश्वविद्यालय के अध्यापकगण, राधाकुमुद (१८८४-१९६३) और राधाकमल मुखोपाध्याय (१८९०-१९६८) भ्राताद्वय, विनयेन्द्रदास गुप्त (१८९८-१९९२), धूर्जटी प्रसाद मुखोपाध्याय (१८९४-१९६१), निर्मल कुमार सिद्धान्त (१८९३-१९६१) एवं कानाईलाल गांगुली (१९०५-१९६८), द्विजेन्द्रनाथ सान्याल (१९०२-१९८४) आदि प्रमुख बंगाली विद्वज्जनों का वहाँ एक स्पृहणीय समवाय होता था। भ्राम्यमान साधक कवि, लेखक और गायक दिलीप कुमार राय (१८९७-१९८०) की उपस्थिति से गायन, गपशप, शिल्प और साहित्य की चर्चा और तर्क-वितर्क से वह एक सांस्कृतिक मजलिस आनन्द-मुखरित हो उठती थी। शान्तिनिकेतन से उनके रवि दादा का परिचय-पत्र लेकर प्रायः ही देशी-विदेशी अध्यापक, शिल्पीजन लखनऊ अनेक अर्जियाँ लेकर उनके अतिथि होते थे। लखनऊ विश्वविद्यालय अथवा आर्ट स्कूल में स्वतःस्फूर्त उत्साह से उनकी वक्तृता अथवा चित्र-प्रदर्शनी का आयोजन असितकुमार किया करते थे।

एक शिल्पी के रूप में भारतवर्ष में असितकुमार के सृजन-कर्म का ऐतिहासिक

महत्त्व अस्वीकृत नहीं है।

पहले दौर में उनका परिचय और ख्याति भारत और भारत से बाहर भारतीय प्राच्य कला परिषद् के युगान्तरकारी भारतशिल्प आन्दोलन से प्रेरित चित्र प्रदर्शनी के सिलसिले से और अर्नेस्ट हेवेल (Ernest Binfield Havell, १८६१-१९३४), आनन्द कुमारस्वामी, विन्सेन्ट स्मिथ (Vincent A. Smith, १८४८-१९२०) आदि के ग्रन्थों के द्वारा फैल गयी।

१९३४ ई. में अन्तरराष्ट्रीय सम्मान के क्षेत्र में वे पहले भारतीय शिल्पी हैं, जो रॉयल सोसायटी ऑफ़ आर्ट्स, लन्दन के फ़ेलो मनोनीत हुए थे। इसके पहले १९२९ ई. में न्यूयार्क में प्रतिष्ठित, विश्वविख्यात रूसी परिव्राजक शिल्पी निकोलस रोरिक (Nicholas Kanstantinovich Roerich, १८७४-१९८७) के नाम पर निर्मित म्यूज़ियम के अधिकारियों ने असितकुमार को एकमात्र प्रतिष्ठित भारतीय शिल्प उपदेष्टा के रूप में स्वीकार कर उनके प्रति सम्मान व्यक्त किया था।[५] आजीवन भेंट न होने पर भी नियमित चिट्ठी-पत्री के आदान-प्रदान के द्वारा एवं परस्पर चित्रकला के प्रति उनके अकृत्रिम आकर्षण और श्रद्धा से हिमालय प्रेमी शिल्पी रोरिक के साथ असितकुमार की गहरी मित्रता गढ़ उठी थी। १९३२ ई. में इलाहाबाद म्यूनिसिपल म्यूज़ियम (अब केन्द्रीय सरकार का इलाहाबाद म्यूज़ियम) में असितकुमार के सम्मान में उनके नाम से एक प्रदर्शन कक्ष 'हालदार हॉल' का उद्‌घाटन किया गया था। जिसमें 'रंगेर कवि' के दो सौ से अधिक चित्र संरक्षित किये गये थे। १९४१ ई. में तत्कालीन ब्रिटिश सरकार ने उन्हें 'राय बहादुर' के खिताब से जब भूषित किया तो स्थानीय अँग्रेज़ी अख़बार 'लीडर' ने अपने सम्पादकीय में इस सरकारी सम्मान देने को विवेक-विचार की दृष्टि से एक जघन्य भूल माना था।[६] उनके लिए भी यह सरकारी खिताब असम्मानजनक था।

स्वाधीनता-प्राप्ति के बाद २९ तथा ३० अगस्त, १९४८ ई. को केन्द्रीय शिक्षा मन्त्री मौलाना अबुल कलाम आज़ाद (१८८८-१९५८) की अध्यक्षता में कोलकाता राजभवन में आयोजित पहले अखिल भारतीय कला सम्मेलन में असितकुमार ने भाग लिया था, उसमें उनके द्वारा प्रस्तुत केन्द्रीय शिल्प कला महाविद्यालय स्थापित करने का प्रस्ताव प्रान्तीय शिल्प विद्यालय के कई सदस्यों तथा अध्यक्ष के विरोध करने की वजह से स्वीकार न होने पर भी, 'भारतीय कला परिषद्' (जो बाद में ललित कला अकादेमी के नाम से बनी) के गठन का प्रस्ताव स्वीकृत हो गया था। १९५९ ई. में वे केन्द्रीय

ललित कला अकादेमी के सदस्य मनोनीत हुए थे एवं उसके अधिकारियों के साथ मतभेद होने की वजह से उन्होंने उसी वर्ष सदस्यता त्याग दी थी।[७] पचासवें दशक में उनके सम्मान में लखनऊ आर्ट स्कूल में उनके नाम पर एक आडिटोरियम की स्थापना हुई थी। १९६१ ई. में रवीन्द्रनाथ की जन्मशताब्दी पर पश्चिम बंग प्रदेश काँग्रेस के पदाधिकारियों ने उन्हें मानपत्र देकर सम्मानित किया था।

लखनऊ आर्ट स्कूल के काम-काज से अवकाश पाने के बाद असितकुमार नि:संग अपने जीवन सायाह्न को गोमती नदी के तट पर एकदम उस पार गोमती सिविल लाइन्स के एक छोर पर 'प्रान्तिका' नामक किराये के घर में बिताया करते थे। वहाँ पर छवि आँकने के अलावा कविता, शिल्पकला-सम्बन्धी निबन्ध लिखने, ग्रन्थ रचना करने, संगीत-सृजन, सुरसंयोजन और गाना गाने, नाट्य रचना कर उन्हें मंचस्थ करने के काम में स्थानीय शिशुओं को लेकर गप-शप की महफ़िल सजाकर, निर्मल आनन्द में वे अपने को मग्न रखते थे।

अजन्ता, बाघ गुफा और रामगढ़, भारत की शिल्प कला, भारत की पच्चीकारी (पच्चीकारी), हस्तशिल्प, यूरोप की शिल्पकथा, रवितीर्थे, रूपदर्शिका, रूपरुचि, Art and Tradition, the Heritage of Indian Art, Glimpses of Indian History जैसे महत्त्वपूर्ण कला-विषयक मूल्यवान ग्रन्थ, राजगाथा, मानसमुकुट, कल्पान्तिका आदि काव्यग्रन्थ, पाथुरे बाँदर रामदास बुदबुद इत्यादि संयुक्ताक्षरों से रहित बाल-साहित्य के अतिरिक्त रंगेर कवि के जीवन-भर में लिखे हुए शिल्पकला, इतिहास और दर्शन के ऊपर बहुत से निबन्ध अग्रन्थित अर्थात् पुस्तकाकार रहने से रह गये। अवकाशप्राप्त जीवन में असितकुमार ने संस्कृत साहित्य के ग्रन्थों में श्रीमद्‌भगवद्‌गीता, महाकवि कालिदास की ऋतु संहार, और मेघदूत काव्य रचनाओं एवं शूद्रक के 'मृच्छकटिकम्' तथा श्रीहर्ष के रत्नावली नाटक का अनुवाद किया था। श्रीमद्‌भगवद्‌गीता काव्यानुवाद (१९४८-१९५१) के बाद का अधिकांश समय उन्होंने व्यक्त किया था हेमचन्द्र विद्यारत्न (१९०६) की लिखी संस्कृत सप्तकाण्ड रामायण के काव्यानुवाद 'रामायणी' लिखने के अनुषंग से उसके पाठ, अनुसन्धान और चित्र रचना में। इसके बाद १९५२-१९५६ की अवधि में असितकुमार मुक्तछन्द काव्य में गौतम बुद्ध की सचित्र जीवनी गौतम गाथा और उसके स्वयं द्वारा किये गये अँग्रेज़ी अनुवाद 'The Panorama of the life of Lord Buddha' में संलग्न हो गये। अँग्रेज़ी में लिखा बाघ गुफा अभियान का वृत्तान्त उनके जीवनकाल में 'मृच्छकटिकम्', 'गौतम गाथा' और वृहद् आकार की 'रामायणी' कथा की तरह पाण्डुलिपि रूप में ही रह गया।

स्वाधीन भारत में उनके चित्रों की माँग आशानुरूप नहीं रही थी। मन के न मिलने से केन्द्रीय ललित कला अकादेमी के साथ वे दूरी बनाये रखकर चला करते थे। इसके ऊपर कोलकाता नेशनल बैंक के फेल हो जाने से कर्मजीवन में उन्होंने जो कुछ पूँजी संचित की थी, वह भी चली गयी। इसके बाद सेवानिवृत्ति के बाद जीवन-यापन पेंशन पर निर्भर रहने मात्र से न चल पाने के कारण उन्हें अलग से कमाई का रास्ता खोजना पड़ा था। स्वावलम्बी के रूप में चलने के क्षेत्र में असितकुमार ने प्रौढ़ावस्था में केन्द्रीय विभिन्न कमीशनों (यूजीसी, यूपीएससी) के सदस्य होकर एवं विभिन्न विश्वविद्यालयों के परीक्षक पद पर रहने के कारण बड़ा कष्टकर भ्राम्यमान जीवन बिताया था। आकस्मिक रूप से उत्तर प्रदेश सरकार की फ़रमाइश पर उत्तर प्रदेश राज्य विधान सभा सजाने के लिए भारतीय इतिहास पर आधारित उनके तीस चित्रों को स्वीकार कर लिया गया था। उत्तर प्रदेश के मुख्यमन्त्री डॉ. सम्पूर्णानन्द (१८९१-१९६९) उमानाथ राय राजेश्वर वली (१८८९-१९४४) आदि शिल्परसिक लोग असितकुमार की चित्रकला की क़दर करते थे और उनके चित्र देखने उनके अस्थायी निवास स्थान 'प्रान्तिका' चले आते थे।

उनकी अन्तिम इच्छा थी कोलकाता के रवीन्द्र म्यूज़ियम में रवीन्द्र जीवन के ऊपर पकी मिट्टी का बास-रिलीफ (bas-releif) कार्य करने की। योजना के अनुसार अनुबन्ध पाने के बाद भी उनकी आकस्मिक मृत्यु के कारण वह काम वास्तव में आकार ग्रहण नहीं कर सका।

असितकुमार मुख्य रूप से एक चित्रशिल्पी और लघु आकार की मूर्तियाँ गढ़ने में एक निपुण भास्कर एवं खूब सीमित क्षेत्र में एक कलाकार होते हुए भी, पार्वत्य नगर परियोजना में उन्होंने अपनी व्यावसायिकता का कौशल भी दिखाया था। लखनऊ में कार्य करते समय अवनीन्द्रनाथ के एक सुयोग्य शिष्य के रूप में देशी परम्परा के अनुसार निर्मित उच्च स्तर के अभिनव खिलौने, सामान और हस्तशिल्प की सामग्री एम्पोरियम के माध्यम से व्यवसाय के क्षेत्र में ख़रीद-बेच की परियोजना में वे सफल हुए थे। अवकाश लेने के बाद एक वर्ष (२ जून, १९५६-जुलाई १९५७) बंगलोर (अब बेंगलुरु) में केन्द्रीय सरकार के हस्तशिल्प बोर्ड के अन्तर्गत 'रीजनल क्राफ़्ट्स डिज़ाइन

सेंटर' में पहले निदेशक के पद पर रहते समय असितकुमार ने मूल रूप से देशी हस्तशिल्प के विकास में सक्रिय अंश ग्रहण किया था।

शिल्पकला के विषय में उन्होंने भाषण दिये थे कोलकाता, लखनऊ, इलाहाबाद, राजस्थान, बड़ौदा सहित भारतवर्ष के विभिन्न विश्वविद्यालयों एवं बहु विमर्श सभाओं एवं आकाशवाणी में। स्वाधीन भारतवर्ष में भावी प्रशासकों (आईएएस) को भारतीय संस्कृति के बारे में चेतना जगाने के लिए देहरादून में स्थित उनके प्रशिक्षण केन्द्र (Indian Administrative Academy) में पहले दो वर्षों (१९६२-६३) में वही सबसे पहले शिल्पकला विषयक भाषण देने के लिए बुलाये गये थे।

१९६४ ई. में लखनऊ में दैनन्दिन काम-काज के बीच साहित्यमूलक राज आनन्द (१९०५-२००४) द्वारा सम्पादित पत्रिका में आधुनिक भारतीय चित्रकला विषयक एक निबन्ध में अवनीन्द्रनाथ की शिल्पकला के ऊपर विवादास्पद मन्तव्य के प्रतिवाद में एक रचना लिखते समय संज्ञाहीन स्थिति में मस्तिष्क से रक्त क्षरण के कारण शिल्पी असितकुमार का जीवन दीप बुझ गया।

उनके जीवन और कार्य के विषय में विशद चर्चा आधुनिक भारतीय शिल्प-इतिहास की दृष्टि से एक आवश्यक विषय है। इस विषय में शिल्प-विशेषज्ञ न होते हुए भी एक लेखक के रूप में शिल्प-सम्बन्धी नाना ग्रन्थों, प्रबन्ध आदि का पाठ और असितकुमार की दिनलिपि एवं उन्हें लिखे गये शिल्पी, कवि साहित्यकार, और देशी-विदेशी विद्वज्जनों के पत्रों के आधार पर यह जीवनालेख्य रचना का एक विनम्र प्रयास है। एक साथ शिल्पी, शिक्षक, शिल्प-इतिहास-विषयक ग्रन्थ प्रणेता, कवि, संगीतकार और गायक, संस्कृत साहित्य के अनुवादक एवं बाल-साहित्यकार असितकुमार की बहुमुखी कर्मधारा को रेखायित करने वाले इस विवेच्य ग्रन्थ में उनकी अन्तर्निहित शिल्पी सत्ता का आभास मात्र देना सम्भव हो पाया है।

तथ्यसूत्र

१. असितकुमार हालदार, रवितीर्थे, संशोधित पाण्डुलिपि।

२. असितकुमार हालदार, 'अल्पनार कल्पना', 'बंग लक्ष्मी' फोर्थ वर्ष, श्रावण १३३५, पृ. ६२५।

३. रवितीर्थे, संशोधित पाण्डुलिपि।

४. शिल्पीकथा अतसी बरुआ के संग्रह में साहित्यकार कवि, राधारानी देवी लिखित स्मृतिचारण।

५. अन्य परामर्शदाताओं में थे रवीन्द्रनाथ, आलबर्ट आइन्स्टाइन (१८७९–१९५५), राबर्ट एंड्रू मिलिकेन (१८६८–१९५३), आचार्य जगदीशचन्द्र बसु (१८५८–१९३७) आदि विश्ववरेण्य मनीषीगण।

६. १९४१ में ब्रिटिश सरकार द्वारा राजनीतिवेत्ता पी.एन. सप्रू, प्रख्यात डॉ. आर.एन. दरबारी को नये वर्ष के उपलक्ष्य में 'रायबहादुर' की उपाधि से विभूषित किया गया था, इस पर सन्तोष व्यक्त करते हुए भी दा लीडर पत्रिका के सम्पादकीय में लिखा गया है : We can not congratulate the Government as having dismissed the great artist Mr. A.K. Haldar, principal of the School of Art and Crafts, Lucknow, with the title of Rai Saheb. This throws a lurid light upon the Government's very faulty appreciation of values. The Leader, Friday, January 3, 1941.

अर्थात् 'मि. ए.के. हालदार, प्राचार्य लखनऊ के कला तथा हस्तशिल्प विद्यालय लखनऊ जैसे महान् चित्रशिल्पी को सिर्फ़ 'रायसाहब' की उपाधि देकर टरका देने के इस काम के लिए हम सरकार को बधाई नहीं दे सकते हैं। बल्कि आपका यह कृत्य मूल्यों के ग़लत आकलन पर धुँधला प्रकाश निक्षेप करता है।' लीडर, ३ जनवरी, शुक्रवार, १९४१

७. २९ तथा ३० अगस्त, १८४९ ई. में कोलकाता में आयोजित अखिल भारतीय शिल्पकला सम्मेलन का प्रतिवेदन, रिपोर्ट : All India Conference of Art held at Calcatta, a booklet of ministry of Eduction, Government of India.

८. देहरादून में पहली (१९६२) और दूसरी (१९६३) वक्तृता का विषय था क्रमशः 'Art Appreciation an overview' और 'Art appreciation An Eidetic value' अर्थात् कला का अतिमूल्यांकन तथा कला की समालोचना : विकृत या धुँधला मूल्यांकन।

क्रम

पूर्वजों की कथा

'शैशव में ही मनुष्य की रुचि का विकास उसके घर की परिस्थिति और परिवेश की आब-हवा में होता है।' असितकुमार की धारणा के अनुसार उनके देश जगद्दल और उनके आत्मीय परिजनों का परिचय देना ज़रूरी है। चन्दननगर के उस तरफ़, गंगा के तट पर, वर्तमान उत्तर चौबीस परगना के भाटपाड़ा से लगे हुए जगद्दल गाँव में असितकुमार का पैतृक घर था। उनके पिराली 'हालदार' परिवार के साथ जोड़ासाँको ठाकुर परिवार की सख्यता उन्नीसवीं शताब्दी के मध्यभाग से ही गढ़ उठी थी, जब असितकुमार के पितामह राखालदास हालदार (१८३२-१८८७) ने १ जनवरी, १८५२ ई. में पलता के उद्यान घर में यज्ञोपवीत त्याग कर महर्षि से ब्राह्मधर्म की दीक्षा ली थी।[१] उसी वर्ष राखालदास ने अपने मित्र अनंगमोहन मित्र और अक्षयकुमार दत्त (१८२०-१८८६) के सहयोग से खिदिरपुर एवं जगद्दल के अपने घर में ब्राह्म समाज की स्थापना के साथ जोड़ासाँको भवन में राजा राममोहन राय (१७७२-१८३३) की 'आत्मीय सभा' की पुनः स्थापना की थी। महर्षि परिवार के साथ सख्यता का बन्धन धीरे-धीरे राखालदास की सन्तानों का ठाकुर परिवार की विभिन्न शाखाओं में परिणय-सूत्र से आत्मीयता का बन्धन गहरा होता गया था।[२] पितामह की प्रगतिशील जीवनचर्या में साहित्य, शिल्पकला और उच्चांग संगीत के प्रति अकृत्रिम आकर्षण ने असितकुमार को परोक्ष रूप से अनुप्रेरित किया था। राखालदास ने उस समय सितार में तालीम ली थी[३] और रागों पर आधारित ब्राह्म संगीत-रचना और सुर रचना भी संयोजित की थी।

असितकुमार के प्रपितामह बेचाराम हालदार (१७८५-१८६९) पहले भारतीय

वास्तुकार (Civil Engineer) थे, उन्होंने भारतवर्ष में रुड़की में पहले इंजीनियरिंग कॉलेज स्थापित होने (१८५४) के बहुत पहले १८३६ ई. में ईस्ट इण्डिया कम्पनी के पब्लिक वर्क्स विभाग में 'एक्ज़ीक्यूटिव' पद पर प्रोन्नति प्राप्त की थी।[४]

कुछ धर्मभीरु अथवा संस्कारवान् इस व्यक्ति द्वारा संगृहीत वंशतालिका और परिवार के पूर्वपुरुषों की परिचिति से राखालदास ने उत्तराधिकारियों के प्रति 'उपहार' शीर्षक एक पुस्तिका की रचना की, जिससे यह पता चलता है, सोलहवीं शताब्दी में उनके पूर्वज नित्यानन्द चक्रवर्ती, कृष्णनगर में बेनोवाली ग्रामवासी थे। नित्यानन्द के पौत्र रूपनारायण को 'हालदार' उपाधि मिलने के सम्बन्ध में उस पुस्तिका में राखालदास ने लिखा है,

> मेरे पिता को यह विश्वास था कि कृष्णनगर के राजा रघुनाथ राय ने रूपनारायण से प्रसन्न होकर यह व्यवस्था कर दी थी कि पूरे राज्य में प्रत्येक हल (हर-बखर) से रूपनारायण एक सेर चावल और एक कार्षापण प्रतिदिन पाते रहेंगे—इसलिए उनकी यह 'हालदार', 'उपाधि' थी।

किन्तु, यह धारणा राखालदास को वास्तविक न लगने से उन्होंने अपना मन्तव्य इस प्रकार लिखा था,

> सम्भव यह है जिस तरह से लोग तरफ़दार, समद्दार, मजूमदार उपाधि प्राप्त करते हैं, रूपनारायण ने भी उसी तरह हवलदार, अपभ्रंश रूप में हालदार उपाधि प्राप्त की थी।[५]

रूपनारायण के एक पौत्र राधाबल्लभ के उखड़ा के हिंजला गाँव में एक पिराली ब्राह्मण परिवार में विवाह करने के सूत्र से उन्हें अपनी कुलीनता खोकर जाति से च्युत होना पड़ा था। राधाबल्लभ के दो पुत्र हरिनारायण और इन्द्रनारायण अठारहवीं शताब्दी के अन्तिम आधे भाग में जगद्दल गाँव में अपना निवास स्थान बनाने के उद्देश्य से चले आये थे। फ्रांस देशवासियों के प्रति पक्षपाती और स्वप्नदर्शी की तरह ख़यालों में डूबे इन्द्रनारायण अपनी धनुर्विद्या की पारदर्शिता के कारण उस समय के स्थानीय मनुष्यों के समक्ष 'द्रोणाचार्य' के रूप में पहचाने गये थे। उनके छह पुत्रों में सबसे छोटे थे बेचाराम। अपने पिता के बारे में राखालदास ने लिखा है,

> इन्होंने बाल्यावस्था में अपने ताऊ के जेठ पुत्र दुर्गाप्रसाद की सहायता

> से हमारे वंश में सबसे पहले अँग्रेज़ी भाषा सीखी थी। ...प्रायः १४ वर्ष पछाँह में अँग्रेज़ सौदागरों के पास कमीशनरी डिपार्टमेंट में किरानी का काम किया था। स्वदेश लौटकर वे कुछ समय के लिए कलकत्ता के एक अँग्रेज़ वकील के क्लर्क बन गये थे। बाद में कैप्टन विलियम बेन (William Bane) ने उन्हें पब्लिक वर्क्स विभाग में असिस्टेंट ओवरसीयर (Assistant Overseer) बना दिया था। इस काम में अपना कौशल दिखाने के कारण उन्हें बालेश्वर में असिस्टेंट एक्ज़ीक्यूटिव का पद मिल गया था।[६]

बालेश्वर में आठ वर्ष कुशलता के साथ काम करते हुए सुपरिन्टेंडेंट होकर वे चले आते हैं अपने घर के पास चौबीस परगना में। वहाँ पर सुन्दरवन के अंचल में अपने कर्मक्षेत्र में एक दुर्घटना में जंघा में भीषण चोट लगने के कारण अपने काम से अवकाश लेने को बाध्य होने पर, बंगाल के तत्कालीन गवर्नर सर जॉन लिटेलर (Sir John Hunter Litteler, १७८३-१८५६) के निर्देश पर ईस्ट इण्डिया कम्पनी के बोर्ड ऑफ़ डायरेक्टर्स ने, पेंशन की योजना न होने पर भी उन्हें आजीवन मासिक पचास रुपये की पेंशन की विशेष व्यवस्था उनके दीर्घकालीन कर्मकृतित्व को देखते हुए पुरस्कार रूप में कर दी थी।

अवकाशकालीन समय में वे जगद्दल में अनेक जनहितकारी काम के व्रत में लग गये। १८६६ ई. में दुर्भिक्ष से पीड़ित मनुष्यों की सहायता के लिए यथाशक्ति आहार की व्यवस्था, गंगातट पर यात्रीनिवास और घाट-निर्माण भाटपाड़ा में ब्राह्मण पण्डितों तथा अन्यों के स्थायी निवास की व्यवस्था और एक बाज़ार (आज भी बेचू बाज़ार का अस्तित्व बना हुआ है) की स्थापना में उनकी सहज निःस्वार्थ परायणता का परिचय मिलता है। जीवन के अन्त में उन्होंने अपने एकमात्र जीवित पुत्र राखालदास की संस्कार-मुक्त उदार दृष्टि के प्रभाव से आँखों की ज्योति खो देने के बाद भी आन्तरिक प्रकाश से दीप्त होकर विधवा विवाह में आन्तरिकता के साथ स्वयं ईश्वरचन्द्र विद्यासागर (१८२०-१८९१) की सहायता की थी। बेचाराम की तीसरी पत्नी के एकमात्र पुत्र गगनचन्द्र की अकालमृत्यु के कारण असहाय तरुणी पुत्रवधू के पुनर्विवाह के प्रसंग में ईश्वरचन्द्र ने १८५६ ई. में राखालदास को लिखा था—

> आपके पितृदेव की इच्छानुसार जो काम सम्पन्न हुआ है, इस विषय में आपके विचार से अवगत होकर मुझे कितना आह्लाद हुआ है

> कह नहीं सकता। किसी-किसी का कहना था कि आप किसी कारणवश इस विषय में अपना अनुमोदन व्यक्त नहीं करेंगे। मैंने अब तक अनेक विवाह कराये हैं, किन्तु, मोक्षदा का विवाह कराकर अनेक कारणों से जो अनिर्वचनीय आनन्द प्राप्त हुआ है, इस सम्बन्ध में पहले कभी भी वैसा आनन्द अनुभव नहीं हुआ है। नवदम्पति स्वतन्त्रतापूर्वक और बिना किसी चिन्ता के समययापन कर रहे हैं। मैं लगभग प्रतिदिन ही उनकी देखरेख करता रहता हूँ। मोक्षदा के ऊपर मेरा बिना किसी कारण के कन्या जैसा स्नेह उत्पन्न हो गया है। इसे जान जायेंगे।[७]

मोक्षदा के साथ त्रैलोक्यनाथ मुखोपाध्याय (१८४७-१९१९) के विवाह की व्यवस्था में स्वयं ईश्वरचन्द्र जुड़े हुए थे।

बेचाराम थे साँवले, मध्यम क़द-काठी और दुहरी देह के व्यक्ति। असितकुमार के छात्र शिल्पी हीराचाँद दुगर (१८९८-१९५१) के एक जलीय रंगों से बने छोटे से चित्र में उनके चेहरे के अवयवों का आभास पाया जा सकता है।

पितामह राखालदास हालदार

किशोर से यौवन के प्रारम्भ तक असितकुमार के मन में जगद्दल में दोमंज़िले घर का अद्वितीय आकर्षण था अपने पितामह का ग्रन्थागार। इस विषय में उन्होंने साहित्य अनुशीलन के सम्बन्ध में स्मृतिचारण करते हुए लिखा था,

> साहित्य अनुशीलन की मेरी झोंक शैशव में ही अपने पितामह के मातृभाषा के प्रति उनके अनुराग एवं उनकी लिखी हुई अनेक कविताओं तथा संवाद पूर्णचन्द्रोदय आदि पत्रिकाओं में प्रकाशित उनके बहुत से निबन्धों को पढ़कर उत्पन्न हुई थी। पितामह के उस ग्रन्थागार में बड़े जतन से रखी हुई थीं १८६१-६२ के समय की यूरोप से संग्रह कर लायी गयी उनकी बहुमूल्य साहित्यिक किताबें एवं शिल्पकला विषयक सचित्र कैटलॉग।

असितकुमार ने लिखा है :

> जगद्दल में मेरे ठाकुरदा (पितामह) की लाइब्रेरी में मेरे आकर्षण का एक अन्य विषय और था। वे १८६१ ई. में विलायत से स्वयं जो

सब विलायती छवियों की पुस्तकें (Steel plate Engravings–स्टील की प्लेट पर खुदी हुई तस्वीरें) एवं विलायती आर्ट गैलरी के सचित्र कैटलॉग लाये थे—उन्हें मैं नियमित रूप से मुग्ध होकर उलटता-पलटता रहता था। इसके अलावा लाइब्रेरी के उस विशाल कमरे की दीवार के बीच में अर्धचन्द्राकार तोरण में बने ताक पर रखी रहती थी ध्यानी बुद्ध की एक मूर्ति और उसके दोनों तरफ़ विलायत से लाये गये बड़े-बड़े से कैनवास पर अंकित दो तैलचित्र। एक चित्र में था—ग्रामीण कृषक परिवार अश्वचालित एक यान पर एक नदी पार कर रहा है और दूसरे चित्र में था पाल लगा एक जहाज़ और नाव एक बन्दरगाह पर खड़े हुए हैं—सान्ध्य रवि अस्तप्राय है। मुग्ध होकर प्रतिदिन एक ही छवि बार-बार क्यों उस बचपन में देखा करता था, इस समय इसका अनुमान लगाना मुश्किल है। जगद्दल के घर में इसके अलावा प्रपितामह के दौर के पटुआ चित्रकारों द्वारा आँके गये कई जीर्ण तैलचित्र एवं मुग़ल बादशाह और सरदारों की अनुकृतियाँ भी थीं। प्रपितामह की प्रतिकृति इसी तरह से प्राचीन प्रणाली से आँकी गयी आज भी मेरे पास है। ये सब तस्वीरें मेरे खेल की साथी थीं,—ये सब तस्वीरें मेरे मन में उस समय एक रंगीन भुवन की सृष्टि कर देती थीं। मेरे ठाकुरदा और प्रपितामह का रंगों का बक्सा (वाटर कलर) और हाथीदाँत की बनी पैलेट और तूलिका लेकर मैं छवि आँका करता था। पढ़ने-लिखने में कुछ अधिक मन मेरा नहीं था।

उन्नीसवीं शताब्दी के जिन विख्यात और प्रतिभादीप्त मनुष्यों ने आकैशोर असितकुमार को प्रभावित किया था, उनके बारे में थोड़ा विशद रूप से बताना अप्रासंगिक नहीं होगा। बेचाराम की द्वितीय पत्नी द्रवमयीदेवी के पुत्र राखालदास हालदार राजा राममोहन राय की जीवनचर्या का अनुसरण करने वालों के रूप में स्वनामधन्य मनुष्य थे। पिता के जालंधर प्रवास में रहने के कारण पाँच वर्ष के शिशु राखालदास का बाङ्ला भाषा में अक्षरारम्भ माँ के सान्निध्य में रहते समय जगद्दल घर में ही हुआ था। १८४२ ई. में, पिता के कर्मस्थल बालेश्वर में उनके प्राथमिक स्कूल जीवन का प्रारम्भ हुआ था, वहाँ पर उन्होंने ओड़िया और अँग्रेज़ी भाषा सीख ली थी। इसके बाद उनकी पारम्परिक शिक्षा १८४४ ई. में चूँचड़ा प्रिपेरिटरी स्कूल और हुगली कालेजियेट में समाप्त हुई १८४८ ई. में। उच्च शिक्षा का अवसर उस समय राखालदास

को मिला नहीं। १८४८ में मात्र सोलह वर्ष की उम्र में उनके पिता ने उनका विवाह वर्धमान के वायना थाना के अन्तर्गत चण्डीपुर ग्राम निवासी केनाराम राय की शिशु कन्या किरणकुमारी के साथ (१८३७-१९१२) के साथ कर दिया था। १८४९ में मात्र बारह वर्ष की उम्र में हाल में ऋतुमती किरणकुमारी जुड़वाँ पुत्रों की माँ हो बैठीं एवं स्वाभाविक कारणों से ही जुड़वाँ, अपरिपक्व सन्तानें जन्म के दो दिन के अन्तर के बाद ही एक-एक कर मारी गयीं। बालविवाह का यह अमानवीय परिणाम उस समय के अन्धकारपूर्ण समाज की एक प्रतिच्छवि है। इस घटना के स्वभाव से संवेदनशील युवक राखालदास भी बहुत मर्माहत हुए थे।

घर-गृहस्थी की यात्रा शुरू होने के साथ-साथ राखालदास के साहित्यिक जीवन का प्रारम्भ भी ईश्वरचन्द्र गुप्त (१८१२-१८५९) के साधुरंजन साप्ताहिक में कविता-प्रकाशन के साथ हो गया। राखालदास के जीवनीकार उनके पुत्र सुकुमार हालदार ने बताया है, विश्वविद्यालय में उच्चतर शिक्षा का अवसर न पाने पर भी उन्होंने अपनी असाधारण ज्ञानस्पृहा के कारण पाठाभ्यास के माध्यम से अँग्रेज़ी और संस्कृत भाषा में दक्षता प्राप्त कर ली थी। चार्ल्स लैम्ब (Charles Lamb, १७७५-१८३८) शेक्सपियर संकलन ग्रन्थ से १८५२ ई. में ओथेलो, एज़ यू लाइक इट, पेरीक्लिस, सिम्बरलिन, रोमियो एण्ड जूलिएट तथा किंगलियर के राखालदास द्वारा किये गये बंगानुवाद पूर्णचन्द्रोदय प्रेस ने १८ रुपया कॉपीराइट के बदले में प्रकाशित किये थे। राखालदास के कई साहित्यिक कार्यों में श्रीरामचरित (१८५५), ब्रह्मसूत्र (१८५४), राजा राममोहन राय के 'Precepto of Jesus' का अनुवाद, सुख-शान्ति के उपाय के रूप में ईसू प्रणीत हितोपदेश (१८५९) उल्लेखनीय हैं। इसके अतिरिक्त १८५५ ई. में राखालदास के एक विधवा विवाह सम्बन्धी प्रश्नोत्तर रूप में लिखे प्रतिवेदन को ईश्वरचन्द्र विद्यासागर ने स्वयं अपने एक ग्रन्थ में शामिल कर लिया था।[९]

अनिच्छा होते हुए भी १८५२ ई. में राखालदास को उनके पिता के ऑफ़िस, पब्लिक वर्क्स डिपार्टमेंट के एम्बेंकमेंट विभाग में एक किरानी के काम में योग देना पड़ा था। समय के साथ-साथ, पढ़ने-लिखने का विस्तार, एक तो ब्राह्म होने, दूसरे शिक्षा-संस्कृति के क्षेत्र में प्रत्यक्ष रूप से युक्त होने की वजह से परिचय बढ़ जाने, बाङ्ला भाषा के उन्नयन और शिक्षा प्रसार के काम के प्रति आग्रही होने के कारण राखालदास स्वच्छन्द रूप से सरकारी

काम में न बहकर ब्राह्म आन्दोलन के साथ और १८५७ में तेलेनीपाड़ा स्कूल में शिक्षण कार्य से भी जुड़ गये थे। उनके प्रयास से ही आनन्दचन्द्र वेदान्तवागीश (१८१९-१८७५) का 'पंचदशी' का बाङ्ला अनुवाद ग्रन्थ उसी समय उस स्कूल की पाठ्यक्रम सूची में शामिल हुआ था। इसके बाद सुविख्यात जर्मन संस्कृतज्ञ, प्राच्यविद् डॉ. हेन्स रुयेर (Dr. Hohans Henrich Ednard Roer, १८०५-१८६६) के अधीन १८५७ में विद्यालय निरीक्षक के पद पर नियुक्त होकर उन्होंने शिक्षा प्रसार का व्रत ले लिया। कार्यस्थल था उनके बचपन का अत्यन्त परिचित और प्रिय नीलगिरि पहाड़ों से घिरा हुआ बालेश्वर के केन्द्र में उड़ीसा के अन्तिम छोर का ग्रामीण अंचल। उन्होंने स्वतः प्रवृत्त होकर अपनी भावना और विचार के अनुसार उस अविकसित गाँव में मॉडल स्कूल स्थापित करने की सिफ़ारिश करते हुए डॉ. रुयेर को यह लिखा था :

> सिर्फ़ ग्रान्ट-इन-एड के माध्यम से कोई भी कार्य सफल नहीं होगा। देश के सामान्य जन शिक्षा के प्रति अथवा उसकी उपयोगिता के बारे में जागरूक नहीं हैं। देश के समृद्धिशाली ज़मींदार लोग भी शिक्षा-प्रसार के काम में उदासीन हैं।[१०]

अतएव, किसी तरह की सहायता की अपेक्षा किये बिना ही राखालदास अपने तारुण्यजनित अति उत्साह से वहाँ पर अनेक प्रतिकूलताओं की उपेक्षा करते हुए एक प्राथमिक स्कूल स्थापित करने में १८५९ ई. तक प्रयासरत हो गये थे। अन्त में सरकारी काम के नियम बन्धनों और ऊपर के अधिकारियों के साथ मतविरोध के कारण उन्होंने स्वेच्छा से स्वास्थ्य का बहाना लेकर कार्य त्याग कर दिया था।

कर्मत्याग के बाद ईश्वरचन्द्र विद्यासागर के परिचित अमेरिकन एकेश्वरवादी पादरी, शिक्षाविद् चार्ल्स डाल (Rev. Charlas Appleton Dall-१८८६) के साथ अन्तरंगता सूत्र से राखालदास को उच्च शिक्षा प्राप्त करने के लिए विलायत जाने का सुअवसर मिला। राखालदास स्वभावतः उनके फुसलाने से बिना ख़र्चे के उच्च शिक्षा प्राप्त करने के झूठे आश्वासन पर पिता और परिवार की प्रबल आपत्ति को न मानकर, अप्रैल, १८६१ ई. में पादरी डाल के साथ दो मुख्य उद्देश्यों को लेकर इंग्लैण्ड की ओर रवाना हो गये थे। पहला उद्देश्य था, लन्दन विश्वविद्यालय में व्यवहार शास्त्र में (Jurisprudence) और दर्शन में उच्चशिक्षा प्राप्त करना, और दूसरा उद्देश्य, जो उनके मन में सोया हुआ था, वह था, राजा राममोहन राय की जीवन-

कथा लिखने से सम्बद्ध तथ्यों को एकत्र करना। एक वर्ष से अधिक समय के उनके विलायत प्रवास में उनके कार्यकलाप की संक्षिप्त जानकारी प्राप्त होती है, आशुतोष लाइब्रेरी, ढाका से १९०३ ई. में प्रकाशित भाषाचार्य हरिनाथ डे (१८७७-१९११) की भूमिका के साथ The English Diary of an Indian Student, १८६१-६२ से।

वे ईसाई नहीं होना चाहते थे, इसलिए लन्दन की अमेरिकन एकेश्वरवादी संस्था के प्रमुख और राजा राममोहन राय के मित्र और पहले जीवनी-लेखक रोबर्ट एस्प्लेंड (Rev. Robert Brooke Aspland) के द्वारा विश्वविद्यालय में उनकी पढ़ाई-लिखाई में आर्थिक सहायता करना अस्वीकार कर देने से राखालदास बड़ी विपत्ति में पड़ गये थे। अनजाने दूर देश में मानसिक रूप से परेशान राखालदास ने अपने मित्र यदुनाथ मुखोपाध्याय को उस समय लिखा था,

> मैं लन्दन पहुँचकर बड़ी अनिश्चय और अस्थिरता की स्थिति में पड़ गया हूँ। यहाँ पर सहायता पाने की कोई आशा मुझे नहीं दिखायी दे रही है। यदि मैं डूब सकूँ अथवा स्थान-स्थान पर प्रीच करता हुआ घूमूँ, तभी मुझे सहायता प्राप्त हो सकती है। किन्तु, मैं विपत्ति के मारे डूबूँगा भी नहीं, मेरे भाग्य में चाहे जो लिखा हो मैं ईसाई धर्म ग्रहण करने के लिए यहाँ नहीं आया।[१२]

उस विपत्ति के समय पूर्व न्यायाधीश और शिक्षाविद् होजसन प्रेट (Sir Hodgson, १८२४-१९०७) और राममोहन के मित्र, भारतप्रेमी, शिक्षाव्रती रेव. विलियम एडम (Rev. William Adam, १७९७-१८८१) की आन्तरिक सहायता से लन्दन विश्वविद्यालय की वांछित पढ़ाई राखालदास समाप्त कर पाये थे। 'यूनिवर्सिटी हॉल' से कॉलेज में अध्ययन और एक ही समय वहाँ संस्कृत और बाङ्ला भाषा अध्यापन का दुर्लभ सुयोग उन्हें मिला था—मुख्य रूप से संस्कृत, बाङ्ला और अँग्रेज़ी भाषा में अपनी असाधारण विद्वत्ता और व्युत्पत्ति के कारण। उन्होंने उस सुअवसर का बड़ी सार्थकता के साथ उपयोग कर अध्यापक जे.जे. टेलर (Pro. J.J. Taylor), फ्रान्सिस विलियम न्यूमेन (Francis William Newman, १८०५-१८९७), एडवर्ड डेनिस, (Edward Dennys, १७९६-१८८९), जेम्स मार्टिनो (James Martineau, १८०५-१९००) जैसे ख्यातिनामा पण्डित अध्यापकों को चमत्कृत कर दिया था। अध्यापक प्रो. मैक्स मूलर (Prof. F. Max Muller, १८२३-१९००) और

थियोडोर गोल्डसटुकर (Prof. Theodare Goldstueker, १८२२-१८७२) जैसे विश्वविख्यात मनीषियों का वहाँ उन्हें सान्निध्य भी मिला था। आर्म्स भेल में राजा राममोहन राय के समाधि-स्थल एवं कवि शेक्सपियर (William Shekespeare, १५६४-१६१६) के जन्मस्थान स्ट्रेटफोर्ड-अन-एवन का भी परिदर्शन उन्होंने किया था।[१३] राममोहन को समाधिस्थ करने के पहले उनके चेहरे का लिया गया मुखौटा राखालदास ने डॉ. एस्टलिन (Dr. Astlin) के घर में देखा था। वहाँ पर रखी हुई राजा की विशाल आकार की पगड़ी राखालदास के सिर पर पहना दी थी श्रीमती ब्राउन ने, जिन्होंने राजा के अन्तिम समय में उनकी बड़े जतन से सेवा की थी। ईषद् गुलाबी आभा की श्वेतवर्ण की अलबाइन और हासियार में तैयार राममोहन राय के सिर की तैलाक्त भारी पगड़ी राखालदास को पहना दी थी श्रीमती ब्राउन ने। उनका सिर कोई कम बड़ा नहीं था किन्तु, राजा का सिर, उनसे भी काफ़ी बड़ा था। प्रयाण करने के एक दिन पूर्व डॉ. एस्टलिन ने राजा के सिर के कुछ केश स्मृति चिह्न के रूप में काटकर रख लिए थे। श्रीमती एस्टलिन ने वही केशगुच्छ और राजा के समाधिस्थल की मिट्टी स्मृतिचिह्न के रूप में राखालदास को दी थी। इंग्लैण्ड में रहते समय राममोहन के स्वयं अपने हाथ से लिखी हुई पाण्डुलिपि और उनके दुर्लभ ग्रन्थ और फ़ोटोग्राफ़ राखालदास बड़ी खोज के बाद उन्हें संग्रह करने में समर्थ हुए थे, जिनमें से अधिकांश उनकी मृत्यु के बाद उनके पुत्र सुकुमार के अधिकार में एक ट्रंक में सुरक्षित रखे थे। वह ट्रंक दुर्भाग्यवश सुकुमार के कार्यक्षेत्र की अदला-बदली के कारण वर्धमान से स्थानान्तरण में घर बदलने के समय कहीं खो गया।[१४]

विदेश में आत्मनिर्भर बने रहने के प्रयास में कॉलेज में अध्यापन, पत्र-पत्रिकाओं में लेख लिखकर और भाषण देकर थोड़ी-बहुत आय कर लेते थे राखालदास। अवसर मिलते ही उस देश में परिचर्चा गोष्ठियों में भी वे योग दिया करते थे। शुभाकांक्षी प्रेट के साथी होने के कारण राखालदास ने डबलिन में सामाजिक विज्ञान संस्था के वार्षिक सम्मेलन में भारत की शिक्षा-विषयक परिचर्चा गोष्ठी में भाग लेकर बाङ्ला की शिक्षा व्यवस्था के सम्बन्ध में एक आकर्षक भाषण दिया था। उन्हीं के भाषण से उत्साहित होकर अध्यापक फ्रान्सिस न्यूमेन ने Apeal to the British Nation for the promotion of Education in India अर्थात् भारत में शिक्षा के उन्नयन के लिए ब्रिटिश राष्ट्र से एक आवेदन—इस शीर्षक से एक पुस्तिका प्रकाशित

कर वहाँ के विदग्ध जनों में वितरित की थी। उसी सूत्र से राखालदास ने भी भारत की शिक्षा, विशेषकर स्त्रीशिक्षा के प्रसार में ब्रिटिश जनता के सहयोग का आह्वान करते हुए इंग्लैण्ड की The Inquirer पत्रिका में लिखा था :

> इंग्लैण्ड में जो लोग यह कहते हैं कि तलवार की ताक़त के बल पर ही भारत को पददलित किया जा सकता है, इसी तरह उन्हें पैरों के नीचे दबाये रखना होगा, उनकी यह भावना क्षुद्र व्यावसायिक स्वार्थ से निबद्ध है।...भारतवर्ष को अपनी उन्नति के लिए अपनी निजी सामर्थ्य पर निर्भर रहना होगा। मुसलमान अथवा अँग्रेज़ों का निर्देश मानने से काम नहीं चलेगा। यूरोपीय देशों, विशेषकर ब्रिटेन से शिक्षा के क्षेत्र में कुछ प्रकाश मिलने पर भी, भारतवर्ष को अपने पुनरुत्थान में आत्मनिर्भर होना होगा।[१५]

उस समय राखालदास के यथार्थ पर आधारित आवेदन को बन्धु केशवचन्द्र सेन (१८४०-१८८४), कृष्णदास पाल (१८३८-१८८४) और राजेन्द्रलाल मित्र (१८२२-१८९१) का समर्थन मिला था।[१६] उस समय राखालदास ब्रिटेन से अमेरिका के सिविल वार की ताज़ा ख़बरें स्वदेश में सोमप्रकाश पत्रिका में भेजा करते थे।

यूरोपीय पुनर्जागरण के सम्बन्ध में सचेत और कलानुरागी राखालदास यह मानते थे कि देशकाल का विचार किये बिना सृजनरत व्यक्तियों की शिल्पकला प्रकृति के अनुसार होगी। इंग्लैण्ड जाने के मार्ग में पेरिस में कई दिन ठहर जाने के बीच उन्होंने वहाँ के राजकीय ग्रन्थागार, गिरजा, नेपोलियन का स्मारक स्तम्भ आदि ऐतिहासिक स्थापत्य से समृद्ध दर्शनीय स्थानों एवं विशाल लुब्र संग्रहालय का निरीक्षण किया था। अपने संक्षिप्त मन्तव्य में उन्होंने लिखा था :

> लुब्र म्यूज़ियम में चित्रकला संग्रह को अतुलनीय कहा जा सकता है। यह विशेष रूप से इटली के महान् चित्रकारों की शिल्पकृतियों के संग्रह से समृद्ध है।[१७]

लन्दन में रहते समय (१८६१-६२) अध्ययन और अध्यापन से अवकाश मिलते ही प्राय: वे विश्व के वृहत्तम् संग्रहालय ब्रिटिश म्यूज़ियम अथवा उस समय के साउथ केनसिंगटन म्यूज़ियम (जो आजकल विक्टोरिया एण्ड अलबर्ट म्यूज़ियम है) में अपना समय बिताया करते थे। दिन-प्रतिदिन वहाँ पर ग्रीक और रोमन मूर्तियाँ देखने में उन्हें कोई क्लान्ति नहीं होती थी।

म्यूज़ियम में रखी भारतीय कलाकृतियाँ देखने से उनकी व्यथायुक्त और विनोदपूर्ण जो प्रतिक्रिया थी, वह उस समय के मानदण्ड के अनुसार काफ़ी तात्पर्यपूर्ण थी। पंजाब केसरी रणजीत सिंह (१७९२-१८३९) के देहावसान के बाद राजपरिवार के अन्तर्कलह के कारण १८४९ ई. में पंजाब का राज्य अँग्रेज़ों के अधिकार में आ गया। राज्य जीतने की स्मृति में मुलतान के अग्रणी सुदक्ष स्वर्ण शिल्पी हाफ़िज़ मोहम्मद की परिकल्पना के अनुसार निर्मित स्वर्ण सिंहासन (१८२०-१८३० ई.) और अमूल्य कोहिनूर हीरा धुरंधर गवर्नर जनरल जेम्स ए.बी. रेमसे (James A.B. Ramsay, १८१२-१८६०) तथा लार्ड डलहौजी ने स्वदेश भेज दिया। १८५३ ई. में दर्शनीय वस्तु के रूप में उन्हें स्थान मिला ब्रिटिश म्यूज़ियम के भारतीय विभाग में और विश्वविख्यात कोहिनूर हीरा रानी विक्टोरिया के व्यक्तिगत संग्रह में बर्किंघम प्रासाद में स्थानान्तरित कर दिया गया। राखालदास की दृष्टि में पंजाब केसरी की अनुकृति सह काठ के ऊपर सोने का पत्तर जड़ा वह स्वर्ण सिंहासन का अनुपम भारतीय शिल्प निदर्शन उस म्यूज़ियम कक्ष में बहुत बेमेल लगा था।

१८६२ ई. में विलायत प्रवास से देश लौटकर गंगा नदी में स्नान कर शुद्ध होकर जब वे जगद्दल में अपने पिता से मिलने गये, तब उन्होंने अपने एकगात्र जीवित पुत्र का मुख नहीं देखा और मौन बने रहे थे। स्त्री को छोड़कर एक म्लेच्छ पादरी के साथ कालासागर पार कर विलायत जाकर उस समय राखालदास ने जो अपराध किया था, वह उनके संस्कार के हिसाब से क्षमा करने योग्य नहीं था। उन्हें घर में स्थान नहीं मिला इसलिए लाचार होकर स्त्री को लेकर गंगा के दूसरे किनारे चन्दननगर में किराये का एक डेरा लेकर रहने लगे थे।

देश में लौटने के बाद हाईकोर्ट में वकालत न कर सरकारी नौकरी के प्रत्याशी के रूप में उन्होंने विद्यासागर से कोई काम दिलाने में सहायता करने की प्रार्थना की।[१८] इसके बाद पसन्द के शिक्षा विभाग में काम करने का सुअवसर न मिलने से १८६३ ई. में वे सरकारी प्रशासनिक विभाग में सहयोग करने लगे। राखालदास की १८६५ ई. में जब पुरुलिया में बदली हो गयी, तब उन्हें तमाम असुविधाओं का सामना करना पड़ा, उस समय उनके हितैषी विद्यासागर ने उन्हें लिखा था : ''गवर्नमेंट ने इस क्षेत्र में जिस तरह के काम का तुम्हें भार सौंपा है, उससे आपको कष्ट अनुभव हो रहा है, उससे मुझे दुःख हुआ

है। नौकरी में अनेक तरह के उत्पात होने की वजह से हमारे शास्त्रकारों ने सेवावृत्ति को जीविका का सबसे अधम उपाय बताया है। प्रत्यक्ष सत्ता से सम्बन्ध होने के कारण जिनके हाथों में शक्ति होती है, उनका अनुग्रह यदि न हो तो गवर्नमेंट की नौकरी में कोई सुख-सुविधा नहीं है। आप जब इतने प्रबुद्ध हैं, तब बताइये आप क्या करेंगे, इसलिए कुछ दिन सहन करके देखिये, इस तरह के कष्टप्रद काम में आपको अधिक दिन नहीं रहना पड़ेगा।''[१९] विद्यासागर का कहना थोड़े समय बाद सत्य प्रमाणित हुआ था। उन्होंने छोटानागपुर अंचल में तत्कालीन कमिश्नर कर्नल डाल्टन (Col. Edword Taite Dalton, १८१५-१८८०) के सहकारी एडीशनल कमिश्नर और बाद में छोटानागपुर राजपरिवार के मैनेजर पद पर राँची-केन्द्रित कर्म जीवन में उन्हें चैन मिला था। अपने कर्मजीवन के अन्त में पहुँचकर बची हुई छुट्टियों में राखालदास सिंहल भ्रमण पर जाते हैं। वहाँ पर सुप्रसिद्ध अनुराधापुर मन्दिर, कला-संग्रहालय एवं बोटेनिकल गार्डन उन्होंने देखे थे। अपने एक मास से अधिक के सफ़र में आनन्द कुमारस्वामी के रिश्ते से जुड़े तीन भाई, सिंहल के तीन प्रशासनिक अधिकारी पन्नामवालम कुमारस्वामी (१८४९-१९०६), पन्नामवालम रामनाथन (१८५१-१९३०) और पन्नामवालम अरुणाचलम (१८५३-१९२४)[२०] के साथ घनिष्ठ भाव से घुलने-मिलने के सुयोग से वहाँ के नागरिक जीवन की उन्नत दिनचर्या ने उन्हें तीव्र रूप से आकर्षित किया था। ब्रिटिश प्रशासकों के साथ सिंहल के शिक्षित नागरिकों का निर्भीक आचरण लक्षित कर, तुलनात्मक रूप से अपने देशवासियों का ख़ुशामद से भरे हीन मनोभाव से प्रेरित विपरीत आचरण के बारे में राखालदास ने अपनी दिनलिपि में लिखा था,

> हम भारतीय लोग सामान्य रूप से विदेशियों को विशेष प्रभावित नहीं कर पाते हैं। प्राय: हम लोगों का झुकाव ख़ूब हीन भाव से उनके सामने झुककर उन्हें सम्मान दिखाना है। यहाँ तक कि हमारे राजे-महाराजे भी उन लम्पट लोगों के सामने जाने में डरते हैं।[२१]

प्रख्यात बौद्ध धर्मगुरु सुमंगल (Hikkduwe Sri Sumangala Ther, १८२७-१९१९) और मिस्र से निर्वासित विप्लवी अहमद आरबी अफान्दी उर्फ़ अरबी पाशा (Ahmed Urabi' Pasha al Misri, १८३९-१९११) के साथ उन्होंने भेंट भी की थी। राजनैतिक प्रश्न को बचाते हुए भी उन्होंने राखालदास को उस साक्षात्कार में अरबी पाशा ने धर्म चर्चा में ब्रह्म ही सर्वत्र व्याप्त

अल्ला है, यही बात सुनायी थी।[२२]

इंग्लैण्ड में देखे गये डॉ. लेंट कारपेंटर (Dr. Lant Carpenter) के पारिवारिक घर के अनुकरण पर राखालदास ने अपने राँची में बने घर का नाम रखा था 'रेड लॉज'। उनके घर के सुपरिकल्पित उद्यान में उनकी कलात्मक रुचि का परिचय मिलता था, जो परम्परानुसार पुत्र सुकुमार और पौत्र असितकुमार को मिला था। लखनऊ राजकीय आर्ट स्कूल में असितकुमार के बँगले के दृष्टि नन्दन बगीचे को देखकर अतिथिगण प्रशंसा से मुखरित हो उठते थे। अत्यन्त प्रगतिशील व्यक्ति राखालदास के विचारों की मौलिकता, आत्मसम्मान की भावना और शिल्पकला के प्रति आकर्षण पौत्र असितकुमार ने उत्तराधिकार के रूप में पाया था। शतकर्म व्यस्तता के मध्य भी राखालदास ने शिल्पकला, पुरातत्त्व, नृतत्व, भाषाविज्ञान और शिक्षा—विशेष रूप से स्त्री शिक्षा प्रसार के क्षेत्र में सिर्फ़ अपना आग्रह ही नहीं दिखाया था, बल्कि उस विषय में अपनी शक्ति के अनुसार गवेषणापूर्ण कार्य उन्होंने लिपिबद्ध भी किया था। कार्य से अवकाश लेने के बाद वे संथाली भाषा के स्त्रोत-सन्धान में व्यस्त बने रहे थे और नागवंशीय राजाओं के बारे में गवेषणा के साथ नृत्तात्विक और पुरातत्त्वीय पर्यवेक्षण और गवेषणा में संलग्न रहे थे। छोटानागपुर अंचल में कई प्राचीन मन्दिर और पुरातत्त्वीय क्षेत्र देखने का उन्हें सुअवसर मिला था। उस पर्यवेक्षण के फलस्वरूप उनका गवेषणापूर्ण निबन्ध कोलकाता की रॉयल एशियाटिक सोसायटी के जर्नल में प्रकाशित हुआ था। मुण्डारी भाषा के विषय में उनकी लम्बी रचना को महत्त्व के साथ प्रकाशित किया था एशियाटिक सोसायटी के अधिकारियों ने अपने जर्नल में।[२३]

१८८७ ई. में अवसर प्राप्ति के थोड़े समय पहले कोलकाता में १ नं. वेलिंग्टन स्क्वायर में (आजकल राजा सुबोध मल्लिक स्क्वायर) सुविख्यात दत्त-गृह में रहते समय मस्तिष्क ज्वर के शिकार हो जाने के कारण राखालदास राममोहन की जीवनी नहीं लिख सके।[२४]

परम्परा के प्रसंग में और एक विषय का उल्लेख करना होगा। उन्नीसवीं शताब्दी के मध्य में बाङ्ला भाषा का आदर्श रूप राखालदास की श्रीरामचरित (१८५४) पुस्तिका में आचार्य रामेन्द्र सुन्दर त्रिवेदी (१८६४-१९१९), भाषाचार्य हरीनाथ डे, आचार्य सुकुमार सेन (१९००-१९९२) और उसी सूत्र से साम्प्रतिक काल के बेल्जियन गवेषक फादर देतियेन (Father Detiene) में मिला था।[२५] बाङ्ला भाषा की उन्नति के सम्बन्ध में असितकुमार

पितामह की रचना आदि से अनुप्राणित होकर बाङ्ला की बोलचाल की भाषा एवं संयुक्त अक्षरविहीन अनेक बाल्य पाठ्यपुस्तकों में भाषा का प्रयोग-परीक्षण करते रहे थे।

पिता सुकुमार हालदार और माँ सुप्रभासुन्दरी

सुकुमार हालदार का जन्म राखालदास के मित्र वर्धमान निवासी हीरालाल वर्मन के उद्यानघर में १४ जून, १८६३ ई., रविवार को वर्धमान में हुआ था। माँ-बाबा ने नाम रखा था शुकदेव-सुकुमार जो संक्षेप में हो जाता है सुकुमार। पहले ही उल्लेख किया जा चुका है कि १८६१ ई. में कालापानी पार कर इंग्लैण्ड जाने के अपराध में, देश वापस आने पर राखालदास को पितृगृह में स्थान नहीं मिला था। इस समय पहले वंशधर सुकुमार के आविर्भाव के कारण उत्फुल्ल पिता ने जगद्दल में उन्हें फिर से स्वीकार कर लिया था।

सुकुमार हालदार थे अविभाजित बंगाल की सिविल सर्विस में। पिता राखालदास की आकस्मिक मृत्यु से क़ानून के छात्र सुकुमार की इंग्लैण्ड गें बैरिस्टरी पढ़ने की इच्छा पूरी न हुई। राँची के ज़िला स्कूल और कोलकाता के डोवटन कॉलेज (पार्क मेनसन-गृह से लगा कॉलेज अब लुप्त हो गया है) की पढ़ाई शेष करने के बाद हुगली मोहसिन कॉलेज के स्नातक और सिटी कॉलेज में क़ानून पढ़ने लगे सुकुमार को इसके बाद परिवार में भाइयों के पालन-पोषण के लिए बंगाल के तत्कालीन लेफ्टीनेंट गवर्नर सर चार्ल्स बेइली (Sir Charleo Stewart Baily) के आह्वान पर राजकीय बंगाली सिविल सर्विस (बीसीएस) में योग देना पड़ा। उन्होंने अपना कर्मजीवन शुरू किया था १८८८ ई. में वीरभूम ज़िला के सब डिवीजनल अफ़सर के रूप में। अपने कर्मजीवन में क्रमिक उन्नति में डिप्टी कलेक्टर और मजिस्ट्रेट के पद पर उन्हें सपरिवार घूमना पड़ा था वर्धमान (१८९१-१८९६), उत्तर बिहार के सिवान (१८९७-फ़रवरी-अक्टूबर), हुगली के जहानाबाद (१८९७-१९००, जिसका नया नाम उनके प्रस्ताव पर हो गया था 'आरामबाग'), कान्दी (१९००-१९०२), ढाका (१९०२-१९०४), फरीदपुर (१९०४-१९०५), नदीया और मेहेरपुर (१९०५-१९०८), हावड़ा (१९०८-१९०९), हुगली (१९०९-१९१०), चौबीस परगना (१९१०-१९१२), राँची और सिंहभूम

(१९१२-१९१७), अन्त में राँची (१९१७-१९१८)। अपने कर्मजीवन में वे सदा ईमानदार, सच्चे और निर्भीक रहे। ब्रिटिश प्रशासनिक कठोरता और नियम पालन के साथ संघर्ष करते हुए चलने की क्षमता उनकी देह, मन और आचरण में थी।

उनका कृतित्व से पूर्ण मुसाफ़िरी कर्म जीवन शेष हुआ था १९१९ ई. में। सम्भवत: उसी समय उनके बड़े ममिया ससुर सुरसिक द्विजेन्द्रनाथ ठाकुर (१८४०-१९२६) ने प्रियदर्शन सुकुमार को लिखा था,

> अपने बचपन में मैं लोगों के मुँह से यह सुना करता था कि जो व्यक्ति हिजली जाने के लिए यात्रा पर निकलता था वह बड़े दम्भ के साथ कहता था, मैं हिजली जा रहा हूँ; वह जब कुछ समय बाद हिजली से वापस आता था, तब वह मिन-मिनाते स्वर में रोते हुए मुँह से कहता था 'हिजली से आया हूँ।' गवर्नमेंट सर्विस में घुसने के समय वैसे ही कई व्यक्ति बड़े दम्भ के साथ कहते हैं कि 'मैं गवर्नमेंट सर्विस में प्रवेश कर रहा हूँ,' बड़े कष्ट के साथ खटते हुए एक बटे तीन पेंशन जल्दी-जल्दी मुट्ठी में लेकर वापस आते समय कातर स्वर में कहता है, 'सर्विस से छुटकारा पाकर, चैन की साँस लेता हुआ एक तरह से मैं बच गया हूँ।' पीसने वाला यन्त्र तो पेड़ों पर लगता नहीं है, इसी का (अर्थात् सरकारी नौकरी का—अनु.) नाम पीसने वाला यन्त्र है।[२६]

दीर्घदेही, सुपुरुष सुकुमार (६ फुट २ इंच के) अपने पिता की ही तरह विद्यानुरागी थे, और उनमें थी पाठाभ्यास की बहुमुखिता और उसके साथ जन्मजात लिखने की क्षमता। छोटानागपुर में आदिवासियों के धर्मान्तरण के प्रश्न को लेकर उन्होंने जर्मन लूथारियन मिशनरियों के कार्यकलापों की The Modern Iconoclast and Ignorance शीर्षक की अपनी छोटी-सी पुस्तिका में कठोर आलोचना की थी जिसने उस समय के विदग्ध पाठकों का समादर पाया था। विलायती पद्धति से कोलकाता में डोबटन कॉलेजियट स्कूल में पढ़ते समय अँग्रेज़ी भाषा में लिखना, तर्क-वितर्क और भाषण आदि में वे अभ्यस्त हो गये थे। हुगली मोहसिन कॉलेज में पढ़ते समय उनकी प्रवृत्ति पत्रकारिता की तरफ़ हो गयी थी। सरकारी काम के बीच में जैसे ही उन्हें अवकाश मिलता था वैसे ही तत्कालीन अँग्रेज़ी समाचार-पत्र इंग्लिशमेन, अमृत बाज़ार पत्रिका, स्टेट्समेन, दूरदराज के अंचलों की ख़बरें वे 'ए

हरिजन', 'ए डिफांक्ट डिप्टी', 'एन ओल्ड मुसाफ़िर' आदि छद्मनामों से भेजा करते थे। उनके पास देश-विदेश की पत्रिकाओं का बहुमूल्य संग्रह भी था। द्विजेन्द्रनाथ ने उनके पास से लन्दन की पत्रिका 'लिटरेरी गाइड' पाकर आनन्दपूर्वक लिखा था :

> 'लिटरेरी गाइड' के सारे लेखों को मैंने पढ़ डाला है, उसे देखकर उनकी दृष्टि से इंग्लैण्ड के वर्तमान साहित्य जगत् का एक विहंगावलोकन करने को मिल गया है।

उनकी इच्छा के अनुसार उस पत्रिका के सारे अंक भेजकर द्विजेन्द्रनाथ का साधुवाद और आशीर्वाद उन्हें मिला था।[२७] पिता का जीवनालेख्य 'ए मिड-विक्टोरियन हिन्दू' (१९२१) के अतिरिक्त उनके ईसाई धर्म और महायुद्ध सम्बन्धी तथ्यपूर्ण ग्रन्थ ये हैं : The Lure and the Cross (१९२४), The Cross in the Crucible (१९२७), The Dead Sea Apple (१९३५), The Devine Love, Bible examined, The War Spirit, Western Religion and Modern Civilisation, Raja Ram Mohan Roy and Hinduism. इन ग्रन्थों में अपनी राममोहन सम्बन्धी अन्तिम पुस्तिका में उन्होंने शिकागो के उत्तरवर्ती स्वामी विवेकानन्द के अभ्युत्थान की पृष्ठभूमि में, ब्राह्मों की सामाजिक अवस्थिति का मूल्यांकन किया था।

अपनी चिट्ठी-पत्री में वे वैचारिक बातचीत का सिलसिला चलाते रहे हैं महात्मा गाँधी (१८६९-१९४८), और अल्फ्रेड व्हाइटहेड (Alfred Whitehead, १८६१-१९४७) जैसे मनस्वियों के साथ। उनके अन्तरंग मित्रों में थे रामेन्द्रसुन्दर त्रिवेदी जैसे वैज्ञानिक, बौद्धधर्म नेता अनागरिक धर्मपाल (Hewasitarne Dharmapala) (१८६४-१९३३), भूवैज्ञानिक प्रमथनाथ बसु (१८५५-१९३५) और चार्ल्स एण्ड्रूज। द्विजेन्द्रनाथ, रवीन्द्रनाथ, अवनीन्द्रनाथ के साथ व्यक्तित्व सम्पन्न इस आत्मीय व्यक्ति का अन्तरंग सम्बन्ध आजीवन बना रहा था। उन लोगों ने सुकुमार की वैयक्तिक बुद्धि और गवेषणा की तारीफ़ करने के बाद भी उनके गुणी पुत्र असितकुमार को सरकारी काम में मदद देने की उनकी मानसिकता का कभी भी समर्थन नहीं किया था।

२४ जून, १८८५ ई. को महर्षि की चौथी कन्या, रवीन्द्र की बड़ी बहन, शरतकुमारी देवी (१८५४-१९२०) और जदुनाथ मुखोपाध्याय (?-१९१०)

की कन्या सुप्रभासुन्दरी (१८७०-१९२२) के साथ ब्राह्म मत से सुकुमार का विवाह हुआ था। विवाह के पूर्व दिन २३ जून को सुकुमार ब्राह्म धर्म में दीक्षित हुए थे, महर्षि और राखालदास की उपस्थिति में। अन्य लोगों में रवीन्द्रनाथ भी वैवाहिक अनुष्ठान में उपस्थित थे। विवाह की मजलिस में एक अप्रत्याशित अनुभूति हुई थी सुकुमार को। जोड़ासाँको के घर में विवाह के उस बासर घर में (जिस कक्ष में वर-कन्या पहली रात बिताते हैं—अनुवादक) कन्या के साथ रहने वाली सखी के रूप में प्रत्यक्षदर्शी सुकुमार की साली इन्दिरा देवी चौधुरानी (१८७३-१९६०) ने लिखा है :

> मेरी फुफेरी बहन सुप्रभा दीदी के विवाह के समय याद आ रहा है, पूजा की दालान में वर-कन्या दुमंज़िले पर स्थित वासरगृह (सुहागरात वाले कमरे में) पहुँचने के पहले ही कन्या को दौरा पड़ गया था। तब घर में पता नहीं क्यों हिस्टीरिया की बीमारी पैदा हो गयी थी। मैंने और उषा दीदी ने किसी तरह जतन कर उस मूर्च्छित कन्या को, दोनों तरफ़ से पकड़कर, बड़े कष्ट से सीढ़ियाँ पार कर दुमंज़िले के वासर गृह में लाकर लिटा दिया था। वहाँ पर वह मसनद पर बेहोश अवस्था में लेटी रही थी, पास में वर सुकुमार हक्के-बक्के होकर बैठे-बैठे मन में क्या सोच रहे थे, इसे वही जानते होंगे।
>
> उसी स्थिति में महफ़िल में उस समय की रीति के अनुसार रवीन्द्रनाथ की लिखी 'विवाह-उत्सव' नाटिका का मंचन हो रहा था।
>
> दीनू की माँ सुशीला बऊठान नायक बनी थीं। वे गाना और अभिनय, दोनों ही, बहुत सुन्दर किया करती थीं। उनका एक गाना, 'ओ केन चुरि करे चाय' (वह क्यों चोरी करना चाहता है) ख़ूब लोकप्रिय हुआ था। नायिका को देखते ही मोहित होकर वे गाया करती थीं, 'ओई जानलार काछे बसे आछे करतले राखि माथा' (अपनी हथेली पर सिर रखकर वह खिड़की के पास बैठी हुई है), उसके उत्तर में सरला दीदी सखा के वेश में मोह भंग करने के उद्देश्य से जो गाना गाया करती थीं, वह भी हास्य रस के गानों में स्थान पाने योग्य है—
>
> 'तुमि आछो कोन पाड़ा, तोमार पाई ने जे साड़ा/ पथेर मध्ये हाँ करे जे रइले हे खाड़ा.../ रांगा अधर नयन कालो भरा पेटेइ लागे भालो/ एखन पेटेर मध्ये नाड़ीगुलो दियेछे जे ताड़ा।'
>
> —अर्थात् 'तुम किस मोहल्ले में रहती हो, तुम्हारा कुछ पता नहीं

चलता है/ रास्ते में जो मुँह बाये खड़ा रहता है/ लाल ओंठ तथा काले नेत्र तभी तक अच्छे लगते हैं जब पेट भरा हो/ इस समय तो पेट में आँतें कुलबुला रही हैं।'

सुरसिका सुप्रभा को भी स्वर्णकुमारी देवी की ज्येष्ठ कन्या हिरण्मयी के विवाह के समय यही गाना गाना पड़ा था।[२८]

असितकुमार ने अपनी दादी माँ से सुना था, ८-९ वर्ष की उम्र में उनकी माँ सुप्रभा ने रवि दादा के सामने कोई कम शैतानी नहीं की थी। शैशव के खेलघर का अलोना बिना पका भोजन खिलाकर तारीफ़ बटोरना ही था उसका काम। मामा लोगों के सामने उसकी अद्‌भुत ज़िदें हुआ करती थीं। ज्योति दादा से सुना है माँ के खेलघर का खाना खाकर अगर मैं अच्छा बना है, कहा करता था, तो वह तुरन्त उस भोजन को चीख़कर कहा करती थी, 'नये मामा, कहाँ, अच्छा क्यों कह रहे हो? नमक तो ठीक हुआ नहीं है।' राधिका प्रसाद गोस्वामी (१८६३-१९२४) से अन्य लोगों के साथ सुप्रभा देवी ने भी गायन सीखा था। उस समय रवीन्द्रनाथ उनके सामने आईना रख देते थे, जिससे गाते समय उनका मुख विकृत न हो, यह ख़याल उन्हें बना रहे।

सुप्रभा देवी के साथ विवाह के बाद से ही ममिया ससुर रवीन्द्रनाथ के साथ समवयस्क सुकुमार का बन्धुत्व का सम्बन्ध बढ़ने लगा था। रवि मामा से वे उनकी कविता, कहानी, उपन्यास आदि पुस्तकें उपहारस्वरूप पा लेते थे और उन्हें ज़रूर पढ़ा करते थे, और कई बार अपनी पसन्द की कविताएँ एक-दूसरे को पढ़कर सुनाने का आनन्द भी उठाया करते थे। रवीन्द्रनाथ के सपरिवार गाजीपुर में रहते समय (१८८८ ई.) ज़रूरत होने पर सुकुमार से आर्थिक सहायता भी प्राप्त करते थे। उस समय 'स्टेट्समेन' पत्रिका में स्मृति शक्ति बढ़ाने का विज्ञापन देखकर २७ जुलाई, १८८८ ई. के पत्र में रवीन्द्रनाथ ने उन्हें लिखा था— "हम लोग यहाँ रहकर प्रो. लोयसेटी (Prof. Loisette) के मेमोरी लेसन (Memory Lesson) पाने के लिए एक क्लास फोरम करने का प्रयास कर रहे हैं।" सुकुमार ने यथासम्भव, यथानियमानुसार, रविमामा के परामर्श के अनुसार उस क्लास का सदस्य बनकर अपना और रवीन्द्रनाथ का चन्दा भेज दिया था।[९] उनका इस तरह का खुला हुआ सम्बन्ध था। सोलापुर, पूना घूमकर कोलकाता होते हुए शान्तिनिकेतन लौट आये रवीन्द्रनाथ। सुधीन्द्रनाथ (१८६९-१९२९),[२] कृतीन्द्रनाथ (१८७३-१९३५),

सुशीला ठाकुर (?-१८९१), सुशीला की कन्या नलिनी (१८८४-?), दिनेन्द्रनाथ (१८८२-१९३५) सभी लोगों ने एक स्थान पर इकट्ठे होकर नववर्ष में आनन्द की हाट जमा रखी थी शान्तिनिकेतन में, और उस समय सुकुमार के राँची घर से भेजे गये शुभकामना के उपहारस्वरूप उनके घर में तैयार बतासा, अचार, मिष्टान्नादि आ पहुँचे वहाँ। सादर ग्रहण किया उनकी छोटी ममिया सास मृणालिनी देवी (१८७४-१९०२) ने, फिर उन्होंने उन्हें लिखा था :

> सुकुमार सन्देस, मुरब्बा, बतासा मिल गये हैं, बतासा देखकर हम सब लोग अवाक् रह गये हैं, इतने बड़े बतासा हम लोगों ने कभी नहीं देखे हैं। सन्देस तो हम लोगों को बहुत अच्छे लगे, मुरब्बा निश्चय ही ख़ूब अच्छा होगा। हमारे यहाँ तो खाने का जो बन्दोबस्त है, उसे तो तुम जानते ही हो, माछ, मांस खाने की गुंजाइश नहीं है, ऐसी स्थिति में, इस तरह की चीज़ों के सभी उपहार पाकर कितनी ख़ुशी होने की बात है इसे तो बताना अतिशयोक्ति होगी। सुशीला, सुधी, कृती, नलिनी यहाँ हैं, हमारा दल ख़ूब अच्छी तरह यहाँ जमा हुआ है। हम लोग सोच रहे थे कि तुम इधर से होते हुए शायद यहाँ एक बार हो जाओ। हमने तुम्हें चिट्ठी लिखने की सोची थी कि हम लोग तुम्हारे यहाँ आयेंगे किन्तु, अन्त में देखा कि बच्चों को यहाँ छोड़कर जाने की सुविधा नहीं है। (शान्तिनिकेतन, मृणालिनी १८९०)

जून १९०७ ई. में रवीन्द्रनाथ अपनी छोटी बेटी मीरा का विवाह कर रहे थे, मई ११ में उन्होंने अग्रिम चिट्ठी में परम संकोच के साथ आत्मीय सुकुमार को लिखा था, "मेरी छोटी बेटी का विवाह ठीक हो चुका है। शान्तिनिकेतन में होगा। तुम लोगों का आना क्या सम्भव हो सकेगा।" १९०६-७ की समयावधि में जब सुकुमार मेहेरपुर में डिस्ट्रिक्ट बोर्ड के सदस्य थे, वहाँ पर रवीन्द्रनाथ ने अपने सुहृद महाराजा मणीन्द्रचन्द्र नन्दी (१८६०-१९३०) को बोर्ड में होने वाले निर्वाचन के मामले में सीधे-सीधे उन्हें वोट देकर उनकी सहायता करने के लिए लिखा था। इसी तरह से आत्मीयता के बन्धन के साथ उनका परस्पर बन्धुत्व और सुदृढ़ हो गया था। 'राममोहन राय एण्ड हिन्दुइज़्म' ग्रन्थ रचना के समय सुकुमार की पुस्तक की भूमिका लिख देने के अनुरोध के उत्तर में १० जनवरी, १९२० को रवीन्द्रनाथ ने उन्हें लिखा था,

> ब्राह्म सम्प्रदाय के साथ मतभेद को लेकर किसी के साथ लड़ाई

करना अथवा किसी को आघात पहुँचाना मुझसे न हो सकेगा। आदि ब्राह्म समाज के साथ भी मेरे मत या मन का कोई योग नहीं है। मैं तो सारे समाजों के बाहर चला गया हूँ।[३१]

पारिवारिक सम्पत्ति की रक्षा और परिवर्धन की तरह सुकुमार ने बड़े जतन से रक्षा की थी राखालदास और उनके ग्रन्थ संग्रह, चिट्ठी-पत्री, और एलबम में रखे गये उस समय के मूल्यवान् फ़ोटोग्राफ़्स की। एक बार उनके संग्रह में सुरक्षित रवीन्द्रनाथ के किशोरावस्था के चित्र को असितकुमार ने जब रवि दादा को भेजा तब उन्होंने २६ माघ १३१८ (१९११) को लिखा था,

तुमने जो चित्र भेजा है, उसे पाकर मैं बहुत प्रसन्न हुआ। इस चित्र की बात मैं एकदम भूल गया था। यह मेरी १४/१५ वर्ष की छवि है। और किसी के भी पास नहीं है।[३२]

१९३३ ई. में सुकुमार के अपने संग्रह में रवीन्द्रनाथ का एक ब्रह्म संगीत का, 'आमरा जे शिशु अति'[३३] मसौदा पाकर, उसके अँग्रेज़ी अनुवाद की अनुमति चाहने पर कवि ने लिखा था :

प्रियदर्शन सुकुमार, महाकाल की 'Waste paper Busket' रद्दी की टोकरी से तुमने यह अत्यन्त पुराने जीर्ण गाने को कहाँ से खोज निकाला है। मैं सोच रहा था वह तो संसार के अनेक कूड़ा-करकट के साथ विस्मृति लोक में अन्तर्धान हो गया है। वह सुरक्षित रखने वाली चीज़ तो नहीं ही है। इन तुच्छ कच्चे हाथों की लाइनों के प्रति तुम्हारी बड़ी दया होगी, अगर तुम इन्हें कवर में दफ़नाकर नज़रों से ओझल कर दो। तुम तो यह न कर इसके उलट अध्यवसाय में लग पड़े हो। उस गान के प्रति तुम्हारी जो ममता है, उसे पूरी तरह छोड़ दो।

मैं यथासम्भव सारे कर्मों से निष्कृति पाने के प्रयास में हूँ। डाक के हरकारे को भी मैं कमरे की सीमा में आने नहीं देता हूँ। किन्तु, बेड़ा में इतनी फाँक है कि एकदम उससे छुट्टी पाने की आशा नहीं है। तुम्हारा सत्तर वर्ष का बोझा इतना भारी नहीं है—तुम बलशाली मानुष हो—अपने मज्जा में शक्ति संचय कर सके हो—उस दृष्टि से मुझे दीवालिया ही कहा जाय, चल सकता है। इति ५ भद्र १३४० / तुम्हारा रविमामा।

स्वाध्याय और लिखने के अलावा सुकुमार हालदार की सबसे प्रिय आयद

थी बग़ीचे की देखभाल करना, शारीरिक व्यायाम और घुड़सवारी। दैनन्दिन आहार ग्रहण करने में उन्होंने अपने ऊपर अनेक प्रयोग किये थे। वे नियमनिष्ठ तो थे ही, इसके ऊपर अपने अवकाश प्राप्त लम्बे जीवन में उन्होंने मूल रूप से शाकाहारी भोजन के द्वारा अपने स्वास्थ्य की रक्षा की थी। राँची के सामलोंग् फार्म वाले घर में सब्ज़ी के खेत और उनकी योजना के अनुसार तैयार श्वेत चन्दन, महोगनी जैसे अनेक मूल्यवान् वृक्षों के साथ आम, जामुन, कटहल जैसे अनेक फल और फूलों वाले वृक्षों से समृद्ध विशाल बाग़ उस समय दृष्टि में पड़ने जैसा था। उस उद्यानघर में चार्ल्स ऐण्ड्रज, ज्योतिरिन्द्रनाथ और सत्येन्द्रनाथ ठाकुर, गगनेन्द्रनाथ ठाकुर, शिल्पी नन्दलाल बसु, पत्रकार तुषार कान्ति घोष, नेताजी सुभाषचन्द्र बसु, शरत्चन्द्र बसु आदि अनेक लोगों का आना-जाना था। एक दर्शक खाते में उनके हस्ताक्षरों सहित उनका मन्तव्य भी लिखा रहता था।[३४]

देवेन्द्रनाथ की नवम सन्तान, चौथी कन्या शरतकुमारी सौन्दर्य-प्रसाधन और पाककला में कुशल थी। इन्दिरा देवी ने अपनी सँझली बुआ शरतकुमारी देवी के बारे में लिखा है :

> वे पारिवारिक सौन्दर्य-प्रसाधन में एकनिष्ठ साधिका थीं। जोड़ासाँको घर के भीतर एक महल के एक तला पर जो सामान्य स्नानागार था, उसमें घुसते ही एक पक्की बनी हुई बेंच पर बैठकर सँझली बुआ अपने प्रसाधन में लगी रहती थीं, तो जो सबसे पहले उस स्नानघर में जाता था वह भी देखता था और जो अन्त में स्नान कर निकलता था वह भी देखता था—कि इस समय भी वे अपने हाथ-पैरों को घिस-माँजकर साफ़ कर रही हैं। तेल, बेसन, मलाई और मैदा कितने तरह के उस ज़माने में प्रसाधन द्रव्य थे, उनकी सेवन विधि अगर जान ली जाये और उसे काम में लाया जाये तो हमारी आधुनिकाओं के रंग में और भी चमक आ जाती। और निखार आ जाता। सँझली बुआ पाक विधा में ख़ूब दक्ष थीं। यहाँ तक कि प्याज़ को गंध रहित बनाकर परमान्न तक बना डालती थीं। और उनकी रसमलाई की मिठास भी स्वनामधन्य थी।

पिता जदुनाथ थे शौक़िया नाट्यकार और विनोदप्रिय घरजमाई। ज्योतिरिन्द्रनाथ के नाट्य दल में चार सदस्यों में अन्यतम सक्रिय सदस्य थे वे। उनके प्रसंग में इन्दिरा देवी ने लिखा है :

> इनका नाम भी कृतज्ञता के साथ स्मरणीय है, क्योंकि विलायत से वापस आने के बाद वे हम लोगों को जो बासी, खड़खड़ी लूची, दूध की मलाई और खजूर के गुड़ के साथ मींस कर गोला बनाकर खिलाया करते थे, उसका अमृतोपम स्वाद आज भी याद करते ही खाने का लालच पैदा हो जाता है।[३५]

ठाकुर परिवार के परिष्कृत, सुरुचिसम्पन्न परिवेश और माँ के प्रभाव से सुप्रभा हो गयी थी रन्धन पटीयसी गृहिणी और प्राण चांचल्य तथा उत्साह से भरपूर। बचपन में उसने रवीन्द्र नाटकों में भाग लिया था और उनमें गाना भी गाया था। उनके बारे में छोटी मौसी स्वर्णकुमारी देवी की कन्या सरला देवी (१८७२-१९४५) ने 'जीवनेर झरा पाता'—'जीवन के झरे पत्ते' में लिखा है :

> सुप्रभादेवी इस घर में एक व्यक्तित्व सम्पन्न कन्या है। सँझली मौसी माँ के बाल-बच्चे पढ़ने-लिखने की अधिक परवाह नहीं किया करते थे। उस समय के 'चारुपाठ' से ऊपर वे उठ पाये थे कि नहीं इसमें सन्देह है। किन्तु, संसार के अनेक विषयों में सुप्रभा दी का अशिक्षित पाण्डित्य और कल्पना के परे अभिज्ञता अपूर्व थी। सबसे नीचे की मंज़िल में वामुन और दासी वर्ग में क्या हो रहा है, क्या नहीं इस सबकी ख़बर वे रखती थीं। पूरे दिन वे चरखी की तरह एक बार नीचे और एक बार ऊपर घूमती ही रहती थीं। इनके पिता—हमारे सँझले मौसा जी जदुनाथ मुखोपाध्याय की तरह ये रंग-रस से भरी हुई थीं। हँस-हँसकर बात करने तथा महफ़िल ज़माने में ये अद्वितीय थीं। सुकुमार हालदार के साथ विवाह के बाद डिप्टी की गृहिणी होने के कारण महकुमा में इनके घर के अन्दर महिलाओं की एक ख़ास इजलास बैठा करती थी। मजलिस के सदस्यों के संग दोष अथवा गुण के कारण तथाकथित अमूर्तिपूजक ब्राह्ममन्त्र दीक्षिता स्त्री होते हुए भी उन्होंने, उस दीक्षा के बन्धनों को छिन्न कर मूर्तिपूजक गुरु से मन्त्र ग्रहण किया था, शिव प्रतिमा की पूजा करने लगी थीं। किन्तु, जोड़ासाँको मायके में समान रूप से आना-जाना बरकरार रखा था। इस घर के संस्कारों को भंग किया है, इस वजह से ज़रा भी अप्रतिभ नहीं होती थीं।[३६]

वास्तव में सुकुमार की धर्मनिरपेक्षता की भागीदार हो गयी थी उनकी स्त्री सुप्रभा। मूर्तिपूजा के घोर विरोधी महर्षि देवेन्द्रनाथ के परिवार में पालित होने के बाद भी वे अन्त में साधक परमहंस शिवनारायण स्वामी से दीक्षा ग्रहण

कर शिव की परम पुजारिनी हो गयी थीं। उन्होंने अपने राँची के सामलोंगू फार्म-घर में उपासना के लिए मन्दिर में श्वेतशुभ्र आदिनाथ शिवलिंग की स्थापना की थी, जो आज भी स्थानीय भक्तगणों की पूजा प्राप्त करता आ रहा है। १९१० ई. में सुकुमार द्वारा आँके गये मन्दिर के एक क्षुद्र आकृति के चित्र में डिप्टी स्वामी की शिल्पकला के अनुराग का परिचय मिलता है। नौ पुत्र और दो कन्याओं (सनत, रजत, प्रभात, असित, मीना, ज्योतिर्मय, दीप्तिमय, नीला, परितोष, शुकदेव, देवनाम) के बृहद् परिवार को वे आजीवन सँभालते रहे। असितकुमार थे उनकी चौथी सन्तान।

तथ्यसूत्र

१. महर्षि देवेन्द्रनाथ ठाकुर, आत्मजीवनी, विश्वभारती, सम्पादन, अजित कुमार चक्रवर्ती, चौथा संस्करण, परिशिष्ट ५०, पृ. ३९९

२. राखालदास हालदार के परिवार के साथ ठाकुर परिवार का वैवाहिक योगसूत्र, प्रथम पुत्र सुकुमार + सुप्रभा, महर्षि देवेन्द्रनाथ ठाकुर की चौथी कन्या शरतकुमारी और जदुनाथ मुखोपाध्याय की पुत्री।

द्वितीय पुत्र भूदेव +तपती, सूर्यकुमार ठाकुर की कन्या श्यामासुन्दरी मुखोपाध्याय वंशज नित्यरंजन और महर्षि की दौहित्री (सौदामिनी - कन्या) इरावती की कन्या।

चतुर्थ पुत्र निर्मलचन्द्र + शान्तिमयी, गिरीन्द्रनाथ ठाकुर की दौहित्री कुमुदिनी और नीरदनाथ मुखोपाध्याय की कन्या।

राखालदास हालदार कन्या :

यामिनीबाला + अशोकनाथ; महर्षि कन्या सुकुमारी और लाडलीमोहन ठाकुर वंशज हेमेन्द्रनाथ मुखोपाध्याय का पुत्र।

द्रष्टव्य : चित्रादेव, ठाकुर बाडीर अन्दर महल, आनन्द पब्लिशर्स प्रा. लि. कोलकाता, तृतीय परिवर्धित और परिमार्जित संस्करण, तृतीय मुद्रण, २००७, पृ. ३२५, ३७६, ३३४

३. वर्तमान पीढ़ी में उनकी एक दौहित्री कन्या, उस्ताद विलायत ख़ाँ की सुयोग्य शिष्या सुरमणी कल्याणीराय (ज. १९३१) ने भारतवर्ष की विख्यात सितारवादिका के रूप में देश-विदेश में ख्याति अर्जित की है।

४. चन्द्रशेखर वंद्योपाध्याय, गंगाधर शर्मा उर्फ़ जटाधारी का रोज़नामचा, प्रथम संस्करण १८८३, पृ. ९६-९७, दुष्प्राप्य साहित्य संग्रह (प्रथम खण्ड), सम्पादन, कांचन बसु, रिफ़्लेक्ट पब्लिकेशन, कोलकाता, अन्तर्गत, द्वितीय मुद्रण, १९९२, पृ. ३२७, चन्द्रशेखर

वंद्योपाध्याय (१८४५-१८८५) के वर्णन के अनुसार, ''हाथ में एक मद्रासी रूमाल और बग़ल में एक सर्टिफिकेट का बण्डल लिए हुए हैं। आवश्यकता होने पर अपनी कार्यकुशलता का परिचय देने को तैयार हैं। इस बण्डल में भारतवर्ष के नव पुरावृत्त पर्याप्त मात्रा में हैं। उन पुरावृत्त सम्बन्धी काग़ज़ों को यदि पढ़ा जाये तो डॉ. राजेन्द्रलाल का पुरावृत्त अथवा बंकिम बाबू के उपन्यास संग्रह में जो परिश्रम लगे वह कम हो सकता है—सर चार्ल्स ने मात्र दो अधपके चिकिन खाकर इस मार्ग से सिन्धु यात्रा किस समय की थी, पहले देसी इंजीनियर बैकुंठवासी बेचाराम हालदार महाशय ने स्वतन्त्र विभाग का कार्यभार किस समय ग्रहण किया था, इन सबकी तिथियाँ इस बण्डल से निश्चित की जा सकती हैं।

५. खगेन्द्रनाथ भौमिक, पदवी की उत्पत्ति और क्रमविकास का इतिहास (पदवीर उत्पत्ति ओ क्रमविकासेर इतिहास, संचयन प्रकाशनी, कोलकाता ९, तृतीय संस्करण २००४, पृ. १६४, 'हविलदार अथवा हावलदार शब्द से उत्पन्न सैन्याध्यक्ष सहकारी के रूप में रक्षक।' पृ. १७७, 'हालदार शब्द का सही अर्थ क्या है, इसका पता नहीं है। सरल अर्थ में इसे स्वीकार नहीं किया जा सकता है। कारण, ब्राह्मण उपाधि त्यागकर इस उपाधि को ग्रहण करने के पीछे उस समय ज़रूर किसी महत्ता का बोध था। सुतराम् हल अथवा नाव की पतवार के साथ हालदार का कोई सम्बन्ध-सूत्र नहीं है।'—पृ. ७३ 'हालदार अर्थात् किसी विशेष काम अथवा दायित्व का भार प्राप्त प्राणी। अरबी शब्द हवलदार से भी इस शब्द का आना सम्भव है। उच्चपदस्थ सामरिक कर्मचारी को हवलदार कहा जाता था।'

६. राखालदास हालदार, उत्तराधिकारियों को एक उपहार, हाथ से लिखी एक पुस्तिका।

७. क्षितीश राय, 'राममोहनचचरि पथिकृत, राखालदास हालदार' प्रवासी श्रावण, १३७९ (१८७२), पृ. ६७७-८५।

८. असितकुमार हालदारेर खसड़ा खाता।

९. पशुपति शासमल, 'विधवाविवाह सम्पर्के राखालदास हालदार', देश (साप्ताहिक), २९ जुलाई, १९६७, पृ. १३०९-१३१६।

१०. S. Haldar, A Mid Victorian Hindu, Samlong Farm, Ranchi, 1921, p. 58-59.

११. अमेरिका के जार्ज टाउन के रहने वाले सामाजिक कार्यकर्ता एकेश्वरवादी पादरी चार्ल्स हेनरी एपल्टन डाल ने १८४४ में बोस्टन की सफल वणिक-कन्या, वीमेन साफ्रेज और दासप्रथा विरोधी आन्दोलन के साथ जुड़ी एक्टिविस्ट केरलिन वेल्स हिली (१८२२-?) के साथ विवाह किया था। ईसाई कार्य में असफल पादरी डाल ग्यारह वर्ष दुःखद दाम्पत्य जीवन बिताकर अन्ततः स्त्री और नाबालिग़ दो सन्तानों को छोड़कर १८५५ ई. में कलकत्ता चला आया था। और यहाँ शिक्षा-सम्बन्धी काम में लग गया था। ईश्वरचन्द्र विद्यासागर के सहयोग से राखालदास के साथ उसी समय उसका परिचय हुआ था।

१२. Rakhal Das Haldar, An English Diary of an Indian Student. 1861-62, Asutosh Library. Dacca, 1903, द्रष्टव्य २ जून, १८६१ का पत्र।

१३. जून २०१३ की श्रीमती एमी हार्स्ट के द्वारा भेजे गये ई-मेल समाचार के अनुसार १८५७ ई. भ्रमणकारियों की तैयार सूची के अनुसार शेक्सपियर के जन्मस्थान के पहले भारतीय दर्शक थे राजा राममोहन राय के पालित पुत्र राजाराम राय, वे ५ अगस्त, १८३७ ई.को वहाँ गये थे। (Ref. Amy Hurst, Collections Archivist, The shakespear Birth place trust).

१४. An English Diary, 17 June, 1861, राखालदास ने लिखा है, "The turban was made of crimson alwan and hasia, it was a huge thing, literally a load and soiled with oil which Rammohan Roy applied to his head. It appeared that the diameter of the crown R.M. Roy's head was greater than mine by an inch, and my head is by no means a small one, and rarely find a cap in the shops which fits me well."

राजा के सिर के बाल राखालदास के ज्येष्ठ पुत्र सुकुमार हालदार ने बंगीय साहित्य परिषद् और राजा राममोहन राय लाइब्रेरी को प्रदान कर दिये हैं और आज भी वे चीज़ें प्रदर्शन के लिए सुरक्षित हैं।

१५. १ मार्च, १८६२, The Inquerer राखालदास ने लिखा था, "There may be a few people in the country who maintain that India has been conquered by the sword and must be kept down by the sword, thus evincing a large preponderance of the selfish and material element in their own minds; but the more general opinion (held by persons true to the spirit of the age) seems to be that, a time will probably come when England will find it more for her interest to have a mere commercial intercourse with India, than to keep her in political subjection... a time when both the countries will independentally flourish; such a state of thing can never come unless India is properly educated to take care of herself. (A mid-Victorian-Hindu p. 100-101)

अर्थात् अपने देश में ऐसे कुछ व्यक्ति हो सकते हैं जिनकी यह धारणा हो कि भारत को तलवार के बल पर जीता जा सकता है और उसे तलवार के बल पर ही अपने अधीन बनाये रखा जा सकता है। उनकी यह धारणा उनके मत में प्रबल रूप से व्याप्त स्वार्थी और भौतिकवाद के तत्त्वों को व्यक्त करती है। किन्तु, लोगों की सामान्य धारणा (जो उस युग की भावना के अनुसार लोगों को सत्य) प्रतीत होती है, वह यह है कि सम्भवत: एक समय ऐसा आयेगा जब इंग्लैण्ड स्वयं यह सोचेगा कि भारत को राजनैतिक दृष्टि से ग़ुलाम बनाये रखने की अपेक्षा उसके साथ सिर्फ़ व्यापारिक सम्बन्ध बनाए रखना स्वयं उसके अधिक हित में है, तभी दोनों देश स्वतन्त्र रूप से फल-फूल सकते

हैं। किन्तु, इस तरह की स्थिति तब तक नहीं आयेगी जब तक भारत को विधिवत शिक्षित न किया जाये, जिससे वह अपनी देखभाल स्वयं कर सके।''—ए मिड-विक्टोरियन-हिन्दू, पृ. १००-१०१

१६. An English Diary, the collection of paintings in the Louvre is said to be unrivalled, it is specially rich in the works of the Italian masters. अर्थात् ''लुव्र संग्रहालय में चित्रों का जो संग्रह है, उसे अद्वितीय कहा जाता है। विशेष रूप से इटली के महान् चित्रकारों की कलाकृतियों से समृद्ध है।''

१७. Ibid, p. 57 - उस संग्रहालय में स्वर्णसिंहासन के ऊपर महाराजा (रणजीत सिंह-अनुवादक) की एक छवि देखकर राखालदास को लगा था, ''It was painful to the state Chair of Gold of the Late Lion of the Punjab with mere picture upon it, shawl without Baleus, musical instruments without a Hindu Player, Jezails and swords without Sipahis and Sawars, golden ornaments without wearers and above all hookahs without the fume of fantastic shapes'; Richard H. Devis, Lives of Indian Images, Princeton University Press, 1999 pp. 174.

अर्थात् ''पंजाब केसरी स्वर्गीय रणजीत जी के स्वर्ण सिंहासन के ऊपर उनका चित्र-भर होना उसी तरह से दु:खद था, जैसे शाल बिना बाबू के, वाद्यवृन्द बिना किसी हिन्दू वाद्यकार के, भाला और तलवार बिना सिपाही और सवार के, स्वर्णिम आभूषण बिना पहनने वाले के, और सबसे ऊपर हुक्का बिना लहराते हुए सुन्दर धुएँ के।'' रिचर्ड एच. डेविस, भारतीय मूर्तियों का जीवन, प्रिंस्टन यूनिवर्सिटी प्रेस, १९९९, पृ. १७४।

१८. १८६२ ई. के पत्र में सहायता के प्रसंग पर ईश्वरचन्द्र विद्यासागर ने लिखा था, ''आपकी इच्छा के अनुसार कौन-कौन मुख्य पदस्थ अँग्रेज़ कर्मचारियों से आपका परिचय करा दूँ, सम्भवत: इस विषय में आप असहमत नहीं होंगे।''

१९. १८६५ ई. में डिप्टी मजिस्ट्रेट और डिप्टी कलेक्टर के पद पर राखालदास छह मास के लिए पुरुलिया में बदली होने के कारण सान्त्वना का पत्र लिखकर ही ईश्वरचन्द्र शान्त नहीं हुए, दया के सागर उन्होंने उनके वहाँ एकाकी जीवन-यापन के कारण हुई असुविधा की बात सोचकर २५ रुपये वेतन पर एक सहायक नौकर की भी व्यवस्था कर दी थी।

२०. डॉ. आनन्द कुमारस्वामी के इन पूर्वजों ने १८९७ ई. में अमेरिका से वापस लौटने के मार्ग में कोलम्बो में स्वामी विवेकानन्द (१८६३-१९०२) की परम श्रद्धा के साथ अभ्यर्थना भी की थी।

२१. अरबी पाशा—राष्ट्रीयतावादी मिस्र के युद्धमन्त्री, स्वाधीन सरकार बनाने के प्रयास (१८८२) में असफल होकर राज्य विद्रोह के अपराध में उन्हें ब्रिटिश सरकार ने सिंहल में निर्वासित कर दिया था।

२२. The Mid-Victorian Hindu p. 177; "I do not think we, as natives of India (speaking generally) can make a favourable impression upon foreigners. We are oftenapt to stoop too low. Even a Maharaja would be afraid of a veritable English loafer."

२३. The Asiatic Society Journal Index 1788-1953, Vol. 1, Part II, pp. 404, "Two Letters on same old temples near Barakar river", 1866 pp. 73-74 Notes on a cu-plate inscription in the possession of certain Kols at Nagpur, 1869, pp.203-204" Note on three inscriptions on the stone found in Chota Nagpur", 1871, pp. 108-110, 132-133; 'Inscription at deosanagar [T Plate], 1887, pp. 212-215; Introduction to the Mundari Language', Vol. XL. Part 1, 1871, pp. 46-67.

२४. इंग्लैण्ड में उनके द्वारा संगृहीत राममोहन सम्बन्धी दुर्लभ दस्तावेज़ों में से अधिकांश का उन्होंने उपयोग किया था, यह अपूर्व काम किया था श्रीमती सोफिया, डोबसन कोलेट (१८२२-१८९४) ने अपने ग्रन्थ 'Life and Letters of Raja Ram Mohan Roy'।

२५. फादर देतियेन, बाङ्‌ला गद्य परम्परा, अनन्या प्रकाशन, १९७७, पृ. ३९।

२६. विश्वभारती पत्रिका, श्रावण-आश्विन, १३५९ (१९५२) द्विजेन्द्रनाथ ठाकुर का पत्र, पृ. ४०।

२७. वही, पृ. ४०-४१।

२८. इन्दिरा देवी चौधुरानी, स्मृति सम्पुट (प्रथम खण्ड), रवीन्द्रभवन, विश्वभारती, शान्तिनिकेतन, २०००, पृ. ६।

२९. प्रशान्त कुमार पाल, रविजीवनी (तृतीय खण्ड) आनन्द पब्लिशर्स, १३९४ (१९८७), कोलकाता, पृ. ९८।

३०. रवीन्द्रनाथ ठाकुर, चिठिपत्र (प्रथम खण्ड) विश्वभारती ग्रन्थालय, कोलकाता, प्रथम संस्करण, २५ बैसाख, १३४९, पृ. १०१।

३१. रविजीवनी, (चतुर्थ खण्ड), आनन्द, १३९७, पृ. ३५६।

३२. शारदीय देश, २००४, पृ. २५।

३३. गाने, गीत वितान के अन्तर्गत सीडी रिकार्ड में भी भरे हुए हैं, स्वामी विवेकानन्द के द्वारा गाये हुए १५ प्रिय रवीन्द्र संगीत (मूलत: ब्रह्म संगीत) के अन्तर्गत ये गाने आज भी श्रीरामकृष्ण परिमण्डल के अनुष्ठान में प्रस्तुत किये जाते हैं।

३४. दर्शनार्थियों के लिए वह खाता आज भी 'शान्तिनाथ बूधिया, स्मृति ग्रन्थाकार' राँची में संरक्षित है।

३५. स्मृति सम्पुट (प्रथम खण्ड), विश्वभारती, २०००, पृ. १९-२०।

३६. सरला देवी चौधुरानी, जीवनेर झरा पाता, देज़, कोलकाता, १३८२ (१९७५), पृ. १७-१८

कथा : जन्म और शैशव की

ऐतिहासिक जोड़ासाँको (महल में) ठाकुरबाड़ी में, माँ के मायके में शिल्पी असितकुमार हालदार का जन्म १० सितम्बर, १८९० ई. को हुआ था। उस समय की पारम्परिक पारिवारिक प्रथा के अनुसार सुप्रभासुन्दरी के नवजात पुत्र के प्रथम मुखदर्शन के समय महर्षि देवेन्द्रनाथ ठाकुर (१८१७-१९०५) ने उसका नाम रखा था 'असित'। भाद्रमास अमावस्या में श्रीकृष्ण घोर दुर्योग में जनमे थे। उस वजह से रवीन्द्रनाथ ने अपने स्नेह के नाती को लिखा था,

> पहले आश्विन, १३३८ बंगाब्द (१९३१) को लिखी चिट्ठी में बड़े असमय में तेरा जन्म हुआ था। बाबा ने सम्भवतः जन्म मास की समानता देखकर तेरा नाम रखा था 'असित'।[1]

रवीन्द्रनाथ का चित्रकार नाती था, जोड़ासाँको महल में प्रसूतिगृह का पुनराविष्कारक। प्रसूतिगृह के बारे में असितकुमार ने लिखा है :

> जिन दो महात्मा, पिता–पुत्रों (देवेन्द्रनाथ और रवीन्द्रनाथ) का जिस प्रसूतिका घर में जन्म हुआ था, उसे पहली बार देखने का सुयोग मुझे तब मिला जब मैं नौ–दस वर्ष का बालक था। बड़ी दीदी माँ सौदामिनी देवी मुझे, पता नहीं क्यों, एक दिन ले गयीं जोड़ासाँको के अन्दर-महल में प्रकाश अँधेरे में सीढ़ियाँ पार कर ऊपरी मंज़िल में। प्रसूतिकाघर का द्वार सीढ़ियों के ऊपरी तला पर था। प्रसूतिका घर का द्वारा सीढ़ियों पर चढ़ने के रास्ते में भी और एक दुमंज़िले से होकर प्रवेश करने के लिए भी है। अर्थात् वह कमरा मानो लटक रहा हो दो मंज़िले पर भी नहीं और नीचे की मंज़िल पर भी नहीं। बड़ी दीदी माँ कहने लगीं,'देखो, यहीं पर घर के कर्ता महाशय एवं हम सब लोगों का जन्म हुआ है।[2]

दो सौ वर्ष से भी अधिक पुराने जीर्ण-शीर्ण प्रसूतिका घर को १६ दिसम्बर, १९६३ ई. में असितकुमार तत्कालीन रवीन्द्रभारती विश्वविद्यालय के उपकुलपति डॉ. हिरण्मय वंद्योपाध्याय (१९०५-१९८५) को प्रत्यक्ष दिखाने के प्रयास में घरबाड़ी में अनेक परिवर्तन हो जाने की स्थिति में उस प्रसूतिका घर में खड़े होकर भी द्वन्द्व में पड़ने से यह निश्चित नहीं कर पाये कि यही प्रसूतिका घर है। हिरण्मय बाबू काफ़ी अन्वेषण और विश्लेषण के बाद जिस निर्णय पर पहुँचे वह इस प्रकार है :

> प्रसूतिका घर को असितकुमार ने जोड़ासाँको भवन के जिस भाग में स्थित बताया था, इसे ठाकुर परिवार के अन्य लोगों के मुँह से भी सुना है। फिर भी प्रत्यक्षदर्शी इस समय कोई जीवित नहीं है। इस विषय में द्विजेन्द्रनाथ ठाकुर के पौत्र अजीन्द्रनाथ ठाकुर की पत्नी श्रीमती अमिता देवी के साथ मेरी बातचीत हुई थी। उन्होंने मोटे रूप में असित हालदार के कथन का समर्थन किया था। असित हालदार को उनकी बड़ी दीदी माँ ने जिस कमरे को दिखाया था, इस तरह का जो कथन है, वह कमरा भी अमिता देवी ने मुझे दिखाया था। वह कमरा एक सीढ़ी के साथ संलग्न था।...फ़िर भी सीढ़ी के साथ उसका कोई जुड़ाव या सम्बन्ध नहीं है। पूर्व में जो सम्बन्ध था उसके चिह्न वर्तमान हैं, जिसे बाद में दीवाल बनाकर बन्द कर दिया गया है। यह अच्छी तरह समझा जा सकता है। मैं ऊपर के दुमंज़िले से होकर भी इस कमरे में घुस गया था। घुसते ही देखा कि सचमुच में उस कमरे में दो छोर पर दो दरवाज़ों को छोड़कर और कुछ भी नहीं है।

द्विजेन्द्रनाथ की पुत्रवधू हेमलता देवी (१८७३-१९६७) अवश्य असितकुमार द्वारा वर्णित कमरे के साथ सहमत नहीं थीं। हिरण्मय बाबू सभी दृष्टियों से विवेचना कर एवं घटनास्थल देखकर इस सिद्धान्त पर पहुँचे थे,

> असित हालदार ने जिस कमरे का उल्लेख किया है, वह आज भी विद्यमान है। उनकी बात के समर्थन में इतना कहा जा सकता है कि उन्होंने जिनके माध्यम से उस कमरे को देखा था, वह रवीन्द्रनाथ की बड़ी बहन एवं उनके जन्म के समय साक्षात् उपस्थित थीं। दूसरी ओर हेमलता देवी ने जो कुछ कहा था, वह तो सुनी-सुनायी बात है। इस विषय में सौदामिनी देवी (१८४७-१९२०) की बात ही भरोसे लायक लगती है।

२

जगद्दल के हालदार भवन में असितकुमार ने अपने कैशोर्य से तरुणायी अवस्था का आना-जाना (१९१२) तक देखा था—

> बहुत प्राचीन तुलसी घरुआ के पास 'सतीदेवी' और गंगावासी का कमरा, और पक्के बँधे हुए घाट के दोनों तरफ़ गोल चबूतरे पर स्थापित 'षष्ठी देवी' और 'पंचानन'—अश्वत्थ और वट की घनी और विपुल छाया। घर के सामने ड्योढ़ीदार विशाल दरवाज़ा—घुसते ही सामने पूजा की दालान। लक्ष्मीजनार्दन गृहदेवता के सिंहासन के अलावा अब बाक़ी वहाँ कुछ भी नहीं है—काठ के रथ जैसी फीके रंगवाली भग्नप्राय, धूल से मलिन स्थिति में एक चीज़ वहाँ पड़ी हुई थी। घर में चौक से मिली हुई दालानों से घिरे हुए भीतरी और बाहरी महल। कोरिन्थियन शिखर वाले आठ गोल-गोल स्तम्भों पर बनी मेहराबें बहुत कुछ मुग़लकाल की बारादरी की मेहराबों की तरह थीं। और मोर आदि पक्षियों की डिज़ाइन का काम की हुई दीवालें। बाबू लोगों के पूर्व प्राचुर्य और समृद्धि के प्रतीक थे झाड़फ़ानूस और सजावटी बत्तियाँ, दीवाल आदि में लटकी हुई बत्तियाँ—दीवालों, छतों एवं कमरे के अनेक स्थानों पर मैं देख पाता था। दरबान की ढाल-तलवार की जंग लगी स्थिति उस समय मैंने देखी थी। ढाल है, तलवार भी है—निधिराम सरदार चला गया है—उस समय की यही हालत थी।

बचपन अथवा कैशोर्य का प्रसंग उठने पर जगद्दल में अपने संयुक्त परिवार में पक्षियों की डिज़ाइन से सजी हुई ठाकुर दालान में जात्रा, दो दलों में प्रतियोगिता, कथावाचिकी कीर्तन से मुखर आनन्द के वे दिन असितकुमार कभी नहीं भूले। वहाँ पर गंगातीर पर अपने घर में पितामही के जीवनकाल में असितकुमार प्रायः रहते रहे हैं। प्रपितामह बेचाराम हालदार के अत्यन्त विश्वसनीय सौ वर्ष से भी अधिक आयु के झुकी देह वाले सेवक नफर को उन्होंने वहाँ ड्योढ़ी पर मछली का जाल बुनते देखा था। उसकी वृद्धा पत्नी रसोईघर में व्यस्त रहती थी। वाणिज्य नाव खेते हुए चाँद सौदागर के आने-जाने के पथ पर गंगा तीरस्थ घास-हरीतिमा से आवृत छोटे जगद्दल गाँव में अपने 'हालदार घाट', 'सती मैया का चौरा', 'पंनानन तला', 'गाँव का पक्का कोठा', दो छप्पर, चार छप्पर वाले छोटे-छोटे घर, जंगली लता-गुल्म

की झाड़ियाँ, बेल का बेड़ा, असितकुमार की स्मृति में ये सब स्निग्ध मधुर छवि की तरह बने रहते थे। वहाँ पर बोरा बनाने के कारखाने में पेट की ताकीद से आना-जाना करता था जो श्रमिक कुल, शैशव की आँख से देखे उनके श्रम से क्लेश युक्त चेहरे फिर वे कभी भूल नहीं पाये।[४]

घर की अटारी के एकान्त में स्कूल की पाठ्यपुस्तकों को न पढ़कर असितकुमार पढ़ा करते थे नवीनचन्द्र, बंकिमचन्द्र, रवीन्द्रनाथ के उपन्यास, कविता, यहाँ तक कि पितामह के संग्रह के निषिद्ध भारतचन्द्र को भी।[५] उस जगद्दल गृह ने ही असित के भविष्य में शिल्पी हो उठने में प्राथमिक रूप से ईंधन जुटाया था।

अत्यन्त साम्प्रतिक रूप से देखने (१९९३) पर जगद्दल का परिवेश धीरे-धीरे जनाधिक्य होने के कारण गन्दे, और भी धूल से मलिन एक दूरदराज के मिल वाले शहर में परिणत हो गया है। बेचाराम का बनवाया हुआ घाट, बड़ा होकर अब स्टीमर के घाट में परिवर्तित हो गया है। अब 'सती चौरा' का कोई चिह्न ही नहीं बचा है। उस स्थान पर नवनिर्मित काली मन्दिर के पुरोहित का निवास स्थान बन गया है। मूल दुमहिला, दुमंज़िला जो भवन था, ज़मीन-जायदाद के साथ जिसे एक स्कोटिंग जूट मिल कम्पनी ने १९१७ ई. में ख़रीद लिया था, सम्भवतः उसी भवन का एक अंश विशेष आजकल मेकलिओड जूट मिल कम्पनी के ऑफ़िस के रूप में वहाँ बना हुआ है।

आर्ट स्कूल में भर्ती होने के पूर्व डिप्टी मजिस्ट्रेट पिता के कर्मस्थल बदलने के साथ-साथ असितकुमार का मुसाफ़िरी शैशवकाल बीता था वर्धमान, कृष्णनगर, आरामबाग़, मेहरपुर, फरीदपुर, ढाका, हुगली जैसे नदीमातृक अविभाजित बंगाल के विभिन्न अंचलों, दूरदराज के शान्त, स्निग्ध परिवेश में। बंगाल की प्रकृति और शान्त ग्राम्यजीवन ने उन्हें तभी से छवि आँकने के लिए प्रेरित किया था। सुदूर वह शैशव-किशोर काल परिवार के बीच रहते हुए गंगातीर, रासमणि घाट पर सूनी और उनींदी दुपहरों के उनके प्रयोजनहीन दिन बाँस के सुदर्शनीय पुल को पार कर नदी की रेत में खेलते हुए, रासमेला देखने, रथतला में ताड़ पत्ते से बनी बाँसुरी बजाकर, प्रतिमा विसर्जन के दिन रंगीन खिलौने ख़रीदकर हर्ष से व्याकुल होकर बीते थे। उनके बचपन की स्मृति में हमें मिलता है फरीदपुर की गुड़ की बर्फी का स्वाद और आरामबाग़ में शंखचूड़ जात्रा पाला (नाटक) देखने की कथा। हुगली की स्रोतस्विनी नदी में उन्होंने देखी है 'ताड़ की डोंगिया पर छाया जैसी रेखा।' मछुआरे

मछली पकड़ रहे हैं। कलरव से मुखरित हाट, भादों की भरी नदी, आकाश में बहते हुए जैसे मिट्टी खोद रहे हों ऐसे मेघ, सन्ध्या के समय कृष्ण वनराजि और ग्राम-बन्धुओं का पानी भरकर लाना, भक्ति भाव से भरकर हाथ में प्रदीप लेकर माँ-बेटी का पूजा करना—ये सब चित्र उनकी स्मृति में आजीवन बने रहे थे। इस तरह से षड्ऋतुओं के अनेक रंगरस में अच्छी तरह बीते थे उनके दिन बंगाल के सहज, सरल परिवेश में माँ के अपार स्नेह और पिता के नियमानुसार अनुशासन से मिले-जुले वातावरण में।[६] किन्तु, स्कूल में भर्ती होने के बाद गणित के प्रश्न लगाने में कुछ मुश्किल में पड़ गये थे। आरामबाग़ में रहते समय (१८९७-१९००)।

> ज़िला स्कूल में शिशुकक्षा में भर्ती हो जाता हूँ। दादाओं के साथ स्कूल जाया करता हूँ। एक दिन घर के फाटक के सामने खड़े होकर मझले दादा का पतंग उड़ाना देख रहा हूँ।...हमारे क्लास का एक वयस्क लड़का झड़ेश्वर आँधी की तरह दौड़ा आया अपने हाथ में बने हुए एक चित्र को लेकर। उसके बाबा पटचित्रकारी का काम करते थे एवं देवताओं की मूर्तियाँ भी बनाया करते थे। उनके द्वारा बनायी गयी पट देवता की एक तस्वीर झड़ेश्वर ने मुझे दिखायी थी। झड़ेश्वर की तस्वीर थी हनुमान का सागर लंघन, टेम्परा विधि से आँकी गयी और शंख से घिसकर चमकदार पालिश की गयी छवि। वह तस्वीर आज भी मेरी आँखों के सामने उद्भासित हो रही है। नीला लम्बा-लम्बा गोलाकार समुद्र इधर-उधर छिटकी हुई मिट्टी के हल्दिया रंग से आँकी गयी रावण की सोने की लंका दूर दिखायी दे रही है। और पवनपुत्र प्रबल वेग से विराट गदा उठाये हुए सागर पार कर रहे हैं।[७]

उस छवि ने बुरी तरह अपना प्रभाव छोड़ा था उसके शिशु मन पर।

> तस्वीर को देखते ही झड़ेश्वर से लेकर दौड़ा-दौड़ा गया माँ और वामुन दीदी के रसोईघर के दरबार में दिखाने। रास्ते में नौकर वारुणी—वह था विश्वकर्मा—जूतों की सिलाई से लेकर चण्डीपाठ तक वह बाबा के सभी काम करता था, मुझे देखते ही कहने लगा—सँझले दादा बाबू आपको पहाड़े याद नहीं करने हैं? राधिका बाबू मास्टर मोशाई आते होंगे—जाकर पढ़ने बैठो। माँ और वामुन दीदी झड़ेश्वर द्वारा आँके गये चित्र को देखकर चन्द्रपुलि गढ़ते-गढ़ते, हँसने लगीं।

नियमित रूप से पढ़ाई के कमरे में असितकुमार का चलने लगा झड़ेश्वर के

पास स्लेट पर चित्रांकन सीखना। गणित के सवाल लगाना दिमाग़ से निकल ही गया :

> मेरे सहपाठी ने मुझे सबसे पहले रेखा के एक ही खिंचाव में जूड़े की तरह किरीट कुण्डल वाले वंशीधारी त्रिभंगी मुद्रा में खड़े कृष्ण का स्लेट के ऊपर चित्र बनाना सिखाया। धीरे-धीरे माँ, दादी और वामुन दीदी से रामायण, महाभारत की कहानी पढ़ना सीखने के साथ-साथ छवि आँकने का साहस बढ़ गया। कुम्भकर्ण की हास्यजनक और कौतुकपूर्ण निद्राभंग की छवि—बन्दर उसकी नाक से होकर भीतर घुस रहे हैं और कान से होकर निकल रहे हैं, दशानन के गिनने में दस सिर और बीस भुजाएँ, एवं राम, लक्ष्मण, सीता की छवियाँ मन से लगातार आँकना फिर ये झड़ेश्वर से चित्रांकन विद्या में दीक्षित होने के बाद मेरे लिए सहज हो गयीं।[८]

असितकुमार बचपन में बहुत भयभीत प्रकृति के थे, लज्जाशील और शर्मीले भी। हर्निया होने के कारण बचपन से ही वे कूद-फाँद और दौड़ नहीं पाते थे। थे कल्पनाशील, 'सफ़ेद दीवाल पर मलेरिया ज्वर के कारण शैया-शायी स्थिति में कल्पना की आँखों से देव-देवियों की छवि देखा करता था' लिखा है उन्होंने अपने संस्मरणों में। थोड़े बड़े होने पर माँ से, जगद्दल में दादी, वामुन दीदी से रामायण, महाभारत पुराणों की कहानियाँ सुन-सुनकर छोटी-छोटी कॉपियों में सब लिख रखते थे। कृत्तिवासी रामायण का तो वे उस समय नित्य पाठ करते थे। जिस वजह से ढाका कोलेजियट स्कूल में पढ़ते समय (१९०२-१९०४) सहपाठियों की माँग पर उन सब कहानियों से सहज में ही चित्र बनाकर उन्हें अवाक् कर देते थे। उस स्कूल के ड्राइंग मास्टर मोशाई उनके द्वारा ऊँचे क्लास के लड़कों की ड्राइंग सुधरवा लेते थे। आगे चलकर लखनऊ में रहते समय ढाका स्कूल में पढ़ने वाले और एक पुराने छात्र, वैज्ञानिक डॉ. मेघनाद साहा (१८९३-१९५६) ने उन्हें बताया था, उनके समय में भी उस स्कूल के ड्राइंग मास्टर महाशय उनके चित्रांकन की प्रशंसा करते हुए यह बात ख़ूब गर्व के साथ सुनाया करते थे। असितकुमार के शब्दों में,

> ढाका में रहते समय मेरी एक आत्मीया—जो मेरे बचपन की साथी थी, विवाह होकर लखनऊ आ गयी थी। १९२५ ई. में उसने मुझे १०-११ वर्ष की उम्र में आँकी गयी मेरी एक छवि दिखायी थी। छवि का विषय था, 'अर्जुन की द्रोणाचार्य के निकट धनुर्विद्या की

> शिक्षा'। बचपन में आँकी गयी वही एकमात्र ऐसी छवि है जो काल का ग्रास होने से बच गयी और दैववश मेरे पास लौट आयी।[१]

बचपन में कृष्णनगर में रहते समय मूर्ति गढ़ने के प्रसंग पर असितकुमार के संस्मरणों में हमें यह बात मिलती है :

> परमहंस स्वामी शिवनारायण एक बार हमारे घर आ जाते हैं, बंकेश्वर पाल को बाबा ने बुलाया उनकी मूर्ति बनाने के लिए। उन्होंने स्वामी जी को देख-देखकर दो घण्टे में उनकी सुचारू रूप में एक सुन्दर आवक्ष प्रतिमूर्ति छोटे साइज की गढ़ दी। बाबा ने फिर उन्हें ऑर्डर दिया अपने पिता राखालदास की फ़ोटो देखकर उनकी एक मूर्ति बनाने का।

उन्होंने उनकी भी एक छोटी-सी मूर्ति गढ़ दी। पिता के बड़े जतन से उस मूर्ति को रखने के बाद भी असित को वह मूर्ति पसन्द नहीं आयी। उन्होंने एक दिन अपनी इच्छा से प्रेरित होकर सभी के अनजाने ज़मीन में पटककर तोड़ डाली। स्वाभाविक रूप से उस घटना के कारण घर के सभी लोग ख़ूब दुखी हो गये। उसके बाद सभी से छिपकर असितकुमार ने उनकी एक मूर्ति तैयार कर यथास्थान रख दी, उनकी दादी अप्रत्याशित रूप से उस जीवन्त मूर्ति को देखकर आनन्द से रोने लगी थीं। उससे भी पहले अपने द्वारा बनायी गयी पितामह की मूर्ति असितकुमार जब वृद्ध भास्कर यदुनाथ पाल के घर दिखाने गये तब उसे देखकर उनकी पीठ थपथपाकर उसकी ख़ूब प्रशंसा की थी।

३

असितकुमार के स्मृति काव्य में हमें यह घटना मिलती है कि किस प्रकार वे बचपन में पितृबन्धु श्रद्धेय रामेन्द्रसुन्दर त्रिवेदी के साथ जेमो काँदी से पूरी रात ग्वाला शटक चालक के साथ जागते हुए मन्त्रमुग्ध स्वप्नलोक में कितने मठ, घाट, नदी चर पर बिछलती पड़ती नदी की तरंगें देखकर सैथिया से उनका पहली बार कलकत्ते आना। उस बार असित बिजली से चलने वाली ट्रेन पर बैठ अवाक् हो गये थे।

जन्मसूत्र से आशैशव माँ के मातुलालय जोड़ासाँको-गृह के परिवेश के साथ अन्तरंग रूप से जुड़े होने के माध्यम से असितकुमार ने अपनी जीवन सन्ध्या की अवधि तक प्रिन्स द्वारिकानाथ ठाकुर के चार महला जोड़ासाँको प्रासाद की चार रूपान्तरित अवस्थाएँ देखी थीं। पहली महर्षि देवेन्द्रनाथ के जीवनकाल में, उसके बाद रवीन्द्रनाथ और अवनीन्द्रनाथ के जीवनकाल में, तीसरी बार अवनीन्द्रनाथ के जोड़ासाँको घर छोड़कर बरानगर गुप्त—निवास स्थान में चले जाने के बाद वाले समय में और चौथी बार उस भवन में रवीन्द्र भारती विश्वविद्यालय और म्यूज़ियम स्थापित होने के बाद। चौथा रूपान्तरण देखकर उनकी परिशीलित दृष्टि से उन्हें ऐसा लगा जैसे आधुनिक और प्राचीन स्थापत्य जैसे एक-दूसरे से सटकर वहाँ वितर्क की सृष्टि कर रहे हों। असितकुमार के वर्णन के अनुसार पहली स्थिति इस प्रकार है :

> आदि वासस्थान के सामने की ओर बना तिमंज़िला पूर्ववत् ही बना हुआ है। ड्योढ़ी के भीतर प्रवेश करते ही विशाल आँगन एवं उसके उत्तर, दक्षिण और पश्चिम दिशा में मेहराबदार और खम्भों पर बनी हुई दालानें हैं। उत्तर में पूजावाली दालान ख़ूब ऊँची और तड़क-भड़कदार है, दक्षिण की दालान दुमंज़िला है, पश्चिमी दालान की तरफ़ तिमंज़िला है। विशाल आँगन की पूर्वी दिशा में भीतरी महल है। अन्दर महलों में भी छोटे-छोटे आँगन हैं और अनेक दिशाओं में सीढ़ियाँ हैं। कोई घुमावदार और कोई टेढ़ी-मेढ़ी। यानी कोई गोरख धन्धा हो जैसे। अन्तःपुर की सभी तरह से आबरू को कायम रखना ही अन्तःपुर का आभिजात्य था उस समय।

उन्होंने वहाँ नवाबी असबाब, बिल्लौरी झाड़-फानूस, दीवाल पर झिलमिल करते लटकते प्रदीप, उज्ज्वल मखमली झालर से समृद्ध पर्दा, हर कमरे में नक़्क़ाशीदार खींचने वाले पंखे थे। मूल निवास स्थान के बाहर विशालकाय आँगन में प्रिन्स द्वारकानाथ के समय शुरू हुई होली, दुर्गोत्सव के समय होने वाले जात्रा नाटक, जवाबी गाने, कथावाचिकी एवं अनेक सामाजिक अनुष्ठान महर्षि के समय हुआ करते थे। फाटक में प्रवेश करने के बाद सजा हुआ गुलाबों का एक उद्यान था। उसके बीच में एक गोलाकार जल का फव्वारा। दूसरे दौर में उसी स्थान पर निर्मित हो जाती है रवीन्द्रनाथ की दुमंज़िला लाल बाड़ी 'बिचित्रा'। उद्यान के दक्षिण में ही प्रिन्स के तिमंज़िले बैठकख़ाने वाले घर में इकमंज़िले और दुमंज़िले पर था महोगनी (Mahogani)—अत्यन्त

क़ीमती लकड़ी का पालिश किये हुए फ़र्श और दीवाल से समृद्ध बृहदायतन नृत्य घर। उनके संस्मरणों के अनुसार :

> पूजा की दालान में उस समय ज़मींदारी ऑफ़िस था। दक्षिण दालान की ऊपरी मंज़िल पर गोल कमरा, श्वेत पंखों से उज्ज्वल दीवाल पर चारों ओर टँगे हुए थे अंगूरलता से उत्कीर्ण सुनहली पालिश वाला विशाल आईना और उनके नीचे मार्बल की तिपाई के ऊपर क़ीमती चीनी मिट्टी से बनी फूलदानी। बैठकख़ाने की विराट परिधि में बिछा हुआ था ईरानी गलीचा और दीवाल पर टँगी हुई थी विलायत से लायी गयी ओइल पेंटिंग।

उन कमरों को कालक्रम से निराभरण होते हुए देखा था असितकुमार ने। प्रिन्स द्वारकानाथ ठाकुर के तैलचित्र और अन्यान्य आकर्षक चित्र ठाकुरबाड़ी की अवस्था बदलने के साथ-साथ खो गये थे उसी कालपर्व में।

असितकुमार ने अपनी दादी माँ शरतकुमारी देवी से सुनी थीं महर्षि के समय ख़ूब नियमनिष्ठ और शृंखला के मध्य उनके दिन-यापन की अनेक कथाएँ। पूरे वर्ष संगीत, साहित्य-सभा, नाटकों के साथ अनेक सांस्कृतिक अनुष्ठान उस समय हुआ करते थे। महर्षि के रहते समय उनकी ओज गुणयुक्त उपस्थिति का हरेक अनुभव किया करता था। उनके बाबा महाशय द्वारा प्रवर्तित नियमों के अनुसार हरेक को चलना पड़ता था, वे स्वयं भी सभी सात्त्विक गुणयुक्त प्रथाओं का स्वयं भी पालन किया करते थे, अपनी युवावस्था में भी। प्रचलित प्रथा के अनुसार प्रात:काल जब वे सभी लड़के-लड़कियों की जाँच करते थे—तब दीदी माँ की छिदी हुई नाक देखकर उन्होंने उनकी भर्त्सना की थी। उस समय महर्षि अपने बेटे-बेटियों से प्रश्न कर उनकी शिक्षा और बुद्धि की जानकारी प्राप्त करते थे और अपने हाथों से उन्हें कभी-कभी उपहार भी देते थे।

> जनक राजा के समान महर्षि भीतर महल में बहुत कम जाते थे। और जब जाते थे तो घड़ों पानी डालकर उनके जाने का पथ धोया जाता था, ... गन्ध, धूप से उसे सुवासित किया जाता था। ...एक ओर जहाँ वे सुनियन्त्रित जीवन-यापन करते थे, दूसरी ओर उन्होंने घर में प्रगति का पथ उन्मुक्त कर रखा था।

सँझली दीदी माँ ज्ञानदानन्दिनी देवी (१८५०-१९४१) के मुँह से सुना था

उस ज़माने में पर्दाप्रथा एक ओर रखकर पुत्र सत्येन्द्रनाथ और ज्योतिरिन्द्रनाथ (१८४९-१९२५) के परिवार का लीक से हटकर अपवादस्वरूप जीवन का स्वच्छन्द आचरण ५ नं. घर में गगनेन्द्र-अवनीन्द्रनाथ के पूर्वजों की दृष्टि में निन्दित होने के बाद भी, महर्षि ने उसे बड़ी सहजता से मान लिया था।[१०]

उस ज़माने के प्रसंग पर असितकुमार ने लिखा है,

> महर्षि ने यद्यपि ४४ नं. बेनेपुकुर रोड़ के पुराने पुलिस अस्पताल के भवन को ख़रीदकर पुत्री शरतकुमारी देवी और जामाता को दहेज में दिया था, किन्तु, कुछ समय बाद उस घर में उन्हें रहने के लिए जाने नहीं दिया था। इसी कारण से माँ के साथ उस समय जोड़ासाँको में मेरा बीच-बीच में रहने का सुयोग बचपन में होता रहा था।

महर्षि के जीवनकाल में उन्होंने देखा था आत्मीय और गुणीजनों के आने-जाने से महमहाती रहती थी वह बाड़ी। घर से लगे हुए मेहँदी के छँटे हुए बेड़ा से घिरे हुए गुलाब और चमेली के फूलों से सुरभित बग़ीचे में शिशु असित महा आनन्द से भाई-बहनों के साथ खेलता हुआ घूमता रहता था। प्रतिदिन वहाँ सौ से अधिक पत्तलें बिछायी जाती थीं। उनकी मातामही और बड़ी दीदी माँ महर्षि के आहार की देखरेख में लगी रहती थीं। इस देश के रसोइयों के अतिरिक्त फ्रांसीसी और बर्मी देश के रसोइयों के भोजन-वैचित्र्य से बच्चों की अभिरुचि के अनेक उपादेय सुस्वादु खाद्य पदार्थों का वे लोग आनन्दोपभोग किया करते थे। बचपन की बातों का स्मरण कर असितकुमार ने ठाकुरबाड़ी मूल बसतबाड़ी के राजसिक परिवेश का चमत्कारपूर्ण वर्णन किया है :

> बाहरी घर के भीतर की ओर दुमंज़िले और नीचे की मंज़िल की मेहराब और खम्भों से बनी दालानों एवं पूजा की ठाकुर दालानों में बिल्हौरी काँच की विचित्र झाड़बत्तियाँ थीं छत से लटकती हुईं—दीवाल में उसी तरह से लटकती हुई बत्तियाँ अपना प्रकाश काँच के गोल-गोल स्वच्छ आतिशी शीशे से विकीर्ण करती रहती थीं। नीचे की मंज़िल की एक दालान में एक ओर नीचे तख़्त पर सफ़ेद जगमगाती एक चादर बिछी रहती थी, उसके किनारे-किनारे काँच के स्वच्छ आतिशी शीशे से युक्त रेंडी के तेल से युक्त सेज बत्ती जगमगाती रहती थी—हर कमरे के दरवाज़े के दोनों तरफ़ मखमल के भारी पर्दे बूटीदार बहार से रेशमी डोरी से बँधे लटकते रहते थे

और सभी कमरों के फ़र्श विचित्र गलीचों से ढके रहते थे।

प्रिन्स द्वारकानाथ ठाकुर (१७९४-१८४६) के ख़ास गोल कमरे की

> श्वेत पंखों की चारों दीवालों पर सुनहले रंग का पानी की हुई अंगूरलता-उत्कीर्ण फ्रेमयुक्त विशाल दर्पणों की पाँत के नीचे दीवाल से सटी हुई मार्बल की तिपाई के ऊपर महामूल्यवान चीनी मिट्टी का फूलदान और फ़र्श के मोटे ईरानी, पैर डुबोने वाले कोमल कारपेट पर तड़क-भड़कदार अभिजात का एक वैभव प्रकाशित होता रहता था।... पूरा कमरा महोगनी लकड़ी के ऊपर सोने का पानी किया हुआ, मोरक्को चमड़े के स्प्रिंगदार जोर्डियन फ़र्नीचर से सज्जित था।

मूल घर के महल के बाहर विशाल प्रांगण में अभिनय, सामाजिक उत्सव, विवाह, उपनयन अनुष्ठान उन्होंने देखे थे महर्षि के ज़माने में।

> बग़ीचे में भी श्वेत पत्थर से बनी विलायती मूर्ति, जल का फव्वारा। उसी बागान के दक्षिण की ओर, अधुना विलुप्त अवनीन्द्रनाथ के तिमंज़िला बैठकख़ाना वाले घर के विशाल हॉल में व्यवसाय के सूत्र से होने वाली पार्टी में प्रिन्स के देशी-विदेशी मित्र लाट साहब लोगों के समागम से महोगनी लकड़ी के फ़र्श से युक्त हॉल में बाल नाच की व्यवस्था थी एवं वहाँ पर आतिथ्य भी ग्रहण करते थे कोई-कोई।

वही अवनीन्द्रनाथ ठाकुर के घर का भाग उस समय 'झिलमिली का घूँघट पहने हुए था—सभी तरफ़ स्त्रियों के लिए पर्दा था। स्त्रियों के गाड़ी अथवा पालकी पर बैठने के रास्ते सर्वत्र कनात से घिरे रहते थे...दक्षिण तक के बागान में उस समय ये प्राचीर से सटे हुए पाँत-दर-पाँत सुपारी और नारियल के गाछ।' उसी आम, जामुन, कटहल के बागान में हेमलता देवी ने देखा है शिशु दिनेन्द्रनाथ और उनके हरिहर आत्मा बन्धु असितकुमार के मझले दादा दुदन्ति रजत कुमार का अमरूद, आम से सन्तुष्ट न रहकर कच्ची सुपारी और कच्ची अरुई उनके पकने की बात बिना सोचे खाना। उस समय रवीन्द्रनाथ के भाई-बहनों और उनके कलत्रों से इन्द्रपुरी के समान वह भवन भरपूर रहता था।[११]

तथ्यसूत्र

१. शारदीय देश २००४, पृ. ३६

२. असितकुमार हालदार, रवितीर्थ, अंजना प्रकाशनी १९५९, पृ. ५

३. हिरण्मय वंद्योपाध्याय, ठाकुर बाडीर कथा, शिशु साहित्य संसद प्रकाशन, कोलकाता, पृ. १८३

४. पचास वर्ष की उम्र में असितकुमार के काव्य में शैशव का स्मृतिचारण से गृहीत।

५. वही।

६. असितकुमार की पाण्डुलिपि 'स्मृतिते रवीन्द्रनाथ'।

७. बन्धु और बाद में पारिवारिक रिश्ते से समधी साहित्यकार सौरीन्द्र मोहन मुखोपाध्याय को लिखी चिट्ठियों का मसौदा।

८. असितकुमार का रोज़नामचा लिखने का खाता।

९. विश्व भारती के तत्कालीन रवीन्द्र अध्यापक प्रबोधचन्द्र सेन को १८ नवम्बर, १९५३ ई. में लिखा पत्र। बचपन के खेल के साथी किटि, बाद में सत्यप्रसाद मुखोपाध्याय के साथ विवाह के बाद लखनऊ वासी हो गयी थीं। वे सौमेन्द्रनाथ ठाकुर की अपनी मौसी माँ होती थीं, एवं बाद में असितकुमार की वैवाहिक। इस तथ्य की जानकारी श्रद्धेया अतिसी बरुआ से मिली है।

१०. पाण्डुलिपि, 'स्मृतिते रवीन्द्रनाथ'।

११. वही।

कोलकाता सरकारी आर्ट स्कूल में शिक्षार्थी काल (१९०६-११)

कोलकाता सरकारी आर्ट स्कूल में शिक्षार्थी काल (१९०६-११)

१९०३-०५ समय के दौरान कोलकाता में आते ही असितकुमार प्रायः जाया करते थे पिता के मित्र प्रख्यात बौद्ध नेता, १८९३ ई. में शिकागो धर्म महासभा में बौद्ध धर्म के प्रतिनिधि, कोलकाता और सारनाथ में महाबोधि सोसायटी के संस्थापक और प्राणपुरुष अनागारिक धर्मपाल के घर बुद्ध के जीवन की कहानी सुनने के आकर्षण से। उन्होंने बुद्ध की एक कहानी सुनायी थी, उसका मुख्य मर्म यह था, 'अच्छी बात कहते जाना, कोई सुने या न सुने।' बुद्ध की आयु उस समय साठ वर्ष के पार पहुँच गयी थी। असित को धर्मपाल ने यह कहानी सुनायी थी :

> युद्ध में थके योद्धा की तरह देश-विदेश परिव्रजन करते हुए देशना के प्रचार के द्वारा बुद्ध की देह जीर्ण हो गयी थी और उसमें जगह-जगह घाव हो गये थे। आनन्द ने इनसे कहा, 'स्वामी, आप देश-देश पूरे जीवन घूमते हुए देशना (उपदेश) देते जा रहे हैं, किन्तु, कोई भी तो उसे ग्रहण नहीं कर रहा है, तो फिर आप शरीर को क्यों कष्ट दे रहे हैं?' तब बुद्ध ने शान्त भाव से उत्तर देते हुए कहा—'देखो, आनन्द, शीतकाल हर वर्ष आता है, किसी को सर्दी लगती है, किसी को नहीं लगती है, फिर भी तो सर्दी आती है? वैसे ही मैं आया हूँ, कहते जाने के लिए, कोई ग्रहण करेगा, कोई नहीं करेगा।'

बुद्ध की इस बात ने असितकुमार के मर्म को उस वय में गम्भीर रूप से स्पर्श किया था। उन सब कहानियों को सुनने का अनिवार्य परिणाम यह हुआ कि

आर्ट स्कूल में अवनीन्द्रनाथ के संस्पर्श में आने के पूर्व ही उनकी कल्पना रूपायित होती है 'बुद्ध के सारनाथ में प्रथम धर्मचक्र प्रवर्तन' जैसे विषय पर एक चित्र समूह में। किशोर असित के द्वारा आँके गये चित्र जोड़ासाँको में अन्यान्य गुरुजनों को अच्छे लगने पर भी, उनके रवि दादा ने उन चित्रों पर उस समय की प्रचलित इतालीय चित्रकला की थियेटरी शैली की छाया देखकर उन्हें सावधान करते हुए कहा था—

> छवि अभिनय नहीं है, छवि होती है, शिल्पी के मन में अलक्षित रूप से छवि में वर्णित विषय को देखना—वहाँ पर शिल्पी स्वयं तो गोपन में रहेगा ही, छवि में चित्रित मानुषजन भी अपने को उत्सुकता का भाव प्रस्फुटित करने के लिए नहीं दिखायेंगे। उन्हें शिल्पी मन में इस तरह आँक कर प्रस्तुत करेगा, जिससे वे सहज और सरल भाव से अपने भावों को व्यक्त करें।[१]

वस्तुतः उस समय से ही रवीन्द्रनाथ का मनोयोग आकर्षित कर लिया था शिल्पी असितकुमार ने। उनके छवि अंकन के प्राथमिक दौर में रवि दादा का चित्रकला सम्बन्धी पथनिर्देशन वे कभी भूले नहीं।

ऐतिहासिक बंग-भंग की घटना (१९०५) के समय जब राजधानी कोलकाता के सांस्कृतिक केन्द्र जोड़ासाँको में रवीन्द्रनाथ उतर पड़े थे, राखीबन्धन के द्वारा देशवासियों को एक सूत्र में बाँधने, ठीक उसी समय में मानो सभी के बिना जाने प्रारम्भ हुआ था भारतीय शिल्प आन्दोलन। स्वयं अवनीन्द्रनाथ भी ज़रा भी सचेत नहीं थे शिल्पकला के आन्दोलन अथवा रिनेसाँ के सम्बन्ध में। उसी विप्लव से आन्दोलित उत्तप्त वातावरण में असितकुमार अवनीन्द्रनाथ के अधीन भर्ती हुए थे १९०६ ई. के प्रारम्भ में। चित्रांकन करना, मूर्ति गढ़ना, इन कार्यों में विशेष मनोयोग देने वाले और स्कूल से भागने वाले अपने पुत्र को पिता सुकुमार हालदार ने लाचार होकर अवनीन्द्रनाथ के हाथों सौंप दिया था। माँ सुप्रभा देवी ने भी अपने स्नेह के पुत्र का भविष्य तब प्रकाश से युक्त नहीं देखा था। क्योंकि 'जार पढ़ा-सुना न हो तो ताके आर्ट स्कूले देवा होतो' अर्थात् 'उन दिनों जो लड़का पढ़ता-लिखता नहीं था उसे आर्ट स्कूल में भेज दिया जाता था।' परिणाम यह होता था कि आर्ट स्कूल से निकलकर उसे या तो साइन बोर्ड का पेंटर होना पड़ता अथवा उसे तमाखू की दुकान करनी पड़ती थी। अर्थात् आर्टिस्ट होने पर बिना खाये ही मरना सम्भव था। फरीदपुर में रहते समय असितकुमार के विद्यालय जीवन की मति-गति देखकर

पारिवारिक मित्र लोकेन्द्रनाथ पालित (१८६५-१९१५) और उनकी स्त्री मेवल पालित (विलायत प्रवासी क्षेत्रमोहन दत्त की कन्या) विशेष रूप से उनका तिरस्कार किया करते थे। आर्ट स्कूल में भर्ती की बात सुनकर पिता के सामने उनकी छोटी दीदी माँ शिल्पाचार्य की व्यक्तित्वशाली माँ सौदामिनी देवी (?-१९११) ने भी भर्त्सना करते हुए कहा था, 'असित, क्या छवि बनाने से पेट भर जायेगा? बाप-दादा की तरह पढ़ाई-लिखाई करे, बड़ी नौकरी करते हुए कृती बनो।'[२] किन्तु, भावी तो नज़रअन्दाज़ कर भुलाने वाली चीज़ है नहीं। जो शिशु पढ़ाई एक ओर फेंक दादी किरणकुमारी देवी के पास बैठ किसी महिला हाँसि दीदी की सुरीली आवाज़ में रामायण सुनना पसन्द करता है, सीता के बनवास में रहने का वृत्तान्त सुनकर जिसकी दोनों आँखों से अश्रुजल बहने लगता है; वामुन दीदी के मुँह से परीकथा की कहानी सुनकर विहंग और विहंगिनी के घर में 'स्फटिक जैसे स्वच्छ-नीले गहरे उदर' में राक्षस के द्वारा बड़े जतन से रखे हुए प्राण पक्षी को जो देखना चाहता है; जिसके मन में मरने-जिलाने वाली घड़ी की कितनी छवियाँ घूमती रहती हैं, अत्यन्त कठोर शासन में चलने वाले स्कूल जीवन में वह तो बँधा हुआ रहेगा नहीं, अभिभावक लोगों ने इसे अनुभव कर लिया था।[३] इसके बाद अवनीन्द्रनाथ के परामर्श से कोलकाता के सरकारी आर्ट स्कूल में असितकुमार को भर्ती करा दिया गया था। अध्यक्ष हेवेल की अनुपस्थिति में वे उस समय आर्ट स्कूल के कार्यवाहक अध्यक्ष थे।

कोलकाता सरकारी आर्ट स्कूल में भर्ती कराने के वक़्त पिता सुकुमार असितकुमार के कई कार्यों के नमूना अवनीन्द्रनाथ को दिखाने के लिए जोड़ासाँको ले गये थे। असितकुमार ने लिखा है :

> अवन मामा की नुकीली नाक, प्रशस्त ललाट, घुँघराले केश, गरम छब्बा पहने हुए वे चित्रांकन कर रहे थे और बाबा के साथ पुराने दिनों की गपशप कर रहे थे। बाबा मेरे रामायण, महाभारत के पट की शैली में मन से आँके गये चित्रों को उन्हें दिखाने के लिए नहीं ले गये थे। अपनी निजी पसन्द के अनुसार वे मेरे पेंसिल से धूप और छाया में आँके गये एमर्सन और सर वॉल्टर स्कॉट के एनलार्ज किये गये चित्रों को ले गये थे। ...उस समय के ज़माने में बाङ्ला देश के आर्टिस्ट इटली से लौटे शशी हेश (१८६९- ?) एवं रवि वर्मा की नक़ल करने वाले रमापद वंद्योपाध्याय (१८५१-१९३२) ने थोड़ा नाम कर लिया था। और रवि वर्मा के ओलियोग्राफ़ प्रिन्ट्स भारतवर्ष

> में सभी जनों में सम्मानित थे। इस वातावरण में मेरे शिशु मन में राफेल (Raphel, १४८३-१५२०), माइकेलेंजेलो (Michelangelo, १४७५-१५६४), रोजेटी (Rossette, १८२८-१८८२) ने एक अद्‌भुत स्वप्न जाल बुन रखा था।[४]

उसी स्वप्नवेश में उनकी आँकी पिता की पसन्द की छवियों की वजह से १९०६ में आर्ट स्कूल में भर्ती होने में अवश्य कोई बाधा नहीं हुई थी।

२. आर्ट स्कूल की संक्षिप्त इतिकथा

१८६४ ई. में कोलकाता में 'गवर्नमेंट स्कूल ऑफ़ इण्डस्ट्रियल आर्ट' की स्थापना हुई थी, मुख्य रूप से विभिन्न सरकारी संस्थानों में प्रतिलिपिकार और नक़्शानवीसों को तैयार करने की ज़रूरत की वजह से। उस समय के कोलकाता, मद्रास (अब चेन्नई), बम्बई (अब मुम्बई), और लाहौर जैसे अविभाजित भारतवर्ष के चार मुख्य शहरों में ब्रिटिश सरकार की कृपा से स्थापित आर्ट स्कूल सरकारी रेवेन्यू और कृषि विभाग के अधीन थे। ब्रिटिश राज्य में शिल्प विद्यालय स्थापित करने का उद्‌देश्य था सरकारी वाणिज्यिक कार्य को लक्ष्य में रखकर। उस कारण से सृजनात्मक काम की ओर विशेष ध्यान देना इसका अनुभव ही नहीं किया आर्ट स्कूल के अधिकारियों ने। आर्ट स्कूल की पढ़ाई समाप्त हो जाने पर सरकारी जरीप, पुरातत्त्व एवं पुर विभाग में इन्हें काम मिल जाता था। बोटेनिकल सर्वे के लिए वृक्ष वनस्पति की प्रतिलिपि तैयार करने के लिए शिल्पी लोगों को काम में लगाया जाता था। इण्डस्ट्रियल आर्ट स्कूल की प्रतिष्ठा को लेकर १८५४ ई. में उस समय के प्रख्यात शिक्षाविद् होजसन प्रेट के उद्योग से उनके घर में एक सम्मेलन में पहला प्रस्ताव आया था। वहाँ पर उपस्थित थे सर सिसिल बिडन (Sir Cicil Beadon, १८१६-१८८३), पादरी जेम्स लोंग (Rev. James Long, १८१४-१८८७), किशोरीचाँद मित्र (१८२२-१८७३), राजा प्रताप चन्द्र सिंह (१८२७-१८६६) आदि उस समय के गण्यमान्य नागरिक। विगत डेढ़ सौ वर्षों में इण्डस्ट्रियल आर्ट स्कूल क्रमशः १८६४ ई. में 'गवर्नमेंट स्कूल ऑफ़ आर्ट एण्ड क्राफ्ट्स' और १९५१ में आजकल के 'गवर्नमेंट कॉलेज ऑफ़ आर्ट एण्ड क्राफ्ट्स' में रूपान्तरित हो गया है। १८६४ ई. में गवर्नमेंट आर्ट स्कूल में शिल्पी हेनरी लॉक (Henry Hoover Locke) ने पहले अध्यक्ष

के रूप में योग दिया था। १८७२ ई. में लेफ्टीनेंट गवर्नर सिसिल बिडन के प्रयास से स्कूल की पाठ्य सूची में पेंटिंग, ड्राइंग के साथ डिज़ाइन, मॉडलिंग लिथोग्राफ़ी, एनग्रेविंग, फ़ोटोग्राफ़ी, भास्कर्य एवं काठ खुदाई जुड़ गयी थी। १८८७ से १८९३ ई. तक हेनरी जुविन्स (William Henry Jubens, १८५०-१८९५) की अध्यक्षता के समय स्कूल का ठिकाना गराणहाट के १६६, १६२ और १६३ नं. बऊ बाज़ार स्ट्रीट में स्थित घरों में बदलते-बदलते चौरंगी म्यूज़ियम से संलग्न गृह में स्थायी हो गया था।[५]

३. अर्नेस्ट हेवेल

अध्यक्ष जुबिन्स की मृत्यु के बाद १८९६ ई. में उनके उत्तराधिकारी के रूप में मद्रास सरकारी आर्ट स्कूल से कोलकाता आर्ट स्कूल में सुपरिन्टेंडेंट अध्यक्ष के पद पर आ गये थे अर्नेस्ट हेवेल। उसी समय जॉन किपलिंग (John Lockwood Kipling, १८३७-१९११), सिसिल बार्न्स (Cecil Lorel Burns, १८६३-१९२९) आदि कला शिक्षक लोग भारतवर्ष में आर्ट स्कूलों के प्रधान होते हुए भी इस देश में ललित कला- (Fine Art) के अस्तित्व के प्रति ही सन्देहशील थे। इस विषय में सौभाग्यवश अर्नेस्ट हेवेल किन्तु, ललित कला के सम्बन्ध में कोई पूर्वग्रह बनाकर भारत में नहीं आये थे। उसका कारण है, इस देश में आकर, अनेक खोजों के कारण वे प्राचीन मुग़ल और पहाड़ी भाव समृद्ध, अद्वितीय चित्रकला के साथ प्रत्यक्ष रूप से परिचित हो गये थे। हॉलैण्ड में लगी प्रदर्शनी में भारतवर्ष के काश्मीरी कारपेट की अनुकरणीय सूक्ष्मातिसूक्ष्म कारीगरी एवं ढाका, वाराणसी और दक्षिण भारतीय वस्त्रशिल्प के नमूने देखकर हेवेल इनके निर्माता शिल्पियों के प्रति एक विस्मय-मिश्रित आकर्षण और श्रद्धा अनुभव करते थे। जिस देश में कारीगरी इतनी उन्नत है, स्वाभाविक रूप से वहाँ पर ललित कला की अस्तित्वहीनता ने उनके मन में कोई स्थान नहीं पाया। अतएव, दैत्यवंश में प्रह्लाद की तरह उस युग में अर्नेस्ट हेवेल की भारत में उपस्थिति ने चित्रकला में रिनेसाँ की शुरुआत की थी इसमें कोई सन्देह नहीं।

मद्रास में मिले पूर्व अनुभवों को मन में रखकर यथाविधि कोलकाता में आते ही उन्होंने सरकारी आर्ट स्कूल के पाठ्यक्रम और प्रशासनिक व्यवस्था में

आवश्यक रद्दोबदल में विशेष रूप से अपना ध्यान लगाया। पहले ही उन्होंने स्कूल के प्रदर्शन कक्ष में विलायती चित्रकला के प्रतीकों को एक ओर हटाकर अपने संग्रह के मुग़ल और पहाड़ी चित्रों को टाँग दिया था, शिल्प शिक्षार्थियों के अपने देश के असाधारण शिल्प-इतिहास के प्रति दृष्टि फेरने के महत् उद्देश्य को लेकर। किन्तु, समाज के कुछ प्रभावशाली व्यक्तियों के उकसाने से उस परिवर्तन के विरोधी आर्ट स्कूल के छात्रों ने हड़ताल की और उस हड़ताल का नेतृत्व करने के कारण तृतीय वर्ष के छात्र रणदास प्रसाद गुप्त (१८७०-१९२७) पत्रपाठ से बहिष्कृत कर दिये गये थे। शिल्पी शशीकुमार हेश (१८६९- ?) के सान्निध्य में १९००-१९०५ की अवधि में पाश्चात्य प्रणाली से चित्रांकन रणदासप्रसाद ने सीखा था। इसके बाद राजा मणीन्द्रचन्द्र नन्दी आदि समृद्धिशाली व्यक्तियों की सहायता से १८९७ में उन्होंने जुबली आर्ट स्कूल की स्थापना की एवं अपनी अनुभवहीनता के बावजूद जुबिली आर्ट एकेडेमी अपनी मृत्यु तक प्राय: तीस वर्ष चलाते रहे थे।[६] उस अकादेमी की गतिशील शिक्षा प्रणाली यूरोपीय धारा में बहने के बाद भी सरकारी आर्ट स्कूल में हेवेल प्रवर्तित नवीन शिक्षा प्रणाली में उससे इतर विशेष कुछ घटित नहीं हुआ। जुबली आर्ट स्कूल में शिक्षा ग्रहण की थी हेमेन्द्रनाथ मजूमदार (१८९४-१९४३), बसन्त कुमार गांगुली (१८९३-१९६५), अतुलचन्द्र बसु (१८९८-१९७७) जैसे गुणी शिल्पी गणों ने।

उस समय की अफ़वाहों पर निर्भर समाचारों के अनुसार शिल्पी अतुलचन्द्र ने लिखा है :

> आर्ट स्कूल में शिल्पी की छवियों को हटाकर उन्हें नीलामी पर चढ़ाकर शिल्पशाला को बन्द कर देने से जनसाधारण में ख़ूब क्षोभ फैल गया था। १८६० से १९१० ई. में इटली द्वारा प्रचारित फ़्यूचरिस्ट मेनीफ़ेस्टो की अवधि तक जिस नयी भावधारा ने यूरोप में सर्वत्र कवि, दार्शनिक, साहित्यकार, चित्रशिल्पियों में एक तुमुल आन्दोलन घटित कर दिया था, वह बहुत कुछ अँग्रेज़ों की दृष्टि बचा जाती है। हम लोग भी उस समय Visual Laws of appearance and reality अर्थात् आभास के दृष्टिगत नियम और वास्तविकता को लेकर जिन सब नये तथ्यों का चित्रकला में व्यवहार कर रहे थे, आर्ट स्कूल की शिक्षा प्रणाली में उसका बिन्दु विसर्ग भी नहीं जान पाते।[७]

किन्तु, रवीन्द्रनाथ ने आर्ट स्कूल में हेवेल के आने के समय उस अप्रीतिकर

घटना का सूत्र खींचते हुए लिखा था :

> किसी भद्रपुरुष ने मुझसे जिज्ञासा प्रकट की थी कि गवर्नमेंट आर्ट स्कूल की गैलरी से विलायती चित्रों को बेच डालना क्या ठीक हुआ? मैंने इस पर उत्तर दिया था कि अच्छा ही हुआ है। इसका कारण यह नहीं है कि विलायती चित्रकला उत्कृष्ट सामग्री नहीं है, किन्तु, उस चित्रकला को इतने सस्ते में आयत्त नहीं किया जा सकता है। अपने देश में उस चित्रकला का यथार्थ आदर्श हम कहाँ प्राप्त करेंगे? दो ठौ लखनऊ की ठुमरी और 'हिलमिल पनिया' सुनकर अगर कोई विलायत वासी अँग्रेज़ भारतीय संगीत विद्या को आयत्त करने की इच्छा करे तो मित्र का कर्तव्य है, उससे उसे रोक देना। विलायती बाज़ार के कई सुलभ कूड़ा-करकट जैसे चित्र और उन्हीं के साथ दो-एक अच्छे चित्र आँखों के सामने रखकर हम लोग चित्रविद्या का यथार्थ आदर्श किस तरह से पायेंगे।[८]

हेवेल के आग्रह से ही १९०३ में अवनीन्द्रनाथ आये थे कोलकाता सरकारी आर्ट स्कूल में सह-अध्यक्ष होकर। सरकारी अधिकारियों और स्थानीय नेताओं के प्रबल विरोध के खींच-तान को पार कर अवनीन्द्रनाथ को सरकारी आर्ट स्कूल में सह-अध्यक्ष के रूप में लाने में हेवेल को काफ़ी परिश्रम करना पड़ा था। विज्ञापित सहायक अध्यक्ष के पद के लिए पंजाब सरकार की तरफ़ से लाहौर स्कूल ऑफ़ आर्ट के अध्यक्ष किपलिंग एवं पर्सी ब्राउन ने लाहौर स्कूल के प्राक्तन शिक्षक एवं कई बार सहायक अध्यक्ष के पद पर काम करने में अनुभवी चौवालीस वर्षीय मुंशी शेर मुहम्मद के नाम की कोलकाता आर्ट स्कूल के सह-अध्यक्ष पद के लिए विशेष रूप से सिफ़ारिश की थी। केन्द्रीय अधिकारियों ने अवश्य हेवेल पर प्रार्थी को पसन्द करने का भार सौंप देने की वजह से सिर्फ़ अनुभव के विचार से नहीं, हेवेल ने अभिजात व्यक्ति और शिल्पसत्ता की दृष्टि से भी प्रतिभाशाली तरुण शिल्पी अवनीन्द्रनाथ को उस पद के उपयुक्त मानकर चुन लिया था।[९]

असितकुमार ने गुरु के प्रसंग में बताया है, मुग़ल युग के पहले गुप्त युग में, भारत की जिस शिल्पकला ने सारे एशिया खण्ड में विस्तार प्राप्त किया था और उस समय चौंसठ कलाओं में चित्रकला का भी जो विशेष स्थान था, वह बात अँग्रेज़ी शिक्षा में पालित-पोषित, रस्किन, वॉल्टर पोटर, जार्ज वार्डवुड के भक्त बहुत ही कम समकालीन शिक्षा अनुरागी कम ही जानते थे। ऐसे समकालीन

वातावरण में अवनीन्द्रनाथ ने प्राचीन संस्कृत साहित्य और भारतीय इतिहास का मंथन कर चित्रकला के पुनराविष्कार की चेष्टा की थी। उस प्रयास के फलस्वरूप १८८४-१८९६ ई. के दौरान टेम्परा में उन्होंने आँकी थी गीत गोविन्द की श्रीकृष्ण लीला की चित्रावली। १८९७ ई. में उनके साथ पहले ही परिचय सूत्र से हेवेल ने श्रीकृष्ण लीला की उन्हीं छवियों को देखकर भारतीय कला की अन्तर्निहित प्राणशक्ति का परिचय पाया और शिल्पी की प्रतिभा से वे मुग्ध हो गये थे। फलस्वरूप, १९०० ई. में कोलकाता में अनुष्ठित प्रदर्शनी में पहली बार अवनीन्द्रनाथ की उसी चित्रावली ने स्थान पाया था। यह इतिहास असितकुमार के गुरु के संस्पर्श में आने के कारण सुनने को मिला है।

हेवेल, जो भारतीय शिल्पकला आन्दोलन के मूल प्रेरणा पुरुष थे, उन्हें गुरु के रूप में स्वीकार किया था अवनीन्द्रनाथ ने। हेवेल के प्रसंग पर अवनीन्द्रनाथ ने लिखा है :

> इस देश की कला को समझने में उनके अलावा और कोई दूसरा व्यक्ति नहीं था, रोज़ दो घण्टा एकान्त में उनके समीप बैठकर देश की छवियों, मूर्तियों का सौन्दर्य, मूल्य, उनका इतिहास वे मुझे समझा देते थे।... हेवेल साहेब इस तरह से अगर मुझे न समझाते भारतीय शिल्प के गुण और अवगुण, तो मैं एक कोयला था और कोयला ही बना रहता, मन की मलिनता कभी दूर न होती, आँख देश के शिल्प-सौन्दर्य की ओर कभी प्रस्फुटित ही नहीं होती।[१०]

असितकुमार ने लक्षित किया था,

> १९०५ ई. में स्वदेशी आन्दोलन प्रारम्भ हुआ था एवं उसी के साथ एक ही समय में राष्ट्रीय चित्रकला का आविर्भाव होता है बंगदेश में। सिर्फ़ अन्तर यह था कि देशात्मबोध की चेतना स्वदेशी आन्दोलन में रहने पर भी चित्रकला के दौर में देश के लोगों की चिन्ता विदेश की ओर बड़े लालच के साथ सन्निविष्ट थी एवं अवनीन्द्रनाथ द्वारा प्रवर्तित चित्रकला की नयी धारा स्वदेशी शिल्प, संस्कृति को जो जगाने वाली है, और उसका फल यह होगा कि देश में अधुनालुप्त गृह और कुटीर शिल्प की माँग और उसको संस्कारित करने का उपाय भी होगा, यह बात उस समय शिक्षित समाज के किसी के भी मन में आयी ही नहीं थी।"[११]

१९०६ ई. की शुरुआत में ही तन्त्र साधना के अभ्यास के कारण अस्वस्थ

और उन्मादग्रस्त हेवेल के सरकारी आर्ट स्कूल से अनिश्चित काल की छुट्टी लेकर इंग्लैण्ड लौट जाने की वजह से अवनीन्द्रनाथ आर्ट स्कूल के कार्यकारी अध्यक्ष हो गये थे। स्वस्थ होने के बाद भी फिर हेवेल का भारत आना नहीं हो सका। काकतालीय न्याय से १९०५-०६ की अवधि के दौरान आर्ट स्कूल में अवनीन्द्रनाथ की अधीनता में एक के बाद एक नन्दलाल बसु, सुरेन्द्रनाथ गांगुली, असितकुमार हालदार—जैसे प्रमुख शिक्षार्थियों ने योग दिया था।

४. आर्ट स्कूल में शिक्षार्थी काल

१९०६ ई. में आर्ट स्कूल में नाम लिखा लेने के बाद भी नियमित रूप से क्लास में जाना असितकुमार का हो नहीं सका था। उनके प्रसंग में यह कहा जाता है कि छवि अंकन में वंचना न देकर चिरकाल से ही स्कूल जाने में वंचना देने के अभ्यासी होने की वजह से वे स्कूल की क्लास में नियमित रूप से नहीं आते थे। आर्ट स्कूल में शिक्षा लेने के परिणाम के सम्बन्ध में माता-पिता और परिवार के गुरुजनों की आपत्ति और दुश्चिन्ता ने उस उम्र में सम्भवतः उन्हें शिल्पकला में शिक्षाग्रहण के विषय में दुविधाग्रस्त भी कर दिया था। उपाय खोजने के लिए वे अपने पंजाब प्रवासी छोटे काका, रेलवे में इंजीनियर, निर्मलचन्द्र हालदार (१८७९-१९१८) के पास गये थे। ३ अगस्त, १९०६ के असित के पत्र के उत्तर में उनके छोटे काका ने अपने कर्मस्थल भटिंडा से लिखा था :

> मुझे लगता है तुम्हारे पितृदेव के होते हुए उन्हीं से विचार-विमर्श करके तुम्हें अपने भविष्य को निश्चित करना उचित है। तुम इसे अच्छी तरह जानते हो कि चित्रांकन करके तुम विशेष कुछ उपार्जन नहीं कर पाओगे। तुम अगर यामिनी गांगुली को अपना आदर्श बनाओ तो फिर तुम्हें आर्थिक असुविधा कम ही होगी। अगर तुम उनके जैसा चित्रांकन करना सीख सको (उस विषय में मुझे बहुत सन्देह है) और अगर वैसा हो भी जाये तो कुछ मेडल पाने के अलावा और कुछ तुम्हें मिलेगा नहीं। आय का अल्प उपाय होने पर चित्रांकन द्वारा आय वृद्धि अत्यन्त वांछनीय है, किन्तु, तुमसे वह भी न हो सकेगा। आजकल आर्टिस्ट एडवरटाइज़मेंट अथवा कार्टून्स

> (जैसे कि पंच आदि पत्रिकाओं में रहते हैं) आदि द्वारा अधिक उपार्जन और काम करने का बड़ा क्षेत्र है। वैसी ड्राइंग (अर्थात् जिससे पैसा पैदा हो सके ऐसी ड्राइंग) सीखने की तुम्हारी इच्छा तथा क्षमता हो तो फिर मुझे लगता है किसी तरह का विलम्ब न करके उसी का सहारा लेना अच्छा रहेगा।

असित को छवि आँकने के सम्बन्ध में स्वयं विचार करके आगे बढ़ने का परामर्श उन्होंने दिया था। असितकुमार अन्त में अपनी इच्छा से ही आर्ट स्कूल में गये थे।

आर्ट स्कूल में रुटीन के अनुसार क्लास लेने में अवनीन्द्रनाथ की कोई आस्था ही नहीं थी। वे जानते थे शिल्पसृजन का काम बँधे हुए नियम के पथ पर चलता ही नहीं है। नियम के बन्धन को भंग करने में ही उसका प्रकाश और आगे चलना होता है। छात्रों को अपने-अपने व्यक्तित्व और क्षमता के अनुसार समृद्ध होने में वे उनकी सहायता किया करते थे। सिखाने की बात पर वे कहा करते थे—वे सिर्फ़ ज़रूरत होने पर जल से सींचते रहते हैं उनके बढ़ाव की स्थिति के समय। अवनीन्द्रनाथ से असितकुमार ने पायी थी एक फ्रीलांस शिल्पी की स्वाधीनता। उनके पक्ष में इससे बड़ी सुविधा हो गयी थी। वे अपने मन के साथ ताल मिलाते हुए सहज रूप में ही अपने मन की साध के अनुसार छवि अंकन करते हुए चलते रहते थे। चित्रांकन हो जाने के बाद केवल एक बार गुरुदेव को दिखा लेते थे। फलत: १९०६-०९ की समयावधि में असितकुमार का स्कूल में वंचना देने का दौर चलता रहा था। आर्ट स्कूल में उनकी अनियमित उपस्थिति से किसी तरह की विशेष प्रशासनिक असुविधा भी घटित नहीं हुई। अवनीन्द्रनाथ ने कुछ दिन हेवेल की चित्र पुस्तक से उनकी छवि आँकने के काम की नींव डाली थी। उसके बाद अपने मन से—ज़बरदस्ती नहीं, स्वत:स्फूर्त भाव से शिक्षार्थियों से छवि आँकने के लिए कहते थे। असितकुमार की स्मृति के अनुसार—उनकी छवि आँकते जाने के समय :

> गुरु छवि के गुण-दोष बता देते थे। मुझे इस समय भी याद है, गुरुदेव के शब्दों में : यशोदा की उम्र बढ़ गयी है, वृद्ध नन्द को यहाँ बैठाल दो ना। तुरन्त उनके कथन के लहजे से ही वृद्ध नन्द को मानो छवि के निर्दिष्ट स्थान पर बैठा देखा गया। और जब उनको कोई चीज़ ख़राब लगती थी तो तीव्र रूप से कहते थे, 'अरे, अरे, यह क्या

हो गया है', विदुर बनाया है या बन्दर बना दिया है।[१२]

असितकुमार ने अपने गुरु के बारे में कहते हुए लिखा था :

> (जिस समय) चित्रकला अजन्ता, रामगढ़, बाग़, श्रीगिरि, अनुराधापुर, दम्भोल आदि भारत और सिंहल के अनेक स्थानों पर शतजीर्ण कथरी की तरह छिन्न-भिन्न स्थिति में गुहा-गह्वर में छिपी हुई है, और मुग़ल चित्रकला यूरोपीय पर्यटकों के द्वारा क्यूरी के हिसाब से देश-विदेश में तस्करी के द्वारा चली जा रही है—देश में अँग्रेज़ी शिक्षा पर गर्व करने वाले हम लोगों की ज़ुबान पर रुचिवर्धक पेंटिंग, लाइट एण्ड शैड, पर्सपेक्टिव आदि चित्रकला की भाषा की खीलें आर्ट स्कूल के भीतर और बाहर फूट रही होती हैं।

इस स्थिति में अवनीन्द्रनाथ ने जड़ भारतीय कला को गतिशील करके "अत्यन्त सहजता से सारी विरोधी समालोचना को एक ओर ठेलकर अपने हाथ में सारा दायित्व ले लिया था।"[१३] भारतीय शिल्प कला के नवजागरण काल में कवि ने लिखा था,

> हमारी शिक्षा की जो स्थिति है, उसमें विलायती चित्रों के प्रति जो मोह है, उसे ज़बरदस्ती भंग कर देना ही अच्छा है। नहीं तो, अपने देश में क्या है, उसे देखने में मन जायेगा ही नहीं—केवल अवज्ञा से अन्धे होकर, जो धन घर के सन्दूक़ में है, उसे खोना पड़ेगा।"[१४]

५. मूर्तिकला के शिक्षक लिउनार्ड जेनिंग्स (१९०८-०९)

असितकुमार ने लिखा है :

> अवन मामा की मेरे लिए एक बहुत बड़ी ज़िम्मेदारी थी, मेरे लिए नौकरी का रास्ता खोल देना होगा, नहीं तो मेरे पिता क्षुब्ध होंगे। इसीलिए बीच में उन्होंने मेरे लिए लकड़ी पर नक़्क़ाशी का काम सीखने की व्यवस्था की। आर्ट स्कूल के मद्रासी शिक्षक आचारिया मास्टर इस विषय में शिक्षा दिया करते थे। लेजारस में १०० रुपया मासिक वेतन पर एक नौकरी की भी गुरुदेव ने मेरे लिए व्यवस्था कर दी थी। किन्तु, भाग्य का फेर ऐसा रहा कि दो दिन आचारिया मास्टर के पास सीखते समय मेरी हथेली आरी से कट गयी। कारीगर

होने की साध एकाएक धूल में मिल गयी।[१५] इसके बाद भास्कर लिउनार्ड जेनिंग्स (Leonard Jennings, १८७६–१९५६) के पास शुरू हुआ मेरा मूर्तिकला सीखने का पर्व।

जेनिंग्स भारतवर्ष में सरकारी काम के सिलसिले में आये थे। उनके बारे में कोई विशेष जानकारी नहीं मिलती है। इस देश में दिल्ली के राजपथ पर १९२२ में उनके द्वारा ब्रिटिश शासन के दौरान जोधपुर, हैदराबाद और मैसूर राज्य के तीन सैनिकों की मूर्तियाँ बनायी गयी हैं, जो लोग ब्रिटिश राज्य की ओर से इज़रायल में युद्ध के समय शहीद हो गये थे उनके काम के नमूने के रूप में ये मूर्तियाँ मिलती हैं। इंग्लैण्ड में रवीन्द्रनाथ को मॉडल बनाकर उन्होंने एक आवक्ष, त्रुटिरहित उनकी प्रतिमा बनायी थी। जेनिंग्स भारत सरकार के काम से और सरकारी आर्ट स्कूल में शिक्षकता की वजह से कोलकाता में (१९०७–०९) रहे थे। बंगलोर, दिल्ली, पटना, मुम्बई में उनके कुछ कामों के नमूनों के अलावा कोलकाता में उनका उल्लेखनीय काम था 'थेकरे मेमोरियल'। लेमरेथ स्कूल ऑफ़ आर्ट, लन्दन, ग्लासगो स्कूल ऑफ़ आर्ट और रॉयल एकेडमी के छात्र लिउनार्ड जेनिंग्स के पास भास्कर्य का पाठ लेने आकर सतीर्थ के रूप में असितकुमार ने पाया हिरण्मय राय चौधुरी (१८८४–१९६२) को। सवेरे छवि आँकने के बाद उन्हें सीधे जाना पड़ता था गवर्नर आवास से संलग्न छह नम्बर वेलिंग्टन प्लेस में एक परित्यक्त सरकारी अस्पताल में जो भास्कर जेनिंग्स के अस्थायी स्टूडियो के रूप में व्यवहृत होता था। वहाँ पर असितकुमार प्रतिदिन पाठ ग्रहण कर जोड़ासाँको में आवश्यकता के अनुसार अवनीन्द्रनाथ को अपनी सद्य आँकी गयी छवि को दिखाकर बेनेपुकुर दीदी माँ के घर लौट आते थे।

जेनिंग्स की अधीनता में भास्कर्य सीखने के समय (१९०८–०९) नान्दलाल के श्रीकृष्ण लीला के चित्रों में से असितकुमार और हिरण्मय ने मान भंजन, रास और दान लीला के मिट्टी के तीन लो रिलीफ़ में तैयार कर डाले थे। इसके अलावा हिरण्मय ने नटराज का एक रिलीफ़ तैयार किया था। वह उन्होंने सबकी तुलना में अच्छा ही तैयार किया था। प्राच्यकला परिषद् से नोर्मन ब्लान्ट (Norman Blount) ने रिलीफ़ में बनी कृतियों के फ़ोटोग्राफ़ जब हॉलैण्ड में हेवेल को भेजे तब उन्हें देखकर पत्रोत्तर में भारतीय छात्रों की यूरोपीय शिक्षकों के अधीन शिक्षा का अवश्यम्भावी परिणाम क्या हो सकता है उसे विशद रूप में बताते हुए उपसंहार में उन्होंने लिखा था :

> भारतीय कला के छात्रों का यूरोपीय प्रभाव से मुक्त होकर अपने सामने उत्कृष्ट आदर्श को रखकर भारतीय शिल्प दर्शन को प्राप्त कर मूर्तिकला का पाठ ग्रहण करना चाहिए। 'नृत्यरत शिव' मूर्ति में शिल्पी ने शिव के ईश्वरीय रूप को न बनाकर उन्हें मनुष्य के रूप में गढ़ डाला है, जो भारतीय आध्यात्मिक विचार के सर्वथा विरुद्ध है—यद्यपि यूरोपियों ने उस कृति में अनेक विकसित उन्नति के गुण देखे हैं कारण, वह उनके परिचित ढाँचे में तैयार की गयी है। भारतीय शिल्प कला को जो समझते हैं, वे यह बात कभी नहीं कहेंगे।[१६]

हेवेल ने देखा था पाश्चात्य शिल्प कला के मामूली संस्पर्श से ही शिक्षार्थियों के काम में उनके अपने प्राणों के स्फुरण में बाधा आ जाती है।

लिउनार्ड जेनिंग्स के १९०९ ई. में इंग्लैण्ड वापस चले जाने पर असितकुमार ने नियमित रूप से आर्ट स्कूल जाना शुरू कर दिया था। शिल्पानुशीलन में जेनिंग्स के कुछ मूल्यवान् सुझावों ने असितकुमार के मन पर स्थायी प्रभाव छोड़ा था। वे कहा करते थे : एक शिल्पी का कंटकाकीर्ण साधन-पथ चिर अन्वेषण और सीखने का है। जीवन निर्वाह के हर क़दम पर मोहभंग की यन्त्रणा उस पथ पर बनी रहती है। निर्दोष सृष्टि के प्रयत्न में कितनी बार जो गढ़ी हुई मूर्ति होती है, एक शिल्पी को तोड़ देनी पड़ती है। किन्तु, लक्ष्य पर स्थिर बने रहने पर शिल्पी के लिए उसकी आराध्य शिल्प साधना में असम्भव, अगम्य जैसा कुछ भी नहीं रहता है। जिसे जो कहना हो भले ही कहे, वे एकनिष्ठ होकर चित्र आँकने के अभ्यास में लगे रहने की बात कहकर उत्साहित किया करते थे शिक्षार्थी असित को। फलतः असितकुमार का शिल्पी जीवन भी कटा है सीखने के आग्रह, सुख-दुःख, सृष्टि की अशेष वेदना के बीच परमानन्द की खोज में। राष्ट्रीय चेतना जगाने की बात पर जेनिंग्स ने उन्हें लिखा था चेलसी से ८ अक्टूबर, १९०९ ई. को :

> इतिहास ने हमें यह दिखाया है, शिल्पकला के अवदान में ही राष्ट्र का परिचय निहित रहता है एवं शिल्पकला कहने से चित्र, भास्कर्य, स्थापत्य, संगीत, साहित्य अथवा जो कोई माध्यम हो, जिसमें सौन्दर्य का प्रकाश घटित होता हो, वही समझ में आता है। एक सचमुच में संस्कृति मनोभाव सम्पन्न व्यक्ति का एकमात्र परिचय, सौन्दर्य के प्रति उसकी संवेदनशीलता में है, जिसे स्कूल, कॉलेज से नहीं सीखा जा सकता है।[१७]

जेनिंग्स ने उन्हें सावधान करते हुए, आँखों पर यूरोपीय कुप्पा लगाकर अपने देश की शिल्पकला को देखने और उस पर विचार करने जैसे निर्लज्ज और अपमानजनक कार्य के सम्बन्ध में लिखा था।[१८] कहना अतिशयोक्ति होगी, गुरु अवनीन्द्रनाथ भी इसी विचार की पुष्टि किया करते थे। गुरु जेनिंग्स को असितकुमार ने जब अपने छात्र जीवन की एक श्रेष्ठ कृति 'वीणा वादिनी' का चित्र श्रद्धा के रूप में भेजा तब बड़े आनन्द से उन्होंने लिखा था,

> मैं इस चित्र को अपनी प्रिय सम्पदा के बीच में आजीवन सुरक्षित रखूँगा।[१९]

१९०९ ई. में पर्सी ब्राउन ने लाहौर मेयो स्कूल ऑफ़ आर्ट से आकर कोलकाता आर्ट स्कूल में अध्यक्ष के रूप में योग दिया था। हेवेल के प्रश्रय से गुरु-परम्पराधर्मी शिक्षा के जिसे परिवेश को अवनीन्द्रनाथ ने अपनी परिष्कृत रुचि से आर्ट स्कूल में निर्मित कर दिया था, ब्राउन के समय उसके अपरिवर्तित रहने पर भी, छात्रों के अनियमित रूप में क्लास में आने की वजह से उन्हें उनकी कुछ लगाम खींचना पड़ी थी। ८ जुलाई, १९०९ ई. को उन्होंने स्कूल में अकसर ग़ैर-हाजिर रहने के अभ्यस्त असितकुमार के बारे में उनके पिता सुकुमार को लिखा था :

> आज अनेक दिन बाद असित स्कूल में आया था। इन कई महीनों में ड्राइंग में उसने आश्चर्यजनक उन्नति की है। जेनिंग्स साहब बता गये हैं कि असित की मॉडलिंग की अपेक्षा पेंटिंग अच्छी लगती है, एवं उसी में उसको शिक्षा देना उचित है। अपने नये प्रिंसिपल ब्राउन साहब को भी उसकी ड्राइंग दिखायी। उनका भी मत है कि असित को पेंटिंग सीखनी चाहिए। मैं भी अच्छी तरह समझ रहा हूँ कि मैं उसे एक अच्छा मनुष्य बना सकूँगा, जिससे वह अब प्रतिदिन नियमानुसार मेरी क्लास में काम करे उस विषय में आप थोड़ी व्यवस्था करें। उसकी ड्राइंग बहुत चमत्कारपूर्ण बनी है।

अपने देश लौटते समय जेनिंग्स ने असितकुमार को अपनी अच्छी राय देते हुए कहा था कि उन्हें आर्ट स्कूल में और भी डेढ़-दो वर्ष शिक्षा ग्रहण करनी चाहिए। उसके बाद भी अगर उनका जी एक शिल्पी के रूप में प्रतिष्ठित होना चाहता है तो जेनिंग्स चाहते थे कि असित यूरोप में और भी दो-तीन वर्ष उच्च शिक्षा प्राप्त करने के लिए चले जायें। फिर भी वहाँ पर मनोयोगी द्रष्टा होकर चित्रकला-पद्धतियों को किसी तरह से मेहनत कर सीख लेने से ही काम नहीं

चलेगा, उसे शिल्पकला के राष्ट्रीय वैशिष्ट्य की आवश्यकता कितनी है, इसे भी उपलब्ध करने की चेष्टा करनी होगी। जेनिंग्स ने असितकुमार की रेखांकन और चित्ररचना में परिकल्पना की विशेष क्षमता देखकर कहा था—

> अपनी उन्नति के लक्ष्य को सामने रखकर उन्हें और भी अभ्यास-अनुशीलन का व्रत लेना होगा।

६. अवनीन्द्रनाथ की शिक्षा पद्धति

अवनीन्द्रनाथ ने आर्ट स्कूल में 'एडवांस्ड डिज़ाइन क्लास' खोल दिये थे, असितकुमार के शब्दों में,

> भारतीय शिल्प के पुनरुद्धार का टंका बजाने के लिए नहीं सामने मॉडल को प्रत्यक्ष रूप से रखकर जो चिर-प्रचलित छवि आँकना सिखाने की यथार्थवादी यूरोपीय पद्धति स्कूलों में चालू थी, वह प्राथमिक कक्षाओं के लिए बरकरार रखते हुए उच्च कक्षाओं में मन से आँकने (Eidetic) की भारतीय पद्धति उन्होंने चालू कर उसे अपने अधीन रखकर 'Advanced Design Class' की नींव डाली थी। उस समय 'Advanced Design Class' विभाग में अवनीन्द्रनाथ के सहकारी थे पटना क़लम के मुसब्बर शिल्पी ईश्वरी प्रसाद वर्मा (१८७०-१९४९)।

ईश्वरीप्रसाद कोलकाता रोली ब्रदर्स कम्पनी में कपड़े के ऊपर कसीदाकारी डिज़ाइन का काम किया करते थे। जौहरी शिल्पी हेवेल उन्हें आर्ट स्कूल में ले आये थे, छात्रों को प्राच्य परम्परा में छवि आँकने की तालीम देने के उद्देश्य से। गौरवर्ण, सुदर्शन ईश्वरीप्रसाद हाथीदाँत पर सूक्ष्मचित्र बनाने और अलंकरण करने में पारदर्शी चित्रकार थे। एक मौलिक शिल्पी के रूप में सफल न होते हुए भी वे प्राचीन चित्रों की नक़ल करने के काम में दक्ष थे। बाज़ार में प्रचलित लिथोग्राफ़ी में भी उन्होंने मात्र अर्थोपार्जन के लिए अपना मन लगाया था। प्राचीन, मुग़ल, राजपूत चित्रांकन प्रणाली छात्रों को सिखाने के लिए आगरा के प्राचीन शिल्पवंश के मुसब्बर बाबूलाल को अवनीन्द्रनाथ ने नियुक्त किया था। स्कूल के हेडमास्टर शिल्पी हरिनारायण बोस (१८६८-१९२०) उस समय (१९०६-०९) कार्यकारी उपाध्यक्ष हो गये थे। लिथो काम की कुछ उत्कृष्ट

छवियाँ उनकी सत्येन्द्रनाथ ठाकुर के बम्बई चित्र ग्रन्थ (१८८८ ई.) में विद्यमान हैं। उस अवधि में नक़्क़ाशी शिल्प विभाग में काठ खुदाई का काम सिखाया करते थे दक्षिण देशीय श्री धनोकोटि आचारिया मास्टर।

बीसवीं शताब्दी के उषाकाल में संस्कृत गद्यकाव्य 'कादम्बरी' के अनुसरण पर शिल्पी यामिनी प्रकाश गांगुली के (१८७६-१९५३) बनाये हुए चित्रों के सम्बन्ध में बताते हुए भारतीय शिल्प विद्यायतन में छात्रों को शिक्षा समस्या का प्रसंग उठाते हुए रवीन्द्रनाथ ने लिखा था :

> संस्कृत साहित्य में चित्रांकन के विषयों का अभाव नहीं है। किन्तु, शिल्प विद्यालय में विवश होकर यूरोपीय चित्र आदि का अनुकरण करते हुए सीखना पड़ता है। उससे हाथ एवं मन दोनों विलायती छवियों के साँचे में ढलकर तैयार हो जाते हैं, इससे बचने का फिर कोई उपाय नहीं रह जाता है। इस अभ्यस्त पथ से लौटकर देशी आँखों से देशी चित्रों के विषय को देखना फिर हमारे लिए कठिन हो जाता है।[२१]

हेवेल की सहायता से अवनीन्द्रनाथ उसी कठिन काम के समाधान के लिए प्रयासी हुए थे, आर्ट स्कूल में कई आँकने में कुशल असाधारण छात्रों को अपने पास पाकर।

आर्ट स्कूल में अवनीन्द्रनाथ के अधीन सुरेन्द्रनाथ गांगुली (१९०५), नन्दलाल बसु (१९०५), और असितकुमार हालदार (१९०६) के आने के कुछ ही दिनों बाद उनके सतीर्थ रूप में एक-एक कर आ गये थे लाहौर के समरेन्द्रनाथ गुप्त (१९०७), चौबीस परगना के क्षितीन्द्रनाथ मजूमदार (१९०८), मैसूर के के. वेंकटप्पा (१९०८), सिंहल (इस समय श्रीलंका) के नागाहवत्ता (१९०८), इलाहाबाद के शैलेन्द्रनाथ डे (१९०९), लखनऊ के सैयद समी उज्जमा (१९०९) और हाकिम मुहम्मद ख़ाँ (१९०९)। इस तरह से उस समय प्रादेशिक और देशीय सीमा से बाहर के अत्यन्त थोड़े गुणी छात्र आर्ट स्कूल में अवनीन्द्रनाथ द्वारा चालू एडवांस्ड डिज़ाइन क्लास में इकट्ठे हो गये थे।

असितकुमार के शब्दों में :

> वहाँ पर सब कुछ अपने मन से विचार कर आँकना होता था। किसी छवि से अथवा कोई मॉडल बैठालकर चित्रांकन करने का काम हमारे क्लास में नहीं चलता था। यही पहली बार शुरू हुई देश की दो हज़ार वर्षों की शिल्पकला की चर्चा मुग़ल युग के बाद विक्टोरिया

युग के अन्तिम भाग में। नहीं तो उस समय रंगीन खिलौने पर मोहित शिशु की तरह हमारे देश के लोग विलायती चित्र और भास्कर्य कला पर मुग्ध थे।[२२]

उँगलियों पर गिनने योग्य शिक्षार्थियों को लेकर शिल्पाचार्य ने किसी शिल्प आन्दोलन में उतरने की बात नहीं सोची थी। यद्यपि आज विहंगावलोकन की दृष्टि से देखने पर, बंगभंग आन्दोलन के समय (१९०५-११) अर्नेस्ट हेवेल, जोन बुडरफ (१८६५-१९३६), सिस्टर निवेदिता, आनन्द कुमारस्वामी जैसे शिल्पजनों के साहचर्य से अवनीन्द्रनाथ और उनके शिष्यों के क्रान्तदर्शी शिल्प अनुशीलन का समपात एक विस्मयकर ऐतिहासिक घटना के समारोह के रूप में लगता है। असितकुमार के शब्दों में,

> कलागुरु अवनीन्द्रनाथ के मन में भारत शिल्पकला के प्रवर्तन की बात ठीक ठीक कब और कैसे आयी थी, इसे वही बता सकते हैं। फिर भी उन्होंने इस विषय में लखनऊ की कला प्रदर्शनी में वक्तव्य देते समय (१९२६) में जो कुछ कहा है अथवा हम लोगों के पहले बातचीत के बहाने जो कुछ कहा था, उससे यही प्रतीत होता है कि वह उनके मन की भीतरी एक ताकीद की तरह एक दिन सहसा आयी थी एवं उन्होंने निर्भय होकर भारतशिल्प अनुशीलन में अपना मन निविष्ट कर दिया था, बिना किसी गुरु से सीखे। शुरू-शुरू में वे कहा करते थे, 'अरे, इसीलिए तो मैं तुम्हें 'एनाटोमी' शरीर संरचना नहीं सिखा रहा हूँ, न लाइट एण्ड शेड सिखा रहा हूँ, कहीं मैं तुम्हें ग़लत रास्ते पर तो नहीं ले जा रहा हूँ?'[२३]

उस समय बंगाल के शिक्षित जनों का अवनीन्द्रनाथ और उनके अनुवर्ती व्यक्तियों की चित्रकला के बारे में कैसा मनोभाव था, उस प्रसंग में असितकुमार ने लिखा है,

> मौलिकता के प्रभाव से अवनीन्द्रनाथ ने अव्यवस्थित कोलकाता गवर्नमेंट शिल्प विद्यालय में भारत शिल्प कला के प्रवर्तन करने का एक केन्द्र गढ़ डाला था। देश के लोगों और तत्कालीन शिल्प विद्यालय के शिक्षकों को यह काम अच्छा नहीं लगता था। ... बाङ्ला मासिक पत्रिकाओं में प्रतिवाद की विद्रूप हवा बहने लगी। उन्होंने इसके विरोध में ये तर्क दिये कि विलायती फ़ाइन आर्ट न सिखाकर देश के पट चित्रकारों के अनुकरण पर जो-सो सिखाने की

व्यवस्था आर्ट स्कूलों में की जा रही है, किन्तु, अवनीन्द्रनाथ उससे कब दबने वाले थे, वे कभी दबे नहीं।

असितकुमार ने देखा था, 'अवीन्द्रनाथ की शिल्पकला के विरुद्ध उस समय मासिक साहित्य आदि पत्रिकाओं में अनेक विरोधी मन्तव्यों द्वारा युद्ध की घोषणा करने से कला-शिल्प की नवीन धारा के विषय में जनमानस में प्रचार भी हुआ था।'

> हम लोगों को देशी आर्ट के विषय में घर और बाहर सर्वत्र प्रतिकूल चर्चा सुननी पड़ती थी। (तत्कालीन शिक्षित समाज) इस देश की प्राचीन और आधुनिक चित्रकला और मूर्तिकला में कुछ भी सौन्दर्य नहीं पाता था। (उस समाज) विलायती आर्ट की ही स्तुति सुनने को मिलती थी। आर्ट में अगर हम लोग एक कलाकार के रूप में मनुष्य होना चाहते हैं तो विलायती आर्ट के अनुकरण से ही वह सिद्ध हो सकेगा, ऐसा था उस समय के शिक्षित समाज का दृढ़ विश्वास।[२४]

उनके चित्रों की प्रतिकूल समालोचना का एक उदाहरण प्रस्तुत किया जा सकता है श्रद्धेय अर्धेन्दुकुमार के ग्रन्थ से। 'भारती' में 'माँ यशोदा' चित्र छापकर चारुचन्द्र वंद्योपाध्याय ने लिखा था,

> असितकुमार के चित्र 'माँ यशोदा' चित्र में माता यशोदा के मुख पर स्नेहमुग्ध भाव एवं शिशु के मुख पर आनन्द के भाव को बड़ी निपुणता से व्यक्त किया गया है। किन्तु, साहित्य-सम्पादक श्री समाजपति ने लिखा है, उस चित्र में शिशु के मुख पर नारी की अनिमेष दृष्टि अच्छी तरह प्रस्फुटित होने के बाद भी, यशोदा—यशोदा एक कामिनी हो सकती है, हरिदासी भी हो, तो कोई क्षति नहीं है किन्तु, भारती पत्रिका अथवा चित्रकार ने इसका नाम दिया है, यशोदा। यशोदा के पैंजनी पहने हुए पैरों की भंगिमा अस्वाभाविक है, किन्तु, स्वभाव की यही विरोधिता असल में तथाकथित भारतीय चित्रकला की प्राण है।[२५]

प्रसंगतः उस समय की चित्रकला के सम्बन्ध में दो उदाहरणों से उनके घर के लोगों की विरोधी धारणा, स्पष्ट रूप से समझ में आती है। 'भारती' पौष १३२० (१९१३) में सत्येन्द्रनाथ ठाकुर (१८४३-१९२३) के 'मेरा बम्बई प्रवास' धारावाहिक निबन्ध में असितकुमार का 'शिवाजी और अफ़ज़ल ख़ाँ' का एक रेखाचित्र मुद्रित हुआ था (पृ. ९६६), इस चित्र के बारे में राँची

से सत्येन्द्रनाथ ठाकुर ने असितकुमार को ९ अगस्त, १९१४ को लिखा था :

> attitude (झुकाव, रुख़) तथा expression (अभिव्यक्ति) अगर ठीक न हुआ हो तो सुन्दर छवि किस तरह से होगी, इसका रहस्य हमें बोधगम्य नहीं है। यदि दर्शक की कल्पना के ऊपर ही आस्था रखी जाये तो उल्टी-सीधी रेखाओं का खींचना भी चल सकता है, सुन्दर छवि आँकने की आख़िर दरकार ही क्या है? तुम्हारी उस स्कूल की गरिमा मैं समझ नहीं पा रहा हूँ। भारती में अफ़ज़ल ख़ाँ बध की जो छवि निकली है, वह ठीक नहीं बनी है। और एक बार प्रयास कर देखो। आक्रमण सामने से होगा यद्यपि दोनों गले मिलने जा रहे हैं, ऐसा भाव व्यक्त होना चाहिए, और शिवाजी के मुख का भाव थोड़ा प्रचण्ड होगा, जब मारने को ही उद्यत है तब मुख का भाव कोमल नहीं रखा जा सकता है। अफ़ज़ल ख़ाँ जिस तरह से रेखाचित्र में दिखाया गया है, वैसा ही होना चाहिए—मानो गिरने जा रहा है। ख़ैर, जो भी हो, फिर एक बार प्रयास करके देखो कि क्या कर सकते हो।

इस विषय में यह ठीक है कि घटना के अनुसार रेखांकन नहीं हुआ है। फलस्वरूप, अलंकरण की दृष्टि से वह मझले दादा महाशय की आज्ञा पूरी करने में सक्षम नहीं हुआ था। असितकुमार ने उस समय छोटी दीदी माँ स्वर्णकुमारी देवी की फूलमाला, राजकन्या उपन्यास की नायिका के चित्रांकन प्रसंग में उनकी शिल्परुचि के सम्बन्ध में अपना मत प्रकट करते हुए लिखा था :

> उस ज़माने में ग्रीक वीनस, इटली की मोनालिसा एवं मेडोना का रूप सौन्दर्य ही इस देश के शिक्षितों के मन पर अधिकार किये हुए बैठा था, सुतराम् देशी महिलाओं के सौन्दर्य में विषाद भरा लावण्य उन दिनों भद्दा लगता था। मैं उसी वजह से उनकी रुचि के अनुसार मुख आँककर उन्हें सन्तुष्ट नहीं कर पाया था।[२६]

वस्तुत: उन्होंने फूल-माला में शक्तिमयी और प्रेमी का जो रंगीन चित्र आँक दिया था वह छोटी दीदी की दृष्टि में शक्तिमयी का मुख थोड़ा भद्दा लगने के कारण उस उपन्यास के अँग्रेज़ी अनुवाद, दा फेटाल—गारलेंड में उस प्रेमी युगल का एक और रंग का चित्र उनकी फ़रमाइश के अनुसार आँक दिया था। वह उस ग्रन्थ में प्रकाशित हुआ था। और एक पत्र में इंग्लैण्ड

परिभ्रमणरत असितकुमार को पिता सुकुमार हालदार ने ११ जून, १९२३ ई. को लिखा था :

> विलायत के आर्टिस्ट लोग मॉडल सामने रखकर आँकते हैं, वह और कुछ नहीं वे लोग नेचर का नमूना रखकर जहाँ तक सम्भव है, उसका अनुकरण करते हैं। नेचर आदि के आइडियल का ठीक नेचर की तरह हाथ का काम करना भी कठिन है। तुम लोगों की भारतीय कला की आत्मा दूसरी तरह की होती है। तुम लोग नेचर की तरफ़ जाते ही नहीं हो वरन् उसके उल्टे मार्ग पर चलते हो। यूरोप की प्रणाली अधिकांश लोगों के लिए हृदयग्राही है और तुम्हारे चित्रों का सौन्दर्य बहुत कम लोग ही अनुभव कर सकते हैं। भारती (ज्येष्ठ १३३०) में अवन बाबू का भागते हुए शाह सुजा का जो चित्र निकला है; क्रमशः देख रहा हूँ, अवन यूरोपीय आर्ट की ओर जा रहे हैं। हाँ, यह ज़रूर है कि लाइट एण्ड शैड के ब्योरे कम हैं और Vagueness-अस्पष्टता अधिक है। फिर भी anatomy शरीर-संरचना ठीक है—अवन के पहले वाले चित्रों की तरह ज़रा भी नहीं। सुजा का चेहरा ख़ास गंजे की तरह बना है। उस दृष्टि से फ़ोटो को हार माननी पड़ती है। बैक ग्राउण्ड समझ में ही नहीं आती है।

इस विषय में भी पत्र के वक्तव्य को समकालीन जन सामान्य शिक्षित वर्ग की भारतीय चित्र दर्शन की आदर्श प्रतिक्रिया के रूप में ग्रहण कर अवनीन्द्रनाथ के शब्दों में कहा जा सकता है :

> इस देश में Science of perspective अर्थात् परिदृश्य विज्ञान आदि की तुच्छ सामग्री के लोभ में पीढ़ियों से चले आये परम्परागत जिस आश्चर्यजनक शिल्प-कौशल को हम खो बैठे हैं, उसे संसार का और कोई भी शिल्प हमें दे नहीं सकता है।... भारतीय शिल्प का हमारे लिए दुर्बोध्य होने का कारण भारतीय कला में नहीं है, कारण तो पूरी तरह से हमारे भीतर घड़ियाल की तरह डेरा जमाये हुए बैठा है।... दुर्दिनी में शरत्काल का पूर्ण चन्द्र भी हमें धुँधला और मलिन दिखायी देता है, वह विश्वशिल्प का भी दोष नहीं है, चन्द्र का भी दोष नहीं है, दोष इस अधीर मन की बालू में ही छिपा हुआ है।[२७]

७. स्वदेशी भावना और अवनीन्द्रनाथ

शिल्पगुरु अवनीन्द्रनाथ स्वदेशी भावना के भँवर में, छात्रों के आचरण में आवेग को कभी बन्धनहीन नहीं होने देते थे। वरन् आर्ट स्कूल में सिस्टर निवेदिता के परामर्श के अनुसार, जिससे राजनीति अपना सिर न उठा सके, उस तरफ़ उनकी प्रखर दृष्टि रहती थी। उस ज़माने में विदेशी निषेध नीति की बात पर शिल्पकला के क्षेत्र में इस नीति का उन्होंने अन्ध समर्थन न करके न्यायोचित बात कही है;

> समस्त मानव जाति में भावों का आदान-प्रदान जब चल रहा है, तब शिल्प में भी आदान-प्रदान चलता रहेगा, उसे रोकने की सामर्थ्य किसी में भी नहीं है, और उस प्रकार के आदान-प्रदान में कोई दोष भी नहीं देख रहा हूँ; किन्तु, दान ही ग्रहण कर रहे हैं, दान करने में असमर्थ, ऐसा होने पर आज न सही दस दिन बाद भी अर्धचन्द्र हमारे भाग्य में सुनिश्चित है।[२८]

भारती, प्रवासी, मॉडर्न रिव्यू, भारतवर्ष, अलोका इत्यादि उस ज़माने के लोकप्रिय मासिक पत्रों में अवनीन्द्रनाथ और उनके नये शिष्यों के चित्रों की प्रतिलिपि नियमित रूप से प्रकाशित होने की वजह से, नव्य भारतीय शिल्पकला का प्रचार पूरे बंगाल यहाँ तक कि भारत के बाहर भी हो गया था। उस समय हेवेल, कुमारस्वामी के भारतीय शिल्प कला सम्बन्धी ग्रन्थ और निबन्धादि जापान, यूरोप और अमेरिका में अवनीन्द्रनाथ की शिल्पकला का परिचय वहन कर रहे थे। १९०८ में जापान में काउंट ओकाकुरा काजुओ द्वारा सम्पादित कोक्का (KOKKA) पत्रिका में सर जोन बुडरफ (Sir John Woodroffe) ने अवनीन्द्रनाथ के 'चन्द्रलोक में संगीत सभा' और अन्यान्य चित्रों के साथ एक निबन्ध में लिखा था :

> शिल्पकला मानवचित्त के भावप्रकाशन की एक भाषा मात्र है। सुतराम् शिल्पमात्र को ही राष्ट्र विशेष की शिक्षा और भावों के अनुसार होना चाहिए। दुर्भाग्यवश, भारत में आधुनिक शिल्पीजन निकृष्ट पाश्चात्य शिल्प का अधूरा अनुकरण कर अपने राष्ट्रीय शिल्प माधुर्य को नष्ट कर रहे हैं एवं विकृत रुचि के फलस्वरूप वे लोग अपने प्राचीन शिल्प महत्त्व एवं गौरव तक को अनुभव करने में भी असमर्थ हैं। इसी वजह से श्रीयुत अवनीन्द्रनाथ ठाकुर के चित्र सभी भारतीय शिल्पी जनों की, अपेक्षा पाश्चात्य शिल्पी जनों के समक्ष अधिक

आदरणीय हैं। ...भारतवासी अगर अपनी शक्ति और सौन्दय-बोध की क्षमता उपलब्ध कर लें तो पृथ्वी को वे कैसी अमूल्य वस्तु दे सकते हैं, अवनीन्द्रनाथ के चित्रों का सौन्दर्य उसी का एक प्रमाण मात्र है।[२९]

छात्र असितकुमार ने देखा है अवनीन्द्रनाथ कभी भी विद्यालय में गुरु मोशाई बनकर अनुशासन अथवा अपने हाथों से अधिक अंकन-बंकन करके नहीं सिखाते थे। वे शिष्यों के साथ स्वयं छवि आँकने बैठ जाते थे और एक मित्र की तरह गप-शप करते रहते थे। और उस गप-शप के माध्यम से शिल्पकला के अनेक गम्भीर तथ्य, रूपक और उनके निहितार्थ खोदकर पा जाते थे छात्रगण और नये देशी आदर्श और विचारों से अपने चित्रों में भाव प्रकाशन की ओर वे लोग सचेष्ट हो जाते थे। शिल्पी रोथेंस्टाइन ने कोलकाता सरकारी आर्ट स्कूल में अपने साथ शिल्पाचार्य अवनीन्द्रनाथ की शिक्षण पद्धति के अभावित घरेलू परिवेश के 'ऊँ' को लेकर कहा था, "आहा, अगर कई वर्ष पहले आ पाता तो वे एक शिक्षार्थी के आसन पर बैठ जाते।" वास्तव में, शिल्पी आन्द्रे कार्पेले ने सचमुच में यह सुयोग पा लिया था १९२२ में कोलकाता आकर। जोड़ासाँको घर में दक्षिणी बरामदे में बैठकर शिल्पाचार्य ने छवि-अंकन किया था। आचार्य के पास रखे हुए रजत जैसे दर्शनीय गमले के जल में हल्के गुलाबी रंग का खिला हुआ पद्म मानो उनके हृदय कमल का संकेत देने वाला उत्तर-प्रभाववादी शिल्पी आन्द्रे को लगा था। आरामकुर्सी पर बैठे-बैठे तूलिका लेकर छवि आँकने के बीच में आचार्य ने जो बातें कही थीं, उन्हें उन्होंने तुरन्त लिख लिया था। वे बातें कोई खो देने वाली तो थीं नहीं। प्रस्फुटित पद्म में शिल्पी ने अपने प्राणपाखी को रखकर चित्रांकन करते-करते आचार्य ने कहा था, शिल्पी का मन जो कुछ देखता है, इस प्रकार अपने उपलब्ध सत्य को वह अपने चित्रांकन में प्रकाशित करता है। चित्रांकन का पटुत्व जब तक न आये, तब तक उसका मानस-पद्म खिलेगा ही नहीं। पाखी जन्मते ही उड़ने का प्रयास करने लगता है, नहीं तो उसके दोनों पंख काम करेंगे ही नहीं, वह उड़ ही नहीं पायेगा। गहरी अर्थवत्ता से सम्पन्न इन बातों को आचार्य के मुख से सुना था आन्द्रे ने।[३०] अवनीन्द्रनाथ के चित्रांकन का मूल लक्ष्य पाश्चात्य के स्वाभाविक प्रकृतिवाद (नेचुरयलिज़्म) के विरुद्ध युद्ध की घोषणा करना कभी नहीं था। कारण, वे जानते थे, परिवर्तमान समय के साथ-साथ सभी के अलक्षित भाव से मनुष्यों की रुचि

में भी परिवर्तन घटित होता रहता है। उनके शब्दों में,

> आदर्श एक ऐसी वस्तु है, जिसे लेकर चिरकाल तक काम करते रहना मुश्किल है। रुचि बदलने के साथ-साथ, आदर्श भी बदल जाता है, एक ज़माने में जो प्रचलन में था, वह दूसरे ज़माने में चलन से बाहर हो जाता है।[३१]

विचार की मौलिकता और उसका नियन्त्रण, प्रखर सौन्दर्य-बोध में अवनीन्द्रनाथ शिल्पी के आत्मप्रकाश को अख़बारों में मुखर और खोखला होते देखकर दुःख पाते थे। कारण, उसके बोध में सृष्टि का अपार आनन्द एकान्त की तपस्या में ही उपलब्ध होता है। उन्होंने प्रचार माध्यमों से दूर रहने का परामर्श देते हुए असितकुमार को १९१२ के पत्र में लिखा था,

> समरेन्द्र गुप्त की तरह यदि नाम और रुपया खोजते हुए घूमते रहोगे तो तुम्हारी दशा किस तरह की होगी, क्या इसे जानते हो—
>
> 'गिरही तजि के भये उदासी
> वन खण्ड तप को जाय।
> चोली थाकि मारिया
> बेरई चुनि-चुनि खाय।।'
>
> अर्थात् गृहस्थी छोड़कर उदासी हो गये, तपस्या के लिए वन खण्ड चले गये, देह को मारने लगे क्लान्त होकर, इस तरह अन्त में खाने लगा चुन-चुनकर जंगली बेर।[३२]

कबीर वाणी के द्वारा असित को सावधान करते हुए उन्हें समझाना चाहा था समाचार-पत्रों द्वारा दिये गये मान-मर्यादा-प्रकाशन के मायाजाल के बोझ को सिर पर लादे-लादे न घूमो, बल्कि सृजन की साधना में डुबकी लगाओ।

असितकुमार ने गुरु के सान्निध्य में रहते हुए देखा है कि छवि आँकने की किसी भी पद्धति को कई प्रकार से विन्यस्त किया जा सकता है। जापानी शिल्पी की तूलिका से जो वाश-पद्धति उतरती है, उसका गम्भीरता से अवलोकन कर अवनीन्द्रनाथ ने अपनी उद्‌भाविका शक्ति से अनेक प्रयोग-परीक्षण कर पूर्ण रूप से एक नयी वाश-पद्धति का आविष्कार किया था, जो जापानी पद्धति से एकदम भिन्न प्रकार की थी। गुरु की उस पद्धति से किये गये चित्रांकन के एक वर्णन में असितकुमार ने लिखा है :

> याद है, एक बार उन्होंने हमारे सामने शाहजहाँ का चित्र बनाया।

सहसा श्वेत काग़ज़ पर पेंसिल की सूक्ष्म रेखाओं से बना अश्वारोही शाहजहाँ का चित्र फूट उठा। उसके बाद वह कैसे रंगों की क्रीड़ा थी। मानो षड्ऋतुओं का आवर्तन एवं काल प्रवाह का नर्तन, दो घण्टे में खेल गया उनकी तूलिका की नोंक पर। शाहजहाँ की स्वप्न छवि में खेल गयी वर्षा, खेल गयी शरत्, खेल गयी शीत ऋतु। देखते-देखते हमारे मन में विचार आ रहा था कि उनका हाथ पकड़कर यहीं रोक दूँ—अर्थात् छवि को उन्होंने यहीं शेष क्यों नहीं किया? यह प्रश्न सिर्फ़ हमारे मन में ही उदय हो रहा था। छवि जल में डुबोकर रंगों को 'वाश' करते समय हँसते-हँसते वे केवल यह कहते जा रहे थे—प्रचुर रंग, प्रचुर वाटर कलर की पेंटिंग।[३३]

असितकुमार के शब्दों में,

अवनीन्द्रनाथ के आँकने की पद्धति कभी एक भाव से एक रास्ते पर नहीं चली, कभी-कभी काठ के ऊपर तैल चित्र आँका करते थे। फिर बंगाल के पुरातन पट चित्र की तरह, कपड़े के ऊपर भी उन्होंने अनेक चित्र बनाये हैं। उनकी रंग पोतने या लगाने या घोलने की पद्धति परम्परागत टेम्परा, ओपेक, ट्रान्सपेरेंट अथवा राजपूत, मुग़ल, अजन्ता या किसी प्राचीन शिल्प के दिखाये हुए रास्ते पर नहीं चली। हम लोगों ने बराबर यह देखा है कि वे खेल-खेल में रंग-तूलिका लेकर काम कर रहे हैं, और उसी के साथ अनेक तरह की पद्धतियाँ उनके चित्रपट पर उभर रही हैं।[३४]

छवि आँकने के क्षेत्र में बीज में वृक्ष की तरह यथार्थ में छिपे हुए आदर्श को देखा करते थे। प्रसंगतः स्वामी विवेकानन्द ने ग्रीक शिल्प और ऐतिह्यवादी भारतीय कला की तुलनात्मक चर्चा के दौरान अपना मत प्रकट करते हुए कहा था—

ग्रीक शिल्प की गुप्त कथा है प्रकृति की निर्दोष प्रतिध्वनि, और भारतीय शिल्प कला में प्रकृति की नक़ल न कर उसके भाव को प्रस्फुटित करने की चेष्टा रहती है।

उनके मत के अनुसार, प्रकृति की हूबहू नक़ल करने में सार्थकता कहाँ है? प्रकृति का वास्तविक चेहरा न आँककर कुत्ते के सामने मांस का एक टुकड़ा फेंक देने से भी तो काम चल सकता है। उनके शब्दों में,

पद्म जिस तरह से मिट्टी का आश्रय लेकर बढ़ने लगता है, उसी

मिट्टी से पोषक द्रव्य खींचकर, माटी के संस्पर्श से मिट्टी के बहुत ऊपर खिल उठता है, भारत की ऐतिह्यवाही कला को भी वैसे ही अपने विकास के क्षेत्र में प्रकृति के संस्पर्श में रहना ही होगा, अगर ऐसा नहीं हुआ तो शिल्पकला का पतन होगा।

प्रसंगवश रवीन्द्रनाथ ने भी प्राच्य और पाश्चात्य शिल्पियों के चित्रांकन की तुलनामूलक विवेचना में लिखा है :

> यूरोप वास्तव को वास्तव की तरह गढ़कर देखना चाहता है...ध्यान की दृष्टि से देखने की उनकी साधना नहीं है, हमारे देश में बौद्ध युग में एक दिन ग्रीक शिल्पियों ने तपस्वी बुद्ध की मूर्ति गढ़ी थी। वह उपवास से जीर्ण, कृश शरीर की हूबहू प्रतिच्छवि थी; उसमें अस्थिपंजर की प्रत्येक हड्डी गिनी जा सकती थी। भारतीय शिल्पी ने भी तपस्वी बुद्ध की मूर्ति गढ़ी थी, किन्तु, उसमें उपवास का वास्तविक इतिहास नहीं है।...वह डॉक्टर का सर्टीफिकेट लेने के लिए नहीं है।...एक व्यवसायी आर्टिस्ट वास्तव का साक्षी होता है, और गुणी आर्टिस्ट सत्य का साक्षी होता है।[३५]

अवनीन्द्रनाथ चाहते थे समग्र भारतवर्ष की संस्कृति धारा को उनके छात्र नये रूप में, नवीन भाव से अपनी-अपनी शक्ति के अनुसार देखें। छात्रों को वे भेजा करते थे संग्रहालयों और पुरावस्तुओं के डीलर की दुकानों पर। असितकुमार ने लिखा है :

> वहाँ पर उनके संग्रह में देखा करता था प्राचीन तिब्बती कपड़े के ऊपर अंकित चित्रकला एवं ताँबे-पीतल की तिब्बती और नेपाली नाना प्रकार के देव-देवियों की मूर्तियाँ। अवन मामा कभी-कभी मुझे और नन्दलाल को अपनी स्वयं की गाड़ी में बैठालकर ले जाते थे नाहर लोगों द्वारा संगृहीत नये प्राचीन राजपूत और काँगड़ा चित्रों को दिखाने। उनकी थी रबररहित पहियों वाली बन्द गाड़ी—घोड़े के खुरों की ध्वनि और पहियों की ध्वनि कानों को बहरा बना देती थी। वे स्मितवदन कहा करते थे, अच्छा रथ अगर धड़धड़ाकर न चले तो गाड़ी पर बैठने का कोई मज़ा ही नहीं है, क्या कहते हो?[३६]

८. बंगभंग आन्दोलन पर्व में शिल्परचना

१९०५ में बंगभंग आन्दोलन की शुरुआत में अवनीन्द्रनाथ ने बनाया 'भारतमाता' का चित्र; निवेदिता ने उस चित्र में देखी पराधीन देश के मातृ-हृदय की अन्तर्वेदना। इस सम्बन्ध में असितकुमार ने लिखा है :

> भारतमाता चित्र ने देशभक्तों में विशेष जागृति और उत्साह उत्पन्न कर दिया था। चीरधारिणी, स्वल्पवस्त्र-आवृता भारतमाता भाल पर स्वर्णतिला अंकिता, एक हाथ में धान, एक हाथ में पोथी और माला लिए शुद्ध, शुचि वेश में कमल के आसन पर खड़ी हुई है। मुख पर तेजोद्दीप्त भाव यद्यपि शान्ति की प्रतिमूर्ति है। जाग्रत चेतना ने मानो विशुद्ध होकर आकार धारण कर लिया हो मातृमूर्ति के भीतर। देह का रंग श्यामल है—श्यामल वसुन्धरा को ही मानो धारण किये हुए हो।

असितकुमार ने एक अज्ञात बात भी इस चित्र के प्रसंग में लिखी है, ''१९०५-०६ ई. के स्वदेशी मेला में भारतमाता की इस मूर्ति को कलूटोला के पाल वंश के किसी कारीगर ने विराट रूप में गढ़ा था। उसे देखने के लिए उस प्रदर्शनी में भारी भीड़ हुई थी।[३७] उस समय (१९०६) हाल ही में आर्ट स्कूल के छात्र बने असितकुमार ने भी आँकी थी निर्दोष, सुडौल, गठन में पराधीनता की व्यथावह भिन्न प्रकृति की भारतमाता की छवि, जिसकी चारों भुजाओं में थे खड्ग, त्रिशूल, शंख और काँस-गुच्छ, जिसे वह मूर्ति दृढ़ता से पकड़े हुए थी। वह छवि थी उनके पक्के हाथों की जलीय रंगों से बनी छवि। अर्धेन्दुकुमार ने उनके और एक दूसरे चित्र 'कच देवयानी' के सम्बन्ध में लिखा था, ''अवनीन्द्रनाथ द्वारा कल्पित 'कच और देवयानी' चित्र से वह पूरी तरह से भिन्न थी। किसी भी दृष्टि से इस चित्र में शिल्पी ने अपने गुरु के क़दमों का अनुसरण नहीं किया है।[३८] इसी तरह से उन्होंने छात्रावस्था में ही चित्रांकन और भास्कर्य-रचना में निजीपन-अर्जन और उसकी रक्षा का प्रयास किया था।

अवनीन्द्रनाथ के सम्बन्ध में उनके मन्तव्यों से पता चलता है—

> वे समकालीन विश्वशिल्प की रूपरेखा के सम्बन्ध में भी अपने छात्रों को जानकारी से युक्त करा देते थे, अपने अमूल्य शिल्पग्रन्थों के संग्रह की सहायता से। यूरोप और मध्यप्राच्य के शिल्प, स्थापत्य, भास्कर्य

आदि को उनका देखना नहीं हो सका था उनकी निरन्तर भ्रमण-अनीहा के कारण। किन्तु, घर में बैठे-बैठे ही अन्तरराष्ट्रीय ऐश्वर्य को उलट-पलटकर देखने के कारण वे शिल्पकला के विश्वरूप को अनायास दृष्टिगोचर कर लेते थे। इसी कारण से शिल्प भावना की स्वत:स्फूर्त अभिव्यक्ति जिस तरह से उनके चित्रों में थी, वैसी ही थी उनके अनुकरणीय लेखों के माधुर्य में। वे विदेश जाना नहीं चाहते थे, फिर भी जापानी शिल्प के नवजागरण के पथ प्रदर्शक ओकाकुरा काकुजो, शिल्पी विलियम रोथेन्स्टाइन, शिल्प व्याख्याता आनन्द केन्टिश कुमारस्वामी, स्टेला क्रामरिश, शिल्पी निकोलस रोरिक, फ्रांसीसी शिल्पी आन्द्रे कार्पेले, पोलिश शिल्पी कालमिकोफ (Nicholas Kalmikoff, १८७३-१९५५), नार्वे के मूर्तिशिल्पी जुयेल मेडसन (Juel Madson), जापानी शिल्पी इयाकोयामा ताइकान (Yo Koyama Taikan, १८६८-१९५८), हिसिदा (Hisida Shumso), कातसुता (Sokin Katsuta), काम्पो अराइसन (Kampo Arai San, १८७८-१९४५), फ्रांसिस यंगहसवेंड (Francis Younghasband) जैसे अन्तरराष्ट्रीय ख्याति सम्पन्न गुणीजन आते रहते हैं उनकी छवियाँ देखने की ताकीद और प्रत्यक्ष रूप से उनसे परिचित होने की वजह से। स्वभावत: ही दक्षिण के बरामदे में एक उदार वैश्विक पृष्ठभूमि पर शिष्यों को सटीक पथ निर्देश देते हुए वे कहा करते थे :

> 'पुरातन को मृत कहकर जो उसे अस्वीकार कर देता है, उस जैसा मूर्ख तुम्हें कहाँ मिलेगा। शिल्प साधना में अगर हम आगे बढ़ना चाहते हैं तो भारतीय कला के शवासन को ही हमें आदर के साथ ग्रहण करना होगा।... आर्ट स्कूल में ही जाओ, अथवा चाहे जो कुछ करो, मास्टर के पास से भी तुम्हें आर्ट नहीं मिलेगी। तुम लोगों को अपनी आर्ट को खोजने के लिए तपस्या करनी होगी। बाहर का आलोक, फिर उसे चाहे पूर्व से पाओ अथवा पश्चिम से पाओ, जब तक तुम्हारे अन्तर का प्रदीप नहीं जलता है, तब तक पूरा नहीं होता है तुम्हारा शिल्पव्रत।[३९]

अवनीन्द्रनाथ की आपात उदासीनता की आड़ में उनकी तीक्ष्ण दृष्टि की देखरेख में असितकुमार और उनके सतीर्थ अपनी-अपनी क्षमता और वैशिष्ट्य को लेकर बढ़ने लगे थे। सृजन के अनुकूल परिवेश में वे अपने सहज आचार-व्यवहार और चित्रकर्म में राष्ट्रीयता बोध के महत् रूप को देश के

लोगों के सामने प्रस्तुत करने के लिए प्रयत्नशील हो गये थे। प्रसंगतः बंगभंग आन्दोलन के साथ ओतप्रोत एवं अवनीन्द्रनाथ के निर्देशन के अधीन भारतीय शिल्प के एक श्रद्धावान अनुरागी रवीन्द्रनाथ ने भारतवर्ष में राष्ट्रीयता के मौलिक प्रश्न पर लिखा था :

> मनुष्य की राष्ट्रीयता...मनुष्य के एक वृहद् रूप को व्यक्त करेगी, क्षुद्र स्वार्थ से हर मनुष्य को मुक्त कर वृहद् मंगल में सभी को शामिल कर देगी। किन्तु, उस तपस्या को भंग करने के लिए शैतान उसी राष्ट्रीयतावाद का सहारा लेकर कितने विरोध, कितने आघात, कितनी क्षुद्रताओं को दिन-दिन उसमें जगाये दे रहा है। मनुष्य की तपस्या तो एक ओर है और दूसरी ओर है, उस तपस्या को भंग करने का आयोजन—ये दोनों पास-पास अवस्थित रहते हैं।[४०]

अवनीन्द्रनाथ तपस्या-भंग करने वाले उसी शैतान के विरुद्ध संग्राम में जमे हुए थे, विश्व प्रकृति के हृदयस्पन्दन को अपनी शिल्प-साधना में अनुभव करते हुए। कवि ने राष्ट्रीयतावाद के विशाल आँगन में भारतीय शिल्प के मंगलमय नवजागरण में अवनीन्द्रनाथ को संकीर्णता के साथ द्वैरथ पर जयी होते हुए देखा था। यथार्थ में अवनीन्द्रनाथ थे भारतीय-शिल्प जगत् में एक युगोत्तीर्ण शिल्पी एवं आधुनिक कलाक्षेत्र में एक अद्वितीय शिल्पाचार्य। उसी कारण से जीवन के अन्तिम काल में रवीन्द्रनाथ ने अपनी शिल्प साधना के सम्बन्ध में अपने उपलब्ध सत्य को व्यक्त करते हुए लिखा था :

> मुझे अवन के लिए चिन्ता हो रही है।... अवन कुछ चाहता नहीं है, जीवन में उसने कुछ चाहा नहीं है। किन्तु, यह एक ऐसा व्यक्ति है, जिसने शिल्प जगत् में एक युग का प्रवर्तन किया है...समग्र देश जब निरुद्ध था तभी इस अवन ने उसकी हवा बदल दी।... उसके शिष्यों ने उसे गुरुदक्षिणा में मूर्तियाँ नहीं दीं, अवनीन्द्रनाथ उस समय बाहर के सारे कार्य-कलापों से अपने को समेटकर एकान्त में चुपचाप अपने मन से चित्रांकन करता चलता रहता है। जब सोचता हूँ, पूरे देश की तरफ़ से किसे विशेष सम्मान दिया जा सकता है, तब सबसे पहले नाम याद आता है अवनीन्द्रनाथ का। उन्होंने देश का उद्धार किया है आत्मनिन्दा से, आत्मग्लानि से, उसे निष्कृति देकर उसकी सम्मानजनक पदवी का उद्धार किया है। ...आज समस्त भारत में युगान्तर की अवतारणा हो गयी है चित्रकला की आत्म-अनुभूति

से।[४१]

छोटी-छोटी सहज बातों में चित्र प्रस्फुटित करने में अद्वितीय थे अवनीन्द्रनाथ इसलिए रूप कथाओं में भाषा का दैन्य फिर रह नहीं गया। आर्ट स्कूल में चित्रांकन की सीमा पार कर अवनीन्द्रनाथ गहनों से ही गहनों के आधार, असबाब पत्रों के नक़्शे एवं अल्पना के ऊपर तमाम प्रयोग-परीक्षण कर छात्रों को देते रहे हैं हस्तशिल्प के क्षेत्र में उन्नयन के मार्ग-निर्देश। अवनीन्द्रनाथ पटचित्र कला के सम्बन्ध में विशेष अनुशीलन के कारण, अन्ध अनुसरण करने के कारण नहीं, असितकुमार आदि छात्रों को कालीघाट के पटुआ मुहल्ले में भेजा करते थे।

> जगन्नाथ के पट (कालीघाट) पटुआ लोगों के पट चित्रों का संग्रह करना ही हम लोगों का काम था। क्षितिन, सुरेन, नन्दलाल एवं शैलेन के साथ मैं प्राय: जाया करता था कालीघाट के पटुआ पाड़ा में। कालीघाट में मात्र कुछ घर ही पटुआ चित्रकारों के रह गये थे।—अन्य सभी लोगों ने प्रेस में छापा चित्रों का चलन होने के कारण अपने जन्मजात पेशे को छोड़ दिया था। हम लोग उनके पास जाकर उनके आँकने की पद्धति देखा करते थे एवं रंग और तूलिका तैयार करने की विधि को भी उनसे जान लेते थे। देखते थे कि वे लोग प्राचीन विधि से तूलिका तैयार करने की पद्धति सब भूल गये हैं—जर्मन के सस्ते रंग एवं गिलहरी की पूँछ की एक-दो कूँचियों के अलावा फटे कपड़े को लपेटकर उसे नोकदार बनाकर रंग में डुबोकर आँकना ही थी उनकी विशेष पद्धति।[४२]

शिल्पी यामिनी राय (१८८७-१९७२) के प्रसंग में और पटुआ लोगों की दक्षता के बारे में उन्होंने लिखा है :

> कालीघाट के पटुआ लोगों को देखा है कि वे कपड़े की नोंकदार बत्ती बनाकर तीन मिनट में रंग में डुबाकर छवि आँका करते थे। उस तरह के अंकन का कौशल यामिनी बाबू ही क्यों, हमारे आजकल के शिल्पियों की आजीवन साधना से भी आयत्त हो सकेगा या नहीं यह मैं नहीं जानता।[४३]

अवनीन्द्रनाथ के शिष्यगण पटचित्रों के महत्त्व को समझते थे। आर्ट स्कूल में पढ़ाई समाप्त करने के बाद भारतीय शिल्पकला के अनुषंग से उनके कर्मजीवन

के प्राथमिक पर्व में नाटक की साज-सज्जा और पृष्ठभूमि रचना की विशद शिक्षा उन्हें मिलती थी गुरु के दिग्दर्शन में पटचित्र रचना के अनुशीलन के बाद। असितकुमार ने अजन्ता गुहाचित्रों की असाधारण रेखाओं के साथ कालीघाट और मुर्शिदाबाद के पटचित्रों की उत्कृष्ट और सावलील रेखाओं की तुलना तक कर डाली थी।

भारतीय शिल्प के नवजागरण को रवीन्द्रनाथ उसके शुरुआती दौर से ही बड़े आग्रह और कौतूहल के साथ लक्षित करते आ रहे थे। रवीन्द्रनाथ के पास शिक्षा ग्रहण के समय असित को रवि दादा क्रमागत उत्साह दिया करते थे चित्रकला की तकनीक हाड़तोड़ मेहनत के द्वारा सीख लेने के लिए।

गुरु-शिष्य सम्बन्ध के बीच थोड़ा कटुतिक्त स्वाद रहता ही है। अवनीन्द्रनाथ ने अपनी घरोया और 'जोड़ासाँकोर धारे' (घरेलू तथा जोड़ासाँको के किनारे) दोनों पुस्तकों, अथवा अपने किसी भी निबन्ध और स्मृतिचारण में नन्दलाल के उल्लेख के अलावा असितकुमार का नाम मात्र भी नहीं आने दिया है। इससे असितकुमार, यहाँ तक कि उनके सतीर्थ चित्रकार भी अवाक् हो जाते हैं। असित ने गुरु के इस व्यवहार की अपनी व्याख्या इस प्रकार दी थी,

> पूजनीय अवन मामा का पुत्रवत् स्नेह अकेले नन्दलाल ने ही प्राप्त किया है।...मुझे लगता है, उनका उद्देश्य था, कान खींचने पर सिर अपने आप सामने आ जाता है। एक शिष्य का नाम लेने पर बाक़ी शिष्यों की भी चर्चा हो जाती है।[४४]

गीतांजलि की छवि के प्रसंग में उन्होंने लिखा था :

> गीतांजलि के उपयुक्त मैंने उसकी कई छवियाँ बनायी थीं।... बाद में नन्दलाल और अवन मामा के चित्रों के साथ गीतांजलि प्रकाशित हुई। मेरे एक चित्र को रवि दादा ने अपनी ओर से दिया है। मैंने अवन मामा को चिट्ठी लिखकर उस चित्र की रॉयल्टी की माँग करते हुए लिखा, उस पर उन्होंने मुझे चिट्ठी लिखी : 'तुम्हारा बड़ा भाग, रवि काका ने अपनी इच्छा से अमेरिका में बैठे-बैठे तुम्हारा चित्र छपवाया था, हमारे साथ उनका चित्र बनाने का जो अनुबन्ध था उसके अनुसार मैंने और नन्दलाल ने उन चित्रों को पूरा कर दिया है। मैं या नन्दलाल तुम्हारे चित्र के लिए उत्तरदायी नहीं हैं—रुपयों के लिए भी नहीं।' इस घटना के बाद मैंने फिर रवि दादा की किसी भी पुस्तक के लिए चित्र बनाने की चेष्टा नहीं की। वरन् उन्होंने मेरे चित्रों के ऊपर गानों की

रचना की।[४५]

इस विषय में सत्य यह है कि रवीन्द्रनाथ ने अवनीन्द्रनाथ से माँगकर असित का यह चित्र लिया था। इसी कारण, उनकी यथार्थ और औचित्यपूर्ण रॉयल्टी की माँग अस्वीकार करने वाली अवनीन्द्रनाथ की चिट्ठी के वक्तव्य में असित को तीव्र तिक्तता का स्वाद मिला था।

बाँकुड़ा वेसलियन कॉलेज के अध्यक्ष एडवर्ड थॉमसन (Edward Thomson)-कृत गल्पगुच्छ के अँग्रेज़ी अनुवाद के लिए रवीन्द्रनाथ ने आश्रम विद्यालय में असित को छवि आँकने के लिए बुलाया था। असित ने अपने मित्र नन्दलाल को भी उस काम में शामिल कर लिया था। नन्दलाल ने इस विषय में थोड़ा विशद रूप से जानने के लिए असित को सम्भवत: १९१६ में लिखा था :

> तुम गल्पगुच्छ का पहला भाग मुझे दे गये हो। उसमें केवल दो निशान लगे हुए हैं। उनमें से जीवित या मृत का चित्र तुम बना रहे हो एवं बीच का मैं चित्र बना रहा हूँ। गल्पगुच्छ का जो भाग मुझे दे गये हो, उसमें रवि बाबू ने कहाँ-कहाँ निशान लगाये हैं, यह बताने के बाद ही मैं शुरू कर पाऊँगा—इसमें १३ कहानियाँ हैं।...तुम जो छवि बना रहे हो, उसका साइज काग़ज़ पर बनाकर भेजना।[४६]

असितकुमार ने गल्पगुच्छ की प्राय: सभी छवियाँ आँकी थीं। नन्दलाल ने भी कई छवियाँ आँकी थीं। किन्तु, वे छवियाँ गल्पगुच्छ में प्रकाशित नहीं हुई थीं।

तथ्यसूत्र

१. असितकुमार हालदार, 'रवीन्द्र संग', उत्तरा, आश्विन १३४८ (१९४१), पृ. २९१।

२. असितकुमार हालदार के नाना लेखों का मसौदा खाता, इसके बाद सिर्फ़ 'खसड़ा खाता' का उल्लेख किया जायेगा।

३. असितकुमार के अपने हाथों से लिखे, रेखांकनों से समृद्ध पचास वर्ष की उम्र का एक अनामा 'स्मृतिकाव्य' से ये शब्दबन्ध लिए गये हैं। काव्य की प्रतिलिपि असितकुमार की कनिष्ठा कन्या कोलकाता निवासिनी श्रीमती रोचना साहा के सौजन्य से प्राप्त।

४. असितकुमार हालदार, 'खसड़ा खाता'।

५. शोभन सोम, शिल्प शिक्षा और औपनिवेशिक भारत, प्रकाशन विभाग, सूचना एवं आकाशवाणी मन्त्रालय, भारत सरकार, १९८६, पृ. १८७-१९८।

६. Jogesh Chander Bagal, History of the Government School of Art and craft: the seceders under the leadership of Ramananda Prasad Gupta, a student of the third year class, started in 1897 a new school of art to Bowfazor, Callcutta, 1897 being the Diamond Jubilee year of the queen Victoria, the school was named the Jubilee Art Academy', शंकरीप्रसाद बसु के, 'विवेकानन्द और समकालीन भारतवर्ष' (पंचम खण्ड) ग्रन्थ में उद्धृत पृ. ६४-६५।

७. अतुलचन्द्र बसु, बाङ्ला चित्रकला और राजनीति के एक सौ वर्ष, आनन्द पब्लिशर्स प्रा. लि., प्रथम संस्करण, जनवरी १९९३, पृ. १६-१७।

८. रवीन्द्र रचनावली (द्वितीय खण्ड), विश्वभारती, (सुलभ संस्करण), कोलकाता, १३९३ (१९८६), 'आत्मशक्ति', देशीय राज्य, पृ. ६९१।

९. S. Sengupta, Highlights and Halftones, The Raj view of Indian Art (1850-1905) Asia Pacific Research Information, Delhi, Sydney, 1997, p. 93-94.

१०. शिल्प शिक्षा और औपनिवेशिक भारत, पृ. २१४।

११. खसड़ा खाता।

१२. असितकुमार हालदार, 'शिशु शिक्षा प्रणाली', आज़ाद ईद संख्या, १९४७, पृ. १५

१३. असितकुमार हालदार, शिल्पगुरु श्रीयुक्त अवनीन्द्रनाथ ठाकुर, पाठशाला, पौष १३४९ (१९४२), पृ. १३२।

१४. रवीन्द्रनाथ ठाकुर 'आत्मशक्ति' (श्रावण १३१२), रवीन्द्र रचनावली (द्वितीय खण्ड), विश्वभारती १२५ तम, सुलभ संस्करण, १९८६, पृ. ६९१।

१५. असितकुमार हालदार, 'सावेकी कथा', समकालीन, ज्येष्ठ, १३६२, पृ. १२।

१६. नार्मन ब्लांट को, अक्टूबर १९०९ ई. में अपनी चिट्टी में हेवेल ने लिखा था : 'Many thanks for the Photo of 'Siva Dancing', by Hiranmoy. It is I think quite the best of the series though the treatment of the subject is still like the others quite the European and not Indian. That of course is the inevitable result of European teaching unless the teacher is able to keep his own artistic individuality in the background and understand fully the Indian point of view. There is a good deal merit in the figure but it is treated in the same spirit as the Gandhara sculptures. – it is a sort of Greco-Roman revival– not an Indian revival. I daresay the student will eventually shake off thc Europcan influcncc if hc studics thc bcst Indian idcal sculpture more and gets to understand the philosophy of Indian Art better. Here he has made Siva as a man and not a God and that is contrary to the whole spirit of Indian Art though I daresay that majority of Europeans will think it is an improvement because it is nearer to the European Point of view. But no one who really understands and appreciates Indian Art will think so."

१७. असितकुमार को १.८.१९०९ ई. में शिक्षक जेनिंग्स ने लिखा था—

"Believe me there is nothing in this world that can be achieved without sincere affort and there is nothing that is impossible to the student whose heart is in his work. However far off your ideal may be, never despair, but rather redouble your efforts to reach it for, in as much as you achieve you add Glory to your motherland. Achievement is the higher form of Patriotism and our honest endeavour is a far more convincing plot of avdencement than all the high flown talk that seems to be vogue in this day. History shows us that the higher in any nation's career has always been coincident with the finest achievements in art and by art I mean the cultural expression of National Character whether the medium be painting, sculpture, architeture, music, literature or any other means of expressing beauty. To be really cultured it is essential that you should be sensitive to the exquisite. Your school or college can never give you these qualities."

१८. मूर्तिकार जेनिंग्स ने ६ नं. बेलेजली प्लेस से असितकुमार का इंग्लैण्ड लौटने के पहले १९.५.१९०९ ई. को एक प्रशंसा पत्र में लिखा था— "I strongly advise him to continue his studies at the Govt. School of Art and then if he still feels inclined to continue his career as an artist I think he should go to Europe for two or three years. There if he were observant and industrious, he would learn the technical part of his work and could see how important it is that his work should contain National Character. This is most essential to his work since to my mind there can be nothing worse than an artist of one nation who tries to see with eyes of an artist of another nation."

१९. जेनिंग्स ने लिखा था : "I was delighted to see your letter and am more pleased than I can tell you with the picture you sent to me. I shall always value it among my dearest treasure and it will always remind me of the days we spent together at the studio in Willington place."

२०. असितकुमार हालदार, खसड़ा खाता।

२१. प्रशान्त कुमार पाल, रवि जीवनी (चौथा खण्ड), आनन्द पब्लिशर्स प्राइवेट लिमिटेड, १४१३, बंगाब्द, पृ. २६१।

२२. खसड़ा खाता।

२३. असितकुमार हालदार, 'शिल्पगुरु श्रीयुत अवनीन्द्रनाथ ठाकुर', बिचित्रा आश्विन १३३४, पृ. ५४७

२४. खसड़ा खाता।

२५. असितकुमार हालदार खसड़ा खाता, प्रसंगवश श्रद्धेय सुरेशचन्द्र समाजपति की 'साहित्य' मासिक पत्रिका में अवनीन्द्रनाथ और उनके शिष्यों की चित्रकला को किस तरह की आलोचना का सामना करना पड़ा था, उसके पर्याप्त उद्धरण दिये गये हैं अर्धेन्दुकुमार गांगुली के 'भारतेरशिल्प ओ आमार कथा' ग्रन्थ एवं अध्यापक शंकरीप्रसाद बसु की पुस्तक 'निवेदिता लोकमाता' के चौथे खण्ड में।

२६. असितकुमार हालदार, रवितीर्थे संशोधित, परिवर्धित संस्करण पाण्डुलिपि।

२७. अवनीन्द्रनाथ ठाकुर, भाव साधन, भारती, अग्रहायण १३१७ (१९१०), पृ. ६२५।

२८. वही, पृ. ६२३।

२९. सर जोन बुडरफ, 'भारतेर आधुनिक शिल्प विज्ञान', (अनुवाद) भारती, ज्येष्ठ, १३१६ (१९०९), पृ. १०२-०३।

३०. अवनीन्द्रनाथ ठाकुर, 'सौन्दर्येर सन्धाने', रवीन्द्रभारती पत्रिका, वर्ष ९, संख्या ३, १३१८ (१९१७), पृ. २१६

३१. वही।

३२. डॉ. क्षितिमोहन सेन, कबीर १-४ खण्ड, एक साथ, आनन्द पब्लिशर्स, कोलकाता, द्वितीय मुद्रण, २००७, पृ. १३९।

३३. खसड़ा खाता।

३४. वही।

३५. The complete works of Swami Vivekananda, Mayavati memorial edition advaita Ashram Calcutta, 1989, Vol. 5. p. 258; 'पथेर संचय', 'अन्तर बाहिर' रवीन्द्र-रचनावली (सुलभ सं.) (त्रयोदश खण्ड), पृ. ६५६-५७।

३६. असितकुमार हालदार, सावेकी कथा, समकालीन, ज्येष्ठ १३६२, पृ.२०१

३७. खसड़ा खाता।

३८. भारतेर शिल्प ओ आमार कथा, पृ. १९५।

३९. 'भावसाधन', पृ. ६२५।

४०. रवीन्द्र रचनावली (अष्टम खण्ड, सुलभ सं.) विश्वभारती, कोलकाता, १३९३ (१९८६), शान्तिनिकेतन, 'सृष्टिर क्रिया', पृ. ६८०।

४१. अवनीन्द्रनाथ ठाकुर, 'घरोया' (रानी चन्द्र अनुलेखन में) भूमिका।

४२. असितकुमार हालदार, 'सावेकी कथा', समकालीन, ज्येष्ठ १३६२, पृ. १०।

४३. असितकुमार हालदार, 'यामिनीराय ओ आर्टेर छिटेफोंटा', अलका, आश्विन, १३४८ (१९४१), पृ. ३७।

४४. असितकुमार हालदार, चिठिपत्र, (अवनीन्द्रनाथ ठाकुर), पाण्डुलिपि, उत्तरा पत्रिका में प्रेषित।

४५. असितकुमार हालदार, चिठिपत्र, (अवनीन्द्रनाथ ठाकुर), पाण्डुलिपि।

४६. अप्रकाशित पत्र, श्रीनन्द लाल बसु, सतीर्थ शिल्पी असितकुमार हालदार को लिखे, शारदीय देश, पत्र १, पृ. ६०–६१

भारतीय प्राच्य कला परिषद् (१९०७)

कोलकाता में १९०७ ई. में भारतीय प्राच्य कला परिषद् (Indian Society of Oriental Art) की स्थापना की चर्चा संक्षेप में करना ज़रूरी है। ब्रिटिश सरकार द्वारा स्थापित कोलकाता समेत अविभक्त भारत के चार मुख्य शहरों (लाहौर, मद्रास, बम्बई) शिल्प-विद्यालयों में रॉयल स्कूल ऑफ़ आर्ट में शिक्षा प्राप्त यूरोपीयगण ही अध्यक्ष होते आ रहे थे एवं विलायती पाठ्यक्रम का अनुसरण करते हुए इस देश के शिक्षार्थीगण यथार्थवादी चित्रांकन ही किया करते थे। उनमें से कोलकाता में दक्ष शिक्षार्थी-शिल्पी शशी हेश उच्च शिक्षा के लिए यूरोप भी गये थे। यूरोपीय कृती-अकृती सामान्य चित्रकार उस युग में इस देश में आकर राजा-महाराजाओं की अनुकृतियाँ आँककर प्रचुर धनार्जन किया करते थे। पहले ही कहा जा चुका है अर्नेस्ट हेवेल थे अपवादी दृष्टिभंगी के एक व्यक्ति। वे इस देश में शिल्पकला की खोज में आये थे और उन्हें मुग़ल, राजपूत चित्रकला में एक भारतीय चित्रकला की अन्त:प्रकृति खोजने से मिली थी। उनका उद्देश्य था, शिक्षार्थीगण अपनी चित्रकला में यथार्थधर्मी चित्रकला का अनुसरण न कर अपने मन से चित्र बनाने में प्रवृत्त हों एवं चित्रों में उनकी अनुभूति और भावों का प्रकाशन हो। उसी गम्भीर बोध को लेकर उनका मद्रास से कोलकाता शिल्प विद्यालय में आना हुआ था (१८९६ ई. में) एवं १८९७ ई. में तरुण शिल्पी अवनीन्द्रनाथ के साथ परिचित होकर उनकी कृष्णलीला सम्बन्धी छवियों को देखकर उन्हें भारतीय शिल्प में नवीनता का आभास मिला था एवं आर्ट स्कूल में एक सहकारी के रूप में अवनीन्द्रनाथ को उन्होंने खींच लिया था (१९०५)।

असितकुमार ने देखा कि उस समय सरकारी-बेसरकारी साहब-मेमों की

चित्रकला प्रदर्शनी शिमला, दार्जिलिंग, उटकमण्ड आदि स्थानों पर हुआ करती थी। आर्ट स्कूल की तरफ़ से अध्यक्ष हेवेल ने सबसे पहले १९०५ ई. में अवनीन्द्रनाथ समेत अपने तत्कालीन छात्रों की शीतकालीन प्रदर्शनी का आयोजन लैण्डहोल्डर्स एसोसिएशन गृह के मिलियार्ड रूम और ग्रन्थागार में किया था, जो देशी-विदेशी दर्शकों को ख़ूब अच्छी लगी थी। हेवेल की इच्छा उस प्रदर्शनी को स्थायी रूप देने की थी। ऐसे वातावरण में आर्ट स्कूल के चबूतरे पर अध्यक्ष को घेरकर देशी और यूरोपीय शिल्पानुरागियों, मित्रों की अड्डे के रूप में एक मजलिस बन गयी थी, जिसमें मूल रूप में भारतीय चित्र, भास्कर्य एवं स्थापत्यकला की चर्चा हुआ करती थी। बीमार होने की वजह से हेवेल के अचानक देश छोड़कर चले जाने से अवनीन्द्रनाथ और गगनेन्द्रनाथ के साथ उनके यूरोपीय अनुरागीगण उस अड्डे को बरकरार रखने की प्रत्याशा में सक्रिय हो गये थे। इसके बाद मूल रूप में गगनेन्द्रनाथ की योजना के अनुसार उच्चवर्ग के यूरोपीय अधिकारियों की सहायता से भारतीय प्राच्यकला परिषद् का प्रारम्भ हुआ था गवर्नर लॉर्ड किचेनर (Horasio Harbert Kichener, १८५०-१९१६) को सभापति बनाकर २८ अप्रैल, १९०७ ई. में।[१]

उच्चपदस्थ यूरोपीय लोगों की प्रधानता के अधीन परिषद् में प्रभावशाली भारतीय सदस्यों में ठाकुर भ्रातृद्वय के अलावा थे शिल्पी यामिनी प्रकाश गंगोपाध्याय, सर आशुतोष चौधुरी (१८६३-१९२४), राजा जे.के. आचार्य चौधुरी (१८६३-१९३६), सुरेन्द्रनाथ ठाकुर (१८७२-१९४०), वर्धमान के महाराजा विजय चाँद महताब (१८८१-१९४१) एवं नाटोर के महाराजा जगदिन्द्रनाथ राय (१८६८-१९२६)। तत्कालीन ब्रिटिश सिनक्लेयर एण्ड मे कम्पनी के अन्यतम अंशीदार नोर्मन ब्लांट के साथ समिति के युग्म संचालक हुए थे अवनीन्द्रनाथ।

अवनीन्द्रनाथ ने आर्ट स्कूल में हेवेल की सहायता से उस समय असितकुमार जैसे प्रमुख शिल्पी यशोप्रार्थी तरुण शिक्षार्थियों को लेकर भारतीय शिल्प कला के निरन्तर अनुशीलन से जिस नवीन पथ पर यात्रा शुरू की थी उसके प्रदर्शन और प्रचार का एक आदर्श क्षेत्र बन गयी थी प्राच्यकला परिषद्। परिषद् के उद्देश्य के प्रसंग में असितकुमार ने लिखा है :

> सदस्यों और जनसामान्य में सब प्रकार की पुरातन और नयी प्राच्यकला का प्रचार; सदस्यगणों के शिल्पियों के संग्रह और प्रदर्शनी का

आयोजन, शिल्प विषयों का पाठ, चर्चा, शिल्पकला विषयक पुस्तकों और पत्रिकाओं को ख़रीदना, समझदार शिल्पी संग्राहकों में पत्र-व्यवहार, मासिक पत्रों का प्रकाशन एवं अन्यान्य उपायों से प्राच्य शिल्प का प्रचार। इसके अलावा आधुनिक और प्राचीन प्राच्यकला की प्रदर्शनी का आयोजन, भारतीय शिल्पियों के चित्रों की सोसायटी के माध्यम से प्रदर्शनी में बिक्री की व्यवस्था एवं अवनीन्द्रनाथ द्वारा स्थापित आधुनिक भारतीय शिल्प प्रदर्शनी के द्वारा प्रचार और शिल्पियों को उपहार और अनुदान देने की व्यवस्था ही इस सोसायटी का लक्ष्य था।

किचेनार एक युद्धप्रेमी लाट के रूप में होते हुए भी अपने जन्मजात शिल्प प्रेम के कारण बहुमूल्य चीनी मिट्टी के बर्तन आदि और भारतीय मूर्तिकला के साथ नवीन चित्रकला का मूल्यवान् संग्रह उनका निर्मित हो गया था।

सोसायटी के राजपुरुष लोग चाहे जो कुछ सोचते हों, अवनीन्द्रनाथ प्राच्यकला परिषद् को अपने नवीन भारतीय चित्रों की आदर्श गवेषणा और उसके प्रदर्शन क्षेत्र के रूप में देखते थे। उन दिनों भारतवर्ष के किसी भी स्थान पर भारतीय चित्रों के काम को प्रदर्शनी के माध्यम से दिखाने की कोई व्यवस्था नहीं थी। यह बात मन में रखकर ही प्राच्यकला परिषद् के दोनों संचालकों—अवनीन्द्रनाथ और नोर्मन ब्लांट ने अपने निर्देशन में पहली शीतकालीन चित्र प्रदर्शनी का आयोजन किया था सरकारी आर्ट स्कूल में जनवरी १९०८ ई. में। प्रदर्शनी में मुख्य रूप से प्रख्यात कला संग्राहक इमरे स्वित्जर (Imrey Swaitzer) के यूरोपीय चित्रों के साथ प्राचीन मुग़ल, पहाड़ी, राजपूत चित्रकला-संग्रह को दिखाना था। उस प्रदर्शनी में गगनेन्द्रनाथ-संग्रह के जापानी शिल्पी ताइकान, शोकिन कात्सुता, किममूरा बूजान और हिसिदा शुनसो के चित्रों के साथ एक कक्ष में सोलहवीं शताब्दी के तीस भारतीय राग-रागिनियों के चित्रों ने प्रदर्शनी की शोभा बढ़ा दी थी। अवनीन्द्रनाथ, नन्दलाल, असितकुमार और सुरेन्द्रनाथ गांगुली के चित्र एक कमरे में एवं अन्य एक कमरे में शिल्पी यामिनीप्रकाश गांगुली के विलायती ढंग पर आँके गये भूदृश्यों को असितकुमार और उनके सतीर्थों ने नहाना-खाना भूलकर बड़े उत्साह के साथ दीवाल पर कीलें ठोककर टाँग दिया था। इसके अतिरिक्त कारमाइकेल संग्रह के आकर्षक प्राचीन ओडीशी प्रतिमाओं को भी वहाँ प्रदर्शित किया गया था। कमरे के सामान, अल्पनाओं की साज-सज्जा से

भारतीय संस्कृति का त्रुटिरहित परिचय कराने वाली सारी प्रदर्शनी हो गयी थी। उस प्रदर्शनी में आधुनिक चित्रों में थे असितकुमार का 'विरही-यक्ष', 'माँ यशोदा', नन्दलाल की 'सती', 'सती का देहत्याग', सुरेन्द्रनाथ गांगुली का 'नहुष', 'लक्ष्मण को शक्ति-बाण' और 'लक्ष्मण सेन का पलायन' जैसे विवादित चित्र।[३]

भारतीय शिल्प के सहज पृष्ठपोषक सर जॉन बुडरफ ने परिषद् के कामकाज को देखकर, उससे प्रभावित होकर अवनीन्द्रनाथ को दो लाख रुपये का अनुदान देना चाहा था (१९११-१२) परिषद् का स्थायी फण्ड बनाने के उद्देश्य से। इस अनुदान के सन्दर्भ में असितकुमार ने लिखा है :

> पहले विश्वयुद्ध के एकदम पहले एक बार उन्होंने (जॉन बुडरफ ने) शिल्पगुरु अवनीन्द्रनाथ को दो लाख रुपयों का चेक उपहार में देना चाहा था जिससे वह अपनी छात्र परम्परा और सोसायटी को बचाये रख सकें। वे सोचते थे कि उनकी उस जमा की हुई मूलराशि को अवनीन्द्रनाथ के शिष्य लोग धीरे-धीरे धनी एवं राजन्य वर्ग की सहायता से बढ़ा लेंगे। यहाँ तक कि बाद में सोसायटी चिरकाल के लिए खड़ी हो जायेगी। किन्तु, पूजनीय गुरुदेव ने, इसे वे कार्यरूप में परिणत नहीं कर पायेंगे, यह सोचकर चेक स्वीकार नहीं किया था।

वास्तव में सृजनशील शिल्पी अवनीन्द्रनाथ ने परिषद् को स्थायी बनाने में अर्थ को अनर्थ, हिसाब-किताब और दायबद्धता की बात सोचकर ही उस अनुदान को अस्वीकृत कर दिया था।

लॉर्ड किचेनर के बाद एक-एक कर अध्यक्ष के पद पर आये थे जॉन बुडरफ, हर्बर्ट होमिवुड (Herbert Homewood), लॉर्ड कारमाइकेल, विजयचाँद महताब, चार्ल्स कस्टावेन (Charles Kastaven), अवनीन्द्रनाथ ठाकुर, राजेन्द्रनाथ मुखोपाध्याय (१८५४-१९३६) आदि प्रमुख लोग। दो विषयों की ओर परिषद् के अधिकारियों ने विशेष दृष्टि रखी थी, जिनमें एक थी नवभारतीय चित्रों की अनिवार्य रूप से प्रदर्शनी लगाना और दूसरा विषय था भारतीय और एशियाई शिल्प कला के ऊपर देशी-विदेशी शिल्प विशेषज्ञों के भाषणों का नियमित आयोजन करना। देश और विदेशों में परिषद् की उल्लेखनीय वार्षिक प्रदर्शनी का आयोजन चल ही रहा था, कलकत्ता में

१९०८-१०, इलाहाबाद में १९११, कोलकाता में १९१२-१९, पेरिस, लन्दन, जावा में १९१४, टोकियो, शिकागो, दार्जिलिंग में १९१५, मद्रास चन्दननगर में १९१६, सुमात्रा में १९१७, मद्रास और बंगलौर में १९१९, मद्रास में १९२२-२३ इसी प्रकार से। १९१० में परिषद् की तरफ़ से पहली बार स्लाइड की सहायता से मुग़ल और राजपूत चित्रकला के सम्बन्ध में एक आकर्षक वक्तृता दी थी आनन्द कुमारस्वामी ने। सिर्फ़ वक्तृता चित्र प्रदर्शनी, चित्रों की प्रतिलिपि, पत्रिका और तथ्यों की सूची के प्रकाशन में, एक अकादेमी में सुलभ इन सब प्रथाओं में अपने को आबद्ध न कर प्राच्यकला परिषद् के कर्त्ता-धर्त्ताओं ने ऐसी शिल्पकला की उन्नति की भावना से कोलकाता सरकारी आर्ट स्कूल के शिक्षार्थियों की शिक्षा के अंग के अनुसार १९०९ और १० के अजन्ता-अभियान ख़र्चे का बहुत-सा भाग स्वयं ही उठाया था। शुभानुध्यायी बंगाल के गवर्नर लॉर्ड रोनाल्डसे (Lord Ronaldshey of Zetland, १८७६-१९६१) की आर्थिक सहायता से परिषद् के अँग्रेज़ी मुखपत्र रूपम् (Rupam) त्रैमासिक पत्रिका का प्रकाशन शिल्परसिक अर्धेन्दुकुमार गांगुली के सम्पादन में १९२० ई. में शुरू हुआ।

२. सिस्टर निवेदिता

भारतीय प्राच्य कला परिषद् के साथ भगिनी निवेदिता का जुड़ाव होने के कारण नव्य भारतीय कला आन्दोलन में उनके अवदान एवं कोलकाता सरकारी आर्ट स्कूल के शिक्षकों और शिक्षार्थियों के साथ उनके अन्तरंग सम्बन्ध की बात इस समय किसी के लिए भी अनजानी नहीं है। १८९५ ई. में स्वामी विवेकानन्द के साथ लन्दन में उनके पहले साक्षात् और १८९७ ई. में उनके भारत आगमन, स्वामी जी से संन्यास ग्रहण एवं भारतवर्ष की शिक्षा, शिल्पकला, विज्ञान और राजनीति के संसार में उनका सहज विचरण—जिसका सब कुछ वरेण्य साहित्यकार, गवेषक, प्राध्यापक शंकरीप्रसाद बसु (१९२८-२०१४) हमारे समक्ष लाये हैं, अपने वृहद् आकार के ग्रन्थ लोकमाता के चार खण्डों में। असितकुमार ने १९०६ ई. में किसी दिन निवेदिता के साथ अपनी पहली भेंट के बारे में लिखा है :

> मैं उस समय कुछ दिन हुए जब कोलकाता के आर्ट स्कूल में भर्ती हुआ था। माँ-बाबा कोलकाता नानी के घर में आये हुए थे और

> (४४ नं. बेनेपुकुर में) बने हुए थे। शान्त मूर्ति भगिनी निवेदिता मेरी दीदी माँ के पास आयी हुई थीं। सँझली मासी माँ (स्वयंप्रभा देवी) ने मुझे बुलाया और उन्हें अपने बनाये हुए चित्र दिखाने के लिए कहा। मैंने उस समय अभी हाल में ही राम-रावण के चित्र बनाना छोड़कर श्रीकृष्ण के चित्र बनाना शुरू ही किया था। श्रीकृष्ण का कालिया दमन, रुक्मिणी हरण, इसके अलावा वैष्णव साहित्य के अनेक विषय जिनकी कथा महाराजिन और माँ से सुनी थीं, उन्हें रंग अथवा पेंसिल से आँका करता था। निवेदिता छवियाँ देखकर ख़ूब सन्तुष्ट हुईं और मुस्कुराते हुए मुझसे बोलीं, तुम इस समय बच्चे हो, श्रीकृष्ण के विषय में क्या तुम समझते हो? बड़े हो जाओ तब श्रीकृष्ण के चित्र बनाना। मैं उस समय उनकी बातों का मर्म ज़रा भी नहीं समझ सका था। मैं तो अपने मन से चित्र बनाता हुआ ही चल रहा था। बाद में और भी बड़े होने पर जब अनुभव हुआ, तब समझ सका कि भगिनी निवेदिता ने तब मुझसे ऐसी बात क्यों कही थी।

आर्ट के अलावा असितकुमार ने निवेदिता का मानवीय रूप भी उस समय देखा था। उस सम्बन्ध में उन्होंने लिखा है :

> एक दिन बाग़बाज़ार में गणेन महाराज (गणेन्द्रनाथ वंद्योपाध्याय) और मैं गये थे। उनके ही घर में उनका जो ग़रीब लड़कियों का स्कूल था, उसमें नैतिक शिक्षा के साथ वे सभी तरह की शिक्षा दिया करती थीं। उस दिन जाकर देखा, निवेदिता स्वयं डलिया-झाड़ू हाथ में लेकर मुहल्ले की कई लड़कियों और अपनी छात्राओं को लेकर मुहल्ले के रास्ते को ठीक कर रही हैं। घर के दरवाज़े के सामने पड़े हुए हर घर के कूड़े को उठाकर सरकारी डस्टबिन में फेंक रही हैं और हर घर के स्त्री-पुरुषों से अनुरोध कर रही थीं कि आगे से कूड़ा अपने घर के सामने न फेंकें। डस्टबिन में ही फेंकें। उसके बाद जितनी बार भी बाग़बाज़ार में उनके घर गया हूँ, मुहल्ले के पथघाट गन्दे नहीं देखे।...मेरा परम सौभाग्य है कि उन जैसी मातृ स्थानीया देवी के दर्शन किये हैं और उनकी स्नेहशीतल वाणी को सदा प्राप्त किया है।[५]

युवावस्था से ही शिल्परुचि-सम्पन्न होने के कारण यूरोपीय चित्र और भास्कर्य के अच्छे-बुरे पक्ष के बारे में निवेदिता ख़ूब वाक़िफ़ थीं। स्वामी जी के साथ भारत में तीर्थ परिक्रमा के समय अत्यन्त प्राचीन मठ, मन्दिर, मस्जिदों को

प्रत्यक्ष रूप से देखने के समय उसने शिल्पकला के विषय में प्रचुर ज्ञान अर्जित कर लिया था। शिल्पकला की चर्चा में स्वामी जी उसके गुरु थे। आर्ट स्कूल में प्राच्यकला परिषद् की प्रदर्शनी में निवेदिता का नियमित रूप से आना-जाना था। १९०५ ई. में आर्ट स्कूल में उसने वक्तृता भी दी थी। रामानन्द चट्टोपाध्याय के 'द मॉडर्न रिव्यू' पत्र में अपने नाम से और बिना अपना नाम दिये वह नियमित रूप से शिल्पकला के विषय में लिखा करती थीं। असितकुमार ने उस समय नव्य भारतीय शिल्पकला आन्दोलन को उत्साहित करने वाले नोर्मन ब्लांट, न्यायाधीश जॉन बुडरफ, राजा प्रफुल्लनाथ ठाकुर (१८८७-१९३८), आचार्य जगदीशचन्द्र बसु (१८५०-१९३७) आदि प्रमुखों में सबसे ज़्यादा सक्रिय रहते भगिनी निवेदिता को देखा था। असितकुमार ने लिखा है :

> शैलेन, मैं एवं नन्दलाल प्रायः उनके पास बाग़बाज़ार में गणेश ब्रह्मचारी को साथ लेकर जाया करते थे। उनके घर में ग़रीब लड़कियों का एक स्कूल था। सभी चीज़ें एकदम साफ़-सुथरी और चमकती हुई परिष्कृत रहती थीं। लड़कियों को शिक्षा के साथ वे इसी प्रकार स्वच्छता की शिक्षा दिया करती थीं। हमें सीख देने के बहाने से वे हमें बार-बार सावधान किया करती थीं, जिससे हम कला छोड़कर पॉलिटिक्स में सहयोग न करें। उस समय पार्टीशन होने के बाद प्रबल स्वदेशी आन्दोलन चल रहा था, तरुणों का दल पागल की तरह विद्रोही था। अँग्रेज़ों के विरोध में बम, पिस्तौल चल रहे थे। धर-पकड़ चल रही थी, फाँसी पर चढ़ रहे थे देश के बच्चे। हम लोगों के हाथों पर निर्भर था देश का अवलुप्त आर्ट का जागरण—देश की जागृति और स्वाधीनता के लिए वह भी बहुत बड़ा काम था। यह बात भी भगिनी निवेदिता हमें समझाया करती थीं।[६]

अजन्ता पुस्तक के परिमार्जित और संयोजित द्वितीय संस्करण की अपने अन्तिम जीवन में असितकुमार ने एक पाण्डुलिपि प्रस्तुत की थी, किन्तु, उसे प्रकाशित करने का उन्हें अवसर नहीं मिला। उसमें असितकुमार ने लिखा है:

> भगिनी निवेदिता के उस समय अजन्ता में रहते समय एक दिन प्रातःकाल चित्रकारों को लेकर फरदापुर डाकबंगला के निकट एक गाँव के किनारे हनुमान जी के मन्दिर के सामने खड़े होकर उन्होंने कहा था, यह जो मन्दिरमय भारत का सटीक परिचय है उसे जो प्राप्त कर लेगा,

वही भारत के धर्म, दर्शन एवं आर्ट का गूढ़ दरवाज़ा खोल पायेगा। मेरी इच्छा है इस ग्राम्य देवता के मन्दिर को लेकर Myths and legends of Hinduism नाम से एक पुस्तक लिखूँगी और तुम तथा नन्दलाल उसके लिए छवि बनाओगे। मुझसे उन्होंने lyrical (गीतिधर्मी) विषय आँकने के लिए कहा और नन्द से क्लासिकल विषय आँकने को। मेरे चित्रों में उन्होंने गीतात्मक लक्षण पाया था और नन्दलाल की छवियों में क्लासिकल भाव। कहा करती थीं, गुरुदेव अवनीन्द्रनाथ के हम दोनों शिष्य दो तरह के गुणों से सम्पन्न हैं।[७]

असितकुमार 'हनुमान मन्दिर' और 'ध्रुव की तपस्या' इन दो चित्रों को आँककर उनके हाथों में अर्पित कर सके थे। निवेदिता के आकस्मिक अकाल प्रयाण से ग्रन्थ लिखना अधूरा रह गया। बाद में कुमारस्वामी ने और भी कुछ बौद्ध कथाएँ जोड़कर अपने और निवेदिता के युग्म नाम से कुल ३२ चित्रों के साथ Myths of the Hindus and Buddhist शीर्षक से पुस्तक प्रकाशित की (१९१३ ई. में) लन्दन की जार्ज जी. हार्पर एण्ड कम्पनी ने। किन्तु, असितकुमार के कथन के अनुसार, 'उसमें निवेदिता द्वारा परिकल्पित चित्रकला का विषय कुछ भी नहीं था। पुस्तक में ३२ चित्रों में अवनीन्द्रनाथ के ६, नन्दलाल के १०, वेंकटप्पा के ७, क्षितीन्द्रनाथ मजूमदार के ६, सुरेन्द्रनाथ कर के २ एवं असितकुमार का वही एक चित्र 'ध्रुव की तपस्या' वाला था। इंग्लैण्ड में लुज़ेक (Luzac) में ग्रन्थ की आलोचना में असितकुमार के उसी एक चित्र 'ध्रुव की तपस्या' के बारे में लिखा गया था :

प्रारम्भिक पन्ने पर श्रीयुत (अवनीन्द्रनाथ) ठाकुर का गम्भीर, अतीन्द्रिय भावाभिव्यक्ति का लक्ष्य सामने रखकर आँके गये, 'विजयी बुद्ध' का चित्र असफल तो नहीं है, किन्तु, श्रीयुत हालदार का अत्यन्त सरल रेखाओं से अंकित चित्र 'ध्रुव की तपस्या' पहले पन्ने पर अगर छपता तो अधिक उपयुक्त होता, ऐसा लगता है।[८]

प्राच्यकला परिषद् में भगिनी निवेदिता का प्रदर्शनी देखना और मॉडर्न रिव्यू पत्रिका में उसका चित्र-समालोचना करना भारत शिल्प आन्दोलन का एक विशेष अंग हो उठा था। निवेदिता चित्रों का अच्छा-बुरा पक्ष देखने और लिखने में अकुण्ठ थी। उस कारण से एक व्यवसायी चित्र-समालोचक न होते हुए भी नये शिक्षार्थी और शिल्पी सभी उसकी समालोचना को परम श्रद्धा के साथ ग्रहण करते थे। शिक्षार्थी जीवन में असितकुमार के 'अशोक

वन में वन्दिनी सीता', 'मुयाज्जिम' और 'वीणा वादिका' मात्र इन तीन चित्रों की समालोचना उसने की थी। १९१० की प्राच्यकला परिषद् की प्रदर्शनी में जलीय रंगों से आँके (१९०७) गये छोटे आकार के 'सीता' के चित्र के सम्बन्ध में उसने लिखा था :

> असितकुमार का 'सीता' चित्र ऐसा लगता है अब तक उस विषय पर बनाये गये चित्रों में सबसे बढ़कर सफल चित्र है। यूरोप में मेडोना का चित्र जिस तरह से माना जाता है, भारतीय चित्र कला में सीता का चित्र भी उसी तरह से मुख्य स्थान पर माने जाने की बात है। किन्तु, सीता के सम्बन्ध में भावों का ऐसा बाहुल्य है कि बंगाली चित्रकार निःसन्देह यथेष्ट आत्मविश्वास के साथ उसे चित्रांकित करने में बाधा पाते रहते हैं। यद्यपि उसी आत्मविश्वास के बिना सार्थक सृष्टि भी सम्भव नहीं है।

एक प्रदर्शनी में उसकी दृष्टि में जलीय रंगों से आँका गया 'मोयाज्जिम' का चित्र (१९०८) "वर्णविन्यास की दृष्टि से अत्यन्त सुन्दर था। पोशाक और गुम्बज के ऊपर उषा का शुभ्र आलोक पात अत्यन्त मनोहर था, किन्तु, हाय, मोयाज्जिम के वस्त्रों की बहुलता और उसकी छवि-सचेतन भंगिमा में, 'सोते रहने की अपेक्षा प्रार्थना करना श्रेयस्कर है, घूमती हुई पृथ्वी पर प्रार्थना करने के लिए पुकारने और इस तरह से आह्वान की सुर मूर्च्छना चित्र में प्रकाशित नहीं हुई है।" प्रदर्शनी में तीसरे जिस चित्र ने उसके मन को प्रभावित किया था, वह भी छोटे आकार का 'वीणावादिनी' (१९०९) का चित्र था। उसने लिखा है :

> हमने देखा कि जिसका एक छोटा-सा काम है, छोटा-सा रेखांकन है, रंग-प्रयोग और विन्यास में उसका सौन्दर्य अवर्णनीय है। रात्रि के अन्त में आकाश में शरत् की गहरी नीली आभा है। खुली छत—सामने वाले भाग में स्वप्नालु दृष्टि से आसीन वीणावादिनी, जिसकी वीणा से हृदय को मथित करने वाले सुर की मृदुध्वनि जैसे सुन पा रही हूँ।[९]

अपने संस्मरणों में असितकुमार ने निवेदिता के प्रति श्रद्धावनत चित्त से लिखा है,

> हम लोग भगिनी निवेदिता के प्रति अशेष प्रकार से ऋणी हैं। उनके उत्साह और प्रेरक सहायता ने हमें ठीक रास्ते पर चलाया था।...हम उस समय के कई लोग राष्ट्रीय शिल्प कला के उद्धार के लिए जो

काम कर रहे थे, उसमें भगिनी निवेदिता के उत्साह ने हमें जो बल दिया था, उसे लिखकर समझाना हमारी सामर्थ्य से बाहर है।[१०]

३. शिल्पी श्रीमती क्रिश्चियाना हेरिंघम और प्रथम अजन्ता अभियान, १९०९-१०

उस समय अजन्ता गुहाचित्रों की प्रतिलिपि करने के काम में असितकुमार आदि लोगों को भेजने में सिस्टर निवेदिता ही मुख्य रूप से प्रयासरत थीं। परिषद् की सहायता से अजन्ता अभियान के प्रारम्भ में भगिनी निवेदिता के अकेले प्रयास की बात, शिल्पी हेरिंघम के साथ उसका आलाप परिचय और बन्धुत्व, असितकुमार और उनके सहपाठियों में से कोई भी नहीं जानता था। भारतीय ऐतिह्य को बिना जाने, उसकी उपेक्षा कर शिल्प-शिक्षार्थियों को उच्च शिक्षा के लिए विदेश जाने की प्रवणता को शिल्पी रोथेंस्टाइन, अवनीन्द्रनाथ, रवीन्द्रनाथ की तरह निवेदिता ने भी प्रश्रय नहीं दिया। छात्र लोग विदेश न जाकर भारत के अत्यन्त प्राचीन शिल्प-प्रांगणों को उच्चतर शिक्षा के आदर्श क्षेत्र के रूप में देखें, उन लोगों का यही प्रयास था। शिल्पकला की शिक्षा गें उच्चतर प्रशिक्षण के अंग के रूप में सिस्टर निवेदिता और अवनीन्द्रनाथ ने इंग्लैण्ड से आयी सुप्रसिद्ध अनुलिपिकार शिल्पी क्रिश्चियाना हेरिंघम के नेतृत्व में १९०९-१० और १९१०-११ में, दो दौर में अजन्ता गुफाओं के चित्रों की अनुकृति करने के दुर्गम अभियान में असितकुमार, नन्दलाल, के. वेंकटप्पा और समरेन्द्रनाथ गुप्त को भेजा था। पहले दौर में सबसे पहले असितकुमार के साथ वहाँ पर गये थे नन्दलाल। उस ज़माने में शिक्षार्थी लोग अजन्ता जाने में कोई वैसे भी उत्साही नहीं थे, विशेष रूप से नन्दलाल। किन्तु, उन भित्तिचित्रों की प्रतिलिपि करने का दुर्लभ अवसर स्वीकार करने के लिए एक तरह से ज़बरदस्ती ही निवेदिता ने उन्हें भेज दिया था।

दाक्षिणात्य के पूर्व खान देश के एक अरण्याकीर्ण पार्वत्य प्रदेश में अवस्थित बौद्ध साधक श्रमणों का एकान्त साधन क्षेत्र हैं ये विश्वविख्यात अजन्ता गुहा शृंखलाएँ। वहाँ पर अश्व खुराकृति पहाड़ों के भीतर अनुमानतः नौ सौ वर्ष तक (२०० ईसा पूर्व से ६०० ई. तक) शिल्पी श्रमण साधक जनों ने अपनी शिक्षा और साधना के साथ एक कर्मयोगी के रूप में धारावाहिक रूप में २९

गुफाओं का निर्माण उनसे जुड़े हुए स्थापत्य, मूर्ति एवं उनके भीतर भित्तिचित्र आँके अपनी सुशृंखल परिकल्पना एवं अपने अकथनीय परिश्रम और निष्ठा के साथ। हाँ, यह अवश्य है कि स्थानीय श्रमिकों की सहायता भी उन्होंने आवश्यकता के अनुसार ली थी। उस युग में वाग्रा नदी की स्त्रोतधारा को अर्धचन्द्राकार में घेरकर खड़ी हुई थीं परत-दर-परत आग्नेय शिलायें (वेसल्ट), उन्हें काटकर शिल्पी श्रमण साधकों की गुहानिर्माण-कौशल में उनकी परियोजना एकदम निर्दोष थी। प्रकृति के साथ सामंजस्यपूर्ण स्थापत्य और भास्कर्य-रचना तथा सबसे बढ़कर भित्तिचित्रों की अपरूप शिल्प-सुषमा ने अजन्ता को आज विश्वशिल्प-प्रांगण में एकमेवाद्वितीयम् कर दिया है।

अजन्ता पुनराविष्कार के विषय में १८२१ ई. में विलियन एरस्किन (William Erskine, १८७३-१९५२) उस समय की बॉम्बे लिटरेरी सोसायटी में अपने अजन्ता परिदर्शन के वृत्तान्त का पाठ करते समय १८१९ में मद्रास रेजीमेंट के एक कप्तान मोर्गन के सबसे पहले अजन्ता आविष्कार की कथा का उल्लेख किया था। प्रसंगवश १९९६ में डॉ. मारी लागो (Dr. Mary M. Lago, १९१९-२००१) की गवेषणा प्रसूत क्रिश्चियाना हेरिंघम एण्ड दा एडवर्डियन आर्टसिन जीवनी पुस्तक के प्रकाशन के पूर्व अजन्ता विषयक किसी भी ग्रन्थ में गुफाओं के आविष्कर्ता कैप्टन मोर्गन (Capt. Morgan) के नाम का उल्लेख नहीं हुआ था। यहाँ तक कि महाराष्ट्र सरकार के पर्यटन विभाग ने अजन्ता भ्रमण से सम्बन्धित अखिल भारतीय विज्ञापन में उन गुफाओं के आविष्कर्ता के रूप में १८१९ ई. में भित्तिचित्रों पर अपने हस्ताक्षर करने वाले एक सज्जन जॉन स्मिथ (Capt. John Smith) का उल्लेख कर सत्य को न जानने के कारण एक भ्रम की सृष्टि कर दी थी। एरस्किन के वक्तव्य के अनुसार १८१९ ई. में सदलबल बाघ के शिकार के लिए जाकर अकस्मात् ही वहाँ अजन्ता की गुफाओं का आविष्कार हो गया था। अजन्ता की गुफाओं के आविष्कार की बात बम्बई के पुरातत्त्व विभाग को नियमानुसार लिखित रूप में बतायी थी मद्रास रेजीमेंट दल के नेता कप्तान मोर्गन ने। शिल्परुचि सम्पन्न व्यक्ति थे मोर्गन। न जानने की वजह से वे विशाल आकार की बुद्ध मूर्तियों का नया रूप देखकर यह निर्णय नहीं कर सके कि वे किस मत की मूर्तियाँ हैं, किन्तु, ये मूर्तियाँ ब्राह्मण सम्प्रदाय की नहीं हैं, इसका उन्होंने स्पष्ट रूप से उल्लेख किया था अपनी रिपोर्ट में। उस समय उन्होंने गुहा के भीतर उन चित्रों को सुन्दर, सुरक्षित रूप में देखा था। मोर्गन

ने एक गुफा में अपने अनुमान के अनुसार संस्कृत भाषा में लिखी हुई एक शिला पर उत्कीर्ण लम्बी लेख शृंखला देखी थी जिसे बाद में अनुसन्धित्सु दर्शक एरस्किन ने मागधी अथवा प्राकृत भाषा में लिखे होने का अनुमान लगाया था।

१८२४ ई. में लेफ्टीनेंट जेम्स अलेक्जेंडर (James Alexander) ने और भी छानबीन के साथ अजन्ता के उन गुहाचित्रों को देखा था। गुफा तक पहुँचने के रास्ते में उन्होंने झाड़ियों में बाघ के चंगुल में पड़े बहुत से दुर्भाग्यशाली पथिकों के वस्त्र आदि प्रत्यक्ष देखे थे। वे लोग बन्दूक-पिस्तौल आदि आग्नेय अस्त्रों के साथ सम्भावित विपत्ति का मुक़ाबला करने के लिए तैयार होकर ही अजन्ता गये थे। उनकी दृष्टि में अजन्ता के भित्तिचित्र स्पष्ट रूप से बादामी, धूसर लाल, नीले और सफ़ेद रंग के चमकदार किन्तु, उनमें लाल रंग की अधिकता प्रतीत हुई थी। पेंसिल का सन्देहरहित दक्ष रेखांकन, रंग का स्पष्ट लेपन, परिप्रेक्ष्य का ज्ञान सब कुछ उन्होंने मुग्ध होकर देखा था। गुहा में शिकार की जीवन्त दृश्यावली, विशेषकर हाथी और घोड़े का चित्रांकन, उनके वर्णन के अनुसार देखने योग्य था।[११]

हज़ार वर्ष पुराने अजन्ता के भित्तिचित्र और पुरालेख पुंजीभूत धूल और सफ़ेद जालों से ढककर अस्पष्ट हो गये हैं। इसके अलावा चमगादड़, उल्लू और जंगली जन्तुओं की दुर्गन्धमय पेशाब और बीट से दूषित परिवेश ने मनुष्यों के लिए अजन्ता को दुर्गम बना दिया था। पुरातत्त्व विभाग के प्रयास से वही परिवेश उन्नीसवीं शताब्दी के अन्तिमार्ध में कुछ उन्नत होने की वजह से विशेषज्ञों और पर्यटकों का अजन्ता में आना-जाना शुरू हो गया था। स्थानीय, अज्ञानी भील जाति के लोग शिकार के दबाव में और गुहाओं के आश्रय में रहते समय साधु-सन्तों के द्वारा जंगली जानवरों से बचने के लिए रात में धूनी जलाने एवं तथाकथित सभ्य, विदेशी कौतूहली मनुष्यों के द्वारा धूमिल छवियों को साफ़-साफ़ देखने के प्रयास में उन पर पानी छिड़कने के कारण, मिट्टी के तेल के लैम्प जलाकर उन्हें चित्रों के पास ले जाने और उन्हें देखने के कारण अथवा चित्रों के आकर्षक अंश विशेष को किसी धारदार चीज़ से काटने में विफल होने के कारण इस अमूल्य चित्र-सम्पदा को भारी क्षति पहुँची थी। एक काटा हुआ अजन्ता के चित्र का अंश अनेक हाथों से गुज़रता हुआ बोस्टन म्यूज़ियम ऑफ़ फ़ाइन आर्ट्स में इस समय उल्लेखनीय प्रदर्शन योग्य वस्तु के रूप में विद्यमान है।[१२]

आविष्कार के बीस वर्षों के मध्य लेफ्टीनेंट ब्लोक (T. Block) अजन्ता परिदर्शन के लिए गये और उन्होंने पहली बार इनके संरक्षण के बारे में सोचा था। अजन्ता भित्तिचित्रों के संरक्षण के प्रयास में ईस्ट इण्डिया कम्पनी की अनुकूलता के कारण मद्रास रेजीमेंट के कैप्टन (बाद में मेजर) शिल्पी गिल (Majer Robert Gill, १८०४-१८७५) ने सबसे पहले तैल रंग के माध्यम से पचास चित्रों की नक़ल की थी, प्राय: बीस वर्ष तक अकेले ही (१८४६-१८६६)। उसके वे सभी चित्र सिडेनहाम पैलेस में प्रदर्शन के समय आग में जलकर नष्ट हो गये थे।

इसके बाद १८७२ ई. में पुरातत्त्ववेत्ता जेम्स फर्गुसन (James Fergusson, १८०८-१८८६) और जेम्स बर्जेस (James Burgess, १८३२-१९१६) की सिफ़ारिश से ब्रिटिश सरकार ने दूसरी बार अजन्ता के चित्रों की प्रतिलिपि करने के लिए बॉम्बे के जे.जे. स्कूल ऑफ़ आर्ट के अध्यक्ष जॉन ग्रिफिथ्स (John Griffiths, १८३७-१९१८) को नियुक्त किया। १८७२-१८८५ तक लगातार चौदह वर्ष पाँच हज़ार रुपया वार्षिक सरकारी अनुदान पर शिल्पी ग्रिफिथ्स और उसके छात्रों ने प्रतिलिपि का काम किया था। उनकी १२५ प्रतिलिपियों में से ८७ प्रतिलिपियाँ तत्कालीन साउथ केनसिंगटन म्यूज़ियम में भारतीय विभाग के प्रदर्शन-कक्ष में टँगी हुई स्थिति में १८८५ ई. में जलकर भस्म हो गयी थीं। ग्रिफिथ्स आदि लोगों द्वारा बनायी गयी शेष प्रतिलिपियाँ और ३४५ प्रतिलिपियों के फ़ोटोग्राफ़ों को लेकर भारत सरकार के आर्थिक अनुदान से वृहद् आकार के ग्रन्थ The paintings in the Buddhist Cave Temples of Ajanta (१८९६-९७) में इंग्लैण्ड से दो खण्डों में प्रकाशित हुई थीं।

अजन्ता में ग्रिफिथ्स लेकर गये थे अपने कृति छाज पेस्तोनजी बोमानजी (१८५१-१९३८), महादेव धुरंधर (१८६७-१९४४), पिथावाला (१८७२-१९३६) तथा आवालाल रहिमान (१८६०-१९३१) को। किन्तु, इनमें से कोई भी छात्र इन चित्रों की प्रतिलिपि के काम में उतना आग्रहपूर्वक उत्सुक नहीं हो सका था। परिणाम यह हुआ कि नक़ल का काम उतना हृदयग्राही नहीं हो पाया था। यद्यपि अजन्ता अभियान के पूर्व अवनीन्द्रनाथ ने ग्रिफिथ्स के ग्रन्थ से अपने शिक्षार्थी नन्दलाल को चित्रों की नक़ल का अभ्यास कराया था।

शिल्पी ग्रिफिथ्स को लगा था फ्लोरेन्सीय लोगों का रेखांकन शायद अजन्ता की तुलना में और भी अच्छा हो सकता है, वेनिशीय चित्रकारों का रंग लगाना

श्रेष्ठतर हो सकता है। किन्तु, इनमें से कोई भी शिल्पी भावों की अभिव्यक्ति में अजन्ता के चित्रों से आगे नहीं बढ़ सके हैं, न उन्हें अतिक्रम कर सके हैं। वास्तव में उन भावों को प्रतिलिपियों में लाने की आप्राण कोशिश में असफल होकर उसने स्वीकार करते हुए लिखा था :

> हिन्दू (बौद्ध) चित्रों और मूर्तियों की पतली गढ़न और उनका वैचित्र्य पाश्चात्य वासियों के लिए सदा विस्मयकारी ठहरता है। पुरानी उभरी हुई पेशियों वाली पुरुषत्व व्यंजक मूर्तियों और मॉडल को देख-देखकर आँकने के अभ्यस्त यूरोपीय चित्रकारों की दृष्टि में वे कोमल, लचीली मूर्तियाँ और चित्र अपार्थिव लगे थे। स्वाभाविक ही था कि उन नमनीय रूपों का चित्रांकन उनकी पकड़ से बाहर ही रह जाये।[१३]

साउथ केनसिंगटन म्यूज़ियम में (आजकल विक्टोरिया एण्ड अल्बर्ट म्यूज़ियम) प्रदर्शित ग्रिफिथ्स की प्रतिलिपियाँ श्रीमती हेरिंघम की दृष्टि में सटीक नहीं लगी थीं। पूर्व शिल्पियों की असफलता देखकर उनके मन में जहाँ तक सम्भव है त्रुटिरहित प्रतिलिपियाँ कराने की इच्छा जाग गयी थी एवं उन्होंने अविलम्ब अजन्ता अभियान की योजना बनाकर स्वयं पूर्व परीक्षण के तौर पर फ्लोरेंस के संग्रहालय में जाकर अपनी पसन्द की क्लासिक टेम्परा माध्यम में आँके गये चित्रों की लम्बे समय तक नक़ल की थी और अपना पैसा ख़र्च किया था। इस रियाज़ के हर क्षण उनके उद्विग्न मानस-नेत्रों के सामने उद्‌भासित हो उठते थे कालप्रवाह में नष्ट होते जा रहे अजन्ता के असामान्य चित्र-सम्भार।

भारत में वायसराय बनकर आते हीं लॉर्ड कर्जन (Sir George Nathaniel Curzon, १८५९-१९२५) ने एशिया, मध्यपूर्व के विभिन्न पुरास्थलों की परिक्रमा के अनुभव से पुरासम्पदा की सुरक्षा और संरक्षण को महत्त्व दिया था। १९०४ ई. में पुरास्थलों की सुरक्षा और संरक्षण एक्ट जारी होने के साथ-साथ पुरासम्पदा के संरक्षण के लिए निर्धारित वार्षिक राशि उन्होंने सात हज़ार से बढ़ाकर सैंतीस हज़ार रुपया कर दी थी। पुरातत्त्व के स्मारकों, प्रतीकों के संरक्षण का विकास का क़ानून, प्राचीन स्मारकों और पुरावस्तुओं की गुप्त रूप से तस्करी का निवारण, ज़रूरत से अधिक खनन कार्य पर नियन्त्रण करना, पुरातात्त्विक और ऐतिहासिक चिह्नों के वाहक स्मृति महलों के शिल्पसमृद्ध निदर्शनों का अधिग्रहण तथा उनके संरक्षण और देखरेख के प्रयोजन से ही सरकार ने क़ानून बनाये।[१४] किन्तु, १९०१ ई. में कर्जन ने स्वयं

अजन्ता में जाकर वहाँ पर प्राकृतिक प्रतिकूलताजनित क्षयक्षति अपनी आँखों से देख आने के बाद भी श्रीमती हेरिंघम ने खेदपूर्वक यह प्रत्यक्ष किया था कि १९०६ ई. में उनके पहली बार देखे अजन्ता के गुहाचित्रों से १९०१ के देखने के बीच उस एक्ट के परिणाम ने अजन्ता को ज़रा भी स्पर्श नहीं किया था।

पहले ही कहा जा चुका है, असितकुमार के अजन्ता अभियान पर जाने की आर्थिक सहायता आयी थी भारतीय प्राच्यकला परिषद् की ओर से। असितकुमार ने राजा प्रफुल्लनाथ ठाकुर को चित्र बेचकर कुछ पाथेय का संग्रह किया था। अवनीन्द्रनाथ ने अजन्ता ना जाकर भी उस काम के सुन्दर परिणाम के बारे में लिखा था,

> भारतीय कला की शेष दीपावली जहाँ पर आज भी अपनी विचित्र छटा बिखेर रही है—बौद्ध युग की उन्हीं गिरि गुहाओं में... चित्रशिल्प के साथ हमारा अगर पूरा परिचय कराना हो तो सिर्फ़ सुनकर नहीं, तो उसे देखकर समझना भी ज़रूरी है।[१५]

देखने के उसी ऐतिहासिक अभियान में अपने तृतीय नयन खुलने का विरल अनुभव असितकुमार ने अपने 'अजन्ता' ग्रन्थ (१९१३) में लिपिबद्ध किया था।

श्रीमती हेरिंघम के पूर्व-परिचित निज़ाम सरकार के मुख्य सचिव केशन वाकर की व्यवस्था के अनुसार अजन्ता में सभी आवश्यक वस्तुओं, जैसे तम्बू, उससे सम्बन्धित सामान, और सशस्त्र पुलिस पहरेदारों का सुन्दर इन्तज़ाम कर दिया गया था। श्रीमती हेरिंघम भारत पहुँच गयी थीं अक्टूबर १९०९ ई. में। श्रीमती लागो के जीवनी ग्रन्थ[१६] में हमें देखने को मिलता है कि श्रीमती हेरिंघम १५ दिसम्बर, १९०९ ई. को अजन्ता पहुँच गयी थीं अपनी सहकारी कुमारी डोरीथ लार्चर (Ms. Dorothy Larcher, १८८४-१९५२) को लेकर। किन्तु, उस यात्रा में उनकी सहकारी होकर आयी थीं कुमारी डेविस (Ms. Davis) और कुमारी ल्यूक (Ms. Luke), जिनका उल्लेख श्रीमती लागो के ग्रन्थ में नहीं है। शिल्पी कुमारी लार्चर उनके साथ दूसरे और अन्तिम दौर के अभियान (१९१०-११) में अजन्ता आयी थीं। १९०९ में बनारस, चित्तौड़, साँची, आगरा, हैदराबाद होती हुई श्रीमती हेरिंघम अजन्ता के फरदापुर डाकबँगले में पहुँची थीं। निज़ाम की सुव्यवस्था में सशस्त्र पुलिस के पहरे वाले कैम्प में बॉम्बे आर्ट स्कूल के दो पुरातन, औरंगाबाद में कार्यरत शिल्पी सैयद अहमद और मुहम्मद फ़ज़लुद्दीन काजी उपस्थित थे। थोड़े

समय के बाद ही वहाँ पहुँच गये थे नन्दलाल और असितकुमार। असितकुमार ने बैलगाड़ी से अपनी पहली अजन्ता यात्रा के मार्ग में देखा था, जलगाँव स्टेशन से ३५ मील लगभग तरुविहीन, जनशून्य मरुस्थल है। काफ़ी दूर के व्यवधान के बाद एक-एक छोटा गाँव; लहराता हुआ पार्वत्य पथ। कोलकाता के जन कोलाहल से निकलकर बड़े आनन्द के साथ वे ख़ाली मैदान के चिर उन्मुक्त पथ पर आ गये थे।

कुछ समय तक भारतीय शिल्पियों के साथ काम करने के बाद श्रीमती हेरिंघम के मन में विचार आया था :

> सहकारी शिल्पी लोग अपने काम के प्रति अत्यन्त आग्रहवान, एकनिष्ठ और काम के छोटे-से-छोटे, सूक्ष्म ब्योरों के विवेकपूर्ण चुनाव के प्रति तत्पर और बहुत सतर्क हैं। इनका साथ अत्यन्त आनन्दप्रद है। एक अँग्रेज़ रमणी के रूप में इनका हँसी-मज़ाक़ मुझे कम मज़ेदार नहीं लगता है। —इनका आचरण अत्यन्त भद्र, सहज, मार्जित और चित्ताकर्षक है।[१७]

असितकुमार के शब्दों में,

> उस सुदूर दाक्षिणात्य अंचल में आत्मीय बन्धुहीन स्थान में, स्नेहशीला अँग्रेज़ महिला श्रीमती हेरिंघम (Mrs. Herringham) ने हम सभी का जैसा जतन और हमें अपने स्नेह से जिस प्रकार सिंचित किया था, उसे हम लोग इस जीवन में तो भूलेंगे नहीं।[१८]

कैम्प का जीवन यथासम्भव सहज, स्वच्छन्द करने के लिए श्रीमती हेरिंघम ने औरंगाबाद के मुसलमान शिल्पियों को एक तम्बू में और हिन्दू शिल्पियों को डाकबँगले के आधे भाग में ठहराने की व्यवस्था की थी। एक ही रसोईघर में दोनों सम्प्रदायों के लिए अलग-अलग भोजन के आयोजन की भी उन्होंने व्यवस्था की थी। परिणाम यह हुआ कि हरेक व्यक्ति स्वतन्त्रतापूर्वक परस्पर मिलजुल कर अपना आहार-विहार करते हुए आराम से अपना समय बिता सकता था कैम्प में। श्रीमती हेरिंघम अपने दैनन्दिन काम के बीच मिले क्षणिक अवकाश में स्थानीय सरल, ग़रीब ग्रामवासियों के साथ अन्तरंगता के साथ जुड़कर जैसे उनके सुख-दुःख की भागीदार हो गयी थीं। उनकी बीमारी आदि में अपनी सामर्थ्य के अनुसार औषध आदि के द्वारा सहायता का हाथ बढ़ा देती थीं और इस तरह से उनके प्रति समव्यथित हो जाती थीं।

यहाँ तक कि एक पशु चिकित्सक के रूप में भी उनका नाम उस क्षेत्र में फैल गया था।

प्रतिदिन फरदापुर कैम्प से अजन्ता की गुफाओं के मुँह तक पहुँचने के सन्दर्भ में असितकुमार ने लिखा है :

> जिस तीन मील के इन्ध्रयाद्री के पथ पर गुफाओं के मुँह तक हमें जाना पड़ता था, गुफाओं तक जाने का वह रास्ता, अत्यन्त ऊबड़-खाबड़ था। मार्ग इतना ख़राब था कि कभी-कभी हमारी बैलगाड़ी के पहिये बड़े-बड़े पत्थरों पर एक बार चढ़ते और दूसरी बार नीचे उतरते और इस तरह हमें मानो पैदल चलने के मैदान से होकर हिचकोले पर हिचकोले खिलाते हुए किसी तरह से गुफा तक ले जाते।[११]

उस अत्यन्त विषम पथ को पार कर और भी दस मिनट की चढ़ाई वाला पथ पार कर उन्हें गुहा तक पहुँचना पड़ता था। दिन-पर-दिन अशक्त शरीर से मार्ग की यन्त्रणा सहन की थी प्रवीणा शिल्पी हेरिंघम ने सिर्फ़ विश्वकला क्षेत्र में अप्रतिद्वन्द्वी अजन्ता के भित्तिचित्रों को भीतर से, तूलिका के माध्यम से, प्रस्तुत करने की अहेतुकी ताकीद के कारण।

असितकुमार ने अजन्ता में गुहाचित्रों के धुँधले और अस्पष्ट चेहरे देखकर पहले तो ख़ूब हताश होकर सोचा था, यहाँ पर नक़ल की जा सके ऐसे कुछ चित्र ही बचे हैं, इसलिए यहाँ काम भी थोड़ा ही बचा है। किन्तु, श्रीमती हेरिंघम ने दीवालों के ऊपर जमे परत-दर-परत आवरण को हटाकर उन्हें दिखा दिया था कि एक के बाद एक बौद्ध जातक कथाओं के यहाँ कितने सुविन्यस्त रूप में चित्रित रूप विद्यमान हैं। धीरे-धीरे गुहाओं के भीतर फैले प्रकाश-अँधेरे को सहन करने की उनकी आँखें अभ्यस्त हो गयी थीं। गुफा में जिस स्थान पर उजाला प्राय: नहीं के बराबर था, वहाँ पर श्रीमती हेरिंघम ने लटकती हुई लालटेन की व्यवस्था कर दी थी। एक दिन वही भारी लालटेन रस्सी तोड़कर नीचे गिरकर चूर-चूर होने की भीषण घटना घट गयी। कुशल और प्रवीणा नेत्री किसी भी तरह निराश न होकर स्वयं हैदराबाद से चालीस घण्टे में एक उपयोगी हल्की लालटेन ख़रीद लायी थीं नक़ल का काम अव्याहत रखने के लिए। इस तरह का था असितकुमार की दृष्टि में उफनता हुआ उस बहादुर वृद्धा (वास्तव में सत्तावन वर्ष की उम्र की) का दायित्वबोध, उसके प्रति उसकी प्रतिबद्धता।

प्रतिलिपि करते समय ग्रिफिथ्स और सहयोगी शिल्पियों ने भित्तिचित्रों को स्पष्ट और चमकदार बनाने के लिए दीवाल पर वार्निश का लेप कर दिया था। उस वार्निश ने कुछ समय बाद दीवाल पर एक काली परत बना दी थी, जिसने असितकुमार आदि शिल्पीगणों के सामने प्रतिलिपि ग्रहण करते समय एक तरह की बाधा उत्पन्न कर दी थी। आगे चलकर उस अस्तर के अधिकांश को हटाने में सक्षम हुए थे प्राध्यापक चेच्चिनि (Prof. Cecchini) अनेक तरह के रासायनिक प्रलेपों के प्रयोग-परीक्षण (१९२०) के अन्त में आख़िर में अमेनियडा के लेप के द्वारा। संरक्षण का प्रयास सफलतापूर्वक हुआ था भारतीय पुरातत्त्व विभाग के निर्देशन में १९७५-७९ में। आधुनिक विकसित रासायनिक प्रक्रिया से भित्तिचित्रों को साफ़ करते समय अनेक जातक-चित्रों का पुनः आविष्कार हुआ। १० नं. गुफा का लुप्त हुआ ई. की पाँचवीं शताब्दी में गुप्त युग का जो शिलालेख साफ़ दिखने लगा था, उसे देखने से पता चला कि श्रीलभद्र ने अपने माता-पिता को परम श्रद्धा के साथ इस गुफा को उत्सर्ग किया था।[२०]

गुफाओं में प्रकाश प्रवेश करने के विषय में उस युग के श्रमण-शिल्पीजन प्रासादोपम उस निर्माण-क्षेत्र में मुख्य रूप से सूर्योदय और सूर्यास्त पर निर्भर रहते थे। सूर्य की प्रायः पृथ्वी पर प्रकाश निक्षेप करने की स्थिति को ध्यान में रखकर चैत्य गुफाओं के जंगलों, गुफा के मुख की ऊँचाई और गहराई एवं स्तूप के आकार एवं उसकी अवस्थिति को वे लोग स्थिर करते थे। आलोक की बात पर असितकुमार को लगा था,

> एक-एक निश्चित समय पर सूर्यलोक जब गुफाओं को आलोकित कर देता था तब गुफाओं की दीवालों पर बने चित्र मानो प्राण पाकर सजीव होकर हमारी आँखों में कैसे विस्मयपूर्ण सौन्दर्य की अवतारणा कर देते थे, उसका वर्णन करना असम्भव है।[२१]

शिल्पी हेरिंघम देखा करती थीं उस प्रस्फुटित गुफाओं के भीतर के आलोक से मानो भित्तिचित्रों के ऊपर और नीचे के वर्गों की वेशभूषा, आभूषण आदि, युद्ध के दृश्य, राजदरबार, शोभायात्रा, प्रासाद कक्ष, पद्म-सरोवर और पशु-पक्षी हमारी आँखों के सामने जीवन्त हो उठते थे।[२२] सीलिंग में मण्डलाकार चित्र के केन्द्रीय स्थान में गोल-गोल पद्म और उसके चारों ओर गोलाकार हंसों की पाँत, मोर अथवा मृणाल दल को मथने वाले हाथियों का दल अथवा कहीं-कहीं चतुष्कोण वर्गक्षेत्र अथवा आयताकार मण्डलचित्र के

चारों कोनों में नृत्य की भंगिमा में चार गन्धर्व कन्याओं की अपरूप छवि देखकर असितकुमार सोचकर कूल-किनारा इस बात का नहीं पा सके कि किस तरह से उस काल के स्वल्प उजाले में, विशेषकर सीलिंग के त्रुटिरहित सूक्ष्म रेशमी वस्त्रों पर की जाने वाली जरी और पुष्पों की कढ़ाई जैसा सूक्ष्म काम मण्डलचित्रों में शिल्पीगण चित्त लेटकर आँका करते थे। वहाँ पर नक़ल का काम करते हुए उनकी यह धारणा बन गयी थी, किसी प्रकार की उज्ज्वल धातु से तैयार दर्पण गुफा के बाहर रखकर उसके द्वारा सूर्य रश्मियों को गुहा के भीतर प्रक्षेपित कर उस युग के निपुण शिल्पीगण गुफा के भीतर असाधारण धैर्य, अध्यवसाय और अलौकिक कुशलता के साथ छवियाँ आँका करते थे।

श्रीमती हेरिंघम ने उन्हें दिखाया था अत्यन्त प्राचीन काल के साधक-शिल्पियों का उड़ती हुई मानव देह और मनुष्यों के बैठने की भंगिमाओं को रेखांकन में क़ैद करने, हाथ की अँगुलियों के संचालन के बहुत से चौंकाने वाले नृत्यछन्द के गतिशील प्रतीकात्मक रूपों के चित्रण पर, रंग-प्रयुक्ति पर उनका कैसा अनायास, विस्मयकर दख़ल था।[२३] अजन्ता की गुफा में असितकुमार की संवेदनशील दृष्टि में दिखायी पड़े थे—रसोईघर में शिल-लोढ़ा मसाला-पीसती स्थिति में आँखें जलने से कातर गृहिणी, वादनरत ढोलक वाला, नृत्यछन्द में नाचती अप्सरा, चींटियों की कतार वृक्ष की डालियों से होती हुई ऊपर चली जा रही है, दौड़ता हुआ हरिण, जलयान पर राजाधिराज की समुद्र-यात्रा, युद्ध जैसे जीवन्त सब भित्तिचित्र। छवियों के आपात सरल, बाह्य आवरण के अन्तराल में जो अत्याश्चर्यपूर्ण भाव भेद, भावों की बाह्य अभिव्यक्ति में जो वैचित्र्य था—शिल्पी हेरिंघम के साथ उन लोगों ने भी बहुत अंश में अनुभव किया था। अजन्ता चित्रों का अनुशीलन करने के बाद श्रीमती हेरिंघम ने चित्रों की पृष्ठभूमि-रचना में प्रकाश-छाया के समावेश एवं देह की अस्थि संस्थापना में कोई त्रुटि नहीं देखी। उसी वजह से, बिना जतन के पड़ी हुई उन शिल्प रचनाओं के सम्बन्ध में क्षोभ के साथ असितकुमार से उन्होंने कहा था,

> इतने प्राचीनकाल में आँकी गयी तुम्हारे देश में ऐसी निर्दोष, त्रुटिरहित छवियों को देखकर सचमुच में बड़ा आनन्द हुआ। हमारे देश में अगर इस तरह की छवियाँ होतीं तो हम लोग उन्हें अपने जीवन से भी बढ़कर जतन से रखते। बड़े दुख का विषय है तुम लोग ऐसी

अमूल्य सम्पदा का भी बड़ा आदर-जतन करना नहीं जानते हो।[२४]

श्रीमती हेरिंघम के आने के कुछ समय पहले अजन्ता गुफाओं के चित्र पहली बार देखने से आनन्द कुमारस्वामी को लगा था,

> अजन्ता भित्तिचित्रों के अकुण्ठ और सावलील रेखांकन परवर्ती समय के चीनी चित्रों और हज़ार वर्ष बाद के मुग़ल चित्रों में भी देखने को नहीं मिलता है। यहाँ तक कि समकालीन यूरोपीय चित्रों के रेखांकन भी अजन्ता जैसे उन्नत नहीं हैं।

यह कहते हुए उन्होंने अपनी राय दी थी। असितकुमार ने भी लिखा है :

> अजन्ता के चित्रों में अनेक प्रकार के जो सब त्रुटिरहित रूप में आँके गये जीव-जन्तु, पशु-पक्षी, वृक्ष-वनस्पति, प्रासाद, प्राचीर, दुकान, कुटीर आदि चीज़ों के चित्र हमें देखने को मिलते हैं, वे सब बिना किसी मॉडल-आदर्श को सामने रखकर, उनका अनुकरण बिना किये, केवल कल्पना के द्वारा (शिल्पियों ने) कैसे प्रस्फुटित कर प्रस्तुत किये होंगे, यह हमारे ज्ञान के बाहर है।[२५]

भारतीय चित्रों के अनन्य और अद्वितीय उदाहरण अजन्ता में नृत्य से सम्बन्धित भावव्यंजक, प्रतीकात्मक इंगितों के वाहक, हस्त और अँगुलियों की लचीली मुद्राएँ देखकर शिल्पी हेरिंघम मुग्ध हो गयी थीं, असितकुमार और उनके सतीर्थों ने उन प्रतीकात्मक मुद्राओं के रेखांकन का बड़ी गहरायी से अनुशीलन किया था। इंग्लैण्ड के उच्च वित्त परिवार की प्रौढ़ महिला श्रीमती हेरिंघम (उम्र ५७ वर्ष) सुदूर इस भारतवर्ष में, प्रतिकूल परिवेश और जलवायु में, दुर्गम पहाड़ी गुफाओं के भीतरी, प्राचीन भित्तिचित्रों की अनुलिपि करने के लिए आने के विषय में असितकुमार ने लिखा है :

> मिसेज हेरिंघम लुप्तप्राय चित्रों की जहाँ तक सम्भव हो बिना त्रुटि के प्रतिलिपियाँ लेने के लिए अपने ख़र्चे से इस वृद्धावस्था में, इतने दूर देश में आयी थीं एवं उस उल्लू-चमगादड़ों के कारण दुर्गन्धित गुफाओं के भीतर नक़ल का काम कितने असीम धैर्य और अध्यवसाय के साथ किया था, यह बात याद आते ही वास्तव में विस्मित होना पड़ता है। वे जो व्यर्थ के कौतूहल के कारण इस देश में आयी थीं, ऐसा नहीं है, अजन्ता की लोक-विख्यात चित्रकला ने उनके अन्तर में एक महान् भाव, गम्भीर श्रद्धा जगाकर, गौरवपूर्ण महिमा का एक चित्र प्रस्फुटित कर दिया था। उसी से अनुप्राणित होकर वे वृद्धावस्था

में इन्द्धयाद्री मूल में आकर इस कठिन काम में हाथ लगाकर उसे सिद्ध कर गयी हैं।[२६]

१९१५ ई. में इण्डिया सोसायटी की तरफ़ से अजन्ता (फ्रेस्कोस) भित्तिचित्रों का पोर्टफोलियो ग्रन्थ छपने के बाद के समय में असितकुमार और इनके सहशिल्पीगण हेरिंघम के बारे में विशेष आग्रही थे या नहीं इसका पता नहीं चलता है फिर भी अपनी मातृभूमि इंग्लैण्ड में भी वे विस्मृति के अन्तस में चली जाती हैं। फल यह हुआ कि उनके बारे में अनेक ग़लत तथ्य और ख़बरें आज तक प्रस्तुत होती रही हैं। यहाँ तक कि अभी लिखे गये 'भारतशिल्पी नन्दलाल' जैसे प्रतिनिधिमूलक जीवनी ग्रन्थ में भी। हमारा परम सौभाग्य है, इस महान् शिल्पी को विस्मृति के अन्धकार से प्रकाश में लायीं डॉ. मारि लागो अपने दो खण्डों के गवेषणा-समृद्ध श्रीमती हेरिंघम जीवनी ग्रन्थ में।

सत्तावन वर्ष की प्रौढ़ शिल्पी श्रीमती हेरिंघम, जिसकी आँखों की पलकें सदा काँपती रहती हैं, असितकुमार ने उसे एक बहादुर वृद्धा के रूप में देखा था और नन्दलाल की जानकारी में वह एक अँग्रेज़ वृद्धा महिला थी, एक आर्टिस्ट और थी एक बड़ी ओरियंटल आर्ट कोपियेस्ट। अजन्ता के चित्रों की नक़ल करने आयी थी ख़ूब सम्भव है इंग्लैण्ड की ओरियंटल आर्ट सोसायटी की तरफ़ से। इसके पहले ब्रिटिश म्यूज़ियम की देखरेख में मिस्त्र और इटली में ओरियंटल के चित्रों की कॉपी करने गयी थी। अजन्ता फ्रेसकोस (Ajanta Frescoes) पुस्तक उसने प्रकाशित की थी, १९१५ ई. में।[२७] इन सब वक्तव्यों के अधिकांश तथ्य अज्ञता प्रसूत हैं।

सोलिसिटर और सफल शेयर ब्रोकर टोमस वाइल्ड पावेल (Thomas Wild Powell, १८१८-१८९७) की ज्येष्ठ कन्या क्रिश्चियाना की बचपन से ही चित्रांकन करने की प्रवृत्ति थी। विक्टोरिया के इंग्लैण्ड में आर्ट स्कूल में महिलाओं के लिए भर्ती का अवसर न होने के कारण क्रिश्चियाना मौलिक शिल्पी तो नहीं हो पाने से एक कुशल प्रतिलिपिकार हो गयी, नेशनल आर्ट गैलरी के परिसर में, प्राचीन रिनेसाँ काल के चित्रकारों की छवियों की नक़ल करने के निष्ठापूर्ण अनुशीलन-अभ्यास के माध्यम से। चिकित्सा शास्त्र के छात्र विलमोट पार्कर हेरिंघम (Dr. Wilmot Parker Herringham, १८५५-१९३६) के साथ १८८० ई. में क्रिश्चियाना के विवाह के बाद १८८२ ई. में उनकी पहली सन्तान क्रिस्टोफर और १८८३ ई. में जिफ्रे का जन्म हुआ। पारिवारिक जीवन के साथ अपरिहार्य रूप से उनका छवि अंकन का अभ्यास

चलता रहता था। किन्तु, १८९२ ई. में क्रिस्टोफर के दुस्साध्य रोग वातव्याधि से ग्रस्त होने के कारण डाक्टरों के परामर्श के अनुसार इंग्लैण्ड की सर्द आब-हवा की अपेक्षा शुष्क जलवायु वाले स्थान मिस्र ले जाना पड़ा था। १८९३ ई. में उनकी दूसरी मिस्र यात्रा से वापस आते समय क्रिस्टोफर की मृत्यु हो जाने के कारण क्रिश्चियाना ने अपना मानसिक सन्तुलन खो दिया था। अवसाद के दीर्घसमय तक रहने के कारण वह ख़ूब चिड़चिड़ी और क्षीण हो गयी थी। असमय में होने वाले उसके बुढ़ापे का प्रारम्भ उसी समय से हो गया था। बन्धु शिल्पालोचक रोजर फ्राई (Roger Fry, १८६६-१९३४) के परामर्श से शोकाहत स्थिति से उबरकर १८९६ ई. में इटली के शिल्पाचार्यों की निर्देशिका जैसे आकर ग्रन्थ के अँग्रेज़ी अनुवाद में उन्होंने हाथ लगाया।[२८] उसी अनुवाद कार्य के प्रति गहरे अभिनिवेश के कारण वह मानसिक अवसाद से मुक्त होते ही, इंग्लैण्ड के शिल्पकला क्षेत्र में स्वतःस्फूर्त उत्साह लेकर जिन सब ऐतिहासिक कार्य-कलापों के साथ जुड़ सकी थीं, वे इस प्रकार हैं, टेम्परा माध्यम से चित्र-रचना का पुनः प्रचलन हो इसके लिए टेम्परा सोसायटी की प्रतिष्ठा (१९०३), बहुमूल्य शिल्प सामग्री के विदेशों में हस्तान्तरण की प्रवृत्ति को रोकने के लिए राष्ट्रीय अर्थशाला का निर्माण (१९०४), एवं इंग्लैण्ड से अन्तरराष्ट्रीय स्तर की शिल्पकला की छमाही पत्रिका 'द वार्लिंगटन' मैगज़ीन का प्रकाशन (१९०४)। उराकी अन्तरतम प्रेरणा से उत्पन्न सभी कामों में एक जन्मजात निःस्पृहता का स्पर्श रहता था। इसी कारण राष्ट्रीय शिल्प सम्पदा रक्षा के लिए फण्ड का प्रवर्तन एवं वार्लिंगटन मैगज़ीन प्रकाशन जैसे राष्ट्र में प्राणों का संचार करने वाले सभी सामूहिक कामों को सफलतापूर्वक आगे बढ़ते देखकर, उनसे अपने को चुपचाप अलग कर लेने की एक अद्भुत शिल्पी सुलभ स्वतन्त्रता उसमें रहती थी।

उपर्युक्त हर काम के प्रारम्भिक प्रयास में अर्थ की ज़रूरत तो थी ही। सौभाग्यवश श्रीमती हेरिंघम ने पिता के स्नेहोपहार के रूप में नकद इकतीस हज़ार स्टर्लिंग पौण्ड एवं १८९७ में पिता की मृत्यु के बाद उत्तराधिकार सूत्र से और भी बारह हज़ार पौण्ड पाये थे। उसी नकद धन का उन्होंने मूल रूप में देश के शिल्पकला सम्बन्धी अनेक प्रगतिमूलक कामों एवं अजन्ता अभियान में सदुपयोग किया था।

अपने स्वामी विलमोट हेरिंघम के साथ क्रिश्चियाना ने टोमस कुक पर्यटन संस्था के सामान्य पर्यटक के रूप में भारतवर्ष में पहली बार पदार्पण १९०६,

नवम्बर में किया था। ब्रिटिश म्यूज़ियम के तत्कालीन प्रिन्ट और ड्राइंग विभाग के अधिकारी शिल्पालोचक कवि लारेंस बिनियान (Sir Laurence Binyon) ने यात्रा शुरू करने के पहले अपनी प्रकाशनाधीन पुस्तक The Painting of the far East ग्रन्थ के लिए श्रीमती हेरिंघम से अनुरोध किया था—अजन्ता भित्तिचित्रों की कुछ उत्कृष्ट प्रतिलिपियाँ कर देने के लिए। उसी वजह से उसके पूर्व परिचित बन्धु हैदराबाद निज़ाम दरबार के उच्च अधिकारी जॉर्ज केसन वॉकर (George Casson Walker) की सहायता से वे अजन्ता पहुँच गयी थीं १९०६ ई. के दिसम्बर में। जलगाँव से ३३ मील के यात्रापथ का उन लोगों ने धीरे-धीरे आनन्द लिया था बैलगाड़ी की धीमी गति के कारण। शीत से आक्रान्त दिन में फरदापुर डाकबँगले से बैलगाड़ी से वाग्रा नदी की पतली धारा को पार कर तीन मील की चढ़ाई वाले पथरीले पथ पर दोंची खाते-खाते अजन्ता गुफाओं के सम्मुख पहुँचते ही उनकी सारी थकान उतर जाती है शिल्पकला का रूप देखकर। बाद के कई दिनों तक इन्द्धुयाद्री गिरिकन्दरा में उसके प्रदूषित परिवेश में लालटेन के उजाले में भित्तिचित्रों को उन्होंने बड़ी सूक्ष्मता के साथ काफ़ी समय तक देखा था। कम उजाले में धूल की परत के कारण अस्पष्ट भित्तिचित्रों के स्केच भी यथासाध्य किये थे। हज़ार वर्ष पुराने भित्तिचित्र उनकी दृष्टि में ख़ूब जीवन्त और समकालीन लगे थे। उसे लगा था उस बहुमूल्य शिल्प सम्पदा को प्रकृति और स्थानीय नये आदिवासियों के दुर्व्यवहार से विलुप्त होने के पूर्व ही चित्रों की प्रतिलिपि करना बहुत ज़रूरी है। अकेले प्रयास से यह काम करना असम्भव है। थोड़े समय बाद ही पूर्व तैयारी और पर्याप्त समय लेकर योजनानुसार कई दौर में उस दुरूह काम को सम्पन्न करने के लिए उसे अजन्ता पुनः आना होगा। श्रीमती हेरिंघम उस यात्रा में ग़रीब भारत की अभावित रूप से समृद्ध शिल्पकला को हृदय से प्रेम करने लगी थीं। शिल्पी ऐथेन्स्टाइन से देश लौटते ही उन्होंने कहा था कि एक बार अजन्ता को ठीक तरह से देखने के लिए, उसे बार-बार वहाँ लौटकर आना होगा, देखने की आत्मसात् करने वाली प्यास लेकर।

अमेरिका के मिसौरी विश्वविद्यालय की अध्यापिका डॉ. मारि लागो की भारत, इंग्लैण्ड और अमेरिका में बीस वर्ष तक घूम-घूमकर की गयी गवेषणा पर आधारित हेरिंघम की प्रामाणिक जीवनकथा में निवेदिता अचर्चित ही रह गयी है। जीवनीकार श्रीमती लागो से उनकी पुस्तक में निवेदिता का क्यों

उल्लेख नहीं है, यह बात पूछने पर उन्होंने पत्रोत्तर में बताया था, श्रीमती हेरिंघम की रचनाओं (चिट्ठी-पत्री, दैनन्दिन) में निवेदिता का उल्लेख न होने के कारण उनके ग्रन्थ में निवेदिता का नाम नहीं आया है।[२९] यद्यपि कोलकाता विश्वविद्यालय के अध्यापक शंकरीप्रसाद बसु के सम्पादन में निकले सिस्टर निवेदिता के पत्रों के दोनों खण्डों में संकलित ग्रन्थ में कई पत्रों में अजन्ता सम्बन्धी अंश-विशेष में श्रीमती हेरिंघम के साथ उसके सम्बन्ध, मिलने-जुलने और आलाप की बात का स्पष्ट उल्लेख है। उसी कारण से, अध्यापक बसु के निवेदिता-पत्र संग्रह की सहायता से श्रीमती हेरिंघम और निवेदिता के अजन्ता केन्द्रीय योगायोग पर्व की कुछ चर्चा प्रस्तुत करना बहुत प्रासंगिक है।

१९०९ ई. के मध्य में शिल्पी श्रीमती हेरिंघम ने निश्चित किया था अगली शीत (दिसम्बर १९०९) में बॉम्बे जे.के. स्कूल ऑफ़ आर्ट की सहायता से अजन्ता गुहा-चित्रों की प्रतिलिपि का काम शुरू करेंगी। इस बीच में १९०८ ई. में लन्दन में एक व्यक्ति डानबेनी के घर में श्रीरामकृष्ण (१८३६-१८८६) और विवेकानन्द की काश्मीर परिक्रमा के ऊपर सिस्टर निवेदिता की वक्तृता सभा में उपस्थित श्रीमती हेरिंघम के साथ उसका प्रत्यक्ष परिचय एवं दोनों के साथ हेवेल के सम्पर्क सूत्र से थोड़े समय में ही वह परिचय घनिष्ठ मित्रता में परिणत हो गया था। फल यह हुआ कि आगामी १९०९ ई. में शीतकालीन अजन्ता अभियान के बारे में निवेदिता को पता चल गया था। १९०९ ई. में पुनः अपनी अस्वस्थ माँ को देखने जब वह इंग्लैण्ड गयीं तब निवेदिता ने अजन्ता गुफा चित्रों की नक़ल करने के काम में कोलकाता सरकारी आर्ट स्कूल के छात्रों की सहायता लेने का एक अग्रिम प्रस्ताव श्रीमती हेरिंघम के सामने रखा था। भारत जाने वाले जहाज़ से ६ जुलाई, १९०९ ई. को निवेदिता ने हेवेल को लिखा था, उनकी 'लवली' श्रीमती हेरिंघम के बारे में,

> ऐसा लगता है कि आपको यह पता है कि मिसेज़ हेरिंघम अगली शीत ऋतु में भारत पुनः स्केच करने के अभियान में जाना चाहती हैं। अगर सम्भव हुआ तो हममें से कोई-कोई उनके साथ जुड़कर वहाँ जाकर एक बड़ा दल बना डाले। चित्रांकन का अभ्यास करने के क्षेत्र में अजन्ता की छवियाँ एक अपूर्व सुयोग की चीज़ हैं।

२० अक्टूबर, १९०९ में अपने बन्धु एस.के. रेटक्लिफ को निवेदिता ने एक पत्र भेजा :

> दार्जिलिंग में पहुँचते ही ख़बर मिली मिसेज हेरिंघम भारत पहुँच गयी

हैं एवं चाहती हैं कि मैं वाराणसी में उनसे तुरन्त मिलूँ। बहुत ख़राब लग रहा है, मैं जा नहीं पा रही हूँ।[३०]

असितकुमार और नन्दलाल के अजन्ता शिविर में योगदान के बारे में श्रीमती हेरिंघम की जीवनी में मारि लागो ने लिखा है :

> तीन बंगाली शिक्षार्थी निःसन्देह हेवेल के उत्साह एवं अवनीन्द्रनाथ की आर्थिक सहायता से अजन्ता में आ गये थे।[३१]

यह खुलासा सत्य नहीं है। एक शिल्पी के रूप में बड़ी नुक्ताचीनी वाली क्रिश्चियाना हेरिंघम कोलकाता आर्ट स्कूल के अपरिचित अनजान शिल्प शिक्षार्थियों को, शिल्प में वे पारदर्शी हैं या नहीं इस प्रश्न पर बड़ी सन्देहशील थीं एवं प्रारम्भिक विवेचना के अनुसार उन्हें अपने काम में लेना नहीं चाहती थीं। अन्त में पीछा न छोड़ने वाली निवेदिता के सक्रिय प्रयास से वह एक शर्त पर राजी हो गयी थीं, सहायकों को अपने आने-जाने का ख़र्चपात स्वयं उठाना होगा। हेवेल ने श्रीमती हेरिंघम को कोलकाता आर्ट स्कूल के शिक्षार्थियों के गुण और उनकी पारदर्शिता के बारे में अच्छी तरह अवगत करा दिया था, किन्तु, उस काम में एक तरफ़ उसे समझाकर कोलकाता के नये शिल्पियों के प्रति विश्वास जगाना और दूसरी ओर अनेक आठ-काठ इकट्ठा कर बड़ी मुश्किल से घर-घुसरे बंगाली शिल्प-शिक्षार्थियों को एक तरह से ज़बरदस्ती मूल शिविर में भेजने का काम अकेले ही अवनीन्द्रनाथ की अनुमति की सहायता से सम्पन्न किया था सिस्टर निवेदिता ने। अजन्ता में श्रीमती हेरिंघम जैसी एक शिल्पी के संसर्ग से तरुण शिक्षार्थियों का शिल्पबोध जो परिष्कृत होगा, इस सम्बन्ध में निवेदिता सन्देह रहित थी। प्राच्यकला परिषद् की तरफ़ से अवनीन्द्रनाथ ने उन्हें और एक शर्त पर अजन्ता भेजा था—शिक्षार्थियों में से हरेक को नक़ल-कार्य की एक-एक प्रतिलिपि परिषद् को देनी होगी। अजन्ता परिदर्शन के लिए जाकर १९०९ ई. के क्रिसमस में शिविर में रहते समय श्रीमती हेरिंघम के साथ निवेदिता की बातचीत में यह तय हो गया था कि असितकुमार आदि प्रमुख रूप से छह शिल्पी लोगों की सहयोगिता से होने वाले उनके नक़ल करने के काम को और भी शीघ्रता से करने के लिए कोलकाता से शिल्पी समरेन्द्र नाथ गुप्त और के. वेंकटप्पा को भेजना चाहिए।

अजन्ता गुफा में उन लोगों को प्रतिदिन काम करना पड़ता था सुबह नौ बजे से लेकर शाम चार बजे तक। उसके बाद तम्बू में लौटकर विश्राम एवं आहार आदि के बाद रात बारह बजे तक ट्रेसिंग आदि का दैनिक काम करना पड़ता

था। गैस की रोशनी में श्रीमती हेरिंघम भी उनके साथ क़दम-से-क़दम मिलाकर बीच-बीच में रात दो बजे तक काम करती रहती थीं अदम्य उत्साह के साथ। "सुबह से उदयास्त तक गुफा में बैठे-बैठे वे जो आँका करती थीं (तम्बू में) बैठे-बैठे उसे साफ़ करती रहती थीं।" उनका वही उत्साह तरुण शिल्पियों को प्रेरणा देता था। अजन्ता जैसी दुर्गम, अनजानी जगह पर तरुण शिक्षार्थियों को भेजकर अवनीन्द्रनाथ बड़ी दुश्चिन्ता में थे, निवेदिता भी।

इसके बाद निवेदिता अपनी पूर्व योजना के अनुसार अजन्ता में उनको दिन व्यतीत करते हुए प्रत्यक्ष देखने के लिए २३ दिसम्बर, १९०९ ई. को हावड़ा स्टेशन से सदलबल रवाना हुई थी अजन्ता के उद्देश्य से। उस दल में थे अपनी स्त्री के साथ वैज्ञानिक जगदीश चन्द्र बसु, सिस्टर क्रिस्टीन (Christine Greenstidel, १८६६-१९३०), ब्रह्मचारी गणेन महाराज (अपने बाद के जीवन में गृहस्थ गणेन्द्रनाथ वंद्योपाध्याय) एवं बसु दम्पति घर का एक बरमी रसोइया। २५ दिसम्बर की गोधूलि वेला में वे फरदापुर पूर्व निर्धारित समय पर पहुँच गये थे। नन्दलाल ने देखा था दुर्गा नाम जपते-जपते निवेदिता ताँगा से उतर रही है। उस दिन के बारे में निवेदिता ने अपनी बहन श्रीमती मेरी विलसन को लिखा था,

> क्रिसमस ईव की पूरी रात हम लोगों ने अजन्ता के प्रशस्त पथ पर अनवरत बातचीत करते और घूमते हुए व्यतीत की। सुन्दर चाँद के दिगन्त में डूब जाने के बाद एक घण्टा के क़रीब समय बीत जाने के बाद भोर के प्रकाश के फूटते ही श्रीमती हेरिंघम के तुषारशुभ्र तम्बू में उपस्थित होकर हम लोगों ने उन्हें शुभ और आनन्दपूर्ण क्रिसमस की बधाई दी। इसके बाद शिल्पकला, इतिहास, पुस्तकें और गुफाओं में आने-जाने के मध्य हमारे तीन दिन आनन्दमुखर रूप में कट गये।[३२]

श्रीमती हेरिंघम ने अपनी बान्धवी शिल्पी रोथेंस्टाइन की पत्नी ऐलिस को पत्र में कैम्प में अनेक देशी-विदेशी अतिथियों के आने-जाने के संक्षिप्त विवरण में लिखा था—एक पर्सियन परिवार की कथा, एक यूरोपीय फ़ोटोग्राफ़र होलमेन (Mr. Hollman) के चार दिन वहाँ रहकर फ़ोटो खींचने आदि में से निवेदिता और उसके साथियों के कैम्प में उपस्थिति की बात कहकर, "कोलकाता से एक बड़ा क्रिसमस का दल आया था" इस कई नामोल्लेखहीन शब्दबन्ध के द्वारा पत्र समाप्त कर दिया था।"[३३] जीवनीकार श्रीमती लागो को श्रीमती हेरिंघम की दिनलिपि, पत्र आदि में निवेदिता का उल्लेख नहीं

मिला। किन्तु, निवेदिता ने अजन्ता में श्रीमती हेरिंघम को देखा है प्रतिदिन प्रातराश के बाद सवेरे आठ बजे बैलगाड़ी पर चित्रांकन का सामान लेकर यात्रा करते हुए एक घण्टे में गुफामुँह तक पहुँचकर पूरे दिन उस गन्दी, दूषित गुफा में भित्तिचित्रों की नक़ल का काम करते। गुफा के कम उजाले में कमज़ोर शरीर लेकर श्रीमती हेरिंघम को असितकुमार के साथ समान रूप से ताल मिलाते हुए बाँसों की पैकार पर खड़े-खड़े ट्रेसिंग कागद भित्तिचित्रों पर रखकर, बारम्बार उठ-बैठकर, कभी पीछे कभी बग़ल में झुककर अपना सन्तुलन बनाकर चित्रों की अस्पष्ट बाह्य रेखाओं को देख-देखकर विपज्जनक पद्धति से घण्टों-पर-घण्टों प्रतिलिपि करने का कौशल निवेदिता ने विस्मित होकर देखा था।[३४]

निवेदिता ने अजन्ता में अपने तीन दिन का अल्पकालीन समय श्रीमती हेरिंघम के साथ शिल्प, इतिहास और अजन्ता-सम्बन्धी ग्रन्थ रचना को लेकर जीवन्त आलाप तथा चर्चा में बिताया था। नक़ल के काम में लगने पर अजन्ता के विषय में जनसाधारण के लिए उपयोगी एक छोटी-सी पुस्तक और वहाँ के भित्तिचित्रों के ऊपर एक गवेषणाधर्मी सचित्र ग्रन्थ प्रकाशित करने की योजना थी श्रीमती हेरिंघम की। विषय की व्यापकता की बात सोचकर आवश्यक तथ्यों का संग्रह एवं उस विषय पर लिखने-पढ़ने का काम भी उन्होंने शुरू कर दिया था। निवेदिता ने उन्हें बता दिया था कि वह अजन्ता का इतिहास लिखेगी। भाव-सम्पदा से समृद्ध अजन्ता के चित्रों पर अपना जीवन लगाकर प्रतिलिपि करने के हर क्षण श्रीमती हेरिंघम किन्तु, यह समझ गयी थीं कि एक प्रतिलिपिकार के रूप में उनमें से कोई भी रेखांकन में उस युग के नामहीन श्रमण-शिल्पियों की तुलना के योग्य नहीं है। उन्होंने लिखा था,

> मूल चित्रों में (मूल शिल्पियों के) आँकने का कलाकौशल इतना आत्मविश्वासपूर्ण और दोष-रहित था कि हममें से कोई भी उनकी हूबहू प्रतिलिपि सम्पादन करने के योग्य नहीं है।[३५]

अजन्ता शिविर में शिक्षार्थी वेंकटप्पा के सम्बन्ध में एक घटना के बारे में असितकुमार ने बताया है। एक रात—असितकुमार, नन्दलाल और समरेन्द्रनाथ निकटवर्ती गाँव में निमन्त्रण निपटाकर तम्बू में लौटकर विपज्जनक एक घटना के साक्षी हुए थे। वेंकटप्पा अपने 'तूम-ता-ताईना' बोल दुहराते हुए वीणा वादन और खा-पीकर खटिया पर लेटकर बेंत की कुर्सी पर मोमबत्ती जलाकर प्रतिदिन की तरह किताब पढ़ रहे थे। किन्तु, उस रात नींद आने से

पुस्तक फ़र्श पर गिर पड़ी और मोमबत्ती उलटी होकर गिर जाने से फ़र्श पर बिछे कपड़े में आग लग गयी। असितकुमार ने वेंकटप्पा को भयभीत होकर निद्रा में मग्न देखा :

> धीरे-धीरे अग्निशिखा उसकी लम्बी चोटी में ही लगने वाली थी। उसका यज्ञोपवीत खींचते ही उसे होश आ गया। हम लोगों को तब बड़ा आश्चर्य हुआ जब उसने सबसे पहले अपनी वीणा की ओर देखा और कहा, अच्छा रहा वह जली नहीं। किन्तु, उसके अपने ऊपर विपत्ति और थोड़ी दूर पर रखे गुफाचित्रों की प्रतिलिपियाँ जलकर भस्मीभूत होकर भीषण काण्ड घट सकता था, यह बात उसके मन में भी नहीं आयी।[३६]

चित्रकारों की आदत में शामिल भोजन आदि की असुविधा को आंशिक रूप से ठीक करने के लिए निवेदिता के परामर्श से कोलकाता से लेडी अबला बसु ने डाक द्वारा पार्सल से आलू भेजने की व्यवस्था की थी, जिसे बीस मील दूर फरदापुर पोस्ट ऑफ़िस से किसी व्यक्ति के मार्फ़त लाना पड़ता था। इसके ऊपर रसोई बनाने के लिए बसु दम्पति ने अपने बर्मी रसोइये एवं उनकी देखरेख के लिए निवेदिता गणेन महाराज को वहाँ रख गयी थीं। चित्रकारों की सभी तरह की देखरेख में लगे रहकर गणेन महाराज ने वहाँ कई फ़ोटोग्राफ़ लेने के अलावा कई गुहाचित्रों की नक़ल भी की थी। अजन्ता में एक दुःखद घटना के सम्बन्ध में असितकुमार ने लिखा था :

> एकाएक एक दिन सुनने को मिला, बॉम्बे के बड़े लाट अजन्ता देखने आ रहे हैं। इस उपलक्ष्य में अजन्ता गुफाओं के सामने खिसक कर पड़े पत्थर के बड़े-बड़े टुकड़ों को डाइनामाइट के द्वारा साफ़ कर दिया गया—उसके साथ-साथ गुहाशैली की कई अलंकृत छवियाँ और मूर्तियाँ ध्वस्त हो गयीं, इस ओर किसी की दृष्टि ही नहीं देखी। लेडी साहिबा उनका काण्ड देखकर ख़ूब नाराज़ हुईं। उसके बाद हम लोगों के तम्बू वाले कमरे के पुलिस पहरेदारों से सुनने को मिला उन्हें आदेश मिला है कि बंगाल से आये शिल्पियों को लाट साहब के आने के समय फरदापुर कैम्प से दूर कहीं नज़रबन्द करके रखा जाये। ऐसे सरकारी हुकुम की बात सुनकर नाराज़ होकर लेडी साहिबा ने हमसे कहा—विलायत होता तो इन्हें देख लेती, तुम लोगों के ऊपर इस तरह का अन्याय करने के कारण पार्लियामेंट में प्रश्न उठाती। बाद में पता चला कि लाट साहब अजन्ता नहीं आ रहे हैं।

उनके बदले में एक अँग्रेज़ कमिश्नर लेडी साहिबा के तम्बू में आया। लेडी साहिबा तो क्रोध के मारे उत्तेजित थीं—उनसे हाथ तक तो उन्होंने मिलाया नहीं।[३७]

हैदराबाद के बन्धु केसन वॉकर जैसे व्यक्ति के प्रत्यक्षदर्शी होते हुए भी इस प्रकार के अन्यायपूर्ण अप्रीतिकर काम में कोई बाधा नहीं डाल सकीं श्रीमती हेरिंघम। इस घटना के सिलसिले में निवेदिता को आशंका हुई थी राजनीति के प्रति एकदम अनुत्साही शिल्पी हेरिंघम उपर्युक्त विषय में स्वदेश में हलचल मचाकर अगले शीतकाल में उसका अजन्ता अभियान कहीं रुक न जाये। इस वजह से श्रीमती हेरिंघम के इंग्लैण्ड की तरफ़ यात्रा के दूसरे ही दिन १० मार्च, १९१० को उसने लन्दन में रेटक्लिफ दम्पति (Mr. and Mrs. S.K. Ratcliffe) को परामर्श देते हुए लिखा था, श्रीमती हेरिंघम के देश वापस आने पर उन्हें समझा-बुझाकर तैयार कर लें, जिससे वे ब्रिटिश सरकार को इस घटना के सम्बन्ध में कुछ न बताकर चुप रहें। रेटक्लिफ दम्पति ने निवेदिता के अनुरोध पर अप्रैल १९१० में ४० नं. विम्पल स्ट्रीट पर स्थित घर में श्रीमती हेरिंघम से भेंट की थी और उनसे अजन्ता की कहानी तथा उनकी डायरी का पाठ सुना था। रेटक्लिफ दम्पति के मुख से निवेदिता का परामर्श सुनकर हेरिंघम ने भी उस अप्रीतिकर घटना के बारे में फिर कोई आवाज़ नहीं उठायी।

पहले दौर में नक़ल का काम फ़रवरी १९१० तक चला था। श्रीमती हेरिंघम हैदराबाद में कुछ दिन विश्राम कर अपनी प्रतिलिपियों के साथ ७ मार्च को एकाएक कोलकाता चली आयी थीं आचार्य जगदीशचन्द्र के घर। ८ मार्च मंगलवार को अजन्ता चित्रों की प्रदर्शनी बसु-भवन के कई प्रशस्त कमरों में हुई थी। बड़े लाट की पत्नी लेडी मिन्टो (Vicereine Lady Minto, १८५८-१९४०) भी दक्षिणेश्वर घूमने के बाद उस दिन निवेदिता के साथ आयी थीं प्रदर्शनी देखने। निवेदिता ने इंग्लैण्ड में रेटक्लिफ दम्पति को लिखा था, "Tuesday, the rooms were hung with Ajanta drawings and the day was one long art reception."[३८]

कहना बड़ी बात होगी, उनके 'वायरण' घर में वह प्रदर्शनी हुई थी निवेदिता के नेपथ्य में रहकर किये गये उद्योग से। मात्र दो दिन के कोलकाता सफ़र में श्रीमती हेरिंघम अवनीन्द्रनाथ से मिली थीं एवं विक्टर गोलाव्यु (Victor

Goloubew, १८७९-१९४५) के साथ एक साथ अजन्ता-ग्रन्थ प्रकाश करने के बारे में कुछ चर्चा का संकेत उसी की चिट्ठी से मिलता है। वे ९ मार्च को कोलकाता से बॉम्बे होकर जहाज़ से ३१ मार्च, १९१० को इंग्लैण्ड पहुँच गयीं।

असितकुमार १९१० को अजन्ता से लौटकर कोलकाता में मझले दादा महाशय सत्येन्द्रनाथ से मिले थे। उनके कौतूहलपूर्ण प्रश्न के उत्तर में उन्होंने बताया था, अजन्ता की अधिकांश छवियाँ एकदम लुप्त या नष्ट हो जाने के बाद भी, बाक़ी चित्रों की प्रतिलिपियाँ करना उनके जीवन में बहुत दुःसाध्य है। उन्होंने मझले दा से और भी कहा था, अजन्ता की उत्कीर्ण की गयी मूर्तियों के गढ़न और साज-सज्जा के साथ वहाँ के चित्रों के गढ़न का विलक्षण सादृश्य है।[३९]

५. लन्दन में 'इण्डिया सोसायटी' की स्थापना (१९१०) और द्वितीय अजन्ता-अभियान (१९१०-११)

दूसरे दौर के अजन्ता-अभियान को थोड़ा विशाल एवं अपेक्षा से अधिक ख़र्चीला होने की सम्भावना देखकर १९१० ई. के मई-जून मास से ही अगले शीतकालीन शिविर की तैयारी शुरू कर दी थी श्रीमती हेरिंघम ने। इसी बीच पहले अभियान का ब्योरा उसके निबन्ध 'The Frescoes of Ajanta' छमाही पत्रिका 'वार्लिंगटन' के जनवरी-जून १९१० अंक में प्रकाशित हुआ था।

इन सबके दौरान लन्दन में रॉयल सोसायटी में १३ फ़रवरी, १९१० की सभा में अर्नेस्ट हेवेल की 'आर्ट एडमिनिस्ट्रेशन इन इण्डिया' नामक वक्तृता को केन्द्र बनाकर उस युग के भारतीय हस्तशिल्प अनुशीलन के सर्वाग्रगण्य प्रतिभाशाली, सभा के सभापति सर जॉर्ज बर्डवुड (Sir George C.E. Birdwood, १८३२-१९१७) के ध्यानी बुद्धमूर्ति के सम्बन्ध में व्यंग्यात्मक मन्तव्य की प्रतिक्रिया में रॉयल कॉलेज ऑफ़ आर्ट के शिक्षक, क्षोभ से युक्त रोथेन्स्टाइन ने हेवेल के घर में आयोजित एक आन्तरिक घरेलू सभा में कोलकाता की 'इण्डियन सोसायटी ऑफ़ ओरियंटल आर्ट' की तर्ज पर 'इण्डिया सोसायटी' के गठन का प्रस्ताव रखा एवं हेवेल ने उस प्रस्ताव को

सिर्फ़ अपनी सहमति ही नहीं दी बल्कि १५ फ़रवरी, १९१० को लन्दन टाइम्स पत्रिका में बौद्धतत्त्वदर्शी डॉ. रिस डेविस (१८४३-१९२२) को सभापति बनाकर संगीततत्त्वविद् आर्थर फोक्स स्ट्रेंगवेज (Arthur Fox Strangways, १८५९-१९४८), वाल्टर क्रेन (Walter Crane, १८४५-१९१५), हेरिंघम दम्पति, रोजर फ्राई आदि प्रमुख उस ज़माने के यूरोप की अग्रणी शिल्पी और शिल्परसज्ञों को लेकर उस सोसायटी की स्थापना की वे घोषणा कर बैठे। संस्थापक सदस्य रोथेंस्टाइन बनाये गये थे उस सोसायटी के एक्सीक्यूटिव चेयरमैन।[४०] अध्यापक पार्थमित्र ने उस घटना के उद्देश्य का विश्लेषण करते हुए अपना मन्तव्य इस तरह व्यक्त किया है—"वर्ष १९१० भारतीय शिल्प कला के क्षेत्र में एक महान् सन्धिक्षण है।" उनके वक्तव्य का परिणाम यह हुआ कि उस समय से भारतीय कला की व्यवस्था, पुरातत्त्वविदों की समीक्षा चाहे न हो, किन्तु, अन्त में शिल्पकलाविदों की दृष्टि में सौन्दर्य की शक्तिमत्ता ने विचारों का सम्पूर्ण समर्थन और स्वीकृति पा ली।[४१] वास्तव में इण्डिया सोसायटी के प्रारम्भ होने से यूरोप में भारतीय शिल्प चर्चा के क्षेत्र में पुरातत्त्वविदों का एकाधिपत्य फिर रह नहीं गया, शिल्पकलाविद् और रसज्ञ लोग शिल्पकला की विवेचना में प्रमुखता पाते रहे।

इण्डिया सोसायटी का समर्थन पाकर श्रीमती हेरिंघम शिशु जैसे उत्साह से अपनी प्रस्तावित द्वितीय अजन्ता-यात्रा की तैयारी में लग गयीं। अपनी इस बार की यात्रा में साथी के रूप में उन्हें शिल्पी रोथेंस्टाइन का साथ मिल गया। शिल्पी हेरिंघम से १९०६ ई. में उनकी पहली भारत-परिक्रमा के समय की अजन्ता गुफाओं के अपरूप भित्तिचित्रों की वर्णना सुनकर छोटे भाई जैसे रोथेंस्टाइन १९०७ ई. से ही भारत आने की योजना बनाते हुए पाथेय संचय में लग गये थे। किन्तु, भारत में अपरिमित ग़रीबी, अस्वास्थ्यकर गर्म जलवायु एवं खाने की आदत के साथ सामंजस्य बिठा लेने में संशय, उनके सारे उत्साह और कौतूहल को समाप्त कर देता था। किन्तु, श्रीमती हेरिंघम के मुख से अजन्ता शिल्पक्षेत्र के परिदर्शन की अभिज्ञता, वहाँ के अरण्यचारी, दरिद्रता के मारे आदिवासियों के निर्लोभ आचरण की बात सुनकर रोथेंस्टाइन की अज्ञात आशंका बहुत कुछ दूर हो गयी थी एवं वे उनके साथ भारत आने के लिए सहमत हो गये थे।[४२]

उस यात्रा में एस.एस. हिमालय जलयान पर, उनका अवसरकालीन समय सामान्यतः भारत के सामाजिक जीवन और शिल्पकला की चर्चा में ज़रूर

व्यतीत होता था। श्रीमती हेरिंघम के भारतवर्ष की उत्कृष्ट शिल्पकला देखने के अनुभव सुनकर एक तरह से प्रलुब्ध होकर रोथेंस्टाइन इस देश में आये थे। उन्हें यहाँ आकर निराश नहीं होना पड़ा। शिल्पी हेरिंघम के साथ हज़ार वर्षों से भी अधिक वर्षों से प्राचीन अजन्ता गुहा-मन्दिरों का स्थापत्य, प्रतिमाओं और चित्रकला के अपार्थिव सौन्दर्य ने उन्हें विस्मय से भर दिया था। गुहाभण्डार की दीवालों और सीलिंग पर उत्कीर्ण बौद्ध जातक कथाओं की निर्दोष और शुद्ध रेखांकन तथा रंगों के वैचित्र्य ने उन्हें वाक्रुद्ध कर दिया था। उस अपरूप चित्र-अरण्य में खड़े होकर श्रीमती हेरिंघम की इच्छानुसार किसी विशेष चित्र-शृंखला की प्रतिलिपि करने का अग्र अधिकार रोथेंस्टाइन किसी भी चित्र-शृंखला को नहीं दे पाये। वे यह निर्णय नहीं कर पाये कि किस पैनल की प्रतिलिपि सबसे पहले की जाये, कारण, सभी एक-से-एक बढ़कर थे। यह सौन्दर्य उनकी धारणा से परे था। किस ताकीद से शिल्पी हेरिंघम भारतवर्ष के इस सुदूर, दुर्गम स्थान पर आकर, उससे भी मुश्किल प्रतिलिपि के काम में अपने को लगाने में तत्पर होना चाहती थीं, क्यों वे ऐसा कहा करती थीं कि एक बार जिसने अजन्ता की चित्रकला देख ली है, उसे उस चित्रालय में बार-बार आना पड़ेगा—रोथेंस्टाइन ने इसका अनुभव कर लिया था। दूसरे पर्व में श्रीमती हेरिंघम के अजन्ता अभियान में इंग्लैण्ड से सहकारी के रूप में आये थे विलियम मोरिस (William Morris, १९३४-१९९६) के विख्यात हस्तशिल्प सर्किल की सदस्या शिल्पी डुरोथी लार्चर। कोलकाता प्राच्यकला परिषद् से इस बार भी असितकुमार और समरेन्द्रनाथ गुप्त को अवनीन्द्रनाथ ने भेजा था। हैदराबाद निज़ाम की ओर से, उनकी सहायता करने आये थे, वही मोहम्मद फ़ज़लुद्दीन क़ाज़ी और सैयद अहमद।

१९११ ई. के प्रारम्भ से ही औरंगाबाद के शिल्पीद्वय के कैम्प छोड़ देने के कारण प्रतिलिपि करने का काम बहुत बाधित हो गया था। छुट्टी न मिलने की वजह से लाहौर मेयो स्कूल ऑफ़ आर्ट के शिक्षक समरेन्द्रनाथ भी अधिक दिन कैम्प में नहीं रह पाये थे। असितकुमार कैम्प में बीमार हो गये थे। पिता सुकमार हालदार ने उन्हें १९ जनवरी, १९११ के पत्र में लिखा था—

> तुम बीमार हो गये हो, यह सुनकर चिन्तित हो गया।...सावधानी से रहना। ...श्रीमती हेरिंघम तुम्हारे साथ अच्छा व्यवहार कर रही हैं, यह सुनकर ख़ूब ख़ुशी हुई। ...अपने कार्य और व्यवहार के द्वारा

तुम्हें भी उन्हें सन्तुष्ट करने की चेष्टा करनी चाहिए। ...वहाँ का काम समाप्त करने के बाद ही तुम्हारा लौटना उचित है।

दूसरे अभियान में फरदापुर कैम्प में बंगाली दोनों शिल्पियों की सुरक्षा की बात सोचकर श्रीमती हेरिंघम ने निज़ाम अधिकारियों के माध्यम से, 'पुलिस-पास' की व्यवस्था कर दी थी, जिससे अजन्ता में उनकी अनुपस्थिति में असितकुमार और समरेन्द्रनाथ बिना किसी बाधा के शिविर में काम कर सके थे।

१९११ जनवरी के अन्तिम आधे दिनों में समरेन्द्रनाथ और फ़रवरी के शुरुआती आधे दिनों में असितकुमार कैम्प छोड़कर क्रमशः लाहौर और कोलकाता लौट आये थे। अजन्ता में श्रीमती हेरिंघम और उनकी साथी श्रीमती लार्चर को शेष पन्द्रह दिन में होने वाली प्रतिलिपियों का बाक़ी काम सँभालना पड़ा था। २ मार्च, १९११ को बॉम्बे से श्रीमती लार्चर ने असितकुमार को लिखा था,

शेष एक पखवारे कैम्प में ही श्रीमती हेरिंघम एवं मैं पड़ी रही थीं। मुझे लगता है, श्रीमती हेरिंघम विशेषकर अन्तिम दिनों में अपनी सीमा से अधिक परिश्रम करने के कारण ख़ूब थककर चूर हो गयी थीं। ...प्रदर्शनी के लिए चित्रों को तैयार करने के कारण बहुत-सा काम करना होगा।

श्रीमती हेरिंघम को अपनी अनुकृतियों को समाप्त करने के अलावा अन्य शिल्पियों की अधूरी अनुकृतियों को भी सीमित समय में पूरा करना पड़ा था। अजन्ता की उखड़ी हाट में अन्तिम समय में दो रमणियों के निर्जन में काम करने के बीच में देवदूत की तरह आकर उपस्थित हो गये थे जॉन मार्शल की अनुपस्थिति में पुरातत्त्व विभाग के कार्यकारी अध्यक्ष डॉ. जेन फिलिपि वोगेल (Dr. Jean Philippe Vogel, १८७१-१९५१)। उस दिन पण्डित प्रवर डॉ. वोगेल के शिविर में पल भर के लिए अतिथि हुई शिल्पी हेरिंघम की अभिव्यक्ति के अनुसार, "Added work, and as really we were full up."[४३] अर्थात् अतिरिक्त काम और जुड़ जाने से हम लोग वास्तव में पूरी तरह से उसी में लगे हुए थे। एक मास से भी अधिक समय का काम उस समय भी बाक़ी था। इससे अधिक गर्म जलवायु के कारण हेरिंघम का स्वास्थ्य काम की और अनुमति नहीं दे रहा था। उसी वजह से पूर्व निश्चित दिन अर्थात् २१ फ़रवरी, १९११ को उन लोगों ने अपना शिविर समेट लिया

था। श्रीमती हेरिंघम ने बॉम्बे होते हुए हैदराबाद की दौड़ लगायी थी, कुछ दिन वहाँ विश्राम करने की प्रत्याशा में। डोरेथी लार्चर रुक गयी थीं बॉम्बे में अपने एक परिचित के घर में उसके द्वारा की गयी अनुकृतियों में बचे हुए रंग के काम को पूरा करने के लिए। शिल्पी रोथेंस्टाइन भी भारत के ऐतिहासिक स्थलों की परिक्रमा को पूरा कर अन्त में कोलकाता, दार्जिलिंग होते हुए मार्च १९१२ को अपने निश्चित दिन पर देश लौट जाने के पथ पर बॉम्बे के ताज पैलेस होटल में श्रीमती हेरिंघम के थकान और कार्याधिक्य से चूर-चूर चेहरे को देखकर आशंका से भर गये थे। सुदूर अजन्ता में गुफाचित्रों को काल की मार से धीरे-धीरे लुप्त होने की बात सोचकर एक उम्रदराज़ शिल्पी के नि:स्वार्थ आत्मत्याग के साक्षी बन गये थे।

शिल्पी क्रिश्टियाना हेरिंघम के शिल्पबोध और दूरदृष्टि के बारे में सोचकर उन्हें विस्मित होना पड़ा था, कारण, उस समय अजन्ता जैसे दुर्गम एक शिल्पांगन ने विश्व की सम्पदा के रूप में कोई स्वीकृति नहीं पायी थी।

द्वितीय पर्व में जब प्रतिलिपि करने का काम चल रहा था, उस समय पेरिस-प्रवासी रूसी शिल्प विशेषज्ञ विक्टर गोलाव्यु ने अपने फ़ोटोग्राफ़रों का दल लेकर कैम्प के आधे भाग पर अधिकार कर भित्तिचित्रों की छवि उतारने के काम में लगकर श्रीमती हेरिंघम के नक़ल करने के काम में भारी विघ्न पैदा कर दिया था। इसके पहले श्रीमती हेरिंघम की योजना के अनुसार परिकल्पित ग्रन्थ के लिए वहाँ पर एक यूरोपीय फ़ोटोग्राफ़र श्री होलमेन ने उनकी प्रतिलिपियों के फ़ोटोग्राफ़ खींचे थे। विक्टर गोलव्यु के द्वारा अवनीन्द्रनाथ के माध्यम से श्रीमती हेरिंघम को अपने फ़ोटोग्राफ़ों को श्रीमती हेरिंघम के प्रस्तावित ग्रन्थ में ग्रहण करने की बात जब बतायी गयी तब क्षुब्ध शिल्पी श्रीमती हेरिंघम ने अपनी अस्वीकृति के बारे में अवनीन्द्रनाथ को लिखा था,

> मैं थोड़ी परेशानी महसूस कर रही हूँ, क्योंकि मैंने श्री गोलव्यु के साथ मिलकर अजन्ता की प्रतिलिपियों के प्रकाशन का कोई प्रस्ताव उनके सामने नहीं रखा है। हो सकता है, आपने इनको कोई वचन दिया हो। उनसे डुप्लीकेट चित्र लेने के लिए कहें। उनका लिखित प्रस्ताव एवं इस बीच में मुझे जो कुछ सुनने को मिला है, वह था एकदम भिन्न तरह का। मैंने उसे स्वीकार नहीं किया है।''[४४]

इस प्रसंग में डुप्लीकेट कहने से श्रीमती हेरिंघम का आशय प्राच्यकला परिषद् के लिए असितकुमार द्वारा तैयार की गयी दूसरी प्रतिलिपियों से था। इन्हीं के

बारे में उन्होंने कहा था।

अत्यधिक परिश्रम से परेशान श्रीमती हेरिंघम अपने देश वापस जाकर अपने स्वास्थ्य की परवाह बिना किये अजन्ता प्रतिलिपियों की प्रदर्शनी के लिए व्यस्त हो गयीं। बीच में इस तरह शैया-शायी हो गयी थीं, उनके पति डॉ. विलमोट ने असितकुमार को यह बताया था कि उनके द्वारा भेजी गयी चिट्ठी पढ़ने या उसका उत्तर लिखने की स्थिति में वे नहीं हैं। जैसे भी हो, असितकुमार को ५ मई, १९११ तारीख़ को लिखे पत्र में श्रीमती हेरिंघम ने यह बताया था कि उनकी अजन्ता प्रतिलिपियों की प्रदर्शनी १२ मई, १९११ को शुरू होगी। उस पत्र के विवरण के अनुसार एक कैटलॉग भी उन्होंने प्रदर्शनी के उपलक्ष्य में तैयार कर लिया था। प्रदर्शनी चलने के समय इलाहाबाद प्रदर्शनी से भेजी गयीं असितकुमार द्वारा की गयी प्रतिलिपियाँ न पहुँचने से श्रीमती हेरिंघम काफ़ी उद्विग्न हो गयी थीं। सम्भवतः जून १९११ तक प्रदर्शनी चली थी और उसके बाद ही श्रीमती हेरिंघम शारीरिक और मानसिक दृष्टि से एकदम स्वाभाविक स्थिति में नहीं रह गयी थीं। उनकी बीमारी का संवाद पाकर सिस्टर निवेदिता ने मिस मेकलाउड को १९११ के पत्र में संशय व्यक्त करते हुए लिखा था,

> लग रहा है, उन्होंने अपने को एक बार ही निःशेष कर डाला है। ६० की उम्र के नज़दीक इस तरह का शारीरिक और मानसिक श्रम मैंने तो कभी देखा नहीं है। मुझे तो डर लग रहा है कि वे एकदम ठीक हो सकेंगी या नहीं।[४५]

निवेदिता की आशंका ही सच साबित हुई थी। जीवन के अन्तिम अठारह वर्ष सीमा से अधिक परिश्रम, मानसिक उद्वेग और अवसाद के लम्बे समय तक रहने के कारण दुरारोग्य मानसिक विकार (Systematized delusional insanity) की शिकार होने के कारण विभिन्न मानसिक आरोग्यालयों में उपचार के अन्त में एक बेल्जियन रिट्रीट में वे थीं। वहीं पर सभी के अलक्ष्य में एकमात्र स्वामी सर विलमोट हेरिंघम[४६] की उपस्थिति में १९२९, २५ फ़रवरी को इस महीयसी शिल्पी हेरिंघम का जीवनावसान हो गया था।

इलाहाबाद में २६वें अखिल भारतीय काँग्रेस अधिवेशन के उपलक्ष्य में आनन्द कुमारस्वामी के निर्देशन में तीन महीने तक चलने वाली (दिसम्बर १९१०-फ़रवरी १९११) प्रदर्शनी में रखी गयी शिल्पी हेरिंघम के निर्देशन में

असितकुमार, नन्दलाल, सैयद अहमद और फ़ज़लुद्दीन क़ाज़ी की पहले दौर (१९०९-१०) की चित्ताकर्षक प्रतिलिपियाँ दर्शकों के लिए मुख्य रूप से दर्शनीय हो गयी थीं। पत्रिका के प्रतिवेदन में प्रतिलिपियों के स्तर और महत्त्व के सम्बन्ध में लिखा गया है :

> प्राच्यकला परिषद् से उधार ली गयी अजन्ता की पूरे आकार की प्रतिलिपियाँ, विशेषकर कोलकाता के नन्दलाल बोस, असितकुमार हालदार, औरंगाबाद के सैयद अहमद और फ़ज़लुद्दीन क़ाज़ी की प्रतिलिपियाँ उस बहुमूल्य और महार्घ्य अजन्ता चित्रों की अतीत में बनायी गयी प्रतिलिपियों की तुलना में बहुत ऊँचा और यह पहली बार एकनिष्ठ अनुशीलन करने योग्य काम है।[४७]

१९१० ई. में अजन्ता से वापस आने के बाद सातवें एडवर्ड के राज्याभिषेक के बाद कोलकाता में उनके राजकीय अभिनन्दन के उपलक्ष्य में बनाये गये सभामण्डप के तीन तोरणद्वारों में से एक के लिए असितकुमार ने बनाया था 'स्वर्ग', द्वितीय तोरणद्वार के लिए नन्दलाल ने बनाया था 'मर्त्य' एवं तीसरे में वेंकटप्पा ने आँका था 'पाताल'—इनके चित्र रूप। सभी छवियों में था अजन्ता का आभास।

तथ्यसूत्र

१. प्रशान्त कुमार पाल, रविजीवनी (छठा खण्ड), प्राच्यकला परिषद् की स्थापना का दिन ४ अप्रैल, १९०७ उल्लिखित है, पृ. १३६।

२. असितकुमार का खसड़ा खाता।

३. तदैव।

४. १९५३ ई. में लन्दन में रामकृष्ण वेदान्त केन्द्र के सभापति स्वामी घनानन्द के अपने १९४७ ई. में दक्षिण अफ़्रीका का सफ़र करते समय जोहन्सबर्ग में रह रही भगिनी निवेदिता की बहन श्रीमती विलसन की कन्या से निवेदिता की भारत में रहते समय (१८९८-१९११) की डायरियाँ हाथ लग गयी थीं। उनमें १९०९ से १९१० तक की अवधि में लिखी गयी निवेदिता की दिनलिपि से विवेच्य अजन्ता-गुहा अभियान में उनके और प्रतिलिपि करने वाले शिल्प शिक्षार्थियों के कार्यकलापों की ख़बर और भी विशद रूप से जानना सम्भव हुआ था, यह अनुमान लगाना असंगत नहीं है।

५. असितकुमार हालदार, 'सावेकी कथा' (पुरानी बातें-अनुवादक) समकालीन, कार्तिक, १३६२, पृ. १०-११।

६. 'सावेकी कथा', समकालीन, ज्येष्ठ, १३६२, पृ. १२-१३।

७. खसड़ा खाता।

८. The Luzac's (ल्युज़ेक्स) oriental list, Vol. XXV, No. 12, January-February 1914, The Frontispiece of Mr. Tagore 'The Victory of Buddha' aims at concentration of mystic feeling, and is by no means unsuccessful but we venture to think that Mr. Haldar's 'Dhruva' in its severe simplicity, is preferable to it.'

९. Sister Nivedita, The modern review, April 1910, p. 410. "Sita in Ashoke Grove", W/c, 1908; Asit Kumar Haldar's Sita seemed to us the most successful attempt yet made at that subject–Sita ought, undoubtedly to have preeminence in Indian Art, like that of the Medona in European, The Very exhaultation of their feeling for her, seems, however, to deter our Bengali artists from taking her portraiture with the self confidence necessary to success.

'Moazzim, W/c, 1908; 'Haldar's Moazzim' again as a colour study was most beautiful. The white light of the dawn on clothes and marble dome were very lovely in the extreme but alas, the moazzim was over–dressed and posing for the picture! the feeling of calling a sleeping world to prayer the music of the words "to pray is better than to sleep!"–had not been rendered.

"The Bina-player', W/c. 1909." We have a small work of indescribable beauty of drawing, colour and setting. The such autumn tints yield to an equally rich blue-overhead. The terrace roof at nightfall or for the dreaming attitude and the pensive air of the woman in the foreground. We can almost hear the faint sweat notes of the vina in 'her hand as she seeks for the song in her heart.'

१०. 'सावेकी कथा', ज्येष्ठ १३६२ (१९५७), पृ. १२-१३।

११. Partha Mitter, Much Malingned Monster (Paper Back), The university of Chicago Press, 1992, p. 167 Ajanta दीवाल चित्रावली के 'Colours are very vivid, consisting of brown, light red, blue and white; the red predominates. The colouring is softened down, the execution is bold and the pencil handled freely and some knowledge of perspective is shown. The paintings in many of the caves represent highly interesting spirited delineation of hunting seenes, battles etc. the elephants and horses are particularly well drown.

12. S. Durai Raja Sing am Ananda coomeraswamy, the Bridge builder : A Study of a scholar coloss us, the Boston chapter; the Monograph supplement, unpaginated, Malaysia, 1983.

१३. असितकुमार हालदार, अजन्ता, प्रथम संस्करण, पूर्वाभास, भट्टाचार्य एण्ड सन्स, कोलकाता, १३२० (१९१३) एवं अजन्ता सटीक संस्करण, प्राक्कथन, लालमाटी प्रकाशना, कोलकाता २०१०।

१४. G.N. Das, "How Curzon helped to save treasures of India's past " The statesman, 19.1.1984 संरक्षण कार्य के उद्देश्य के सम्बन्ध में कहा गया था, "to improve for preservation of ancient monuments for the exercise of control over traffic antiquities and over excavation and for the protection and acquisition of ancient monuments and of objects of archeological, historical or artistic interest.

१५. अजन्ता, प्रथम संस्करण, भूमिका, पृ. क।

१६. Dr. Mary Lago, Chritiana Herringham and the Edwardian Art seene, univercity of Missourie, Press Columbia, USA, Lumd Humphries, London 1996.

१७. Christiana Herringham, p. 182 : The Indian Assistants were 'very serious and keen in their work and very discriminating... very pleasant to deal with and were by no means lacking in humour and fun...They were exceedingly nice to me behaving with a simple delicacy which was very charming–and I was as courteous and considerate as I knew how.'

१८. अजन्ता, सटीक, संस्करण, २०१०, पृ. ३।

१९. तदैव, प्रथम संस्करण, पृ. ८–९।

२०. आर, सेनगुप्ता 'Preserving the Ajanta Murals,' Science Reporter, January, 1979 and S.R. Rao, 'Ajanta Newly Discovered Paintings'; The Illustrated weekly of India, June 22, 1975.

२१. अजन्ता, सटीक, पृ. १९।

२२. Christiana J. Herringham, 'Notes on the history and character of the paintings'; The Burlington Magazine 1911, p. 17 : 'The highborn and lowborn with their dresses and ornaments are made to live before our eyes in the frescoes, their pleasures, battles, durbars and processions and palace chambers lotus-tanks and the best known animals and birds.'

२३. Ibid, p. 19; "The artists had a complete command of posture. Their seated and floating poses especially are of great interest. Their knowledge of the types and positions, gestures and beauties of hands is amazing...The drawing of foliage and players is very beautiful. In some picture considerable impetus of movement of different kinds is well suggested. Some of the schemes of colour composition are more remarkable and interesting and there is great variety.'

२४. अजन्ता, प्रथम संस्करण, पृ. २५।

२५. तदैव, पृ. २५।

२६. वही, पृ. ६।

२७. शंकरीप्रसाद बसु, निवेदिता लोकमाता, चतुर्थ खण्ड, आनन्द पब्लिशर्स, १९९४, पृ. २१३।

२८. D' Andrea Cennino Cennini की निर्देशिका, आकर ग्रन्थ II Libro Dell' arte o Tratato della pittura का शिल्पी श्रीमती हेरिंघम द्वारा किया गया अनुवाद : A contemporary practical treatise on Quattrocento Painting. George Allen and unwin, London 1899, The Art of Old Master, as told by D' Andrea cennino Cinnini, Francis P. Harper, New York, 1899.

२९. Dr. Mary Lago to the Writer : "I did not mention sister Nivedita, because Lady Herringham did not mention her, and there was no continuing contact."

३०. Sankari Prasad Basu (ed.), Letters of sister Nivedita Vol. II, Nababharat publisher Kolkata April 1982, Letter Nos. 491 (p. 900) 574 (p. 983), 613 (p. 1023), 627 (p. 1040).

३१. Christiana Herringham, p. 181, "The three Bengali students undoubtedly come with Havell's encouragement and Abanindranath sent them at his own expense."

३२. Letters of Sister Nivedita, Vol. II, Letter No. 633, p. 1049 : 'All night long on Christmas Eve we rattled over the broad roads to Ajanta and just as dawn broke and the wonderful moon an hour gone down, we came upon the snow white tents of Mrs. Herringham's camp and wished her "Merry X'mas' and we spend three delightful days of art and history and books and walks and caves.'

३३. Christiana Herringham, p. 183, ' A Large Christmas party came from Calcutta.'

३४. Letters of Sister Nivedita Vol. II, Letter No. 655, P. 1074, निवेदिता ने रेटक्लिफ को लिखा था, 'The sight of Mrs H. Herringham) at 57 years of age, working on a cadder day after day as hard as any workmen would seem to have been a spiritual impetus–a new ideal to them (her assistants). She is a wonderful woman, has no body, I think but only mind, a wonderful mind.'

३५. Christiana J. Herringham, 'Notes on the History and Character of the Paintings.' The Burlington Magazine, 1911, p. 17 : 'The technique of the original work is so sure and perfect, that we none of us were good enough executants to repeat it.'

३६. असितकुमार का खसड़ा खाता।

३७. तदैव।

३८. Letters of Sister Nivedita, Vol. II letter No. 859, p. 1077.

३९. सत्येन्द्रनाथ ठाकुर, 'आमार बोम्बई प्रवास', 'भारती', बैसाख, १३२०, बंगाब्द, (१९१३ ई.) पृ. ५०।

४०. S. Durai Raja Singam, 'Ananda Coomaraswamy,—the Bridge Builder, The study of a scholar Colossus, supplement, I, Malayasia, 1983.

४१. The much Malingned Monster (Pb) p. 470. "the year 1910 may be taken as the great watershed. In common parlance, Indian Art could at last be said to have arrived. Its rehabilitation in the west was complete with the powerful affirmation of its aesthetic and not merely archeological significance.'

४२. Christiana Herringham, and the Edwardian Art scene, p. 202, 203.

४३. Ibid, p. 215.

४४. श्रीमती हेरिंघम ने अवनीन्द्रनाथ ठाकुर को लिखा था— I have a feel of uneasiness in my mind that because I mentioned proposal of publishing Ajanta reproductions jointly with Mr. Goloubew. You may have made him some promises and let him have some of the duplicates. His proposals in writing as you would have heard from me already were entirely different from his proposals verbally I could not accept them.

४५. Letters of Sister Nivedita, Vol. II, Letter 970, p. 1228, "It seems that she wore her self out and I don't wonder. such physical and mental labour I never saw, and close on 60! I only fear that she can not recover".

४६. डॉ. विलमोट, पहले विश्वयुद्ध में उन्होंने जो काम किया, उसकी स्वीकार्यता की वजह से उन्हें १९१४ में 'नाइटहुड' से विभूषित किया गया था।

४७. Dr. S. Durai Raja, Singam, Ananda Coomaraswamy–The Bridge Builder A study of a scholar colossus petaling Jaya Malaysia, 1977, के अन्तर्गत All India exhibition (1910), Allahabad, मोनोग्राफ़ में (परिशिष्ट ४, पृ. ८) उद्धृत, Hindusthan Review, Vol. XXII, No. 137 (January-June) १९११, pp. १५-२१से लिया गया कुमारस्वामी के निर्देशन में संयुक्त प्रान्त की अखिल भारतीय कला प्रदर्शनी का उन्हीं के द्वारा लिखे गये प्रतिवेदन का अंश विशेष, ''Indian art at the united provinces exhibition. 'The society's (Indian Society of oriental Art) loan exhibit of older paintings is probably the most important that has ever been shown in one place. Particularly so are the full sized copies of Ajanta Frescoes made by Mrs. Herringham and by Nandlal Bose and Asit Kumar Haldar of Calcutta and Sayad Ahmad and Mohammad Fajluddin Kaji of Hyderabad state. These copies are far superior to any that have been previously made and for the first time make possible a serious study of this magnificeant art."

आर्ट स्कूल का अन्तिम परीक्षाफल (१९११)

आर्ट स्कूल का अन्तिम परीक्षाफल (१९११)

अजन्ता में दूसरे वर्ष का काम समाप्त कर वापस आने के बाद मार्च १९११ में असितकुमार को आर्ट स्कूल की अन्तिम परीक्षा में बैठना पड़ा था। २६ जुलाई, १९१२ को प्रकाशित परीक्षा-फल पर हस्ताक्षर किये थे पर्सी ब्राउन और अवनीन्द्रनाथ की अनुपस्थिति में कार्यकारी उपाध्यक्ष हरिनारायण बसु ने। असितकुमार ने एलीमेंट्री ड्राइंग, मॉडेल ड्राइंग, फोलिएज ड्राइंग, एडवांस डिज़ाइन, एलीमेंट्री मॉडलिंग में बहुत अच्छा परिणाम दिया था। कुल मिलाकर, पढ़ाये गये १२ विषयों के अतिरिक्त अन्यान्य विषय थे लाइट एण्ड शेड ड्राइंग, ज्योमेट्री, पर्सपेक्टिव ड्राइंग, कास्ट ड्राइंग इत्यादि। छात्रावस्था में मार्च १९१० तक उसी शिक्षायतन की असितकुमार को वृत्ति मिलती रही थी। आर्ट स्कूल में रहते समय प्राच्यकला परिषद् की वार्षिक प्रदर्शनी में अपने चित्रों के लिए उन्हें एक स्वर्ण पदक भी मिला था।

कोलकाता सरकारी आर्ट स्कूल में अवनीन्द्रनाथ और पर्सी ब्राउन, दोनों के ही अवकाश पर रहने के कारण २६ जुलाई, १९१२ को उनके द्वारा हस्ताक्षरित प्रशंसा-पत्र को कार्यकारी अध्यक्ष शिल्पी हरिनारायण बसु ने प्रदान किया था। असितकुमार का जनरल ड्राफ्टमेन शिप, प्राथमिक शिक्षकता एवं डिज़ाइन का कोर्स १९१०-११ का अन्तिम परीक्षाफल इस प्रकार था :

Subject	Degree of Merit	Remark
[---] board of drawing	1st Class	He Won a
[---] Drawing	1st Class	scholarship
Model Drawing	1st Class	upto March
Elementary Memory	1st Class	1910 Drawing

Cast Drawing	2nd Class
Scale Drawing	2nd Class
Geometry	2nd Class
Perspective Drawing	2nd Class
Advanced Drawing	1st Class
Elementary Modelling	1st Class
Light and shade Drawing	2nd Class

स्कूल का फलाफल चाहे जो रहे, गुरु अवनीन्द्रनाथ शिष्यों से यह कहना नहीं भूले, आर्ट स्कूल में जाओ अथवा जो कुछ भी करो, मास्टर से आर्ट नहीं पा सकोगे। तुम्हें स्वयं ही आर्ट को खोजने के लिए तपस्या करनी होगी।

छोटी दीदी माँ स्वर्णकुमारी देवी का सान्निध्य

रवीन्द्रनाथ की छोटी बहन स्वर्णकुमारी देवी के गहरे स्नेह और प्रश्रय में बीता था शिल्पी असितकुमार के लेखक और कवि हो उठने का प्रस्तुति पर्व। उनकी छोटी दीदी माँ उस समय की केवल सर्व अग्रगण्य महिला उपन्यासकार ही नहीं थीं, थीं प्रगतिशील नारी आन्दोलन के नेतृत्व में भी। नारी कल्याण के काम के लिए 'सखी समिति' की स्थापना कर ठाकुर परिवार की स्त्रियों की स्वतन्त्रता और सम्मान के आसन का उन्होंने उस युग में सदुपयोग किया था। उस समिति के गठन के पीछे उनका एक उद्देश्य था, समाज में दुरवस्थाग्रस्त अन्तःपुरचारिणी महिलाओं को उपयुक्त परिवेश में रखकर शिक्षित कर उन्हें जीविकोपार्जन की दृष्टि से आत्मनिर्भर और स्वावलम्बी बनाना और इसके अलावा उनके हृदय में स्थित विद्रोह की एक भावना भी थी, वह थी विधवा-विवाह के अनुकूल एक वातावरण तैयार करना। इन्हीं सब कार्यकलापों के मध्य उनका चला करता था उपन्यास, कहानी, कविता, प्रहसन, भ्रमण वृत्तान्त, विज्ञान-सम्बन्धी निबन्धादि लिखना।

दो पर्वों में 'भारती' पत्रिका के सम्पादन-काल में (बंगाब्द १२९१-१३०१ और १३१५-१३२१) उन्होंने लिखे थे-दीपनिर्वाण, वसन्त उत्सव, स्नेहलता, काहाके ? (किसको), फूलेर माला जैसे उपन्यास; राजकन्या नाटक, गाथा, छिन्न मुकुल (बिखरे फूल) काव्य ग्रन्थ। स्वर्णकुमारी देवी थीं ठाकुरबाड़ी

के अन्तःपुर की उज्ज्वलतम नक्षत्र। पत्रिका सम्पादन कर्म में उनका अन्यतम वैशिष्ट्य था। नये लेखकों को उत्साहित करना और उन्हें संरक्षण देना। इस विषय में भारती दरबार अर्थात् स्वर्णकुमारी के घर में भारती कुंज के अड्डे पर कवि सत्येन्द्रनाथ दत्त (१८८२-१९२२), सौरीन्द्र मोहन मुखोपाध्याय (१८८४-१९६६), सुरेश वंद्योपाध्याय (१८८२- ?), मणिलाल गंगोपाध्याय (१८८८-१९२९), हेमन्तकुमार राय (१८८८-१९६३) आदि प्रमुख तरुणों के समागम में शामिल थे शिल्पी असितकुमार हालदार भी। अजन्ता अभियान के विषय में उन्हें भारती पत्रिका में धारावाहिक लेख लिखने के लिए उन्होंने उत्प्रेरित किया था। स्कूल की उच्चकक्षा में पढ़ते समय घर के राधिका मास्टर से उत्साह पाकर कविता लिखने की हाथ खड़ी हुई थी असितकुमार की अर्थात् उन्होंने कविता लिखने का ककहरा सीखा था। उस काल में पत्र-पत्रिकाओं में प्रकाशित पितामह राखालदास की कविताएँ, संगीत रचना पढ़कर भी वे कविता लिखने के प्रति अनुप्राणित हुए थे। छोटी दीदी के उत्साह और संशोधन की छुअन से असितकुमार की भारती पत्रिका में प्रकाशित सबसे पहली कविता 'कविर नैराश्य' (कवि की निराशा) का नमूना इस प्रकार है :

> शब्द कल्पतरु होते करि आहरण
> चारुतर कथागुलि करि चयन,
> सुप्रयोगे रचि ताहे जानाइ तोमाय
> ऐ मोर हृदयावेग बड़ इच्छा होय।
> किन्तु, नारि प्रकाशिते विन्दुमात्र तार
> शब्दगुलि भेंगे पड़े शतचूर्णाधार।[१]...

अर्थात् शब्द रूपी कल्पतरु से लेकर सुन्दर बातों का चयन कर, उनका सुन्दर प्रयोग कर कुछ रचकर तुम्हें बताऊँ, मेरे भावुक हृदय की यह बड़ी इच्छा है, किन्तु, जब रचने बैठता हूँ तो रंचमात्र भी हृदय का भाव व्यक्त नहीं हो पाता है और शब्दराशि चूर-चूर होकर शत धाराओं में बिखर जाती है।

छोटी दीदी से उनके मधुर सम्बन्ध थे। आर्ट स्कूल में पढ़ते समय असितकुमार अपनी नानी शरतकुमारी देवी के बेनेपुकुर वाले घर में रहते थे। छोटी नानी हर शनिवार अथवा रविवार को गाड़ी भेजकर वहाँ से उन्हें अपने ३ नम्बर स्टार रोड, सानि पार्क वाले घर में बुलवा लेती थीं। वहाँ पर पुस्तक पढ़ने, चित्रांकन करने के साथ-साथ अनेक गपशप और गाना भी उनका चलता

रहता था। किसी कारण से अगर नहीं आ पाता था तो विचलित होकर छोटी नानी चिट्ठी भेजा करती थी, जैसे १४ अप्रैल, १९११ के पत्र में उन्होंने लिखा था, रविवार तो बीत ही गया और सोमवार भी चला गया, आज मंगलवार है, तुमसे भेंट नहीं हुई। रविवार को तुमसे भेंट ज़रूर होगी, इसी आशा में चिट्ठी नहीं लिखी। अब तो धीरज नहीं रख पा रही हूँ, अगले रविवार को तुरन्त चले आना, आदि-आदि। रवि दादा कभी-कभी सानि पार्क में आकर असित को देखते ही, आरोप लगाते हुए छोटी दीदी से यह कहे बिना नहीं छोड़ते थे हँसते हुए, असित हमारी तरफ़ तो आता नहीं है, तुमने नाती को कला कोविद समझकर भुलाये रखा है।[२] छोटी दीदी के घर में भारतीकुंज के अड्डाचक्र में छवि आँकना, कहानी, कविता लिखना और सुनाने में आनन्द मुखर दिन बिताने के बीच में एक बार असितकुमार विषखापर के उपद्रव (१९१६) के कारण काफ़ी दुर्बल हो गये थे। उस समय तीन नं. सानि पार्क वाले घर में डॉ. बिजेन्द्रनाथ मैत्र (१८७८-१९५०) के द्वारा ऑपरेशन होने के बाद ही उन्हें उस पीड़ा से मुक्ति मिली थी।

स्वर्णकुमारी देवी के घर में इंग-बंगीय समाज के लोगों का अधिक आना-जाना होने की वजह से असितकुमार को किशोरावस्था से ही उच्चवित्त समाज के लोगों के साथ घुलने-मिलने का अवसर मिला था। 'गुलदस्ता सजे हुए' मेज़ पर 'होटप्लेट' पर नेपकिन लेकर डिनर जैकेट पहने हुए छोटे नाना महाशय, तत्कालीन काँग्रेस नेता जानकीनाथ घोषाल (१८४०-१९१३) के साथ खाना खाने के दौरान टेबिल के सारे कायदे-क़ानून उन्होंने बचपन में ही सीख लिए थे। सर तारकनाथ पालित (१८३१-१९१४), अध्यापक डॉ. प्रसन्नकुमार राय (१८४९-१९३२), त्रिपुरा के बड़े महाराज राधाकिशोर देव माणिक (१८६१-१९०१) जैसे लोगों के घर में पार्टी के समय फैन्सी ड्रेस टेबेलो (Tableau) के अनुष्ठान में मंचसज्जा, पात्र-पात्रियों की साजसज्जा और अभिनय सिखाने के लिए असितकुमार को जाना पड़ता था। ब्राह्म गर्ल्स स्कूल में गवर्नर-पत्नी के आगमन के उपलक्ष्य में एक बार वहाँ छोटी नानी, इन्दिरा देवी चौधुरानी, लेडी अवला बसु, प्रियम्वदा देवी (१८७१-१९३५) सभी ने मिलकर सावित्री और सत्यवान टेबलो का आयोजन किया था। असितकुमार को उस अनुष्ठान की सारी देखरेख करनी पड़ी थी छोटी नानी के आदेश से। उस समय विलायती कायदे की अभ्यस्त स्त्रियों के प्रणाम करने की भंगिमा सिखाने में उन्हें संकोच करना पड़ा था।

जगद्दल में रहते समय घर में महाराजिन दीदी के पास बैठकर उनके मुख से सुनी 'अति बड़ होयो ना झड़े पड़े जावे', 'अति छोटो होयो ना छागले मुड़ावे'*'खेते जानले मरे ना', 'वसते जान ले नड़े ना' आदि शिक्षाप्रद ग्राम्य कहावतें उनके कोमल हृदय में गुँथ गयी थीं। ग्राम्य बाङ्ला के विभिन्न स्थानों पर मेला और जात्रा नाटक देखकर जिस तरह से वे आनन्द मग्न हो जाते थे, वैसे ही कोलकाता में छोटी नानी के यहाँ सुरुचि सम्पन्न परिवेश में विलायती क़िस्म के अनुष्ठानों का भी वे आनन्द लेते थे। छोटी नानी के मुख से सुनी 'गयंगच्छ करिस ना', 'दीर्घसूत्रता भालो नय', 'यादृशीर्भावना यस्य सिद्धिर्भवति तादृशी', कहावतों ने उनके वास्तविक जीवन में बड़ी सहायता की थी। बचपन से ही सभी तरह के परिवेश में अपने को ढालने की क्षमता असितकुमार में इन लोगों के संसर्ग से पैदा हो गयी थी।[३]

१९११ ई. में असितकुमार का लाहौर में विवाह हो गया। नयी संसार यात्रा के प्रारम्भ में छोटी नानी के साथ सम्बन्ध थोड़ा क्षीण हो गया। राँची में १९१२ में पहली सन्तान के पैदा होने पर, उसका समाचार पाकर छोटी नानी ने दुलारे नाती को ११ दिसम्बर, १९१२ के पत्र में लिखा था :

> इस बार तुम एकदम मौन साधे हुए हो। एकाएक राँची भाग गये। और वहाँ से भी कोई चिट्ठी-पत्री नहीं है। ज़रा देखूँ तो, आख़िर इसका कारण क्या है? तुम्हारे बेटे का एक सुन्दर नाम मुझे मिला है। नाम है अभिजित। यही नाम रख लो। अभिजित एक नक्षत्र का नाम है।

कहाँ तक कहा जाये, असितकुमार ने छोटी नानी के दिये हुए नाम को ही आदरपूर्वक स्वीकार कर लिया। पारिवारिक और सांसारिक घटनाचक्र के कारण जोड़ासाँको में बिचित्रा स्टूडियो एवं कोलकाता आर्ट स्कूल में रहते समय छोटी नानी के साथ उनका सम्पर्क नियमित रूप से नहीं रह गया था। असितकुमार की एक चिट्ठी* के उत्तर में स्वाभाविक रूप से छोटी नानी ने २२ नवम्बर, १९१६ को एक काव्यात्मक पत्र में नाराज़ी भरे अन्दाज़ में लिखा था :

> फिर भी जो याद आ रहा है वह भी अच्छा है। मेरे मन में तो तुम

---

* इन कहावतों का अर्थ यह है कि इतने बड़े भी न होना कि आँधी में गिर जाओ और इतने छोटे भी न होना कि बकरे चर जायें, जो खाना जानता है वह मरता नहीं है और जो बैठना जानता है वह विचलित नहीं होता है।—अनुवादक।

सदा जागृत रहते हो—

से कि भोला याय —केमने भूलि
आधेक नयने मुख तूले चावा
धीरे धीरे हेसे मनो-कथा कवा
छविटि आँकिते प्रेम गान गावा
मोहन आँगुले धरिया तूलि।
हाय! से भूले छे—आमि केमने भूलि।

अर्थात् वह क्या भुलाया जा सकता है, कैसे भूलूँ, आधे नयन से मुँह उठाकर देखना, धीरे-धीरे हँसते हुए मन की बात कहना, छवि आँकते हुए गीत गाना, मोहक अँगुलियों से पकड़ते हुए तूलिका। हाय रे! वह तो भूल गया, पर मैं कैसे भूलूँ!

सभी अच्छी तरह हैं, यह जानकर मैं सुखी हूँ। एक बार आकर मिल जाओ। विरह से मेरे प्राण अधीर हुए जा रहे हैं।

कोलकाता सरकारी आर्ट स्कूल छोड़कर बड़ौदा म्यूज़ियम की लुब्ध करने वाली नौकरी की उपेक्षा कर असितकुमार शान्तिनिकेतन में सद्य:स्थापित विश्वभारती के कला भवन (१९१९) में कार्य करने चले आये थे। उस समय (१९२१) छोटी नानी ने काफ़ी व्यथित होकर उन्हें लिखा था :

नये वर्ष में तुम्हारी नयी सत्ता व्यक्त हुई है। तुम्हारा जीवन आलोकित हो उठा है। बताओ, कौन-सा अपराध हुआ—जिससे इतने दिन से अपने को छिपाये हुए थे? मैं तो जानती ही नहीं थी कि तुम कहाँ हो। बड़ौदा जा रहे हो यह कहकर सालभर पहले बिदा ले गये थे—और आज पता चला—तुम बोलपुर में हो। वहाँ पर सपत्नीक हो ऐसा लग रहा है, तुम्हारे पत्र की भाषा का तात्पर्य इसी तरह का है, हाँ, यह ज़रूर है कि यह बात साफ़-साफ़ नहीं लिखी हुई है। ख़ैर जो भी हो, आज सुप्रभात में तुम्हें धन्यवाद—आशीर्वाद दे रही हूँ। जहाँ भी हो, मुझे याद रखो या ना रखो, वहाँ सुखी रहो, जीवन में सफलता प्राप्त करो—पूरे हृदय से यही आशीर्वाद दे रही हूँ।

स्वामी जानकीनाथ घोषाल की मृत्यु के बाद वाले समय में स्वर्णकुमारी देवी स्वभावत: ही कुछ तो अकेलेपन के कारण और कुछ अवसादग्रस्त हो जाने से उनकी प्राणवन्त सत्ता के न रह जाने से निकटजनों की तरह असितकुमार

के साथ भी उनका धीरे-धीरे एक अलिखित दूरत्व पैदा हो गया था।

स्वर्णकुमारी देवी के उपन्यास 'फूलों की माला' का किसी क्रिस्टिना अलबर (Christina Alber) नामक महिला द्वारा किया गया अँग्रेज़ी अनुवाद १९०९ ई. में The Fatal Garland सबसे पहले मॉडर्न रिव्यू मासिक पत्रिका में धारावाहिक रूप से नौ अंकों में (अप्रैल-दिसम्बर १९०९) प्रकाशित हुआ था और वही अनुवाद सचित्र पुस्तकाकार में अवनीन्द्रनाथ की भूमिका के साथ लन्दन की प्रकाशन संस्था T. Wananer Laurie से १९१० ई. में प्रकाशित होने पर छोटी नानी के अनुसार असितकुमार ने वही पुस्तक शिल्पी हेरिंघम को उसकी समालोचना का अनुरोध करते हुए भेज दी थी। असितकुमार का एक चित्र भी प्रकाशित हुआ था उस पुस्तक में। वह चित्र 'शक्तिमती का स्वप्न' नाम से भारती की वैशाख १३१८ के अंक में भी प्रकाशित हुआ था। चित्र की व्याख्या में लिखा हुआ था :

> सभी के बाल्याकाल की तरह, सुन्दर ज्योत्स्ना, फूलों की गन्ध, दक्षिणी वातास, कोकिल-पपीहा का मधुर संगीत और उसी के मध्य राजकुमार की बाँसुरी की प्राण-मनोहारी आनन्दमय तान। इसी आनन्द रजनी में वे दोनों प्राणी एक आत्मा होकर संगीत के साथ-साथ संसार के बन्धन से मुक्त होकर असीम आनन्द राज्य में बहते जा रहे हैं। यही भाव इस स्वप्न चित्र में चित्रकार ने सुन्दर रूप से प्रस्फुटित किया है।

१९१२ ई. में छोटी दीदी ने इंग्लैण्ड परिभ्रमणरत रवीन्द्रनाथ को भी यह उपन्यास भेजा था उस देश के पाठकवर्ग की अपने उपन्यास के बारे में क्या प्रतिक्रिया है, यह जानने की इच्छा से। रवीन्द्रनाथ ने अपनी भतीजी इन्दिरादेवी को इंग्लैण्ड से १९१३ में लिखे पत्र में यह बताया था,

> छोटी दीदी ने मेरे पास 'फूलों की माला' उपन्यास का अनुवाद भेजा था। यहाँ का साहित्यिक बाज़ार यदि उन्होंने देखा होता तो वे यह समझ जातीं कि ये सब चीज़ें यहाँ क्यों नहीं चल पाती हैं। ये लोग जिसे यथार्थ कहते हैं वही चीज़ इन्हें चाहिए।[४]

शिल्पी श्रीमती हेरिंघम ने अपने मनोविकलन के ठीक पहले (१९११) उपन्यास पढ़ने के अन्त में जो लिखा था उसी संवेदी प्रतिक्रिया से रवीन्द्रनाथ के अप्रिय मन्तव्य की सत्यता प्रमाणित हो गयी थी।

श्रीमती हेरिंघम के मन्तव्य का उल्लेख किया जाये इसके पहले 'फूलेरमाला' उपन्यास के घटनाक्रम का संक्षेप में उल्लेख ज़रूरी है। दिल्ली के सुलतान गयासुद्दीन के साथ बंगाल के दीनाजपुर के राजा गणेशदेव का बंगदेश के सिंहासन पर अधिकार करने का युद्ध होता है एवं उसी अनुषंग से सुलतान परिवार में एक अपरूपा बंग ललना को केन्द्र में रखकर त्रिकोणीय प्रेम में पिता-पुत्र के संघर्ष को लेकर 'फूलमाला' ऐतिहासिक उपन्यास की रचना की थी छोटी दीदी ने। उपन्यास की नायिका शक्तिमयी है और एक नारी चरित्र निरुपमा है, दोनों ही राजकुमार गणेशदेव से प्यार करती थीं। गणेशदेव बचपन से ही बन्धुत्व के कारण शक्तिमयी को ही मन-प्राण से चाहता था और उसे पत्नी रूप में भी चाहता था। किन्तु, घटना वास्तव में दूसरी तरह से घटित होती है। निरुपमा हो जाती है राजरानी और शक्तिमयी, घटनाक्रम से हो जाती हैं, बंगाल की महीयसी सुलताना। इसके बाद गणेशदेव एक बार विद्रोह के अपराध में बन्दी बनाकर कारागार में डाल दिया जाता है, सुलताना शक्तिमयी स्वयं बन्दिनी के छद्मवेश में अपने प्रियतम की मुक्ति का रास्ता निकाल देती है। यह एक निःस्वार्थ आत्म बलिदान की कहानी है। स्वभावतः ऐतिहासिक कहानी को अवान्तर मानकर पूरी कहानी पढ़ने के अन्त में श्रीमती हेरिंघम ने असितकुमार को २५ मई १९११ को लिखा था :

> तुमने मुझसे फेटल गारलैण्ड के ऊपर अपने मत को व्यक्त करने के लिए कहा है। किसी भी उपन्यास की आलोचना करना मुझे पसन्द नहीं है। मेरे लिए किसी भी भयंकर घटना अथवा चरित्र में प्रवेश करना सदा दुरूह होता है। उन सब कार्यकलापों में लिप्त होने जैसी प्रवृत्ति भी मुझमें नहीं है।
>
> पढ़ते समय शकुन्तला नाटक ने ज़रूर मेरे मन में अवश्य काफ़ी जगह बना रखी थी। मुझे लगता है अगर इस उपन्यास की कहानी नाटक होती तो अच्छा रहता अर्थात् कथोपकथन में अगर और भी मन लगाया जाता तो अच्छा रहता।
>
> इस तरह के ग्रन्थ में सबसे पहले कहानी किस तरह कही गयी है, वह नहीं, बल्कि क्या कहना चाहती है लेखिका वही महत्त्वपूर्ण है और यही चीज़ मुझे प्रभावित करती है, एवं इस ग्रन्थ में पुरुष और स्त्री के सम्बन्ध में जो दृष्टिकोण है, वही मुझे भयंकर लगा है। मैं तरुणी नहीं हूँ, एक पुरुष के प्रति एक नारी का अन्धा प्रेम मुझे बहुत अच्छा नहीं लगता है।

मैं जानती हूँ, एशिया के लोगों का यह कहना है कि केवल वही लोग प्रेम का मर्म जानते हैं, किन्तु, यूरोप में भी कई अंशों में हम देखते हैं, तुलनात्मक रूप से शुभ और सदाशयपूर्ण प्रेम, मुझे लगता है पुरुष और स्त्री के बीच पारस्परिक प्रीति और बन्धुत्व का मूल तत्त्व है।

एशिया के इन सब देशों में युवक और युवतियों के बीच पारस्परिक परिचय-आलाप का प्रचलन न होने के कारण अस्वाभाविक वातावरण में अनय पथ पर जाने की स्थिति के अलावा और कोई गति नहीं है। फ्रांस और इटली में भी कुछ-कुछ ऐसा ही है। मैंने एक चीज़ लक्षित की है, फेटल गारलैण्ड जिस संघात और घटनावली से भरा हुआ है, वही हमारे मन के दर्पण में दिखायी देता है।[५]

इस विषय में एक चीज़ उल्लेख योग्य यह है कि इस उपन्यास की इस संक्षिप्त आलोचना में होरेल हेमान विलसन द्वारा कालिदास के किये गये 'अभिज्ञान शाकुन्तलम्' के अनुवाद के पाठ से उन्हें जो अभिज्ञता हुई श्रीमती हेरिंघम ने उस वजह से उपन्यास में नाटकीय उपकरणों को देखा था। उस युग में इंग्लैण्ड में नारी अधिकारों से जुड़े हुए साफ्रोगेट आन्दोलन के साथ संयुक्त एक समाज सचेतन विदग्ध शिल्पी के वक्तव्य को छोटी दीदी के सम्मुख असितकुगार ने ला दिया था।

तथ्यसूत्र

१. भारती पत्रिका में सर्वप्रथम प्रकाशित असितकुमार की 'कनिर नैराश्य' कविता का अंश।

२. सौम्येन्द्रनाथ ठाकुर के सम्पादन में प्रकाशित समकालीन पत्रिका के लिए लिखी 'सावेकी कथा' (पुरानी बातें) का मसौदा।

३. असितकुमार का खसड़ा खाता।

४. कवि ने रोथेंस्टाइन को लिखा था "She is one of those unfortunate beings who has more ambitions than abilities but just enough talent to keep her mediocrity alive for a short period of time." अर्थात् ''वह उन भाग्यहीन व्यक्तियों में से एक है, जिसकी अपनी योग्यता की तुलना में महत्त्वाकांक्षाएँ तो अधिक होती हैं, किन्तु, कुछ समय के लिए अपनी मध्यम कोटि की प्रतिभा को

बरकरार रखने की पर्याप्त चतुरता होती है।''

रवीन्द्रनाथ ठाकुर, चिट्ठी-पत्री, ५, विश्वभारती ग्रन्थन विभाग, प्रथम मुद्रण, बैसाख १४००, पृ. २५१।

अध्यापक प्रशान्त कुमार पाल द्वन्द्व में पड़ गये थे उस अनूदित पुस्तक 'फूलेर माला' के अँग्रेज़ी अनुवाद फेटेल गारलैण्ड (१९१०) अथवा और किसी के द्वारा किये गये अनुवाद अनफिनिश्ड सोंग (१९१३) को पढ़कर। १९१२ में स्वर्णकुमारी देवी ने इंग्लैण्ड यात्री रवि को द फेटेल गारलैण्ड ही भेजा था अपने मित्र रोथेंस्टाइन को देने के लिए एवं उस उपन्यास को पढ़कर उनकी क्या प्रतिक्रिया हुई यह जानने के लिए। रोथेंस्टाइन के साथ उनका नियमित पत्राचार था। प्रशान्त कुमार पाल, रवि जीवनी, (छठा खण्ड) आनन्द पब्लिशर्स जनवरी १९९३, पृ. ३५५।

५. द फेटेल गारलैण्ड उपन्यास पढ़कर असितकुमार को लिखे पत्र में श्रीमती हेरिंघम की प्रतिक्रिया : "You have asked me to write impressions of the Fatal Garland. I do not like critisizing novels. It always has been very difficult for me to enter into that way of frieghtening incidents and characters. I haven't got the truest bit of a faculty of doing it myself.

I had Sakuntola a good deal in my mind as I read. I think the story would make a better play than a novel, that is it would be better still further concentrated into dialogue.

You know a book like that must affect me first by what it tells about than the way in which it is told and those aspects of the relation of men and women, to me are rather dreadful and I am not young, and I feel that that blind passion of a woman for a man is not the best thing there is.

I know the people of Asia say, they only understand the passion of love. It is certain that we can find a great deal of it in Europe, but the great and nobler thing seems to me the loving friendship between man and wife founded on each having been to choose the other.

In these countries where there is no acquaintance with one another of girls and opt young men (writers) of stories have to go out of the way to find unusual circumstances which allow some choice and action to both. That is to some extent the case in France and Italy. One thing I noticed very much in the Fatal Garland, It is full of pictures, coups and incidents which are so plainly indicated that the mental eye sees them at once."

आनन्द केन्टिश कुमारस्वामी और शिल्पी रोथेंस्टाइन

तत्कालीन सिंहल में दक्षिण भारत से जाकर बस गये एक प्राचीनतम अभिजात तमिल वैश्य मुदालियर परिवार की सन्तान थे आनन्द। एशिया के सबसे पहले 'नाइटहुड' सम्मान से अलंकृत अ-ईसाई बैरिस्टर मुतू कुमारस्वामी (१८३४-१८७९) और इंग्लैण्ड के एक धनी वणिक परिवार की कन्या एलिज़ाबेथ क्ले बीबी (Elizabeth Clay Beeby, १८५१-१९३९) के एकमात्र पुत्र आनन्द का जन्म सिंहल में हुआ था। प्रभूत धनसम्पत्ति के अधिकारी सर मुतू की ब्राइटस डिसीज (Bright's desease) से आकस्मिक मृत्यु हो जाने पर, दो वर्ष के आनन्द को लेकर एलिज़ाबेथ इंग्लैण्ड में ही रह गयीं एवं उनका शैशव और यौवनकाल केंट (Kent) में बीता था, माँ के समृद्धिशाली परिवार में, इसी वजह से उनके नाम का मध्य भाग हो जाता है 'केन्टिश'।

हेवेल के यह देश छोड़ जाने के बाद के समय का वृत्तान्त असितकुमार ने लिखा है :

> कला विद्यालय के पुराने शिक्षकगण थे विलायती कला के पक्षपाती। इसीलिए इन लोगों में बेचैनी और अस्थिरता आ जाती है भारतीय कला के नवयुग के प्रवर्तक अवनीन्द्रनाथ की अध्यक्षता में एक नये कला वर्ग के आविर्भाव होने से।... अवनीन्द्रनाथ के विरुद्ध तुमुल आन्दोलन मासिक पत्रिका साहित्य आदि में उस समय चलता रहा था। इस तरह की निन्दा प्रकाश के द्वारा उस समय शिल्प की नयी धारा के विषय में जनसमाज में एक तरह का प्रचार भी हुआ था।

> हम लोगों को घर और बाहर सर्वत्र देशी आर्ट के विषय में प्रतिकूल आलोचना सुननी पड़ती थी।... उस समय इस देश की चित्रकला एवं मूर्तिकला में सौन्दर्य...प्राचीन अथवा आधुनिक किसी में भी वे लोग देखते ही नहीं थे। विलायती आर्ट की ही स्तुति सुनायी पड़ती थी शिक्षित समाज में।[१]

आनन्द कुमारस्वामी अपने स्वदेश सिंहल (अब श्रीलंका) की शिल्पकला के विषय में शिक्षित जनमानस में प्राय: एक उसी दृष्टिभंगी को प्रत्यक्ष देखकर भारतवर्ष में आकर उपस्थित हुए थे। १९०९-११ की अवधि में कोलकाता आकर जोड़ासाँको महल में अवनीन्द्र-गगनेन्द्रनाथ के अतिथि हुआ करते थे कुमारस्वामी। उस समय उन्होंने उन लोगों के साथ शिल्पकला की चर्चा में उन लोगों की चित्र-रचना को गम्भीर अभिनिवेश के साथ प्रत्यक्ष देखा था।

ग्लोस्टर शायर में उइकोलिफ कॉलेज और लन्दन विश्वविद्यालय में भूविज्ञान में स्नातकोत्तर डिग्रीधारी मिनरोलॉजिकल सर्वे ऑफ़ सीलोन के निदेशक (Director) कुमारस्वामी ने १९०३ ई. में कर्जन द्वारा आयोजित दिल्ली दरबार की प्रदर्शनी में पहली बार अवनीन्द्रनाथ ठाकुर के देशी पद्धति की टेम्परा में आँकी गयी छवियों में एक ठेठ भारतीय शिल्पी को खोज लिया था और उनके साथ जान-पहचान की जाये इस तरह की ताकीद का अनुभव किया था। कुमारस्वामी स्मारक ग्रन्थ में असितकुमार ने जो कहना चाहा था, वह इस प्रकार है—अवनीन्द्रनाथ ने किसी आन्दोलन का सूत्रपात करने के प्रयास में छवि-आँकना शुरू नहीं किया था। वे मुग़ल सूक्ष्म चित्रों के आकार में जयदेव के 'गीत गोविन्द' को अलंकृत करने जाकर वास्तव में मौलिक चित्र रचना कर बैठे थे।[२] प्रसंगवश स्मरण योग्य शिल्पाचार्य अवनीन्द्रनाथ ने उस समय अपनी स्वत:स्फूर्त भावना से प्रेरित होकर लिखा था :

> जब तक यह भारत खण्ड अपने ३३ कोटि नर-नारियों, अपनी इस शस्यश्यामला धरती की मूर्ति लेकर समुद्र के अटल गर्भ में प्रवेश नहीं कर जाता है, तब तक जगत् के लोग हमें प्राच्य जाति के रूप में ही जानेंगे और हमसे प्राच्य कला की ही प्रत्याशा करते रहेंगे। इतालीय कला की नहीं फ्रेंच कला की भी प्रत्याशा नहीं, अथवा प्राच्य-इतालीय और फ्रेंच कला की मिलीजुली खिचड़ी की भी नहीं।[३]

इस तरह से अवनीन्द्र के विचार से उनके अलंकरण के लिए बनाये गये चित्र स्वभावतः ही मौलिक चित्र सृष्टि हो उठे थे। चित्ररचना में मौलिकता के आवेदन की वजह से ही आकर्षित होकर अवनीन्द्रनाथ के पास शिल्पी रोथेंस्टाइन और कुमारस्वामी जैसे शिल्पजिज्ञासु आकर उपस्थित हुए थे।

कुमारस्वामी अजन्ता समेत भारत के शिल्पतीर्थों के दर्शनों के लिए आकर (१९०९-१०) अवनीन्द्रनाथ ठाकुर से पहली बार परिचित हुए और उनके जोड़ासाँको वाले भवन में अतिथि हुए। उस समय शिल्पी असितकुमार ने देखा था,

> कुमारस्वामी बन्द गले के लम्बे कोट के ऊपर तह बनाकर चादर कन्धे पर लटकाये रहते थे और पैण्ट पहना करते थे। मैंने और गगन मामा ने उनके चेहरे का एक रेखाचित्र बनाया था। उनके सान्निध्य में आकर मुग़ल-राजपूत चित्रों की विशेषताएँ एवं अच्छे-बुरे पर विचार करने के विषय में सबसे पहले शिक्षा प्राप्त की थी। उनमें अद्‌भुत दूरदृष्टि थी और उन्होंने ही सबसे पहले मुग़ल, काँगड़ा, राजपूत आदि चित्रशैलियों का श्रेणी विभाजन किया था और वह आज भी सर्वसम्मति से स्वीकार किया जाता है।[४]

जोड़ासाँको आने के पहले रामानन्द चट्टोपाध्याय के सम्पादन में अभी हाल में प्रकाशित अँग्रेज़ी मासिक The Modern Review के पहले वर्ष १९०७ के अगस्त और सितम्बर के अंकों में डॉ. कुमारस्वामी का प्रबन्ध 'The Present state of Indian Art' दो किस्तों में प्रकाशित हुआ था। पहले पर्व का विषय था चित्रकला और भास्कर्य तथा दूसरे पर्व में उन्होंने लिखा था भारतीय स्थापत्य कला के बारे में, इसी बीच में भारत-शिल्प क्षेत्र का भ्रमण उन्होंने अनेकांशों में समाप्त कर लिया था और प्राचीन चित्रकला के जटिल परिवर्तन के विषय में कुमारस्वामी ने अपनी सहज ग्राह्य भाषा में संक्षेप में उसी प्रबन्ध में प्रकाश डाला था।

मुख्य रूप से उन्होंने प्राचीन चित्रादि की खोज में भारत के तत्कालीन म्यूज़ियम, सरकारी आर्ट स्कूल की प्रदर्शनशालाएँ एवं विभिन्न व्यक्तिगत संग्रहों को गहरी गवेषणा की इच्छा से देखा था। फिर भी समग्र भारत में हेवेल की अध्यक्षता के समय कोलकाता के राजकीय आर्ट स्कूल का संग्रह उन्हें सर्वोत्कृष्ट लगा था। उस समय जयपुर समेत कई ब्रिटिश राज्य को कर देने वाले राज्यों के चित्र-संग्रह देखने के बाद भी, भारत के अधिकांश राजन्य

वर्ग के संग्रहों में भारतीय शिल्पकला में रुचि और अनुराग का परिचय उन्हें नहीं मिला था।

उस निबन्ध में चित्रकला की विवेचना करते हुए समकालीन श्रेष्ठ चित्रकार रवि वर्मा के चित्रों में उन्होंने कल्पना और अंकन क्षमता कोई कम नहीं देखी, फिर भी चित्रों में विकृत नाटकीय अंग-भंगिमाएँ उन्हें अच्छी नहीं लगी थीं, उन चित्रों में अनुभूति की अभिव्यक्ति में अगम्भीरता भी उनके अच्छा ना लगने का एक कारण था।

इसकी तुलना में इंग्लैण्ड में स्टूडियो पत्रिका में प्रकाशित हेवेल के सचित्र निबन्ध (१९०६-०७) में अवनीन्द्रनाथ के जलीय रंगों से आँके गये, 'विरही यक्ष', 'नभोचर सिद्ध', 'शाहजहाँ की शेष शय्या' चित्रों में ऐतिह्य के अनुकूल नव्य भारतीय चित्रों में शिल्पी के सूक्ष्म रेखांकनों में उन्हें मौलिकता और भावनाओं का निजीपन मिला था। विलायत में अवनीन्द्रनाथ के चर्चित होने पर भी भारत में उनके सम्बन्ध में उन्होंने आशानुरूप चर्चा होते हुए उस समय नहीं देखी थी। आर्ट स्कूलों में उन्होंने देखा था शिक्षार्थियों के रेखांकन समकालीन यूरोपीय शिक्षार्थियों की तुलना में उन्हें कमज़ोर लगे थे एवं इसके कारण के रूप में उन्होंने आर्ट स्कूलों में हूबहू ब्रिटिश स्कूलों की अनुसृत पद्धति की नक़ल-नवीसी को ही निश्चित किया था।

उस समय के शिल्पी ग्रिफिथ्स और पुरातत्त्ववेत्ता फर्गुसन के लेखों में भारतीय शिल्पकला की जो प्रशंसा सुनी जाती थी, भारतीय और विदेशियों के मन पर उसका वैसा प्रभाव नहीं पड़ा था। ऐसी परिस्थिति में असितकुमार ने देखा था, सबसे पहले हेवेल एवं उसके थोड़े समय बाद ही कुमारस्वामी द्वारा की गयी भारतीय कला की व्याख्या ने अज्ञान से दूषित उस परिस्थिति को प्राय: आमूलचूल परिवर्तित कर दिया था।[५] कुमारस्वामी ने स्वदेशी आन्दोलन के दौरान अपने स्वत:स्फूर्त लेखों के माध्यम से एक भारतीय शिल्पी को विदेशी विचारों की दासता से मुक्त होकर आत्मनिर्भर होने का साहस जुटाया था। भगिनी निवेदिता भी अपने लिखने के टेबल पर कुमारस्वामी की, 'Aims of Indian Art', 'The influence of Greek on Indian Art', Indian Drawings (2Vol.) Selected Examples of Indian Art, पुस्तकों को अपने कला सम्बन्धी लेखों के उद्‌देश्यों से सदा रखे रहती थीं। कुमारस्वामी ने भारतीय शिल्प स्थलों की परिक्रमा करते समय (१९०९-१२) शिल्पकला के अन्वेषण, उसकी चर्चा और शिल्पकला-विषयक ग्रन्थों की रचना में

अपने दिन व्यतीत किये थे। निवेदिता ने देखा था पैदल चलने, कभी-कभी नंगे पैरों चलने से उनके दोनों पैरों में घाव हो गये थे।

उनके कर्मजीवन का मुख्य पर्व (१९१७-१९४७) उनका बीता था अमेरिका के बोस्टन-स्थित 'म्यूज़ियम ऑफ़ फ़ाइन आर्ट्स' में। वहाँ के कार्यकलापों के माध्यम से उन्होंने चिरन्तन भारतीय कला को अखिल विश्व के पटल पर स्थापित कर दिया था। असितकुमार ने अपने स्मृतिचारण में लिखा है :

> वैसे तो वे एक वैज्ञानिक थे, फिर भी उनमें भारतीय संस्कृति के सारे तत्त्वों में प्रवेश करने की असाधारण क्षमता थी। चित्रकला और भास्कर्य के वे सारे तत्त्वों से भलीभाँति अवगत थे। उस समय उन्होंने पूरे भारतवर्ष का भ्रमण कर प्राचीन, मुग़ल, काँगड़ा, राजपूत चित्रकला का संग्रह किया था।[६]

उसी समय अवनीन्द्रनाथ और गगनेन्द्रनाथ ने भी भारतीय म्यूज़ियम की कला दीर्घाओं और अपने लिए प्राचीन चित्रों का संग्रह किया था। स्वभावत: तीनों महान् व्यक्तित्वों के शिल्प-संग्रह के दुर्लभ सम्पदा के मिलने और उन व्यक्तियों के घनिष्ठ सान्निध्य से असितकुमार को प्राचीन भारतीय शिल्पकला की अच्छाई-बुराई पर विचार करने की शिक्षा मिल गयी थी। कुमारस्वामी स्वयं शिल्प सम्पदा संग्रह के प्रति आग्रही होकर कोलकाता के अब्दुल खालेक के माध्यम से संगृहीत अवनीन्द्र-गगनेन्द्र की अमूल्य चित्र सामग्री के पंजीकरण (Catalogue) में लग गये थे शिल्पी नन्दलाल की सहायता से।

असितकुमार के संस्मरणों में इलाहाबाद क्रिश्चियन कॉलेज में १९१० ई. के अन्तिम आधे भाग में कुमारस्वामी की 'भारतशिल्पेर इतिहास' शीर्षक वक्तृता का उल्लेख हमें मिलता है। अपनी वक्तृता के अन्तिम भाग में उन्होंने आधुनिक भारतीय शिल्पकला के प्रसंग में शिल्पाचार्य अवनीन्द्रनाथ के 'विरही यक्ष', 'बन्दिनी सीता', 'दीपावली' और 'देवदासी' चित्रों की अंकन-पद्धति की विवेचना की थी। अवनीन्द्रनाथ ने १९०८ ई. में ओडिसा भ्रमण पर जाकर पुरी के जगन्नाथ मन्दिर में अनुष्ठित देवदासी का नृत्य देखा था एवं 'देवदासी' चित्र उनके उसी अनुभव के आधार पर बनाया गया था। असितकुमार द्वारा अपने स्मृतिचारण में उद्धृत स्टेट्समेन कोलकाता की रपट के अनुसार 'नृत्यरता देवदासी' चित्र के सम्बन्ध में कुमारस्वामी ने लिखा था :

मन्दिर के दो स्तम्भों के बीच से होकर भक्तिपूर्वक आत्मनिवेदित उसकी देह पर आलोक पड़ रहा है। नृत्यरता देवदासी के दोनों हाथों से सुन्दर पद्म की पंखुड़ियाँ झरी पड़ रही हैं देवता के पादपद्मों पर। वह मानो मधुर स्वरों में भगवान से शिकायत कर रही है—हे जगन्नाथ, मुझे आपने क्यों पैदा किया है? मुझे भी तुम उन सुन्दर शुभ्र पंखुड़ियों की तरह झर जाने दो।

कुमारस्वामी की गम्भीर अनुभूति मानो वर्णन के माध्यम से अनुरणित हो रही हो। अपनी अधिक पसन्द वाली अवनीन्द्रनाथ की तैल रंग से आँकी गयी 'बन्दिनी सीता' की छवि उन्होंने ख़रीद ली थी। शिल्पाचार्य से उन्होंने अपनी नित्य पूजा के लिए पद्मपत्र पर खड़े शिशु कृष्ण का चित्र तो माँग ही लिया था।[७]

कुमारस्वामी के बारे में एक अप्रिय प्रसंग का उल्लेख करते हुए असितकुमार ने लिखा था :

कुमारस्वामी ने भारतवर्ष की प्राचीन चित्रकला का ख़ूब अनुशीलन किया था तथा उनके लिए (चित्र) अगर टेम्परा पद्धति से न आँके जायें तो उन्हें भारतीय चित्रकला के कोठे में नहीं बिठाया जा सकता है। उनकी इस तरह की एक धारणा होना असम्भव नहीं था। इसीलिए उन्होंने अवनीन्द्रनाथ द्वारा प्रवर्तित Wash technique का अनुमोदन नहीं किया था। उन्होंने अति उत्साह और अधीरता के कारण गहरायी में जाकर यह नहीं देखा कि एक वर्ष लगातार मंसूर के ज़माने में मुग़ल बादशाह जहाँगीर के दरबारी चित्रकार उस्ताद मंसूर, नादिर-उल-आसार के (Wonder of the age) अनुकरण पर एक छवि आँकते रहने के दिन अब चले गये हैं। आजकल की शिक्षा-दीक्षा के मानदण्ड के अनुसार विषयवस्तु का वैचित्र्य एवं परिकल्पना की गम्भीरता जिस तरह से अजन्ता की चित्रकला में मिलती है, आज उसी की विशेष आवश्यकता है। जापान की चित्रकला पद्धति से अवनीन्द्रनाथ को यह Wash technique मिली थी एवं उसी से एक नया रूप उनकी चित्रकला में प्रस्फुटित हो गया था। अगर टेम्परा पद्धति से चित्रांकन किया जाये तो चित्रों में ॠतु-परिवर्तन के साथ दिन-रात में जो वर्ण-वैचित्र्य का हेरफेर घटित होता है, उसे सहज में ही नहीं दिखाया जा सकता है। यह विचार कर देखना होगा भारतीय कला चीन देश में पहुँचने के बहुत दिन बाद वहाँ से जापान

जाकर रूपायित हुई थी, उसी देश के अभिज्ञ और जानकार शिल्पियों के हाथों। जापान की वही शिक्षा अथवा अभिज्ञता लेकर अवनीन्द्रनाथ अगर नया शिल्प गढ़ते रहे हों तो वे क्या ग़लत करते रहे थे? वे तो अपने बैंक से स्वयं ही उधार लेते रहे।[८]

अवनीन्द्रनाथ ने टेम्परा माध्यम को छोड़कर वाश पद्धति से चित्रांकन शुरू किया, इससे कुमारस्वामी ने उनके जलीय रंगों से किये गये काम के प्रति कोई आग्रह नहीं दिखाया, वरन् उसकी आलोचना ही करते रहे। असितकुमार की यही धारणा थी। उन्होंने यह बात भी कही है, चित्र-रचना में जापान की वाश पद्धति और अवनीन्द्रनाथ की वाश पद्धति दोनों एक बार ही मिलती नहीं हैं। अवनीन्द्रनाथ अपने अनेक प्रयोग-परीक्षणों के द्वारा अनेक रंगों के वाश द्वारा अपने चित्रों में दिन, सन्ध्या, रात्रि, उषा काल के जो परिष्कृत रूप ला पाते थे, टेम्परा अथवा जापानी वाश पद्धति से वैसा लाना सम्भव नहीं था। टेम्परा पद्धति से आँकी गयी छवियों को देखते रहने के अभ्यस्त कुमारस्वामी ने जलीय रंगों से अंकित अवनीन्द्र के चित्रों में अत्यधिक जापानी प्रभाव के विषय में १९१३ ई. में प्रकाशित 'द आर्ट्स एण्ड क्राफ़्ट्स ऑफ़ इण्डिया एण्ड सीलोन' पुस्तक में जो मत व्यक्त किया था, उसी सूत्र का अनुसरण कर बाद के विदेशी चित्र समालोचकगण और उनकी देखादेखी भारतीय चित्र समालोचकगण भी उन्हीं का अनुसरण करते हुए अवनीन्द्रनाथ के चित्रों की समालोचना कर गये हैं, यहाँ तक कि गुरु के न रह जाने पर उनकी वाश पद्धति को ठीक से आयत्त न कर पाने के कारण उनके अग्रणी शिष्य-प्रशिष्यों में कोई-कोई वही एक सुर सुविधानुसार बजाते रहे। अवनीन्द्रनाथ की जलीय रंगों की चित्र-रचना ठीक-ठीक न समझ पाने अथवा ग़लत समझ पाने के कारण कुमारस्वामी जैसे अन्तरराष्ट्रीय कला-आलोचकों की अ-यथार्थ समालोचना ने विलियम आर्चर, चार्ल्स फेरी जैसे यूरोपीय टेम्परा चित्र-प्रेमियों को अवनीन्द्रनाथ के चित्रों की समालोचना के लिए उद्दीपित किया था और उनके बिना जाने ही उन्हें साहस दिया था। वे लोग बॉम्बे-कला गोष्ठी से प्रभावित इलस्ट्रेटिड वीकली ऑफ़ इण्डिया में लिखने के लिए उन्मत्त हो गये थे। मूल रूप में नाट्यकला विशेषज्ञ आर्चर ने अवनीन्द्रनाथ की चित्रकला की आलोचना में जिन सब विशेषणों का प्रयोग किया था, वे इस प्रकार हैं :

अवनीन्द्रनाथ का चित्रांकन द्विविधाग्रस्त है, रेखायें एकदम लक्ष्यहीन

> हैं, कल्पना में अनिश्चितता और अस्पष्टता है, रंगों का आलेप मलिन और विरक्ति कर है, देह-रचना में अत्यधिक स्त्रियोचित भंगिमाओं की ओर प्रवणता है, क्रमश: क्षीण होती हुई उज्ज्वलता और स्वच्छता है। भावों की प्रवणता रक्ताल्पता जैसी है।

एवं उनकी लेखनी से अवनीन्द्र-अनुरागी शिष्यों के चित्र भी विशेष रूप से हल्के रंगों से बनाये गये आषाढ़ में स्वप्न देखने की तरह सृष्ट भावप्रवणता के रूप में विवेचित हुए।[९]

इस देश में एक समय ललित कला अकादेमी के अध्यक्ष, भारतीय अँग्रेज़ी लेखक मुल्कराज आनन्द भी शिल्पाचार्य अवनीन्द्रनाथ की भारतीय वाश पद्धति को कुमारस्वामी, हेवेल, सिस्टर निवेदिता, अरबिन्द घोष जैसे साहित्यकारों (!) की अनुप्रेरणा से भीगी चादर से घिसकर आँके गये बंगाली मध्यवित्त 'रुग्ण' वायवीय नारी चित्र रूप विशेष कहकर सहज विद्रूपवश परित्याज्य मानते थे।[१०] स्वभावत: असितकुमार हालदार ललित कला अकादेमी में इस श्रेणी के 'ना देशी ना विदेशी' (anglo-Indian) संस्कृति के वाहकों के दौरात्म्य से काफ़ी दूर थे।

कुमारस्वामी १९०९-१२ की अवधि में भारतीय प्राच्य कला परिषद् की चित्र प्रदर्शनियों को देखते रहे थे। अगर उन्हें चित्र अच्छे लगे तो उन्हें ख़रीद लेते थे। असितकुमार के 'नलदमयन्ती', 'माँ यशोदा', 'वैरागी', 'नृत्यरता अप्सरा' चित्रों को उन्होंने प्रदर्शनी से उसी समय ख़रीदा था। १९१० में इण्डिया सोसायटी, लन्दन से प्रकाशित अपने 'The Examples of Indian Art' ग्रन्थ में भारतीय चित्रकला के निदर्शनों में जिन तीन निदर्शनों को चुना था उनमें एक चित्र 'नृत्यरता अप्सरा' (१९०७) ने (प्लेट नं. १४) स्थान पाया था। अन्य दो चित्र थे अवनीन्द्रनाथ के 'विरही यक्ष' और नन्दलाल का 'सती'। 'नृत्यरता अप्सरा' का चित्र उन्होंने ग्रहण किया था नव्य भारतीय चित्रकला के सबसे कनिष्ठ चित्रकार के हाथ से बने असाधारण, प्राणवन्त, सूक्ष्म ब्रश से किये गये काम के निदर्शन के रूप में।

१९२० सितम्बर में जे.टी. सण्डरलैण्ड (J.T. Sunderland) के सम्पादन में प्रकाशित 'इण्डिया होम रूल लीग' के मुखपत्र 'यंग इण्डिया' मासिक पत्रिका में शिल्पकला विभाग के सम्पादक कुमारस्वामी ने अपने निजी संग्रह के असितकुमार द्वारा आँके गये 'माँ यशोदा' चित्र के सम्बन्ध में लिखा था :

पालन-पोषण करने वाली माँ (यशोदा) की गोद में शिशु कृष्ण मानो भारतीय मेडोना और शिशु हैं। जटिल रचना करने का प्रयास न करने पर भी चित्रशिल्पी भारतीय वैष्णव सम्प्रदाय के अत्यन्त प्रिय विषय के भाव को चित्र ठीक-ठाक प्रकाशित करने में समर्थ हुआ है। आधुनिक भारतीय गृह के परिवेश की रचना जैसी होती रही है, शिल्पी ने उसे वैसा ही आँका है, यूरोपीय जीवन-यात्रा की छाया मात्र भी उसमें प्रविष्ट नहीं हुई है। परम्परा का पालन करते हुए शिशु के गहरे नीलाभ रंग के गात्र के अलावा आरोपित प्राचीनता का कोई अंश उस छवि में नहीं है। चित्र रचना में सब-कुछ संगतिपूर्ण है यशोदा के द्वारा पहने गये वस्त्रों की बेसुरी परतों के अलावा।[११]

इस चित्र के भारतीय पत्रिका में प्रकाशित होने पर चारुचन्द्र वंद्योपाध्याय ने चित्र की व्याख्या करते हुए लिखा था,

यशोधरा के वस्त्रों की सिलवटें शिल्पी की कला-कुशलता का परिचय दे रही हैं।[१२]

अमेरिका में रहते समय चिट्ठी-पत्री में कुमारस्वामी के साथ सम्बन्ध टूट जाने पर भी उनके शिल्पकला सम्बन्धी गवेषणापूर्ण ग्रन्थ और निबन्धों की ओर असितकुमार की दृष्टि बनी रहती थी एवं आवश्यकता होने पर उनके ग्रन्थ आदि का संग्रह भी उन्होंने किया था। १९२८ ई. में कुमारस्वामी अपनी तीसरी पत्नी नृत्यपटु चित्रकार तरुणी स्टेला ब्लोक (Stella Block, १८९८-१९९९) को लेकर अन्तिम बार भारतवर्ष आये थे, चित्रसामग्री ख़रीदने-बेचने के उद्देश्य से। लखनऊ में आकर उन्होंने कई दिन असितकुमार का आतिथ्य ग्रहण किया था। उनके चित्र-संग्रह में से असितकुमार ने आर्ट स्कूल के संग्रहालय के लिए काँगड़ा और राजपूत शैली के कई चित्र ख़रीदकर उनकी उस यात्रा में सहायता की थी।

चित्रशिल्पी विलियम रोथेंस्टाइन

रवीन्द्रनाथ के नोबेल पुरस्कार मिलने के अनुषंग से चित्रशिल्पी विलियम रोथेंस्टाइन इस देश में बहुचर्चित व्यक्ति रहे हैं। १९१२ ई. में कवि के तीसरे इंग्लैण्ड प्रवास के समय उनके द्वारा किये गये 'गीतांजलि के अँग्रेज़ी अनुवाद

की पाण्डुलिपि की कॉपी उन्होंने रोथेंस्टाइन को दी एवं उनके हेमस्टिडहिथ भवन में एक अनुष्ठान में उस अनुवाद का पाठ किया था आयरलैण्ड के विख्यात कवि विलियम बटलर येट्स (William Butler Yests, १८६५-१९३९) ने। इसके बाद कवि ने येट्स की भूमिका के साथ उस अनूदित ग्रन्थ The Song Offerings को लन्दन की इण्डिया सोसायटी की ओर से सीमित संख्या में उसका विशेष संस्करण प्रकाशित किया था। अप्रत्याशित रूप से १९१३ ई. के नवम्बर महीने में उस पुस्तक के लिए रवीन्द्रनाथ को साहित्य का नोबेल प्राइज़ मिलने की ख़बर घोषित होने पर देश-विदेश के संवाद-पत्रों में प्रचार की हलचल मच गयी एवं नोबेल पाने वाले के साथ साक्षात्कार-प्रार्थियों की भीड़ से परेशान कवि ने अपने मित्र रोथेंस्टाइन को लिखा था, सचमुच में वह पुरस्कार मानो उनके लिए कुत्ते की पूँछ में कनस्तर को बाँध देने की तरह हो गया है।[१३] वास्तव में, विश्व ख्याति की चोटी पर पहुँचकर उन्हें सहसा जीवन की अबाध शान्ति एवं एक बंगाली कवि के जीवन के उपद्रवहीन क्षणों को मानो खोना पड़ा था उस समय।

कोलकाता से लगभग ६०० लोगों का विशाल दल विशेष ट्रेन से रवीन्द्रनाथ के अभिनन्दन के लिए शान्तिनिकेतन में जा उपस्थित हुआ था। मित्र क्षीरोदराय ने कोलकाता से १७ नवम्बर, १९१३ को असितकुमार को राँची के पते पर लिखा था,

> इस तरफ़ जो विशाल घटना होने वाली है, वह इस प्रकार है। अगले रविवार को ६०० छात्र और गण्यमान्य तथा नानावर्ग के लोग एक स्पेशल ट्रेन से उसे फूलों की माला तथा पुष्प-पल्लवों से सजाकर रविबाबू के पास बोलपुर डेपुटेशन के रूप में जायेंगे। देखो भाई, तुम उसके पहले यहाँ आ जाओ। शुक्र अथवा शनिवार तक तुम्हारा यहाँ पहुँचना नितान्त आवश्यक है। विशेष रूप से रवि बाबू ने तुम्हें यहाँ आने के लिए लिखा ही है, फिर तुम्हारे बाबा की भी यही इच्छा है। यह सिर्फ़ एक मज़ेदार अद्वितीय घटना ही नहीं बल्कि इतने बड़े गौरव का आनन्द लेने से तुम वंचित क्यों रहोगे? तुम्हारे लिए टिकट कटा रखा है। आने-जाने के चार रुपया मात्र।

असितकुमार उस दिन रेलयात्रा में शामिल नहीं हो सके।

पहले ही इसका उल्लेख किया जा चुका है, लन्दन के श्लेड स्कूल और पेरिस की जूलियन एकेडेमी में शिक्षित रोथेंस्टाइन श्रीमती हेरिंघम के साथ

भारतवर्ष में आये थे (१९१०-११) प्राचीन शिल्पकला के परिदर्शन एवं शिल्पाचार्य अवनीन्द्रनाथ एवं उनके शिष्यों की मूल चित्र रचनाओं के साथ परिचित होने के लिए। उसी सूत्र से १९११ फ़रवरी में कोलकाता आकर अपने बाल्यबन्धु तत्कालीन हाईकोर्ट के न्यायाधीश हेरी स्टीफेन (Sir Harry Stephen, १८६०-१९४५) के ३ नं. केमाक स्ट्रीट के सरकारी आवास में ठहरे थे। असितकुमार के ऊपर यह ज़िम्मेदारी डाली गयी थी कि वे रोथेंस्टाइन को लेकर न्यायाधीश की गाड़ी से कोलकाता के दर्शनीय स्थानों को दिखा लायें। उसी समय उनकी मित्रता एक-दूसरे से घनिष्ठ हो गयी थी।

कोलकाता की भ्रमण कहानी के बारे में असितकुमार ने लिखा था :

> मुझे अच्छी तरह याद है स्टीफेन साहब की गाड़ी पर उन्हें लेकर शहर की प्रदक्षिणा के समय बीच रास्ते में कहीं गली के फुटपाथ अथवा गढ़ के मैदान में कपड़ा लपेटे ग़रीब मज़दूरों को लेटे हुए जैसे ही देखते थे वैसे ही गाड़ी रुकवाकर उससे उतर पड़ते थे अपनी स्केचबुक लेकर और जल्दी-जल्दी रेखांकन (Sketch) करने लगते थे। और कहने लगते थे तुम्हारे देश के सभी लोग मानो आर्टिस्ट हैं, उनके वस्त्र ही इसका परिचय दे रहे हैं। धोती और चादर की चुन्नटें तथा तहों (Fold) को देखकर ऐसा लगता है, जैसे पहाड़ से झरने की धारा उतर रही हो, वह इतनी सुन्दर लगती हैं।[१४]

भारतवर्ष-सम्बन्धी रोथेंस्टाइन की अनुसन्धान करने की इच्छा के प्रसंग में उनके बचपन के साथी कोलकाता हाईकोर्ट के न्यायाधीश सर हेरी स्टीफेन ने असितकुमार से कहा था, 'उन्होंने बचपन से ही भारतवर्ष के प्रति उनके अहेतुकी अनुराग को लक्षित किया था। यहाँ तक कि उस समय रोथेंस्टाइन को देखकर ऐसा लगता था कि जैसे इनका जन्म भारतवर्ष में ही होना चाहिए था।' भारतवर्ष की प्राचीन शिल्पकला के प्रति स्वाभाविक आकर्षण तो उनमें था ही, इसके अलावा अर्नेस्ट हेवेल और आनन्द केन्टिश कुमारस्वामी के प्रत्यक्ष सम्पर्क में आने के कारण उन लोगों के संग्रह में मुग़ल, राजपूत, पहाड़ी सूक्ष्म चित्रों के साथ अवनीन्द्रनाथ आदि के मूल चित्रों को देखकर रोथेंस्टाइन के मन में भारत की आधुनिक रिनेसाँ काल की कला के चित्रों के प्रति भी कौतूहल जाग जाता है। प्रसंगवश यह कहा जा सकता है, हेवेल, कुमारस्वामी, बिंसेट स्मिथ के ग्रन्थों में उस देश की पत्र-पत्रिकाओं में अवनीन्द्रनाथ ठाकुर के नेतृत्व में युगान्तर लाने वाले भारतीय कला आन्दोलन

का विषय चर्चित होने का फल यह हुआ कि अवनीन्द्रनाथ आदि के चित्रों के विषय में रोथेंस्टाइन की एक सामान्य धारणा पहले से थी ही। उनके हेमस्टिड घर में भारतीय चित्रकला के प्रिन्ट और प्राचीन चीनी मिट्टी और मृत्तिका पात्रों का उन्होंने काफ़ी संग्रह कर रखा था।[१५]

अपने बहुकांक्षित भारतवर्ष में बम्बई बन्दरगाह पर उन्होंने पदार्पण किया था शिल्पी क्रिश्चियाना हेरिंघम के साथ १९१० ई. में, २७ अक्टूबर को।[१६] कुमारस्वामी ने रोथेंस्टाइन से विशेष रूप से अजन्ता का परिदर्शन करने के बाद राजस्थान, आगरा, बनारस, पुरी एवं शान्तिनिकेतन घूम-घूमकर देखने की बात कही थी। राजस्थान की ऊसर मरुप्रकृति, वहाँ के स्थापत्य, वहाँ की चित्रकला, संगीत एवं वहाँ के प्राणवन्त मनुष्यों ने उन्हें ख़ूब मुग्ध किया था। सारे समय उन सबको रेखांकन के माध्यम से उन्होंने स्थायी बनाने की आप्राण चेष्टा की थी। उस समय बनारस परिभ्रमण के समय साधु-दर्शन आदि में अधिक समय लग जाने के कारण कोलकाता में अवनीन्द्रनाथ के शिल्प-संग्रह देखने आने से प्रायः वे अलग ही रहे थे। वहाँ पर प्रत्यक्ष रूप से सर जॉन बुडरफ और अपने बाल्यबन्धु स्टीफेन-दम्पति के आमन्त्रण की उपेक्षा ना कर पाने की वजह से अन्त में वे कई दिन के सफ़र में कोलकाता आये थे। अपने बहुअभीप्सित जोड़ासाँको में वे माघोत्सव के पूर्व गगनेन्द्रनाथ और अवनीन्द्रनाथ के साथ आये थे। ५ नं. घर के दक्षिणी बरामदे से संलग्न कमरे में आकर बैठे-बैठे चुपचाप सुना करते थे उनकी बातचीत। उस समय प्रतिभावान कवि, साहित्यकार और शिक्षाविद् के रूप में यूरोप की बात तो दूर रही, बंगाल के बाहर भी वे परिचित नहीं थे। किन्तु, बातचीत के बीच रवीन्द्रनाथ के ईसा मसीह जैसे चेहरे के सुन्दर अवयवों ने चित्रकार रोथेंस्टाइन को आकर्षित किया था। अवनीन्द्रनाथ के साथ पहले आलाप-परिचय के बारे में रोथेंस्टाइन ने अपनी आत्मकथा में लिखा है :

> सर जॉन बुडरफ जिस वक़्त सर हेरी स्टीफेन के साथ काशी में मेरे पास आये, उन्होंने ठाकुर परिवार के बारे में अच्छी तरह जानते हुए भी, मुझे आज भी रहस्य-सा लगता है, रवीन्द्रनाथ के बारे में मुझे कुछ नहीं बताया। हम लोग उस समय सिर्फ़ अवनीन्द्रनाथ और गगनेन्द्रनाथ को लेकर ही चर्चा में व्यस्त रहते थे।[१७]

बुडरफ और स्टीफेन के रवीन्द्रनाथ के बारे में न बताने पर भी, अवनीन्द्रनाथ और गगनेन्द्रनाथ ने रोथेंस्टाइन के साथ अपने प्रिय रवि काका का परिचय-

आलाप करा देने के समय उनकी कविख्याति की कथा, नाटक, संगीत-रचना एवं बोलपुर में आश्रम विद्यालय स्थापना के विषय में अतिथि को बता दिया था। कवि और रोथेंस्टाइन के परिचय के प्रसंग में उस घटना के साक्षी असितकुमार ने अपने स्मृतिचारण में लिखा है :

> जब कलागुरु अवनीन्द्रनाथ ने अपने काका महाकवि रवीन्द्रनाथ के साथ रोथेंस्टाइन का परिचय करा दिया उस समय सौभाग्यवश मैं वहाँ पर उपस्थित था। रोथेंस्टाइन शुरुआत में ही रवि दादा के क्राइस्ट-लाइक अपूर्व चेहरे वाले व्यक्तित्व को देखकर मुग्ध हो गये एवं पहले उनके पगड़ी बँधी हुई स्थिति का स्केच कर डाला। यूरोपीय जन भारतवासियों के पगड़ीविहीन चेहरा सोच ही नहीं पाते थे। पगड़ी बिना बाँधे बंगाली लोग रहते हैं यह जानकर ख़ाली सिर का पुनः एक स्केच रवि दादा का उन्होंने बना डाला। उन्होंने एक के बाद एक अवन मामा, गगन मामा और मेरा भी स्केच बना डाला था। उस समय रोथेंस्टाइन ने रवि दादा से अपनी बाङ्ला कविता का अँग्रेज़ी अनुवाद सुनाने का आग्रह किया था। दूसरे दिन अवन मामा के बैठकख़ाने में बैठक हुई। रवि दादा ने गीतांजलि की कई कविताओं के अँग्रेज़ी अनुवाद सभी को सुनाये। रोथेंस्टाइन सोची न जा सके ऐसी कविताएँ सुनकर अवाक् रह गये। जब उन्होंने यह सुना कि रवि दादा की विलायत जाने की इच्छा शारीरिक व्याधि को दूर करने के लिए है, तब उन्होंने उनसे और भी अँग्रेज़ी अनुवाद करने का अनुरोध किया, जिससे वे विलायत आयें और उन्हीं के यहाँ अतिथि हों।[१८]

प्रत्यक्षदर्शी असितकुमार के खसड़ा लेख में कवि के साथ हुए रोथेंस्टाइन के कथोपकथन में सच्चाई में किसी तरह की किन्तु, कोई अस्पष्टता नहीं है। उनके वक्तव्य से यह अनुमान लगाया जा सकता है कि जोड़ासाँको-भवन के उस अलौकिक परिवेश में ईश-सदृश रवीन्द्रनाथ के सुललित कण्ठ से काव्य पाठ सुनकर मुग्ध रोथेंस्टाइन ने कवि से और भी अनुवाद कार्य करते जाने को कहकर विलायत में उनके घर में ठहरने का अग्रिम आमन्त्रण निवेदित कर दिया था।

कवि का १९१२ में इंग्लैण्ड जाने का मूल उद्देश्य था अपनी पारिवारिक परम्परागत व्याधि अर्श की यन्त्रणा से मुक्ति के लिए उपचार कराना। उसके पहले शिलाइदह में पद्मा के एकान्त में दो मास के दिन बिताने के समय गीतांजलि काव्यग्रन्थ के अन्तर्गत अपनी रुचि की कुछ कविताओं का उन्होंने,

रोथेंस्टाइन के अनुरोध को याद रखते हुए, अँग्रेज़ी में अनुवाद किया था। इंग्लैण्ड में बड़ी उद्विग्नता के साथ रवीन्द्रनाथ की बाट जोहते हुए रोथेंस्टाइन की प्रतीक्षा एवं लन्दन में पहुँचते ही बिना विलम्ब किये कवि की गीतांजलि की पाण्डुलिपि के खाते को उन्हें सौंपने के साथ कोलकाता में असितकुमार के प्रत्यक्षदर्शन की घटना को मिलाकर देखने से सच्चाई को सहज ही समझा जा सकता है।

सरल, निष्कपट, मधुर भाषी रोथेंस्टाइन ने अनुवाद में भारतीय पुराण, धर्मग्रन्थों आदि को पढ़ा था। उस अनुभव के बारे में उन्होंने असितकुमार से बात की थी :

> तुम्हारे देश के ऋषि-तपस्वियों के जो सब महत् काल्पनिक चित्र मन में आँकता रहा हूँ, तुम्हारे इस देश में आकर उन्हीं सब चिह्नों को यहाँ प्रत्यक्ष आँखों के सामने देख पा रहा हूँ। जहाँ भी जाता हूँ, वहीं देख पाता हूँ। रोमन मूर्तिकारों द्वारा बड़े जतन से काढ़ी गयी सलवटोंदार वस्त्रों को पहने मानवमूर्तियों को। तुम लोगों के वसन-भूषण, भाव और व्यवहार मानो ठीक-ठीक प्राकृतिक शोभा के साथ मिलाकर जैसे एकदम किसी छवि की तरह गढ़े गये हों।

उन्होंने हमारे उत्तरीय की सिकुड़न भरी परतों की निर्झर की शिथिल जलराशि के साथ उपमा दी है। रास्ता घाट पर खड़े होकर उन्होंने कोलकाता में बहुत से स्केच बनाये थे। असितकुमार ने देखा था, हाईकोर्ट के सामने हरी-हरी घास के लॉन में एक व्यक्ति को पैर पर पैर रखे लेटे-लेटे विश्राम करते हुए देखकर, सोने की उस अद्भुत भंगिमा का बड़े मनोयोगपूर्वक कुछ क्षणों तक उन्होंने पर्यवेक्षण किया था। कारण बताते हुए उन्होंने असितकुमार से कहा था, 'वैसा दृश्य यूरोप में देखने की आशा उनके लिए कल्पनातीत है। उन्होंने भारत परिभ्रमण के दौरान तीर्थक्षेत्रों, मन्दिर के गली-घाट पर जिन सब साधु-सन्तों और फ़क़ीरों के दर्शन और उनका सत्संग किया था, उनके द्वारा बनाये गये रेखांकनों को उन्होंने असितकुमार को दिखाया था। उस समय (१९१२) लन्दन विश्वविद्यालय में पाठरत कालीमोहन घोष (१८८२-१९४०) को मॉडल बनाकर रोथेंस्टाइन भारतवर्ष में अपने देखे हुए पगड़ी पहने एक साधु के स्केच से चित्र बनाते समय हताश होकर अन्त में सटीक साधु के रूपायन में सक्षम नहीं हुए थे। उस समय उन्होंने अपने द्वारा आँके साधु के चेहरे को रवीन्द्रनाथ को दिखाया था। वास्तव में साधु की जटा बनाते समय उन्होंने टेढ़ी-मेढ़ी लकीरों का रूप ले लिया था। भारतीय समाज के साथ ओत-प्रोत भाव से परिचित न

हो पाने की वजह से यूरोप के एक दक्ष शिल्पी होते हुए भी वे एक भारतीय साधु के रूप को चित्रांकन में पकड़ने में समर्थ नहीं हुए थे।

रोथेंस्टाइन 'हमारे देश के कला सीखने के छात्र विलायत जायें' इसके बिलकुल समर्थक नहीं थे। वे कहा करते थे, 'तुम्हारे देश भारत में शिल्प उपादानों का कोई अभाव नहीं है। तुम लोग यह जान लो, कि हमारे यूरोप में अनेक चित्रकार ज़रूर हैं किन्तु, शिल्पी बहुत ही थोड़े हैं।[१९] असितकुमार के शब्दों में रोथेंस्टाइन की अनुकृति आँकने की पद्धति का हमारी पद्धति से काफ़ी अन्तर था। वे जिसकी प्रतिकृति आँकते थे, उसको काठ के गज़ से नाप लेते थे। और उनके स्केच में लगातार खींची जाने वाली लाइन नहीं रहती थी। विलायती नियम के अनुसार अनेक रेखाओं के घने चिह्न आउट लाइन में रहा करते थे। हम लोग तो देसी पद्धति से एक ही सीधी लाइन और एक ही घेरे में प्रतिकृति आँका करते थे।[२०] उस समय रोथेंस्टाइन द्वारा आँके गये शिशुपुत्र को गोद में लिए उनकी स्त्री का हल्की पेंसिल से बना एक स्केच उन्होंने देखा था, जिसमें मातृ भाव सुन्दर रूप में प्रस्फुटित हुआ था। अभ्यासवश कोलकाता आर्ट स्कूल में अवनीन्द्रनाथ के चेहरे के अवयवों का रेखाचित्र बनाने में लगे रोथेंस्टाइन का उसी क्षण का एक स्केच असितकुमार ने बनाया था।

उनके साथ पत्रों का आदान-प्रदान दीर्घकाल तक असितकुमार का चलता रहा था। हेवेल, निवेदिता, कुमारस्वामी की तरह रोथेंस्टाइन भी असितकुमार के सूक्ष्म रेखाओं से बने गीतिधर्मी चित्रों के अनुरागी थे।

तथ्यसूत्र

१. असितकुमार का बहीखाता।

२. वही।

३. अवनीन्द्रनाथ ठाकुर, 'भाव साधना', भारती अग्रहायण, १३१७ (१९१०), आठवाँ अंक, ३४ वर्ष, पृ. ६२।

४. असितकुमार का बहीखाता।

५. वही।

६. वही।

७. S. Durai Raja Singam, The Bridge Builder Supplement-2, Malaysia, 1983, p. 20–21.

८. खसड़ा खाता।

९. असितकुमार हालदार, 'Abanindranath Tagore and His cities, निबन्ध के मसौदे में प्राप्त, जुलाई १९५९, रूपलेखा (Ruplekha) पत्रिका में प्रकाशित आर्चर के लेख, India and Modern Art (p. 37), से उद्धृत, 'Abanindra's work is hesitant, indecisive line, misty vagueness of forms, somber mawkishness of colours, liking for wistfully girlish stance, dainty waneness, anaemic sentimentality and his followers dreaming a 'languid dream' of tepid colour, wistful, sentimentality.

१०. मुल्कराज आनन्द ने लेखक को लिखा था, ' Coomarswamy, Harvel, Sister Nivedita and Aurobindo Ghosh backed the revival in the mood of nationalism. They were literary men who wanted spirituality without substance, sleek Bengali middle class women painted in water colours further softened by passing a wet rag on the whole surface to be 'ethereal'–my dear'.

११. Anada Coomarswamy, 'Young India' September 1920, New York, p. 194–95 : "Infant Krishna lying in his foster Mother's lap—an Indian Madona and child. Without creating a very powerful work, the artist has been able to give genuine expression to a theme still infinitely dear to Indian Vaishnavas. The environment is, as it should be, that of a modern Indian home, where European ways of living have not yet penetrated; there is but a little of deliberate archaism, aside from the traditional dark color of the child. Only the elaborate and not well constructed folds of the drapery strike a jarring note in a composition that is otherwise unaffected.

१२. भारती, पौष, १३१७बं. (१९१० ई.), पृ. ५३८।

१३. सौरीन्द्र मित्र, ख्याति-अख्याति के नेपथ्य में, आनन्द पब्लिशर्स कोलकाता, द्वितीय संस्करण, १९९५, पृ. ८९; कवि ने रोथेंस्टाइन को लिखा था, उदाहरण, It is almost as bad as tying a tin can to a dog's tail making it impossible to him to move without creating noise and collecting crowds all time.'

१४. असितकुमार हालदार, 'विलियम रोथेंस्टाइन, भारती ३४ वर्ष, चैत्र १३१७ (१९११), पृ. १०३३-२६।

१५. S. Durai Raja Singam, Ananda Coomarswamy, The Bridge Builder, A study of a scholar Colossus (The Monograph Supplement-2),

Malayasia, 1983.

१६. Mary Lago, Christiana Herringham : An Edwardian, Art Scene, Ch. 7, Ajanta II... Hamphries publishers, London, 1994.

१७. William Rothenstein, Men and Memories, Vol. I, Ist edition, p. 249 से असितकुमार का अनुवाद, खसड़ा खाता।

१८. असितकुमार का खसड़ा खाता।

१९. असितकुमार हालदार, 'विलियम रोथेंस्टाइन', भारती पौष १३२०, पृ. १०२३।

२०. तदैव।

विवाह (१९११)

१९११ में हुए असितकुमार के विवाह की ठीक-ठीक तारीख़, दिन और मुहूर्त की जानकारी न होने पर भी, दिन का अन्दाज़ लगाने के लिए उसी समय असितकुमार के पिता के आवास १२/१ सर्कुलर गार्डेन रीच रोड, खिदिरपुर के ठिकाने पर उन्हें लिखे हुए स्वर्णकुमारी के १४ मार्च, १९११ के पत्र में हमें देखने को मिलता है, 'दहेज पाकर तो तुम ख़ुश हो गये हो। उसी से काफ़ी प्रसन्नता हुई। पर, विवाह कब है ? विवाह का दिन क्या निश्चित हो गया है? कहाँ होगा?' अपने लन्दन के घर से लगभग उसी समय असितकुमार को लिखे पत्र में श्रीमती हेरिंघम ने भी विवाह का समाचार पाने का संकेत किया था।

सम्भवत: १९११ ई. के मई महीने में किसी दिन सुदूर लाहौर में छोटे काका निर्मलचन्द्र के आवास पर असितकुमार के विवाह का आयोजन हुआ था। लाहौर प्रवासी अमरनाथ चट्टोपाध्याय की ज्येष्ठा पुत्री सरोजवासिनी के साथ उनका विवाह हुआ था। सहोदरा नीला के विवाह योग्य होने की वजह से ही उस समय एक तरह से बेरोज़गार होते हुए भी असितकुमार पिता की बात पर असहमत नहीं हो सके थे। विवाह में आशीर्वादस्वरूप गुरु अवनीन्द्रनाथ ने अपने द्वारा बनाये गये एक चित्र को उनके पास भेज दिया था।

छोटी नानी माँ स्वर्णकुमारी देवी ने अपने 'पाकचक्रे' (घटना चक्र अथवा षड्यन्त्र में) नामक प्रहसन को विवाह के उपलक्ष्य में उन्हें समर्पित कर उनके पास भेज दिया था। भारती १३१६ बंगाब्द में धारावाहिक रूप से प्रकाशित होकर छोटी नानी का पाकचक्रे पुस्तकाकार प्रकाशित हुआ था १३१७ बंगीय वर्ष (१९१०) में। समर्पण में उन्होंने लिखा था :

"हासिते रचि दिलाम गाछि एइ, कौतुक नव धाँधा
तोरे यौतुक उपहार।
तुमि यतने यत खुलिबे तत पड़िबे पाके बाँधा
प्राण छूटिबे हर्षाधार।"

अर्थात् हँसी-हँसी में मैंने यह कौतुकपूर्ण पहेली-सा प्रहसन दहेज में तुम्हें देने के लिए रच डाला है, तुम इसे जितने ही जतन से खोलकर पढ़ोगे, उतनी ही उलझन में पड़ते जाओगे, किन्तु, तुम्हारे प्राणों में आनन्द की धारा प्रवाहित होती रहेगी।

अपने स्नेह के पात्र असित को उन्होंने विवाह के उपलक्ष्य में आदर्श दहेज के रूप में यह पुस्तक उपहारस्वरूप दी थी। विवाह समस्या के ऊपर एक अंक का यह प्रहसन विवाह को लेकर कर्ता और गृहिणी में मतभेद और उलझन भरे घटनाक्रम और उसके समाधान पर केन्द्रित है। हरिबाबू नामक एक व्यक्ति से दस हज़ार रुपया ऋण के कारण उसकी कन्या के साथ कर्ता पुत्र का विवाह करने को लाचार है, ऐसी समस्या से उबरने की कहानी स्वर्णकुमारी का हास्य नाट्य है यह पाकचक्रे। समाज के अर्थलोभी व्यक्ति एवं दहेज प्रथा को केन्द्र बनाकर सुन्दर, मनोरंजनपूर्ण है यह नाट्य रचना।'

सुदूर इंग्लैण्ड से शिल्पी क्रिश्चियाना हेरिंघम ने नवदम्पति को उपहारस्वरूप भेजी थी एक सुदर्शनीय चीनी रत्नखचित 'मदर ऑफ़ पर्ल' नामक मंजूषा।[२] विवाह उत्सव में योगदान न करने पर भी आत्मीय मित्र सतीर्थों की स्वत:प्रेरित शुभकामनायें और अभिनन्दन तथा आशीर्वाद बरसते रहे थे नवदम्पति के ऊपर।

तथ्यसूत्र

१. पुरवैया, स्वर्णकुमारी देवी संख्या, जनवरी २०००, पृ. ६०।

२. इंग्लैण्ड से २५ मई, १९११ के पत्र में विवाह के उपहार के प्रसंग में श्रीमती हेरिंघम ने असितकुमार को लिखा था, "I have found something–a piece of linen embraidered very beautifully with silk flowers done by a village girl–It is an adaptation from an old English pattern made when Persian influence was very strong in England, किन्तु, एक दुर्घटना में डिज़ाइनदार उस वस्त्र के नष्ट हो जाने से १९ जून, १९११ को उन्होंने फिर जानकारी दी, 'I am sending instead of Chines Mother of Pearl Box.'

शान्तिनिकेतन आश्रम विद्यालय (१९११-१६)

महर्षि देवेन्द्रनाथ ठाकुर ने १८६३ ई. में भुवनडांगा की ज़मीन रायपुर के ज़मींदार प्रतापनारायण सिंह से ख़रीदी थी। "प्राणों का आराम, मन का आनन्द, आत्मा की शान्ति" पाने के स्थान पर महर्षि की १८६६ की ट्रस्ट डीड में ब्रह्मविद्यालय, पुस्तकालय और अतिथिशाला स्थापित करने का उल्लेख था। महर्षि की इच्छानुसार शान्तिनिकेतन में एक विद्यालय स्थापित करने में सबसे पहले आगे बढ़े थे रवीन्द्रनाथ के सचमुच में प्रिय, साहित्यसंगी, अग्रज वीरेन्द्रनाथ (१८४५-१९१५) के एकमात्र पुत्र तरुण बलेन्द्रनाथ ठाकुर (१८७०-१८९९)। एक निश्चित योजना के अनुसार जगत् का निर्धारण और एक भवन निर्माण तक शुरुआत का काम प्रारम्भ किया था बलेन्द्रनाथ ने। किन्तु, उनकी अकाल मृत्यु से वह काम अधूरा रह गया था। इसके बाद महर्षि के जीवनकाल में १९०१ ई. की शुरुआत में रवीन्द्रनाथ ने भुवनडांगा में ब्रह्मचर्याश्रम और विद्यालय की स्थापना कर पिता की इच्छा पूरी की थी। उसी गुरुगृह जैसे आश्रम विद्यालय में मुट्ठीभर पाँच छात्रों के दल में थे कविपुत्र रथीन्द्रनाथ (१८८८-१९६१)। १९११ ई. से शान्तिनिकेतन में कलाभवन के प्रारम्भिक दौर में विश्वकवि रवीन्द्रनाथ ने अनियमित भाव से सहायक रूप में पाया था अपने चित्रकार नाती असितकुमार को।

१. छोटे काका निर्मलचन्द्र की चिट्ठी, आश्रम में योगदान

तीन पीढ़ियों के सरकारी नौकरी की परम्परा के बन्धन को तोड़कर शिल्पी असितकुमार १९११ ई. में कोलकाता राजकीय कला विद्यालय की पढ़ाई

पूरी करने के अन्त में रवीन्द्रनाथ के आह्वान पर बोलपुर आश्रम विद्यालय में शिल्पकला सिखाने चले आये एवं उसी अत्यन्त निर्जन वातावरण में कवि के अधीन प्रकृति पाठ सीखने की ताकीद से। १९१३ ई. तक वे वहाँ पारिवारिक कारण की वजह से स्थायी रूप से नहीं रह सके। वैवाहिक जीवन के प्रारम्भ (१९११) में पिता के सरकारी काम में योग देने की बात कहने पर भी छोटे काका निर्मलचन्द्र हालदार ने पंजाब के फ़िरोज़पुर से १६ अगस्त, १९११ के एक पत्र में उन्हें ठीक-ठीक मार्गदर्शन करते हुए रवीन्द्रनाथ के सान्निध्य में जाने की युक्ति देते हुए लिखा था :

> ''मैं तो देख रहा हूँ तुम्हारे लिए तीन मार्ग हैं :
> १. कोलकाता में ४०/५० रुपये मासिक की ड्राइंग की मास्टरी।
> २. रवि बाबू के पास जाकर रहना।
> ३. विलायत चले जाना।
>
> पहले के बारे में मेरा कहना यह है कि तेरे द्वारा अब स्कूल की मास्टरी नहीं हो पायेगी। बच्चों को सिखाना तेरे लिए कोई गिफ्ट नहीं है। फिर भी उम्र के हिसाब से तू एक समय गुरु महाशय हो सकता है। तू सोचकर देख १० से ४ बरस तक के घर से निकाले हुए आवारा लड़कों के एक दल के साथ लड़-झगड़कर घर आकर आर्ट की प्रेरणा क्या कुछ रह जायेगी ? तू अगर उस स्थिति में ईश्वरी बाबू की तरह दो-एक अच्छी कॉपी कर सका तो वह पर्याप्त काम होगा। तेरे द्वारा कुछ मौलिक काम होना एकदम असम्भव हो जायेगा। विलायत जाने में दो बातें हैं, एक तो रुपया, दूसरे तेरी कला का फलाफल। आर्ट के फलाफल के बारे में तेरे गुरु अवन मामा की राय अन्तिम राय है, उनकी राय के ऊपर और कोई बात चलेगी नहीं।[1] उस विषय में उनका परामर्श तुझे सुनना ही होगा। तू अगर एक डिग्री लेकर वापस आ सकता है तो आर्ट को जलांजलि हो या न हो किन्तु, एक मोटा मासिक वेतन (१००/३०० रुपया) ज़रूर हो सकता है। इस मार्ग पर अन्तिम बात रुपया है। वह कहाँ से आता है, यही मुख्य बात है ?''

अतएव पहले और तीसरे मार्ग को निरस्त कर रवीन्द्रनाथ के पास जाकर रहने के तर्कसिद्ध दूसरे मार्ग का निर्देश देते हुए उन्होंने लिखा था :

> 'रवि बाबू के सान्निध्य में रहने से तेरा इस जीवन का एक बहुत बड़ा उपकार होगा, इसमें कोई सन्देह नहीं है। इससे तेरे जीवन में जो

आध्यात्मिक उपकार होगा, उसे अगर छोड़ भी दिया जाये तो तेरी कला का विशेष उपकार होगा ही। तू इस समय निहायत जो-सो के मतानुसार हिन्दुत्व अथवा राष्ट्रीयत्व के सम्बन्ध में जो कुछ जानता है, वह एक तरह से न जानने के बराबर है। रवि बाबू के निकट रहकर इन सब विषयों के बारे में तू जो कुछ सीखेगा, वह इस भारत में अद्वितीय और अतुलनीय होगा। वे हैं एक बहुत बड़े आर्टिस्ट, और इसी वजह से वे तेरी आर्ट के तारों पर जो कुछ बजायेंगे उसका सुन्दर परिणाम होगा, ऐसा मेरा विश्वास है। इस परिणाम से हमारे देश का एक अप्रत्याशित उपकार सम्भव होगा। इसका आर्थिक फल भी अच्छा होगा, इस विषय में तो कोई सन्देह है ही नहीं। फिर भी तुझे उस पर न विचार करते हुए, उधर न देखते हुए चलना पड़ेगा, इसका अर्थ यह है कि तुझे अपने जीवन को अपनी कला के लिए समर्पित करना होगा, उससे लाभ और हानि जो होना हो हो। इसके ऊपर व्यवसाय वाली बात यह है कि चाहे जैसे हो, तेरी आर्ट की उन्नति और उसी कारण से तेरी छवियों का मूल्य बढ़ जायेगा, इस विषय में मुझे ज़रा भी सन्देह नहीं है। इस तरह की सुविधा मनुष्य के जीवन में बहुत कम घटित होती है और अगर तू अपने मन को आज से चिरकाल के लिए इस व्रत में दृढ़ कर सके, तो मेरा जो उपदेश है, तू वही कर।[२]

प्रेसीडेंसी कॉलेज में पढ़ाई समाप्त करने के अन्त में इंग्लैण्ड में विंडसर के कुपर्सहील इम्पीरियल इंजीनियरिंग कॉलेज के स्नातक निर्मलचन्द्र ने १८९८ ई. में देश लौटकर पश्चिमांचल के भारतीय रेलवे के ट्रैफ़िक इंजीनियर के पद पर योग दिया था। मथुरिया घाटा के ठाकुर परिवार में उनका विवाह हुआ था। साहबी ठाट-बाट से दिन बिताने के अभ्यस्त निर्मलचन्द्र ने कोलकाता आकर गंगा-स्नान के सुअवसर को कभी नहीं छोड़ा।

सिस्टर निवेदिता, श्री अरविन्द और रवीन्द्रनाथ की राष्ट्रीय भावना में शामिल होकर १९०६ ई. 'नेशनल कॉलेज' की स्थापना के साथ उन्होंने अपने को जोड़ लिया था। उनकी उपर्युक्त चिट्ठी का वैशिष्ट्य, असितकुमार की उम्र और शिक्षकता में अनभिज्ञता की बात ध्यान में रखकर निर्मलचन्द्र का सटीक मन्तव्य एवं नोबेल प्राइज़ पाने के बहुत पहले ही रवीन्द्र प्रतिभा के प्रति उनकी अकृत्रिम मुद्रा और गम्भीर विश्वास की नि:संकोच अभिव्यक्ति है। ऐसे मनीषी के शिक्षा क्षेत्र में रवीन्द्र के मूल्यांकन ने असितकुमार को पिता के

परामर्श और आर्थिक अनिश्चय की उपेक्षा कर आश्रम विद्यालय में योगदान देने में साहस जुटाया था। असितकुमार अपने शिल्पी जीवन के प्रारम्भ में जब भी किसी उद्दिष्ट काम में आगे बढ़ने में द्विधाग्रस्त होते थे, तभी निर्मलचन्द्र ने अपने सटीक पथप्रदर्शन के द्वारा उन्हें द्वन्द्व से मुक्त किया था।

१९१८ में रेल के बोर्ड के सबसे पहले भारतीय सदस्य निर्वाचित होने के थोड़े समय बाद बारइन्फ्लुएंजा से ग्रस्त होने के कारण अकाल में मात्र ३८ वर्ष की उम्र में वे लाहौर में मारे गये।

२. आश्रम विद्यालय (१९११-१६)

पिता सुकुमार हालदार के लिए असितकुमार के कर्मक्षेत्र के रूप में शान्तिनिकेतन पसन्द न होते हुए भी, एक आदर्श विद्यायतन के रूप में उन्होंने अपने अनुज चार भाइयों, ज्योतिर्मय, दीप्तिमय, परितोष और देवनाम को एक-एक कर भर्ती करा दिया था आश्रम विद्यालय में। उसी वजह से बोलपुर आश्रम विद्यालय में असितकुमार का आना-जाना था। किन्तु, शिक्षक के रूप में रवीन्द्रनाथ के साथ शान्तिनिकेतन में पहली बार पहुँचकर आश्रम विद्यालय को व्यापक दृष्टि से देखने का सुअवसर १९११ ई. में उन्हें मिला था। आश्रम विद्यालय में पहली बार योग देने के बारे में उन्होंने लिखा था :

> उस दिन का चित्र कभी भूला नहीं। रवीन्द्रनाथ ने कलागुरु अवनीन्द्रनाथ के घर जाकर उनके सामने प्रस्ताव रखा, असित को इस बार मैं अपने साथ रखकर देखना सिखाऊँगा। दृष्टि तैयार हो जाने से जो हाथ तैयार हो जाता है, उसके बाद वह सहजता से ही तुम्हारे पास काम कर सकेगा। मेरे सामने उन्होंने शान्तिनिकेतन की एक चमत्कारपूर्ण छवि प्रस्तुत की, वहाँ की ऋतु परिवर्तन के मध्य विचित्र लीला, दिगन्तव्यापी तरंगायित मैदान के ऊपर सुबह-शाम और मध्याह्न का अपूर्व भाव जो नित्य मिलता था, उसकी वर्णना।[3]

आश्रमकर्ता रवीन्द्रनाथ के साथ एक विशेष क़िस्म की तैयार बैलगाड़ी से शान्तिनिकेतन जाने की स्मृतिचारणा करते हुए असितकुमार ने लिखा है :

> 'बोलपुर स्टेशन से उतरकर शान्तिनिकेतन जाने वाले मार्ग पर दोनों ओर कांश के गुच्छे, जलाशय के जलचर पक्षी एवं ताल और शाल

तरु श्रेणियाँ मानो सभी का बड़े उदारभाव से आह्वान कर रही हों। पूरे मार्ग पर (दो मील) बैलगाड़ी से रवि दादा के साथ जा रहा हूँ और वे एक खाते में गान अथवा कविता रचना करते जा रहे हैं। आश्रम में प्रवेश करने के मुख पर ही वेद गान से मुखरित प्रान्तर एवं प्रार्थना में रत बच्चे मानो एक-एक बुद्ध वृक्ष के नीचे कतार में बैठे हुए हैं। उन्हें देखकर मेरी आँखें जुड़ा गयीं।'[४]

कवि ने उन्हें शुरुआत में अपने पास ही रखा था। बाद में असितकुमार १९१४ तक वहाँ पर बड़े दादा द्विजेन्द्रनाथ ठाकुर के 'नीचू बंगला' में दिनेन्द्रनाथ के साथ रहे थे। बाद में रवि दादा के पक्के दुमंज़िला घर 'नूतन बंगला' से लगे एक छोटे से एक छप्पर वाले कच्चे कमरे में उनके लिए स्थान हो गया था। असितकुमार की भाषा में उस समय आश्रम की परिधि बहुत छोटी थी। शालबीथी के तला से होता हुआ एक पथ एवं उसके एक छोर पर मैदान को पार कर भुवनडांगा की पल्ली थी। शालबीथी के अन्त में रवि दादा का एक दुमंज़िला पक्का घर था, 'नूतन बंगला'। इसी घर से संलग्न एक छोटा-सा एक छतवाला मिट्टी का कमरा था—मैं उसी में रहता था। उसके पास ही माधवीलता कुंज का तोरण था, उसी से लगे हुए एक छप्पर वाले घर में रहते थे विली पियर्सन। मेरे कमरे के सामने था जवा का एक पेड़। इसी के भीतर प्रांगण और कई बड़े कमरे थे—वही था अतिथि निवास।[५]

रवीन्द्रनाथ के सर्वांगीण शिक्षा चिन्तन में मनुष्य की सहज मनोवृत्तियों को जगाने की एक महान् प्रेरणा थी। इसीलिए वे चिरकाल से प्रचलित विद्यालयों के कठोर नियम, क़ानूनों को वर्जित कर प्रकृति के उन्मुक्त प्रांगण में खींच लाये थे अपनी प्रयोगों पर आधारित (Experimental) साहसपूर्ण शिक्षाधारा को। संगीत और शिल्पकला को समान महत्त्व देते हुए अन्यान्य विषयों के साथ सिखाने का कवि का वहाँ आन्तरिक प्रयास रहता था। असितकुमार जैसे सृजनशील, प्रतिभावान एक नवीन शिल्पी को वे इसी कारण से आश्रम विद्यालय में ले आये थे चित्रकला की शिक्षा को ज़ोरदार करने की अपनी इच्छा से प्रेरित होकर। आश्रम विद्यालय में इसके पहले छवि आँकना सिखाया करते थे ओंकारानन्द उर्फ़ पाँचू गोपाल राय, नगेन्द्रनाथ आईच एवं सन्तोष कुमार मित्र। इनमें से कोलकाता सरकारी आर्ट स्कूल में अवनीन्द्रनाथ के छात्र सन्तोषकुमार ही अपने चित्रांकन के गुण के कारण बच्चों के मन में रेखापात करने में समर्थ हो सके थे। वहाँ पर ओंकारनाथ से छवि आँकने की शिक्षा लेकर असितकुमार के पास छात्र के रूप में आये थे मुकुलचन्द्र डे।

असितकुमार के चित्रांकन से आकर्षित होकर शिशु विभाग से उनके पास छवि अंकन सीखने के लिए आया करते थे अन्नदा मजूमदार, मणीन्द्रभूषण गुप्त, सुशील मुखोपाध्याय, द्विजेन्द्रलाल राय, धीरेनकृष्ण देववर्मा जैसे कई मात्र छात्र। १९१२ में गर्मियों की छुट्टियों के अवसर पर राँची में रहते समय तरुण मुकुल डे को अवनीन्द्रनाथ ने उनके पास शिक्षा प्राप्त करने के लिए भेजते हुए स्पष्ट निर्देश देते हुए चिट्ठी में लिखा है :

> मुकुल को राँची पुनः भेजा है, क्योंकि वह वहाँ पर रहकर लिखना-पढ़ना भी कर सकेगा एवं तुम्हारे पास जितना हो सकेगा चित्रकला का ज्ञान भी अर्जित कर सकेगा। मुकुल का हाथ बहुत अच्छा है, तुम इसे ख़ूब जतन कर सिखाना और इसे अपने छात्र की तरह देखना। तुम लोग अगर एक-एक काम का भार नहीं लोगे तो मैं अकेला कितना काम कर सकूँगा।

इस तरह से एकदम छोटे-छोटे गौण कामों के भीतर से १९११ से १९१३ की अवधि के दौरान वहाँ पर कवि के बहुकांक्षित कलाभवन का अंकुरोद्गम असितकुमार के हाथों घटित हुआ था।

शान्तिनिकेतन विद्यालय में छवि आँकने का अखाड़ा हो गया है, यह ख़बर पाकर अवनीन्द्रनाथ ने ८ जुलाई, १९११ को असितकुमार को लिखा था :

> बोलपुर में यदि छोटी-मोटी एक कलावीथिका (Gallery) बना सको तो कोई बुरा नहीं है। बोलपुर में शिक्षा देने के विषय में इतना ही याद रखना कि अपने आपको वहाँ गुरु महाशय की पीठ पर स्थापित कर बच्चों में भय पैदा मत करना। याद रखो यदि पक्षी पढ़ाना हो तो पक्षी के साथ स्वयं भी पक्षी बनना पड़ता है।

असितकुमार ने गुरु के उपदेश के अनुसार शिक्षा के अंग के रूप में छात्रों को ले जाकर बोलपुर के आसपास नानू आदि की जगहों पर प्राचीन मन्दिरों के परिदर्शन के समय यथाशक्ति पकी मिट्टी की मूर्तियाँ, पटचित्र आदि का संग्रह एक कलावीथिका की स्थापना की बात याद रखकर, शुरू कर दिया था एवं छात्रों को छवि आँकना सिखाने तथा स्वयं भी छवि आँकने में अपने को लगा दिया था, यद्यपि उस समय वे लगातार अधिक दिनों आश्रम में रह नहीं पाये थे।

शान्तिनिकेतन में रहते समय नियमित रूप से कमाई न होने से एवं सहकारी

काम में योग देने में उनकी अनिच्छा की वजह से, घर-गृहस्थी चलाने की कहावत के अनुसार 'कोई ज़मींदार तो हो नहीं, विवाह हो गया है, अब नौकरी का प्रयास करो'—पिता की इस तरह की चेतावनी ने भीषण विपत्ति में डाल दिया था असितकुमार को। १९१२ ई. में उनकी पहली सन्तान का जन्म होने से उनका दायित्व और चिन्ता और भी बढ़ गयी थी। राँची, कोलकाता और बोलपुर में घूम-फिरकर चल रहा था उनका घर-गृहस्थी चलाने का प्रयास, चित्र रचना और शिक्षण कार्य। रवि दादा गये थे सपरिवार विदेश के परिभ्रमण पर। पारिवारिक दबाव में असितकुमार ने अनिच्छा होते हुए भी उन्हें अपनी आर्थिक माँग की बात बताने पर इलीनय से ८ जनवरी, १९१३ को रवि दादा ने लिखा था :

> तुम अगर बोलपुर में रह सके तो इसमें मुझे बड़ी ख़ुशी होगी। मुश्किल यह हुई कि इस बीच मैं विलायत चला आया हूँ। उस पर मेरा काफ़ी ख़र्चा हो रहा है और उस तरफ़ बोलपुर के विद्यालय का ख़र्चा पूरा नहीं हो पा रहा है—वहाँ पर आर्थिक खींचतान ख़ूब हो रही है। मैं जब तक लौट नहीं आता तब तक वह खींचतान समाप्त नहीं होगी। इस समय तुम्हें ५०/६० रुपया महीना देकर विद्यालय में रखना एकदम उसकी सामर्थ्य से बाहर है। मेरे लिए भी वह काफ़ी अधिक है। मेरी यह स्थिति तुम देख पा रहे हो।

इस पत्र में हमें उनकी एक अर्थवत्तापूर्ण शिकायत मिलती है,

> मेरी कई दिनों की इच्छा है, बोलपुर में चित्रकला का ज्ञान अच्छी तरह से सिखाया जाये। किन्तु, आज तक मेरे ऊपर लक्ष्मी की मेहरबानी नहीं हुई—रुपयों का अभाव किसी भी तरह समाप्त नहीं हुआ—मन की इच्छा मन में ही रह गयी।[६]

अर्थ के अनर्थ ने आश्रमिक जीवन में पारिवारिक यात्रा में उन्हें आत्मनिर्भर नहीं होने दिया। छात्र धीरेनकृष्ण देववर्मा ने अपने शिक्षक असितकुमार के उस समय के दिन-यापन की कथा स्मरण करते हुए लिखा है :

> असितकुमार का जितना सुन्दर चेहरा था, हृदय भी उतना ही सुन्दर और स्पष्ट बात कहने वाला था। वे हमारे शिक्षक होते हुए भी आन्तरिक दृष्टि से उनके साथ एक घनिष्ठ सम्बन्ध गढ़ उठा था। शुरुआत में कलाभवन के शिक्षकों की आर्थिक स्थिति कोई बहुत सम्पन्न नहीं थी, हर मास उन्हें वेतन अन्य सरकारी स्कूल के शिक्षकों

की तुलना में बहुत कम ही मिलता था। इतने पर भी उनके मन में आनन्द का कोई अभाव नहीं था।[७]

अपने पितृदेव के दबाव के कारण बाध्य होकर रवि दादा के समक्ष वेतन की दर बढ़ाने के लिए लिखने पर रवीन्द्रनाथ ने असित की न्यायसंगत वेतन की माँग वे पूरी नहीं कर सकते हैं, मूलतः आत्मीयता रूपी काँटे के कारण। इसलिए उनकी सच्ची माँग के उत्तर में रवीन्द्रनाथ ने रामगढ़ से १४ मई, १९१४ को उन्हें लिखा था,

> विद्यालय का ख़र्चा बढ़ता जा रहा है। इस सत्र में तो और भी बढ़ जायेगा। वहाँ पर तेरा काम तो बहुत थोड़ा है—कहा जाये तो एक तरह से कुछ भी नहीं। बोलपुर में रहकर बिना व्याघात अपना काम और मन का विकास तू कर पायेगा, यही लक्ष्य रखकर मैं वहाँ तुझे खींच लाया हूँ। ...यदि तुझे महीना में काफ़ी वेतन देने लगूँ तो उससे विद्यालय पर बोझ बढ़ जायेगा, सिर्फ़ यही नहीं, सारे शिक्षकों की दृष्टि में वह असंगत भी ठहरेगा। सभी लोगों को लगेगा कि तू मेरा आत्मीय है, इस वजह से मैं तेरा भरण-पोषण कर रहा हूँ, विद्यालय की ओर से।[८]

दारुण अभाव की उपेक्षा कर रवीन्द्र-भावना में सुन्दर-असुन्दर क्षुद्र और वृहद् इन सब चीज़ों को लेकर जो परमा प्रकृति गतिशील है, उसकी अविरल धारा को चित्रों में बाँधने की सफल और निष्फल चेष्टा के द्वारा असितकुमार का अविच्छिन्न रूप से छवि आँकना उस समय चल रहा था। शान्तिनिकेतन में वे बड़े आनन्द से रह रहे थे।

३. ओकाकुरा काकुजो (१९१२)

तत्कालीन शिल्प विद्यालयों की छवि आँकने की पद्धति एवं उनमें पढ़ने वाले शिक्षार्थियों के सम्बन्ध में एक स्पष्ट धारणा के साथ रवीन्द्रनाथ ने लिखा था :

> आर्ट स्कूल में हम भर्ती तो हो जाते हैं, किन्तु, हमारे देश में शिल्पकला का आदर्श क्या है, इसे हम लोग नहीं जानते हैं। यदि शिक्षा के द्वारा इसका परिचय हमें मिल जाता तो एक यथार्थ शक्ति पाने की हमें

> सुविधा हो जाती। कारण, यह आदर्श हमारे देश में ही विद्यमान है—जापान के एक विख्यात चित्र-रसज्ञ पण्डित इस देश की कुछ कीड़े खायी छवियाँ पट पर अंकित देखकर विस्मय से पुलकित हो गये हैं—वे एक पटचित्र यहाँ से अपने साथ ले भी गये हैं, वहाँ पर ख़रीदने के लिए जापान के कई गुणज्ञ उन्हें काफ़ी क़ीमत देना चाहते थे किन्तु, उन्होंने उस पटचित्र को बेचा नहीं है।... इसका कारण क्या है? इसका कारण यह है कि जिन्होंने कला का ज्ञान सचमुच में सीखा है, वे विदेश के अपरिचित शैली के चित्रों का सौन्दर्य भी ठीक-ठीक देख सकते हैं—उनमें परखने की एक शिल्प-दृष्टि होती है।[९]

कहना अतिशयोक्ति होगी, शिल्परसज्ञ थे काउंट ओकाकुरा काकुजो। भारतीय शिल्प शिक्षार्थियों की कला-दृष्टि-जागरण का पथ-प्रदर्शन करने के लिए १९११ ई. की अन्तिम अवधि में दूसरी बार आये थे ओकाकुरा, इनके नाम का उल्लेख किये बिना रवीन्द्रनाथ ने भारतीय शिल्प कला के मूल्यांकन के प्रसंग में जिनका श्रद्धापूर्वक स्मरण किया है। ओकाकुरा सबसे पहले भारत आये थे १९०१ ई. में। शिकागो विश्वधर्म सम्मेलन (१८९३) के अनुष्ठान से अनुप्राणित होकर जापान के हाइगाचि-होंगांजि (Higachi-Honganji) मन्दिर के मालिकों ने जोसेफिन मेकलाउड (Josephine Macleod, १८६०-१९४९) के प्रयास से ओकाकुरा को उनके साथ भारतवर्ष भेजा था स्वामी विवेकानन्द (१८६३-१९०२) को वहाँ पर १९०२ में होने वाले विश्व हिन्दू-बौद्धधर्म महासम्मेलन में आमन्त्रित कर उन्हें ले आने के उद्देश्य से। स्वामी जी दुर्भाग्यवश अस्वस्थ होने की वजह से उस देश में जाने में समर्थ नहीं हो सके थे, फिर भी वे वाराणसी और बौद्धगया भ्रमण में ओकाकुरा के साथी हो गये थे एवं भारतीय कला के सम्बन्ध में उनकी बातचीत हुई थी।[१०]

१९०२ ई. में अपनी उसी पहली भारतयात्रा में जोड़ासाँको भवन में अवनीन्द्रनाथ के साथ ओकाकुरा का परिचय होने पर, उनकी चित्ररचना भी उन्होंने देखी थी। उस समय जापानी शिल्पकला के नवोन्मेषी आन्दोलन में सफल कर्णधार ओकाकुरा ने सोचा था, 'भारत में मनुष्य के शिल्पचित्त को यदि उद्बुद्ध किया जा सके तो भारत की समग्र अन्तरात्मा अपने आप जाग जायेगी।' अवनीन्द्रनाथ की छवियों में उन्हें वही जागरण नहीं दिखायी दिया था। उन्हें

लगा था, 'शिल्पी को भारत की शिल्पात्मा का परिपूर्ण सन्धान उस समय भी नहीं मिला है।'[११] उनके द्वारा स्थापित और सम्पादित जापान की विख्यात कला सम्बन्धी कोक्का (Kokka) पत्रिका में १९०९ ई. में अवनीन्द्रनाथ के 'संगीत-सभा' और अन्यान्य चित्र सर जॉन बुडरफ के निबन्ध के साथ प्रकाशित हुए थे। निबन्ध में एक विदेशी के लिए हमारे अज्ञात एवं अनादृत सभी चित्र कितने महत्त्वपूर्ण हैं, भारतीय पाठक-पाठिकाओं को उसका आभास कराने के लिए कोक्का पत्रिका में प्रकाशित बुडरफ के निबन्ध का सार-संक्षेप अनुवाद के रूप में 'भारत का आधुनिक शिल्प विज्ञान' शीर्षक से भारती पत्रिका में लिखा गया था :

> शिल्पकला मानवचित्त की भावाभिव्यक्ति की भाषा मात्र है। सुताराम् शिल्प मात्र को ही जातिविशेष की शिक्षा और भावों के अनुसार होना चाहिए। दुर्भाग्यवशत: भारत में आधुनिक शिल्पीगण निकृष्ट पाश्चात्य कला का अधूरा अनुकरण कर अपने राष्ट्रीय शिल्प माधुर्य को नष्ट करते जा रहे हैं एवं विकृत रुचि के कारण वे लोग अपने प्राचीन शिल्प माहात्म्य और गौरव तक का अनुभव करने में असमर्थ हैं। इसीलिए श्रीयुत अवनीन्द्रनाथ ठाकुर के चित्र सभी भारतीय शिल्पजनों की अपेक्षा पाश्चात्य शिल्पीजनों की दृष्टि में अधिकतर आदर के योग्य हैं, भारत के मौलिक शिल्प-सौन्दर्य के सम्बन्ध में देशवासियों का जागना बहुत कुछ पाश्चात्य शिल्पीजनों के उत्साह और आन्दोलन का फल है। भारत की वाणी अगर अपनी शक्ति और सौन्दर्यबोध की क्षमता उपलब्ध कर ले तो वह दुनिया को कितनी अमूल्य वस्तु दान कर सकती है, अवनीन्द्र के चित्रों का सौन्दर्य तो उसका एक प्रमाण मात्र है।

लिखा गया है,

> इन सब चित्रों की कोमलता, माधुर्य और अनुकरण से परे उनकी मौलिकता भाषा के द्वारा अवर्णनीय है। सारे चित्र सार्वजनीन भाषा में भारतीय चित्त का परिपूर्ण प्रकाश हैं। ...यह पुष्प केवल अतीत के सौन्दर्य और माधुर्य की घोषणा कर रहा है, यही नहीं, यह भविष्य में भी फलप्राप्ति की यथेष्ट आशा भी प्रदान करेगा।[१२]

१९१२ ई. में दूसरी बार भारत में आकर 'Asia is one' के प्रवक्ता, जापान राष्ट्रीय चित्र पुनरुत्थान के नेता ओकाकुरा भारतीय कला आन्दोलन के साथ भी जुड़ गये थे। जोड़ासाँको भवन में अवनीन्द्रनाथ और उनके छात्रों की

नव्य–भारतीय छवियों को उन्होंने देखा था और उनके बारे में दो दिन तक उनके साथ ब्योरेवार सूक्ष्म चर्चा से उन्हें लगा था,

> भारतीय चित्रकारों ने मानो भारतीय कला की आत्मा को पा लिया है, सिर्फ़ उसकी देह को नहीं, अर्थात् मध्ययुगीन चित्रों की नक़ल और प्राचीनों के मार्ग के अनुसरण से अब उन्हें तृप्ति नहीं मिल रही है—उन लोगों ने भारत के नव–कला आन्दोलन की शुरुआत कर दी है, नवीन शिल्प–सृजन में वे लोग लगे हुए हैं।... कला की मुक्ति से ही चित्त की मुक्ति वे लाना चाहते हैं—कारण, यह भाषाहीन, शब्दहीन, नीरव बाँसुरी सभी मानवों के हृदय में प्रवेश कर जायेगी—इसी आर्ट के क्षेत्र में निखिल मानवों का मिलन सार्थक होगा।"[१३]

घटनाक्रम से अवनीन्द्रनाथ के घर में शिक्षार्थियों की उपस्थिति में ओकाकुरा की इस दो दिन चलने वाली चित्र–चर्चा में अनुपस्थित थे असितकुमार। नन्दलाल ने अपने उस दो दिन के अनुभव को बताते हुए उन्हें राँची के पते पर २७ सितम्बर, १९१२ की चिट्ठी में लिखा है :

> आज (२७ सितम्बर) ओकाकुरा, प्रसिद्ध चित्रकला शिक्षक और जापान तथा चीन के प्रधान चित्र समालोचक राँची प्रस्थान कर रहे हैं। तुम उनसे मिल लेना—तुम्हारी कुछ छवियाँ वहाँ हैं, उन्हें ज़रूर दिखा लेना। उन्होंने हमारे बहुत से सन्देहों को दूर कर दिया है। उससे तुम वंचित रह गये हो किन्तु, भगवान तुम्हारे ऊपर दयालु हैं, इसे जान लेना। वे स्वेच्छा से तुम्हारे पास आ रहे हैं। तुम बड़ी सावधानी से उनके साथ बातचीत करना—इस तरह का भाव दिखाना, मानो हम लोग चित्रशिक्षा का अभी क ख ग सीख रहे हैं—कारण, कहा गया है कि १०/१२ बरस की शिक्षा चित्रकला की दृष्टि से कुछ भी नहीं है। ऐसे छात्र के पास उनके समक्ष कहने योग्य कुछ नहीं है।

ओकाकुरा ने जोड़ासाँको में तरुण शिक्षार्थी छात्रों की छवियों के गुण–दोषों पर विचार करते हुए शिल्पकला–सृजन के काम में शिल्पियों की मौलिकता (originality) ऐतिह्य (tradition) और प्रकृति (Nature) अंगांगिभाव से जुड़े रहते हैं, उस विषय को उन्हें विशेष रूप से समझाया था। जैसे ऐतिह्य को अस्वीकार कर चित्र–रचना करने के प्रयास की वे पागल के प्रलाप के साथ तुलना करते थे। अगर कोई आर्टिस्ट—चित्रकार होना चाहता

है तो उन चीज़ों की निश्चय ही दरकार होगी, यही था उनका निर्णय। उनकी व्याख्या के अनुसार, Tradition = अर्थात् पुराने शिल्पीजन क्या कर गये हैं उसकी Study–अध्ययन करना, (Memory) से नक़ल करना सामने खड़े होकर (नहीं), उसके प्राणों की कथा, जैसे फूल = जिसमें सुकुमारता, कोमलता आदि जो सब गुण होते हैं, अगर कोई Nature से नक़ल करता है, और उसमें ये सब गुण न हों, तो फिर समझ लो कुछ नहीं हुआ। यही सीख थी उनकी। प्रतिदिन सवेरे शिक्षार्थी लोग जो कुछ देखेंगे, उसी का स्केच बनायेंगे तभी वे जल ग्रहण करेंगे, जैसे माँ की पूजा किये बिना भक्त लोग जल-ग्रहण नहीं करते हैं, वैसे ही उन्हें करना चाहिए। अन्त में नन्दलाल ने लिखा था, 'तुमसे क्या कहा, निश्चय बताना। क्या बात हुई, उस सबको जानना। मुकुल को उसकी अपनी भाषा में समझा देना। मेरे जैसे पागल की भाषा वह समझ न पायेगा।'[१४]

राँची में असितकुमार की छवियाँ देखकर भी टेबिल पर दियासलाई की तीली से छवि आँकने में उपर्युक्त तीन अनिवार्य, अदृश्य सत्ता के विषय में बल देते हुए उन्हें समझाया था। ओकाकुरा की चित्रकला सम्बन्धी शिक्षाओं और उनके मन्तव्य को यथासम्भव एक पत्र में लिखकर असितकुमार ने नन्दलाल को भेज दिया था। वास्तव में वहाँ क्या घटा था अपनी भाषा में उन्होंने अपने संस्मरणों में लिखा है :

> राँची में सामलोंग में उस समय भी हमारा घर तैयार नहीं हुआ था—हम लोग रहते थे शहर में एक किराये के घर में। बाबा राँची में ही पोस्टेड थे। मुकुल डे उस समय अवन मामा का पत्र लेकर कोलकाता से मेरे पास आये थे—मेरे पास रहकर छवि आँकना सीख रहे थे। उनके काका राँची में ही रह रहे थे किन्तु, मुकुल रह रहे थे हमारे ही घर में। मुकुल को लेकर घर के सामने की ओर बरामदे के एक तरफ़ एक टेबल पर बैठकर छवि आँका करता था। मेरे पास आकर बाबा ने कहा—'काउंट ओकाकुरा आ रहे हैं, सुरेन के साथ मोरावादी से, तुम्हारा जो best (बेस्ट) है, वही उन्हें दिखाना।' मुकुल सुनकर हक्के-बक्के हो गये और उन्होंने पूछा, ओकाकुरा क्या इतने बड़े व्यक्ति हैं? बाबा ने जवाब दिया, हाँ, वे एक नरसिंह हैं। इसी के साथ-साथ फाटक पर टन-टन की आवाज़ हुई रिक्शा की। सुरेन मामा (सुरेन्द्रनाथ ठाकुर) एवं ओकाकुरा रिक्शा से उतरे। बाबा ने उनका स्वागत करते हुए गोल कमरे में बैठाया। ...उनके राँची आने

की ख़बर नन्दलाल भैया ने पूर्वाह्न में ही मुझे पत्र द्वारा बता दी थी। बाबा ने मुकुल और मुझसे अपने द्वारा आँकी गयी छवियों को उन्हें दिखाने के लिए कहा। मुकुल ने अपने द्वारा आँकी गयी 'आतंक' तथा 'वासुदेव' दो छवियाँ दिखायीं एवं मैंने उन्हें काफ़ी बड़ा पेंसिल से आँका गया श्रीकृष्ण की जलक्रीड़ा का एक चित्र दिखाया। आश्चर्य का विषय यह था कि चित्र में श्रीकृष्ण के साथ गोपिकाओं के स्नान-विहार का दृश्य भी आँका गया था। गुरुभाई नन्दलाल की बात सुनकर एक figure पता नहीं क्यों जिस स्थान पर रबर से मैंने मिटा डाली थी—देखता हूँ, ओकाकुरा की ठीक उसी जगह पर नज़र पड़ गयी थी। उन्होंने कहा, इस स्थान पर अगर एक figure न बनायी जाये तो छवि के विन्यास Composition का balance सन्तुलन बिगड़ जाता है। मैंने जब उन्हें उसका कारण ठीक-ठीक बताने के लिए कहा—तब उन्होंने दियासलाई की तीलियों को सजाकर एक फ्रेम का आकार बनाकर उसमें दियासलाई सजाकर छवि का ढाँचा बनाकर composition के विषय में जितनी बातें हो सकती हैं उन्हें लगातार दो घण्टे चाय और सिगरेट पीते-पीते हमें समझाते रहे। उनकी वह शिक्षा मुझे आजीवन काम देती रही है। मेरी छवियों के composition-विन्यास या निर्मिति में यदि कोई माहात्म्य है, तो उसके लिए ओकाकुरा ही दायी हैं और मैं उनके प्रति चिरऋणी हूँ।...ओकाकुरा ने राँची स्टेशन पर ट्रेन में बैठते समय बाबा से कहा था, Boston Museum की oriental Art Section को सजाने का काम समाप्त कर भारतवर्ष में पुनः आऊँगा।'[१५]

जापान में असितकुमार को साथ ले जाने का वचन दिया था उन्हें ओकाकुरा ने। किन्तु, १९१३ में बोस्टन से भग्न स्वास्थ्य लेकर देश लौटकर वहीं पर उनका देहावसान हो गया।

४. सतीर्थ शिल्पी नन्दलाल बसु

असितकुमार के साथ अवनीन्द्रनाथ के सबसे प्रिय और पुत्रवत् शिष्य, अग्रज सतीर्थ नन्दलाल बसु की अन्तरंग सख्यता गढ़ने लगी थी आर्ट स्कूल में शिक्षार्थी काल से ही। पहले अजन्ता-अभियान (१९०९-१०) में गुहा में प्रतिलिपियाँ करते समय वन्य अरण्यसंकुल परिवेश में वह बन्धुत्व और भी

गम्भीर हो गया था। नन्दलाल की १९१२ की दो-एक एकदम व्यक्तिगत चिट्ठियों के उद्धरणों से वही प्रगाढ़ मानवीय सम्बन्ध और भी स्पष्ट हो जायेगा।

> मुझे तो तू जानता ही है कि मैं किस तरह राजा की तरह कुनधुसरा हूँ, उत्तर नहीं देना चाहता। तेरी तबीयत ख़राब है यह सुनकर काफ़ी चिन्तित हूँ—स्थिति कैसी है लिखना।...मुकुल ख़ूब ड्राइंग नहीं कर रहा है? तुम तो वहाँ हो ही, उसकी ज़रूरत होने पर तुम उसे चित्रांकन कर दिखा सकते हो। काफ़ी सुविधा हो गयी है। वह ख़बर क्या है? मैं जैसे ढाक की आवाज़ सुन पा रहा हूँ। बताओ ज़रा देखूँ क्या है? एक लम्बी-चौड़ी चिट्ठी चाहिए। राँची के हाल कैसे हैं? मेरा स्वास्थ्य तो वैसा ही रें-रें कर रहा है, एकदम जड़ हो गया है। और कर नहीं पा रहा हूँ। छवि आँक रहा हूँ किन्तु, बड़ी अवसन्नता का अनुभव कर रहा हूँ। कला देवी की पूजा कर रहा हूँ किन्तु, वे सन्तुष्ट हैं या असन्तुष्ट इसे वे ही जानें।

अवनीन्द्रनाथ ने मुकुल को असितकुमार के पास छवि अंकन की शिक्षा ग्रहण करने के लिए भेजा था। उस समय मुकुलचन्द्र दिन में अधिकांश समय असितकुमार के घर में ही रह जाया करते थे। रसिक नन्दलाल ने जो ढाक बजाने की बात लिखी है, वह सम्भवत: असित के परिवार में पहली सन्तान—अभिजित (लूलू) के भूमिष्ठ होने की ओर संकेत है। फिर पत्र में काफ़ी महत्त्व देते हुए छवि आँकने की बात भी लिखी है। असित के प्रति नन्दलाल का अकृत्रिम अनुराग था, इस सम्बन्ध में १९१२ के एक अन्य पत्र में उन्होंने स्पष्ट लिखा है :

> तुझसे मैं जो प्रेम करता हूँ उसके ढेर सारे कारण हैं—पहला तो यही कि तू प्रेम करता है इसलिए मैं भी करता हूँ। दूसरा, दोनों का उद्देश्य एक है, तीसरा, एक गुरु के हम दोनों छात्र हैं। चौथा, एक साथ काफ़ी दिन रहने के कारण भाई जैसा ही तू लगता है। शिल्प-सम्बन्धी जो शिक्षा है वह उभयत: अर्थात् एक-दूसरे से होती रहती है।[१६]

इन दोनों की और एक दिशा में समानता थी। ये लोग सीखने की ऐकान्तिक प्रवणता लेकर ही आर्ट स्कूल में आये थे, सिर्फ़ आर्ट में डिप्लोमा पाने के लोभ से नहीं आये थे। इसी कारण से अवनीन्द्रनाथ की गुरु-शिष्य परम्पराधर्मी

स्कूल की शिक्षाधारा के साथ सहज ही अपनी संगति बिठा सके थे अन्यान्य छात्रों की तुलना में। तत्कालीन अविभाजित बंगाल-बिहार के रहने वाले नन्दलाल और असितकुमार आर्ट स्कूल में अवनीन्द्रनाथ की छत्रच्छाया में जन्मजात अंकन-प्रीति लेकर आये थे। हाँ, यह ज़रूर है कि असितकुमार से अपेक्षाकृत वयस्क तथा विवाहित नन्दलाल किसी तरह से प्रेसीडेन्सी कॉलेज से एकाध बार के प्रयास से एफ.ए. की सीमा को पार कर, दरभंगा स्टेट के इंजीनियर पिता की इच्छानुसार शिवपुर बंगाल इंजीनियरिंग कॉलेज में (अभी हाल में २०१४ अगस्त में Indian Institute of Engineering Science and Technology' केन्द्रीय विद्या मन्दिर में परिणत) भर्ती न होकर आर्ट स्कूल में भर्ती हो गये थे। इनके साथ अकाल में मृत बरीशाल के सुरेन्द्रनाथ गांगुली के बारे में भी बताना होगा। एकदम कैशोर अवस्था से ही छवि-अंकन में दक्ष सुरेन्द्रनाथ बरीशाल, कोलकाता और वाराणसी के स्कूल-कॉलेज में पढ़कर भी इन्ट्रेंस परीक्षा उत्तीर्ण न कर पाने पर आर्ट स्कूल में आये थे।

शिल्पाचार्य के पहले तीन शिष्यों में से हरेक की परम्परागत लिखाई-पढ़ाई और पोथी-पाठ से साँस फूलने लगी थी, इसलिए छवि आँकने के मुक्त प्रांगण में आकर उन्होंने चैन की साँस ली।

नन्दलाल और असितकुमार आनन्दघन बन्धुत्व के कैसे भी बन्धन से उस समय युक्त नहीं थे। आर्ट स्कूल में अनायास ही शिष्यगण गुरु के साथ एकत्र क्लास में बैठकर छवि आँकते जाते थे। गुरु के समक्ष उनकी शक्ति और दुर्बलता सहज में ही परख ली जाती थी। शिल्पान्दोलन के उन्मेष काल में शिक्षार्थी शिल्पी सुरेन्द्रनाथ गांगुली के अकाल प्रयाण से एक अपूरणीय क्षति हो जाती है। इसके बाद अवनीन्द्र साहचर्य से नन्दलाल और असितकुमार अपनी प्रतिभा के गुण से क्रमशः परिणत हो उठे थे आर्ट स्कूल के गुरुगृह के योग्य एक शिक्षादर्श के रूप में। शिक्षा प्राप्ति के प्रसंग पर असितकुमार ने लिखा है :

> नन्दलाल को प्रारम्भ से ही पूजनीय अवनीन्द्रनाथ ने अपने हाथों से गढ़कर तैयार किया था। अन्यान्य शिष्यों को उन्होंने उनकी अपनी शक्ति के ऊपर ही छोड़ दिया था। और शिक्षा देने की परीक्षा नन्दलाल को ही लेकर चलती रही थी।

असितकुमार और अन्यान्य परम अनुरक्ति और श्रद्धा के साथ गुरु के दिशा-

निर्देश को मानकर अपनी-अपनी चित्र-रचना में मग्न रहा करते थे। शिल्पाचार्य की बातचीत कथा-कहानी के ब्याज से अनेक निगूढ़ तथ्य शिष्य लोग प्राप्त करते रहते थे। इसी तरह से अवनीन्द्रनाथ की अलक्ष्य तीक्ष्ण नज़रदारी और जलसिंचन के माध्यम से ही उन जैसे राष्ट्रीय स्तर के शिल्पियों के शिल्पाभ्यास की भित्ति तैयार हुई थी।

शान्तिनिकेतन में रहते समय असितकुमार नन्दलाल को वहाँ पर ले आने के अभिप्राय से प्रलोभित करते हुए सचित्र पत्र भेजा करते थे। ऐसी ही एक सचित्र चिट्ठी में वे लिखते हैं :

> भाई नन्द, तुझे आश्रम का एक चित्र कमरे में बैठे-बैठे मन से जितना कर सका, दिखाया। बाद में और भी भेजूँगा। यहाँ पर हरिण ज़रूर नहीं है, फिर भी एक मोर बीच-बीच में मेरे कमरे में आता है, मैं नीचे लिखे कमरे के बायीं ओर रहता हूँ और रवि दादा इसके दाहिनी ओर के दुमंज़िले पर पहले रहते थे, बाद में फिर उसी में रहेंगे। तेरा असित।

देहली गृह का स्केच बनाकर उन्होंने भेजा था। उत्तर में अवनीन्द्रनाथ के प्रति श्रद्धावनत नन्दलाल ने शान्तिनिकेतन न आ पाने के कारण असितकुमार को एक सचित्र पत्र में लिखा था (८ जनवरी, १९१४),

> तुम आज ऋषि के आश्रम में हो। रवि बाबू ने तुमसे क्या कहा है, इसे लिख रखो, जिससे हम लोग एकदम पीछे न रह जायें। तुम्हारी चिट्ठी पढ़कर मैं आश्रम की कल्पना कितनी तरह से कर रहा हूँ, उसे मैं अपने मन से आँक रहा हूँ, उसके दो-एक नमूना मैंने तुम्हें दिये। अवन बाबू को अमृत का सन्धान मिल गया है, ऐसा मुझे लग रहा है। हम लोग धन्य हैं जो उनके शिष्य हुए, वे शिल्प के सम्बन्ध में एक सुन्दर पुस्तक लिख रहे हैं। हमारे लिए वज्र की तरह अच्छेद्य कवच का निर्माण कर रहे हैं।

अवनीन्द्रनाथ उन दिनों भारतीय कला के छह अंग पुस्तक लिखने में व्यस्त थे।

असितकुमार रवीन्द्रनाथ की सहायता से १९१४ अप्रैल में नन्दलाल को शान्तिनिकेतन में ले आ सके थे। आम बागान की वेदी के सामने लालमाटी पर असितकुमार द्वारा परिकल्पित अल्पना की सजावट उनके शिष्यों ने की थी। गले में माला, चन्दन-चर्चित ललाट पर सलज्ज नन्दलाल—कवि ने

उन्हें श्वेतपद्म देकर आश्रम में उनका सादर वरण किया था, अपने द्वारा रचित, 'तोमार तूलिका रंजित करे/ भारत-भारती का चित्त कविता का पाठ कर (अर्थात् तुम्हारी तूलिका भारत-भारती के चित्त को रंग दे)। उस अभ्यर्थना सभा में किसी फ़ोटोग्राफ़र (आलोक चित्री) द्वारा खींचा गया श्वेतपद्म रखी हुई थाली हाथ में लिए धोती-कुर्ता वस्त्रों से आवृत ललाट पर चन्दन लगाये, सलज्ज नन्दलाल, असितकुमार और सुरेन्द्रनाथ कर का दुर्लभ चित्र उस विरल अनुष्ठान की साक्षी के रूप में रह गया है।[१७]

१९१५ में शान्तिनिकेतन की प्रदर्शनशाला में बुद्ध की कहानी पर आधारित घटना पर आँका असितकुमार का 'श्रेष्ठ भिक्षा' चित्र पियर्सन की परिचित एक अमेरिकन चित्र-अनुरागी श्रीमती स्ट्रेसी ने ५०० रुपये में ख़रीदकर विस्मय का उद्रेक कर दिया था शिल्पजनों के वर्ग में। उस समय प्रदर्शनी से साधारणत: एक सौ-दो सौ रुपयों की सर्वोच्च क़ीमत में धनाढ्य शिल्प संग्राहक लोग अवनीन्द्रनाथ एवं नव्य-भारतीय शिल्पियों की छवियाँ ख़रीदा करते थे। ख़बर पाकर नन्दलाल ने ४ जनवरी, १९१५ को काली स्याही से आँके गये भग्न किनारे, टूटी झाड़ू, फटे जूते के आकर्षक अणुचित्र युक्त उस समय के छोटे से पोस्टकार्ड पर असित को लिखा था :

> तुम्हारी 'श्रेष्ठभिक्षा' छवि ५०० रुपये में बिक गयी है, सुनकर बहुत सुखी हुआ। तुम एक छवि शिक्षा के स्थान पर आँक रहे हो। यह बहुत अच्छा काम हो रहा है, तुम्हारे मुख पर फूल-चन्दन की वर्षा हो। मैं तो एक दूरदराज के गाँव का अन्धविश्वासी, दकियानूसी हूँ, तुम तो इस बात को जानते हो, जिससे किसी की तुम्हें नज़र न लगे। इस वजह से फटा जूता, तुड़ी-मुड़ी झाड़ू, भग्न पाड़ (इन तीन चीज़ों में कर्माधार और परम त्यागी इनको सत्य इत्यादि कर देने के इनमें सारे गुण विद्यमान हैं) इन्हें एक ऊँचे बाँस पर टाँग देना और इन्हें नमस्कार कर कार्य की शुरुआत अगर करोगे तो तुम्हारा काम बिना किसी विघ्न के चलता रहेगा।

एक दीन-हीन विधवा नारी का अन्तिम सम्बल लज्जा निवारण के आभरण रूप उसके वस्त्र होते हैं, भिक्षु सिद्धार्थ को उन्हीं वस्त्रों को दान में देने के अकृत्रिम आलेख्य के सम्बन्ध में बॉम्बे के Indian Social Reform मासिक पत्र की मार्च १९१५ की संख्या में प्रकाशित लम्बे प्रतिवेदन के अन्तिम अंश में यह लिखा गया है :

> एक भिक्षुक नारी की आध्यात्मिक भावना से पोषित आँखों के आलोक से स्नात, शान्त, उच्चमार्गीय दृष्टि विश्वसनीय भाव से प्रस्फुटित कर प्रस्तुत की है शिल्पी ने, चित्र में वृक्ष की आड़ ने नारी के आध्यात्मिक ताप और शालीनता-रक्षा के अन्तर्द्वन्द्व प्रकाश का भी एक सुन्दर सुयोग शिल्पी को प्रदान कर दिया है।'[१८]

१९२३ में परवर्तीकाल में नन्दलाल के साथ असितकुमार का अवस्थान गत दूरी बढ़ने पर भी एवं छवि आँकने की पद्धति गत विषय में मतभेद प्रकाश में आ जाने पर भी, उनकी मित्रता का बन्धन कभी छिन्न नहीं हुआ। १९२४ ई. में रवीन्द्रनाथ के साथ नन्दलाल के चीन और जापान परिभ्रमण पर जाने की ख़बर अवनीन्द्रनाथ ने पत्र द्वारा बतायी थी। जापान से नन्दलाल ने खुले मन से एक पत्र में असितकुमार को उसी समय लिखा है :

> ११/१२ दिन हुए हम लोग जापान के कई स्थानों को देखकर अब टोक्यो में आ गये हैं। जापान देश हमारे पूर्वी बंगाल की तरह है जिसके चारों ओर छोटे-छोटे पहाड़ हैं। लोगों का व्यवहार आदि सब हमारी ही तरह है। फिर भी इनका अदब-कायदा देखकर ऐसा लगता है मुसलमानों ने इन्हीं से अदब-कायदा सीखा था। लगता है इनका खाना-पीना एक तान्त्रिक की तरह है। लगता है तान्त्रिक धर्म यहीं से बाहर गया था। टाइकन सन नामक एक बड़े आर्टिस्ट को देखा। इनके सिखाने और सीखने की पद्धति ठीक हमारी तरह ही है। टाइकन सन अपनी जेब के रुपयों से आर्टिस्ट लोगों की सोसायटी और उनका भरण-पोषण करता है। ऊँचे स्तर का व्यक्ति है। आर्टिस्ट लोगों को बाँधकर रखता है। इस बार मरने के बाद जापान में आर्टिस्ट के रूप में जन्म लेना चाहूँगा। चेला लोग घर का सारा काम करते हैं। ये लोग नौकर नहीं रखते हैं। फिर भी आर्टिस्ट लोगों की स्थिति अपने जैसी देखकर प्रसन्नता हुई। फिर भी सरकारी आर्टिस्ट लोगों को भी देखा गया। इन लोगों को काफ़ी सुविधा है। यहाँ पर भी विलायती आर्टिस्ट लोगों से युद्ध करना पड़ता है। फिर भी ये लोग चीन की अपेक्षा इण्डियन आर्ट के भक्त हैं। हमारा शरीर अगर बोरे में फँस जाये तो जो हो सकता है, वही हो गया है। अनवरत घूमने से शरीर विच्छिन्न हुआ जा रहा है। आराइ सन के घर में हूँ। ठीक जैसे किसी बंगाली मित्र के घर में हूँ। चारों ओर से बाल-बच्चे घेरे हुए हैं। गुरुदेव अच्छी तरह से हैं और हमारी तुलना में शान्त हैं।[१९]

चिट्ठी-पत्री के द्वारा उनका जीवनभर योगायोग बना रहा था। उस वजह से असितकुमार की जीवनगाथा में वे बीच-बीच में झाँकते रहेंगे।

५. आश्रम विद्यालय में शिल्पानुशीलन

प्रारम्भ के समय आश्रम विद्यालय की निर्जनता में असितकुमार का बिना किसी विघ्न के छवि आँकना और आश्रम के मालिक रवि दादा के साथ प्रकृति-पाठ का अनुशीलन और शिक्षाग्रहण एवं छवि को लेकर जीवन्त चर्चा, तर्क-वितर्क ख़ूब चला करता था। रवि दादा असित से कहा करते थे, 'आर्ट चीत्कार (चिल्लाकर अपनी बात कहना) नहीं है, उसका गम्भीरतम परिचय मिलता है, उसके आत्मसंवरण में।' असितकुमार ने उनसे सीखी थी सौन्दर्य के वैशिष्ट्य की बात। रवि दादा कहा करते थे शिल्पियों के संसार में तो विशेष को खोजते फिरने की बात है और फिर उठी विशेष को आर्ट सृष्टि रूप में देखने के आनन्द में भरपूर रहने की बात। इन सबके बीच में स्वभाव से जिज्ञासु एक शिल्पी शायद उनसे एक प्रश्न कर सकता है, 'आर्ट की आख़िर साधना क्या है?' कवि का कहना है—'कवि ने कहा है, आर्ट की एक बाहरी दिशा होती है, और वह है उसके आंगिकों, उपादानों की टेकनीक, उसकी बात मैं अधिक नहीं कह सकूँगा। किन्तु, भीतर की बात जानता हूँ। अगर तुम वहाँ जगह पाना चाहते हो तो पूरे चित्त के साथ सिर्फ़ देखो, देखो, देखो। उसे देखो।'[२०] आश्रम विद्यालय के निःसीम, विस्तृत प्रांगण में एकान्त में, प्रकृति को उसी देखने के आनन्द में असितकुमार सृजन-सुख के बीच अपने को बहा देते थे लालमाटी के पथ पर, कोपाई नदी के तट पर खोयाई की ऊबड़-खाबड़ ज़मीन पर ताल-तमाल की ऋजुता में संतालों के पल्ली समाज के सचल अन्तःपुर में। उसे देखने की प्राथमिक फलश्रुति हुई उनके सूक्ष्म रेखांकनों में संताल पल्ली के गार्हस्थ्य जीवनालेख्य और लालमाटी के पथ पर वृक्षसमूह के अन्तराल में खो जाने वाले माटी से निर्मित असंख्य कुटीरों की दृश्यावली के रूप में।

इंग्लैण्ड जाने के पूर्व १९११ में रवीन्द्रनाथ ने असितकुमार को लिखा था— 'तुम्हारे छवि-सहित कार्ड को पाकर ख़ुशी हुई। ऐसा कार्ड भेजो जिससे विलायत में तुम्हारा यश फैल जाये। वहाँ परते रे जाने के पहले जिससे तेरा

अच्छी तरह परिचय हो जाये।' उस समय आश्रम से लाये गये संताल पल्ली के ग्राम्य जीवन पर आधारित असित के रेखांकन तथा और भी कुछ चित्र कवि के विदेश में प्रदर्शन के लिए ले जाने से वहाँ के दर्शकों के समुदाय में दिखाने का सुअवसर कवि को वहाँ मिल गया था। रेखांकनों ने उन्हें मुग्ध कर डाला था। उन्होंने आग्रहपूर्वक असित को लिखा था—'आलस्य मत करना। निरन्तर साधना यदि न की जाये तो सरस्वती मेहरबान नहीं होती है।' इसके बाद अनुप्राणित होकर असितकुमार की चलती रही थी चित्र-रचना की निसर्ग धारा। १९११ से १८२३ तक, इस युग में उनके सृजन का प्रयास और साधना चलती रही थी मुख्य रूप से शान्तिनिकेतन के अनुकूल परिवेश और रवीन्द्रनाथ की स्नेह-सघन-सान्निध्य की छाया में। छोटे-बड़े, सुन्दर-असुन्दर सभी को लेकर जो परमा प्रकृति है, उसके अविरत प्रकाश-छाया को ईजल पर बाँधे रखने का सफल और असफल प्रयास के माध्यम से असितकुमार का निरवच्छिन्न छवि आँकना चलता रहता था उस समय। वहाँ पर उनकी स्वकीय भावना तथा आचरण लक्षित कर रवीन्द्रनाथ उन्हें पुकारा करते थे 'आर्टिस्ट' कहकर।

बोलपुर के परिवेश को लेकर उन्होंने जो रेखांकन किये उनके अतिरिक्त उन्होंने आँके थे पद्म, प्रणाम, स्वर्ग, बाउल, कुणाल, ध्रुव जैसे अद्वितीय सब गीति-धर्मी चित्र। उनके असाधारण रेखांकनों में 'प्रणाम' में चित्रित पुजारिन की प्रणत भंगिमा स्वयं कवि ने उन्हें बनाकर दिखायी थी उस समय। इस तरह से मन की खुराक, छवि के पर्याप्त विषय, उन्हें शान्तिनिकेतन में मिल जाते हैं। वहाँ पर रवीन्द्रनाथ के साथ सुबह का नाश्ता करते समय कवि के कौतूहलपूर्ण प्रश्नों का सामना उन्हें करना पड़ता था। कवि ने उनसे पूछा था—मन में छवि सबसे पहले किस तरह से आती है? इस तरह मन में जो छवि आती है, उसे क्या रंग और रेखा के माध्यम से पूरी तरह प्रस्फुटित कर प्रस्तुत किया जा सकता है? असितकुमार ने बिना किसी दुविधा के उन्हें बताया था, मन में जिस काल्पनिक छवि का उदय होता है, उसे पूरी तरह से चित्र में प्रकाशित नहीं किया जा सकता है। एक उदाहरण देते हुए उन्होंने कहा था—राँची में मैंने एक कोल महिला को लाठी हाथ में लिए हुए देखा था, जो कठ-चम्पा के वृक्ष पर चढ़े अपने भागे हुए पुत्र को दण्ड देने की स्थिति में थी, उसे इस स्थिति में देखकर उन्होंने उसी भंगिमा में आँकी थी दधिचोर बाल-श्रीकृष्ण को दण्ड देने की उद्यत यशोदा की छवि।

रवीन्द्रनाथ काव्य और संगीत को चित्रकला के ऊपर स्थान देते थे। शान्तिनिकेतन में रवीन्द्रनाथ के साथ उस विषय में तर्क और चर्चा करते हुए असितकुमार ने कवि से कहा था :

> देश-काल विशेष से रहित किसी छवि में चित्रित उसका ऊँचा भाव और कल्पना आजीवन दर्शक के मन में गुँथी रह जाती है, काव्य और संगीत की तरह वह हृदय की गहराई में सदा झंकृत होती रहती है।

रवीन्द्रनाथ अवश्य एक छवि के वैश्विक आवेदन की बात भी सदा एक आर्टिस्ट को याद दिला देते थे।

> 'उस समय वे चित्र में अंकित विषयवस्तु के माहात्म्य के प्रकाश की बात भी समझा देते थे। सिर्फ़ अव्यक्त, अस्फुट, मूक आकार अथवा पैटर्न की बात ही मुझसे नहीं कहते थे।' कविता और संगीत का आवेदन भाषा और भाव पर निर्भर होने मात्र से वे विश्व-ज़नीन नहीं होते हैं, यह बात भी कवि मुझसे कहा करते थे।[२१]

शान्तिनिकेतन में स्थायी आवास के अभाव, अर्थागम की अनिश्चयता होते हुए भी असितकुमार कोलकाता शिल्प विद्यालय में शताधिक रुपयों के मासिक वेतन पर अध्यक्ष पर्सी ब्राउन के सहकारी होने के आह्वान की उपेक्षा कर रवीन्द्र-सान्निध्य से दूर नहीं जाना चाहते थे। छात्रों को लेकर चित्रांकन करना, अल्पना रचने की कल्पना, स्टेज अलंकरण एवं नाटक में भाग लेने में वहाँ पर वे सृष्टि राज्य में सदा सक्रिय रहते थे।

६. आश्रम में स्थायी आवास की अनिश्चितता

१९१२ ई. में शान्तिनिकेतन में उनका कार्यक्षेत्र, राँची के घर में परिवार, 'अपने पथ का सन्धान ख़ुद करो' पितृदेव का इस तरह का दबाव, इन सब चीज़ों के मध्य अर्थाभाव के कारण रवीन्द्रनाथ के साथ यूरोप, अमेरिका जाने के सुअवसर को ग्रहण न कर पाने से उत्पन्न क्षोभ और विषाद बढ़ गया था उनका। इस तरह की परिस्थिति में, आवश्यकतावश यूरोप में शिल्पकला की उच्च शिक्षा ग्रहण करने जाने के मूर्तिशिल्पी लिउनार्ड जेनिंग्स के परामर्श को याद कर असितकुमार वयोवृद्ध शिक्षादरदी तारकनाथ पालिक (१८४१-१९१४) की शरण में गये थे, इंग्लैण्ड में शिल्पकला में उच्च शिक्षा प्राप्त

करने के लिए, कोलकाता विश्वविद्यालय की सर गुरुप्रसन्ना घोष स्कॉलरशिप मिल जाये इस आशा में। प्रबल व्यक्तित्व सम्पन्न सर आशुतोष मुखोपाध्याय (१८६४-१९२४) से स्कॉलरशिप के बारे में कहने की बात में स्पष्ट रूप से सन्देह में पड़ जाने के कारण चिन्तित होकर तारकनाथ पालित महाशय ने असितकुमार को पेंसिल से लिखी एक चिट्ठी में बताया था,

> तुम्हारी बात आशुतोष से मैं कहूँ, इस सम्बन्ध में मेरा दृढ़ विश्वास है कि मेरे कहने का कोई अधिक परिणाम नहीं होगा, यह एकदम निश्चित है। किन्तु, जिस वक़्त कहने से मुझे ऐसा लग रहा है कि अगर मैं एक बार उनसे कहूँ तो शायद कुछ फल हो सकता है, मैं कहने के लिए राजी हूँ (...) तुम सारी सीमाएँ समझ तो रहे हो? सम्भवतः एक सप्ताह के भीतर उनसे भेंट हो सकती है। और भेंट होने पर तुम्हारी बात चलाऊँगा—तब क्या होना चाहिए इसे समझकर, इस बात को कहाँ तक कह सकूँगा, यह निश्चय तभी हो सकेगा।

इंग्लैण्ड परिभ्रमण में रत पर्सी ब्राउन ने भी इस बाबत उपकुलपति को सीधे-सीधे उनकी सिफ़ारिश करते हुए लिखा था।[२२]

विवाहेतर जीवन में असितकुमार की शान्तिनिकेतन में रहने की अनिश्चितता एवं उनकी विलायत जाने की प्रवणता को लक्षित कर उनके काका निर्मलचन्द्र ने क्षुब्ध होकर उन्हें फ़रवरी १९१२ में लिखा था :

> तुम्हारी स्थिति के बारे में शायद मेरी ग़लत धारणा नहीं है, शायद तुम बेकार में ही परेशान हो रहे हो। मेरी धारणा है ARCA (ARCA) अथवा और जो कुछ भी हो, कोई Examination पास करने की उपाधि तुम्हारी 'माँ यशोदा' छवि आँकने की सुविधा तुम्हें नहीं दे पायेगी। मैंने लक्षित किया है तुम्हारे गुरु प्रभूत अर्थ होते हुए भी यूरोप चित्रकला सीखने नहीं जाना चाहते हैं। मेरे सामने ही तुम्हें विलायत जाने के बारे में तुम्हारे गुरु ने तुम्हें निरुत्साहित किया था। मैंने यह सुना है कि तुममें छवि आँकने की क्षमता विद्यमान है। उसके परिपक्व होने और उसकी परिणति में ही देरी है, मेरा जहाँ तक विश्वास है, तुमने अब तक जितनी भी छवियाँ आँकी हैं, उन सबकी या तो बिक्री हो गयी है या आगे हो जायेगी। मेरा यह भी विश्वास है कि तुमने अब तक जितनी छवियाँ आँकी हैं, उससे अधिक छवियाँ आँक सकते हो। तुम्हें क्यों दूसरों का मुँह ताकना पड़ रहा है, यह बात मैं समझ नहीं पाया। एक आर्टिस्ट व्यक्ति के

साथ एक दुनियादार व्यावहारिक व्यक्ति का विरोध तो चिरकालीन है। ...ARCA अगर तुम हो जाओ तो उससे क्या हो जाना सम्भव है? निश्चित कुछ भी नहीं है... इसीलिए पूछ रहा हूँ क्या होना सम्भव है? तुमने स्कूल-मास्टरी को ना कह दिया था? गवर्नमेंट की Principal Education Service देना क्या दो सौ रुपया के class IV के ग्रेड्स में ना घुसना क्या नहीं है? यह भी क्या तुम्हारी एक आकांक्षा है?

पत्र में था एक सम्भावनाशील भ्रम में पड़े शिल्पी के प्रति एक शुभाकांक्षी गुरुजन का जीवन-पथ का सटीक दिशा-निर्देशन। निर्मलचन्द्र के पत्र में उल्लिखित असितकुमार की 'माँ यशोदा' चित्र की अनुकृति 'भारती' पत्रिका में प्रकाशित हुई थी। चित्र की व्यवस्था करते हुए श्री चारुचन्द्र वंद्योपाध्याय (१८७७-१९३८) ने लिखा था,

यशोदा हमारी मातृ-मूर्ति की आदर्श है, वह हमारी मेडोना है। यशोदा की स्नेहवर्षिणी स्निग्ध दृष्टि चित्रकार की तूलिका से बड़े सुन्दर रूप में प्रकाशित हुई है।... भावों के साथ सौन्दर्य का समावेश करना ही एक प्राच्य शिल्पी का कवित्व है। असितकुमार साधना के उसी सिद्धि के पथ पर अग्रसर हुए हैं। इसे प्राच्यकला के विरोधी लोग भी स्वीकार करेंगे।[२३]

समकालीन शिल्पियों की तुलना में असितकुमार कम छवि आँका करते थे। मन की ताकीद के बिना उनका छवि आँकना नहीं हो पाता था इसीलिए प्रदर्शनी में थोड़ी संख्या में ही उनके चित्र रहा करते थे। उन सब चित्रों की बड़ी माँग थी। हाँ, यह ज़रूर है चित्रों के व्यवसायियों की ओर उनकी बराबर शिल्पी सुलभ उदासीनता रहती थी।

यूरोप में उच्च शिक्षा के लिए जाने के सम्बन्ध में गुरु अवनीन्द्रनाथ और निर्मलचन्द्र की तरह असितकुमार को हतोत्साहित किया था शिल्पी श्रीमती हेरिंघम और विलियम रोथेंस्टाइन ने भी। वे जानते थे भारतवर्ष के अत्यन्त प्राचीन शिल्प प्रांगण में अन्वेषण, गवेषणा और अनुशीलन में भारतीय शिल्प-शिक्षार्थी जन जो अभिज्ञता और ज्ञान प्राप्त कर सकते हैं वह दुनिया की अन्य जगहों पर सचमुच में दुर्लभ है। इंग्लैण्ड में रॉयल स्कूल ऑफ़ आर्ट में सबसे पहले भारतीय छात्र मूर्तिशिल्पी हिरण्मय राय चौधुरी ने भी अपने मोहभंग की कथा बताते हुए लिखा था :

मेरे भाई यहाँ मत आना। हम लोग ऐसा सोचते हैं, पता नहीं ये लोग कितना जानते हैं और जो कुछ भी करते हैं वह सब अच्छा है। यहीं पर हम लोग अपने आपको खोकर मुँह बाये उनकी ओर भाई देखते रहते हैं। इतने दिन से तो यहाँ हूँ, इनकी आर्ट हमारे प्राणों को ज़रा भी तो अच्छी नहीं लगती है। सच कह रहा हूँ इनका सब कुछ बाहरी चमक-दमक है। अब देख रहा हूँ इस अँधेरे में हमारी छवियों में ध्रुवतारा छिपा हुआ है। मैंने यहाँ जितने भी फूल देखे हैं, एक में भी मुझे सुगन्ध नहीं मिली। सम्भवत: उनके चित्र भी वैसे ही हैं। एकदम गन्धहीन नहीं हैं क्या? ऐसा नहीं है, है, फिर भी यहाँ की आर्ट फिजिकल ब्यूटी—भौतिक सौन्दर्य लेकर ही अस्तित्ववान है। उसमें प्राण नहीं हैं। जड़ अणुओं को बरकरार रखने से मानो उसके प्राण उड़ गये हैं।[२४]

१९०९ ई. में इस देश से जाने के पूर्व मूर्तिकारों के शिल्पगुरु लिउनार्ड जेनिंग्स असितकुमार से कह गये थे स्वदेश में रहकर चित्रकला के अनुशीलन में वे मन लगायें। अतएव, क्षणिक क्षुब्ध मनोभाव और हताशा दूर कर देश में असितकुमार ने ध्रुवतारा की खोज में चित्र-रचना में मन लगा दिया था। आश्रम में रहते समय असितकुमार को मूर्ति-निर्माण के विषय में रवीन्द्रनाथ ने विष्णु पुराण के श्लोकों की व्याख्या कर समझा दिया था। वे उनसे कहा करते थे—'देश के अन्तर के आनन्द के भीतर से होकर तुम्हारे अपने आनन्द के भीतर से होकर शिल्प का प्रकाश होना चाहिए।' फल यह हुआ कि असितकुमार की छवियों ने उस समय प्राणवन्त होना चाहा एक अन्तर्लीन आनन्द के माध्यम से। सिर्फ़ रंग में डूबकर नहीं, कवि के शब्दों में, 'जीवन के सुख-दुःख, उत्सव आलाप में, समय-असमय, छन्द में, लीला अनुभव के गूढ़ आनन्द में' उनके 'आर्टिस्ट' आश्रम विद्यालय में खुली हुई प्रकृति के मध्य मग्न रहें ऐसा वे चाहते थे। उनकी 'श्रेष्ठ भिक्षा', 'दुर्दिन' जैसी छवियाँ इसी वजह से सिर्फ़ सूक्ष्मता की कारीगरी न होकर, हो गयी थीं प्राणमय भाव-द्योतक काज। 'दुर्दिन' में छवि का स्मृतिचारण करते हुए शिल्पी ने लिखा है :

निविड़ वर्षा में मन में एक गुरुभार जम जाने के कारण दुःख-दुर्दशा की एक छवि आँकी थी। इस छवि का नाम पूजनीय कवि रवि दादा महाशय ने रखा था। दुर्दिन की वही छवि देखकर आज दुर्भिक्ष-पीड़ित बंगाली का जन-मन बिना प्रतिक्रिया व्यक्त किये रह नहीं सकता है। हालाँकि जनतन्त्रवाद के बारे में सोचकर यह छवि किसी

काम में आयेगी यह सोचकर नहीं आँकी गयी थी।[२४क]

आश्रम देखने के लिए जब कोई देश-देशान्तर का विशेष अतिथि आया करता था, असितकुमार कहीं भी रहें, रवीन्द्रनाथ का बुलावा उन्हें मिलता था। अतिथियों का सम्मान अथवा विदाई हो, अभ्यर्थना की जगह को, वे छात्रों के द्वारा अपनी कल्पना के अनुसार रंगोली अथवा फूलों से सजाने की व्यवस्था करते थे। उनके छात्रगण अलंकरण के उस काम में ख़ूब पारंगत हो गये थे। भारतीय प्राच्य कला परिषद् में प्रदर्शनशाला एवं जोड़ासाँको में बिचित्रा सभा के नाना अनुष्ठानों में अवनीन्द्रनाथ की परिकल्पना के अनुसार जिस तरह से देशी पद्धति के अनुसार अल्पना और साज-सामान से गृहस्थी और नाट्यमंच सजाया जाता था, असितकुमार ने सबसे पहले शान्तिनिकेतन में भी अल्पना की उसी अलंकरण पद्धति को चालू किया था।[२५]

१९१४ ई. में नन्दलाल की संवर्धना-अनुष्ठान के बाद रवीन्द्रनाथ की इच्छा से २० मार्च, १९१५ ई. में बंगाल के गवर्नर लॉर्ड कारमाइकेल के पत्नी सहित आश्रम परिदर्शन के पहले असितकुमार की योजना के अनुसार 'कारमाइकेल वेदी' का निर्माण किया गया था। प्रभात कुमार मुखोपाध्याय की वर्णना के अनुसार :

> 'मन्दिर के प्रवेश-पथ पर दोनों तरफ़ छाता, जूते आदि रखने के लिए दो कमरे थे, घर के सामने कोरिन्थियन स्टाइल में निर्मित दो स्तम्भ थे, ब्राह्म समाज का बीज मन्त्र खुदे हुए दो प्रस्तर फलक थे, ...दोनों कमरों को और दोनों खम्भों को निश्चिह्न कर दोनों प्रस्तर फलकों को वेदी के प्रवेश द्वार के दोनों तरफ़ स्थापित कर दिया गया।...छातिमतला (सप्तपर्णी लता कुंज तले), में महर्षि की वेदी कहा जाने वाला उनका जो आसन था, उसके सामने, 'शान्तम् शिवमद्वैतम्' खुदी हुई श्वेत पत्थर की एक मेहराब थी, उसे वहाँ से उठाकर काइमाइकेल वेदी के सामने स्थापित कर दिया गया, अब वह वहाँ नहीं है।[२६]

इन सब प्राचीन स्थापत्य के चिह्नों को मेटना-गढ़ना आश्रमवासियों में किसी-किसी को पसन्द नहीं आया था। किन्तु, स्वयं आश्रमकर्ता रवीन्द्रनाथ की पूर्ण आस्था थी असितकुमार के उस कलात्मक निर्माण में। कहना अधिक होगा, उनकी योजना के अनुसार छात्रों ने वेदी को अल्पना से अलंकृत कर दिया था।

रवि दादा ने उन्हें दिखा दिया था कि जीवन की अत्यन्त तुच्छ घटनाओं में भी अनन्त का कैसा सत्य और सौन्दर्य की सभी छवियाँ छिपी रहती हैं। इसीलिए रवीन्द्रनाथ के सान्निध्य में असितकुमार द्वारा आँकी गयी छवियों में था उनका सत्यान्वेषण। १९१९ में अपने विख्यात वृहदाकार कुणाल चित्र आँकने के अनुशीलन के समय उन्होंने शान्तिनिकेतन में उपस्थित बौद्ध श्रमण शिक्षक और सिंहली बौद्ध भिक्षु छात्रों के चाल-चलन, वेशभूषा, निरीक्षण में अपना समय व्यय किया था। १९११ से १९२१ की अवधि में शान्तिनिकेतन के अनुकूल परिवेश में उनकी शिल्प सृष्टि की निरवच्छिन्न साधना ने गति पायी थी।

७. बड़े दादा द्विजेन्द्रनाथ, मझले दादा सत्येन्द्रनाथ, नूतन दादा ज्योतिरिन्द्रनाथ ठाकुर के सान्निध्य में

शिल्पी असितकुमार अपनी शिल्पसृष्टि और साहित्य-रचना के प्रारम्भिक पर्व में, कोलकाता और शान्तिनिकेतन में आकर प्रश्रय और सहायता पायी थी मनमौज़ी, प्राज्ञ, आत्मभोले दार्शनिक, सदाशिव बड़े दादा महाशय द्विजेन्द्रनाथ (१८४०-१९२६) की। उन्होंने १९११ के पहले समय के सम्बन्ध में लिखा है :

'शान्तिनिकेतन ब्रह्मचर्य आश्रम में बाबा मेरे छोटे भाइयों को रवि दादा के पास भेजा करते थे। मैं प्राय: गर्मियों और बड़े दिनों की छुट्टियों में रवि दादा के पास जाया करता था। कभी-कभी निचले बंगला में दिनू दा तथा उनकी माँ के पास भी रह जाता था। निचले बंगला में बड़े दादा महाशय रहा करते थे। वे मेरे लिए और एक आकर्षण थे।[२७]

किसी भी काम में अन्धे की तरह अनुकरण करने का प्रतिशब्द 'हनुकरण' के आविष्कर्ता द्विजेन्द्रनाथ ने असितकुमार की शिल्पकला के विचार से प्रतिकृति और अनुकृति दोनों शब्दों की व्याख्या कर उन्हें मौलिक दृष्टि से छवि आँकने की दृष्टि से सावधान कर दिया था। असितकुमार कलाभवन में अपने छात्रों के समक्ष विवेचना करते हुए बड़े दादा के मौलिक शिल्प-चिन्तन को स्पष्ट रूप से प्रस्तुत करते हुए कहा करते थे, 'चित्र परिकल्पना में चित्र में एक शिल्पी की देखी हुई वस्तु की छाप हूबहू अपने आप आ जाती है। ऐसे स्थल पर देखी हुई वस्तु के साथ छवि की हूबहू मिल होते हुए भी, वह उसकी प्रतिकृति तो हो सकती है, अनुकृति नहीं होती है।[२८] इस

तरह बड़े दादा से असित ने शिल्पकला के विभिन्न प्रतिशब्दों के निहितार्थ का सन्धान पाया था।

वहाँ पर बड़े दादा असितकुमार की आँकी गयी छवियों के एक उत्साही दर्शक तो थे ही, यहाँ तक कि चित्रकला में उन्हें उत्साह ही नहीं देते थे, उनके द्वारा राजनैतिक कार्टून भी अंकन करवाये थे। सिर्फ़ अंकन ही नहीं करवाये थे, उन्हें प्रकाशित करने की तदवीर करते हुए किसी परिचित मासिक पत्र के दफ़्तर में भेजकर लिखा था, 'हमारे देश के नवप्रबुद्धा, श्वेतप्रभा कलादेवी के स्नेहपात्र असितकुमार आपके परिचित हैं। उनके द्वारा मैंने यह कार्टून बनवाया है। असितकुमार हालदार के बदले अजितकुमार सिकदार नाम लिखना मैं श्रेयस्कर समझता हूँ।' असितकुमार व्यंग्य चित्र बनाने में उतने सफल नहीं हुए, उनके प्रति अधिक आग्रह भी उन्होंने नहीं दिखाया। किन्तु, उस समय और भी कई अपने व्यंग्य चित्रों की ख़बर उन्होंने स्वयं ही दी थी। उनके व्यंग्य चित्र आँकने की पृष्ठभूमि का पता बाद में शान्तिनिकेतन पत्रिका में लिखे उनके लेखों से चलता है। असितकुमार ने लिखा है :

> सभी देशों में, सभा समितियों में मनुष्य का भद्रवेश में ठीक-ठीक परिचय मिल जाता है। किन्तु, दुःख का विषय है हमारे देश में यह परिचय नहीं मिल पाता है। टाउन हॉल में साहित्य सम्मेलन देखने गया था। वहाँ पर बंगाली भद्र लोगों में कोई-कोई छाती पर खुला विलायती छींट के कोट के नीचे इस्त्री की हुई शर्ट की पूँछ झुलाता हुआ लाल पाड़ वाले कपड़े की धोती चुन्नट मारे हुए पहने है, अथवा कोई शाल की तरह एक प्रकार की अद्भुत पगड़ी अथवा और कोई घाघरा की तरह कमर के पास से चुन्नटदार लम्बा कोट पहनकर आया है अथवा कोई अँग्रेज़ों की भीतर पहनने वाली क़मीज़ को पोशाक की तरह ऊपर पहनकर, उसके ऊपर चादर डाले हुए विलायती पम्प शू पहने हुए घूम रहा है। इस तरह का घृणित व्यापार दुनिया के किसी भी सभ्य जगत् में सम्भव नहीं हो सकता है।... अपने देश के आधुनिक सभ्य जीवन का चित्र अगर आँका जाये तो उसकी छवियाँ इतनी विचित्र रक़म की हो जायेंगी कि उन्हें व्यंग्य चित्रों के अलावा और कुछ भी नहीं कहा जा सकेगा।

इसी कारण से तत्कालीन आधुनिक पोशाक पहने हुए बंगाली के चेहरे को

व्यंग्यचित्रों में चित्रित करने के लिए वे प्रयासरत हुए थे। बंग देश के थियेटर को केन्द्र बनाकर अवनीन्द्रनाथ के व्यंग्यचित्र आँकते समय, सम्भवत: द्विजेन्द्रनाथ और गगनेन्द्रनाथ की प्रेरणा से उन्होंने तीन व्यंग्य चित्र बनाये थे, 'विधवा बहू और सधवा सास', 'विषयासक्त', 'रोगी यथा नीम खाय आँख मूँदकर'।[२१] इनमें से प्रवासी (श्रावण १३२२) में प्रकाशित पहले दो चित्र ज़रा भी हास्य चित्र जैसे नहीं थे।

बड़े दादा के 'स्वप्नप्रयाण' काव्य में छवि आँकने के असंख्य विषय देखकर असितकुमार को उस समय काव्य ग्रन्थ के आधार पर छवि आँकने का परामर्श रवीन्द्रनाथ ने दिया था। काव्यस्रष्टा ने भी छवि आँकने के काम में हाथ लगाने के तगादे के साथ असितकुमार को उकसाते हुए लिखा था :

> आज के दिन यदि तुम सोलह आना मन लगाकर करो, तो उसकी वजह से तुम्हारी छवि आँकने की वृत्ति यथासम्भव जाग उठेगी, और उसी वजह से कल, परसों तुम जो काम करोगे उसमें तुम्हारा हाथ ख़ूब अच्छी तरह मँजकर और अच्छा हो जायेगा, फिर तुम जिस काम में हाथ लगाओगे उससे सोने की फसल पैदा होगी।

असितकुमार के प्राच्यकला परिषद् से सचित्र स्वप्नप्रयाण ग्रन्थ के प्रकाशन और उसके लिए चित्ररचना के विषय में गुरु को बताने पर अवनीन्द्रनाथ ने उन्हें लिखा था,

> स्वप्नप्रयाण की छवियों को लेकर Society उसे छपाना नहीं चाहती है, तुमने ग़लत समझा है। छवियाँ बन जाने पर उन्हें Society की ओर से विलायत भेजा जायेगा, जिससे कम ख़र्चे में छपाया जा सके, उसका बन्दोबस्त किया जा सकता है। यह बात तुम बड़े जेठामशई को अच्छी तरह समझा दो।...स्वप्नप्रयाण की छवियाँ बहुत कठिन हैं क्योंकि वे बहुत चमत्कारपूर्ण हैं। सिर्फ़ छवि न देकर उसे पूरी तरह बॉर्डर को अलंकृत कर अगर छपाया जाये तो कुछ बुरा नहीं होगा। किन्तु, उस तरह से उसे प्रस्तुत करना समय-सापेक्ष है, इस बार की तरह छवियाँ न देकर पुस्तक प्रकाशित करने के अलावा और कोई उपाय नहीं है।

गुरु का पत्र असितकुमार को एक तरह से उस ग्रन्थ को अलंकृत करने के प्रति हतोत्साहित करता है।

बड़े दादा के साथ रहने से असितकुमार ने और एक विषय Boxometry—

सीखा था। एक पूरे काग़ज़ से डब्बा और लिफ़ाफ़ा तैयार करने का कौशल। विनोदी बड़े दादा अपने को काग़ज़-विद्या-दिग्गज कहकर विशेषित करते थे। राँची से अपने गुणमुग्ध शिष्य असितकुमार की काग़ज़ की कलात्मक चिट्ठी पाकर बड़े दादा ने उन्हें लिखा था :

> तुम्हारे आने की प्रतीक्षा कर रहा हूँ। तुम्हारे इस बार आने पर तुम्हारे द्वारा बनाये गये नये बैग आदि के बारे में जानकारी का विनिमय होगा। तुम्हारी काग़ज़ मोड़ने में जो कारीगरी देखी वह मुझको कुछ जटिल लगी। मैं जिस पद्धति से चिट्ठी को मोड़ता हूँ उसे बड़ी सहजता से किया जा सकता है, यही उसकी विशेषता है।

काग़ज़ कला के गुरु के असित के काम में त्रुटि देखने पर भी मित्र क्षीरोदराय ने उन्हें लिखा था :

> तुम्हारी यह लिफ़ाफ़ा बनाने की पद्धति मुझे ख़ूब पसन्द आयी है। इसका बनाना भी बहुत सरल है और यह देखने में भी बहुत सुन्दर है।

बड़े दादा ने उन्हें 'रंग और तूलिका रखने का एक बॉक्स और उसके ढक्कन पर भ्रमर गुंजित पद्म बनाकर दिया था।' अस्सी वर्ष से ऊपर के बड़े दादा की प्रकृति के साथ एकात्म होकर मौज़-मस्ती में दिनयापन ने, तरुण असित की शिल्पी सत्ता पर गहरी रेखा खींच दी थी।

छवि आँकने और लिखने में 'मधुरभाषी' मझले दादा सत्येन्द्रनाथ और देवतुल्य 'सुश्री', सुकोमल स्वभाव के नये दादा ज्योतिरिन्द्रनाथ (१८४८-१९२५) भी समान रूप से उत्साह देते रहते थे, असित को। मझले दादा महाशय असित के सारे लेखों को पढ़ा करते थे। जब बेनेपुकुर में वे बहन शरत् कुमारी के घर आया करते थे तो वे उन सबको बैठालकर रवीन्द्रनाथ की 'कथा ओ काहिनी' पढ़कर सुनाया करते थे और उसकी आवृत्ति भी कराया करते थे। उनका उद्‌देश्य था किस तरह से पढ़ना चाहिए उसकी सीमा बताना। इसका फल यह हुआ कि रवीन्द्रनाथ असित के द्वारा विश्वभारती के बाङ्ला कविता के क्लास में मास्टरी कराया करते थे।

ज्योति दा के सम्बन्ध में असितकुमार ने लिखा है :

> वे छवि आँकने में सिद्धहस्त थे।... छवि आँकना था उनका फालतू समय का खेल। खाता लेकर स्टार रोड, बालीगंज से रिक्शा कर दीदी माँ के पास बेनेपुकुर छवि आँकने आया करते थे। कई आत्मीय

स्वजनों, बन्धु-बान्धवों की प्रतिकृतियाँ उन्होंने बनायी थीं।

एकाधिक बार उन्होंने आँकी हैं बहन शरत्‌कुमारी देवी, बहन के पति यदुनाथ मुखोपाध्याय, भिन्न-भिन्न उम्र के भांजों-भांजियों —सुप्रभा देवी, सुकुमार हालदार और असितकुमार की प्रतिकृतियाँ। ज्योतिरिन्द्रनाथ के मनोविनोद का खेल था Phronology सिर के गठन मूलक अनुपात को देखकर मनुष्य के गुणों का निर्णय एवं Physiognomy अर्थात् चेहरे की बनावट देखकर किसी के गुणों का निरूपण। वे जब किसी की प्रतिकृति आँका करते थे, तब व्यक्ति विशेष के गुणों का निर्धारण इसी विज्ञान की सहायता से किया करते थे। असितकुमार की प्रतिकृति बनाकर उससे कहा था—"तू अपनी नाक के बल पर आगे बढ़ता जायेगा, तुझे कोई रोक नहीं पायेगा।" उनका अनुसरण करते हुए ही असितकुमार ने १९०६ ई. से पेंसिल, पेन, इंक, अथवा ब्रश के द्वारा परिचित जनों की प्रतिकृतियाँ आँकना शूरू की थीं। उनके द्वारा बनाये गये प्रतिकृति चित्र उस समय सभी के अपने स्वातन्त्र्य के आधार पर समुज्ज्वल थे।

राँची के मोरावादी पहाड़ पर रहते समय दूसरे के हित की इच्छा के अलावा नये दादा के अन्य मनोरंजन कार्यों में असितकुमार ने सौन्दर्य-बोध और शिल्प-कला के प्रति उनके अनुराग को लक्षित किया है, उद्यान और गुहागृह रचना एवं दृश्यचित्र आँकने में। असित की दृष्टि के अनुसार,

> ज्योति दादा ने सुवीरेन्द्रनाथ ठाकुर को खेल-खेल में जो सब दृश्यचित्र आँककर दिये थे वे आजकल के तथाकथित मॉडर्न चित्रकला के प्राकृतिक दृश्यचित्रों की अपेक्षा काफ़ी अच्छे और भाव व्यंजक थे।[३०]

मझले दादा के पौत्र सुरेन्द्रनाथ ठाकुर और संज्ञादेवी के पुत्र सुरीन्द्रनाथ उस समय राँची में ज्ञानदानन्दिनी की सेवा में रहा करते थे। संज्ञादेवी उस समय संसार त्यागकर पुरी के आश्रम में रहा करती थीं।

८. गगनेन्द्रनाथ ठाकुर

गगन मामा के साथ असितकुमार का सम्बन्ध श्रद्धा-प्रीति को लेकर आजीवन मधुर सख्यता का था। हाँ, यह ज़रूर है जोड़ासाँको-भवन में दक्षिणी बरामदे

के ख़ूब पास रहते हुए भी वे अवनीन्द्रनाथ के अन्य शिष्यों की तरह छवि आँकने में उनके अत्यधिक नज़दीकी होने के आग्रही नहीं थे। गगन मामा उनके चित्रांकन के सम्बन्ध में शुरू से ही अपने सहज कौतूहल को पोषित करते आये हैं। अजन्ता अभियान (१९०९-१०) में उन तीनों भाइयों ने सम्मिलित रूप से असितकुमार और नन्दलाल की आर्थिक सहायता ही की थी सिर्फ़ यही नहीं, उनके द्वारा बनायी गयी कई प्रतिलिपियों को यथार्थ मूल्य में ख़रीदकर जोड़ासाँको-भवन में प्रदर्शित कर रखी थीं।

> राष्ट्रीय आन्दोलन की हलचल भरी परिस्थिति में व्यंग्य चित्र बनाकर यशस्वी हुए थे गगनेन्द्रनाथ। अपने समकालीन इंगबंग परिवारों के विलायती अनुकरण की इच्छा पर तीव्र आक्रमण करते थे वे अपने व्यंग्य चित्रों में। उस समय 'विरूप वज्र' और 'अद्‌भुत लोग' थीं उनकी लोकप्रिय व्यंग्य-चित्र-संकलन की पुस्तिकायें। उनके प्रभाव से असितकुमार ने कई व्यंग्य-चित्र बनाये थे इसका उल्लेख मैं पीछे कर चुका हूँ। गगन मामा को उनकी व्यंग्य-चित्र परिकल्पना में उन्होंने रसद भी जुगायी थी उनके समक्ष कार्टून बनाने के लिए उपयोगी एक कहानी को प्रस्तुत कर। कहानी इस प्रकार है : धोती-क़मीज़ पहने हुए एक बंगाली भद्रपुरुष ट्रेन में भीड़ के कारण स्थान न पाकर केवल यूरोपवासियों के लिए लिखे हुए एक तीसरी श्रेणी के डब्बे में बैठ गया था। ठीक उसी समय कौए की तरह काला फिरंगी उसे देखकर दौड़कर स्टेशन मास्टर के पास गया और उसे वहाँ से उठा देने के लिए उसे बुला लाया। अपने को निरुपाय देखकर, इसी बीच में उस भद्रपुरुष ने ट्रंक खोलकर पैण्ट निकालकर जल्दी-जल्दी उसे पहनना शुरू कर दिया। स्टेशन मास्टर के आते ही ट्रेन की खिड़की से अपना सिर बढ़ाकर उस भद्र पुरुष ने उससे कहा : 'Never mind Sir please wait a minute, I am about to become a sahib-अर्थात् कोई परेशानी की बात नहीं श्रीमान बुरा मत मानिये, थोड़ी प्रतीक्षा कीजिये, बस मैं साहब बनने वाला ही हूँ।' असित की कहानी का अनुसरण कर गगनेन्द्रनाथ ने एक व्यंग्य-चित्र बनाया था। असितकुमार की भावना के अनुसार जिन लोगों ने व्यंग्य-चित्र अथवा व्यंग्य कविता (जो देश के दस लोगों की आँख खोलने के लिए थीं) लिखी है, 'उनकी रचनायें सामयिक उत्तेजना की दृष्टि से किसी विशेष काल और समाज में ही आबद्ध रह गयी थीं, उनमें कोई अधिक प्राणशक्ति नहीं थी।'

असितकुमार ने गगन मामा के एक और अवदान की कथा याद की थी। शिल्पकला की तरह देश की सम्भावनाशील कुटीर उद्योग और हस्तकला के नवजागरण और उन्नति के बारे में सोचकर गवर्नर लॉर्ड कारमाइकेल के संरक्षण में गगनेन्द्रनाथ ने स्थापित की थी 'बंगाल होम इण्डस्ट्रीज़'। भारतवर्ष में उस समय अन्य कहीं भी कुटीर उद्योग को लेकर इस तरह के संस्थान की बात मन में भी नहीं आयी थी। उस संस्थान में मुर्शिदाबादी सिल्क के नये रूप में प्रचलित होने पर गगनेन्द्रनाथ ने सिल्क से ढकी एक ट्रे जिसे सत्येन्द्रनाथ ठाकुर 'खुंजीपोष' कहा करते थे, कारमाइकेल साहब को उपहार में दी थी। 'बंग सरकार ने उसका उपयोग पॉकेट-रूमाल की तरह किया था। बाद में उनकी देखा-देखी वह कोलकाता की फ़ैशन में आ गया था। उस रूमाल का नाम हो गया, 'कारमाइकेल का हैण्डकरचीफ'। फ़ैशन के कारण उसकी काफ़ी बिक्री भी हुई थी।[३१]

राँची मोरावादी हिल्स पर ज्योतिरिन्द्रनाथ और सत्येन्द्रनाथ के घर जब भी गगनेन्द्रनाथ का जाना हुआ, तब वहाँ वे असितकुमार के पिता सुकुमार हालदार के सामलोंग फार्म वाले घर पर भी आया करते थे। सुकुमार परिवार के साथ उनके अन्तरंग सम्बन्ध बन गये थे। राँची में रहते समय सार्सि दरवाज़े के रंगीन घिसे काँच पर बैठे हुए मनुष्य की छाया देख-देखकर गगनेन्द्रनाथ के छायाचित्र की रचना अथवा सिलहुएट (Silhouette) याद आ जाती थी। उसी पद्धति से उन्होंने परिवार के अनेक व्यक्तियों के चेहरों के अवयवों के पार्श्व चित्र आँके थे। असितकुमार ने उनकी देखादेखी कुछ छायाचित्र बनाये थे अपने परिवार के व्यक्तियों के। उस पद्धति से बनाया गया एक दृश्यचित्र असितकुमार का उस समय सन्देश पत्रिका में प्रकाशित हुआ था, अनवधानतावश किसी अन्य नाम से।

असितकुमार के साथ गगन मामा के सम्बन्ध के आभास का साक्ष्य अब तक तिथि विहीन पायी गयी दो चिट्ठियाँ ही दे रही हैं। एक चिट्ठी जोड़ासाँको-भवन में गाँधी जी आदि काँग्रेस नेताओं और बड़े लाट के कारण डाकघर नाटक के दो दिन तक मंच पर प्रस्तुत होने के समय अर्थात् १९१७ दिसम्बर की लिखी हुई है। उसमें लिखा गया है :

> तुम्हारा पत्र मिलने के पहले तुम्हारे बाबा के बीमार होने की ख़बर पाकर नबू और मैं तुम्हारे बाबा को देखने गये थे—अब वे पहले से काफ़ी अच्छे हैं।

यहाँ पर अनेक तरह की झंझटों में पड़ने के कारण तुम्हें लिख नहीं पाया, प्रदर्शनी में इस बार तुम्हारे चित्र ख़ूब प्रशंसित हुए हैं। तुम्हारे बड़े चित्र में तुमने कौन-सा रंग लगाया है ? लगभग पूरा रंग फीका हो गया है। यहाँ के सभी हालचाल ठीक हैं। फिर डाकघर (नाटक) को लेकर व्यस्त हूँ। तुम्हारा पार्ट किसी तरह से करा लिया जायेगा।

चिट्ठी के नबू, उनके पुत्र नवेन्द्रनाथ (१९१०-१९६५) ने अवनीन्द्रनाथ के साहचर्य में चित्रकला सीखते समय काफ़ी समय तक लखनऊ में रहकर असितकुमार से भी चित्र-रचना की शिक्षा ग्रहण की थी। उसी वर्ष प्राच्यकला परिषद् की प्रदर्शनी में असितकुमार की 'माँ और शिशु', 'नृत्यरत बाउल', 'नीग्रो राजकन्या', 'निरुद्‌देश्य यात्रा', 'बन्दिनी', 'शिव-पार्वती', 'डान्स ऑफ़ ओल्ड एण्ड न्यू' छवियों को स्थान मिला था।

तिथिविहीन लेम्बागो-केन्द्रित दूसरा पत्र भी १९१९ में बाद वाले समय में शान्तिनिकेतन में रहते समय लिखा गया है। वात-व्याधि से पीड़ित कावू मामा की सरस चिट्ठी में मामा-भांजे का चिरन्तन सम्बन्ध मानो मुखरित हुआ है। गगन मामा ने लिखा था :

असित, तुम सोच रहे हो कि इस बार मैं अकेला पड़ गया हूँ। इसलिए Exhibition-प्रदर्शनी के समय तुम्हारी जो ख़ुशी होगी वही करोगे, किन्तु, वैसा हो नहीं पायेगा। मैं तो पड़ा नहीं हूँ, यह तुम्हारी भूल है, फिर भी अकेला पड़ गया हूँ यह ठीक है। मेरे पुराने मित्र Mr. Lambago मि. लेम्बागो-मेरी गर्दन पर सवार हो गये हैं अर्थात् मेरे अतिथि होकर यहाँ रह रहे हैं। बरामदे की एक खटिया पर एकदम चित लेटकर उनके साथ सुखपूर्वक गप्पें लड़ा रहा हूँ। मि. लेम्बागो Mr. Lambago-मि. गाँधी Mr. Gandhi की तरह फलाहार पर रह रहे हैं। इसलिए मुझे भी वैसा ही आहार करना पड़ रहा है। केला, सिंघाड़ा, नीबू और गिलास-गिलास भर गरम पानी पीकर दोनों लोग ख़ूब आराम से रह रहे हैं।... एक तो इस तरह का आहार और उसके ऊपर रोज़ गरम पानी का Enima-(एनीमा) लेकर किस तरह से जीवित हूँ यही एक Enigma-(रहस्य) है। तूलिका को हाथ लगाने का ऑर्डर नहीं है, यह मि. लेम्बागो का आदेश नहीं है, यह ऑर्डर पास किया है मेरी better half-पत्नी ने। Mr. Gandhi (मि. गाँधी) अगर मुझे इस समय देखते तो वे बहुत ख़ुश होते। Dinner (डिनर) के पहले दो-एक peg (पेग) Brandy

> (ब्राण्डी) पीता, मि. लेम्बागो के ऑर्डर से वह भी बन्द है। ब्राण्डी की बात तुम्हें लिखना ठीक नहीं रहा। तुम सभी के सामने यह बात जाहिर कर दोगे। इसके अलावा तुम्हारे यहाँ के C.I.D (सी.आई.डी.) सभी चिट्ठियाँ खोलकर देखते हैं। उन्हें 'सब चलता है नीचे-नीचे' इस मुगालते में रखना अच्छा रहता।... मि. लेम्बागो की ज़िम्मेदारी लेकर मैं व्यस्त हूँ, उसके ऊपर तुम्हारी बड़ी-बड़ी छवियों का बोझ अगर मेरी गर्दन पर लाद दिया जाये, तो बताओ मैं कैसे बचूँगा। शायद बचूँगा नहीं। प्रदर्शनी की तिथि इस समय भी फिक्स नहीं कर पाया हूँ। सब कुछ ठीक हो जाने के बाद तुम्हें लिखूँगा। तुम अगर अपने स्कूल के अधिकारियों से छुट्टी लेकर यहाँ आ सको तो अच्छा रहेगा और मि. लेम्बागो तुम्हारे आने से ख़ूब ख़ुश होंगे और अगर न आ सको तो और क्या किया जा सकता है। मि. लेम्बागो और मैं मिलजुल कर किसी तरह काम चला लेंगे। किन्तु, पहले से ही तुम्हें बताये दे रहा हूँ कि तुम्हारी छवियाँ दीवाल पर ठीक मेरी इस लिखावट की तरह आड़ी-तिरछी रहें तो यह ठीक नहीं होगा।[३२]

असितकुमार की चित्र प्रदर्शनी सजाने के लिए ख्याति थी। उसी वजह से वात रोगग्रस्त मामा के आह्वान को वे ठुकरा नहीं सके, यह अन्दाज़ा लगाया जा सकता है।

९. आर्टिस्ट असितकुमार और 'प्रियसेन' पियर्सन

१९१४ ई. में विलियम पियर्सन (William Wimstantly Pearson, १८८१-१९२३) एवं चार्ल्स ऐंड्रूज (Rev. Charles Freer Andrews, १८७१-१९४०) का शान्तिनिकेतन आश्रम विद्यालय में आगमन एक ऐतिहासिक घटना है। कारण, रवीन्द्रनाथ को नोबेल प्राइज़ मिलने की दीप्ति के कारण उस समय से आश्रम अपनी सीमा से बाहर विश्वभुवन के मनुष्यों के आकर्षण का केन्द्र होना शुरू हो गया था। उसके ब्रह्म विद्यालय जैसे संस्थानगत ढाँचे का न होने की वजह एवं उसमें भारत के प्राचीन तपोवनों में स्थित आश्रमों जैसी बहने वाली भावधारा देश-विदेश के अनेक गुणीजनों को आकर्षित कर रही थी। इन लोगों में जैसे ब्रह्म बान्धव उपाध्याय (१८६१-१९०७) थे, वैसे ही थे पियर्सन और ऐंड्रूज। १९१२ ई. में इंग्लैण्ड में विलियम रोथेंस्टाइन के घर में गीतांजलि-पाठ के दिन पियर्सन ने पहली बार रवीन्द्रनाथ को देखा था। इसके

बाद उनके हेमस्टेड हीथ के घर में आमन्त्रित कवि ने अवाक् होकर देखा कि एक सौम्यदर्शन युवक विली श्रद्धावनत् होकर भारतीय प्रथा के अनुसार बिना किसी संकोच के उनकी पदधूलि ग्रहण कर उनका स्वागत कर रहा है।

माँ की तरफ़ से सम्भ्रान्त कोयक वंश में पैदा विली पियर्सन ने कैम्ब्रिज विश्वविद्यालय में विज्ञान में स्नातक की शिक्षा ग्रहण कर ऑक्सफोर्ड विश्वविद्यालय में दर्शन और साहित्य में स्नातकोत्तर उपाधि की पढ़ाई की थी। कवि को साहित्य में नोबेल प्राइज़ मिलने की घोषणा के तुरन्त बाद १९१३ नवम्बर में ऐंड्रूज के साथ विली शान्तिनिकेतन में आये थे। उस समय आश्रमवासियों के समक्ष भाषण देते हुए विली ने बाङ्ला में कहा था, 'इस शान्तिनिकेतन आश्रम से जो शान्ति हम लोग ले जा रहे हैं, वह हमारे दक्षिण अफ्रीका के काम में सहायता करेगी।'[३३]

आश्रमकर्ता रवीन्द्रनाथ सोचते थे एक सच्चे शिक्षक का सिर्फ़ विद्वान होने से काम नहीं चलेगा उसे गुणवान, प्राणवान एवं अवश्य हृदयवान होना होगा। उसी अर्थ में कवि ने 'प्रियसेन' पियर्सन और आर्टिस्ट असितकुमार को आश्रम विद्यालय में एक सहृदय शिक्षक के रूप में पाया था। असितकुमार ने भी विद्यालय आश्रम में विली पियर्सन को अन्तरंगतम बन्धु के रूप में ग्रहण किया था। उनके संस्मरणों से पता चलता है पियर्सन अपने अत्यन्त प्रिय रवीन्द्रनाथ के गाने, 'जीवने जत पूजा होल ना सारा' (जीवन में जो पूजायें पूरी नहीं हुईं) को प्रतिदिन एसराज बजाकर गाया करते थे। इस गाने को उन्होंने पहली बार कवि के मुँह से १९१२ में कैम्ब्रिज में एक अनुष्ठान में सुना था। इस गाने के आवेदन ने उनके मन की गहरायी में आलोड़न पैदा कर दिया था। बाद में कोलकाता आकर ऑक्सफोर्ड मिशन छात्रावास में आश्रम विद्यालय के प्राक्तन छात्र सुधीरंजन दास (१८९४-१९७७) से इस गाने को उन्होंने सीख लिया था। विली के बारे में एक घटना के प्रसंग में असितकुमार ने लिखा था :

> एक दिन रवि दादा के पास मैं था, विली वहाँ पर उपस्थित थे, बातों-बातों में रवि दादा से उन्होंने कहा, गुरुदेव, आप और असित दोनों मिलकर जो सृजन-कार्य कर रहे हैं वह स्थायी वस्तु है और उसके फल का भोग सभी करेंगे—वर्तमान और भविष्य में भी। किन्तु, हमारे जैसे नीरस मास्टरों के जीवन को चिरस्थायी करने के लिए क्या है? तब रवि दादा ने मुस्कुराते हुए, उन्हें समझाते हुए, कहा था—लोकशिक्षा

अथवा सेवा मनुष्य का विशेष धर्म और जीवन की सर्वोच्च वस्तु है—उसका कभी क्षय नहीं होता है, वह गतिशील है, अतएव तुम्हारे काम का मूल्य अधिक और परम्परा में चिरस्थायी रहेगा।[३४]

असितकुमार शान्तिनिकेतन में नियमित रूप से पियर्सन के पास जाकर अँग्रेज़ी साहित्य का पाठ सीखते थे और उन्हें रवीन्द्रनाथ का काव्य पाठ कर सुनाते थे। इसी तरह से उनका परस्पर भावों का आदान-प्रदान चलता रहता था।

बोलपुर की लू लपट ऐंड्रूज तो सहज में ही सहन कर लेते थे किन्तु, पियर्सन के लिए वह असहनीय थी। इसी वजह से वे हर ग्रीष्मावकाश में अपेक्षाकृत ठण्डे पहाड़ी इलाक़ों, कौसानी, शिमला अथवा पुरी के समुद्र तट पर चले जाते थे। बालेश्वर के चाँदीपुर समुद्रतट पर एक घर भी पियर्सन ने ख़रीद लिया था। जहाँ पर अपने अवकाश का समय बीच-बीच में वे बिताया करते थे। भ्राम्यमान घुमक्कड़ पियर्सन को असितकुमार अपने द्वारा आँकी गयी छवियाँ उपहार के साथ चिट्ठी लिखकर भेजा करते थे। ऐसी ही एक चिट्ठी और छवि पाकर पियर्सन ने ३१ मई, १९१४ ई. को पुरी के समुद्र उपकूल पर स्थित अवनीन्द्रनाथ ठाकुर के 'पाथारपुरी' घर से बाङ्ला में उन्हें लिखा था :

श्रद्धास्पदेषु, रविवार, पुरी

आपकी दो चिट्ठियाँ मिलीं किन्तु, जो पत्र आपने गुरुकुल में भेजा वह मुझे नहीं मिला। आपकी राँची पहाड़ की सुन्दर छवि पाकर अत्यन्त प्रसन्नता हुई। मैं उसे ख़ूब जतन से रखूँगा।

यहाँ पर तीन-चार दिन पहले आकर ठाकुर लोगों के घर 'पाथारपुरी' में रुका हुआ हूँ। कल यहाँ से चला जाऊँगा एवं भुवनेश्वर देखने जाऊँगा। उसके बाद कोलकाता में दो दिन रहूँगा मेयो हॉस्पिटल में। आप शायद राँची में रहेंगे? क्या कोलकाता में आपसे भेंट नहीं होगी?

समुद्र तो ख़ूब सुन्दर दिखाई देता है, किन्तु, स्नान करने के लिए लहरें बहुत तेज़ी से आती हैं।

इति भवदीय गुणमुग्ध
W.W. Pearson

उस वर्ष पुरी से वापस आकर कोलकाता होते हुए राँची जाने का निश्चय पियर्सन ने कर लिया था। किन्तु, जैसे ही उन्हें लगा कि असितकुमार अपने

प्रेरणास्थल शान्तिनिकेतन को छोड़कर राँची अपने घर नहीं लौट रहे हैं, वे हज़ारीबाग चले गये थे। बहुत कम समय में ही उनकी अन्तरंगता बढ़ जाने से पियर्सन का असितकुमार को 'श्रद्धास्पदेषु' और 'आपनि' कहने वाला सम्बोधन परिणत हो गया था 'प्रियवरेषु' और 'तुम' में। एक छवि पाकर २४.७.१९१५ को असित को पियर्सन ने बाङ्ला में लिखा था :

> प्रियवरेषु, असित, तुम्हारा पत्र पाकर और तुम्हारा चित्र देखकर प्रसन्न हुआ। तुम्हारा यह नया चित्र मुझे बहुत अच्छा लगा है। इसका idea एवं रंग बहुत सुन्दर है। हम सभी लोग सुख का जो फूल खिला हुआ था उसी को पुनः प्राप्त करना चाहते हैं, किन्तु, यह है तो असम्भव किन्तु, नियम यही है। किन्तु, तुमने चित्र फाड़कर फेंक देने के लिए मुझसे कहा है, किन्तु, मैं इतना मूर्ख नहीं हूँ कि इतना सुन्दर चित्र फाड़कर फेंक दूँ। मेरे मन के अनुसार यह इतना सुन्दर बना है कि मैं इसे ख़ूब जतन से सँभालकर रखूँगा। तुम्हारी कहानी मैंने अभी भी नहीं पढ़ी है किन्तु, बहुत जल्दी मैं और अन्यान्य को पढ़वाकर तुम्हें उसकी जानकारी दूँगा।

पियर्सन जैसे बन्धुवत्सल आलापचारी मनुष्य के बहुत से अनुरागी थे उस समय आश्रम में। किन्तु, वे असितकुमार की शिल्पी सत्ता को एक विशेष दृष्टि से देखा करते थे। शिल्पी का अनुप्रेरणाहीन जीवन उनके अनुभव में असहनीय और निरानन्द का जीवन होता है। इसी वजह से आश्रम में असित को न पाकर वे धैर्यहीन होकर चिट्ठी लिखकर भेजा करते थे, "तुम जितनी जल्दी हो लौट आओ। अपने पड़ोसी के बिना मैं रह नहीं पा रहा हूँ। सत्य कहने में कोई हर्जा नहीं, डेविड, तुम्हारे बिना आश्रम पूर्ण नहीं हो रहा है।" आश्रम में अचलायतन नाटक में रवीन्द्रनाथ ने पियर्सन को एक पार्ट करने का अवसर दिया था। असितकुमार के शब्दों में :

> अचलायतन लिखकर जब सबसे पहले इसका मंचन कराया गया तब पियर्सन की पोशाक की कल्पना मैंने एक नागा कुकी की पोशाक के अनुसार की थी। रवि दादा के संग्रह में नागाओं का एक मुकुट था, जिसमें जंगली सुअर का दाँत लगा हुआ था और पत्तों से बना हुआ एक रंगीन मौर। पियर्सन साहब को बनाया गया था शोनपांशु दल का सरदार और विशेष रूप से उन्हें सजाया गया था आदिवासियों में विवाह के समय पहने जाने वाले गहनों और मौर के द्वारा। रविदा दा ने ग्रीन रूम में उनकी साज-पोशाक देखकर मुस्कुराते

> हुए मुझसे कहा था—पियर्सन को मैंने आदिमसेन बना डाला क्यों असित, पियर्सन के अँग्रेज़ी उच्चारण के द्वारा बाङ्ला शोनपांशु का अभिनय ख़ूब अच्छा हुआ था।[३५]

असितकुमार ने उस नाटक में स्वयं अभिनय किया था, उपाध्याय के किरदार के रूप में। पहले मंचन में सभी दृष्टियों से नाटक प्रशंसित हुआ था।

१९१५ ई. में ऐंड्रूज पियर्सन के साथ आस्ट्रेलिया अधीन फिजी द्वीप समूह में गये थे, वहाँ के भारतीय बँधुआ मज़दूरों की दुर्दशा प्रत्यक्ष रूप से देखने और उसके प्रतिकार का लक्ष्य लेकर। जाने के रास्ते में 'एस एस मेदिना' जहाज़ से ६ अक्टूबर, १९१५ को असित को लिखा था :

> We both missing the beauty of Bolpur and long to the back again in सोनार बाङ्ला अर्थात् हम दोनों ही बोलपुर के सौन्दर्य को तरस रहे हैं। हम दोनों बड़ी जल्दी लौटेंगे अपने सोने के बंगाल में। इस तरह का देश तुम्हें खोजे नहीं मिलेगा/(से.जे.) सकलदेशेर रानी सेजे/आमार जन्मभूमि अर्थात् मेरी जन्मभूमि सारे देशों में रानी की तरह शोभित हो रही है—निश्चय ही सोने का बंगाल अब मेरा स्व-देश है, क्योंकि अपने लोगों में मैं विदेशी हो गया हूँ। मैं इस सीमा तक बंगाली हो गया हूँ कि इस जहाज़ पर मैं विदेशी हूँ। जिस तरह से एक बंगाली इस जहाज़ पर अकेला अनुभव करता ठीक वैसे ही मैं अकेला अनुभव कर रहा हूँ। If I can do even a little while in Australia understand India is better I shall be happy, but eagerly look forward to my return to you all. आस्ट्रेलिया में रहते समय अगर मैं भारत के हित में थोड़ा भी कर सका तो आस्ट्रेलिया समझेगा कि भारत अच्छा है, इससे मुझे बड़ी प्रसन्नता होगी। मैं आप सबके पास वापस जाने की बड़ी उत्सुकता से प्रतीक्षा कर रहा हूँ। दिन-रात तुम्हारी ही बातें मन में आ रही हैं, सपने में तुम्हें ही देखता हूँ। मैं तुम लोगों में से ही एक जन हूँ। इस पत्र का उत्तर बाङ्ला में लिखना।

१९१६ ई. में जापान और अमेरिका में रवीन्द्रनाथ के भ्रमण के साथी के रूप में १९१७ ई. के अन्त में अमेरिका से जापान लौटते समय कवि का साथ छोड़कर पियर्सन मुख्य रूप से जापान, मिस्र और चीन में विद्यालयों में चलने वाली शिक्षा पद्धति के बारे में विशेष रूप से अवगत होने और बौद्धधर्म के विषय में गवेषणा और वहाँ पर एकान्त में साधना करने के उद्देश्य से इन

देशों की यात्रा पर निकल गये थे। इसी बीच में बन्धु पाल रिशार की भूमिका के साथ उनके ग्रन्थ के प्रकाशित होने के बाद १९१७ ई. के अप्रैल मास में भारत लौटते समय रास्ते में ब्रिटिश सरकार ने उन्हें पैकिंग (अब बीजिंग) में गिरफ़्तार कर लिया। इसके पहले पाण्डिचेरी (अब पुदुचेरी) में सभी के अज्ञात में उन्होंने ऋषि अरविन्द के आश्रम में कुछ समय बिताया था। पियर्सन के पत्र से उनके गिरफ़्तार होने की ख़बर जानकर उनकी मुक्ति के लिए एक सिफ़ारिशी पत्र ऐंड्रूज के माध्यम से वायसराय के दरबार में रवीन्द्रनाथ ने भेजा था। किन्तु, उन्हें छोड़ा नहीं गया था। अन्त में पियर्सन को मैनचेस्टर में उनके घर में एक वर्ष से अधिक समय के लिए नज़रबन्दी में रखा गया था। काफ़ी समय बाद प्रथम विश्वयुद्ध के अन्त में १९२० में इंग्लैण्ड के प्लिमाउथ बन्दरगाह पर कवि का स्वागत किया पियर्सन ने एवं उनके सचिव के रूप में यूरोप और अमेरिका दूसरी बार गये और इस सफ़र के अन्त में १९२१ के जुलाई महीने में शान्तिनिकेतन लौट आये थे। तब तक विश्व भारती की स्थापना हो चुकी थी; वहाँ पर कला भवन के कर्णधार के रूप में असितकुमार रह रहे थे।

१०. जोगीमारा गुहा अभियान (१९१४)

शान्तिनिकेतन आश्रम विद्यालय में काम करते समय अप्रत्याशित रूप से असितकुमार के हाथ आया राँची से पिता द्वारा प्रेषित बाँकीपुर में स्थित पुरातत्त्व विभाग के प्रधान टी.एफ. ब्लेकिस्टन (T.F. Blackistone) का पत्र।[३६] उस पत्र का आशय यह है, 'आंचलिक पुरातत्त्व विभाग के एक अधिकारी एक तरुण शिल्पी से प्राचीन गुहाचित्र संरक्षण से सम्बन्धित चित्रों की नक़ल के काम में सरकार की ओर से व्यावसायिक सहायता चाह रहे हैं एवं असितकुमार के लिए ऐसा प्रस्ताव प्राप्त करना यह पहली बार घटित हुआ था।

१९०२ ई. में जॉन मार्शल (John Hubert Marshall, १८७६-१९५८) के भारतीय पुरातत्त्व विभाग के अखिल भारतीय अध्यक्ष होकर आने पर विभाग के अव्यवस्थित सरकारी प्रशासनिक कामकाज को ठीक से विन्यस्त करने में तक्षशिला, हड़प्पा से मोहनजोदड़ो जैसे विशाल भूखण्ड के उत्खनन-कार्य में

गति आ जाती है। फिर भी भारत में आते ही उन्होंने सबसे पहले उपेक्षित और नष्टप्राय अत्यन्त प्राचीन मन्दिर और उनकी दीवालों पर अंकित भित्तिचित्रों तथा प्रतिमाओं आदि की सुरक्षा और उनकी देखरेख में मन लगाया था। ऐसे हों अपेक्षाकृत एक छोटे परिसर के एक ऐतिहासिक और महत्त्वपूर्ण अन्वेषण योग्य काम, प्राक्-मौर्ययुग में निर्मित, भारत के प्राचीनतम जोगीमारा गुहाचित्रों की नक़ल कराने का दायित्व उन्होंने पूर्वी भारत के पुरातत्त्व विभाग के प्रधान, असिस्टेंट सुपरिन्टेंडेंट टी.एफ. ब्लेकिस्टन को (बाद में जो भारतीय पुरातत्त्व विभाग के अखिल भारतीय अध्यक्ष के रूप में सेवानिवृत्त हुए) सौंपा था। मार्शल की राय थी, १९०९-११ की समयावधि के दौरान शिल्पी क्रिश्चियाना हेरिंघम के नेतृत्व में जिन शिल्पियों ने अजन्ता गुफाओं के चित्रों की प्रतिलिपियाँ की थीं, उन्हीं शिल्पियों को भारत के प्राचीनतम तीन सौ ईसापूर्व के उन गुहाचित्रों की नक़ल करने के काम के लिए बुलाया जाये।

१९०९-११ की अवधि के दौरान अजन्ता में प्राचीन गुहाचित्रों की नक़ल करने के काम की अभिज्ञता के मध्य असितकुमार का अज्ञात, प्राचीन और लुप्तप्राय शिल्प कला के पुनरुद्धार के काम के प्रति आग्रह पैदा हो गया था। कई वर्ष पूर्व उच्च शिक्षा के लिए विलायत जाने की उनकी इच्छा को उनके गुरु ने प्रश्रय नहीं दिया था। छोटे काका निर्मलचन्द्र हालदार ने भी विलायत जाने के विषय में उन्हें निरुत्साहित करते हुए लिखा था :

> Artist व्यक्ति के साथ एक दुनियादार व्यावहारिक व्यक्ति का विसंवाद तो चिरकालीन है। मैंने तुम्हारे सामने एक अत्यन्त व्यावहारिक प्रस्ताव रखा था। तुम्हारे गुरु भी मेरी बात सुनकर उत्साहित हो उठे थे। वह काम अधिक मुश्किल, अर्थ अथवा समय-सापेक्ष नहीं था। कुछ दिन विशेष अन्वेषण, शिक्षा और प्रयोग आदि के द्वारा मैंने कहा था कि तुम Indian Frasco painting—भारतीय भित्तिचित्र कला को नये रूप में प्रस्तुत करो।

गुरुजनों की यह बात तब उन्हें अच्छी नहीं लगी थी। किन्तु, रामगढ़ गिरिगुहा में भित्तिचित्रों की अनुकृति बनाने के प्रस्ताव को उन्होंने बड़े आनन्दपूर्वक स्वीकार कर लिया था। आश्रम के कर्ता रवीन्द्रनाथ की अनुमति पाकर अपने सतीर्थ शिल्पी समरेन्द्रनाथ गुप्त को साथ लेकर उन्होंने रामगढ़ पहाड़ के उद्‌देश्य से यात्रा शुरू की थी अपने प्रस्तावित निश्चित दिन १९१४ फ़रवरी में। अमरकंटक जाने के मार्ग में पैड्रारोड स्टेशन पर उतर वहाँ से दो हाथियों

के साथ तम्बू, खाद्य द्रव्य और आनुषंगिक अन्य सामान ढोने के लिए ६० व्यक्तियों को दो आना प्रतिदिन मज़दूरी पर माल ढोने वाली विशाल वाहिनी को लेकर तपती हुई दोपहर में अपने वृक्ष-वनस्पतिहीन १०० मील के सपाट यात्रापथ पर सात दिनों का सफ़र था वास्तव में अत्यन्त कष्टकर। उस दुर्गम रास्ते में कभी-कभार बीच-बीच में मिलने वाले वृक्ष-वनस्पतियों में बैठे हुए पक्षियों की कलकल तान से मन सजीव होने के बाद भी अभियान पर जाने का उत्साह उनका धीरे-धीरे बुझने लगा था। जंगली हाथी, चीता, बाघ जैसे हिंसक जानवरों की विपत्ति को बचाते हुए रामगढ़ पहाड़ से चार मील दूर उदीपुर ग्राम में उन्होंने अपना तम्बुओं का डेरा गाड़ दिया। रामगढ़ पहाड़ के शिखर पर जोगीमारा गुफा में पहुँचने के प्रसंग पर असितकुमार ने लिखा है :

> रामगढ़ पहाड़ अपने पाददेश से दो हज़ार फुट ऊँचा है। उसी पहाड़ के शिखर पर एक अत्यन्त प्राचीन, कंकाल की तरह जीर्ण मन्दिर शैलराज्य के भग्न किरीट की तरह अपने किसी स्मरणातीत युग की महत्ता के साक्ष्य के रूप में विराज रहा है।... गज़पृष्ठ पर समतलभूमि एवं अरण्य के थोड़े भाग को पार कर, इसके बाद पैदल चलकर सबसे पहले ख़ूब चढ़ाईदार पहाड़ पर कुछ दूर चढ़कर गया, अन्त में एक उपत्यका में पहुँचा। इस बार हम लोगों को दुरारोह खड़े पहाड़ के और भी ऊँचे शिखर पर चढ़ना पड़ा।...काफ़ी देर तक सरीसृप (खाँपर) की तरह सरकते हुए पहाड़ पर चढ़ते हुए जब एकदम थककर चूर हो गया, तब सहसा पत्थर का एक सुन्दर कलात्मक रूप से उत्कीर्ण, पच्चीकारी युक्त तोरणद्वार को देखने से जो आनन्द हुआ उसे लिखकर व्यक्त नहीं किया जा सकता है। यहाँ के तोरणद्वार के दोनों तरफ़ दो खम्भों की सुन्दर पंक्ति पर सज्जित बरामदा और उनमें से एक पर नागमूर्ति, जिसके हाथों और सिर पर सर्प, हाथ जोड़कर वीरासन में बैठी हुई है। मूर्ति के सारे अंग-प्रत्यंगों के सामंजस्य और गठन सौन्दर्य और मुखमण्डल से ऐसी एक भाव-सम्पदा से उज्ज्वल कमनीयता फूटी पड़ रही है कि इस तरह की मूर्ति अधिक देखने में नहीं आती है।[३७]

तोरणद्वार पार कर अत्यधिक विपज्जनक ऊबड़-खाबड़ मार्ग घुटनों के बल पार कर किसी तरह से चढ़ते हुए दो हज़ार फुट की ऊँचाई पर रामगढ़ पहाड़ी के शिखर पर स्थित मन्दिर में वे लोग पहुँच गये थे। ओडिशी स्थापत्य शैली

के अनुरूप मन्दिर के भीतर एक दोष–रहित बैठी हुई प्रतिमा असितकुमार ने देखी थी। मन्दिर में प्रवेश करने के बाद खुले हुए बरामदे जैसे स्थान में खड़े होकर पहाड़ी झरना और हरी–भरी अरण्यानी के अनिर्वचनीय दृश्य ने आनन्द से उनके मन भर दिये। मन्दिर से ढलवाँ पथ से नीचे उतरकर और भी पहले जैसा एक तोरणद्वार और १८० फुट एक पहाड़ी सुरग पार कर वे लोग पहुँच गये थे जोगीमारा की 'सीताबेंगरा' गुहा में। पहले–पहल देखकर असितकुमार को ऐसा लगा था छह बाई दस फुट आयताकार और कम ऊँचाई की गुफा को ग्रीक शैली के एक प्राचीन रंगालय की कल्पना कर लेना डॉ. ब्लेक की एक मुश्किल भरी कल्पना मात्र है।[३८] पुरातत्त्व विभाग के १९०३–४ के वार्षिक प्रतिवेदन में जोगीमारा गुहा और वहाँ के गुहा–चित्रों के सम्बन्ध में डॉ. ब्लेक का मत यथार्थ न लगने के कारण असितकुमार ने यह बात स्पष्ट रूप से अपने विदग्ध निबन्धकार बन्धु क्षीरोदकुमार राय को बताने पर २७ फ़रवरी, १९१४ तारीख़ के पत्रोत्तर में उन्होंने शिल्पी की हताशा दूर करते हुए उन्हें लिखा था :

> तुम लोग एक विजयी राजा के समान नद–नदी पार कर गिरिपर्वत लाँघकर अभीष्ट स्थान पर जा पहुँचे हो, इससे मुझे बड़ा आनन्द मिला है। ...तुम वहाँ के चित्र, गुहा आदि देखकर बहुत हताश हो गये हो और तुम्हें हतोत्साहित देखकर मैं वास्तव में बहुत दुखी हो गया हूँ, किन्तु, मुझे लग रहा है तुम भूल कर रहे हो। ब्लेक साहब ने विस्तारपूर्वक नज़ीर दिखाकर बड़े–बड़े पण्डितों के साथ इस विषय पर गवेषणा कर तब यह निर्णय लिया है कि यह एक नाट्यमन्दिर अथवा रंगालय था। तुम्हें एक बात याद दिला दूँ—जिससे इस जगह पर तुम्हारी श्रद्धा वापस लौट आयेगी और तुम्हारे मन में यह विश्वास हो जायेगा कि यह जगह और ये गुफाएँ नितान्त मामूली नहीं हैं। इतने स्थान होते हुए महाकवि कालिदास ने इस रामगढ़ को ही अपने यक्ष की निवासभूमि क्यों बनाया था, इसका अवश्य ही कोई–न–कोई कारण रहा होगा। इस स्थान का निश्चय ही कुछ–न–कुछ ऐतिहासिक महत्त्व है, नहीं तो इस भयंकर वनभूमि में स्थित इस जगह की बात उस युग में छठी शताब्दी में, इतनी दूर उज्जयिनी के राजकवि के कानों तक पहुँचने की कोई सम्भावना नहीं थी। सरगुजा पहाड़ ही है कालिदास के मेघदूत का रामगिरि।

उन्होंने विस्तारपूर्वक यह बताया था, ईसापूर्व ५०० शताब्दी के भी बहुत

पहले हमारे देश में नाट्य अभिनय का प्रचलन था। और उस समय रंगमंच अर्ध वृत्ताकार हुआ करते थे। पण्डितजनों की व्याख्या का उल्लेख किया जाये तो उसमें 'पुरालिपि' में 'रूपदेख' शब्द मिलता है, जिसका व्युत्पत्तिगत अर्थ होता है 'रूपदक्ष', इसे बताते हुए लिखा था—'संस्कृत रूप' शब्द का अर्थ है 'रूपक' अथवा अभिनय-रूप दक्ष—जिसका अर्थ है, "अभिनय में दक्ष अर्थात् विख्यात अभिनेता या अभिनेत्री।"

गुहा में पहुँचने की टेढ़ी-मेढ़ी सीढ़ियों की स्थिति को देखकर किन्तु, असितकुमार को लगा था, उन सीढ़ियों पर बैठकर दर्शकगणों के लिए इतने ऊँचे मंच पर नट-नटी का अभिनय देखना असम्भव है। रामगढ़ मन्दिर में पूजा आदि के बाद उस मंच पर गुहावासी लोग मनोरंजन के लिए देवदासियों की नृत्यकला का उपभोग किया करते थे, उन्हें ऐसा लगा था। इसी प्रसंग में कहना पड़ेगा, 'शुतनुका' शिलालेख के प्रसंग में डॉ. ब्लेक ने किन्तु, रामगढ़ मन्दिर का उल्लेख मात्र भी नहीं किया है। मौर्ययुग पूर्व के गुहाचित्रों के हिसाब से 'जोगीमारा' उल्लेखनीय होते हुए भी अजन्ता और बाघ गुफा के निकृष्टतम चित्रों के साथ भी जोगीमारा गुहा-चित्र तुलना योग्य असितकुमार को नहीं लगे थे। उनके शब्दों में,

> ये चित्र ऐसे स्थान पर, इस तरह से आँकना कि इन्हें देखकर ही ऐसा लगने लगता है कि शिल्पियों ने इन चित्रों को किसी विशेष उद्देश्य को सामने रखकर नहीं आँका है, वे जो कुछ कर गये हैं वह सिर्फ़ अपने निजी मनो-विनोद के लिए किया गया काम है। समय और निपुणता के विचार से प्रागैतिहासिक चित्रकला के ऊपर ही जोगीमारा गुहाचित्रों को उन्होंने स्थान दिया था। गुफा की सीलिंग को लाल रेखाओं से सात पैनलों में विभाजित कर चित्र आँके गये थे जिसके पाँचवें चित्र में एक स्त्री धरती पर बैठी हुई है और उसके सामने नृत्यगीत हो रहा है।

असितकुमार ने देखा कि यह कुछ अजन्ता जैसी रेखा खींचने के कौशल का प्रारम्भ है।

जोगीमारा में प्राप्त 'शुतनुका' शिलालेख के शुतनुका नाम से देवदासी और देवदीन नाम के निपुण मूर्तिशिल्पी के प्रेम उपाख्यान को डॉ. ब्लाक की तरह असितकुमार एवं बाद में डॉ. सुकुमार सेन आदि भाषा वैज्ञानिकों ने यथार्थ कहकर स्वीकार किया है।

'शुतनुका नम देवदर्शिका
तं कर्मायथ बलनशेये
देवदिने नम लुपादखे।'

उन लोगों ने इसका अर्थ इस प्रकार किया था, 'शुतनुका नामे देवदासी। जिसकी कामना कर रहा था वाराणसीवासी देवदिन्न (आजकल देवदीन) नाम का रूप दक्ष।'[३९] २३ मार्च, १९१४ की शाम को असितकुमार जोगीमारा गुहा और नाट्यशाला के अपने स्केच और फ़ोटोग्राफ़, सीलिंग के चित्रों की प्रतिलिपि, शिलालेख का फ़ोटोग्राफ़ आदि के साथ जोड़ासाँको-भवन में आ गये थे। उनकी यथासाध्य व्याख्या करते हुए उन्होंने उन्हें दिखाया था वहाँ पर उपस्थित रवीन्द्रनाथ ठाकुर, कालिदास नाग, अरुण सेन और नगेन्द्रनाथ गांगुली के साथ, इन्हीं के साथ उनका विश्लेषण भी किया था। थोड़ी देर बाद शान्तिनिकेतन से वहाँ पर आ गये रवीन्द्रनाथ को भी आग्रहपूर्वक उन सब चीज़ों को दिखाया था।[४०]

११. रवीन्द्रनाथ के साथ भ्रमण—गया, इलाहाबाद (१९१४)

शान्तिनिकेतन में १९१४ ई. की पूजा के बाद असितकुमार ने एक दिन वहाँ पर उपस्थित अपने बन्धु अग्रज चारुचन्द्र वंद्योपाध्याय के पास जाकर गया घूम आने का प्रस्ताव उनके सामने रखा। असितकुमार का उद्देश्य 'बुद्धगया' के अलावा गया की निकटवर्ती 'बराबर' बौद्ध गुहाओं को देख आने का था। उनकी बात सुनकर रवीन्द्रनाथ के पैरों में घूमने की सुरसुरी मच गयी और उन्होंने कहा वे भी घूमने जायेंगे। इसके बाद एक-एक कर तपन मोहन चट्टोपाध्याय, नगेन्द्रनाथ गांगुली, मीरादेवी और हेमलता देवी भी उस यात्रा में शामिल हो गयीं। उनकी उस यात्रा में गया में चार दिन रुकने के दौरान एक दिन 'बराबर' परिदर्शन एकदम सुखद नहीं रहा, पहाड़ के चरण मूल में पहुँचने के बाद भी शान्त, क्लान्त रवीन्द्रनाथ का 'बराबर' गुहा देखना सम्भव नहीं हो सका। नहाने-खाने के अभाव में पूरे दिन दारुण कष्ट भोगने के बाद भी कवि का गीतालि के गीतरचने का काम अव्याहत रहा था। 'बराबर' गुहा में असितकुमार ने अशोक द्वारा खोदी हुई पुरालिपि देखी थी, जिससे पता चलता है आजीवक ब्राह्मणों के भजन-पूजन के लिए तीन गुफाओं को वहाँ

सम्राट अशोक ने उत्सर्ग किया था। वहाँ पर लोमश ऋषि की गुफा के प्रवेश द्वार देखकर उन्हें ऐसा लगा था जैसे काठ की खुदाई किये गये काम की नक़ल करके उसे तैयार किया गया हो।[४१]

दल के बाक़ी लोगों के गया से लौट जाने के बाद भी रवीन्द्रनाथ, असितकुमार, चारुचन्द्र वंद्योपाध्याय १३ अक्टूबर, १९१४ में इलाहाबाद पहुँचकर भांजे सत्यप्रसाद गांगुली के जामाता प्यारीलाल वंद्योपाध्याय के जॉर्ज टाउन वाले घर में रुके थे।[४२] असितकुमार ने उस यात्रा के प्रसंग में लिखा है :

> मैं रवीन्द्रनाथ के साथ इलाहाबाद आ गया और इण्डियन प्रेस का अतिथि हो जाता हूँ। साथ में थे चारुचन्द्र वंद्योपाध्याय एवं श्रीमान तपनमोहन चट्टोपाध्याय। उस समय भट्टाचार्य एण्ड सन्स (ढाका) अजन्ता पुस्तक के मेरे द्वारा आँके गये प्रच्छद पट की रचना कर रहे थे एवं कवि रवीन्द्रनाथ उस समय के इस बाङ्ला ग्रन्थ के इस सुन्दर प्रच्छद पट को देखकर ख़ूब ख़ुश हुए थे। उस समय बलाका काव्य ग्रन्थ की पाण्डुलिपि तैयार हुई थी। पाण्डुलिपि मेरे द्वारा दिये गये सफ़ेद पार्चमेंट के खाते पर उन्होंने लिखकर तैयार की थी और मैंने कवर पर एक चित्र बना दिया था। वह इस समय रवीन्द्र ग्रन्थागार शान्तिनिकेतन में सुरक्षित है।
>
> बलाका के इस आवरण-पृष्ठ की परिकल्पना का भार कवि ने मुझे दिया था और मैंने इण्डियन प्रेस में वह विचार दिया था चिन्तामणि बाबू को। उनके पुत्र हरिकेशन पिता की इस विषय में पाठ्यपुस्तकों की पढ़ाई की अवस्था से ही सहायता करते थे। कवि और हम सब लोग आश्चर्य से चकित रह गये—मात्र तीन दिन में हम लोगों के इलाहाबाद में रहते समय ही पूरी बलाका पुस्तकमय कवर के अत्यन्त शोभन रूप में छाप दी गयी।[४३]

अपने द्वारा आँके गये पद्म के चित्र सहित आर्चमेंट काग़ज़ के कवर के साथ बलाका की पाण्डुलिपि की कॉपी असितकुमार ने रवीन्द्रनाथ को दी थी। इस विषय की विशद आलोचना रवि जीवनीकार ने की है। गीतालि काव्यग्रन्थ की आधी कविताएँ लिखने के बाद Ms २२९ (पाण्डुलिपि २२९) समाप्त हो जाती है ४ अक्टूबर, १९१४ को। एक नयी कॉपी (Ms १३१-पाण्डुलिपि १३१) में कवि ने लिखना शुरू किया था, जिसमें गीतालि की बाक़ी कविताएँ, बलाका, फाल्गुनी और शोध बोध लिखी गयी हैं। 'रवीन्द्र भवन संग्रह

निर्माणाधीन तालिका' द्वितीय खण्ड (कार्तिक १३८९) में असितकुमार द्वारा दी गयी पाण्डुलिपि का विवरण इस प्रकार है : Bound Volume 19×12cm. Total Pages 176, Written Pages 131.[४४]

१२. रवीन्द्रनाथ के साथ जापान जाने का असफल प्रयास (१९१५)

रवीन्द्रनाथ असित को १९१२ ईसवी में यूरोप, अमेरिका के सफ़र पर अपने साथ ले जाना चाहते थे। किन्तु, अर्थाभाव के कारण असितकुमार का जाना नहीं हो सका था। १९१५ ई. में अपनी प्रस्तावित जापान यात्रा में असित को वे साथ ले जाने की योजना में उठकर लग गये थे। किन्तु, इस बार भी शिल्पी असित के पास अर्थ की व्यवस्था नहीं थी। दादी के नाम पर बने 'किरणकुमारी देवी चेरिटेबल ट्रस्ट फण्ड' से उच्च शिक्षा प्राप्त करने के लिए विदेश जाना चाहने पर भी एकमात्र आर्थिक सहायता उन्हें मिल सकती थी। रवीन्द्रनाथ ने असित को अर्थ की ज़रूरत बताते हुए एक टेलीग्राम ट्रस्ट के मुख्य अधिकारी चचेरे भाई निर्मलचन्द्र हालदार को लाहौर भेज देने का परामर्श दिया था। स्वयं असित के टेलीग्राम का विवरण लिख भी दिया था : Rabi Dada going Japan Avan mama strongly recommended me to join him. Scholarship urgently needed, don't let this great oppartunity pass.' अर्थात् रवि दादा जापान जा रहे हैं। अवन मामा ने भी उनके साथ जाने के लिए मेरा अनुमोदन किया है। इसके लिए वृत्ति चाहिए। जिससे यह बड़ा अवसर हाथ से न निकल जाये। अवनीन्द्रनाथ ने भी निर्मलचन्द्र को लिखे पत्र में असित के जापान जाने की व्यवस्था करने के लिए लिखा था। उस पत्र को पाकर निर्मलचन्द्र ने ३१ जनवरी, १९१५ को असितकुमार को लिखा था, 'तुम्हारा पत्र और टेलीग्राम मिल गया है। अवन बाबू को मैंने विस्तारपूर्वक लिख दिया है। उन्होंने शायद तुम्हें मेरा पत्र दिखाया भी हो। रवि बाबू जैसा तुम्हारा अभिभावक होने के कारण, अब तुझे किसी अन्य की सहायता की ज़रूरत नहीं पड़ेगी। क्या निश्चय हुआ, मुझे इसकी जानकारी देना।' उन्होंने पुनः ४ फ़रवरी, १९१५ को उन्हें लिखा : 'कल तुझे लिखने के बाद दादा (सुकुमार हालदार) की चिट्ठी मिली। उससे ऐसा लगा कि दादा के मत से

वसीयतनामे के अनुसार तुझे रुपया दिया जा सकता है। मैंने इसीलिए पाँचू बाबू को लिखा है ज़िला न्यायाधीश का इस विषय में हुकुम लेने के लिए। तुम्हारे लिए अच्छा यह है कि तुम कोलकाता आकर तगादा करो।' ६ फ़रवरी, १९१५ के पत्र में अवनीन्द्रनाथ को निर्मलचन्द्र ने लिखा था, 'आपका रजिस्टर्ड पत्र मिल गया है। उसे पाने के पहले मैंने पाँचू बाबू को जो पत्र लिखा है, उसकी नक़ल इस पत्र के साथ भेज रहा हूँ।' ९ फ़रवरी को निर्मलचन्द्र ने असितकुमार को जानकारी दी, 'दो वर्ष पहले...मोटे रूप में will—वसीयतनामा के बारे में जो धारणा थी, उस पर निर्भर करते हुए अवन बाबू के साथ परामर्श किया था। बिल की नक़ल पास में थी नहीं। ख़ैर, जो भी हो आख़िर में खगेन्द्रनाथ बाबू की चिट्ठी की प्रत्याशा में हूँ। वे जो लिखेंगे, उसकी मैं तुम्हें जानकारी दूँगा।' अग्रिम रुपया देने के मामले में उनके मन में सन्देह रहने से लाहौर से ४ फ़रवरी, १९१५ की तारीख़ में लिखे तगादे पर निर्मलचन्द्र पाँचू बाबू उर्फ़ सॉलिसिटर खगेन्द्रनाथ चट्टोपाध्याय (१८७३-१९४३) के माध्यम से किरण कुमारी देवी एस्टेट के धन से असितकुमार को उच्चतर शिक्षा के उद्देश्य से जापान जाने के लिए अग्रिम रुपया देने के मामले में अपनी तरफ़ से ज़िला न्यायाधीश के आदेश की प्रत्याशा में थे। फण्ड से अग्रिम रुपया देने के मामले में पिता सुकुमार कोई असुविधा नहीं देख रहे थे। किन्तु, भविष्य में वे किसी भी संकट में नहीं पड़ना चाहते थे, इसलिए निर्मलचन्द्र बड़े भाई की कोई युक्ति नहीं मानना चाहते थे।[४५]

उनको लिखी निर्मलचन्द्र की चिट्ठी के ऊपर ही असितकुमार को अवनीन्द्रनाथ ने लिख दिया था, 'समझ में आ रहा है, हमारे अनुरोध का कोई फल नहीं होगा। अब अगर तुम्हारे वकील बाबू राजी हुए, तभी तुम्हारा जाना हो सकेगा, अन्यथा नहीं। निर्मल को मेरा और लिखना बेकार है।' कोलकाता की भारती पत्रिका को केन्द्र बनाकर जो सांस्कृतिक अड्डास्थल भारती कुंज था उसके बन्धु क्षीरोदकुमार राय ने २ फ़रवरी (१९१५) को असितकुमार को लिखा था,

> मणिलाल बाबू से मुझे पता चला है तुम्हारे छोटे काका ने अवनीन्द्रनाथ को इस आशय की चिट्ठी लिखी है कि तुम्हारी जापान-यात्रा के लिए वे रुपया नहीं दे पायेंगे। इससे तुम कितने दुखी हो जाओगे इसे मैं ख़ूब महसूस कर रहा हूँ। तुम अपने पैरों खड़े होकर अपने हृदय के बल पर ही सारा काम करते आ रहे हो—यहाँ तक कि घर की

सहायता भी किसी दिन नहीं ली और वह तुम्हें मिली भी नहीं है। इसीलिए ऐसा लगता है भगवान ने इस बार दूसरे के द्वारा दिये गये रुपयों की इस सहायता के हाथ से तुम्हें बचाकर तुम्हारे उस स्वावलम्बन के गौरव और आत्मप्रश्रय की रक्षा की है।

इस विषय में १९१५ से १९१६ में रवीन्द्रनाथ की जापान यात्रा के लम्बे स्थगन की अवधि में भी ट्रस्टी लोगों की सदिच्छा के अभाव में ज़िला न्यायाधीश का आदेश नहीं मिला। स्वभावत: हताश हो गये थे असितकुमार। रवीन्द्रनाथ की यात्रा के संगी विली पियर्सन अपने अन्तरंगतम आर्टिस्ट (असितकुमार) के 'वर्षा लक्ष्मी' और गल्पगुच्छ के कई चित्र और रेखांकन अवनीन्द्रनाथ के अन्यान्य शिष्यों के चित्रों के साथ ले गये थे जापान और अमेरिका में प्रदर्शनी के लिए। प्रसंगवश उस यात्रा में विली पियर्सन, मुकुल डे कवि के सहयात्री थे। तरुण शिक्षार्थी मुकुल डे का पूरा ख़र्चा कवि ने स्वयं उठाया था।

उस यात्रा में अपने कुछ चित्रों के निदर्शन रवीन्द्रनाथ ले गये थे जापान और अमेरिका में प्रदर्शनी के लिए। १९१६ ई. के ४ दिसम्बर को कवि जब बोस्टन में माउंट होलिओक कॉलेज में भाषण दे रहे होते हैं, 'what is Art' उस समय शिकागो में आर्ट इंस्टीट्यूट में नव-भारतीय चित्रकला की प्रदर्शनी चल रही थी। उस विषय में शिकागो डेली ट्रिब्यून पत्रिका में ४ दिसम्बर को प्रकाशित रपट में लिखा गया था :

> पूर्वी भारतीय शिल्पियों की जलीयरंग और रेखांकनों की असाधारण एक प्रदर्शनी आर्ट इंस्टीट्यूट में इस समय चल रही है एवं अगले क्रिसमस के महीने तक वहाँ चलती रहेगी। चित्र और रेखांकनों का संग्रह यहाँ हिन्दू कवि रवीन्द्रनाथ ले आये हैं। सम्भवत: इनमें मुख्य चित्रशिल्पी कवि के भतीजे अवनीन्द्रनाथ ठाकुर हैं जिनकी जलीय रंगों की काव्य पर आधारित चित्रों की सीरीज यहाँ प्रदर्शित हुई है। और जितने शिल्पियों के चित्र प्रदर्शित हुए हैं, उनमें हैं गुरु अवनीन्द्रनाथ के बाद ही जिन्हें श्रेष्ठ शिल्पी माना जाता है वे हैं नन्दलाल बोस, दल के एकमात्र मुसलमान शिल्पी हैं, समी उज्जमा, असितकुमार हालदार, जिनके रेखांकनों में अलंकरण हैं कवि के गल्पगुच्छ और काव्य के।[४६]

असितकुमार ने गल्पगुच्छ के अनेक चित्र बनाये थे, और था उनकी 'वर्षा लक्ष्मी' का चित्र जो कवि की कविता का अलंकरण नहीं था। बल्कि

असितकुमार के उस चित्र की अनुप्रेरणा से प्राय: एक ही समय कवि ने अपनी 'वर्षालक्ष्मी' कविता की रचना की थी। प्रसंगवश कहना होगा, आश्रम विद्यालय में उनकी प्राय: हर छवि का नामकरण स्वयं रवीन्द्रनाथ ने किया था।

१३. आश्रम में महात्मा गाँधी (१९१५)

गुणग्राही रवीन्द्रनाथ के आह्वान के प्रत्युत्तर में दक्षिण अफ्रीका के फिनिक्स विद्यालय के छात्रों को लेकर पत्नी सहित मोहनदास करमचन्द्र गाँधी (१८६९-१९४८) मार्च १९१५ में जब शान्तिनिकेतन आश्रम विद्यालय के अतिथि हुए थे, शिल्पी असितकुमार ने उसी समय उन्हें बहुत नज़दीक से पहली बार देखा था। 'रवितीर्थे' अपने ग्रन्थ में गाँधी जी से हुई उस भेंट के अनुभव के बारे में उन्होंने लिखा है।

असितकुमार ने अपने कई छात्रों को लेकर उनके स्वागत-स्थल पर बनायी जाने वाली अल्पना में यथारीति फूलों से सजावट की थी। रवीन्द्रनाथ, विधुशेखर शास्त्री (१८७८-१९५५) जगदानन्द राय, कालीमोहन घोष, क्षितिमोहन सेन (१८८०-१९६०) सभी लोग उस अभ्यर्थना सभा में उपस्थित थे। परस्पर आलिंगन आदि के बाद गाँधी जी के 'गुरुदेव' कहकर रवीन्द्रनाथ को प्रणाम करते समय रवीन्द्रनाथ ने अपने पैर नहीं छूने दिये। उस समय असितकुमार ने गाँधी जी को प्रणाम करते हुए अपने द्वारा आँकी गयी छवि 'बन्दिनी' उपहार में कस्तूरबा को दी थी। गाँधी जी ने रवीन्द्रनाथ की अनुपस्थिति के समय आश्रम का दायित्व ग्रहण कर शिक्षक और छात्र सभी को स्वावलम्बन का नया पथ दिखाया था। उस समय रसोइयों को हटाकर भोजन बनाने का काम आश्रमवासी शिक्षकों ने ले लिया था। असितकुमार को सब्ज़ी काटने का दायित्व सौंपा गया था। अनभ्यस्त हाथों से वह दायित्व उन्होंने सहृदय प्रतिभादेवी (१८९३-१९५९), मीरादेवी (१८९४-१९६९) आदि की सहायता से निभाया था। उस समय स्वास्थ्य की ज़िम्मेदारी में रह रहे विली पियर्सन को आश्रम की नालियों की सफ़ाई, सर्विस लेट्रिन की सफ़ाई के साथ स्वास्थ्य सेवा के अनेक अप्रीतिकर दायित्वों का पालन करते हुए असितकुमार ने देखा था। गाँधी जी ने ललित कला के प्रति विशेष रुचि नहीं दिखायी थी, यद्यपि बाद में साबरमती आश्रम में शिल्प कला का अभ्यास शुरू कराने के

लिए असितकुमार को वहाँ उन्होंने बुलाया था। कहाँ तक कहें, रवि दादा को छोड़कर साबरमती जाने के लिए राजी नहीं हुए असितकुमार। दूसरी बार शान्तिनिकेतन आकर गाँधी जी ने असितकुमार को खादी के कपड़े से बना एक हैंण्ड बैग उपहार में दिया था।[४७]

विश्वभारती की स्थापना होने के बाद गाँधी जी गुरुदेव के विश्वविद्यालय के कार्यक्रमों के प्रथमावधि के दौरान गम्भीर आग्रह के साथ देखते चले जा रहे थे। दूसरी तरफ़ गाँधी जी के आमरण अनशन व्रत के समय रवीन्द्रनाथ ने आश्रमवासियों का आह्वान करते हुए उनसे कहा था, 'समस्त अन्तःकरण से उनकी वाणी सुनो। अनुभव करो, कितनी प्रचण्ड है उनकी संकल्प शक्ति।' भारतवर्ष के स्वाधीन होने पर गाँधी जी ने असितकुमार जैसे शिल्पियों की सहायता से देश की श्रीवृद्धि करने की बात भी उस समय कही थी। सरदार वल्लभ भाई पटेल (१८७५-१९५०)की उपस्थिति में गाँधी जी ने रवीन्द्रनाथ के न रहने पर शान्तिनिकेतन में विश्वभारती के ललित कला विभाग के संचालन से सम्बन्धित एक समय की चर्चा में नन्दलाल बसु के साथ असितकुमार हालदार के भी नाम का उल्लेख किया था।

१४. बिचित्रा स्टूडियो (१९१६-१७)

१९१६ फ़रवरी के माघोत्सव में रवीन्द्रनाथ की फाल्गुनी के नाट्यानुष्ठान के साथ ही जोड़ासाँको-भवन में 'बिचित्रा स्टूडियो' का प्रारम्भ हुआ था, यद्यपि उसके कई वर्ष पूर्व से ही वहाँ पर 'बिचित्रा सभा' में साहित्य, संगीत के अनुष्ठानादि होते रहते थे रवीन्द्रनाथ के प्रयास से। दार्शनिक ब्रजेन्द्रनाथ शील (१८६४-१९३८) के सभापतित्व में 'बिचित्रा स्टूडियो' की अनुष्ठानिक शुरुआत के समय सुरेन्द्रनाथ ठाकुर (१८७२-१९४०) ने चित्रकला अनुशीलन क्षेत्र का नामकरण किया था—'The Vichitra Studio for Artists of the New Bengal School.' किन्तु, अवनीन्द्रनाथ की चित्रकला की भावना सिर्फ़ बंगाल के शिल्पलोक तक सीमित नहीं थी। मुग़ल, राजपूत, पहाड़ी, चित्रकला के वैचित्र्य के साथ उनके कलाचिन्तन में एक अखिल भारतीय कला चिन्तन का समावेश था। इस क्षेत्र में उनके द्वारा परिकल्पित 'बिचित्रा स्टूडियो' का नाम देशीय भाषा में एक अखिल भारतीय शिल्पकला अनुशीलन

के अखाड़े का अर्थवहन करने वाला होता तो ठीक रहता। हाँ, यह ज़रूर है कि दिन, क्षण, तारीख़ की तरह नामकरण जैसे विषयों को लेकर अवनीन्द्रनाथ ने किसी दिन अपना दिमाग़ ख़राब नहीं किया।

२ नवम्बर, १९११ को अवनीन्द्रनाथ ने हेवेल को लिखा था,

> मैंने एक छोटा-सा स्टूडियो खोल डाला है जिसमें नन्दलाल और कई लोग आकर रोज़ काम करते हैं। जिस समय यह कर्मक्षम स्थिति में आ जायेगा, मैं स्कूल का काम छोड़ दूँगा।

शिल्प-स्रोतस्विनी में बहते हुए जब तक हाथ में कोई लकड़ी नहीं आ जाती है, तब तक हाथ का सहारा छोड़ना ठीक नहीं है—रवि दादा की उनके प्रति सावधानी वाणी ऐसी ही थी।[४९] १९१५ ई. में उन्होंने सरकारी नौकरी के बन्धन को तोड़ दिया। रवीन्द्रनाथ ने ३१ जुलाई, १९१५ में अमृत बाज़ार पत्रिका में जोड़ासाँको में एक इण्डस्ट्रियल स्कूल खोलने का विज्ञापन प्रकाशित किया था। वास्तव में उन्होंने गगन-अवन के परामर्श से 'बिचित्रा स्टूडियो' की स्थापना की थी अपने घर 'लालवाड़ी' में जो बाद में परिचित हुआ था 'बिचित्रा गृह' नाम से।

अवनीन्द्रनाथ की पुकार पर उनके छात्र लोग जोड़ासाँको में स्थित गुरु के स्टूडियो में छवि आँकना सिखाने और इसी के साथ अपने छवि अंकन का अभ्यास-अनुशीलन चलाते रहते थे। 'बिचित्रा स्टूडियो' के संचालक हो गये थे गगनेन्द्रनाथ एवं फ़र्स्ट मास्टर अथवा प्रधान शिक्षक थे अवनीन्द्रनाथ। एक मंज़िल पर था ठाकुर परिवार के विभिन्न लोगों से संगृहीत प्रायः सात हज़ार मूल्यवान ग्रन्थों से समृद्ध उनकी लाइब्रेरी। और दुमंज़िले पर दिन में चला करता था 'स्टूडियो' का काम। शिष्य नन्दलाल, असितकुमार आदि शिष्यगण बिचित्रा में बड़ी गम्भीरता से एक साथ कलाविद्या के अनुशीलन और शिक्षा देने में जानकार हो उठें, यही लक्ष्य था रवीन्द्रनाथ और अवनीन्द्रनाथ का।

वहाँ पर दिन के समय असितकुमार और नन्दलाल एक-एक कमरे में चित्र-रचना में व्यस्त रहते थे एवं समय सुयोग पाकर छात्र-छात्राएँ चित्रकला में उनसे पाठ ग्रहण करते थे। उस समय जापान भ्रमण में रत रवीन्द्रनाथ के अनुरोध पर प्रख्यात शिल्पी ताईकान ने वहाँ से शिल्पी काम्पो आराई सान और उद्यान विशेषज्ञ का साहारा सान को बिचित्रा में सहयोग करने के लिए भेजा था। कासाहारा एक ज़माने (१९११) में जोड़ासाँको भवन में उद्यान लगाने के काम

में नियुक्त रह चुके थे। १९१७ ई. में कवि के सहयात्री के रूप में जापान, यूरोप और अमेरिका के सफ़र से अकेले देश वापस आकर अन्य एक कमरे में मुकुलचन्द्र अभी हाल में नयी-नयी सीखी छपाई वाले चित्रों के काम में लगे हुए थे। लन्दन यूनिवर्सिटी के कॉलेज में अँग्रेज़ी और दर्शन की पढ़ाई ख़त्म कर और रवीन्द्रनाथ की इच्छा के अनुसार मूर्तिकला सीखकर देश वापस आकर काशीनाथ देवल प्रतिमा निर्माण और उसे सिखाने के काम में स्टूडियो में नियुक्त कर दिये गये थे। स्टूडियो का कोई निश्चित पाठ्यक्रम नहीं था।

सुरेन्द्रनाथ ठाकुर ने स्टूडियो के काम-काज की एक नियमावली तैयार की थी। बिचित्रा के ३५ छात्र-छात्राओं में अधिकतर ठाकुर परिवार और उसके अन्तरंग परिवारों के लड़के-लड़कियाँ थे। बिचित्रा में अवनीन्द्रनाथ की सहोदरा सुनयना देवी (१८७५-१९६२) ने शिक्षार्थी न होते हुए भी दूर से चित्रांकन में मग्न असितकुमार का काम देख-देखकर जलीय रंगों के चित्रांकन का काम सीख लिया था।[५०] प्रतिमादेवी के चित्रांकन का प्रारम्भ भी बिचित्रा में हो गया था। असितकुमार ने लिखा है :

> बिचित्रा सभागृह की सजावट एक बार विचित्र देशी ढंग पर रंगे हुए चावलों के कणों और रंगों से की गयी। काठियावाड़ी, मणिपुरी, प्राचीन कसीदा वाली वस्त्र-सज्जा वाली पालकी, डोली बनाने के विशेष रूप से बेंत के काष्ठासन बनाये गये। दीवाल पर शीतलपाटी लगाकर उस पर नये और पुराने देशी चित्र टाँक दिये गये।

गगनेन्द्रनाथ-अवनीन्द्रनाथ की देखरेख में असितकुमार और नन्दलाल ने छोटी-मोटी चीज़ें निर्दोष भाव से सजाकर बिचित्रा सभागृह को इन्द्रभवन में परिणत कर दिया था। १९१६ में राँची भ्रमण के समय जोनहार जलप्रपात देखने जाकर असितकुमार के साथ नन्दलाल अरण्यवासी एक आदिवासी मुण्डा-परिवार के घर में काठ का एक सुन्दर खटोला बैठने के लिए एक चेयर जैसा आसन देखकर उसका एक स्केच बनाकर लाये थे। उसी स्केच को देखकर शिल्परसज्ञ रवीन्द्रनाथ ठाकुर (१८८७-१९६१) ने आर्ट स्कूल के शिक्षक श्री धनोकोटी आचारी के द्वारा काठ के कई निचले, कम ऊँचाई के कोच तैयार करवाये थे बिचित्रा के लिए।

> सब तरह से बिचित्रा गृह को देशी प्रथा के अनुसार उपयोगी बनाकर एक आदर्श रूप दिया गया था। साँची, भरहुत, अजन्ता आदि गुप्तयुग के प्राचीन आसन और फ़र्नीचर का विचार और भाव ग्रहण किया

गया था। इन सबके मूलकल्पक थे अवनीन्द्रनाथ।

आचार्य ब्रजेन्द्रनाथ शील, जगदीशचन्द्र बसु, चारुचन्द्र वंद्योपाध्याय, रामानन्द चट्टोपाध्याय, राजशेखर बसु (१८८०-१९६०), डॉ. गिरीन्द्रशेखर बसु (१८८७-१९५३), यतीन्द्रमोहन बागची (१८७८-१९४८), डॉ. द्विजेन्द्रमोहन बागची, प्रमथनाथ चौधुरी, कालिदास नाग, सुनीति कुमार चट्टोपाध्याय, मणिलाल गांगुली, सत्येन्द्रनाथ दत्त, सौरीन्द्र मोहन मुखोपाध्याय, सुरेश चन्द्र वंद्योपाध्याय, हीरेन्द्रनाथ दत्त (१८६८-१९४२), सुधीर चन्द्र सरकार (१८८२-१९६८) आदि अध्यापक, कवि, साहित्यकार लोग प्रकाश करते हुए बिचित्रा सभा में रहा करते थे।[५१]

बिचित्रा स्टूडियो में कामकाज के द्वारा रवीन्द्रनाथ और अवनीन्द्रनाथ देश की जो बुनियादी, निजी प्रवहमान सामाजिक धारा है, जैसे पहनने-ओढ़ने, सजने-सँवरने, वस्त्राभूषणों और व्यवहार में उसे नाना प्रकार से बरकरार रखने और उसे प्राणवन्त बनाये रखने के प्रति सचेष्ट बने रहते थे। इस प्रसंग में बिचित्रा सभा में एक विचित्र अनुष्ठान के बारे में असितकुमार ने अपने संस्मरणों में लिखा है :

> बिचित्रा में सम्पन्न हुए रवीन्द्रनाथ के वार्षिक वैवाहिक अनुष्ठान में कमरे के फ़र्श को गुलाबी रंगोली से सजाया गया था। रवीन्द्रनाथ ने गुलाबी आमन्त्रण पत्र में आमन्त्रित अभ्यागतों को अपने विवाह के लाल जोड़े को पहनकर आने के लिए कहा था। अविवाहित लोगों से कहा गया था लाल कुर्ता चादर में सजकर आने के लिए। फ़र्श पर लाल गलीचा बिछा हुआ था, उस पर चौकी पर सजे हुए लाल गुलाब, लाल सन्देश तथा लाल बर्फी का उन लोगों ने ख़ूब भोजन सम्पन्न किया था।

इस अभिनव अनुष्ठान की प्रतितुलना में असितकुमार ने १९४२ ई. में देश की नेत्री सरोजिनी नायडू के पौरोहित्य में दिल्ली में एक अनुष्ठान का कौतूहलपूर्ण वर्णन करते हुए लिखा था :

> २१ फ़रवरी, १९४२ को अपनी वर्षगाँठ पर हुए अनुष्ठान में चिर कौमार्य का व्रत लिया श्रीमती विजयलक्ष्मी पण्डित की कन्या ने। एक सुनहले रंग से रँगे हुए कार्डबोर्ड से बनी चाबी के साथ उसका धूमधाम से विवाह हुआ। एकदम विलायती रीति से Wedding Cake काटा गया चारों ओर मोमबत्ती जलाकर। सरोजिनी देवी ने

उसका पौरोहित्य किया अँग्रेज़ी भाषण से एवं अभ्यागतों में थे एन.सी. मेहता आई.सी.एस. उन्होंने हँसी-विनोद की अवतारणा के द्वारा सभी को प्रसन्न कर दिया। उसके बाद स्त्री-पुरुष सभी कारपेट पर उलटा मुँह कर बैठकर पीछे से एक-दूसरे के कन्धे पर हाथ रखकर अँग्रेज़ी म्यूज़िक सभा के गाने को मटकते हुए गाने लगे।

उस महफ़िल में एकमात्र धोती-कुर्ता पहने हुए देशी साज-सज्जा में असितकुमार ने वह अनुष्ठान अचम्भित होकर देखा था।[५२]

रवीन्द्रनाथ के देश लौटने के तुरन्त बाद स्टूडियो के प्रातःकालीन काम-काज चलाने के साथ-साथ 'बिचित्रा' सभा में प्रति बुधवार सान्ध्यकालीन साप्ताहिक बैठक का प्रारम्भ हुआ था २२ अगस्त, १९१७ में। शिल्पी नन्दलाल के द्वारा अंकित तूणीर पर रखी वंशी, तूलिका, पोथी, हथौड़े से युक्त डिज़ाइन की मोहर (सील) लगी हुई बिचित्रा सभा की आमन्त्रण लिपि सदस्यों को मिलती थी। अवनीन्द्रनाथ ने पहली सभा में पाठ किया था 'भारतीय शिल्पकला की धारा' अपना निबन्ध। आगे चलकर रवीन्द्रनाथ ने उस सभा में पढ़े थे अपने निबन्ध 'संगीत की मुक्ति' (५ सितम्बर), 'आमार धर्म' (३ अक्टूबर) एवं २१ सितम्बर, शुक्रवार को संगीत के विशेष अनुष्ठान में उन्होंने गाने सुनाये थे बाङ्ला, हिन्दी, अँग्रेज़ी और जर्मन भाषा में। इसके अलावा उन्होंने अपना एक भ्रमण वृत्तान्त भी सुनाया था। बिचित्रा सभा में आचार्य विधुशेखर शास्त्री, क्षितिमोहन सेन के प्रबन्धों के पाठ के साथ शरत्चन्द्र चट्टोपाध्याय की कहानी का पाठ, सत्येन्द्रनाथ दत्त की कविता का पाठ दिनेन्द्रनाथ ठाकुर के गाने आदि का नियमित अनुष्ठान सदस्यों के आकर्षण का केन्द्र था अध्यापक पैट्रिक गिडेस ने शिक्षा के बारे में भाषण दिया था।[५३] बिचित्रा सभा के सदस्यों को जिस तरह से वहाँ रवीन्द्रनाथ के अनुकरणीय शिल्प से समृद्ध काव्य पाठ और संगीत सुनने का दुर्लभ अवसर मिलता था, वैसे ही तरुण कवि-साहित्यकारों की नयी रचना सुनने का अनुभव भी उस सभा में उन्हें मिल जाता था।

'बिचित्रा सभा' की विचित्रताओं में था यतीन्द्रनाथ बसु के कंसवध काव्य-नाटक का धारावाहिक गान का अनुष्ठान। रवीन्द्रनाथ के नाटक फाल्गुनी, बैकुण्ठ का वसीयतनामा की मंच सज्जा और अभिनय ने उस समय के विदग्ध दर्शकों के मन को छू लिया था एवं सबसे ऊपर तो देश-विदेश के दर्शकवृन्द को 'डाकघर' के मंचन ने मन्त्रमुग्ध कर दिया था। फाल्गुनी में कोटाल, वैकुण्ठ के वसीयतनामे में बखा पाँचू और डाकघर में दहीवाला का

पार्ट रवि दादा ने असितकुमार को दिया था। 'डाकघर' के मंचन के प्रसंग में असितकुमार ने लिखा है :

> 'डाकघर' का मंचन उनका अपूर्व अवदान है।...प्रशान्त चन्द्र महालनवीश ने एक दिन कवि को आकर ख़बर दी कि आशामुकुल नाम के एक बच्चे ने, जिसकी उम्र १०-११ बरस की है, समाज के किसी एक उत्सव में अमल का पार्ट ख़ूब सुन्दर भाव से किया था 'डाकघर' के मंचन के समय। कवि को 'डाकघर' के मंचन में सदा संकोच रहा था, इसके अमल के अभिनय में असुविधा है, यह सोचकर। एक बच्चे के लिए इस तरह से सहज भाव से स्टेज पर संवाद बोलकर सुनाने में क्या असुविधा होती है, यह उन्हें बख़ूबी ज्ञात थी। महालनवीश महाशय की बात सुनकर रवि दादा ने दिनू दादा और मुझे बुलाया। हम लोगों ने सारी बातें सुनकर कहा कि आशामुकुल से मिला जाये कि वह यह अभिनय कर सकता है या नहीं। कवि की जैसी आज्ञा हुई, वैसा काम भी हुआ। आशामुकुल प्रशान्त बाबू के साथ उसके दूसरे दिन कवि के पास आया। दिनू दा ने उसकी परीक्षा ली। अमल के पार्ट का एक अंश उससे बोलने के लिए कहा गया। अभिनय की भंगिमा में उसने ज़ोर-ज़ोर से बोलना शुरू किया—'यह देखो, जहाँ पर टूटी डाल के कणों को दोनों हाथों से लेकर अपनी पूँछ पर बैठी गिलहरी कुतर-कुतर कर खा रही है, मैं वहाँ न जा पाऊँगा?' यहीं पर पैदा हो गयी विपत्ति/ पाठ सुनकर ऐसा एक कृत्रिम सुर उनके कानों में लगा कि कवि ने हताश होकर पतवार छोड़ दी एवं कहा, 'वह हो नहीं सकता है, बचपन का भाव रखकर बच्चों के द्वारा यह अभिनय कराना अस्वाभाविक लगेगा। फिर भी दिनू और असित यदि तालीम देकर तैयारी करा सकते हों तो मुझे बिचित्रा में मंचन कराने में कोई आपत्ति नहीं है।' दिनू दा उसके दूसरे दिन से ही लग गये अमल का पार्ट आशामुकुल को सिखाने में। अन्त में वे परास्त हो गये, ग़लत सीखे हुए की ग़लती सुधारने से एक अशिक्षित व्यक्ति को सिखाने की अपेक्षा कितना विपज्जनक होता है, यह उन्होंने अपनी मज्जा-मज्जा में अनुभव कर लिया था। दिनू दा ने अन्तिम अवसर मेरे हाथ में दिया। काफ़ी परिश्रम के बाद आशामुकुल को तैयार किया सहजता से अमल के पार्ट का अभिनय करने के लिए। दिनू दादा और रवि दादा ने ली उसकी परीक्षा। आशामुकुल को आशा से परे आनन्द मिला उनके सामने उस परीक्षा में उत्तीर्ण होने के बाद।[५३]

गगनेन्द्रनाथ और अवनीन्द्रनाथ की योजना के अनुसार उनके सहकारी के रूप में असितकुमार और नन्दलाल ने मंचसज्जा की थी। उसका वर्णन करते हुए असितकुमार ने लिखा है :

> बिचित्रा हॉल वाले कमरे में एक छोर पर स्टेज सजाया गया। बाँस की छत बनाकर, गोबर और मिट्टी लीपकर, रंगोली बनाकर, छींके पर हँड़िया टाँगकर, मिट्टी के शमादान पर प्रदीप रखकर रंगमंच ने एक अपूर्व श्री धारण कर ली थी। पीछे की यवनिका के एक छोर पर नीले पर्दे पर उज्ज्वल, रुपहले काग़ज़ को चिपकाकर चाँद की अनुकृति बना दी गयी थी।

प्राय: एक मास तक नाटक का रिहर्सल चलने के बीच रवीन्द्रनाथ की जन्मजात सृष्टि-क्षमता प्रत्यक्ष कर दी थी असितकुमार ने उस समय नाटक की आवश्यकता के अनुसार तत्काल अपने 'भेंगे भोर घरेर चाबी निये जावी के आमारे' जैसे गाने की रचना, सुर-संयोजन एवं उस गाने के स्टेज पर रूपायन के माध्यम से।

अन्यान्य नाटकों की तरह 'डाकघर' में भी असितकुमार के ऊपर अभिनेताओं को सजाने का भार डाला गया था। उन्होंने स्वयं रवि दादा मोशाई का परामर्श मानकर,

> काठियावाड़ी काँच जड़े हुए रंगीन रेशमी कुर्ता एवं प्रतिभादेवी के विवाह की बनारसी रेशम की धोती पहनकर लाल शालू लपेटी हुई बैहंगी के दोनों तरफ़ दो रंगीन अभ्र से बने छींकों को लटकाकर मुरादाबादी मुंगेरी डिज़ाइन के पीतल की पालिशदार दो हँड़ियों को रखकर अभिनव साज में दहीवाला का अभिनय करते हुए सभी के मन को वश में कर लिया था। 'दही चाहिए दही' की हाँक उनके सुर के हेरफेर से ऐसा लगता था जैसे दूर से कोई आवाज़ धीरे-धीरे पास आती जा रही है।[५५]

१० अक्टूबर, १९१७ को पहली बार मंचित होने के बाद दर्शकों के आग्रह से डाकघर क्रमश: ११, १५ और १६ अक्टूबर को अभिनीत हुआ था। पुन: डाकघर का विशेष अभिनय हुआ था ३१ दिसम्बर एनी बेसेंट, मोहनदास गाँधी (गाँधी जी), बालगंगाधर तिलक, मदनमोहन मालवीय आदि काँग्रेसी नेताओं की उपस्थिति में एवं ४ जनवरी, १९१८ को अन्तिम बार यह नाटक बिचित्रा में अभिनीत हुआ था बंगाल के बड़े लाट और लेडी रोनाल्ड्स के

लिए। दोनों दिन ही असितकुमार उपस्थित नहीं थे। उन दोनों दिनों के अनुष्ठान के बारे में सौम्येन्द्रनाथ ठाकुर (१९०९-१९७४) ने अपने असित दा को लिखा था :

> यहाँ पर दो दिन फिर से डाकघर का अभिनय हुआ, एक दिन काँग्रेस वालों के लिए एवं एक दिन श्रीयुक्त और श्रीयुक्ता रोनाल्ड्स के लिए। तुम आये क्यों नहीं? दईवाला के पार्ट में सन्तोष (मित्र) ज़रा भी अच्छी तरह नहीं जम पाये। अजित बाबू (चक्रवर्ती) उसी कविराज के चेला बने थे। काँग्रेस वालों के लिए डाकघर जिस दिन दिखाया गया उसी दिन वे स्टेज पर उतरे थे। जानते तो हो अजित बाबू का स्वभाव? उन्होंने रवि दा से कहा कि उस पार्ट के लिए जब मैं था तो फिर उसे क्यों दूसरे को दिया? रवि दादा ने नाराज़ होकर वह पार्ट हिरण्य बाबू (राय चौधुरी) को दे दिया और वे जो बाउल के साथ गाना गाते-गाते प्रवेश करते उसे हटा दिया। बाउल के साथ नगेन फूफा एकतारा और स्वयं महात्मा ने बाँसुरी बजायी थी।[५६]

बिचित्रा के कार्यक्रम चलते समय कोलकाता से १९१६ के मई मास में रवीन्द्रनाथ 'तोसामारू' जहाज़ से जापान रवाना हो गये थे। जोड़ासाँको भवन में शिल्पी यूकोयामा ताईकान हिसिदा लोगों की छवियाँ उन्होंने बहुत नज़दीक से देखी थीं। उनके निजी देश में जापानी शिल्पकला के साथ और भी व्यापक रूप से परिचित होने के बाद उन्होंने गगनेन्द्रनाथ को लिखा था ८ अगस्त, १९१६ को :

> तुम लोग कब घर से एक बार विश्व जगत् में घूमने के लिए निकल पड़ोगे? तुम्हें बार-बार उकसाना बेकार है।

इसके बाद 'जापानी तूलिका को कैसे चलाया जाता है इस विद्या में बच्चों का हाथ परिपक्व करने के लिए' उन्होंने ताईकान के परामर्श से शिल्पी काम्पो आराई सान को बिचित्रा में भेजने की व्यवस्था की थी। उसके पहले कवि ने वहाँ ताईकान, शिमोमूरा आदि शिल्पियों की बड़े आयतन की छवियों में पचमेल, धुँधले रंगों में बेकार की चीज़ों की लुका-छिपी ना देखकर रवीन्द्रनाथ को उसी समय (६ भाद्र, १३२३ के पत्र में) लिखा था,

> हमारी नवबंग की चित्रकला के लिए कुछ और ज़ोर, साहस एवं बहुलता की ज़रूरत है। हम लोग अत्यन्त छोटी-मोटी चीज़ों की ओर अधिक ध्यान देते हैं।

अवनीन्द्रनाथ को भी पत्र में रवीन्द्रनाथ ने लिखा था (४ भाद्र, १३२३):

> हमारे देश की कला में पुनर्जीवन संचारित करने के लिए यहाँ की जीवन्त आर्ट के संसव की कितनी ज़रूरत है इसे तुम लोग अगने दक्षिणी बरामदे में बैठे-बैठे कभी नहीं समझ पाओगे। हमारे देश में आर्ट की हवा नहीं बहती है, हमारे जीवन के साथ आर्ट का नाभि-नाल का सम्बन्ध नहीं है—हमारे लिए वह एक बाहरी चीज़ है—अगर हो तो ठीक है और अगर न हो तो ठीक है, इसी वजह से वहाँ की मिट्टी से तुम लोग कभी भी पूरी खुराक नहीं पा सकोगे।... अगर तुम यहाँ आते तो तुम्हारी आँखों पर से एक बड़ा पर्दा खुलकर हट जाता, ...यहाँ पर आकर मैं समझ सका हूँ कि तुम लोगों की कला सोलह आने सच नहीं हो सकती है।

किसी भी शिल्प का पुनर्जागरण मात्र एक दशक में पूर्ण रूप से प्रस्फुटित हो सकेगा—ऐसे उद्भट, विलक्षण आशावादी रवीन्द्रनाथ नहीं थे। उन्होंने अपनी पहली जापान परिक्रमा में वहाँ की शिल्पकला देखने से उद्दीप्त होकर अपने अत्यन्त प्रिय किन्तु, घूमने के अनिच्छुक शिल्पी भाई के पुत्रों को उद्दीपित करने वाले अत्यन्त आग्रहपूर्वक अपनी तरफ़ से जितना सम्भव था उतना उत्साह जगाया था उस पत्र में। किन्तु, जापान परिक्रमा के समय नव्य भारतीय चित्रकला के प्रति उनके मूल्यांकन का नज़रिया क्या है, वह स्पष्ट रूप से प्रतिफलित हुआ था, अपने एक और भतीजे सौम्येन्द्रनाथ (१८७०-१९५१) को लिखे पत्र में :

> इनकी आर्ट देशव्यापी हो रही है। वह आर्ट एक ओर तो चरम सीमा तक गयी है, किन्तु, यह बात स्वीकार करनी होगी कि इन लोगों की आर्ट में एक कमी तो है ही। इन लोगों ने मानव हृदय की गहरायी को नहीं छुआ है।—इन लोगों ने प्रकृति को चरम सीमा तक (जितनी दिखायी दी—यदृष्टं) अपनाया है। तुम लोगों की कला के भीतर से हृदय की एक आकृति प्रकाशित होती रहती है, इसीलिए उसे रेखाओं की स्पष्टता की अपेक्षा रंगों के आभास की ओर अधिक झुकाव देना पड़ता है। मैंने सोचकर देखा है, यही भारतवर्ष की दिशा है। भारतवर्ष को रंग की गमक पसन्द है—जापानी कला में काले-गोरे का मिलन ही प्रमुख है—भारतवर्ष की आर्ट अगर पूरे ज़ोर से मन-प्राण लगाकर आगे बढ़ सकती है, तो फिर गम्भीरता और भाव व्यंजना में उसके सामने कोई भी कला ठहर नहीं पायेगी।... मैं अपने आर्टिस्टों की

तूलिका के सामने असीम क्षेत्र देख पा रहा हूँ। सरस्वती ने चीन-जापान के सामने अपने उद्यान का द्वार खोल दिया है—हमारे सामने अपने अन्तःपुर का दरवाज़ा खोल दिया है—यहीं पर हो रहा है रस का भोज।... मैंने जापान की जितनी छवियाँ देखी हैं और यहाँ की भी, उतना ही मेरा दृढ़ विश्वास होता जा रहा है कि हमारे बंगाल में चित्रकला का जो विकास हो रहा है, उसका एक माहात्म्य है। यह अगर अपने पथ पर पूरे उद्यम के साथ चल सके तो फिर दुनिया में अपनी एक बहुत बड़ी जगह पा लेगी।[५७]

इसके साथ-साथ पत्र में अपने क्षोभ को भी व्यक्त किया है। कारण, उनके विचार में बंगाली लोगों में प्रतिभा होते हुए भी उद्योग और चरित्रबल के साथ अपने को सच्चे भाव से निवेदित न कर पाने के कारण बिचित्रा से उनकी चित्रकला की धारा पूरे देश के चित्त को अभिषिक्त नहीं कर पायी। बिचित्रा स्टूडियो के कार्यकलाप के मध्य उनकी यही प्रत्याशा छिपी हुई थी। 'किन्तु, कहीं भी प्राण नहीं जागे।' रवीन्द्रनाथ के उपर्युक्त चार पत्रों के समाहार से बिचित्रा पर्व के दौरान विकासोन्मुख भारतीय शिल्प आन्दोलन के अच्छे-बुरे की एक प्रतिच्छवि मिल जाती है। रवीन्द्र-दृष्टि में उस समय बिचित्रा स्टूडियो के मिनियेचरधर्मी छवियाँ आँकने के अधिकार के मध्य नव्य भारतीय चित्रों में असितकुमार ने सबसे पहले वहाँ काठ के ऊपर कपड़ा रखकर १०×८ फुट और ६ इंची बड़े आकार का 'राम गुह मिलन' का चित्र आँका था। राजा प्रफुल्लनाथ ठाकुर के लिए उन्होंने आँके थे बहुत बड़े आकार के भोर में खिले हुए और प्रदोष वेला में निमीलित कमलों के दो चित्र, जिनके फ़ोटोग्राफ़ उन्होंने भेजे थे कवि सत्येन्द्रनाथ दत्त को नामकरण के अनुरोध के साथ। नामकरण करते हुए असितकुमार को राँची के ठिकाने पर काव्यात्मक पत्र में विनोदपूर्वक लिखा था सत्येन्द्रनाथ ने :

आमि बलि राँची। स्वास्थ्य सुखेर चाँची।।
रोग बलाइयेर नाक काटनार काँचि।।
शीते सेथा होयना हाँची। ग्रीष्मेते घामाचि।।
सेथाउ हवे ज्वर ? ए जे भयंकर!
केमन आछो एखन ? सेटा जानाओ बन्धुवर!
देखचि एखन कलकेताते आमरा भालई आछि
यदिओ हेथा राते मशा दिनेर वेलाय माछि।।
तोमार छविर नाम। नीचेते लिखलाम।।

(एक) बोधनेर वाँशी (दो) घूमन्तेर हासि।।
एखन तबे आसि बन्धु, एखन तबे आसि।।
रंग-महलेर रंगी तुमि, पाँच पीरेर एक पीर
बहुत सेलाम जानाय तोमाय कवि क़लमगीर।।

अर्थात् मैं उसे कहता हूँ राँची। वह सुख और स्वास्थ्य की मलायी है। रोग आदि बलाओं की नाक काटने की कैंची है। सर्दियों में जुकाम नहीं होता है और गर्मियों में पसीना नहीं आता है। उसे भी होगा ज्वर? यह तो बड़ा भयंकर है। इस समय कैसे हो? हे मित्र! इसे शीघ्र बताओ। देख रहा हूँ कि इस समय हम लोग कलकत्ते में ठीक से ही हैं। यद्यपि यहाँ रात में मच्छर और दिन में मक्खियों की विपत्ति है। तुम्हारे चित्रों के नाम नीचे लिख दिये हैं, (१) का नाम है जागरण की बाँसुरी और दूसरे का नाम है नींद की हँसी। तो फिर अब चलता हूँ, बन्धु, चलता हूँ, फिर आऊँगा। तुम रंगमहल के रंगी हो और पाँच पीरों में एक पीर हो। बहुत-बहुत तुम्हें सलाम इस कवि क़लमकार का।

बिचित्रा में बड़े आनन्द के साथ छवि आँकने का सुख अधिक दिनों तक स्थायी नहीं हो सका। तथाकथित शिल्पकला के इतिहासकार अथवा शिल्पप्रेमी लोग जो भी व्याख्या क्यों न करें, रवीन्द्रनाथ ने अमेरिका से वापस आकर हताशा के अलावा आर्थिक असंगति की वजह से बिचित्रा स्टूडियो का काम बन्द कर दिया था। अवनीन्द्रनाथ-गगनेन्द्र की भ्रमण के प्रति अनिच्छा भुवन घुमक्कड़ रवीन्द्रनाथ की विरक्ति का कारण बना था इसमें सन्देह नहीं। किन्तु, रवीन्द्रनाथ उनके भारतशिल्प आन्दोलन के स्थान को सिर्फ़ कोलकाता के जोड़ासाँको से अपने प्रिय स्थान शान्तिनिकेतन में ले आये थे। यही नहीं अवनीन्द्रनाथ के दो अग्रणी शिष्य असितकुमार और नन्दलाल का आह्वान कर ले आये थे वहाँ पर नवीन कला क्षेत्र की नींव रखने के लिए।

१५. असितकुमार के चित्रों की अनुप्रेरणा से रवीन्द्रनाथ की संगीत-रचना

बोलपुर में असितकुमार ने कई बार रवीन्द्रनाथ को प्रकृति के साथ निविष्ट

होकर 'गान' लिखते हुए देखा था। एक दिन उन्होंने देखा छोटे, नये बँगले के दुतल्ले पर खिड़की खोलकर भुवनडांगा जाने वाले पथ पर निगाह स्थिर कर कवि बैठे-बैठे देख रहे हैं। लोग हाट जा रहे हैं काफ़ी सामान अपने सिर पर लादे हुए। फिर उन्होंने एक रचना लिखी :

ओरा जाय चले जाय
नाना काजे
सकाल साँझे
आमि केवल बसे आछि
आपन मने काँटा वाछि
पथेर माँझे, सकाल साँझे।

> अर्थात् वे लोग जा रहे हैं, सिर्फ़ चले जा रहे हैं, अनेक कामों की प्रताड़ना से वे लोग सिर्फ़ चले जा रहे हैं, सिर्फ़ शाम-सवेरे। और मैं केवल बैठा हुआ हूँ, रास्ते में, साँझ-सकारे, मैं केवल पथ के काँटे बीन रहा हूँ।

शीत का प्रारम्भकाल है। नये बँगले के सामने आँवले का पेड़ मृदुमन्द हवा से डोल रहा है। असित ने चित्र में उसी दृश्य को प्रत्यक्ष कर दिया और इसी दृश्य ने कवि को संगीत रचना के लिए अनुप्रेरित कर दिया। उन्होंने लिखा, 'शीतेर हावाय लागल नाचन आमलकीर ए डाले-डाले' अर्थात् शीत की हवा लगने से आँवले की डाल-डाल नाचने लगी।

तरुण शिल्पी असितकुमार के रचे चित्रों की प्रेरणा से रवीन्द्रनाथ की संगीत-सृष्टि—पूरे जीवन शिल्पी की श्लाघा का विषय बनी रही थी। बंगाल के ग्राम्यजीवन पर आधारित असितकुमार के रेखांकनों का एक समूह १९१६ ई. में रवीन्द्रनाथ अपनी इंग्लैण्ड और अमेरिका यात्रा में चित्रों के प्रदर्शन और चित्र-विचित्र नामों से उनके ऊपर लिखी अपनी काव्य रचनाओं के प्रकाशन के उद्देश्य से ले गये थे। ''रवि दादा ने मुझसे कहा था मेरी तूलिका के सूक्ष्म रेखांकनों की श्री देखकर अमेरिका के शिल्पीगण विस्मित और मुग्ध हो गये थे।'' चित्रों के ब्लॉक अच्छे न होने की वजह से कवि की पुस्तक प्रकाशित नहीं की जा सकी। 'उल्लिखित ग्राम्य दृश्यों की छवियों में एक छवि थी—एक ग्राम्य वधू घड़ा, गमछा लेकर पानी भरने घाट पर जा रही है, किन्तु, सारी बातें भूलकर एक कमल की पंखुड़ियाँ नोच-नोचकर जल में बहा रही है। कवि ने यह छवि देखते ही कहा—'पता है, तूने यह क्या किया है ? इस

छवि में तूने लिरिक (गीतिकाव्य) को मूर्तिमान कर दिया है—यह छवि है गीति-काव्य सुन्दरी।' फिर इसी छवि को देखकर उन्होंने गान-रचना की :

> एकलाबसे एके एके अन्यमने
> पद्मेर दल भासाओ अकारणे।

अर्थात् अकेले बैठी हुई तुम एक-एक कर अनमने भाव से कमल दलों को तोड़-तोड़कर बिना कारण के जल में बहाती जा रही हो।

रवीन्द्रनाथ ने उनके चित्रों का गीतिधर्मी वैशिष्ट्य देखा था। इन रेखांकनों के ऊपर 'पातार वाँशि' (पत्ते की बाँसुरी), 'मारेर सागर पाड़ि देव' (मरण सागर के पार जाऊँगा) आदि गीतों की रचना की थी। एक दिन शान्तिनिकेतन में मेघवृष्टि के मेघाच्छन्न परिवेश में 'वर्षालक्ष्मी' छवि आँक रहे थे, उस छवि को देखकर कवि भी रचना करने को बैठ गये, 'श्रावण होये एले फिरे। मेघ आँचले निले घिरे'।

असितकुमार ने बाद में रवीन्द्रनाथ के संगीत के बारे में लिखा था :

> कवि ने, प्रकृति के ऋतु-रस-सम्भार से प्रेरित होकर ध्वंस और सृष्टि के मूलतत्त्व को उद्घाटित किया है, काव्य, संगीत, नाट्य और नृत्य में जो कुछ वे प्रस्तुत कर गये हैं, वह आपातदृष्टि से कितना भी सहज क्यों न लगे, उसकी रस-व्यंजना में कितनी शक्ति निहित है—उस्तादी गानों के पण्डित-रसिक, अध्यापक धूर्जटिप्रसाद मुखोपाध्याय ने मेरे साथ इस विषय में काफ़ी चर्चा की थी। उनकी एवं और भी अनेक संगीताचार्यों की उस समय यह धारणा थी कि ग्राम्य-संगीत के सुर से दूषित कवि के गानों को यदि क्लासिकल सुर में ढाला जाये तो उनमें उनका रस-माधुर्य और भी उज्ज्वल होकर प्रस्फुटित होगा। यहाँ तक कि बन्धुवर दिलीपकुमार राय ने भी इस विषय के बारे में स्वयं कवि के साथ बहस की थी। दिलीपकुमार राय ने रवि दादा का एक गाना उस्तादी सुर में गाकर भी सुनाया था—उसका परिणाम व्यर्थ हुआ था यह कहना बहुत होगा।

कहीं भी रहें, हर बैसाख मास में असितकुमार रवि दादा को उनके जन्मदिन पर एक छवि आँककर भेजा करते थे। ऐसे ही १९१५ में राँची से भेजे गये चित्रोपहार को पाकर कवि ने लिखा था :

> सुन्दर बनी है, प्रकृति के हृदय में जो रहस्य छिपा हुआ है, उसी को

लेकर मेरा कारबार है। मेरे जन्मदिन पर उसी की छवि संगतिपूर्ण हुई है।

चित्र पाने के तुरन्त बाद छवि के ऊपर गान रचना की थी कवि ने :

'आसाजावार माझखाने
एकला आछे चेये काहार पथ पाने
आकाशे ए कालोय सोनाय
श्रावण मेघेर कोणाय कोणाय
आँधार आलोय कोन खेला जे के जाने।'

अर्थात् आने-जाने के बीच में, यह कौन अकेला बैठा हुआ, किसका पथ जोह रहा है। आकाश में इस काले सोने के मध्य, श्रावण मास के मेघों ने आकाश के कोने-कोने को भर दिया है, प्रकाश और अँधेरे में कौन-सा खेल चल रहा है, इसे कौन जानता है?

और एक ग्रीष्मावकाश में असितकुमार राँची में थे। शान्तिनिकेतन में रवीन्द्रनाथ ने तरुण शिल्पी छात्र मुकुल डे से एक तेजस्विनी सरस्वती की छवि आँकने को कहा था। किन्तु, मुकुल डे द्वारा आँकी गयी छवि उन्हें पसन्द न आने की वजह से असितकुमार ने छुट्टियों से वापस आते ही कवि की इच्छा के अनुसार वॉश विधि से दिव्यप्रज्ञा सरस्वती की एक छवि आँक दी रवि दादा के लिए।

उन्होंने जिस भाव से वर्णन करते समय ज्योतिदृप्त भाव को व्यक्त किया था, उससे उनकी सरस्वती कैसी होनी चाहिए इसका आभास पाकर एक अग्निमयी सरस्वती की मैंने रचना कर दी। रंगीन छवि को पूरी तरह तैयार कर रवि दादा के सामने रखते ही उनके मन में भी सुर का रंग चढ़ गया, वे चुटकी बजाते हुए ताल दे-देकर गुनगुनाते हुए रचना करने लगे—

तुमि जे सुरेर आगुन
लागिये दिले मोर प्राणे
से आगुन छड़िये गेल
सब खाने सब खाने।

अर्थात् तुमने मेरे प्राणों में जो सुर की आग लगा दी है, वह आग सभी जगह फैल गयी, सभी जगह फैल गयी।

सुर की भी रचना हो गयी। दिनेन्द्रनाथ और उनके संगीत विभाग के छात्रगण गाने को गाते हुए आश्रम प्रांगण की प्रदक्षिणा करते हुए घूमने लगे। शिल्परसिक अटर्नी अधेन्द्रकुमार गांगुली बिना जाने 'सुरेर आगुन' चित्र को कवि के संगीत का रूपालेख्य कहने के कारण असितकुमार की नाराज़ी के पात्र हुए थे। प्रवासी में उस चित्र के प्रकाशित होने पर नन्दलाल ने २२ अगस्त, १९१४ में उन्हें लिखा था :

> 'सुरेर आगुन' प्रवासी में छप गया है। कैसा है? ख़राब कर डाला है ना? तुम्हारा जिस तरह का काम है।

प्रवासी में कार्यरत लेखक बन्धु क्षीरोद राय ने भी बताया था, 'सचमुच में भई, तुम्हारे चित्र का ब्लॉक उतना अच्छा नहीं बना था। नन्दलाल बाबू की फिनिशिंग के बाद फिर मैंने उसे देखा नहीं।' शिल्पी नाती के सम्बन्ध में रवीन्द्रनाथ ने विशेष प्रशंसा की वर्षा कभी की नहीं थी। उन्होंने किन्तु, अपने दादू की संगीत रचना के उत्स उनके चित्र हैं, इस सम्बन्ध में उन्होंने लिखा था :

> मेरे द्वारा आँकी गयी चित्रकला ने कवि को गीत रचना की अनुप्रेरणा दी थी इससे बड़ा सौभाग्य किस शिल्पी के जीवन में घटित हुआ है।[५८]

उस समय अमलादाश, साहाना देवी (१८९७-१९९०), चित्रलेखा सिद्धान्त (१८९६-१९७४), कनक (दाश) विश्वास (१९०३-१९८८) एवं निश्चित रूप से दिनेन्द्रनाथ ठाकुर और उनके छात्रों में श्यामकान्त सरदेसाई और अनादि दस्तिदार (१९०३-१९७४) के कण्ठ से रवीन्द्र संगीत सुनने का सौभाग्य असितकुमार को मिला था। रवि दादा के संगीत सम्बन्धी एक मन्तव्य के बारे में असितकुमार ने लिखा था :

> कवियों का मन चंचल होता है, इसलिए किसी भी विषय के बारे में वह निश्चित निर्णय पर नहीं पहुँच पाते हैं वैज्ञानिकों की तरह। इसीलिए उनके संगीत और चित्रकला के विषय में नाना मत उनकी रचनाओं में हमें मिलते हैं। रवि दादा ने दूसरी बार विलायत यात्रा पर जाने के पहले बेथून सोसायटी की वक्तृता देते समय कहा था : 'मैंने गेय संगीत के सम्बन्ध में यही समझने की चेष्टा की थी कि गाने के शब्दों और उसके कथ्य को सुर के द्वारा परिपुष्ट कर डालना ही इस श्रेणी के संगीत का उद्‌देश्य होता है। किन्तु, वह मत सत्य नहीं है, यह बात आज स्वीकार करूँगा।... गाना अपने ऐश्वर्य के कारण

बड़ा होता है, वाक्य की दासता करने वह क्यों जायेगा।'

असितकुमार ने कवि के अभिमत को आंशिक रूप से ग्रहण कर अपने मन्तव्य में लिखा था,

> सिर्फ़ वाक्य के माध्यम से वर्ण रागाभास नहीं दिया जा सकता है, गाने का सुर वर्णराग देता है; और वाक्य में कवि जिस छवि को प्रस्तुत कर सकता है, वह अकेले सुर अथवा राग में नहीं है। अतएव, वाक्य और सुर का संगतिपूर्ण सम्मिश्रण के द्वारा जो गाना कवि रचता है उससे निसृत होती है वर्णरागयुक्त एक छवि।[५९]

१६. कोलकाता सरकारी आर्ट स्कूल में शिक्षण कार्य (१९१८-१९१९)

बिचित्रा बन्द होने के उपक्रम की आहट असितकुमार को मिल गयी थी। इसी बीच में शिल्पी यामिनी प्रकाश गांगुली ने एक दिन आकर उन्हें जानकारी दी, कोलकाता आर्ट स्कूल के अध्यक्ष पर्सी ब्राउन असित को आर्ट स्कूल में अपने सहकारी के रूप में लेना चाहते हैं। उस ख़बर से रवीन्द्रनाथ क्षुब्ध होकर असितकुमार के पिता सुकुमार हालदार को चिट्ठी देना चाहने पर चित्रकार नाती है—पीछे कहीं पिता के साथ अप्रीतिकर कुछ घट जाये—इस विचार ने उन्हें पत्र लिखने से रोक दिया था। स्वभावत: आर्थिक ज़रूरत की ताकीद से नहीं, आख़िर में पिता की इच्छा पूरी करने के लिए १९१८ में कोलकाता सरकारी आर्ट स्कूल में सह-अध्यक्ष के पद पर योग देने से वहाँ पर छात्रों में उन्हें मिले थे रमेन्द्रनाथ चक्रवर्ती (१९०२-१९५५), हीराचाँद दुग्गर, अर्धेन्द्रप्रसाद वंद्योपाध्याय (१९०२-१९६४), कालीकिंकर घोष दस्तिदार (१९०५-१९७२) एवं देवीप्रसाद राय चौधुरी (१८९८-१९६५)। अवनीन्द्रनाथ के 'एडवान्स्ड डिज़ाइन' का क्लास लेने के अलावा भी अध्यक्ष ब्राउन की अस्वस्थता से उत्पन्न लम्बी अनुपस्थिति के समय असितकुमार को ही स्कूल के प्रशासनिक काम-काज देखने पड़े थे।[६०] देवीप्रसाद ने आर्ट स्कूल में अपने शिक्षक असितकुमार को गम्भीर अभिनिवेश के साथ छवि आँकने में मग्न देखा था। वे दूर से ही विस्मय के साथ देखते थे, कैनवॉस के एक कोने में कई सूक्ष्म रेखायें खींचने से किस तरह से उनके कैनवॉस का सारा परिसर भर जाता था।[६१]

आर्ट स्कूल में शिक्षक के रूप में कार्य करते समय असितकुमार के उल्लेखनीय कई चित्रों में से हैं, 'निरुद्देश्य यात्रा', 'हर-पार्वती', 'नीग्रो प्रिन्स', 'राई-राजा' और 'वन्दिनी'।

उस समय स्वावलम्बन में प्रयासरत असितकुमार मध्य कोलकाता के १९८/ए लिंटन स्ट्रीट में सपरिवार रहा करते थे। सम्भवतः नन्दलाल आदि प्रमुख सहपाठियों का वहाँ अड्डा जमता था। वर्षा के समय उनके डेरे पर इसी तरह के एक अड्डे के अन्त में नन्दलाल अपना छाता छोड़ गये थे। उसे वापस पाने के लिए पत्र में शब्द और चित्र के संकेत से नन्दलाल ने असित को लिखा था :

> भाई असित, तुम्हारे घर में ऊपर वाले कमरे में छाता (छाता का रेखांकन) छोड़ आया हूँ। तुम छाता को म्यूज़ियम में Geological Department अर्थात म्यूजियम में घुसते ही बायें हाथ के कमरे में जहाँ पर आदिकालीन हाथी का दाँत तथा राक्षसों के दाँत आदि हैं, उसी कमरे में मेरे बन्धु चित्रकार दुर्गाशंकर बाबू रहते हैं, उन्हें दे आयेंगे ?...और यदि हाथी बागान (रेखांकन) में आओ तो साथ में लेते आना। नन्दलाल।[६२]

कोलकाता में उस समय हर शाम मणिलाल गंगोपाध्याय के कान्तिक प्रेस के प्राणवन्त साहित्यिक केन्द्रित मधुचक्र के अड्डे पर असितकुमार का प्रायः आना-जाना था। 'मधुचक्र' में हम लोगों के चक्रान्त में और कुछ नहीं था, हम लोग एक-दूसरे के सान्निध्य से, एक-दूसरे के संस्पर्श से परस्पर की प्रीति-प्रदीप को जलाये रखना चाहते थे। उसी में कभी-कभी चारु का गद्य, सत्येन की कविता, अजित के प्रबन्ध आदि का पाठ अथवा चर्चा भी चला करती थी। शर्मीली प्रकृति के हेमेन, दबंग और सप्रतिभ आतर्थी, मौन स्वभाव के सत्येन्द्र, सदा प्रसन्न रहने वाले चारुचन्द्र, पगलैट टाइप के मणिलाल, सदा उत्साहित रहने वाले धीरेन, रसिक सुरेशचन्द्र आदि को जिसने उस अड्डे में बैठते हुए नहीं देखा है, वह उस अड्डे के गमगमाहट भाव को कभी नहीं समझ पायेगा।[६३] उस अड्डे पर रहते थे चारुचन्द्र वंद्योपाध्याय, कवि सत्येन्द्रनाथ दत्त, अजित कुमार चक्रवर्ती (१८८६-१९१८), द्विजेन्द्रनाथ बागची, सुरेशचन्द्र वंद्योपाध्याय, हेमेन्द्रलाल राय (१८९२-१९३५), हेमेन्द्रकुमार राय (१८८४-१९६३), प्रेमांकुर आतर्थी (१८९०-१९६४), सौरीन्द्रमोहन मुखोपाध्याय आदि बाङ्ला साहित्य जगत् के गुणीजन। शान्तिनिकेतन से अजित कुमार चक्रवर्ती बीच-बीच में वहाँ

आकर हारमोनियम के सहयोग से नवीन सुर–रचना से युक्त रवीन्द्रनाथ के गाने सुनाकर सभी को मुग्ध कर देते थे। मुट्ठीभर रवीन्द्र भक्त अड्डाधारियों ने कवि की पचास वर्ष–पूर्ति के उपलक्ष्य में एक जयन्ती सभा का आयोजन किया था। कवि के अभिनन्दन में सत्येन्द्रनाथ दत्त ने लिखा था :

जगत् कवि सभाय मोरा
तोमारि करि गर्व
बंगाली आज गानेर राजा
बंगाली नय खर्व।

इसका अर्थ है : विश्व कवि सभा में आप पर हमें गर्व है। आपके कारण बंगाली आज गीतों का राजा कहा जाता है, बंगाली आज कंगाल या छोटा नहीं है।

नोबेल–प्राइज़–प्राप्ति के पहले रवीन्द्र–भक्ति से प्रेरित होकर जगत्सभा को खींच लाने से उस समय के समाचार–पत्रों में समाज के गण्यमान्य लोगों ने अपना प्रतिवाद और विरक्ति प्रकाश की थी। असितकुमार ने लिखा है :

> इस अड्डे के माध्यम से हम लोगों को परस्पर अनेक विषयों का ज्ञान और शिक्षा का आदान–प्रदान हो जाता था—उसमें किसी तरह की कृत्रिमता नहीं थी। वह हम लोगों का एक जीवन्त समाज था। सुरेश वंद्योपाध्याय सरस भाषा में अपने जापान–प्रवास की कहानियाँ सुनाया करते थे। एक दिन जैसे बिगुल बज रहा हो इस सुर में चार लाइन का एक गाना सुरेश ने हम लोगों को सुनाया था।

सत्येन ने उसकी व्याख्या सुनाने के साथ–साथ लिखा था :

> अति बड़् हावाते आमिगो एकटा
> आमि आवार खूँजे पेलेम मनीबेगटा
> चाँदेर आलोते देखि
> आरे छे ए कि
> ट्रामगाड़ी चापा पड़ा वेंक चेपटा।
>
> अर्थात् तेज़ हवा में हमें एक मनीबेग मिला। चाँद के उजाले में हम लोगों ने देखा, अरे यह क्या है? यह तो ट्राम गाड़ी से कुचलकर चपटा हुआ एक मेढक पड़ा हुआ है। हम सभी लोग मिलकर मेज़ थपथपाते हुए उसे बिगुल के सुरों में गाने लगे।[६४]

सरकारी काम के प्रति गृहस्थ असितकुमार की अनिच्छा की वजह से परिवार

के लोगों में उनको लेकर चिन्ता की कोई सीमा नहीं थी। रवीन्द्रनाथ उन्हें विश्व भारती में चाह रहे हैं यह जानकर बड़ौदा से रवीन्द्र-अग्रज हेमेन्द्रनाथ की कन्या सुषमादेवी (मुखोपाध्याय, १८८१-१९६९) ने उन्हें ८ दिसम्बर, १९१९ की तारीख़ में लिखा था :

> सत्यव्रत ने तुम्हारे विषय में, जिन्होंने अवन दादा को लिखा है, उनसे भेंट कर तुम्हारा काम अब ख़ूब विन्यस्त हो गया है। ऐसा लग रहा है ३५० रुपया देकर वे तुम्हें वहाँ रखना चाहते हैं। वे कल आकर विशेष रूप से मुझसे कह गये हैं कि Restoration (रेस्टोरेशन) जीर्णोद्धार करना सीखने के लिए असित को लिखो। इस समय वे लोग तुम्हें पक्के काम में नहीं रखेंगे। तुम अगर अपना काम अच्छी तरह दिखा सको तभी वे लोग तुम्हें परमानेंट करेंगे।

सुषमादेवी उनके काम के लिए बड़ी निष्ठापूर्वक प्रयास करती जा रही थीं। पत्र के सत्यव्रत मुखोपाध्याय थे हेमेन्द्रनाथ (१८४४-१८८४) की कन्या प्रज्ञासुन्दरी और लक्ष्मीकान्त बेजबरुआ की कन्या अरुणा के स्वामी। ऑक्सफोर्ड में छात्रावस्था में बड़ौदा के महाराजा सियाजीराव गायकवाड़ (१८६३-१९३९) के साथ मित्रता के सूत्र से उस राज्य के दीवान हो गये थे। उस वजह से काफ़ी प्रभावशाली भी वे थे। किन्तु, शिल्पी असितकुमार के चित्रों के संरक्षण जैसे काम में इनमें कोई जन्मजात आकर्षण नहीं था। इसी वजह से उन्होंने रवीन्द्रनाथ के आह्वान पर कोलकाता सरकारी आर्ट स्कूल से दीर्घकालीन अवकाश (१९१९) लेकर विश्वभारती कला भवन में योग दिया था। कोलकाता सरकारी आर्ट स्कूल का संसर्ग उसी समय से एक तरह से त्याग ही दिया था असितकुमार ने।

तथ्यसूत्र

१. शारदीय 'एक्षण' पत्रिका के परिशिष्ट में उल्लिखित—बिनोद बिहारी मुखोपाध्याय के शब्दों में असितकुमार ने रवितीर्थे ग्रन्थ के अन्तिम अंश में लिखा था, 'अवनीन्द्रनाथ ने जो कुछ किया है उसके बाद प्रयोग-परीक्षण की कोई ज़रूरत नहीं है—जिसे दुर्भाग्यवश ज्ञात या अज्ञात रूप में अवनीन्द्र पन्थ के बहुत से शिल्पियों ने अपना लिया था।' यह उक्ति रवितीर्थे ग्रन्थ में है ही नहीं। वास्तव में असितकुमार ने उस ग्रन्थ में अपने काका निर्मलचन्द्र हालदार की जिस १९०९ ई. के पत्र में निर्मलचन्द्र की 'कला के फलाफल

के बारे में तेरे गुरु अवन मामा की बात अन्तिम बात है। (पृ. ३१) उक्ति का उदाहरण दिया है, उसे बिनोद बिहारी ने स्मृति विभ्रम के कारण अपने शिक्षक असितकुमार के गले मढ़कर अपनी तरह से उसकी व्याख्या और ग़लतबयानी की है। यहाँ पर नज़र आता है, अवनीन्द्रनाथ के नेतृत्व में शिल्पान्दोलन की जो व्याप्ति पूरे भारत में थी वह क्रमशः सिकुड़ते-सिकुड़ते पहले बंगाल स्कूल, जोड़ासाँको स्कूल से एकदम अवनीन्द्र स्कूल के नाम से रेखांकित हो गयी थी उनके शिष्य-प्रशिष्यों के मत से। द्र. बिनोद विहारी मुखोपाध्याय की 'शिल्प जिज्ञासा', एक्षण, १३८३ (१९७६) पृ. ३६

२. असितकुमार हालदार, 'रवितीर्थे', परिमार्जित और परिवर्धित पाण्डुलिपि।

३. वही।

४. असितकुमार हालदार, 'रवीन्द्र-संग', उत्तरा, आश्विन १३४८ (१९४१), पृ. २९१-२९२।

५. रवितीर्थे, परिमार्जित पाण्डुलिपि।

६. 'पत्रावली, रवीन्द्रनाथ ठाकुर', शारदीया 'देश', १४०३, पत्र-२, पृ. २६।

७. श्यामल चक्रवर्ती, चित्रकार, धीरेन्द्रकृष्ण, अक्षर पब्लिकेशन, अगरतला, त्रिपुरा, मार्च २००३, पृ. २०९।

८. शारदीया देश, १४०३, पृ. २६।

९. रवीन्द्रनाथ ठाकुर, आत्मशक्ति, शान्तिनिकेतन, 'देशीय राज्य' श्रावण १३१२, रवीन्द्र रचनावली (द्वितीय खण्ड), विश्वभारती १२५वीं जन्मजयन्ती, सुलभ सं. १९८६, पृ. ६९१।

१०. Rathindra Nath Tagore, on the Edges of time, Visva - Bharati Publishing department, 2nd Ed. 1981, p. 58.

११. प्रभात कुमार मुखोपाध्याय, रवीन्द्र जीवनी (द्वितीय खण्ड) प्रथम सं., विश्वभारती प्रकाशन विभाग, कोलकाता, १९५२, पृ. ४२६।

१२. भारती, ज्येष्ठ, १३१६ नं. (१९०९ ई.) पृ. १०२-३।

१३. रवीन्द्र जीवनी (द्वितीय खण्ड), पृ. ४२८।

१४. अप्रकाशित पत्र, श्री नन्दलाल बसु के पत्र सतीर्थ शिल्पी असितकुमार हालदार को लिखे, शारदीय देश, १४१४, पृ. ५२।

१५. असितकुमार का खसड़ा खाता।

१६. अप्रकाशित पत्र, श्री नन्दलाल बसु के, शारदीय देश, १४१४, पत्र ५, पृ. ६२।

१७. शिल्पी के संवर्धना अनुष्ठान का चित्र, राँची में असितकुमार के भग्नप्राय पैत्रिक घर में

परित्यक्त, भीगी पुरानी एलबम में मिला था। इस चित्र की जानकारी होने पर आग्रहपूर्वक माँग लिया था बम्बई के सुविख्यात त्रैमासिक 'मार्ग' के सम्पादक डॉ. प्रतापादित्य पाल ने अपने द्वारा सम्पादित रवीन्द्रनाथ की १५०वीं जन्म जयन्ती पर प्रकाशनाधीन Something Old Something New (2011) संकलित ग्रन्थ के लिए। नन्दलाल को शान्तिनिकेतन में पहली बार ले आने के सम्बन्ध में नन्दलाल और रवीन्द्रनाथ के जीवनकाल में असितकुमार ने लिखा था : और एक अनुज शिल्पी ने इस सम्बन्ध में जो दावा पेश किया है, अपनी आत्म जीवनीमूलक रचना में, (द्र. मुकुल डे, आमार कथा, विश्वभारती ग्रन्थन विभाग, पौष १४०२, पृ. २३-२४) वह भ्रमयुक्त और सन् तारीख़ की दृष्टि से सत्य नहीं है।

१८. बम्बई के Indian Social Reform मासिक के १९१५ मार्च के अंक में लिखा गया है, The Calm light which shines from the eyes of those whose thoughts are fixed upon the high themes of spirit is faithfully rendered while the bush has given the artist a fine opportunity for a study in expression under the conflict between the impulses of spiritual forvour and womanly modesty.

१९. जापान से असितकुमार को लिखी नन्दलाल बसु की चिट्ठी का फटा हुआ शुरुआती अंश श्रीमती अतसी बरुआ के संग्रह में से प्राप्त।

२०. रवीन्द्रनाथ ठाकुर यात्री, रवीन्द्र रचनावली (सुलभ सं.) १०वाँ खण्ड, पृ. ४९७।

२१. असितकुमार की रचनाओं का खसड़ा खाता।

२२. २७ जुलाई १९१२ में असितकुमार को अध्यक्ष पर्सी ब्राउन ने लिखा था : 'I am sorry I have been travelling. But I have at once sent off a letter direct to the vice chancellor and asked him to attach it to your application. I have strongly recommended you and have much pleasure in doing so.'

२३. भारती, पौष १३१७ बं. (१९१० ई.), पृ. ५३८।

२४. असितकुमार विलियम रोथेंस्टाइन भारती, ३४ वर्ष, चैत्र १३१७ बं. (१९११) पृ. १०-२३।

२४ क., रवितीर्थे परिवर्धित और संशोधित पाण्डुलिपि।

२५. असितकुमार हालदार, 'अल्पनार कल्पना', बंगलक्ष्मी, श्रावण १३३५ बं. पृ. ६२२-६२५।

२६. प्रभात कुमार मुखोपाध्याय, रवीन्द्र जीवनी (द्वितीय खण्ड), पौष १३९५, पृ. ३७९।

२७. रवितीर्थे परिमार्जित और परिवर्धित सं. अप्रकाशित पाण्डुलिपि।

२८. वही।

२९. असितकुमार हालदार, 'शिल्पे सामयिक प्रभाव', शान्तिनिकेतन, द्वितीय वर्ष, द्वितीय संख्या, ज्येष्ठ, १३२७ बं. (१९२१ ई.), पृ. ७८-८०।

३०. रवितीर्थे, परिमार्जित और परिवर्धित पाण्डुलिपि।

३१. वही।

३२. शारदीय देश, १४१८ (२०११ ई.) पृ. ६०।

३३. प्रशान्त कुमार पाल, रवि जीवनी। षष्ठ खण्ड, आनन्द पब्लिशर्स, पृ. ४९२।

३४. रवितीर्थे, परिमार्जित और परिवर्धित पाण्डुलिपि।

३५. वही।

३६. २.१२.१९१३ तारीख़ के ६२६ ए.एस. नं. डी.ओ. पत्र में ब्लाकिस्टोन ने लिखा था :

'I am writing to you to enquire whether you would be able and willing to accompany me on an expedition to the caves in the Ramgarh hills in Surguja state, Chota Nagpur [---] the paintings I believe is about 10ft. Square and I suppose it would take 3 to 4 weeks to copy. The place is 7 or 8 days (distance) from the Railway-Pandra Road Station. As I suppose the job will take about 6 weeks [---] would you kindly let me know if you would likely to be able to give me your consent in the work of copying the paintings and if so at what approximate date you would be able to come, also please at the same time let me know what pay you would expect.'

३७. असितकुमार हालदार, बागगुहा और रामगढ़, इण्डियन प्रेस लिमिटेड, इलाहाबाद, १३२८, पृ. ६१, सटीक संस्करण न्यू एज पब्लिशर्स, प्राइवेट लिमिटेड, २०१२, पृ. ७३।

३८. T. Block 'Caves and inscription in Ramgarh Hill, Annual Archaeological Report 1903-4, pp. 125-131.

३९. परिमलचन्द्र मित्र, सन्ताल भाषा, भित्ति और सम्भावना, फार्मा के.एल.एम. प्रा. लि. कोलकाता, १९८५, पृ. ७-१३, भाषाविद् मित्र के मत से किन्तु, पुरालेख ब्राह्मी लिपि में सन्ताली भाषा में लिखा गया है। उनके शब्दों में शिलालेख की भाषा के शब्द और वाक्य विशेष उच्चस्तरीय, परिमार्जित साहित्यबोध के परिचायक हैं। इसका अर्थ इस प्रकार है : तुम इस शुतनु को शान्ति का पथ दिखाओ। तुम्हारी दया से ही वह यहाँ आया है। इस अनिश्चितता से तुम उसे इस छोटी गुफा (चिर) में शान्ति दो।

यह 'शुतनु' शायद एक योगी था। उसकी मृत्यु इसी गुफा में होने की वजह से इस गुफा का नाम 'जोगीमारा' गुफा हो गया है, यह अनुमान लगाया जा सकता है। उस समय ३०० ई. शताब्दी पूर्व वाराणसी का नाम वाराणसी था या नहीं, देवदिन्न आधुनिक

देवदीन नाम का कोई रूपदक्ष वाराणसी से दुर्गम और हिंस्र जन्तुओं से भरे इस पथ को पारकर सुदूर इस रामगढ़ पहाड़ के बीच जोगीमारा गुहा में आकर अपनी विरह वेदना को उसने लिपिबद्ध किया था या नहीं, यदि इसे सम्भव मान लिया जाये तो उसने शान्ति न चाहकर सिर्फ़ अपना वक्तव्य ही क्यों लिपिबद्ध किया? यह लिपि (लेख) का अर्थ करने वालों का आनुमानिक और सन्देहयुक्त अर्थ है, यह उनके प्रश्नवाचक (?) चिह्न से प्रतीत होता है, एवं प्रयोजन होने पर 'आकार', 'एकार', 'ल' के स्थान पर 'र', देवदीन के स्थान पर देवदिन्न (आधुनिक देवदीन), 'दख' के स्थान पर 'दक्ष' कर दिया है। परिणाम यह हुआ 'योगी', 'शुतनु' हो गयी स्त्री 'सुतनुका'। उसके शान्ति के उद्देश्य से मर जाने पर भी उसे शान्ति नहीं मिली। अध्यापक मित्र ने गुहा को शिलालेख की भाषा के अनुसार 'रंगालय' न मानकर उसे नितान्त अलंकृत गुहावास माना है।

४०. कालिदास नाग, 'उदासी पथेर पथिक', महानगर, जुलाई १९१४, पृ. ६१-६२।

४१. असितकुमार हालदार, 'शिल्पकथा', वार्षिक शिशु भारती, पृ. ८०१-०२।

४२. प्रशान्त कुमार पाल, रविजीवनी (सातवाँ खण्ड), आनन्द पब्लिशर्स, १९९७, पृ. ३९।

४३. असितकुमार हालदार, 'स्वर्गीय कर्मयोगी श्री हरिकेशव घोष' पत्रिका, पृ. ११६।

४४. रविजीवनी, (सातवाँ खण्ड), आनन्द पब्लिशर्स, १९९७, पृ. ४०-४२।

४५. खगेन्द्रनाथ चट्टोपाध्याय तथा पाँचू बाबू को लिखी निर्मलचन्द्र की चिट्ठी

To, Sri Khagendranath Chatterjee

Lahore, Feb. 4, 1915

Dear Sir, Estate Kiran Kumari Devi Haldar deceased. I await a reply to my letter of 15th January. It has been proposed to advance a sum of money from the Educational Fund of the above Estate to my nephew Asit Kumar Haldar son of Babu Sukumar Haldar to enable him to be pursued to Japan to improve his knowledge of fine [---] and drawing. He is about 45. I am some what doubtful if under the will we can advance him the money. I enclosed a letter from my elder brother which however tries to exploring away my doubts. As far as I am cocerned my attitude is that, I would like to advance the money and I can do so without involving myself in trouble afterwards I therefore propose to obtain the distt. Judge's orders on the matter before parting with the money. I shall be obliged if you would obtain that for me at an early date–yours truly NCH

४६. Louise James Bargelt, 'Art' Chicage Daily tribune, 4 December 1916.

A most unusual exhibit of water colors and drawings by East Indian artists is now at the Art Institute and will remain there until Christmas time. The collections of the paintings and Sketches was brought here by the Hindu poet Mr. Rabindranath Tagore, who is now lecturing here. Probably the most Important Artist in the group is nephew of the poet Abanindranath Tagore, who is displayed a series of poetic water colors. The other artists whose work is shown are all of them pupils of A. Tagore. There is Nandlal (Lal) Bose, who is considered the greatest artist after the master sumi-u-Zama the only Mohammedan in the group. Asit Kumar Haldar, who conbributes drawing illustrating Sir Tagores stories and poems, kirammy Ghose a promising young pupil and Mukul Chandra Dey, The youngest of a A. Tagore's Pupil.'

४७. असितकुमार हालदार, रवितीर्थे, परिमार्जित और परिवर्धित अप्रकाशित पाण्डुलिपि।

४८. एम.के. गाँधी, मेरे समकालीन, सस्ता साहित्य मण्डल, दिल्ली, पृ. २४८।

४९. हेवेल को लिखी अवनीन्द्रनाथ की चिट्ठी, 'our poet says, ' You are floating on the sea, do not let go the piece of wood on which you are leaning till you find another piece near the hand.'

५०. मासिक बसुमती, द्वितीय खण्ड, चतुर्थ संख्या, 'चारजन', पृ. ५९०।

५१. असितकुमार का खसड़ा खाता।

५२. वही।

५३. वही।

५४. वही।

५५. ठाकुरबाड़ी की अप्रकाशित चिट्ठियाँ, असितकुमार को लिखी हुई, शारदीय देश, २०१२, पृ. ६५।

५६. प्रशान्त कुमार पाल, रविजीवनी, (सातवाँ खण्ड) आनन्द पब्लिशर्स, पृ. २८०-३२२।

५७. रवितीर्थे, परिमार्जित और परिवर्धित अप्रकाशित पाण्डुलिपि।

५८. असितकुमार हालदार, रवितीर्थे, अजन्ता प्रकाशनी, कोलकाता, १९५९, पृ. १०२।

५९. असितकुमार का खसड़ा खाता।

६०. इस विषय में, बन्देपुर काश्मीर से लिखी पर्सी ब्राउन की संक्षिप्त चिट्ठी का सार अर्थ है। १९.७.१९१८ तारीख़ में असितकुमार को उन्होंने लिखा था : 'I was pleased to get your letter and to know that your work was progressing satisfectoryly.

I know you will do your best to make your work a success and help me to improve the school.'

६१. १९६४ में रवीन्द्र भारती में असितकुमार की स्मृति सभा में पढ़ा गया और उस समय प्रवासी पत्रिका में प्रकाशित।

६२. तारण कुमार विश्वास, 'छाता ओ शिल्पी नन्दलाल', आनन्द बाज़ार, रविवारीय, २.९.१९८५।

६३. असितकुमार हालदार, 'चारुचन्द्र प्रयाणे ? आश्विनी, १३४५', पृ. १४८-४९।

६४. असितकुमार हालदार, 'सावेकी कथा', समकालीन, चैत्र १३६२, पृ. २७

विश्वभारती, कलाभवन (१९१९-१९२३)

कलाभवन में योगदान

पर्सी ब्राउन के साथ सह-अध्यक्ष के पद पर बड़े कृतित्व के साथ काम करने के बाद भी कोलकाता सरकारी आर्ट स्कूल में असितकुमार का मन जम नहीं रहा था। वे सदा रवीन्द्रनाथ के आह्वान की प्रतीक्षा में रहा करते थे। उन्हें पता था रवि दादा अपने परियोजित शान्तिनिकेतन के नवीन विश्वविद्यालय विश्वभारती में संगीत और शिल्पकला को सामान्य शिक्षा के साथ एक-सा महत्त्व देकर पाठ्यक्रम में रखने की योजना बना रहे हैं। स्वाभाविक है वहाँ पर उनका योग देना चाहना। आर्ट स्कूल के छात्र रमेन्द्रनाथ चक्रवर्ती ने लिखा है :

> आर्ट स्कूल में घिसा-पिटा वही परम्परा से चला आया काम कर रहा हूँ और घूम-फिरकर असित हालदार महाशय के क्लास में जा रहा हूँ। एक दिन देखा कि वे लाइफ क्लास के बाहर खड़े होकर मुझे बाहर आने का इशारा कर रहे हैं। मेरे बाहर आते ही उन्होंने कहा, 'शान्तिनिकेतन जाओगे, विश्वभारती में पढ़ने, रवीन्द्रनाथ की बुलाहट आयी है, मैं यह काम छोड़कर जा रहा हूँ, तुम सब लोग आकर पढ़ना, यहाँ पढ़कर क्या होगा?

एक ओर असितकुमार के सरकारी काम त्यागने पर उनके पिता की घोर आपत्ति और दूसरी ओर भारतीय प्राच्य कला परिषद् के मतलब से अवनीन्द्रनाथ के नन्दलाल को अपने पास से न छोड़ पाना, आत्मीयता के प्रतिरोध की उपेक्षा कर असित को रवीन्द्रनाथ का आह्वान करना। असितकुमार ने कोलकाता आर्ट स्कूल के शताधिक रुपये की वेतन वाली नौकरी से छुट्टी लेकर

(१९१९) बड़ौदा म्यूज़ियम में संरक्षक के पद पर पुकार की उपेक्षा कर (१९२०) रवितीर्थ शान्तिनिकेतन में मासिक साठ रुपया वेतन पर आनन्दपूर्वक योग दिया था। साथ में ले आये थे हीराचाँद दुग्गर, कालीकिंकर घोष दस्तीदार, और अर्धेन्द्रप्रसाद वंद्योपाध्याय जैसे कोलकाता आर्ट स्कूल के कृती छात्रों को। रमेन्द्रनाथ चक्रवर्ती ने भी अपने वचन के अनुसार कुछ समय बाद कला भवन में योगदान किया था।

१८९० ई. (२२ अग्रहायण, १९१२ शक, रविवार) में शान्तिनिकेतन में महर्षि[१] देवेन्द्रनाथ ठाकुर के साधना क्षेत्र में ब्रह्म मन्दिर के शिलान्यास के उपलक्ष्य में सुख-दुःखमय जगत् संसार के मनुष्यों के लिए 'एकमेवाद्वितीयम्' के उद्देश्य से दार्शनिक द्विजेन्द्रनाथ ठाकुर ने प्रार्थना की थी :

> तुम्हारे इस चन्द्र, सूर, ग्रह, ताराओं से प्रदीपित विश्वमन्दिर में, तुम्हारी अनुपम, सुन्दर, पवित्र मूर्ति देखकर, बिना किसी बाधा के तुम्हारे प्रेमामृत रस का पान करने का मन लेकर जो लोग यहाँ तृषित हृदय से आयेंगे तुम्हारी सर्वसन्तापहारी मंगलच्छाया उनके सभी पाप, ताप, सभी शोक दूर कर दें।' इत्यादि।[२]

विश्वभारती के शिक्षांगन में, जहाँ जाति, धर्मनिरपेक्ष भारत और भारत के बाहर के विभिन्न भौगोलिक परिवेश में लालित शिक्षार्थी और ज्ञानपिपासु मानुष जन आयेंगे, पण्डित विधुशेखर शास्त्री की भावना से प्रसूत (१८७८-१९५१) एवं रवीन्द्रनाथ-परिकल्पित उसी विश्वविद्या नीड़ विश्वभारती का प्रारम्भ हुआ था ब्रह्ममन्दिर में १९१८ दिसम्बर (८ पौष १३२५ बं.) एक मांगलिक अनुष्ठान के मध्य। १९१९ ई. के जुलाई मास में प्राच्यविद्यानुशील के क्षेत्र में 'यत्र विश्वम् भवत्येकनीडम्' संकल्प वाक्य ग्रहण किया गया था। १९२१ ई. में सर्वसाधारण के उद्देश्य से विश्वभारती को उत्सर्ग कर दिया गया था। १९२२, १६ मई को विश्वभारती के संविधान की रजिस्ट्री हुई थी।[३]

असितकुमार चाहे जहाँ रहें, आश्रम विद्यालय में रवि दादा के साथ षड्ऋतु के आवर्तन में घनिष्ठ दिन-यापन करने की अनुभूति उन्हें बार-बार वहाँ जाने के लिए व्याकुल करती रहती थी। शान्तिनिकेतन की पूर्व स्मृति में रवि दादा के नित्यदिन की कार्यसूची की वर्णना में उन्होंने लिखा था :

> आदित्य जब स्याह रजनी को भेदकर अरुणाभा देने का उपक्रम करने लगता है, उसी ब्राह्म मुहूर्त में रवि दादा उठ जाते थे और पूर्व दिशा की खिड़की खोलकर पद्मासन पर बैठकर उपासना करने

> लगते थे। उपासना के अन्त में कभी नयी गीति रचना कर गाने लगते थे, अथवा कभी अपने द्वारा रचे गये पुराने धर्म संगीत को गाया करते थे। उस समय उनके ध्याननिमग्न सौम्य उज्ज्वल कान्ति के ऊपर नवारुण रागरंजित होकर जो अपूर्व श्री धारणा कर लेता था, वह वर्णना से परे है। रुद्र का संग-सुख पाकर उनके अन्तर का महपुरुष तब जाग्रत हो उठता था, भोर चार बजे से कैसी भी ठण्ड हो, कैसी भी गर्मी हो, उनके प्रतिदिन का कर्म जीवन प्रारम्भ हो जाता था।

प्रातःकाल के कलेवा में रवि दादा के टेबल पर रथी मामा, प्रतिमा मामी, मीरा मौसी के साथ रहते थे असित। उनके शब्दों में,

> चाय के टेबल पर अनेक विषयों में चर्चा चला करती थी—हम लोग भी एक ही भाषा में बात करते थे—किन्तु, वाणी के वरदपुत्र के श्रीमुख से जो सुना करते थे, वह सब अनुधावन योग्य होता था।

मध्याह्न भोजन के समय अक्लान्त वक्ता रवि दादा की बातें और चर्चा सुनने का सौभाग्य उन्हें मिला था अपने शान्तिनिकेतनकालीन जीवन में। सान्ध्य भ्रमण के समय रवि दादा शिशु विभाग में जाकर बच्चों को कहानी सुनाया करते थे। हर गुरुवार की भोर में उठकर शुचिस्नात होकर गरद के वस्त्रों में कवि अपने हाथ घण्टा बज़ाकर मन्दिर में उपासना किया करते थे। आश्रम के बच्चे भी हल्दिया रंग का अलखल्ला पहनकर मन्दिर में आकर बैठ जाते थे।[४]

उन सब दिनों के साक्षी असित को १९१९ ई. में रवीन्द्रनाथ शान्तिनिकेतन में एकान्त में बुला लाये और अपनी योजना एवं सामयिक असुविधाओं के बारे में सब कुछ खोलकर बताकर स्थायी रूप से उनका आह्वान किया था वहाँ आकर कला भवन का सारथी होने के लिए। उस आह्वान का प्रत्युत्तर देते हुए उस समय बड़ौदा निवासी हेमेन्द्रनाथ ठाकुर की कन्या विदुषी सुषमा मौसी (मुखोपाध्याय) के परामर्श से सभी दृष्टियों से विचार कर आर्ट स्कूल से दीर्घ छह मास की छुट्टी लेकर उन्होंने शान्तिनिकेतन में कला भवन के काम-काज में योग देना शुरू किया था। वहाँ पर स्थायी आवास के अभाव में वे अकेले ही आये थे। शुरुआत में वे लगातार वहाँ नहीं रह पाये थे। प्रायः ही उन्हें कोलकाता और राँची में रह रहे अपने परिवार की देखभाल के लिए जाना पड़ता था। इस स्थिति में २ जनवरी, १९२० तारीख़ में रवीन्द्रनाथ की

बड़ी दीदी सौदामिनी देवी की नातिन एला चटर्जी ने एक चिट्ठी में कोलकाता में अपने असित दा को बताया था, रवि दादा के सन्देश वाली एक चिट्ठी वह शान्तिनिकेतन से ले आयी है।[५] तगादे पर १० फ़रवरी, १९२०, रवीन्द्रनाथ का तार भी आ गया था असित के पास, जिसमें गवर्नर के २० फ़रवरी विश्वभारती में आसन्न सफ़र की बात का उल्लेख था। 'Come to arrange art Hall Governor Comes Saturday!' इसके अलावा १३ फ़रवरी, १९२०, शनिवार के पत्र में रवीन्द्रनाथ ने तगादा करते हुए उन्हें लिखा था :

> पहले भी मैं लिख चुका हूँ, यहाँ तुम्हारे रहने का घर ठीक हो गया है। घर-गृहस्थी का सामान लाकर रखने में अब कोई असुविधा नहीं होगी। हाँ, यह ज़रूर है कि मुख्य सामान को भी लाना मत भूलना। यहाँ पर मेरी एक नतबहू रह रही है, दो बहुएँ हो जायेंगी—अधिकन्तु न दोषाय—अधिक होने में कोई दोष नहीं है। आते शनिवार को गवर्नर आ रहे हैं। उनके आने के पहले तुम्हें आ जाना चाहिए। जब गवर्नर कला भवन देखने आयेंगे, तब कलानाथ को खड़ा न कर पाने पर, वे देखेंगे आख़िर क्या? इस समय तुम आकर कलाभवन को अच्छी तरह सजा लो—जल्दी आ जाओ, ज़रा भी देरी मत करना।

रवीन्द्रनाथ ने विनोद भरी टिप्पणी करते हुए असितकुमार को पुनः लिखा था—

> तू पिरालीवंश का प्रदीप है, तू नूर अली लेन में रहता है, यह तेरे हस्ताक्षरों से एकाएक समझ नहीं पाया—इसीलिए मुरली लेन के ठिकाने पर तुझे उत्तर भेजा था। सोच रहा था, मुरली गली का आह्वान आर्टिस्टों के लिए मधुर होता ही है। आज तेरी चिट्ठी से पता चला वह तो नूर अली लेन है। ख़ैर जो भी हो, मुरली के आकर्षण से मेरी चिट्ठी निरुद्देश्य हुई या नहीं समझ नहीं पाया।... नेपाल बाबू अपने परिजनों समेत जिस घर में रहते थे, वही घर तुम लोगों को मिल सकता है। वह बहुत बड़ा घर है, रसोईघर आदि उसमें हैं। कुआँ है, दिनू पास में है, मीरा पास में है, सबसे बड़ी बात कलाभवन उसके पास है। दक्षिण की तरफ़ खुला हुआ है, और पश्चिम की दिशा भी खुली हुई है।[६]

इसके बाद असितकुमार शान्तिनिकेतन चले आये थे। उनकी योजना के अनुसार धीरेनकृष्ण, भगीन्द्रभूषण आदि आश्रम में रहने वाले विद्यालय के छात्रों ने आम्रकुंज अभ्यर्थना स्थल को खिले हुए पद्मों की अल्पना से

अलंकृत कर दिया था एवं उन्होंने स्वयं कला भवन को यथोपयुक्त प्रदर्शन योग्य चित्रों से आधी रात तक कवि की उपस्थिति में सजा दिया था। लॉर्ड रोनाल्डसे २० फ़रवरी को यथाविधि विश्वभारती परिनिरीक्षण को आकर कलाभवन में शिल्पियों के चित्रों को देखकर मुग्ध हो गये थे। नन्दलाल भी वहाँ उपस्थित थे। कवि की चिन्ता भी दूर हो गयी नाती के काम की सुव्यवस्था और सुघरता देखकर।

कोलकाता आर्ट स्कूल में लम्बी छुट्टी की मियाद ख़त्म होने पर पिता ने उन्हें शान्तिनिकेतन में न रहकर सरकारी आर्ट स्कूल में वापस आने के लिए कहा, इस पर आश्रमकर्ता के शरणापन्न हुए थे असितकुमार। इस बारे में अवगत होने पर रवीन्द्रनाथ के स्वयं न लिखने पर भी आश्रम के दो गुरुजनों- द्विजेन्द्रनाथ ठाकुर और रेव. चार्ल्स ऐंड्रूज ने असितकुमार के पिता को पत्र लिखे थे। बड़े दादा द्विजेन्द्रनाथ ने स्वभावसुलभ सरलता से 'प्रियदर्शन' सुकुमार को लिखा था :

> असित के निर्वासन का हुक्म आते ही हम सब दु:खित हो गये हैं। असित की चित्रांकन प्रतिभा दिन-दिन, थोड़ी-थोड़ी विकसित होती जा रही है, इसे हम लोग अपनी आँखों के सामने प्रत्यक्ष देखकर किस बूते पर उसे विदा दें—अथवा तुम्हीं प्राणों के किस जोर पर उसकी नवोन्मेषित प्रतिभा को लक्ष्मी-सरस्वती दोनों के साक्षात कृपादृष्टि के प्रसाद को Government services के पीसने वाले यन्त्र के पैरों तले क्यों फेंक रहे हो ? इसलिए मेरा यह ध्रुव विश्वास है कि तुम जल्लाद नहीं हो, इसलिए इस पत्र के उत्तर की प्रतीक्षा में मैंने असित को ज़बरदस्ती रोक रखा है। लक्ष्मी-सरस्वती दोनों ही एक ही स्वर में कह रही हैं कि असित की प्रतिभा को यदि पीसने वाले यन्त्र के सामने डाल दिया जाये तो इससे उसका यह कुल और वह कुल दोनों ही नष्ट हो जायेंगे—गवर्नमेंट की सर्विस में भी उसका मन लगेगा नहीं। उसकी प्रतिभा भी बन्धन दशा में अर्धमृत होकर वैसी ही बनी रहेगी। यहाँ पर सरस्वती उसको प्रेरणा देकर उसकी प्रतिभा को विकसित करती रहेगी और लक्ष्मी उसे प्रसाद देती हुई उसकी छवि-बिक्री के द्वार खोल देगी।
>
> यह मेरी कल्पना का सपना नहीं है—इसी दौरान असित ने छवियाँ बेचकर यथेष्ट धन बीच-बीच में अर्जित कर लिया है, यह हम सभी की देखी हुई चीज़ है। अब वह ज़माना नहीं रहा है, चित्रों की माँग

दिन-दिन बढ़ रही है—ऐसी सुविधा होते हुए भी असित की प्रतिभा को सरकारी नौकरी के पीसने वाले यन्त्र के तले तुम किस बल पर पददलित होने दोगे?

ऐसे ही एक कारण से एक और हितैषी ऐंड्रूज ने भी बन्धु सुकुमार को मना करते हुए असितकुमार के भविष्य की ज़िम्मेदारी वे स्वयं ग्रहण करेंगे पत्र में इस तरह का अंगीकार उन्होंने किया। दीनबन्धु शान्तिनिकेतन में स्नेहास्पद असित की शिल्प रचना की गति-प्रकृति का पर्यवेक्षण एवं शान्तिनिकेतन में घर-गृहस्थी के कारण जिससे उनकी शिल्परचना अवरुद्ध न हो सके, उस तरफ़ भी नज़र रखते थे। वे तरुण शिल्पी के काम के अनुरागी थे। शिल्पी असितकुमार को स्वल्पसंख्यक प्रतिभावानों में रखकर ऐंड्रूज, जिन्होंने एक वक़्त ऐसा था जब स्वयं भी उन्होंने चित्र रचना का अभ्यास किया था, असित के पिता सुकुमार को उस पत्र में लिखा था :

मुझे लगता है आप असित को पुनः सरकारी काम में जाने के लिए कहकर बहुत भयंकर भूल कर रहे हैं। यह काम निश्चित ही उसकी शिल्पकला को ध्वस्त कर देगा। जो व्यक्ति इस समय अतिशीघ्र उसे एक अद्वितीय अग्रणी शिल्पी के रूप में स्थापित करने जा रहा है एवं शीघ्र ही यूरोप में भी उसे स्वीकृति मिल जायेगी। एक समय ऐसा था जब मैं स्वयं भी शिल्पकला को एक पेशे के रूप में लगभग ग्रहण करने जा रहा था, उसी वजह से एक शिल्पी के रूप में यह बात कह रहा हूँ। असित एक, दो अथवा तीन तरुण शिल्पियों में अन्यतम है, वह निश्चित रूप से यूरोप में ख्याति लाभ करेगा, यदि उसे अनुकूल परिवेश में स्वतन्त्र रूप से काम करने दिया जाये। मैं इस समय शान्तिनिकेतन में रहूँगा एवं सभी तरह से उसकी देखभाल और उसे उत्साहित करना चाहता हूँ एवं बाद में सब कुछ स्थिर हो जाने के बाद, उसकी प्रतिभा, उसकी स्वकीयता, उसका निजीपन विकसित हो जाने के बाद, आर्थिक सुविधा होने पर, उसे यूरोप भेजूँगा। मैं यह नहीं सोच रहा हूँ कि यथासमय अर्थ-प्राप्ति के क्षेत्र में कोई असुविधा होगी। मैं आपसे जो चाह रहा हूँ, वह यह है कि आप उसे मेरे हाथों में छोड़ दें। उसके बारे में मेरी बहुत-सी आशायें और मेरा स्नेह है, मैं उसे भारत के कतिपय नामी शिल्पियों में अन्यतम के रूप में देखना चाहता हूँ एवं शीघ्र ही शिल्पकला में यूरोप में उसे परिचय और ख्याति की प्राप्ति होगी। मुझे आशा है

आप उसे मेरे हाथों में सौंप देंगे।[७]

दो पत्रों का परिणाम यह हुआ कि उनके आदेश की कठोरता द्रवीभूत हो गयी थी एवं असितकुमार सरकारी काम में वापस न जाकर कला भवन में ही रह गये। कुछ समय बाद दिल्ली के सेंट स्टीफेन्स कॉलेज के अधिकारियों ने आपने पुराने अध्यापक ऐंड्रूज के एक चित्र के लिए कला भवन अनुरोध भेजा। नन्दलाल और असितकुमार दोनों ने दीनबन्धु को बैठालकर दो आवक्ष प्रतिकृतियाँ आँक दीं। कॉलेज के अधिकारी असितकुमार द्वारा बनाये चित्र को अपने कॉलेज के लिए ख़रीदकर ले गये।[८]

कुछ तो रुष्ट पिता की सन्तुष्टि की बात सोचकर उनकी बात के अनुसार शताधिक रुपयों की नियमित सरकारी मासिक वेतन वाली नौकरी छोड़कर आने वाले असितकुमार के आश्रमकर्ता के सामने ऊँचे वेतन की माँग करते हुए पत्र लिखने के लिए बाध्य होने पर रवीन्द्रनाथ ने उन्हें बताया, 'विश्वभारती' में काम करना निश्चित किया है, सुनकर ख़ूब ख़ुशी हुई। विश्वभारती के लिए महीने में मैं पाँच सौ रुपया ख़र्च कर रहा हूँ, किन्तु, इससे आमदनी मात्र ४५ रुपया महीना है। इसीलिए तूने जो ८० रुपयों की माँग की है, उसे देने की सामर्थ्य मुझमें नहीं है।—नन्दलाल को मासिक जो साठ रुपया कर दिया था, तुझे भी वही दे सकता हूँ। व्यावहारिक रूप से आर्थिक पक्ष को ग्राह्य न कर ७ सितम्बर के रवीन्द्रनाथ के 'Come and join work' तार को पाकर (१९२०) शान्तिनिकेतन सपरिवार चले आये थे असितकुमार। कुछ समय बाद बन्धु नन्दलाल ने भी कलाभवन में योग दिया था।

२. बाघगुहा चित्र प्रतिलिपि अभियान (१९१७-१९२१)

विश्वभारती में योगदान के कई मास के भीतर ही उन्हें अवश्य ही भारतीय पुरातत्त्व विभाग द्वारा संचालित बाघगुहा अभियान पर चले जाना पड़ा था। शान्तिनिकेतन में रहते समय असितकुमार की अनियमित आमदनी की बात पर विचार कर चित्रकला प्रेमी रेव. सहृदय चार्ल्स ऐंड्रूज, शान्तिनिकेतन में असित का चित्रानुशीलन जिससे अव्याहत रूप से चलता रहे, अभिभावकोचित जैसी चिन्ता से ग्रस्त थे। उस समय (१९१७ ई.) भारतीय पुरातत्त्व विभाग को हैदराबाद के निज़ाम की तरफ़ से उनके राज्य के प्राचीन गुफाचित्रों के

संरक्षण और प्रतिलिपि करने के लिए पर्याप्त धन निर्धारित किया गया है, यह ख़बर पायनियर (Pioneer) पत्रिका में पढ़कर ऐंड्रूज के मन में विचार आया था अगर असित को उस काम में लगा दिया जाये तो इससे केवल उसकी आर्थिक सहायता ही नहीं की जा सकेगी, एक योग्य शिल्पी की भारतीय कला अनुशीलन में भी सहायता की जा सकेगी। घटनाक्रम के अनुसार उस संरक्षण कार्य का दायित्व था ऐंड्रूज के विशेष परिचित एक समय कर्मजीवन में उनके द्वारा उपकृत शिल्पकला के छात्र डॉ. ग़ुलाम इयाजदानी (१८७५-१९६२) के ऊपर। ऐंड्रूज ने स्वत: प्रवृत्त होकर असितकुमार को बताया कि 'यदि वे राजी हों तो वहाँ पर उनके लिए उस काम की व्यवस्था की जा सकती है] इस विषय में असितकुमार को ही इस काम के लिए कितना धन चाहिए इसके लिए तथा अन्य शर्तों के बारे में स्वयं पुरातत्त्व विभाग के दफ़्तर को लिखना पड़ेगा।[९]

एक शिल्पी के लिए यह काम बहुत आकर्षक न होते हुए भी असितकुमार ने हैदराबाद एस्टेट में उस काम में योगदान करने की अपनी इच्छा ऐंड्रूज को लिखकर बता दी थी। अन्त में डॉ. इयाजदानी की मार्फ़त निज़ाम बहादुर के तत्कालीन सचिव अजन्ता गुहा चित्रों के परम अनुरागी अकबर हैदरी (१८६९-१९४२) को जब यह पता चला तो उन्होंने असितकुमार जैसे चित्रकार को बाघगुहा निरीक्षण के लिए आदरपूर्वक बुलाया था।[१०] निज़ाम दरबार की आर्थिक सहायता से ग्वालियर एस्टेट में बाघगुहा संरक्षण का प्रस्ताव रखा गया था। इसके बाद स्वाधीन निज़ाम राजदरबार की तरफ़ से भारतीय पुरातत्त्व विभाग के मुख्य अधिकारी जॉन मार्शल का आमन्त्रण मिलने पर भारतीय शिल्पी के रूप में असितकुमार ही पहली बार १९१७ ई. में भग्नप्राय बाघगुफाओं के परिदर्शन के लिए गये थे।[११] काम के प्रारम्भिक दौर में उस समय अकेले उस दुर्गम पथ पर उस बौद्धगुफा के निरीक्षण के लिए जाने वाले मार्ग के कष्ट की उपेक्षा कर सके थे असितकुमार अपनी तरुणाई की उत्सुकता, भारतीय सभ्यता के अज्ञात शिल्पी प्रतीकों को देखने और जानने के प्रबल आग्रह के कारण। ऐंड्रूज ने भी शिल्पी इयाजदानी के माध्यम से बाघगुहा चित्रों ने संरक्षण वाले काम से असितकुमार को जोड़कर चैन पाया था।

बौद्ध श्रमणजन सामान्य रूप से दुरधिगम्य निर्जन पर्वतीय अंचलों में, स्रोतस्विनी किसी नदी के निकटवर्ती स्थानों पर अपने विहार और चैत्र गुहाओं का निर्माण किया करते थे। पठन, पाठन और ध्यान के अनुकूल नीरव, शान्त

परिवेश की रचना ही उस निर्माण-कार्य का अंग था। अजन्ता, शुद्धगढ़, कोन्तन, कार्ला, विदिशा, नासिक, जुनार, कान्हेरी, भोज के अनुरूप बाघ की बौद्धगुहायें भी मानो गुरुगम्भीर निःस्वनता के बीच, ध्यान के अनुकूल प्राकृतिक वातावरण में तैयार हुई थीं। असितकुमार रेल मार्ग से खण्डवा होकर मालव राज्य के आगे पहुँचकर, वहाँ से ५८ मील सड़क मार्ग को पारकर सरदारपुर पहुँच गये थे। सरदारपुर से कष्टों से भरे बैलगाड़ी द्वारा ३५ मील का रास्ता पारकर अजन्ता के ३३० किलोमीटर उत्तर-पश्चिम में धार राज्य की सीमा पर देखी थी बाघनी नदी के समानान्तर अर्धचन्द्राकार में निर्मित बाघगुहा श्रेणियाँ। भग्नप्राय गुहाओं के आपात रुक्ष बाहरी चेहरे से कुछ हताश होते हुए भी गुहाओं के भीतरी भास्कर्य और भित्तिचित्रों के उत्कर्ष ने असितकुमार को अजन्ता की कथा याद दिला दी थी।

१८२० ई. में बाघगुफा के बारे में संसार को सबसे पहले जानकारी दी थी सैन्य विभाग के कैप्टन डांगारफील्ड Capt. Dangerfield ने। उस समय उन्होंने गुहाओं को इस समय की अपेक्षा अधिक उन्नत दशा में देखा था।[१२] डांगारफील्ड उस समय अपनी पसन्द के कुछ भित्ति अलंकरणों की अनुकृति बनाने के काम में भी सचेष्ट हुए थे। लम्बे समय के बाद १८५४ ई. में डॉ. इम्पे (Dr. E. Impey) ने उन गुहाओं की परिक्रमा कर तत्कालीन बॉम्बे की रॉयल एशियाटिक सोसायटी के जर्नल के पंचम खण्ड में बाघगुहा की विस्तृत रपट प्रस्तुत की थी। इसके बाद मेजर लुयार्ड ने १९१० ई. में बाघगुफा के चित्रों की कुछ प्रतिलिपियाँ तैयार करवायी थीं एक शिल्पी के द्वारा, जिन्हें असितकुमार ने ग्वालियर के पुरातत्त्व विभाग में देखा था। ये आशा के अनुरूप प्रतिलिपियाँ नहीं थीं।[१३]

बीसवीं शताब्दी के पहले दशक के मध्य ही बाघगुफाओं के मूल ढाँचे की पूरी तरह क्षति हो जाती है मूल रूप में देखरेख के अभाव में एवं उसी समय डॉ. लुयार्ड ने जराजीर्ण गुफाओं के भित्तिचित्रों की नक़ल करना असम्भव है, इस तरह की राय दी थी। प्रायः ९०० लम्बी कई परतों में जमी हुई शिला (Stratifield Sandstone) काट-काटकर तैयार की गयी बाघगुफा उस समय ध्वन्सोन्मुख थी। पहले दर्शन में असितकुमार को भी लगा था, गुहा के भित्तिचित्रों की नक़ल करना सरल नहीं होगा, उनकी अस्पष्टता की वजह से। आनुमानिक ४५०-६५० ई. के समय में निर्मित और चित्रित बाघगुहा का सबसे पुराना भाग बड़ी कुशलता से पत्थर काट-काटकर बनाया गया था।

गुहाश्रृंखला में सात विहार एवं दो अध्ययन कक्ष उस समय उन्होंने पर्यवेक्षण के योग्य देखे थे। पर्यवेक्षण के साथ असितकुमार ने ९ गुफाओं में ४ एवं ५ नं. गुफा के २२० फुट लम्बे और ११ फुट बरामदों के २० भारी स्तम्भों को देखा था, जो उस समय चरम सीमा तक भग्न अवस्था में विद्यमान थे। किन्तु, उसी धसी–छत वाले बरामदे में ४ नं. की 'रंगमहल' गुफा के प्रवेश–पथ की बायीं तरफ़ भित्तिचित्रों के ५१×७ फुट एवं २०×५ फुट के अवशिष्टांश धूलिधूसरित तथा धुँधली स्थिति में होने पर भी उन्हें तब संरक्षण एवं मुश्किल होते हुए भी प्रतिलिपि करने योग्य लगे थे। चित्रों की बाह्य रेखाओं और बीच–बीच में रंगों के स्पष्ट प्रलेपन ने गुहा के भीतरी भाग को सौन्दर्य–मण्डित कर रखा था। उस समय के राजा सुबन्धु ने, जिसे शिल्प का लीलाक्षेत्र कहा था। ध्वस्त अंश भी असितकुमार ने बड़ी सावधानीपूर्वक काफ़ी समय लगाकर देखा था और फ़ोटोग्राफ़ के माध्यम से उस ध्वन्सप्राय रूप को संरक्षित करने का यथासाध्य प्रयास किया था। अजन्ता और जोगीमारा जैसी गुफाओं के चित्रों की नक़ल करने के काम में उन्हें जो अनुभव हुआ था, वह बाघगुहाओं के पर्यवेक्षण के समय उनके काम में आया था। बाघगुहा में प्राय: अजन्ता जैसी उन्नत शैली के चित्रों में थे राजा–रजवाड़ों के जुलूस, मनुष्य, पशु–पक्षी आदि सब। बाघ जैसे अद्वितीय, गतिशील, तेज़ अश्वों के चित्र उन्होंने अजन्ता गुफा गें भी नहीं देखे थे। गुहा के एक जुलूस–चित्र में स्थानीय भीलों, मानकरों के छन्दबद्ध नृत्यरूप ने असितकुमार को अधिक आकृष्ट किया था। गुहाचित्रों के वर्णविन्यास, उनके अंकन की पद्धति, प्रकाश–छाया का सन्निवेश, वर्णों का वैषम्य असितकुमार को पन्द्रहवीं शताब्दी के इटली के चित्रों के समगोत्रीय लगते थे।

गुहा पर्यवेक्षण के लिए जाते समय गुहा नं. २, जो गणशाई गुहा के रूप में पहचानी जाती थी, उसे उन्होंने उस समय एक साधु बाबा जी के अधिकार में देखी थी। उस हिंसक जानवरों के उपद्रव से आक्रान्त जगह में साधु बाबा को रात्रि में धूनी जलाकर रहने के कारण भित्तिचित्रों और छत के अलंकरण समूह क्षतिग्रस्त हो गये थे। स्थानीय लोगों ने इससे भी भीषण क्षति इस गुहा में ध्यानस्थ बुद्ध के मुखावयवों को भंग कर गणेश की मूर्ति में रूपान्तरित करते हुए पहुँचायी थी। और खम्भों तथा भित्तिचित्रों की पच्चीकारी को मिट्‌टी पोतकर उन्होंने मिट्‌टी से ही भर दिया था। इस प्रकार उसे भी उन्होंने नुकसान पहुँचाया था। ८ तथा ९ नं. की गुफा को उन्होंने पूरी तरह ध्वस्त

स्थिति में देखा था। साँप, चीता जैसे हिंसक जीवों से आक्रान्त स्थान में गुफाओं के भीतर तथा आसपास के इलाक़े का पर्यवेक्षण असितकुमार के लिए सहज नहीं था। उन्होंने अपने गुहा-पर्यवेक्षण की रपट जॉन मार्शल के दफ़्तर में यथा समय जमा कर दी थी। इसके बाद विश्वभारती कलाभवन में अध्यक्ष रहते समय १ जनवरी से १ मार्च, १९२१ की अवधि में असितकुमार ने अपने सतीर्थ नन्दलाल और सुरेन्द्रनाथ के साथ बाघगुहा चित्रों की नक़ल का काम सम्पन्न कर डाला था। इस अभियान की उन्होंने ललित शैली में वर्णना की है अपने बाघगुहा और रामगढ़ ग्रन्थ में।[१४] रवीन्द्रनाथ ने असितकुमार के 'सरस, सरल एवं शिक्षा तथा प्रत्यक्षबोध द्वारा उज्ज्वल ग्रन्थ' के मुखबन्ध में लिखा था :

> चित्रकला की आधुनिक भारत काफ़ी समय से अवज्ञा करता आ रहा है। इस क्षेत्र में हमारे चित्त की जड़ता इतनी दूर तक बढ़ गयी है कि हम लोग इस वजह से सिर्फ़ चित्र-रचना ही नहीं कर पा रहे हैं, यही नहीं बल्कि प्राचीन भारत की चित्र-रचना प्रणाली को भी समझ नहीं पा रहे हैं, उस पर व्यंग्य करना नहीं छोड़ते हैं। हम लोग जब स्वदेशीयता के अभियान में उन्मत्त हो उठते हैं, तब हम इस बात को नहीं समझ पाते हैं कि जो जाति कला विद्या में अपने चित्त का परिचय नहीं दे पाती है, वह जाति महाप्राण जाति नहीं होती है। इसके अतिरिक्त यह बात हम लोग मन के दैन्यवश ही भूल गये हैं कि काग़ज़ के एक टुकड़े पर एक छोटी-सी छवि अगर हम सचमुच आँक सकते हैं, तो उसके द्वारा नित्यकाल के समक्ष देश का जो परिचय अभिव्यक्त होगा, वह राजनीति के क्षेत्र में ख़बरों के काग़ज़ों की बड़ी-बड़ी ध्वजाओं को फहराने से भी नहीं होगा।...भाग्यवश बाघगुहा के चित्रों की प्रतिलिपियों को मैंने देखा है। उन्हें देखकर हम लोगों ने केवल उनके अपूर्व कलारस का प्रचुर उपभोग किया है, यही नहीं, उसके साथ-साथ थोड़ा यह भी प्रत्यक्ष किया है कि उस समय के मानुष जन ताश के साहब, बीबी और ग़ुलाम नहीं थे। जो लोग जगत् के जीवन को पूरी तरह ग्रहण करना जानते हैं, वही त्याग करना भी जानते हैं।[१५]

दीर्घ शोभायात्रा में हाथी-घोड़ों के साथ जुलूस के अंश की अनुलिपि की थी असितकुमार ने; नृत्यांश की नक़ल तैयार की थी नन्दलाल ने।

समकालीन यूरोपीय चित्रों के अन्तर्गत पोम्पोई में उन्नत मान के चित्र-

निदर्शनों में पास के मनुष्य जनों के साथ दूरवर्ती मनुष्यों का वैषम्ययुक्त आनुपातिक रूप की त्रुटि देखकर असितकुमार की समझ में यह आ गया था कि भावों की अभिव्यक्ति और उत्कर्ष में अजन्ता और बाघ की चित्रकला उस युग में काफ़ी उन्नत थी एवं काफ़ी समय तक चित्रकला का अनुशीलन अगर न होता रहा हो, तो ऐसे उच्च स्तर की मौलिक चित्रकला भारतवर्ष में कभी आकस्मिक रूप से नहीं गढ़ उठ सकती थी। शिल्पाचार्य अवनीन्द्रनाथ भी कहा करते थे, 'ग्रीक देवता के बीज से भारतीय कला का जन्म नहीं हुआ है, किसी भी तरह नहीं, इमली और आम के बीज में जितना फ़र्क़ है, उसके साथ समान अन्तर गान्धार शिल्प और भारत शिल्प में है।' अवनीन्द्रनाथ की दृष्टि में,

> शिल्पज्ञान के विषय में भावों का तारतम्य बराबर मानव-इतिहास में देखने को मिलता है। जिस युग में इस देश में अजन्ता गुफाओं की चित्रावली की रचना की गयी थी, यूरोप में शिल्पीजन उस युग में चित्रकला के विषय में बहुत पीछे थे, यह देखने को मिला है। फिर मैं यह भी देखता हूँ कि पाषाण युग में यूरोप के अधिवासीगण सारे जीव-जन्तुओं की अद्‌भुत प्रणाली से कोयले और गेरू से छवियाँ लिख गये हैं। किन्तु, भारतवासी तत्कालीन मनुष्यों द्वारा आँकी छवियाँ प्रायः बच्चों द्वारा आँकी छवियों की अवस्था में रह गयी हैं।[१६]

बाघ की ४ नं. की गुफा के बरामदे में आँके गये भित्तिचित्रों की अंकन-पद्धति, प्रकाशछाया का सन्निवेश, विरोधी वर्णविन्यास (Colour-Contrast) को असितकुमार ने पन्द्रहवीं शताब्दी के इटली के उच्चकोटि के चित्रशिल्पियों के शिल्प कर्म के समान ही निपुण शिल्प कर्म कहा है। उन्होंने देखा था, उन चित्रों में अंकित मनुष्य, जीव-जन्तु यहाँ तक कि घुड़सवारों के त्रुटिरहित आकार और वैचित्र्य देखने योग्य हैं।

जापान के प्रख्यात शिल्पी काम्पो आराई सान की समय-सापेक्ष ट्रेसिंग पद्धति के अनुसरण पर उन लोगों ने बाघगुहा-चित्रों की प्रतिलिपि तैयार की थी। इस सम्बन्ध में नन्दलाल ने कहा है :

> रोज़ सवेरे चाय पी के ही हम लोग गुहा में चले जाते थे। दोपहर का खाना-पीना वहीं सम्पन्न होता था।... हम लोग तम्बू में लौटते थे एकदम शाम को।[१७]

परिवार के मानुषजन की तरह आश्रमकर्ता रवीन्द्रनाथ और आश्रम के अन्यान्य गुरुजन चिन्ता के साथ दूर देश में जन वसतिहीन, विपज्जनक स्थान में तम्बू में रह रहे शिल्पियों की कुछ ख़बर मिले इस प्रत्याशा में रहा करते थे। उनकी ओर से एक बार पण्डित विधुशेखर शास्त्री ने १ फ़रवरी, १९२१ के पत्र में स्वभाव-सुलभ विनोद के साथ असितकुमार को लिखा था :

> आप लोग जिस काम से गये हैं उसके समाप्त हो जाने के बाद मार्ग में मिले सभी भारी कष्ट व्यर्थ हो जायेंगे। वहाँ पर इस तरह के कष्ट होने की वजह से ही इस काम का इतना माहात्म्य है। हम लोगों के लिए वहाँ पर जाकर यह सब देखने की सुविधा और सौभाग्य तो होगा नहीं। फिर भी आप लोग जब लौटकर आयेंगे तब वहाँ के चित्र और विवरण मिलने से दूध की प्यास मट्ठे से मिट जायेगी, इसमें कोई सन्देह नहीं है। बाघों के बीच में आप लोगों ने अड्डा जमा रखा है। किन्तु, सावधान रहना, सचमुच का बाघ किसी दिन कहीं कुछ कर ना बैठे! नन्दलाल बाबू का स्वास्थ्य पता नहीं कैसा है। किन्तु, आप दोनों लोग तो मेरी ही तरह तालपाता के सिपाही हैं।

दो महीने तक निविष्ट चित्त से बाघगुहा के भित्तिचित्रों की प्रतिलिपि की थी उन लोगों ने, जो कवि की दृष्टि में रसोत्तीर्ण हुई थी। असितकुमार द्वारा की गयी प्रतिलिपियों को देखकर इंग्लैण्ड में (१९२३) हेवेल, लॉरेंस बिनियान (Sir Laurence Biniyan, १८६९-१९४३) और रोथेंस्टाइन को ख़ूब अच्छी लगी थीं। बिनियान ने उन प्रतिलिपियों को विक्टोरिया एण्ड एलबर्ट म्यूज़ियम के लिए संगृहीत करने का आग्रह व्यक्त किया था। किन्तु, जॉन मार्शल की आपत्ति के कारण वे उन्हें ख़रीद नहीं पाये थे। उस देश में काफ़ी परेशानी में पड़ गये थे असितकुमार मार्शल को जवाबदेही करने जाकर।[१८] असितकुमार, नन्दलाल और सुरेन्द्रनाथ कर ने बाघगुहा चित्रों की मूल प्रतिलिपि से और भी एक-एक कॉपी की थी, जो कला भवन में प्रदर्शित की गयी थी। बाघगुहा चित्रों के प्रदर्शन के उपलक्ष्य में कलाभवन में रवीन्द्रनाथ के सभापतित्व में एक अनुष्ठान में अध्यापक और छात्रों के समवाय में असितकुमार ने अपने रोमांचकारी बाघगुहा-अभियान और प्रतिलिपि करने के अनुभवों को सुनाया था।

१९२१ ई. में बाघगुहा-अभियान से लौटकर आते ही शान्तिनिकेतन में चीनी भवन की दीवाल पर उन प्रतिलिपियों की कॉपी की थी असितकुमार, नन्दलाल और सुरेन्द्रनाथ कर ने। असितकुमार ने अपने द्वारा की गयी बाघ

प्रतिलिपियों से इलाहाबाद म्यूनिसिपल म्यूज़ियम (अब केन्द्रीय सरकार के अधीन इलाहाबाद म्यूज़ियम) और लखनऊ राजकीय आर्ट स्कूल (अब गवर्नमेंट कॉलेज ऑफ़ आर्ट) में भित्तिचित्र आँके थे, प्राचीन भारतीय शिल्पकला के आदर्श नमूनों के रूप में जनमानस के समक्ष रखने की ताकीद से। बाघगुहा विषयक अँग्रेज़ी और बाङ्ला में उनका सचित्र निबन्ध प्रकाशित हुआ था इंग्लैण्ड में बार्लिंगटन पत्रिका एवं इस देश में रूपम, मॉडर्न रिव्यू और प्रवासी पत्रिका में। असितकुमार आदि की प्रतिलिपियों पर आधारित ग्रन्थ The Bagh Cave Temples जॉन मार्शल के सम्पादन में विलायत के इण्डिया ऑफ़िस से १९२७ ई. में प्रकाशित हुआ है।

बाघगुहा के भित्तिचित्रों के प्रति असितकुमार का आग्रह उनके सरकारी काम-काज से अवकाश लेने के बाद भी ज़रा भी कम नहीं हुआ था। अवकाश ग्रहण करने के दो मास पहले बाघगुहा चित्रों के अवशिष्ट अंशों की प्रतिलिपि करने का आह्वान पाकर उन्होंने अपने अभिप्राय को २ अगस्त, १९४५ के शर्तों वाले पत्र में ग्वालियर पुरातत्त्व विभाग को बता दिया था।[१९] इसके पहले नन्दलाल ने असितकुमार को २१ जुलाई, १९४५ ई. के पत्र में लिखा था, 'तुम क्या जाओगे? अगर तुम गये तो मेरा मन भी जाने को नाच उठा है।' किन्तु, वास्तव में नक़ल करने का वह काम साकार नहीं हुआ। १९६५ ई. में शान्तिनिकेतन में असितकुमार और नन्दलाल के एक छात्र शिल्पी कृपाल सिंह शेखावत ने उस कार्य का दायित्व पाया था।

अजन्ता और बाघगुहा चित्रों की प्रतिलिपि करने के काम में संलग्न होकर तरुण असितकुमार की प्राचीन भारत के चिरकालीन शिल्प के प्रति श्रद्धा और अनुसन्धित्सा उत्तरोत्तर बढ़ती जाती है। उन्होंने यह अनुभव कर लिया था कि रूढ़िवादिता और कठमुल्लेपन को प्रश्रय न देने के कारण सतत प्राणवान भारतवर्ष का सांस्कृतिक ऐतिह्य कितनी मज़बूत नींव पर प्रतिष्ठित है। 'ग्रीक, हूण, सिन्थियान, फारस के यवन लोग, समय-समय पर इस देश में प्रबल रूप से प्रवेश करने पर भी वे अपनी संस्कृति की छाप धर्म, दर्शन अथवा शिल्प पर स्थायी रूप से नहीं छोड़ सके।[२०] सिर्फ़ व्यावसायिक ताकीद से नहीं, असितकुमार उसी प्राचीन बाघतीर्थ के क्षयिष्णु शिल्प-निर्देशनों के रूप को स्थायी बनाये रखने की आन्तरिक प्रेरणा से प्रौढ़ वय में भी दुर्गम उस बौद्धतीर्थ में जाने को तैयार थे।

३. कलाभवन

शान्तिनिकेतन की पूर्व स्मृति असितकुमार की भाषा में :

> शान्तिनिकेतन आश्रम उस समय सचमुच में एक तपोवन की तरह देखने में था। गुफानुमा, छोटे-छोटे छप्पर वाले कमरों में वास और तरुतले अध्ययन—यही थी उसकी प्रकृति। पक्का और दुमंज़िला घर महर्षि का वास भवन एवं उसी से सटा हुआ उद्यानवेष्टित काँच और लोहे से तैयार एक उपासना-मन्दिर। उसके पश्चिम-उत्तर कोण में महर्षि आदि लोगों का प्रिय साधना स्थल, सप्तपर्णी गाछ तले श्वेत मर्मर का एक आसन बनाया गया था। द्विजेन्द्रनाथ ठाकुर (बड़े मामा, १८६२-१९२२) ने इस वेदी के पीठ पर 'वह मेरे प्राणों का आराम, आत्मा की शान्ति, मन का आनन्द' ये तीन बातें खोदकर लिख रखी थीं। उस समय आश्रम मन्दिर के उद्यान में बहुत से स्तम्भों पर वेद और उपनिषदों की उक्तियाँ श्वेत संगमरमर पर खोदकर लिखी हुई थीं। शान्ति और भक्ति का एक परिवेश वहाँ सदा विराजमान रहता था। उस सुन्दर परिस्थिति में मैंने सबसे पहले कलाभवन का प्रारम्भ किया।[२१]

जिस विश्वभारती में पूरा विश्व एक नीड़ में वास औपनिषदिक मन्त्र पाठ के साथ रवीन्द्रनाथ और ब्रजेन्द्रनाथ-शील की ऐसी उपस्थिति में विश्वभारती परिषद् का जब गठन हुआ, सभास्थल को असितकुमार ने सद्यः प्रतिष्ठित कलाभवन के छात्रों द्वारा यथाविधि अल्पनाओं से अलंकृत करवाया था। पौष मेला में उस वर्ष छात्रों की पहली चित्र प्रदर्शनी का आयोजन भी हुआ था। कलाभवन में ड्राइंग आदि चिरकाल से प्रचलित पठन-पाठन के साथ छात्रों को लेकर उन्होंने मुक्त परिवेश में प्रकृति का अध्ययन और निकटवर्ती स्थानीय मन्दिरों के स्थापत्य और लोकशिल्प कला के परिदर्शन का प्रारम्भ किया था। १९२० ई. में नन्दलाल भी अपने सतीर्थ के पास कलाभवन में चले आये थे। शान्तिनिकेतन में दोनों हरि-हर आत्मा शिल्पियों को पाकर रवीन्द्रनाथ ख़ूब ख़ुश हुए थे, इसमें कोई सन्देह नहीं है। दूसरी ओर प्राच्य कला परिषद के अधिकर्त्ता अवनीन्द्रनाथ नन्दलाल को खोकर व्यथित हुए थे, यह सत्य है किन्तु, आर्ट के निरन्तर साधक शिल्पी श्रद्धेय रवि काका द्वारा स्थापित विश्वभारती में कलाभवन के भावी, व्यापक कार्यक्रमों को सटीक मार्ग दिखाने के लिए जो पत्र नन्दलाल एवं कार्यतः कलाभवन के अध्यक्ष

असितकुमार को लक्षित करते हुए भी उन्होंने लिखा था, वह इस प्रकार है :

१. सिर घुटाकर जूँआ भगाने से भी फल पाया जा सकता है किन्तु, उसमें कोई बहादुरी नहीं है, आर्ट भी नहीं है। वह सिर्फ़ डाक्टरी है, बाल बनाना तो चल सकता है, किन्तु, शरीर का चमड़ा उधेड़कर खुजली भगाने के प्रयास में ख़तरा ही ख़तरा है। बाल भी रहेंगे किन्तु, जूँआ नहीं रहेंगे, खाल जैसे-तैसे रहेगी किन्तु, खुजली नहीं रहेगी—यह है आर्ट। यह है सफ़ाई का सरदार। ११ हमाम पीर का वचन।

२. चोर काँटे की चोट खाते हुए मैदान पार करने में सुख नहीं है, इसलिए मैदान में दौड़-भाग छोड़कर उसे सीमेंट का बनाकर टेनिस ग्राउण्ड में चलने में आराम तो है किन्तु, कला नहीं है, मज़ा भी नहीं है, अपने मार्ग के काँटे और दूसरे के मार्ग के काँटों को हटाने में आर्ट है, और उससे पुण्य लाभ भी मिलता है। इति—चाणक्य दी सेकेंड चौरोचारणिक।

३. जहाँ पर जल का अभाव है, उस जगह को छोड़कर जलाशय के किनारे जाकर रहने में सभी लोग बुद्धिमान तो कह सकते हैं किन्तु, इसमें जल तो है, पर फल नहीं है, मनुष्यत्व भी नहीं है। जलहीन जगह के हृदय पर जलधारा प्रवाहित करने में ही आर्ट (कला) है, जल के अभाव के भय से धारा की ओर खिसक जाने में विजय नहीं है, वरन हार ही है। इति—artician R.E.R.A. & C&C.

ऊपर जिन कुछ कामों की फर्द दी है, उससे तुम समझ जाओगे कि वहाँ पर छवि आँकने के अलावा भी आर्ट के द्वारा और भी कई काम तुम लोगों को करने होंगे। हार न मानना ही आर्टिस्ट होने की पहली सीढ़ी है, जूँओं के सामने हार मानकर सिर मुड़ाने का कष्ट आख़िर क्यों सहेगा एक आर्टिस्ट। इसलिए तुम लोगों में एक सफ़ाई सरदार (काक पक्ष का चिह्न) बनकर दिन में एक घण्टा काम करना होगा बच्चों को यह समझा देना होगा कि चिकने केश, काली त्वचा अगर स्वच्छ रखी जाये तो उनके सुन्दर, शरीर माथे, आँखों और चेहरे पर वेश-भूषा अच्छी लगेगी, जूँआ नहीं, न कीड़े-मकोड़े उनकी देह पर अपना डेरा जमायेंगे। उसके बाद खेल-खेल में पथ के काँटे कितनी सहजता से साफ़ किये जा सकते हैं, बच्चे जिस दिन यह देख लेंगे, उस दिन वे दिग्विजय करने अपने आप ही निकल पड़ेंगे अपने काँटों

(चिह्न, पैरों का) के शत्रु के साथ। बाढ़ अचानक आती है, आश्रम सूख जायेगा अगर तुम लोग कामकाज की बाढ़ नहीं ला दोगे। सुर की बाढ़ जिस दिन आँखों के कूल का अतिक्रमण करती हुई आयेगी, उस दिन सूखे मैदान में जल आने में ज़रा भी देरी नहीं होगी, इसके लिए जल को बाँध बनाकर लाने के लिए और बाढ़ को तेज़ धार प्रवाहित करने के लिए आर्टिस्ट कोतवालों (चिह्न, बाढ़ का) का एक दल चाहिए। इनके बिना काम नहीं चलेगा।

छोटे बच्चे कोमल पौधों की तरह हैं, उनकी जो जड़ें रस खींचती हैं, वहाँ पर आर्टिस्ट कोतवालों का दल इस तरह से उन पर नज़र रखेगा। वे पौधे जिससे यह महसूस करें कि वे स्वयं ही रस खींच रहे हैं और बढ़ रहे हैं।

अवनीन्द्रनाथ की अलक्षित तीक्ष्ण निगाह और जलसिंचन से नन्दलाल और असितकुमार अपने-अपने वैशिष्ट्य के साथ क्रमशः लोकायत शास्त्रीय (Classical) और गीतिधर्मी (Lyrical) चित्ररचना में भारत वरेण्य हो गये थे।

गुरु की अभिव्यक्ति में भारतीय कला के अन्तर्लोक की चाबी अगर पानी हो तो शिल्पी होने के अधिकार के अर्जन के अलावा और कोई गति नहीं है। उन दिनों के छात्र धीरेनकृष्ण देववर्मा के संस्मरणों में हमें मिलता है :

'कलाभवन शुरू होने के कुछ समय बाद ही छात्रों की संख्या बढ़ गयी। सत्येन्द्रनाथ वंद्योपाध्याय, मणीन्द्रभूषण गुप्त, बी.आर. चित्रा, रमेन्द्रनाथ चक्रवर्ती, विनायक मासोजी, पि. हरिचरण, श्रीमती हाथी सिंह, क्षितिमोहन बाबू की स्त्री किरणबाला, कृति ठाकुर की स्त्री सविता देवी आदि गुरु-शिष्य छवि आँका करते थे एक साथ, एक जगह बैठकर। रवीन्द्रनाथ बीच-बीच में देख जाया करते थे। शीघ्र ही कलाभवन में चित्रांकन की दृष्टि से एक अभूतपूर्वक और अचिन्तनीय परिवेश तैयार हो गया। असित बाबू, नन्दबाबू, सुरेन बाबू एक के बाद एक छवि आँकते जा रहे थे। छात्र लोग भी उनके चरण चिह्नों का अनुसरण करते हुए चले जा रहे थे।[२२]

असितकुमार कलाभवन में क्लास में नियमित रूप से छात्रों के साथ रहकर छवि आँकने और छवि के विषयों को लेकर जो विवेचना किया करते थे श्री जगदानन्द राय और विधुशेखर शास्त्री के सम्पादन में शान्तिनिकेतन

पत्रिका में कई बार वे प्रकाशित होती थीं जैसे, 'भारतीय चित्रकला की अनुवृत्ति (बैसाख, १३२७), शिल्पे सामयिक प्रभाव (ज्येष्ठ, १३२७), 'शिल्पेर छन्द' (श्रावण, १३२७), 'चित्रकला का विषय' (आश्विन, १३२७) शान्तिनिकेतन पत्रिका में असितकुमार द्वारा अंकित, आश्रम के प्रतीक रूप में सप्तपर्णी लता के सात पत्तों के नीचे तीन दीपाधारों के चित्र के साथ प्रच्छदपट रवीन्द्रनाथ को ख़ूब मनोहारी लगा था। उन्होंने अध्यापकों को उस रूपक चित्र की दार्शनिक व्याख्या सुनायी थी। उस चित्र का आजकल शान्तिनिकेतन आश्रम संघ के प्रतीक रूप में उपयोग किया जा रहा है।[२३]

४. आश्रम का जीवन

कलाभवन में परस्पर के सान्निध्य में निश्चित कर्मधारा के माध्यम से असितकुमार और नन्दलाल पास-पास बैठकर अपने सपनों और भावनाओं में छवि आँकते जा रहे थे। उनके छवि आँकने से अनुप्राणित होकर उस समय कवि भी गान रचना करते जा रहे थे। असितकुमार अपनी चित्र-रचना में मग्न रहने के बाद भी अनेक चर्चाओं, नाटक, गान यहाँ तक कि नृत्य की मजलिसों में भी आनन्दोज्ज्वल परिवेश की सृष्टि कर देते थे आश्रम में। शान्तिनिकेतन में दोलपूर्णिमा के दिन शालतला में वीथिका गृह के सामने, कंकड़ बिछे हुए रास्ते के ऊपर बड़ी दरी बिछाकर भीमराव शास्त्री, दिनेन्द्रनाथ होली के गानों की महफ़िल जमाया करते थे। १९१९ ई. में होली के एक उत्सव के प्रसंग में शिल्पी धीरेनकृष्ण ने लिखा है :

> दोल पूर्णिमा की एक सान्ध्यवेला में ऐसे ही गानों की एक महफ़िल में जब गाना ख़ूब जमने लगा था, तब एकाएक देखने को यह मिला शिल्पी असितकुमार ने अपने लम्बे-लम्बे हाथ-पैर फटकारते हुए महफ़िल के बीच में नृत्य करना आरम्भ कर दिया है। उस नृत्य को देखकर उत्साहित होकर सरोज दा (चौधुरी) ने भी उठकर असित बाबू के साथ उनके हाथ पकड़कर घूम-घूमकर नृत्य करना आरम्भ कर दिया था।

उस नृत्य का वहाँ उपस्थित सभी लोगों, जैसे नन्दलाल, तपनमोहन चट्टोपाध्याय, तेजेशचन्द्र सेन और अन्य लोगों ने आनन्द लिया था।[२४] उस समय के आश्रम के छात्र प्रथमनाथ विशी (१९०१-१९८५) ने होली में रंग

खेलने के ऊपर सरस वृत्तान्त में लिखा था :

> वर्ष के अन्त में यथासमय होली का अवसर आ गया... । इस तरफ़ देहली घर के पास उत्सवराज रवीन्द्र को घेरकर असित हालदार (नाती), नगेन गांगुली (जामाता) और आश्रम के अध्यापक और छात्र-छात्राएँ ढोल-करताल के साथ अबीर फेंकते-फेंकते शालवीथिका के पथ पर आश्रम की ओर यात्रा करने लगे। सभी के बीच में दिनेन्द्रनाथ सभी से ऊपर ऊँची आवाज़ में उनके कण्ठ और चारों ओर अबीर ही अबीर की बौछार ने कोहरे की सृष्टि कर दी थी। और उसी के साथ (रवीन्द्रनाथ का) गाना 'या छिल कालोधोलो / तोमार रंगे रंगे रांग होलो...[२५] अर्थात् जो काला और धवल था, तुम्हारे रंग-रंग से वह लाल हो गया।

असितकुमार को किस दारुण आर्थिक अभाव में सपरिवार आश्रम में दिन-यापन करने पड़ रहे थे, उसकी एक यथार्थ छवि के बारे में प्रथमनाथ ने लिखा है :

> राजेन बाबू (राजेन्द्रनाथ वंद्योपाध्याय) हिसाब रखने बैठते ज़रूर थे किन्तु, उनकी ज़िम्मेदारी कोई भारी-भरकम नहीं थी। कारण, हिसाब की थैली हलके वजन वाली थी। राजेन बाबू अपने ऑफ़िस वाले कमरे में बैठे-बैठे ख़ाली समय अर्थात् एक तरह से पूरे समय दुर्गा नाम लिखते रहते थे। ऐसे समय शायद एक पुर्ज़ा आया। भेजने वाले थे असित हालदार। पुर्ज़े में लिखा हुआ था, 'घर में चावल ख़रीदने के लिए रुपया नहीं है। अन्ततः पाँच चवन्नी पैसा न मिला तो दोपहर का भोजन नहीं होगा। सुनकर आपको ख़ुशी होगी कि मैं इस समय सन्तालों की छवि आँक रहा हूँ। उनका ख़ूब मज़बूत चेहरा है।' उस पुर्ज़े के उत्तर में राजेन बाबू ने लिख भेजा, ख़ज़ाने में धन का अभाव है। इसलिए आश्रम के भण्डार से सवा सेर चावल अपने व्यक्ति के हाथों भेज दिया है। एक दिन आकर आपकी सन्ताल लोगों की छवि देख जाऊँगा।[२६]

कलाभवन में १९२२ ई. में असितकुमार ने नन्दलाल के साथ शिल्पकला सम्बन्धी अँग्रेज़ी शब्दों के बाङ्ला प्रतिशब्द बनाने जैसे एक अत्यावश्यक और दुरूह काम में हाथ लगाया था। छवि आँकने की व्यस्तता में से इस काम में वे लोग मुख्यतः शिल्पकला सम्बन्धी ठेठ मातृभाषा में आलोचना और निबन्धादि रचना की सुविधा के लिए प्रयत्नशील हुए थे और इसके

साथ ही छात्रों की आवश्यकता के बारे में सोचकर। जैसे Accessories—उपकरण, सरंजाम, सहायक सामग्री, तोड़-फोड़-जोड़-तोड़ (हिन्दी) Anachronism, अप्रयोज्य, अनावश्यक, बेलाग, बेताग, बेमौक़ा, लगन जैसे ना होना जैसे इत्यादि प्रतिशब्दों को तैयार कर अवनीन्द्रनाथ को भेजकर असित ने ३० मई, १९२२ को उन्हें लिखा था : "

> उल्लिखित अँग्रेज़ी शब्दों को बाङ्ला भाषा में अगर लिखा जाये तो किस तरह के प्रतिशब्दों का प्रयोग किया जा सकता है, अनुग्रहपूर्वक लिखकर अगर आप भेज सकें तो मैं कृतज्ञ होऊँ। मैंने और नन्ददा, दोनों लोगों ने मिलकर उल्लिखित कई शब्दों के प्रतिशब्द जो लिख दिये हैं—ये ठीक हैं या नहीं, यह हमें पता नहीं है।

अवनीन्द्रनाथ ने प्रतिशब्दों को पढ़कर असित को परामर्श देते हुए लिखा था,

> अँग्रेज़ी भाषा की प्रतिध्वनि के द्वारा अपने कला सम्बन्धी बोलचाल को अगर चलाना हो तो मेरा कहना यह है कि अँग्रेज़ी को ही बनाये रखने में बुराई क्या है! यदि तुम सचमुच का एक अभिधान चाहते हो तो गाँव के मिस्त्री, शहर के कारीगर, इनके पास से घूम-घूमकर बोलचाल की शब्दावली को प्राप्त करने की चेष्टा करो। अगर ऐसा नहीं होता है तो सब कुछ असमय में उत्पन्न, तीव्र धाराप्रियता की तरह विचित्र हो जायेगा, वह बाङ्ला भी नहीं होगी, अँग्रेज़ी भी नहीं होगी और हिन्दी भी नहीं होगी।

असित-नन्द के प्रयास की प्राथमिक फसल अधिकांश में उनका अनुमोदन नहीं पा सकी। इसके बाद उस अभिधान प्रणयन के दुरूह काम से वे लोग हट गये थे।[२७]

उत्साह से भरे असितकुमार और ध्यानगम्भीर नन्दलाल ये दोनों शिल्पी कलाभवन में मानो एक-दूसरे के पूरक थे। उन दोनों की चित्र-रचना परिपुष्ट हुई थी रवीन्द्र सान्निध्य में शान्तिनिकेतन की आबोहवा में रहने से। असितकुमार के गीतिधर्मी चित्रों का नामकरण करते थे रवि दादा। विश्वभारती के छात्र सैयद मुजतवा अली (१९०४-१९७४) ने कवि के साथ अपने शिल्पी सहचरों की शिल्पकला सम्बन्धी उनकी बातचीत सुनकर लिखा है : 'नन्दलाल मितभाषी, गुणी, इसकी अपेक्षा असितकुमार के साथ शिल्पकला को लेकर उनकी मुखर चर्चा हुआ करती थी।[२८] उनकी बातचीत का थोड़ा-सा अंश असितकुमार के स्मृतिचारण में पाया जा सकता है। भर श्रावण में मेघवर्षा के

मध्य असितकुमार कवि की उपस्थिति में ही आँकते हैं अपनी 'वर्षालक्ष्मी' की छवि और रवीन्द्रनाथ ने रचना की अपने गाने की। और असित से कहा—'तुम मेरी रचना के साथ क़दम मिलाकर छवि नहीं आँक पाओगे।' शिल्पी भी तुरन्त हाज़िरजवाबी की तरह रवि दादा से कह बैठा, 'कवि जब-तब अपनी कविता लिख सकता है, अपने कुर्ते की आस्तीन पर भी ज़रूरत होने पर लिख सकता है। छवि आँकने के लिए काफ़ी जोड़-तोड़ की ज़रूरत होती है।''[२९]

५. कलाभवन में शिल्पाचार्य की संवर्धना

१९२२ ई. के लगभग वर्ष के अन्त में शिल्पगुरु अवनीन्द्रनाथ शान्तिनिकेतन आये थे काफ़ी समय बाद। आम्रकुंज में रवीन्द्रनाथ ने कलाभवन की ओर से उनकी अभ्यर्थना का आयोजन किया था। १९१४ ई. में नन्दलाल की अभ्यर्थना के आयोजन में जिस तरह से असितकुमार ने कवि के द्वारा अभ्यर्थना काव्य लिखवाया था, कवि ने भी उनके हाथ में काग़ज़ का एक टुकड़ा देकर कहा था, 'इस बार तेरी बारी है। अपने गुरु की तू अभ्यर्थना करेगा—कविता लिखकर।' असित ने भी कवि की उपस्थिति में कविता लिखकर उसका मसौदा कवि के हाथों सौंप दिया था। असितकुमार की गुरुवन्दना रवीन्द्रनाथ की लेखनी के संस्पर्श से इस तरह की हो गयी थी :

चित्रकलार कवि तुमि
आलोक तूलि हाते,
भारत वाणीर चित्तटिरे
जागाओ आपनाते।
वर्णछटार सुरेर भीड़े,
अंगारेते फलाओ हीरे
अमर रेखापाते।
रूपेर दीपे अरूप आलो
हृदय माझे तुमिई ज्वालो
रसेर वेदनाते।

अर्थात् तुम चित्रकला के कवि हो, तुम्हारे हाथ में आलोक की कूँची है, भारत वाणी के चित्त को तुम अपने आप जगाते रहते हो। वर्णच्छटा

> और सुर की भीड़ से, अमर रेखापात के द्वारा तुम अंगारों पर हीरा प्रस्फुटित कर देते हो। रूप के दीप में अरूप का आलोक भरकर हृदय के भीतर रस की वेदना से तुम्हीं जला देते हो।

उस अभ्यर्थना-सभा में शिल्पाचार्य ने जो उपदेश दिया था, उसके कथाप्रसंग में असितकुमार ने लिखा है :

> पाप-ताप, सुख-दुःख के द्वारा तरंगायित इस संसार के मध्य ही उस सत्यंज्ञानमनन्तं को जीवन में पाया जा सकता है।
>
> अगर कोई बड़ी वस्तु जीवन में हमें मिल गयी हो, उसके संस्पर्श से इस विश्वास को हमने अर्जित किया है। सत्य के लिए जिनके हृदय में व्याकुलता है, वे लोग अपने चारों ओर उसे पा लेते हैं, फिर उन्हें और कुछ पाने की दरकार नहीं होती है। अन्य लोग बाहरी वस्तु को सत्य के बदले में ले लेते हैं। सत्य की साधना बिना किये, बाह्य अनुष्ठान के द्वारा उसे पाने का प्रयास, घूस के द्वारा लाभ पाने के प्रयास की तरह मनुष्य का एक बड़ा मोह है, अनन्य भाव से आकांक्षा बिना जागे उस आकांक्षित वस्तु को नहीं पाया जा सकता है।[३०]

अवनीन्द्रनाथ ने उस दिन छवि की तरह एक स्वप्न की कथा उन लोगों को सुनायी थी। 'पहाड़ी रास्ता से होकर तुम लोग चले जा रहे हो, पीछे नन्दलाल और असितकुमार, और भी सब शिल्पी छात्रगण उनका अनुसरण करते जा रहे हैं। कुछ दूर चलने के बाद पहाड़ का एक मोड़ पारकर जब पीछे फिरकर देखा' शिष्य लोग और आ नहीं रहे थे।[३१] अर्थात् उनके शिष्य जिसका जो रास्ता था, उन्हीं भिन्न-भिन्न रास्तों पर चले गये हैं। उन्होंने संवर्धना सभा में उपस्थित अपने तीन शिष्यों—नन्दलाल, असितकुमार और सुरेन्द्रनाथ से गुरु-दक्षिणा की माँग कर दी। दक्षिणा में उन्होंने कोई बहुमूल्य वस्तु नहीं चाही। उन्होंने चाहा था कि उनके शिष्यगण इस देश के शिशुओं के हाथों में ऐसे खिलौना पकड़ा दें, जिससे उनके बचपन में ही उनकी शिल्पसृष्टि का उन्मेष हो जाये। इस एकदम मामूली चाह में देश की शिल्पकला के प्रति अवनीन्द्रनाथ का अकृत्रिम प्रेम और दूरदृष्टि का परिचय निहित था। उनके शिष्यगण उस दक्षिणा को पूरा करने में उस समय समर्थ नहीं हो पाये। हाँ, असितकुमार ने अवश्य लखनऊ आर्ट स्कूल में योगदान करते हुए शिशुओं के लिए जीव-जन्तुओं की अत्यन्त क्षुद्र आकार के मिट्टी के आकर्षक खिलौने तैयार करके बाज़ार में उनकी बिक्री की व्यवस्था कर गुरु की भूयसी

प्रशंसा प्राप्त की थी, इस प्रसंग की कथा यथास्थान कही जायेगी।

असितकुमार ने उस समय (१९२२) नियमानुसार मन से अवनीन्द्रनाथ एवं आश्रमकर्ता की छवि आँकी थी। गुरु ने छवि को हाथ में पाकर उन्हें लिखा था :

> तुम्हारी छवि मिल गयी है। तुमने मुझे बैरागी जैसा बनाकर प्रस्तुत कर डाला है—गोरक्षिणी सभा में एक व्यक्ति ठीक ऐसे ही चेहरे वाला हमारे सामने पहले आया करता था। माथे के आसपास की वह छटा अगर हल्दिया रंग की न बनाकर काली कर देते तो ठीक रहती। मेरे बैठने की चौकी के केम्बिस में काले तेल का दाग़ तो तुमने देखा था तो फिर कैसे यह भूल हो गयी?

प्रतिदान में अवनीन्द्रनाथ ने अपनी एक छवि 'रहस्य' असित को भेज दी थी।

६. मद्रास में नव्य-भारतीय चित्र-प्रदर्शनी (१९१६, १९१९, १९२२) और जेम्स हेनरी काजिन्स

हेवेल ने अस्वस्थ होने की वजह से १९०६ ई. में यह देश छोड़ दिया था। स्वस्थ होने के बाद बाक़ी जीवन उन्होंने इंगलैण्ड में ही रहकर भारत-शिल्प अनुशीलन और ग्रन्थादि की रचना में मग्न होकर बिताया था। कुमारस्वामी के अपने अमूल्य भारतीय कला-संग्रह को बनारस हिन्दू विश्वविद्यालय को दान कर वहाँ अध्यापन के एक पद को ग्रहण करने का आग्रह दिखाने पर, वहाँ के अधिकारियों ने उनके प्रस्ताव का कोई उत्तर नहीं दिया, इसलिए वे भी भारत में नहीं रहे। १९११ ई. में भारतीय शिल्प आन्दोलन की अन्यतम मुख्य प्रेरणादात्री सिस्टर निवेदिता ने आकस्मिक रूप से इहलोक त्याग कर दिया था। इसमें सन्देह नहीं, इन तीन अकृत्रिम, विदेशी भारत शिल्पप्रेमियों के साथ प्रत्यक्ष सम्बन्ध टूट जाने के कारण शिल्पाचार्य अवनीन्द्रनाथ के कला आन्दोलन की गति कुछ धीमी पड़ गयी थी। किन्तु, उस निस्तेज अवस्था को दूर करते हुए मानो १९१६ के जनवरी महीने में कोलकाता में भारतीय प्राच्यकला परिषद् की आठवीं वार्षिक चित्र-प्रदर्शनी में उपस्थित हो गये थे अभी हाल में भारत आये आइरिश कवि, कलानुरागी, थियोसोफिस्ट

डॉ. जेम्स काजिन्स (Dr. James Henry Sproul Cousins, १८७३-१९५६)।

हेवेल, कुमारस्वामी, निवेदिता के परवर्ती काल में भारतीय कला आन्दोलन के प्रचार में सर्वाधिक सक्रिय रहे थे जेम्स काजिन्स। निवेदिता के बाद, आयरलैण्ड के एक और मनीषी कवि, थियोसोफिस्ट जार्ज विलियम रसेल (A.E. १८६७-१९३५) के अनुगामी के रूप में परिचित काजिन्स श्रीमती एनी बेसेन्ट (Mrs. Anne Wood Besant, १८४७-१९३३) के बुलाने पर ही भारतवर्ष आये थे। कहने में अतिशयोक्ति होगी, डबलिन में मोहिनीमोहन चट्टोपाध्याय (१८५८-१९३६) द्वारा स्थापित थियोसोफिकल सोसायटी के सदस्य जेम्स और मार्गरेट काजिन्स दम्पति ने—भारतीय अध्यात्म ध्यान-धारणा के प्रति विनम्र श्रद्धा लेकर ही डबलिन से भारतवर्ष की धरती पर पैर रखा था १९१५ ई. के नवम्बर में। शुरुआत में मद्रास के अड्यार थियोसोफिकल सोसायटी के मुखपत्र न्यू इण्डिया दैनिक के सह-सम्पादक के काम में नियुक्त होकर, एक शिल्प समीक्षक के रूप में वे प्राच्यकला परिषद् के अध्यक्ष जॉन बुडरफ के बुलाने पर कोलकाता की चित्र प्रदर्शनी देखने आये थे।

पहली बार कोलकाता आकर परिषद् की आठवीं वार्षिक प्रदर्शनी में अवनीन्द्रनाथ और उनके शिष्यों के चित्रों को देखकर काजिन्स विस्मित हो गये थे। रेखाओं के सावलील छन्द, रंग और भावमयता में सभी चित्र अत्यन्त आकर्षक थे। प्रथम विश्वयुद्ध शुरू होने के पूर्व १९१४ में लन्दन और पेरिस में प्रदर्शित नव्य-भारतीय चित्रों ने यूरोप में जो हलचल मचा दी थी, प्रबुद्ध दर्शकों और शिल्पकला आलोचकों के मन में, उसकी कुछ रपट और छवियों की प्रतिलिपियाँ देखकर उस चित्रकला के सम्बन्ध में काजिन्स के मन में जो धुँधली धारणा उत्पन्न हो गयी थी, कोलकाता में उन्हीं नव्य-भारतीय मूल चित्रों को पहली बार देखने से उन्होंने अपने हृदय में मानो एक अप्रत्याशित आनन्द का स्पर्श नहीं—उसका धक्का खाया था। उन्हीं के शब्दों में : "I was not however, prepared for the shock of delight that I experienced."[३२] अर्थात् आनन्द के उस धक्के को सहने के लिए मैं तैयार नहीं था, जो उन चित्रों को देखते समय मैंने महसूस किया। उसी समय उन्होंने भारतीय शिल्पियों की नयी धारा की उस सृष्टि राजि को दक्षिण भारत में प्रदर्शित करने की ताकीद अनुभव की थी। १९१६ में शिल्पाचार्य अवनीन्द्रनाथ, एनी बेसेन्ट, काजिन्स के सम्मिलित उद्योग और काजिन्स की देखरेख में उस रिनेसाँ चित्रसम्भार का तुरन्त ही (१९ फ़रवरी

से ४ मार्च तक) १९१६ ई. में सबसे पहले मद्रास में प्रदर्शन हुआ था, सिर्फ़ दक्षिण के लोगों के साथ उन चित्रों का परिचय कराने के उद्देश्य से। नव्य-भारतीय चित्रों का वहाँ संग्रहालय बनाने की महती भावना भी थी काजिन्स की।[३३] वहाँ पर उस पहली प्रदर्शनी के प्रचार में कोई कमी न होने के कारण दर्शकों का ख़ूब समागम हुआ था। किन्तु, चित्रों के संग्रह के लिए वे ज़रा भी तैयार नहीं थे, परिणामतः प्रदर्शनी में एक चित्र की भी बिक्री नहीं हुई थी, जिसके बारे में काजिन्स ने लिखा है,

> प्रेस द्वारा किये गये प्रचार में घुड़दौड़ अथवा नया धूमकेतु दिखाने की तरह उस प्रदर्शनी में आग्रही दर्शकों की यथेष्ट भीड़ आने के बाद भी नयी प्रणाली के चित्रों के संग्रह के प्रति उनका रुचिबोध जगाने के लिए पर्याप्त समय न देने के कारण एक चित्र भी किसी ने नहीं ख़रीदा।[३४]

जनवरी १९१८ ई. में दूसरी बार काजिन्स प्राच्यकला परिषद् की प्रदर्शनी देखने कोलकाता आये थे। प्रदर्शनी में रवीन्द्रनाथ ने अपने संग्रह में शामिल असितकुमार की पेंसिल से बनायी गयी 'माँ और शिशु' छवि की ओर उनकी दृष्टि आकर्षित की थी। चित्र की हर रेखा में काजिन्स ने देखी थी मातृत्व की निःसंगता। 'माँ की उदासीन दृष्टि में एक मर्मस्पर्शी कमनीयता।' उनके शब्दों में, 'One feel the solitude of motherhood in every line', असितकुमार का ब्रश के द्वारा बनाया गया चित्र 'ओल्ड एण्ड यंग' ने भी उनके मन को प्रभावित किया था। प्रदर्शनी में ऐसे अग्रणी एक चित्रस्रष्टा के मात्र क्षुद्र आकृति के कुछ चित्र देखकर वे हताश हो गये थे।[३५]

मद्रास में १९१९ ई. में अवनीन्द्रनाथ के उत्साहित करने पर वहाँ पर दूसरी बार प्राच्यकला परिषद् के प्रायः एक सौ चित्रों के प्रदर्शन का दायित्व लेकर तरुण शिल्पी असितकुमार पहली बार गये थे अड्यार में। कला के इतिहासकार डॉ. पार्थ मित्र के अनुसार काजिन्स के ग्रन्थ के आधार पर १९१६ ई. के फ़रवरी-मार्च में 'यंग मेन्स इण्डियन एसोसिएशन' (Y.M.I.A.) में प्रदर्शनी में बंगाल स्कूल के चित्र मद्रास में प्रथम प्रदर्शनी का उल्लेख समय की दृष्टि से ठीक होने पर भी प्रदर्शनी में चित्रों की बिक्री होने की बात ठीक नहीं थी। उक्त 'यंग मेन्स क्लब' का भी तब अस्तित्व नहीं था।[३६] १९१९ ई. में एनी बेसेन्ट और काजिन्स के सम्मिलित उद्योग से अनुष्ठित बंगाल स्कूल की प्रदर्शनी में जब असितकुमार गये थे उस समय मद्रास के लोग कोलकाता के

नव्यरीति के चित्रों को ख़रीदने के लिए ख़ूब उन्मुख नहीं थे, ऐसा नहीं है। फिर भी कहने में कोई हर्जा नहीं है, वहाँ पर काजिन्स के आन्तरिक प्रयास से प्रदर्शनी के प्रति समाचार माध्यमों और जनसाधारण में एवं देशी-विदेशी शिल्प संग्राहकों में भी ख़ूब कौतूहल जाग गया था। प्रदर्शनी में कुछ छवियों की बिक्री की एक अभिनव सफलता की व्याख्या में काजिन्स ने लिखा था :

> इस विश्व में कहने योग्य दो घटनायें हैं, प्रदर्शनी में कई छवियों की बिक्री हुई थी, प्रथमतः एक स्कॉटलैण्डवासी व्यक्ति के समाचार-पत्रों और पत्र-पत्रिकाओं में दृष्टि आकर्षित करने योग्य समाचार के प्रस्तुत करने से, और दूसरे एक सत्ताईस वर्ष (वास्तव में उनतीस वर्ष) के, विचार शक्ति सम्पन्न, व्यक्तित्वशाली, नम्र भाषी, दीर्घकाय, मूर्तिमान प्रतिमा की तरह, दिव्य रूपवान असितकुमार की उपस्थिति की वजह से।[३७]

वास्तविकता यह है, मनुष्य असितकुमार के आचरण और शिल्पकर्म दोनों ने ही मद्रास के चित्र-प्रेमियों को आकर्षित किया था। सामाजिक कार्यकर्ता और देशसेविका श्रीमती शुभा लक्ष्मी ने उस समय की मद्रास प्रदर्शनी में असितकुमार को पहली बार देखने से अपनी और अपनी किशोरी कन्या पद्मजा के मुग्ध होने की बात कौतुकपूर्वक अपने संस्मरणों में व्यक्त की है। वहाँ पर शिल्पी का परिचय हुआ था दक्षिण के धनाढ्य, वित्तशाली वणिक और शिल्प-संग्राहक एस.बी. रामास्वामी मुदालियर के साथ।

१९२० दिसम्बर में कोलकाता में प्राच्यकला परिषद् की प्रदर्शनी में काजिन्स ने असितकुमार की 'रामलीला' छवि देखी थी एवं अक्टूबर १९२१ में उसी छवि को शान्तिनिकेतन में पुनः देखकर उसकी उन्होंने आराधना की थी।[३८] शान्तिनिकेतन में रहते समय काजिन्स ने कवि की उपस्थिति में कलाभवन में असितकुमार की चित्र-रचना ख़ूब पास से देखने का अवसर पाया था। वे और श्रीमती बेसेन्ट ने इसके बाद रवीन्द्रनाथ की अनुमति पाकर असितकुमार को अपने चित्र सम्भार के साथ १९२२ ई. के मार्च में अड्यार में होने वाली प्रदर्शनी में शामिल होने के लिए आमन्त्रित किया था। १९२२ ई. के मार्च में असितकुमार ने प्राच्यकला परिषद् और कलाभवन के शिक्षकों और छात्रों के चुने हुए चित्र सम्भार को लेकर दूसरी बार मद्रास की यात्रा की थी।

१९२२ ई. में यंग मेन्स इण्डियन एसोसिएशन (वाई.एम.आई.ए.) के हॉल में

असितकुमार की ज़िम्मेदारी में २ मार्च से ८ मार्च तक चलने वाली प्रदर्शनी में आशातीत भाव से चित्रों की बिक्री हुई थी। बैसाख १३२९ बंगाब्द (मई-जून, १९२२) की शान्तिनिकेतन पत्रिका की रपट में (पृ. ६७-६९) पर असितकुमार के मद्रास में प्रदर्शनी सभा में पहली वक्तृता देने और छवि बिक्री की बात कही गयी है। काजिन्स की योजना के अनुसार प्रदर्शनी में चित्रों को तीन कक्षों में रखा गया था। एक में तंजौर के चित्र, एक में नव्य भारतीय चित्र एवं एक अन्य हॉल में श्रीमती सरोजिनी नायडू की बहन श्रीमती मृणालिनी चट्टोपाध्याय के संग्रह के प्राचीन मुग़ल, राजपूत चित्रों को। मद्रास में प्रदर्शन के पूर्व १९२२ जनवरी में सरोजिनी नायडू की कन्या लीलामणि नायडू के साथ मृणालिनी देवी शान्तिनिकेतन आकर विजियानाग्राम से संगृहीत अपनी उन राजपूत और मुग़ल छवियों को भी प्रदर्शित करने के लिए लायी थीं। उस उपलक्ष्य में रवीन्द्रनाथ के सभापतित्व में आयोजित सभा में असितकुमार और मृणालिनी देवी ने उपस्थित दर्शकों के सामने छवियों के बारे में विशद भाव से चर्चा की थी।[३९] मद्रास में एनी बेसेन्ट, काजिन्स, न्यायाधीश टी.के. तैलंग, सिंहल के डॉ. सिजिन राजदास (?-१९५३), मद्रास राजकीय शिल्पविद्यालय के अध्यक्ष श्री हेडवे आदि विख्यात वक्ताओं के बीच सभा में वही प्रथम बार असितकुमार को भी नव्य-भारतीय शिल्पकला के सम्बन्ध में बोलना पड़ा था। काजिन्स ने उस सभा में भारतीय नयी धारा के शिल्पियों में असितकुमार को अभिहित किया था 'रंगों के कवि' कहकर। न्यायाधीश तैलंग एवं काजिन्स के बन्धु तत्कालीन इम्पीरियल बैंक के गवर्नर एस.डी. रामास्वामी मुदालियर ने भी अनेक छवियाँ उस प्रदर्शनी से ख़रीदी थीं। बेसेन्ट द्वारा स्थापित 'गिन्द्री जातीय विश्वविद्यालय', जिसके कुलपति रवीन्द्रनाथ थे, वहाँ के छात्रों ने चन्दा इकट्ठा कर शिक्षार्थी शिल्पी अर्धेन्दुप्रसाद वंद्योपाध्याय के 'स्वाधीनता' चित्र को ख़रीद लिया था अपने विद्यालय में रखने की इच्छा से।

प्रदर्शनी के उद्घाटन के दिन, (२ मार्च, १९२२), प्रारम्भ में भारत के राजकीय स्थपति सर एडविन की पत्नी लेडी लातियेनस् ने भाषण का विषय रखा था भारतीय शिल्प कला के ऊपर। प्रतिदिन की सूची के अनुसार उस दिन भाषण दिया था, Mrs. Annie Besant–'What is an Artist?' अन्य दिनों के वक्तागण थे : ३ मार्च, १९२२, Mr. Cousins–'Beauty in daily life', ४ मार्च, १९२२, Mr. Haddaway–'Art and crafts of South India';

५ मार्च, १९२२, Asit Kumar Haldar, 'The Neo-Bengal School of painting'; ६ मार्च, १९२२ Dr. C. Jinaradasa–Artistic Disrimination; ७ मार्च, १९२२ Mr. Cousins–'Indian Influence of Indian Art beyond India'. असितकुमार के शब्दों में,

> श्रीमती बेसेन्ट ने सुललित भाषा में देश की कला के पुनर्जागरण के विषय का उल्लेख करते हुए भाषण दिया था चित्र-प्रदर्शनी का उद्घाटन करते हुए। देश की कला के नवजागरण करने वाले यज्ञ के आदि पुरोहित अवनीन्द्रनाथ के अमूल्य दान एवं हेवेल और कुमारस्वामी के एकनिष्ठ भाव से देश-विदेश में उसके बहुल प्रचार की बात को उन्होंने बहुत-सी जनता के बीच में कहा। अपने उस पहले अँग्रेज़ी भाषण, इन लोगों के ओजस्वी भाषण के बाद देने में मैंने बहुत-से संकोच का अनुभव किया था।

शान्तिनिकेतन वापस आकर असितकुमार को डॉ. स्टेला क्रामरिश के सभापतित्व में अपनी मद्रास प्रदर्शनी की अभिज्ञता और नव-बंगाल की चित्रकला के बारे में बोलना पड़ा था।[४०]

इसी बीच प्राच्यकला परिषद् की चित्र-प्रदर्शनी के सूत्र से एवं काजिन्स के लेखों से समृद्ध उनके चित्रों से युक्त 'मॉडर्न इण्डियन आर्टिस्ट' सीरीज के दूसरे खण्ड Asit Kumar (असित हालदार) ग्रन्थ[४१] के प्रकाशन के बाद उनकी परस्पर घनिष्ठता का बन्धन और सुदृढ़ हो गया था। १९२३ ई. की जनवरी में अड्यार में तीसरी बार बंगाल के आधुनिक चित्र सम्भार की प्रदर्शनी में असितकुमार नहीं गये, गयी थीं और एक विदग्ध भारतशिल्प प्रेमी, तत्कालीन कोलकाता विश्वविद्यालय की अध्यापिका डॉ. स्टेला क्रामरिश। उनकी सहायता से वहाँ प्रदर्शनी सजायी गयी थी। उस बार काजिन्स ने असितकुमार की 'वाटरफाल' छवि-बिक्री की ख़बर उन्हें बतायी थी, उसे ख़रीदा था दक्षिण के कला-संग्राहक एस.बी. रामास्वामी मुदालियर ने। अवनीन्द्रनाथ और उनके शिष्यों के चित्रों ने उन्हें मुग्ध कर दिया था। अड्यार की प्रदर्शनी में एनी बेसेन्ट और असितकुमार के भाषणों में उस शिल्पकला का इतिहास एवं काजिन्स के रिनेसाँ शिल्पकला का विश्लेषण सुनकर राष्ट्रीय कला आन्दोलन से बनाये गये चित्रों के संग्रह के प्रति वे आग्रही हो गये थे। उन्होंने एक ही समय में प्राचीन मुग़ल और राजपूत चित्रों का भी संग्रह शुरू कर दिया था श्रीमती मृणालिनी चट्टोपाध्याय का चित्र-संग्रह

१९२२ की प्रदर्शनी में देखकर। उसी प्रदर्शनी से सिंहल के ट्रिनिटी कॉलेज के अध्यक्ष रेव. ए.जी. फ्रेजर ने असितकुमार के 'दा ईगल' चित्र को ख़रीदा था।[४२] इसके पहले कलाभवन की प्रदर्शनी में 'ईगल' चित्र देखकर तरुण कवि-यशप्रार्थी, शिक्षार्थी प्रथमनाथ विशी ने शान्तिनिकेतन पत्रिका में एक लम्बी कविता की रचना की थी।

हर वर्ष अवनीन्द्रनाथ और उनके शिष्यों की छवियाँ अड्यार की प्रदर्शनी के लिए नियमित रूप से भेजी जाती थीं एवं उनकी बिक्री होती थी। काजिन्स दक्षिणी भारत में, मूल शहरों में नव्य भारतीय चित्रों के स्थायी प्रदर्शन-केन्द्र बनाना चाहते थे। इसी बीच में १९२३ ई. में उन्होंने मुदालियर के व्यक्तिगत चित्र संग्रह क्लिप को अपने निजी राममन्दिरम् गृह के एक प्रशस्त कक्ष में प्रदर्शन की व्यवस्था कर मद्रास शहर में चित्रशाला प्रतिष्ठा का प्राथमिक दृष्टान्त उपस्थित कर दिया था। उस चित्रशाला प्रतिष्ठा को कौतूहलप्रद प्रेक्षापट इस प्रसंग में कहा जा सकता है। असितकुमार की इंग्लैण्ड यात्रा के प्राक्काल में श्रीयुक्त मुदालियर ने अड्यार प्रदर्शनी में देखे हुए उनके 'राई राजा' चित्र पाँच सौ रुपये में ख़रीदकर ५ अप्रैल, १९२३ को चित्र के बारे में शिल्पी असित को लिखा था, 'अब तक देखे हुए चित्रों में यह चित्र श्रेष्ठ है। मैं अगर इसे न माँगता तो आप इस चित्र को यूरोप लिए जाते, मेरी ऐसी धारणा है। ऐसे एक चित्र का बाहर चले जाना दुःखजनक होता। यह बात ध्यान में रखकर ही मैंने यह चित्र ख़रीद लिया था।[४३]

उसी दिन डॉ. जेम्स काजिन्स ने असितकुमार को बताया था, दक्षिण भारत में श्रीयुक्त मुदालियर के प्रासादोपम भवन में सुन्दर प्रदर्शन कक्ष में, उपयुक्त पृष्ठभूमि में रसज्ञ दर्शकों को ऐसी नयनाभिराम छवियों को देखने का अवसर मिलेगा। काजिन्स के परामर्श से अपने सुपरिसर वाले 'राममन्दिरम्' गृह में श्रीयुक्त मुदालियर ने अपने व्यक्तिगत चित्र-संग्रह वाले कक्ष को सीमित रूप में प्रदर्शनशाला में परिणत कर दिया था। असितकुमार के 'राई राजा' को मुख्य दर्शनीय बनाकर उस कक्ष का द्वार-उद्घाटन उन्होंने श्रीमती एनी बेसेन्ट से करवाया था। द्वार-उद्घाटन का वर्णन करते हुए काजिन्स ने लिखा है :

> असितकुमार द्वारा आँके गये चित्र को टाँगने के साथ, कक्ष उनके मित्रों और उत्सुक दर्शकों के लिए एक पवित्र अनुष्ठान के साथ खोल दिया गया था। अनुष्ठान की मूल 'होता' थीं स्वर्गीय डॉ. एनी

बेसेन्ट। आरती और अन्यान्य अनुष्ठानों के बाद 'चित्र' का पर्दा एक ओर सरकाकर भारतीय शिल्प कक्ष के द्वार-उद्घाटन के पवित्र अनुष्ठान को सम्पन्न कर तमिल वणिक राजपुत्र ने घुटनों के बल बैठकर पाश्चात्य महिलाओं के दोनों शुभ्र चरणों को जल से पखार दिया था, जिनके साथ राजनीति अथवा धर्म—किसी भी दृष्टि से कोई सम्बन्ध नहीं था, सिर्फ़ उनकी भारतीय संस्कृति के प्रति आन्तरिक प्रेम की विशालता ने सारे भेद भावों को भुलाकर उनके प्रति श्रद्धानत कर दिया था।[४४]

काजिन्स के अकेले प्रचार के कारण भारतीय कला आन्दोलन की लहर उस समय पूरे दक्षिणी भारत में फैल गयी थी। वे उन दिनों दक्षिण के कई क्षेत्रों में उच्च विद्यालयों के एक अध्ययन कक्ष को कई दिनों के लिए प्रदर्शनशाला में परिणत कर प्राच्य की नवीन चित्रकला के साथ वहाँ के छात्र और शिक्षकों को परिचित कराया करते थे। इसमें कोई सन्देह नहीं है, चित्र-प्रदर्शनी के सूत्र से इसी तरह नव्य भारतीय शिल्प आन्दोलन का विषय उनके विचारों, भाषणों एवं 'न्यू इण्डिया', 'श्यामा', 'रूपम्', 'मॉडर्न रिव्यू' आदि उस समय की लोकप्रिय पत्र-पत्रिकाओं में अपने सचित्र लेखों के माध्यम से दक्षिण भारत में सभी जगह प्रचारित हो गया था। काजिन्स की अकेली ऐसी कर्म तत्परता का समाचार पाकर शिल्पी रवि वर्मा के मुख्य साधना क्षेत्र मैसूर (इस समय महीशूर) के कलाप्रेमी राजा श्रीकृष्ण राजा वाडियर ने उन्हें अगस्त १९२४ में आधुनिक भारतीय और यूरोपीय चित्र प्रदर्शनी का आयोजन करने के लिए वहाँ बुलाया था। असितकुमार को उन्होंने १२ सितम्बर के पत्र में लिखा था :

> मैसूर राज्य में इस समय भारतीय शिल्पकला की धूम मची हुई है। जुलाई में प्राचीन (भारतीय) शिल्पकला की प्रदर्शनी बेंगलोर और मैसूर में हुई थी। अगस्त में वहाँ हुई थी पूर्व-पश्चिम की संयुक्त शिल्पकला की प्रदर्शनी। इसी सूत्र से महाराज की तरफ़ से मैं भारतीय चित्रों की एक नातिवृहद स्थायी प्रदर्शनालय तैयार करने की देखरेख कर रहा हूँ, जिसका आकार धीरे-धीरे बढ़ता जायेगा।[४५]

नयी निर्माणमान वीथिका के लिए असितकुमार के अजन्ता और बाघगुफा चित्रों की प्रतिलिपि एवं 'नीग्रो प्रिन्स' छवि उन्होंने राजा को उपयुक्त मूल्य

में बेच दी थीं। उन्होंने 'राई राजा' जैसी और भी कोई रचना उनकी माँगी थी। इसी तरह से काजिन्स के प्रयास से अवनीन्द्रनाथ और उनके अग्रणी शिष्यों के आधुनिक चित्रों की एक स्थायी संग्रहशाला जगन-मोहन चित्रशाला गढ़ उठी थी।

७. आर्ट के विचार बिन्दु

चित्रकला अनुशीलन के पथ पर चलते हुए शिल्पगुरु और सतीर्थों के साथ समय-समय पर होने वाली आलाप-आलोचनाओं के दौरान शिल्पकला विषय से जुड़ी असितकुमार के मन की गहराई में क्षण-क्षण में जो चिन्तन कणिकायें उठ आती थीं उन्हें शिल्पी ने अवसर पाते ही लिपिबद्ध करने का प्रयास किया था। उसके छोटे-छोटे विकीर्ण, निजी टिप्पणियों जैसे कला विषयक चिन्तन-कण सबसे पहले १९१६ ई. में 'शिल्प-प्रसंग' नाम से भारती पत्रिका में और थोड़े समय बाद उसी पत्रिका में 'विचार-बिन्दु' शीर्षक से एवं उसी नाम से परिचारिका, प्रवासी और भारतवर्ष पत्रिका में प्रकाशित हुए हैं। शान्तिनिकेतन आश्रम विद्यालय से विभूतिभूषण गुप्त और प्रमथनाथ विशी द्वारा सम्पादित दो पैसा मूल्य की बुधवार पत्रिका (१९२२-२३) में प्रकाशित हुए थे उनके 'आर्टेर छिंटे-फोटा' (कला के विचार बिन्दु)। १३२३ पौष, भारती में 'शिल्प-प्रसंग' में असितकुमार लिखते हैं (पृ. ९४२) :

> विशेषत्व अथवा ओरिजिनैलिटी (मौलिकता) दिखाऊँगा यह कल्पना कर कोई भी शिल्पी शिल्प-रचना नहीं कर पाता है। कारण, यह विशेषत्व कई बार उसके मन अथवा प्रयास के ऊपर निर्भर नहीं करता है। वह तो अपने आप उसकी रचना के भीतर से प्रस्फुटित हो उठता है। अपनी निजी देह के गठन में जैसे उसका कोई हाथ नहीं है, इस विषय में भी प्राय: वही बात लागू होती है। विशेषत्व की छाप मारने वाली कोई सील-मुहर शिल्पी के दफ़्तर में नहीं होती है।... विशेषत्व के बारे में जिस तरह यह बात लागू होती है, प्रेरणा के सम्बन्ध में भी ठीक वही बात है। वह हमारे भीतर अज्ञात भाव से ही काम करती रहती है, उसको लेकर विशेष रूप से एक शिल्पी के लिए प्रयास करने का कोई औचित्य नहीं है। वह तो मिट्टी में

बोये गये ठीक बीज की तरह अदृश्य रूप से काम करती है, उसे बार-बार मिट्टी के भीतर से निकालकर देखने से उसके प्राण नष्ट हो जाते हैं।

१३२३ फाल्गुन, भारती पत्रिका में 'शिल्प-प्रसंग' में उन्होंने लिखा है (पृ. ११४३) :

बहुतों का यह विश्वास है कि चित्रकार जितनी मात्रा में अधिक परिश्रम करेगा, उसका चित्र उतना ही अच्छा हो उठेगा। बात सुनने में शुरुआत में बहुत ठीक लगती है; किन्तु, देखा जाये तो वस्तुतः श्रेष्ठ चित्रकला कभी बहु आयास या बहुत सारे प्रयासों—बोलचाल में जिसे कहते हैं रगड़ने—से शिल्पी के हाथ से निकलती नहीं है; उसके आन्तरिक रूप की छाप हाथों के पोरों पर अपने आप ही अत्यन्त सहजता से ही फूट उठती है—चित्रांकन के लिए परिश्रम भी नहीं लगता है अथवा किसी विशेष साज-सामान की ज़रूरत भी नहीं पड़ती है—तूलिका की दो-एक छापें ही तब पर्याप्त होती हैं। शिल्पी का मन ही शिल्प रचना का मुख्य सहायक होता है, हाथ और रंग-तूलिका तो उपलक्ष्य मात्र हैं; इसीलिए एक चित्रकार को पहले चित्त स्थिर करना चाहिए, तब चित्तपट पर हाथ चलाना चाहिए।... हमने अपने नवीन-शिल्प-साधना के दिनों में भी देखा है कि श्रेष्ठ शिल्पियों का श्रेष्ठ शिल्प, जैसे—श्रीयुक्त नन्दलाल बसु का 'सती'—कलागुरु अवनीन्द्रनाथ का 'भारतमाता' आदि अनेक चित्र ही दो-एक दिन में ही आँके गये थे एवं उनका सामान्य दो-एक दिनों का काम भी बहुत से शिल्पियों के दीर्घकालव्यापी परिश्रम को हार मनाये दे रहा है।... शिल्पी की तूलिका कहाँ आकर थम जायेगी, इसे जानना ही शिल्पी का प्रधान गौरव है।

'एक शिल्पी का पथ भी अन्य पथिकों के चालू पथ की तरह ही विचित्र गति से टेढ़ा-मेढ़ा होता हुआ चलता है, सिर्फ़ फ़र्क़ यह है कि शिल्पी गति के साथ छन्द की एक योजना कर देता है।' बलाकाओं का झुण्ड उड़ता चला जाता है किन्तु, वह यह नहीं जानता है कि वे अपनी गति के भीतर कितने छन्द ला देते हैं। शिल्पी लोग उस छन्द को ही अपने शिल्प-पथ पर पाथेय के रूप में युग-युगों तक लेना

> चाहते हैं। 'मनुष्य अहम् का चश्मा लगाकर इस दुनिया को देखता है, इसीलिए यह दुनिया असल में मनुष्यों की ही दुनिया है—यह बात मनुष्य किन्तु, कभी सोचता नहीं है।

शिल्पी असितकुमार के तारुण्य में स्पन्दित इस तरह के संक्षिप्त विचारों में सत्य की द्युति को अस्वीकार नहीं किया जा सकता है। रवीन्द्रनाथ ने इन लेखों को पढ़कर द्विविधा में पड़कर असित से प्रश्न किया है, 'आर्ट के ऊपर इतने संक्षेप में लिखे गये तेरे इन लेखों को क्या कोई समझ सकेगा?' कवि के साहित्य सचिव तरुण कवि अमियचन्द्र चक्रवर्ती (१९०१-१९८६) विशेष रूप से आकृष्ट हुए थे आर्टिस्ट के आर्ट से जुड़े स्निग्ध आलोक की चमक से। उन्हें लगा था, ये लेख अगर बाङ्ला की सामयिक पत्रिकाओं के पन्नों में बन्द होकर रह जायेंगे तो भारत के बहुत से जिज्ञासु शिल्पी, पाठक उन महार्घ शिल्प भावनाओं के आस्वादन से वंचित रहेंगे। उन्होंने स्वतः प्रेरित होकर 'छिटे-फोंटा' (बिखरे विचार कणों) का अँग्रेज़ी में अनुवाद कर हाल में कलाभवन छोड़कर गये असितकुमार को राँची के पते पर १४.९.१९२३ को लिखा था :

> आपके 'छिटे-फोंटा' के अनुवादों को कवि ने देखने को लिया है—मुझे लगता है उन्हें ख़ूब अच्छा लगा है। 'विश्वभारती' पत्रिका के लिए वे शायद माँग सकते हैं। अगर ऐसा होता है तो बहुत अच्छा रहेगा, कारण, इसका परिणाम यह होगा कि देश-विदेश में सभी के पास ये लेख पहुँच जायेंगे—एवं माना जाये तो यह पत्रिका ही आपके लेखों के निकलने का सच्चा स्थान है।

किन्तु, वैसा हुआ नहीं। अन्त में अर्धेन्दुकुमार गांगुली के सम्पादन में भारतीय प्राच्य कला परिषद् के मुखपत्र रूपम् (Rupam) में 'छिटे-फोंटो' अमियचन्द्र के तर्जुमा में ('Stray Thoughts of Art') 'कला के बिखरे विचार' शीर्षक से प्रकाशित होकर (१९२३) में देश-विदेश के विदग्ध शिल्पानुरागियों के पास पहुँच गये थे। शिल्पी के गहरे जीवनबोध से प्रेरित ये सब 'छिटे-फोंटा' (बिखरे विचार कणों) का अमियचन्द्र ने जो अनुवाद किया था उनमें से कई का यहाँ उल्लेख किया जा रहा है।

परिचायिका, पौष, १३२६ (१९१९ ई.), पृ. ९७-९७ :

फूल वृक्ष पर ही शोभा पाता है, किन्तु, जब तक मनुष्य उसे वृक्ष से तोड़कर अपनी इच्छा के अनुसार गुलदस्ते में नहीं लगा लेता है तब तक उसे सन्तोष नहीं होता है। प्रकृति का दृश्य अवर्णनीय होता है किन्तु, जब तक मनुष्य उसे काव्य अथवा चित्र में अपने मन के अनुसार, मानसिक कल्पना के अनुसार नये रूप में लोक-समाज के चक्षुओं के आगे गढ़कर प्रस्तुत नहीं कर लेता है, तब तक उसका विस्तार नहीं है। इसीलिए प्रकृति और शिल्पकला एक सूत्र में गुँथे हुए हैं, उनका बाह्य वैषम्य दिखाई देने के बाद भी उनमें कोई प्रकृतिगत वैषम्य नहीं है।

इस चित्र में उसने यह कहा है, इस चित्र को बनाकर वह उस दिशा में जाकर बैठ गया है, आदि-आदि साहित्य की घटना परम्पराओं जैसी व्याख्याएँ कला-जगत में नहीं चलती हैं। इस दृष्टि से चित्र तो एक स्थिर रचना है। वह अपना वक्तव्य स्थिर रहकर ही दिखा देता है। यद्यपि वह मनुष्य के मन में अनेक बातें जगा सकता है। कोई चित्र टीका-टिप्पणी की परवाह नहीं करता है।

हमारे देश के ९९ प्रतिशत शिक्षित, अशिक्षित लोग यूरोपीय कला के पक्षपाती हैं—देश की कला उनके लिए एक तरह से आँख की किरकिरी है। सचमुच में यूरोपीय शिल्पियों से हमें यह सीखना चाहिए कि वे लोग यूरोपीय अर्थात् अपने देश की कला का अनुशीलन करते हैं—हमारी तरह अनधिकार चर्चा नहीं करते हैं।

सच्चा जौहरी होने के लिए जिस तरह से सही-ग़लत पत्थर को पहचानने के लिए विशेष शिक्षा और अध्यवसाय की ज़रूरत होती है, अगर एक छवि को समझना हो तो ठीक वैसी अथवा उससे भी अधिक शिक्षा की ज़रूरत होती है। बहुतों की ऐसी धारणा है कि एक छवि को ऐसी होनी चाहिए कि उसे देखते ही दस जन तुरन्त उस पर मुग्ध हो जायें किन्तु, यह उनकी भूल है। रंगीन वस्तु के प्रति जिस तरह से बच्चों की दृष्टि आकर्षित हो जाती है, वैसे ही रंगीन छवि जन साधारण को मुग्ध कर देती है। जो छवि देखते ही हमारी दृष्टि आकर्षित कर लेती है। वह एक तरह से छवि ही नहीं है। छवि के जौहरी Art Critic की कसौटी पर जो छवि खरी उतर जाती है, वही छवि छवि है।

परिचारिका, माघ १३२५ (१९१८ ई.), पृ. १८५ :

जब हम सब कोई छवि देखते हैं तब हममें से प्रत्येक उसे अपनी-अपनी मानसिकता और स्थिति के वशवर्ती होकर देखते हैं, इसी वजह से कोई छवि तो किसी व्यक्ति के मर्मस्थल तक पहुँच जाती है और किसी को वह फूटी आँखों भी नहीं भाती है। बहुतों को रज्जु में साँप का और साँप में रज्जु का भ्रम जिस मानसिक वजह से होता है, छवि देखने में भी उसी की आशंका बनी रहती है। वस्तुतः शिल्पी की मानसिक स्थिति की छाप शिल्पी के पट पर लिखी रह जाती है एवं उसके उसी भाव को यदि ग्रहण करना हो तो एक समझदार के लिए शिल्पी की अपेक्षा और भी गम्भीरता की ज़रूरत पड़ती है।

प्रकृति के भीतर का रस-लावण्य यदि ग्रहण करना हो तो जिस तरह से एक विशेष बोध शक्ति के विकास के बिना नहीं हो पाता है, ठीक यही बात छवि के बारे में भी लागू होती है, वरन् छवि देखने के लिए इससे कहीं अधिक सूक्ष्म अनुभूतियों और शिक्षा की आवश्यकता होती है। प्रकृति में जो चंचलता होती है, उसकी हवा के स्पर्श में, निरन्तर होने वाले प्रकाश के बदलाव में, उन्हें छवि में आधान करने की कोई गुंजाइश नहीं है किन्तु, उस विशेष क्षण के वातास के स्पर्श एवं पत्ते-पत्ते पर होने वाले आलोक नृत्य, ये सब जो शिल्पी के मन का स्पर्श कर रहे हैं, उन्हीं को शिल्पी ठीक समान भाव से अनन्तकाल के लिए संचय कर चित्र-पट पर अंकित कर रखता है। इसीलिए, अगर हम किसी युवा की प्रतिकृति पट पर देखते हैं, उस पट का वह युवा वास्तव में जगत् की चंचल गति से प्रभावित होकर वृद्धावस्था में परिणत नहीं होता है, उस पट पर युवक का यौवन समान भाव से अटूट बना रहता है। इसीलिए, हम देखते हैं छवि मौन और एकरस भाव से संयत रहती है।

शिल्पी मात्र ही आत्म-विस्मृत होता है। जो शिल्पी जितना ही अपने विषय में सजग रहेगा, उसका शिल्प उतना ही स्थूल और भदेस दिखायी देगा। सूक्ष्म अनुभूति कभी अपने विषय में सजग नहीं रह सकती है, वह तो स्पर्श मात्र से लाजवन्ती लता की तरह सिकुड़ जाती है।

प्रकृति असीम के माध्यम से सीमा को हमारे सामने प्रस्तुत कर देती है, किन्तु, एक शिल्पी रंग-रेखाओं की सीमा के द्वारा अनन्त को दिखाता है।

प्रकृति इसीलिए अनन्त, नीले आकाश, उदार, गम्भीर समुद्र के माध्यम से अनन्तः का आभास कराती हुई हमारे सामने रख देती है और एक शिल्पी प्रकृति के उसी अनन्त भाव को सीमित कर जादू के द्वारा अनन्त की महिमा का प्रचार करता है।

परिचारिका, श्रावण, १३२८ (१९२१ ई.), पृ. १७७-७८ :

आर्ट केवल आर्टिस्ट का ही आत्मपरिचय देती है, ऐसा नहीं है—जिस देश अथवा जाति में आर्टिस्ट का आविर्भाव होता है, उसकी मूर्ति भी यह प्रतिफलित कर देती है। इसीलिए देखा जाता है, आदिम, असभ्य जातियों, भूतों की उपासक हैं, इस वजह से हो या जंगल में अनेक विभीषिकाओं के मध्य रहने की वजह से हो, उनकी कला में विस्मय और भय का भाव ही अधिक प्रस्फुटित होता है। उनकी आर्ट धर्म अथवा सौन्दर्य-बोध की प्रधानता के लिए नहीं है, उनकी मानसिक रुचि अथवा संस्कार की स्फुरणा ही उनकी आर्ट में अधिक दिखायी देती है। उनकी चित्र-आयोजना में इसीलिए बाघ के शरीर पर छपके अथवा धारियों जैसे चिह्न एवं नाना प्रकार के भीषण भावों की मूर्तियाँ आदि अंकित रहती हैं। ये सब उनकी अमानवीय वृत्तियों और अरण्यवास के साथ विशेष समानता खाती हैं।

शिल्पी अथवा कवि वाणी अथवा मुखर रूप से विश्व मैत्री के विचार का प्रचार न करते हुए भी युग-युगों में उनकी कला अथवा सृष्टि में वही भाव प्रकाशित होता आ रहा है। उनके काम में वैश्विक भाव फूट उठने के कारण ही वे लोग अलग-अलग देशों के लिए विशेष रूप से कुछ नहीं कर पाते हैं—वे जो कुछ करते हैं वह अपने आप विश्व दरबार में पहुँच जाता है। राफेल के चित्र, शेक्सपियर की काव्य-कृतियाँ इसीलिए देश-देश, घर-घर में आदर पा रही हैं। उनका काम आनन्द का काम है। व्यवसायियों की तरह भावी वंशधरों के लिए पूँजी जमा कर जाने का काम नहीं है। उनका काम, दुनिया से वे जो आनन्द पाते हैं, उसी का ऋण शोध करना है।

प्रकृति और अन्तर की बोधशक्ति का निबिड़ सम्बन्ध स्थापित होते ही छन्द अपने आप ही बज उठता है—तभी मनुष्य की सृष्टि धाता की सृष्टि के रस को रचना में प्रस्फुटित कर पाती है।

श्री वस्तु पुष्प-पुष्प में, आकाश, वातास में, आलोक, अँधेरे में जिस तरह भी देखा जाये विकीर्ण रहती है—उसे पकड़ने अथवा अपनी तरह से पाने की चेष्टा ही एक शिल्पी की साधना है—उसे पूर्ण रूप से उपलब्ध करने के लिए नहीं।

बुधवार, प्रथम वर्ष, १५ संख्या, २४ माघ १३२१ बं. (१९२२ ई.) :

जागरण ही जीवन है और सुप्ति ही मरण है। जागे रहने का सही प्रमाण इस दुनिया में शिल्पी और कवि लोग ही देते रहते हैं। क्योंकि वे लोग प्रतिदिन के सूर्योदय के साथ-साथ उठते थे, इसका प्रमाण युग-युगों में शिल्पकला, काव्य में रखकर दे जाते हैं। उनके लिए वसन्त, वर्षा, प्रकृति कोई ऋतु ही व्यर्थ नहीं जाती है। इसीलिए उनकी कामना उनके गीतों में गाने लगती है जिससे छह ऋतुओं के फूल-फूल और फल से डाली भर जाये। और बाक़ी लोगों के दिन भी बीत जायें अवश्य पर बीतें दिन गिनते-गिनते।

किसी चित्रकार की चित्रकला देखते ही तुरन्त यह कहना कि 'अच्छी लगी' अथवा 'अच्छी नहीं लगी' यही आजकल की समालोचना की एक झोंक है। किन्तु, इससे छवि की परख तो नहीं हो सकती है। क्योंकि प्रथम दृष्टि में ही 'शुभदृष्टि' नहीं भी हो सकती है। फिर कोई छवि शुरुआत में अच्छी लग सकती है, उसके बाद क्रमशः मन पर अच्छे लगने की छाप छोड़कर नहीं भी जा सकती है। फिर, कोई ऐसी छवि भी हो सकती है, जो पहले तो अच्छी नहीं लगती है किन्तु, धीरे-धीरे देखते-देखते अभ्यस्त हो जाने पर वह मन में स्थायी रूप से रह जाती है। जो छवि जितने दिन मन में स्थायी रूप से रह सकती है, वही छवि अच्छी है, मोटे रूप में यही है एक परख।

८

कलाभवन में रहते समय अध्यक्ष असितकुमार को अपने आप अच्छी राय देने आगे आये थे प्राच्यकला परिषद् के मुखपत्र रूपम् पत्रिका के सम्पादक

अर्धेन्दुकुमार गांगुली। वे उस समय थे कोलकाता नव्य-भारतीय शिल्पकला के मुख्य आलोचक और ग्रन्थ रचयिता। असित के साथ शुरुआत से ही उनके स्नेह के सम्बन्ध थे। असितकुमार के राजस्थान चले जाने के बाद ही उनकी चित्रकला के विषय पर जेम्स काजिन्स की लिखी चित्रों पर अर्धेन्दुकुमार की लिखी टीका-टिप्पणियों के साथ Modren Indian Artists शृंखला का दूसरा भाग Asit Haldar प्रकाशित हुआ था (१९२४)। उस सीरीज़ में अर्धेन्दुकुमार ने छोटे आकार में पहला ग्रन्थ प्रकाशित किया था शिल्पी क्षितीन्द्रनाथ मजूमदार पर। उस समय अर्धेन्दुकुमार लेखक के रूप में 'ओ.सी. गांगुली' के रूप में ही थोड़े-बहुत परिचित थे। शिल्पी असितकुमार हालदार के आकर्षक चित्रों से युक्त आलोच्य पुस्तक का अधिकांश ख़र्च उन्होंने स्वयं उठाया था।

कोलकाता विश्वविद्यालय के अँग्रेज़ी के स्नातकोत्तर डिग्रीधारी अर्धेन्दुकुमार छात्रावस्था में अवनीन्द्रनाथ के दक्षिणी बरामदे में शिल्पी होने के उद्देश्य को लेकर आये थे, किन्तु, कार्यतः लिखने-पढ़ने, क़ानूनी पेशे के दबाव के कारण उन्हें शौक़ के तौर पर किये जाने वाले चित्रांकन से ही सन्तुष्ट रहना पड़ा था। परिषद् के मुखपत्र अँग्रेज़ी पत्रिका 'रूपम्' के सम्पादन और शिल्प-इतिहास के गवेषक के रूप में अवश्य भारतभर में उनकी ख्याति थी। साउथ इण्डियन ब्रोंजेज, 'रागाज़ एण्ड रागिनीज़', शिल्पकला सम्बन्धी उनके गवेषणामूलक दो ग्रन्थ आज भी विश्व के शिल्प-इतिहासकार गणों के समक्ष आदर के योग्य हैं। भारतशिल्प आन्दोलन के इतिहास में उनकी आत्मकथा 'भारत का शिल्प और मेरी कथा' (१९६७) ग्रन्थ एक उल्लेखनीय संयोजन है।

अर्धेन्दुकुमार के साथ अवनीन्द्रनाथ-दरबार और प्राच्य कला परिषद् के काम-काज के बीच अन्यान्य शिल्पियों की तरह असितकुमार का भी सम्बन्ध घनिष्ठ था। शान्तिनिकेतन में रहते समय नयी गैलरी तैयार करने की ज़रूरत है, यह राय देकर अर्धेन्दुकुमार ने उन्हें उत्साहित किया था। उनकी रूपम् पत्रिका में असितकुमार के बाघगुहा चित्र और अन्यान्य शिल्प-विषयक रचनायें प्रकाशित भी हुई थीं। तरुण असित की चित्रकला की गति-प्रकृति के प्रति उनकी सजग दृष्टि बनी रहती थी। उस समय प्राच्य कला परिषद् की तरफ़ से तरुण शिल्पियों की चित्रकला के प्रचार का महत् उद्देश्य अर्धेन्दुकुमार के मन पर क़ब्ज़ा जमाये हुए था। उन्होंने आश्रम विद्यालय में रवीन्द्रनाथ के

काम-काज के साथ गम्भीर रूप से जुड़े हुए रेव. चार्ल्स ऐंड्रूज से असितकुमार के चित्रांकन के विषय पर अपनी रूपम् पत्रिका के लिए एक सचित्र लेख माँगा था। ऐंड्रूज असितकुमार की रचनाओं आदि के साथ अन्तरंग रूप से परिचित थे। कार्य-व्यस्तता की वजह से वे लेख लिख नहीं पाये थे। इसके बाद इसी काम के लिए अर्धेन्दुकुमार को जेम्स काजिन्स मिल गये थे। रूपम् पत्रिका के १९२२ जनवरी के अंक में काजिन्स का सचित्र निबन्ध, 'आर्ट ऑफ़ असितकुमार हालदार' छपा था। उसी लेख को आधार बनाकर शिल्पी असितकुमार के कई चित्र विदेश से फ़ोटोग्राफ़ के रूप में प्रिन्ट बनाकर लाने एवं चित्रों के ऊपर स्वलिखित कई टिप्पणियों को जोड़कर अर्धेन्दुकुमार सीमित संख्या (मात्र २२५ प्रतियों में) में एक प्रकाशन से 'Asit Haldar' (कवर पर यही नाम छपा था) ग्रन्थ प्रकाशित कर सके थे। उपर्युक्त ग्रन्थ में रंगीन और एक रंग के चित्रों की प्रतिलिपियाँ उच्च स्तर की थीं। ग्रन्थ में रवीन्द्रनाथ, प्रफुल्लनाथ ठाकुर, आनन्द कुमारस्वामी, वर्धमान के महाराजा, श्रीमती जे.जे. स्टैसी, न्यायाधीश के. तैलंग, श्रीयुक्त ट्रैजरीवाला, पी.आर. दास आदि देश-विदेश के कला-रसिकों के संग्रह से असितकुमार के रेखांकनों के साथ, 'अशोकवन में सीता', 'माँ', 'निरुद्देश्य यात्रा', 'माँ यशोदा', 'वीणा', 'श्रेष्ठ भिक्षा', 'शिल्पी का मोहभंग' जैसे अत्यन्त प्रसिद्ध २८ चित्र प्रकाशित हुए थे।

ग्रन्थ के मुखबन्ध में अर्धेन्दुकुमार ने लिखा था :

> स्वल्प परिचित शिल्पियों के बाहर के जगत् में प्रचार करने के लिए विवेच्य ग्रन्थ प्रकाशित किया जा रहा है।

इसके अतिरिक्त उस मुखबन्ध में उन्होंने अपनी आगामी योजना के बारे में बताया था, इस सीरीज़ में नये शिल्पियों का परिचय देना एवं उनके प्रचारादि के बाद के दौर में (अवनीन्द्रनाथ) ठाकुर और (नन्दलाल) बसु जैसे नेतृत्व स्थानीय शिल्पियों के ग्रन्थ प्रकाशित किये जायेंगे; किन्तु, वास्तव में वे किये नहीं जा सके थे।[४७]

सबसे छोटे होते हुए भी असितकुमार आर्ट स्कूल में छात्रावस्था से ही अवनीन्द्रनाथ के सर्वाग्रगण्य शिष्यों में अन्यतम थे। उनके 'भारतमाता' (१९०६), 'नृत्यरता अप्सरा' (१९०७), 'अशोक वन में सीता' (१९०९), 'माँ यशोदा', 'हंस-दमयन्ती' जैसे चित्र छात्रावस्था में आँके गये हैं। प्रदर्शनी में उनके चित्र आदर के साथ देखे जाते थे, चित्रों की ख्याति भी थी, ईर्ष्या

की सीमा तक। स्वतःप्रेरणा से संग्रहकर्ता उनके चित्र ख़रीदा करते थे। इस सम्बन्ध में उदाहरण के रूप में सौम्येन्द्रनाथ ठाकुर की एक चिट्ठी का उल्लेख किया जा सकता है।

सौम्य ने अपने असित दा को लिखा था :

> तुमने शायद यह सुना हो कि तुम्हारी एक बड़ी छवि (?) बम्बई का एक व्यक्ति एक हज़ार रुपये में ख़रीदना चाहता था। किन्तु, उसे वह छवि नहीं दी गयी, यह सोचकर कि उसे प्रसाद दास ख़रीद लेगा किन्तु, प्रसाद दास उसे नहीं ख़रीदेगा हिरण्मय बाबू (राय चौधुरी) ने उस दिन मुझे बताया था। मैंने अवन काका को बताया...पर उन लोगों ने मेरी बात सुनी ही नहीं।

बॉम्बे के कला-संग्राहक दोरियास तोलियार खान लुई फ़िशर के साथ हिमालय भ्रमण के अन्त में एक महीने से अधिक समय के लिए कोलकाता और शान्तिनिकेतन में विश्राम कर रहे थे। उस समय उन्होंने असितकुमार के चित्र, 'मेघेर खेया' ('मेघ की नाव') को अपनी प्रकाशनाधीन एलबम के लिए माँगते हुए असितकुमार को लिखा था :

> आर्ट स्कूल में प्रदर्शित किये गये चित्रों में मुख्य चित्र आपके 'मेघेर खेया' के साथ और इस महीने के अन्त तक रहा हूँ। आपके चित्र में (...) बादाम जैसे क्षुद्र स्तनों वाली नारी के अवयव ने मुझे प्रबल रूप से आकर्षित किया है, जो चीज़ अन्य चित्रों में मुझे कभी नहीं मिली है। यदि वही एक छवि आप मुझे दे सकें तो आप यह सोच नहीं पायेंगे कि मुझे आप कितने आनन्द से भर देंगे।[४८]

देश, काल, पात्र निरपेक्ष जिस चित्रकार के चित्रों का आवेदन दर्शकों के लिए ऐसा था, स्वभावतः ही उपर्युक्त ग्रन्थ में अर्धेन्दुकुमार के मुखबन्ध के साथ उसकी कोई संगति नहीं है। स्वाभाविक ही था कि उससे चित्रकार असितकुमार बहुत क्षुब्ध हो गये थे। इस पुस्तक के सन्दर्भ में अपने स्मृतिचारण में अपनी प्रतिक्रिया व्यक्त करते हुए असितकुमार ने लिखा था :

> 'गांगुली महाशय मेरी मौलिक कल्पना शक्ति के प्रति क्यों सन्देह में थे, इसे मैं आज भी नहीं सोच पाया हूँ। एटर्नी गांगुली मोशाई उपर्युक्त पुस्तक में मेरे सहपाठी नन्दलाल बसु को शिल्पगुरु अवनीन्द्रनाथ की पंक्ति में बैठालकर मुझे Petit (पोषित) कहकर मेरी पीठ थपथपायी है।[४९]

दूसरी तरफ़ नन्दलाल ने भी आर्टिस्ट सीरीज़ में उन्हें शामिल न करने के कारण अर्धेन्दुकुमार के ऊपर कटाक्ष किया था।

अवनीन्द्रनाथ के प्रसंग में सौम्येन्द्रनाथ ठाकुर के साथ एक साक्षात्कार में प्रौढ़ नन्दलाल ने स्पष्ट कहा था :

> हम लोगों ने उनकी अपेक्षा जो अधिक सराहना प्राप्त की है उसका कारण यह नहीं है कि हम लोगों ने उनकी अपेक्षा उच्च स्तर के चित्र बनाये हैं। उसका कारण है, उनकी तुलना में बहुत कम सूक्ष्म, बहुत कुछ स्थूल काम किया है, इसीलिए हम लोगों के भाग्य में अधिक सराहना जुट गयी है।... सूक्ष्म वस्तु को लोग सरलता से समझ नहीं पाते हैं।[५०]

असितकुमार ने १७ जून, १९५४ में एक पत्र में अवनीन्द्रनाथ के सम्बन्ध में नन्दलाल को लिखा था :

> मैंने अवन मामा को देखा है कि छवि आँकने में उन्होंने कभी अपनी बुद्धि की करामात नहीं दिखायी है। जब तक छवि आँकी मन से intuitional & imaginative (अन्त:प्रज्ञा और कल्पनात्मक दृष्टि से) और जानबूझकर Nature के proportion अथवा आवयविक गठन anatomy के ऊपर स्टीम रोलर नहीं चलाया है।[५१]

इस पुस्तक में छवियों पर टिप्पणी लिखने में भी वे निर्भूल नहीं थे। अनेक बार उन्होंने अपनी मनपसन्द धारणाओं पर आधारित टिप्पणियाँ लिखी हैं। इस विषय में असितकुमार के 'अग्निमयी सरस्वती' चित्र के प्रसंग में उन्होंने चित्र को; रवीन्द्रनाथ के 'तुमि जे सुरेर आगुन लागिये दिले' गाने का अलंकृत रूप है कहकर उल्लेख किया है। वास्तव में इस गाने की रचना के पीछे कवि की अनुप्रेरणा यही चित्र था। अर्धेन्दुकुमार के मन में यह धारणा बद्ध थी कि असितकुमार ने रवीन्द्रनाथ की कविता का चित्र के द्वारा अलंकरण किया है क्योंकि कई बार अपनी कविता से शब्द चयन कर असित के चित्रों का कवि ने नामकरण किया है। इस विषय में असितकुमार ने गांगुली मोशाई का लिखित रूप में और मिलने पर प्रत्यक्ष रूप में प्रतिवाद किया था। वस्तुत: जो सत्य है, वह यह है कि असितकुमार की ख्याति अर्धेन्दुकुमार के ग्रन्थ प्रकाश के ऊपर निर्भर नहीं थी।

तथ्यसूत्र

१. रमेन्द्रनाथ चक्रवर्ती, 'गुरुवरण', देश (साप्ताहिक), १४ मई, १९६६, पृ. २७५।

२. गौतम भट्टाचार्य (संकलक), आश्रमकथा, विश्वभारती, २००२, पृ. ३२।

३. भारतकोश (पंचम खण्ड), बंगीय साहित्य परिषद्, पृ. ११२।

४. असितकुमार हालदार, रवितीर्थे, संशोधित और संयोजित द्वितीय संस्करण की पाण्डुलिपि।

५. पत्र में E. (एला) ने लिखा था, I have a message for you from Rabida'। मद्रास में रवीन्द्र अग्रजा सौदामिनी देवी की कन्या इरावती और आर्मी मेडिकल विभाग में सेवारत डॉक्टर नित्यरंजन चटर्जी (?-१९१०) की कन्या एला बाङ्ला पढ़ाई-लिखाई में अभ्यस्त नहीं थी।

६. शारदीय देश, १४०३ (१९९७), पृ. २७।

७. उन्होंने लिखा था उस १३ जून (१९२०) की चिट्ठी में, 'I feel very strongly indeed that you are making a very great mistake in asking Asit to go back into Government Service. It will certainly ruin his Art, which is now rapidly bringing him into that rank of the leading Artists of the day and will soon win him recognition in Europe' पूरा पत्र द्रष्टव्य है, परिशिष्ट ३।

८. धीरेनकृष्ण देववर्मा, स्मृतिपुटे, गवेषणा प्रकाशन विभाग, विश्वभारती, शान्तिनिकेतन, दिसम्बर १९९१, पृ. २३५।

९. ऐंड्रूज ने ९ दिसम्बर, १९१६ को असितकुमार को लिखा था : "I might be some help to you in the Hyderabad state if you would care for some more. 'Cave' work, in the way of mural paintings. Mr. Gulam Yazdani, who is now Archaeological Superintendent, is an old pupil of mine whom I helped greatly in his career in days gone by. I know from a leading article in the 'Pioneer' that he has been given abundant money by the Nizam for Archaeological purposes and present work is chiefly preservation and restoration of mural paintings etc. I remembered as I read the article what good work you did before in this very direction and if you are working for some post this winter my influence will carry very great weight. If you are at all thinking of such work would you write to me at once and I will then write to Gulam Yazdani about it."

१०. अकबर हैदरी ने फ़रवरी १९१७ में असितकुमार को लिखा था : 'I am very anxious to have a gentleman of your artistic attainments in the service of the state, especially owing to your intimate acquaintance with the Ajanta school of which I am a propound admirer.'

११. असितकुमार के बाघगुहा निरीक्षण का समाचार : Notes; 'An Indian Artist in Gwalior' The Modern Review, April 1917, p. 497, ' We are pleased to learn that Mr. Asit Kumar Haldar, have been deputed to the Gwalior State in Connection with the restoration of old Buddhist frescoes in the rock temples of Bagh. These paintings are unique in their way and date from the first century of the Christian era. The only other examples of this kind of work are those Ajanta in the Hyderabad State and at Sigriya, Ceylon.

१२. Partha Mitter, Much Malinged Monster (PB) Chicago University Press, 1912, Sketches of Dungerfield, pp. 169, कैप्टन डूंगरफील्ड के शब्दों में अगर कहा जाये तो उन्होंने लिखा था, "The whole of the walls, roof and columms of the Caves have been covered with stucco and Ornamented with paintings in distemper of considerable taste and elegance."

१३. असितकुमार हालदार, बाघगुहा ओ रामगढ़, परिशिष्ट, शान्तिनिकेतन प्रेस, प्रथम प्रकाशन १९२१, असितकुमार के बाघगुहा लिखने के बाद भी अँग्रेज़ी उच्चारण का विचार करते हुए वर्तमान विशेषज्ञों द्वारा व्यवहृत होने के कारण बाघगुहा ग्रहण किया गया है।

१४. तदैव, पृ. ख, ग, वही न्यू एज़, सटीक संस्करण, कोलकाता, २०१२, पृ. २१।

१५. बागगुहा ओ रामगढ़, भूमिका, रवीन्द्रनाथ।

१६. अवनीन्द्रनाथ की अप्रकाशित रचना, विश्वभारती पत्रिका, कार्तिक-चैत्र १३८३, पृ. १२१।

१७. डॉ. पंचानन मण्डल, भारत शिल्पी नन्दलाल, खण्ड १, राढ़ गवेषणा परिषद् प्रकाशन, वीरभूम, पृ. ६५१।

१८. अल्वर्टा, गिल्डफोर्ड निवास से सर जॉन मार्शल ने असितकुमार को लिखा था (१९२३): "I am informed by the Director of the Victoria and Albert Museum that you have offered to him for sale pictures of certain wall-paintings in the Bagh Caves in the Gwalior state. Will you kindly let me know the circumstances in which these copies have been made and whether you have obtained the permission of the Durbar to sell them. The original paintings at Bagh as well as the copies recently made at the expenses of the state are the property of His Highness the Maharaja's who has asked me to make arrangements in England for the publication and from whom I understood that no other copies had been authorised by him. I need, kindly say that the sale of any other copies might materially affect the arrangements I am making on behalf of the Durbar."

उत्तर में क्रेमबेल स्ट्रीट, साउथ केनसिंगटन के अस्थायी निवास-स्थान से उन्होंने मार्शल को ९ जून, १९२३ की चिट्ठी में लिखा था :

"I received permission from H.H. the Maharaja's Durbar to make copies of the Bagh-paintings for my private use on the understanding that I should not reproduce them. I have those copies with me and they should remain private property and not be reproduced. I would like to know if you see any objection to such a proceeding the painting in-question has been done at my expense and has no connection with the work undertaken on behalf of the Gwalior Durbar."

१९. आधिकारिक रूप से श्रीयुक्त के.जी. बख्शी ने उन्हें लिखा था, 'I am extremely glad that you are ready to take up the unfinished copying work of Bagh Cave paintings with your colleagues Messers Bose and Kar of Santiniketan.'

२०. रवितीर्थे, संशोधित और परिवर्धित पाण्डुलिपि।

२१. वही।

२२. स्मृतिपुटे, पृ. १००-०१।

२३. शान्तिनिकेतन, बैसाख, १३२९ (१९२२), पृ. ६७-६९।

२४. स्मृतिपुटे, पृ. २७५।

२५. प्रमथनाथ विशी, पुरानो सेई दिनेर कथा, मित्र ओ घोष पब्लिशर्स, कोलकाता, १९८५, पृ. २२।

२६. तदैव, पृ. १६६-६७।

२७. अप्रकाशित पत्र, श्री नन्दलाल बसु, सतीर्थ शिल्पी श्री असितकुमार को लिखे, शारदीय देश, १४१४, पृ. ५७-५८।

२८. सैयद मुज़तबा अली, 'गुरुदेव ओ शान्तिनिकेतन', मित्र ओ घोष, कोलकाता, १९८४, पृ. ८७।

२९. असितकुमार खसड़ा खाता।

३०. तदैव।

३१. स्मृतिपुटे, गवेषणा प्रकाशन विभाग, विश्वभारती, शान्तिनिकेतन, १९९१, पृ. १६७।

३२. James Henry Cousins, The Renaissance in India (Edited by Dilip Kumar Chatterjee) Standard Book Agency, Kolkata, 2005, p. 29.

३३. P. Mitter, Art and Nationalism in colonial India, 1850-1922, p. 328. (Cambridge University Press, १९९४), ग्रन्थ में बेसेन्ट के १२ जून १९१६ के The Commonwealth पत्रिका में प्रकाशित रपट से उद्धृत—Not only to inform the south of artistic genius of the nation, but also to create the 'Nucleus' of an Oriental Art collection there : James H. Cousins. 'Modern Painter Asit Kumar Haldar (Poet Artist) The March of India, Vol.III January-Feb. 1951, p. 33, Publication Division old Secretariat, Delhi.

३४. James H. Cousins,' Modern Painter Asit Kumar Haldar'. The March of India, Vol. III January-Feb. 1951, p. 33. Public interest was keen, so was that of the press. But, because there is a space between public interest (which can grow excited over a horse race or a new comet) and public-taste (which is reward of high concentration, observation and aesthetical and mental growth, not a picture was bought.'

३५. James Henry Cousins, The Renaissance in India (edi. Dilip Kumar Chatterjee), first reprint, Standard Book Agency, Kolkata, 2005, p. 44.

३६. Art and Nationalism in Colonial India 1850-1922, p. 328-29.

३७. The March of India, Feb. 1951, p. 33, 'Two events of the occasion were noteworthy. First a number of pictures were bought, ---because a scotsman facetious fill up newspapers and magazines made out; secondly, because a Bengali artist had been caught alive and brought to Madras, and became item number one of the exhibition; a fine piece of human sculpture, an indigenous painting in personality, a poem in utterance... Asit Kumar Haldar. The artist then in his superb young manhood twenty seven (actually twenty nine), tall. graceful, gracious, soft spoken, sagacious.'

३८. तदैव पृ. ३६ '(he) had the opportunity of meditating upon.'

३९. रवितीर्थे, संशोधित ओ परिवर्तित पाण्डुलिपि।

४०. तदैव।

४१. James H. Cousins, annotation on the plates by Ordhendra Coomar Ganguly, Modern Indian Artists, Vol. II, Printer and publisher Hari Mohan Mukherji, Kolkata, 1924.

४२. ६ फ़रवरी, १९२२ के पत्र में उन्हें लिखा था : 'I write to thank you for the inspiration and delight which your picture 'The Eagle', has given me, and to me only it is for my College, and it will be here to give inspiration and its message to many more during the years to come.'

४३. मुदालियर ने लिखा था, 'It is one of the finest picture I have ever seen. If I did not bag it I presume you would have taken it to Europe with you. I thought it a pity to allow such a piece of art to go out of India, so I have made up my mind to purchase it.' जेम्स काजिन्स ५ अप्रैल, १८२३ के पत्र में लिखते हैं, 'It will be displayed in his beautiful room in good company and be seen by people of taste.'

४४. James H. Cousins, 'Modern painter Asit Kumar Haldar (Poet Artist), The March of India, January-Feb. 1951, Publication Division, Old Secretariate, Delhi, p. 36) डॉ. काजिन्स ने अपने संस्मरणों में उस अभिनव अनुष्ठान के वृत्तान्त में लिखा है : 'I recall with a special aroma, the installation of his largish painting, 'Krishna dancing before Radha' as the counter piece in the Indian home of the Late S.V. Ramaswamy Mudaliar at Madras...the hanging of Asit Kumar's painting was made a ceremonial occasion for opening the room for friends and interested visitors. The celebrant of the occasion was the Late Dr. Annie Besant, and after unveiling and *arati* and the joint consecration of the room to the art of India, the Tamilion merchant prince prostrated at the bare white feet of the western woman, with whose political and religious action he had no relationship but for whose greatness of spirit and love of Indian Culture he head the reverence, that overcome differences.'

४५. जेम्स काजिन्स का १९२४ का पत्र, 'Yes, there has been quite an outbreak of Indian Art in Mysore State, In July we have a purely ancient exhibition in Benglore and in Mysore; in August there was a joint East and West one.'

४६. रवीन्द्रनाथ ठाकुर, चिट्ठी-पत्र, (एकादश खण्ड) चिट्ठी नं. २७, अक्टूबर १, १९२३, विश्वभारती ग्रन्थन विभाग, कोलकाता, १९७४, पृ. ३८।

४७. 'Asit Kumar Haldar' ग्रन्थ के मुखबन्ध में अर्धेन्दुकुमार लिखते हैं, 'Indeed our earlier tributes to the younger members of the group do not mean any aspersions on the leaders of the movement Tagore and Bose, to whom the volumes that are to follow will be devoted.'

४८. तोलियार खान ने असितकुमार को लिखा था : 'I have been staying at santiniketan for this last month and among the chief beauties of the Art school is certainly your cloud Ferry', I do not think a picture has been moved to strongly as the woman of yours, with her [wind caught] hair and her nutlike breasts, you do not know what pleasure it would give me if you would do this for me etc.'

४९. असितकुमार हालदार, रवितीर्थे संशोधित परिवर्धित पाण्डुलिपि।

५०. सौम्येन्द्रनाथ ठाकुर, नन्दलाल बसूर संगे शिल्पालोचना, समकालीन, आश्विन, बं. १३६०, (१९५३ ई.), पृ. १५।

५१. असितकुमार का खसड़ा खाता।

यूरोप परिक्रमा (१९२३)

यूरोप यात्रा

१९२३, १३ मार्च, माँ सुप्रभादेवी अकस्मात् स्वामी और सन्तानों के अत्यन्त विशाल परिवार के बन्धनों को काटकर, अकाल में, मात्र तिरपन वर्ष की उम्र में राँची में मर गयीं। माँ की मृत्यु के थोड़े समय बाद उनके अन्तरंगतम मित्र विली पियर्सन को भी मातृ वियोग सहना पड़ा उनके देश के घर मांजेस्टर में। स्वदेश जाने वाले पियर्सन ने असितकुमार से भी उनके साथ चलने के लिए कहा। आर्थिक बाधा के होते हुए भी बन्धु के आह्वान का उन्होंने प्रतिउत्तर दिया था। कलाभवन के काम से दीर्घ छह मास का अवैतनिक अवकाश लेकर वे अपनी बहु-आकांक्षित यूरोप यात्रा पर चले गये।

कोलकाता से असितकुमार की यूरोप यात्रा के सटीक दिन-क्षण के बारे में कोई सही जानकारी न मिलने से, उनके सहयात्री पियर्सन की एक चिट्ठी से पता चलता है कि वे ८-९ अप्रैल को शान्तिनिकेतन से कोलकाता जायेंगे और वहाँ दो-एक दिन रुककर कोलम्बो के लिए रवाना हो जायेंगे। उनका यूरोप जाने वाला जहाज़ कोलम्बो बन्दरगाह २० अप्रैल को छोड़ देगा। १९२३ ई. के अप्रैल के मध्यवर्ती किसी दिन कोलकाता से यात्रा शुरू कर मद्रास होते हुए असितकुमार कोलम्बो पहुँच गये थे। कोलम्बो से २० अप्रैल को फ्रांसदेशीय सामान्य यात्रीवाही जहाज़ पोर्थेस (Porthes) में इंग्लैण्ड के लिए वे रवाना हो गये थे।[१] एक जीवन-जिज्ञासु शिल्पी और परोपकार परायण एक अँग्रेज़ शिक्षक, वे दो अन्तरंग बन्धुओं के साथ एक ही यात्रापथ के पथिक हो गये थे रवीन्द्रनाथ की कनिष्ठा कन्या मीरादेवी के स्वामी नगेन्द्रनाथ गंगोपाध्याय (१८८९-१९५४) और उनके पुत्र नीतीन्द्रनाथ (१९११-

१९३२) उर्फ़ नीतू। वे लोग नीतीन्द्रनाथ की उच्च शिक्षा के उद्देश्य से यूरोप जा रहे थे। असितकुमार को विदेश-भ्रमण के लिए प्रलोभित किया था विली पियर्सन के अलावा भी विश्वभारती में कार्यरत इतिहासकार तपनमोहन चट्टोपाध्याय (१८९६-१९६८) ने। असितकुमार ने अपने प्रथम विदेश-भ्रमण का पाथेय संग्रह किया था अपनी पितामही के नाम पर बनी 'किरणकुमारी देवी चेरिटेबल सोसायटी' से रुपया उधार लेकर एवं उनके द्वारा आँकी गयी छवियों को बेचकर। उनके वॉश पद्धति से बने अन्य चित्रों की अपेक्षा बड़े आकार के चित्र 'राई राजा' को तुरन्त ख़रीद लिया था रामस्वामी मुदालियर ने, यह बात पहले ही कही जा चुकी है। अपनी कुछ छोटे आकार की छवियों के साथ अजन्ता और बाघगुहाचित्रों की स्वयं की गयी अतिरिक्त प्रतिलिपियों को भी उन्होंने उस यात्रा में अपने साथ ले लिया था। उन्हें बेचकर छह मास वाली विदेश यात्रा को पूरी करेंगे इस अभिप्राय से। एक खाते में ब्योरा लिखा हुआ मिलता है उसके अनुसार उनकी विदेश यात्रा का लक्ष्य था, 'भारतीय शिल्पकला और विदेशी शिल्पकला के अन्तर का अनुधावन, और वहाँ के दिकपाल शिल्पीवृन्द का सान्निध्य लाभ एवं विख्यात संग्रहशालाओं का परिदर्शन।

कोलम्बो से उनके जलयान का निर्दिष्ट यात्रा-पथ था हिन्द महासागर से होते हुए स्वेज नहर के रास्ते उस समय अफ्रीका के फ्रांसीसियों द्वारा अधिकृत सोमालीलैण्ड की राजधानी जिबूटी (Djibuti), मिस्र पोर्ट सईद, स्वेज बन्दरगाह और स्वेज नहर के बराबर सीधे फ्रांस मार्सेई (Marseilles) पहुँचना।

असितकुमार की अपने राँची वाले घर के पते पर भेजी गयी कई चिट्ठियों से उनके यात्रा-पथ की एक धुँधली झलक मिल जाती है। २८ अप्रैल, १९२३ ई. को सबसे पहले चिट्ठी में लाल सागर तट पर अफ्रीका के जिबूटी बन्दरगाह से उन्होंने अपने पिता को लिखा था,

> यह जिबूटी बन्दरगाह अफ्रीका के किनारे फ्रांसीसियों के अधीन है। अदन में न रुककर हम लोग इस बन्दगाह पर कई घण्टे रुके थे। यहाँ का दृश्य बहुत चमत्कारपूर्ण है। द्वीप और पहाड़ चारों ओर पास-पास हैं। सूर्यास्त तो बहुत सुन्दर लगा। जहाज़ कल (२७/४) शाम को ५ बजे पहुँचकर रात ११ बजे फिर चल दिया है। पोर्ट सईद(क्क्षहह्ल स्ड्डद्बस्र) में फिर रुकेगा। हम सब लोग ख़ूब अच्छी

तरह से हैं। अब भी ख़ूब गर्मी पड़ रही है।

संक्षिप्त पत्र में कठोर नियमों के पालनकर्ता, गम्भीर स्वभाव के व्यक्ति (अपने पिता को–अनुवादक) को उन्होंने मौसम, एक दिन आगे के यात्रापथ की ख़बर के साथ अपना कुशल क्षेम बताकर उन्हें निश्चिन्त कर दिया था। मिस्र की स्वेज नहर से सटे बन्दरगाह से उन्होंने १ मई, १९२३ तारीख़ के सचित्र पोस्टकार्ट में छोटे भाई वंशी और देवनाथ को बताया,

> स्वेज एक छोटी नहर जैसी होने के कारण दो जहाज़ किसी तरह पास–पास चल सकते हैं। दोनों तरफ़ रेगिस्तान है। कई दिन जल पर चलते–चलते दोनों ओर धरती देखकर बड़ा आनन्द आया। अब तक बिना किसी ख़तरे के यहाँ तक हम लोग आ गये। कल से ख़ूब सर्दी पड़ने लगी है। स्वेज के मुहाने पर एक बार ही जहाज़ रुक गया था। एक लेडी डाक्टर ने आकर हमारे स्वास्थ्य का परीक्षण किया था।

पोर्ट सईद से ग्यारह वर्ष के शैतान किशोर पुत्र अभिजित को उन्होंने लिखा था—

> तुम ठीक से रहना। तो फिर मैं तुम्हें और भी अच्छी–अच्छी चित्रकला की पुस्तकें भेजूँगा।

फ्रांस पहुँच गये थे वे लोग ६ मई को। ८ मई, १९२३ को बाबा को उन्होंने लिखा था,

> एविनी (Avignon) से '६ के सवेरे मार्सिल्स Marseilles पहुँच गये हैं। वहाँ से शाम की गाड़ी से यहाँ आ गये हैं। यहाँ पर रोमन पोप की अनेक कीर्तियाँ देखीं। पुरानी अनेक छवियाँ यहाँ पोप के महल में हैं।

१३०९ ई. में पोप ने पाँचवें क्लीमेंट रोम साम्राज्य छोड़कर एविनीय में शरण लेकर यूरोप में गाथिक स्थापत्य का सबसे विशाल प्रासाद का निर्माण कराया था[२] एवं १३८० ई. तक ईसाई धर्मगुरु के इस निवास स्थल में आकर्षक भित्तिचित्र एवं मध्ययुगीन बहुत से चित्र एवं प्रतिमाएँ असितकुमार ने देखी थीं। जिन्होंने उनकी बाद में यूरोपीय और भारत की अत्यन्त प्राचीन शिल्पकला की विवेचना का ईंधन जुटाया था। अनेक ऐतिहासिक स्थापत्य और शिल्पकला की विरासत की वाहक एविनीय में शिल्पी विनसेंट वॉन गॉग (१८५३–१८९०) और पाब्लो पिकासो (१८८१–१९७३) का नियमित आना–जाना

था। स्वाभाविक ही था कि उन्होंने एविनीय में अनेक चित्रों का अंकन किया था। प्राचीन शिल्प-कला से समृद्ध वह स्थान अच्छा लगा था असितकुमार को इसमें सन्देह नहीं। एविनीय से ८ मई को असितकुमार और उनके साथ के लोग सवेरे साढ़े दस बजे की गाड़ी से पेरिस के लिए रवाना हो गये थे। पेरिस से एविनीय फोर्ट के चित्र से युक्त पोस्टकार्ड पर ९ मई को पिता को लिखा था,

> कल रात यहाँ आ गया हूँ। पूरा शहर एक बग़ीचे के मानिन्द है। रात में वृक्षों की फाँक-फाँक में जब रोशनी हो रही थी तब बहुत सुन्दर लग रहा था। ख्डुस्त्रड्डुद्व चड्डुह्य्श्चद्गद्यद्गह्य (मैडम कारपेल्स) ने हमारे यहाँ रहने के लिए कमरा ठीक कर रखा था। हम लोग उनके घर ही जाने वाले हैं। शुक्रवार को यहाँ से हम लोग लन्दन जायेंगे। आशा है आप अतसी आदि लोग सब अच्छी तरह हैं।

पोस्टकार्ड के एविनीय क़िले के चित्र को रेखांकित करते हुए लिखा था, 'मध्ययुग के एक Castles का [...] ख़ूब अच्छा है। यहाँ पर झाब्बा पहन रहा हूँ।' साथी विली पियर्सन की बाद की चिट्ठी से पता चलता है उन लोगों के पोर्थेस जहाज़ पर सहयात्री रूस के एक तरुण शिल्पी के साथ उनका आलाप और बन्धुत्व हुआ था। पेरिस में आन्द्रे कार्पेल के घर में अतिथि के रूप में रहने के संक्षिप्त समय में असितकुमार ने पेरिस के ऐतिहासिक दर्शनीय स्थलों के साथ उनके लिए मूल आकर्षण विश्वविख्यात लुब्र म्यूज़ियम में चित्र और भास्कर्य के अमूल्य शिल्प सम्भार को अपार कौतूहल के साथ देखा था। अपने बहु-आकांक्षित लन्दन में पहुँचकर १३ मई, १९२३ तारीख़ को छोटे भाई देवनाम को मार्सेइ की छवि वाले कार्ड पर नोत्रदम गिर्जा और क्रमशः ऊँचे-नीचे ढलवाँ रेलपथ पर भाप से चलने वाली गाड़ी के चित्र की ओर संकेत कर लिखकर बताया था,

> मार्सेइ में मैं इसी पर बैठा था। बक्से की तरह की गाड़ी Hydraulical Pressure (हाइड्रोलिकल प्रेसर) से चलती है।

अभिजित को वहाँ से अन्य एक सचित्र कार्ड में लिखा था—

> तुम मुझे पत्र लिखना। यहाँ पर इस समय कड़ाके की ठण्ड है। शायद राँची में इस समय भयंकर गर्मी होगी ? मैं Avignon (एविनो) घूमने गया था उसी का एक चित्र भेज रहा हूँ।

असितकुमार ने उस समय एविनीय के कार्डों का पत्र के रूप में प्रयोग किया था। मात्र इन कई चिट्ठियों के माध्यम से उनके यूरोप यात्रा-पथ की रूपरेखा यहाँ दी गयी है।

असितकुमार की इंग्लैण्ड यात्रा की ख़बर पाकर विलियम रोथेंस्टाइन ने बड़ी अधीरता के साथ प्रतीक्षा की बात लिखी थी।[३]

लन्दन में असितकुमार साउथ केनसिंगटन अंचल में ७८ कोमवेल स्ट्रीट पर एक आवास में अतिथि के रूप में रहते थे। उस समय की चिट्ठी-पत्री में शुरुआत में ही हम देखते हैं, असितकुमार की पूर्व परिचित प्रख्यात स्थपति सर इडविन (Sir Edwin Luyten) की स्त्री लेडी लातियेन्स ने १६ मई को उन्हें अपने १३ नं. मेन्सफील्ड स्ट्रीट के घर पर मध्याह्न भोजन पर आमन्त्रित किया था। थियोसोफिस्ट लेडी लातियेन्स के साथ उनका परिचय हुआ था १९२२ ई. को गद्रारा में नव्य भारतीय शिल्पकला की चित्र प्रदर्शनी में।

असितकुमार ने चेल्सी में अपने मूर्तिकला के शिक्षक लिउनार्ड जेनिंग्स के साथ भेंट की थी एवं उनकी कृपा से कई ब्रिटिश शिल्पी जनों के स्टूडियो देखने का दुर्लभ अवसर पाया था। उनके उस स्टूडियो परिदर्शन की अभिज्ञता का ब्योरा उनके लिखे खसड़ा खाता के एक फटे पन्ने से हूबहू यहाँ उद्धृत कर रहा हूँ। उन्होंने लिखा है :

> चेल्सी में उनके (भास्कर जेनिंग्स के) निकट जाने के फलस्वरूप चेल्सी आर्ट क्लब में लन्दन के बहु-विख्यात शिल्पियों के साथ उन्होंने परिचय करा दिया था। साधारणतः वहाँ के किसी शिल्पी के स्टूडियो में उनके निजी माता-पिता को भी प्रवेश करने का अधिकार नहीं है। इस संकट के मध्य भी मुझे कई शिल्पी अपने स्टूडियो में ले गये थे। उनके स्टूडियो में जाते ही सबसे पहले उनके देश की कला का सच्चा परिचय पाया एवं अपने देश की कला २०० वर्षों में कहाँ जाकर खड़ी हुई है इसे पहली बार जान सका। देखा, जो शिल्पी बन्धु केवल (Pictorial - Composetion)- चित्रात्मक निर्मिति करते हैं, वे वर्ष भर के लिए अपनी योजनानुसार परिकल्पित चित्र के लिए एक पुरुष एवं एक महिला को मॉडल के रूप में नियुक्त कर लेते हैं। चित्र में वर्णनीय नायक, नायिका की भूमिका के अनुसार उनकी साज-सज्जा में हेरफेर एवं अगर पुरुष है तो दाढ़ी-मूँछ के लिए दूसरों के बालों की व्यवस्था की जाती है।

> स्टूडियो में पुतले अनेक प्रकार की वेशभूषा, दूसरों के केश, ढाल-तलवार आदि चीज़ें भरी रहती हैं, जिससे चित्र के ब्योरे में जब किसी चीज़ की ज़रूरत पड़े, उसे हाथ के पास तुरन्त पाया जा सके।
>
> मॉडल को नाटकीय अभिनय की तरह स्टूडियो में भाव-भंगिमा (क्ष्शह्यद्द) बनाकर बैठना पड़ता है। हर पन्द्रह मिनट पर विश्राम निर्धारित होता है। इस तरह से पूरे एक वर्ष में एक चित्र शिल्पी तैयार करता है। एक अन्य शिल्पी की कथा कहने से मेरा वक्तव्य स्पष्ट हो जायेगा। जो ऋद्धुष्द्ग-द्धश्रह्म्द्यद्द (घुड़-दौड़) के मालिक के लिए चित्र बनाते हैं—यही इनकी प्रसिद्धि होती है। स्टूडियो में घुसते ही देखता हूँ सीलिंग से एक गोल काठ लटका हुआ है एवं उसी से शिल्पी बाँधे रहता है घोड़े से गिर गया हो इस मुद्रा में एक घायल वेशभूषाधारी व्यक्ति को। पूछने पर उसने दिखाया घोड़े से गिरे हुए एक व्यक्ति का फ़ोटोग्राफ़ और उसने बताया कि उसके संरक्षक के लिए वह यह चित्र आँक रहा है। तीन मास लगेंगे मॉडल देखकर स्केच करने तथा बनाने में और उसके बाद ह्वद्वय ष्टश्रद्यश्रह्वह्म् करने में और भी दो-तीन महीने तो अन्ततः उसके लग ही जायेंगे। इस उदाहरण से यूरोपीय आर्ट की भीतरी व्याधि अच्छी तरह से समझ सका। पूरे यूरोप की आर्ट गैलरी में मॉडल के मृत देह की मुद्रायें (क्ष्शह्यद्द) नज़र में आयीं।

यूरोपीय और भारतीय शिल्पकला का मूल पार्थक्य क्या है इसे वे उस देश के शिल्पियों के स्टूडियो में उनकी कार्यपद्धति को प्रत्यक्ष देखकर समझ सके थे। यूरोप के म्यूज़ियमों में शिल्पियों की छवि देखकर उन्हें ऐसा लगता था चित्रकारों के लिए विभिन्न भंगिमाओं में दीर्घ समय तक बैठे रहने के कारण मॉडलों का व्यथातुर भाव भी मानो उनके चित्रों में प्रस्फुटित हो उठता था। इसके बाद वे इस निर्णय पर पहुँचे थे कि देसी आर्ट को अगर पुनर्जीवित करना हो तो ऐतिह्यगत ध्यान-धारणा का परित्याग करना नहीं चल सकता है। भारतीय शिल्प की स्वभावगत परिकल्पना का यह एक विशेष गुण जो यूरोप की एकमात्र बाइजेन्टाइन एवं गाथिक (प्रथम से १३वीं शताब्दी तक) आर्ट में बरकरार था। किन्तु, उसी कला के समकालीन रंग, रेखा और छन्द तथा प्राणों के आनन्द में आँके गये चित्रों के साथ बाइजेन्टाइन आर्ट को उन्होंने तुलना योग्य नहीं माना था। कारण, यूरोपीय आर्ट उस समय आदिम दशा में ही रह गयी थी। कल्पना की सिद्धि अथवा ऋद्धिज्ञान उनका उन्नत

स्तर तक नहीं पहुँचा था। उन्हीं के शब्दों में,

> प्रकृति का यथार्थ रूप, चित्रकला के विशेष भाव, भंगिमा आदि सब मिलाकर अजन्ता के शिल्पीगण ललितकला में जो सौन्दर्य-सृष्टि कर गये हैं, उसकी तुलना समकालीन आर्ट में दुनिया में कहीं नहीं थी।[४]

यूरोप परिभ्रमण के समय असितकुमार के छवि-अंकन के बारे में कुछ पता नहीं चलता है। मान लेना पड़ता है, उन्होंने उस समय चित्र बनाये ही नहीं, किन्तु, अपने प्रिय ब्रश, पेन, इंक अथवा पेंसिल से क्या किसी के चेहरे की रचना भी उन्होंने नहीं की? यह प्रश्न तो बना ही रहता है। दृश्य चित्र रचना में वैसे भी उनका कोई आग्रह नहीं था। विवश होकर यह अनुमान लगाया जा सकता है, वे अपनी ताकीद से म्यूज़ियम में छवि देखते हुए, यूरोपीय शिल्पियों के साथ आलाप-चर्चा करते हुए यूरोप में घूमते फिरे थे। किन्तु, उसमें भी उनको बाधा पहुँची थी। वहाँ पर जून के मध्य में यात्री वाही बस से गिर जाने से पैर में चोट लगने से शैया-शायी हो गये थे असितकुमार। चलने-फिरने में भी बाधा आ गयी थी। फलस्वरूप पूर्व निर्धारित कई मिलने-साक्षात्कार करने के काम भी उनके लिए करना सम्भव नहीं हुआ था। हेवेल उस समय अपनी प्रकाशनाधीन पुस्तक Indian Sculpture and Painting के लिए बाघगुहाचित्रों की प्रतिलिपियाँ देखने की ताकीद से असितकुमार के अस्थायी निवास स्थान पर आये थे एवं उस दिन वे उनके बाघगुहाचित्रों के विषय में लिखे सचित्र निबन्ध की पाण्डुलिपि भी ले गये थे। वह लेख वार्लिंगटन पत्रिका में प्रकाशित भी हुआ था।[५]

लम्बी छुट्टियों में विदेश में रहते समय मद्रास सरकारी आर्ट स्कूल में अध्यक्ष पद के अभ्यर्थी होने में उन्होंने हेवेल की मदद चाही थी। हेवेल ने उन्हें निरुत्साहित न करते हुए भी उस काम के कारण शिल्पी का मौलिक सृष्टि कर्म पग-पग पर जो बाधित होगा, अपने अनुभव से वे असित को यह बात बताना नहीं भूले थे।[६] इसके बाद उनकी छवि आँकना बाधाग्रस्त हो जायेगा यह समझकर उन्होंने वास्तव में मद्रास सरकारी आर्ट स्कूल के लिए आवेदन ही नहीं किया था। उस समय अनिश्चितता के बीच उन्होंने आवश्यकता पड़ने पर भविष्य में सरकारी शिल्प विद्यालय में अध्यक्ष पद प्रार्थी होने के अग्रिम विचार से लॉरेंस विनियान से भी एक प्रशंसा-पत्र ले लिया था।

घायल असितकुमार के पास रोथेंस्टाइन भी बाघगुहाचित्रों की प्रतिलिपि

देखने की ताकीद से आये थे। बाघगुहाचित्रों की प्रतिलिपियों ने हेवेल और विनियान की तरह उन्हें भी मुग्ध किया था। बहुत पहले उन्होंने सुनी थी अजन्ता के लगभग समकालीन, उससे प्रतिस्पर्धा करने वाले बाघगुहा के भित्तिचित्रों की कहानी। जब उन्होंने यह सुना कि उन गुहाचित्रों की प्रतिलिपि असितकुमार साथ लेकर आये हैं, बिना देर लगाये उन्हें देखने के लिए वे चले आये थे। असितकुमार उन प्रतिलिपियों को जब उन्हें एक-एक कर खोलकर दिखा रहे थे, तब यूरोपीय चरित्रगत अपने वैशिष्ट्य को भूलकर अनाविल प्रशंसा से अतिथि मुखर हो उठे थे। आवेग का बाँध तोड़ने वाली उनकी अनुभूति हूबहू व्यक्त हुई है बाघगुहा सम्बन्धी असितकुमार द्वारा परिकल्पित अँग्रेज़ी ग्रन्थ के मुखबन्ध में।[७] उन प्रतिलिपियों में पुराने चित्रों की अन्त:प्रकृति को सार्थक रूप से असितकुमार के पकड़ने के प्रयास ने रोथेंस्टाइन को मुग्ध कर दिया था। दुर्भाग्यवश वह अँग्रेज़ी ग्रन्थ प्रकाशित ही नहीं हुआ। फलस्वरूप, उन प्रतिलिपियों के प्रत्याशित छपे हुए रूप को देखने से वंचित हो गये रोथेंस्टाइन।

काजिन्स ने उनसे इंग्लैण्ड में जार्ज लायेड रसेल (A.E.) से मिलने के लिए कहा था, जिस तरह से उनके पिता ने भी उन्हें उस देश में जॉन बुडरफ, लिउनार्ड जेनिंग्स, मार्गरेट होजसन, श्रीयुक्त बोल्टन आदि अपने परिचित भारतवर्ष के शिल्पकला प्रेमी मानुष जनों के साथ भेंट करने का परामर्श दिया था। यात्रा के समय रवीन्द्रनाथ ने विश्वविख्यात रूसी बेले नर्तकी अन्ना पावलोवा (१८८१-१९३१) को कोलकाता से उसे लिखा एक पत्र असितकुमार को देकर उस देश में उससे भेंट कर चिट्ठी की विषयवस्तु पर उनकी ओर से चर्चा करने के लिए कहा था। श्रीमती पावलोवा ने १९२३ ई. में अपने 'अजन्ता बेले' को लन्दन के कबेंट गार्डन में मंचस्थ किया था जिसमें उनके देखे हुए गुहाचित्रों की अपरूप नृत्य भंगिमाओं के रूपायन का प्रयास किया गया था।[८] सम्भवत: श्रीमती पावलोवा के साथ उनकी भेंट नहीं हुई थी। अस्वस्थ होने के कारण मानसिक सन्तुलन रहित शिल्पी ने श्रीमती हेरिंघम से भी भेंट नहीं की थी।

लन्दन में रहते समय ब्रिटिश म्यूज़ियम, विक्टोरिया एण्ड अलबर्ट म्यूज़ियम के साथ अन्यान्य संग्रह शालाओं को उन्होंने देखा था। विक्टोरिया म्यूज़ियम के कीपर कवि, कला-समीक्षक, ग्रन्थकार रोबर्ट लॉरेंस विनियान को उनके द्वारा आँके बागगुहा चित्रों की नक़लों को म्यूज़ियम की ओर से ख़रीदने का

प्रस्ताव देने के कारण परेशानी में पड़ गये थे असितकुमार भारतीय पुरातत्त्व विभाग के निवेशक सर जॉन रॉबर्ट मार्शल के प्रश्न का सामना करने के कारण।[९]

निजाम स्टेट के अधीन बागगुहाचित्रों की नक़ल का काम निज़ाम की आर्थिक सहायता से जॉन मार्शल की देखरेख में किया गया था एवं इंग्लैण्ड से उन प्रतिलिपियों से सम्बद्ध ग्रन्थ प्रकाशन का आयोजन भी उन्हीं के सम्पादन में चल रहा था। स्वाभाविक ही था कि असितकुमार के प्रतिलिपियों के बेचने का प्रस्ताव उन्होंने सहज रूप में ही स्वीकार नहीं किया था। किन्तु, असितकुमार ने ९ जून, १९२३ को मार्शल को बताया था, बाघगुहाचित्रों की नक़ल उनके द्वारा की हुई हैं। विवेच्य निजी नक़लों का अपनी तरह से प्रयोग करने के लिए निज़ाम की अनुमति उन्होंने ले ली थी, एक शर्त पर कि वे उन्हें कहीं भी प्रकाशित नहीं कर पायेंगे। उनके द्वारा की गयी सब मूल प्रतिलिपियों को ग्वालियर दरबार के दफ़्तर में उन लोगों ने जमा कर दी थीं। बोस्टन म्यूज़ियम के लिए आनन्द कुमारस्वामी द्वारा संग्रह का आग्रह दिखाने पर अर्थाभाव के कारण वे उन्हें ख़रीद नहीं सके थे। अन्त में बाघगुहा की उन प्रतिलिपियों की बिक्री नहीं हो सकी। रोथेंस्टाइन ने इंग्लैण्ड में अपने घर में लॉरेंस विनियान, अर्नेस्ट और लिली हेवेल, लेडी लातियेन्स और यूरोप के धनी कला-रसिकों की उपस्थिति में डिनर पर उन्हें मुख्य अतिथि के रूप में आमन्त्रित कर समरविल एवं अनेक यूरोपीय चित्रकारों, भास्करों के साथ उनका परिचय करा दिया था। उनके और लेडी लातियेन्स के माध्यम से जमनादास द्वारकादास ने असितकुमार की छवियाँ देखने के बाद भी एक भी नहीं ख़रीदी थी, किन्तु, उस डिनर में यूरोपीय लोगों की स्वदेश प्रीति की गम्भीरता देखकर अवाक् हो गये थे असितकुमार। रोथेंस्टाइन ने अतिथियों में उपस्थित धनी कलारसिकों को असितकुमार की छवियाँ दिखायी थीं। छवि उन्हें पसन्द तो आयीं, पर उन्होंने ख़रीदी नहीं। कहने लगे, छवियाँ ख़रीदने का लोभ इसलिए संवरण करना पड़ रहा है क्योंकि हमारे देश के दुर्दशाग्रस्त शिल्पियों का पृष्ठ-पोषण का काम हमारे सामने पड़ा हुआ है।

लेडी लातियेन्स और उनके स्थपति स्वामी के परिचित भारतीय वणिक प्रवर जमनादास, श्रीमती रुस्तम जी फारीदीओन जी प्रमुख परिचित प्रभाव सम्पन्न, वित्तशाली शिल्प संग्रहकर्ताओं के समक्ष असितकुमार की आँकी गयी छवियों की बिक्री का प्रयास असफल हो गया था। उनकी धारणा के अनुसार अगर

काफ़ी समय मिलता तो वे असितकुमार के चित्रों के बेचने की व्यवस्था कर सकते थे।[१०]

इंग्लैण्ड में असितकुमार का मात्र एक चित्र ख़रीदा था ऐंड्रूज के परिचित एक शिल्पप्रेमी ने। आशानुरूप चित्रों की बिक्री न होने से एवं यूरोप की जलवायु, परिवेश उन्हें अच्छा न लगने के कारण असितकुमार ने देश वापस आने का मन बना लिया था। छह मास के निर्धारित परिक्रमा काल को संक्षिप्त करने से असितकुमार का अन्त में पियर्सन के साथ वापस आने के रास्ते में फ्रांस को पुनः देखने के साथ यूरोप के अन्यान्य देशों और मिस्र को देखना सम्भव नहीं हुआ था। हताश हो गये थे पियर्सन तथा आन्द्रे कार्पेले।[११] मिलान गैलरी में देखी हुई एक सुदर्शना के रंगीन चित्र वाले पोस्टकार्ड पर पियर्सन ने ३ सितम्बर, १९२३ की तारीख़ वाली अन्तिम चिट्ठी में असितकुमार को उस त्रुटिहीन आँके गये नारी के मुख (मोनालिसा) की भारी प्रशंसा करते हुए पत्र में लिखा था :

> मिलान की गैलरी में छवि को देखा और सोच रहा था, काश! तुम मेरे साथ होते! यह चित्र मेरे देखे हुए चित्रों में विशुद्धतम चित्र है। इस प्रतिलिपि से मूल चित्र की श्रेष्ठता का कोई अन्दाज़ नहीं लगा सकता।[१२]

वास्तव में उस नारी के शान्त, सुन्दर मुख की अभिव्यक्ति शिल्पी लियोनार्दो द विंची (१४५२–१५१९) की तूली से अनवद्यरूप में प्रस्फुटित हुई थी। पियर्सन मिलान में म्यूज़ियम, प्रदर्शनशाला आदि देखने के बाद रेलमार्ग से मिलान से फ्लोरेंस जाने के मार्ग में १८ सितम्बर, १९२३ को असावधानतावश ट्रेन के कमरे से दरवाज़ा खुल जाने से गिर जाने के कारण गम्भीर रूप से घायल हो गये थे। उस चोट के परिणामस्वरूप २५ सितम्बर को स्थानीय पिस्तोरिया हस्पताल में उनकी मृत्यु हो गयी थी। इहलोक त्याग के पहले उनकी अन्तिम बात यह थी 'मेरा एक ही और एकमात्र प्रेम स्थल–भारतवर्ष है।'[१३] असितकुमार आजीवन माँ सुप्रभादेवी और अपनी प्रथमा स्त्री सरोज वासिनी के इहलोक त्यागने के दिनों के साथ अपने अन्तरंगतम बन्धु विली पियर्सन के मर्मान्तिक मृत्युदिन को भी याद करते थे हर वर्ष।[१४] रवीन्द्रनाथ शोक से आहत हो गये थे अपने प्रियसेन (पियर्सन) की आकस्मिक मृत्यु का संवाद पाकर। शान्तिनिकेतन में पियर्सन पल्ली और हस्पताल आज भी उनकी स्मृति का वहन कर रहा है। बाद में असितकुमार ने लखनऊ आर्ट

स्कूल के शिक्षक शिल्पी ललित मोहन सेन द्वारा बनायी गयी पियर्सन की प्रतिकृति शान्तिनिकेतन भेज दी थी हस्पताल में रखे जाने के लिए।

जुलाई के पहले सप्ताह में फ्रांस के जलयान एस.एस. आन्द्रेया लेबन (S.S. Andrea Lebon) में यात्रा शुरू कर असितकुमार कोलकाता होकर राँची लौट आये थे १९२३ अगस्त के शेषार्ध में। अपनी विदेश यात्रा की असम्पूर्णता के कारण उन्हें क्षोभ था। हाँ, यह ज़रूर है, स्त्री, पुत्र, दो वर्ष की गोरी-चिट्टी कन्या अतसी, इनके साथ आसन्न मिलन के आनन्द से वह क्षोभ शायद अधिकांश में दूर हो गया था। जहाज़ के फ़ोटोग्राफ़ समेत पोस्टकार्ड में उन्होंने अपने पिता को १७ जुलाई पोर्ट सईद से लिखकर बता दिया था,

> मैं निरापद रूप से अब आ रहा हूँ। सहयात्रियों में एक भद्रपुरुष बंगाली है। जहाज़ Parthes से बहुत बड़ा है, बन्दोबस्त भी ख़ूब अच्छा है।

२. शान्तिनिकेतन से सम्बन्ध विच्छेद (१९२३)

इंग्लैण्ड की जलवायु और सामाजिक परिवेश असितकुमार को एकदम अच्छा नहीं लगा था। उसी में उस समय स्वदेशवासियों में अधिकतर की उस देश में किसी तरह से आत्मसम्मानहीन दिनयापन की दीनता भी उन्हें ख़ूब ख़राब लगी थी। स्वाभाविक ही था कि उन्होंने पुनः इंग्लैण्ड जाने के बारे में फिर कभी सोचा ही नहीं। अवनीन्द्रनाथ ने उनके देश में लौट आने का संवाद पाकर इंग्लैण्ड में हेवेल को ५ सितम्बर, १९२३ के पत्र में लिखा था :

> असितकुमार इंग्लैण्ड से उस दिन लौट आया है एवं उसने उसके प्रति आपने जो सहृदयतापूर्ण व्यवहार किया है, उसकी बात मुझे बतायी है। आपसे उसने भेंट की यह जानकर मुझे बड़ा आनन्द आया है। यह युवक इंग्लैण्ड जाने के लिए प्राणपण से बड़ा उतावला था, किन्तु, अपनी विदेश यात्रा से वापस आकर अपने विदेशी आदर्श की मोहाच्छन्नता भंग कर अब कभी कालापानी पार नहीं करूँगा, उसने मुझे आकर यह बताया है।[१५]

किन्तु, देश में वापस आकर राँची पहुँचते ही असितकुमार का सारा आनन्द निरानन्द में परिणत हो गया था शान्तिनिकेतन से भेजे हुए विश्वभारती के

अधिकारियों की ओर से अप्रत्याशित मुक्ति-पत्र जैसी चिट्ठी को पाकर। अधिकारियों की तरफ़ से लिखा गया था :

प्रीति नमस्कारपूर्वक निवेदन,

असित बाबू, आप देश कब लौटेंगे मुझे पता नहीं है। राँची पहुँचते ही जिससे यह पत्र आपको मिल जाये, इसलिए यह लिख रहा हूँ। आप छह मास तक अनुपस्थित रहेंगे और उस अवधि का वेतन नहीं लेंगे, यह निश्चित होने के कारण आपकी अनुपस्थिति की अवधि के लिए और एक व्यक्ति की आपके स्थान पर नियुक्ति कर ली गयी है। आप जुलाई महीने में वापस आकर अपने काम में योग देंगे, यह ख़बर पाकर, कर्तृपक्ष बड़े संकट में पड़ गया है। आपके स्थान पर नियुक्त व्यक्ति छह महीने तक वहाँ रहेगा, इसी अनुबन्ध पर उसे नियुक्त किया गया है। यह व्यक्ति सपरिवार यहाँ आकर छह मास रहेगा, इसी शर्त पर यहाँ आकर उसने काम में योग दिया है। इस समय क्या करना चाहिए कुछ भी समझ में नहीं आ रहा है। हमारी कार्य समिति ने जो निश्चय किया है, उसकी एक प्रति इस पत्र के साथ भेज रहा हूँ।

भवदीय
श्री जगदानन्द राय, संचालक

विश्व भारती कार्यसमिति का पत्र

श्रीयुक्त असितकुमार महाशय को २५ जून से छह मास की छुट्टी बिना वेतन के दी गयी थी। अब उनका पत्र मिला है कि वर्तमान जुलाई महीने के अन्त में वे कार्य में योग देंगे। असित बाबू छह महीने तक अनुपस्थित रहेंगे, यह जानकर श्रीयुक्त वामन राव वेदलिकर महाशय को हृष्द्धद्वहृद्ष्ह्लह्वहृद्द-वास्तुविद् शिक्षक के रूप में मासिक ७५ रुपया वेतन पर उक्त छह महीने के लिए नियुक्त कर दिया गया है। वेदलिकर ने असित बाबू के स्थान पर नियुक्त होकर कार्य में योगदान किया है। इन सब बातों पर विचार कर यह निश्चय किया गया है।

असित बाबू अपनी छह मास की छुट्टी बीतने के पहले अगर कार्य

> में योग देते हैं तो उन्हें आर्थिक लाभ के संकट में इस समय पड़ना पड़ेगा। यह असित बाबू को बता दिया जाये। यदि उनकी जगह पर नियुक्त वेदलिकर महाशय छह मास के पहले ही किसी कारणवश कार्य त्याग देते हैं तो असित बाबू अपनी छह मास की छुट्टी समाप्त होने के पूर्व ही कार्य में योग दे सकते हैं।

विश्वभारती कार्यसमिति की 'अमर्यादाजनक' इस चिट्ठी ने शान्तिनिकेतन के साथ उनका चिरकाल के लिए विच्छेद कर दिया था। सम्भवत: इंग्लैण्ड रहते समय ही शान्तिनिकेतन के साथ विच्छेद की भनक पाकर असितकुमार ने एक शिल्प विद्यालय में नियुक्ति की परिकल्पना कर हेवेल से एक सिफ़ारिशी चिट्ठी पहले ही ले ली थी।[१६] यद्यपि उनकी वह योजना साकार नहीं हुई थी। सतीर्थ नन्दलाल की कलाभवन में स्थायी होना चाहने की बात भी उन्हें पता थी। सम्भवत: इन सब कारणों से वहाँ से उन्हें हट जाना पड़ा था।

रवीन्द्रनाथ के सान्निध्य से अलग होकर असितकुमार को कुछ तो 'पेट के कारण' जयपुर चले जाना पड़ा वहाँ के राजकीय शिल्प विद्यालय की ज़िम्मेदारी लेकर। बीच-बीच में छुट्टियों में कोलकाता में उनके साथ भेंट होने पर शान्तिनिकेतन जाने के लिए कवि उनसे कहा करते थे। किन्तु, पता नहीं क्यों एक संकोच आ जाता था वहाँ जाने में एवं उन्हें ऐसा लगता था जैसे हम लोग जिन्होंने आश्रम छोड़ दिया है वे सब लोग 'झरा पाता'—झरे पत्तों की तरह हैं, उनके लिए अब वहाँ कोई जगह नहीं है। इसीलिए आश्रम जननी के लिए भारस्वरूप होने की फिर इच्छा ही नहीं हुई।[१७]

श्रद्धेय आश्रमवासी हीरेन्द्रनाथ दत्त के शब्दों में :

> अल्पदिन रहने पर भी असित बाबू ने शान्तिनिकेतन में अपना जो स्थान बना लिया है, उसका कारण, वे शान्तिनिकेतन को कुछ दे गये हैं; फिर शान्तिनिकेतन के जीवन से उन्होंने ऐसा कुछ लिया भी है, जिसने उनके जीवन को समृद्ध किया है।[१८]

अवनीन्द्रनाथ ने उन्हें १९२३ ई. में जयपुर राजकीय शिल्प विद्यालय में अध्यक्ष होकर जाने का परामर्श दिया था। असितकुमार को जयपुर भेजकर वे अप्रसन्न भी नहीं हुए थे। कारण, भारत शिल्प में जो नवजागरण हुआ है, उसका आलोक बंगाल के बाहर दिशा-दिशा में फैल जाये, यही वे चाहते थे। हेवेल को लिखे हुए उपर्युक्त पत्र के अन्तिम अंश में अवनीन्द्रनाथ ने

भारत शिल्प आन्दोलन से सृजित कला का बीज भारतवर्ष के सभी स्थानों पर बोने के सन्दर्भ में लिखा था :

> गीजगढ़, जयपुर में महाराजा एक स्कूल की स्थापना करेंगे, मैं असित और शैलेन को वहाँ शिक्षक के रूप में भेज दूँगा। फैल-फूल कर बीज बोया जा रहा है। इसका फल हम लोग नहीं उठायेंगे, उठायेंगे हम लोगों के उत्तरसूरी लोग। यही मेरी उपलब्धि है।[१९]

उस क्षेत्र में उनके अग्रणी शिष्य असितकुमार निश्चय ही उस काम में प्रयासरत हुए थे जयपुर राजकीय शिल्पविद्यालय (१९२३-२४) में एवं थोड़े समय बाद लखनऊ सरकारी शिल्प विद्यालय के अध्यक्ष बनकर रहे थे दो दशक (१९२५-४५) तक। फलस्वरूप, भारत शिल्प आन्दोलन से प्रसूत बीज वपन के प्राथमिक दौर में जयपुर राजकीय शिल्प विद्यालय में रामगोपाल विजयवर्गीय एवं लखनऊ सरकारी कला विद्यालय में कई छात्रों में बी.एन. जिज्जा, ए.डी. टॉमस, सुकुमार बसु, सन्तकुमार चट्टोपाध्याय अखिल भारतीय शिल्पी के रूप में प्रशिक्षित कर उन्हें तैयार कर पाये थे असितकुमार।

तथ्यसूत्र

१. प्रशान्त कुमार पाल, 'रविजीवनी (अष्टम खण्ड) आनन्द पब्लिशर्स पियर्सन की चिट्ठी, पृ. २९२।

२. Chambers Biographical Dictionary, Chambers Harrap Publishers Ltd. Reprint 2003 p. 918.

३. रोथेंस्टाइन ने उन्हें ३० अप्रैल, १९२३ को लिखा था, 'It would be most pleasant to see you again, – to hear all you can tell me of Indian friends. Let me know when you arrive.'

४. असितकुमार का खसड़ा खाता।

५. Asitkumar Haldar, The Buddhist Cave Temples of Bagh, 'The Burlington Magazine, 1924, pp. 159-167.

६. हेवेल की १९ जून, १९२३ की चिट्ठी, 'If you are really thinking of applying for the Madras School you must realize that in such a fast you will have practically no time for practicing your own career as an artist –

at least I found that the School work prevented me from doing much independent work. But your will find compensation in watching the progress of your pupils and helping them forward – that is a real satisfaction. It will not be easy work, but I do not in the least wish to discourage you from undertaking it. There is a great field if useful work open for you in such a career.'

७. परिशिष्ट ३।

८. परिशिष्ट ४ और विनय K. Behi, 'The Ajanta Caves. Ph. Themas and Hudson London, 2005, p. 54.'

९. ६ जून, १९२३ को मार्शल ने लिखा था, 'Will you kindly let me know the circumstances in which these copies have been made and whether you have obtained the permission of the 'Durbar' to sell them?.'

१०. असितकुमार का खसड़ा खाता।

११. पियर्सन की २३.८.१९२३ की चिट्ठी, 'I saw Mrs. Karpeles in Paris and also the young Russian art student–They both asked after you and were disappointed not to see you in Paris. I have been in Switzerland for ten days with my sister and aunt tomorrow we go to Italy. How I wish you were with us. The air is clear as crystal and the views superv. And in Italy how nice it would have been to have you with us.'

१२. पियर्सन का पत्र, 'I saw the painting in the Gallery in Milan and wish you could have seen it with me. It is most perfect piece of painting I have ever seen this reproduction gives no idea of the beauty of the original.'

१३. 'My one and only Love–India'. W.W. Pearson.

१४. १९५६ ई. की डायरी के एक जनवरी के पन्ने पर असितकुमार ने लिखा था, 'Anniversaries and yearly dates to be remembered. 1923 March 13 at Ranchi, Death of my mother 1924 Sept. 22 Jaipur death of Sarojini (wife) 1923 Sept. 25 in Italy. W.W. Pearson.

प्रियतमा सरोज वासिनी को सम्भवत: सरोजिनी कहकर ही वे बुलाते थे।

१५. शंकरीप्रसाद बसु, 'निवेदिता लोक माता' (चतुर्थ खण्ड) आनन्द पब्लिशर्स, १४०१ (१९९४), पृ. ८५।

१६. अप्रकाशित पत्र गुच्छ अर्नेस्ट विनफील्ड हेवेल, पत्र नं. ४, शारदीय साहित्य ओ संस्कृति

२०१०, पृ. २०२।

१७. असितकुमार हालदार, 'रवीन्द्र संग', उत्तरा, आश्विनी १३४८ (१९४१), पृ. २१७।

१८. हीरेन्द्रनाथ दत्त, 'शान्तिनिकेतनेर एक युग', विश्वभारती ग्रन्थन विभाग, आश्विन, १३८७ (१९८१), पृ. १३३।

१९. अवनीन्द्रनाथ ने हेवेल को लिखा था, 'They are opening a school of art at Geejgarh Jaypore and I hope to send Asit and Sailendra there as teachers. The seed is being scattered. The fruit will be gathered not by us but our children. This much is my gain.

महाराजा स्कूल ऑफ़ आर्ट्स, जयपुर (१९२३–२४)

स्कूल के साथ परिचय

असितकुमार 'महाराजा स्कूल आफ़ आर्ट्स' के (१९६९ में सरकार द्वारा अधिग्रहण के बाद महाराज श्री विक्रम सिंह वर्मा के नाम पर 'एस.वी. गवर्नमेंट स्कूल आफ़ आर्ट) अध्यक्ष होकर १९२३ ई. के अक्टूबर मास में अकेले ही चले आये थे। उन्होंने लिखा है :

> मैं आश्रम छोड़कर जयपुर राजकीय आर्ट स्कूल का अध्यक्ष बनकर जा रहा हूँ, यह देखकर रवि दादा दुखी हो गये और उन्होंने आश्रम में उनके पास बने रहने के लिए कहा। किन्तु, मैं समझ गया था, विराट दीप के नीचे जिस तरह से अँधेरा रहता है, रवि दादा की प्रदीप-ज्योति के नीचे वैसे ही सब ओर अन्धकार है—मेरे लिए रवितीर्थ में स्थान नहीं है।[१]

असितकुमार ने अपने संक्षिप्त जयपुर निवास की स्मृति कथा 'रजवाड़े का मुल्क' शीर्षक से लखनऊ आकर लिखी थी, उत्तर भारत में बंगालियों का एकमात्र मुखपत्र उत्तरा मासिक पत्रिका के दूसरे वर्ष (१९२७) के दूसरे अंक में। उस निबन्ध में उनकी १९२३ अक्टूबर में रेलमार्ग से कोलकाता से पहली जयपुर यात्रा का कौतूहलपूर्ण वर्णन हमें मिलता है :

> वि.वि. एण्ड सी आई ट्रेन में दूसरी श्रेणी में अकेला चला जा रहा हूँ। जब नींद खुली तब 'जयपुर', 'जयपुर' चिल्लाने की आवाज़ कानों में आयी। आँख खोलकर देखा, स्टेशन पर रोशनी, लैम्पों पर लिखा स्थान का नाम अच्छी तरह पढ़ने में नहीं आ रहा है। दुनिया मानो घूम रही है। उसके बाद मारवाड़ी पगड़ी पहने कुली की

सहायता से जल्दी-जल्दी सामान गाड़ी से उतारकर छतरीदार गाड़ी पर रख दिया। सुबह उस समय भी नहीं हुई थी। गाड़ी की खिड़की से सिर निकालकर देखते-देखते चला जा रहा हूँ। जैसे किसी अदृश्य लोक में नियति ठेलकर ले जा रही हो। टेढ़ा-मेढ़ा रास्ता चला जा रहा है, उसके दोनों ओर मनसा की झाड़ियाँ और झाँकरादार रूखे लम्बे बालों की तरह बबूल के कटीले पेड़, धूसर और पीले रंग के—काले-काले ब्रह्मदेवता की तरह दिखाई दे रहे हैं। बीच-बीच में गुरुदेव (शिल्पाचार्य अवनीन्द्रनाथ) के उपदेश की बातें मन में झाँक जाती हैं, 'उरे, रजवाड़े के मुल्क जा रहे हो, सदा पीठ पर गैंडे के चमड़े से बनी एक ढाल बाँधे रखना—किसी की किसी भी बात पर ध्यान मत देना।'

शिल्प विद्यालय के नज़दीक ही एक वास स्थान जयपुर शहर में मिल गया था। इसके बाद राजा के शासनकाल के जिन नियमों को मानकर उन्हें जो करना पड़ा था, उस सम्बन्ध में उन्होंने लिखा है :

राजदरबार के अफ़सरों के पास यदि गाड़ी-घोड़ा न हो तो राजदरबार की इज़्ज़त नहीं रहती है, इसलिए मुझे वह भी करना पड़ा। मैं हुआ वहाँ के पद के हिसाब से 'सूबा साहेब', मेरे नीचे जो थे, वे हुए 'नायब सूबा' इसी तरह से पद चपरासी तक पद के छोर पर नीचे चले गये थे। राजदरबार की इज़्ज़त अनेक तरह से बचानी पड़ती थी। मुख्य है, अफ़सर की स्त्री सदा असूर्यंपश्या होकर अन्दर बन्द रहेगी। यदि कभी गाड़ी से किसी अन्य महिला से मिलना चाहती है तो गाड़ी को कपड़े से ढककर पोटली की तरह बाँधे रखना होगा...यानवाहन ख़ूब सजा-बजा, तड़क-भड़क वाला लाख के रंग का काम किया हुआ शिखर वाला 'रथ' होता है—जिसे बड़े-बड़े बैल खींचते हैं। बैलों की पोशाक भी ख़ूब लाल, नीले, हरे, कभी-कभी जरीदार फीतों आदि से तैयार की जाती है।[२]

वहाँ पर दफ़्तर में और एक पद के सम्बन्ध में उन्होंने लिखा है—

'ख़बरनवीस' एक अद्‌भुत प्राणी है! हर बड़े-बड़े अफ़सरों के पीछे १५ रुपये वेतन का एक सियार जैसा व्यक्ति लगा रहता है, ये लोग सी.आई.डी. जैसे होते हैं। अधिकारी सो रहा है या काम कर रहा है या लूट रहा है, यह ख़बर वे लोग राजदरबार को बताया करते थे। उसे घूस देकर कई बड़े लोग अपना काम चलाते थे।

असितकुमार अपने परिवार को ले आये थे। परिवार का अर्थ था उनकी स्त्री सरोजवासिनी, दो वर्ष की कन्या अतसी और थोड़ा छोटा एक वर्ष का पुत्र विली—अतीश। अतीश का जन्म भी हुआ था शान्तिनिकेतन में। विली पियर्सन के साथ अपनी अन्तरंगता चिरस्थायी करने के कारण उनका शुरुआती नाम असितकुमार ने जोड़ दिया था अपने दूसरे बेटे के नाम के साथ। विद्यालय में पढ़ने में लगे बड़े बेटे ग्यारह वर्ष के किशोर अभिजित को वे राँची में अपने पितृगृह में रख गये थे। गृहिणी की गोद में शिशु अतीश रहने से लाहौर से उनकी विधवा सास को घर का काम-काज सँभालने के लिए आना पड़ा था।

बंगाल के बाहर असितकुमार का वही पहली बार किसी शिल्प विद्यालय का अध्यक्ष होकर जाना था। सचमुच में उन्हें राजपूताना और वहाँ मोरों की बहुतायत ने मुग्ध और अवाक् कर रखा था। उन्होंने लिखा था,

> राजपूताने की धूल से धूसरित अंगों पर मोरों की रंगीन, जगमगाती पोशाक मानो झलमल कर रही है।... पगड़ी, ओढ़नी आदि के कारण गुलाबी रंग के शहर के हृदयस्थल पर मानो फूलों का बगीचा लगा हो। रंगों की इतनी प्रचुरता और कहीं है या नहीं पता नहीं है।

अभी हाल में यूरोप से लौटे शिल्पी ने लिखा है :

> यूरोप की महिलायें आजकल रंगों का अनुशीलन अपनी पोशाक में कर रही हैं। किन्तु, उसमें वे रंगों का मिलान ही खोजती हैं, इसलिए उनका रंग आँखों को चुभता नहीं है, किन्तु, ये लोग (पोशाक-ओशाक में) रंगों के विभिन्न समावेश के द्वारा उज्ज्वल रूप में उसे प्रस्फुटित कर देती हैं।[३]

इसके अतिरिक्त शायद उन्हें याद आ रही थी राजस्थान में प्राचीन चित्रों की खोज में घूम रहे आनन्द कुमारस्वामी की चित्तौड़ से १९१० में लिखी चिट्ठी,

> तुम निश्चय ही किसी दिन राजपूताना में आकर देखोगे इस सच्चे भारत को। यहाँ के लोग और उनकी पोषाक-ओशाक कितनी सुन्दर है।[४]

असितकुमार जयपुर गये थे कुछ संशय लेकर। उन्हें लगता था रवीन्द्रनाथ के सतत सान्निध्य में रहकर कलाभवन की अध्यक्षता में स्वाधीनता का जो

स्पर्श रहता था, राजस्थान के राजा के अनुग्रह से बने शिल्प विद्यालय में कार्य के क्षेत्र में वह स्वाधीनता उन्हें मिलेगी या नहीं इसमें सन्देह था। कोलकाता में अवनीन्द्रनाथ के अधीन बिचित्रा में—पर्सी ब्राउन के अधीन कोलकाता राजकीय शिल्प विद्यालय एवं आश्रम विद्यालय एवं विश्वभारती के कलाभवन में काम की उन्हें जो अभिज्ञता हुई थी उससे प्रेरित होकर जयपुर के वृहद् कर्मक्षेत्र में अच्छा कुछ करने की मानसिक तैयारी उनकी कुछ थी। अवश्य जयपुर के काम में नवीन किशोर महाराजा एवं उनके कुछ शुभाकांक्षी राजकर्मचारियों की हार्दिक सहायता से, वास्तव में कार्यक्षेत्र में उनका संशय अधिकांश में दूर हो गया था।

२. आर्ट स्कूल की इति कथा

सवाई जयसिंह (द्वितीय) ने अम्बर-प्रासाद और अम्बर-राजधानी खड़ी कर १७२८ ई. में पहाड़ के पादतल में जयपुर शहर की नींव डाली थी। जयसिंह ने वहाँ के स्थानीय कारीगरी क्षेत्र का प्रसार और विकास-योजना के लिए स्थापना की थी, 'मदरसा-हुनरी' (Madersa Hunaree) नाम से एक कारीगरी समिति की। जयसिंह के प्रसंग में असितकुमार ने लिखा है :

> चित्रकला की सामूहिक चर्चा जयसिंह के शासन-काल में ही हुई। राजपूत क़लम का जो कुछ उत्कर्ष है, उसके लिए वही ज़िम्मेदार हैं। उनके शासनकाल में उनके और उनके वंशधरों के Life-size Portrait (पूरे आकार के चित्र) पोथीखाना में रखे हुए हैं। उनकी रंग लगाने की पद्धति एकदम देशी तरह की है। Flat (सपाट) रंग से आँके हालाँकि राजा का चेहरा Profile outline एकचश्म चित्र की रेखाओं में shading गाढ़ा रंग और रंग के ज़ोर से Contrast विरोध विधान कर आश्चर्यजनक रीति से प्रस्फुटित कर दिया गया है। आजकल यूरोप के Futurist भविष्यवादी शिल्पी जन जिस विरोध-विधान Contrast के द्वारा छवि प्रस्फुटन की बहादुरी कई प्रकार के experiment प्रयोग कर दिखा रहे हैं, ठीक वही चीज़ अद्‌भुत साहस और सहजता से अभिव्यक्त कर दी है शत-शत वर्ष पहले राजपूत चित्रकारों ने। इन चित्रों में जो सब आभूषण आँके गये हैं उन पर जड़ाऊदार सजावट की गयी है। अर्थात् काफ़ी ऊँचा-

ऊँचा परतदार रंग लगाकर जिससे जरी आदि जड़कर लगाया जा सके। श्रीकृष्ण का गोवर्धन धारण, वस्त्र पर विराट रासलीला का चित्र आदि जयसिंह के समय की रचनायें हैं।[५]

राजपूत प्रतिभाओं और चित्रांकन में वैसा वैशिष्ट्य आदि मुग़ल अथवा अन्य चित्रों में असितकुमार को देखने को नहीं मिला। जयसिंह के समय पोथीखाना का चित्र संग्रह काफ़ी बढ़ गया था।

काफ़ी समय बाद १८६७ ई. में दीवान रामकमल सेन (१७८३-१८४४) के ज्येष्ठ पुत्र जयपुर राज दफ़्तर के मुख्य सचिव हरिमोहन सेन (१८१२- ?) के परामर्श से सुदक्ष फ़ोटोग्राफ़र महाराजा सवाई द्वितीय रामसिंह ने उसी व्यावसायिक 'मदरसा हुनरी' नाम से हस्तशिल्प चर्चा केन्द्र के क्षेत्र को बढ़ाकर उसे मिनिस्ट्री ऑफ़ इण्डस्ट्री के अधीन देश के अन्यान्य शिल्प विद्यालय के अनुरूप 'महाराजा स्कूल ऑफ़ आर्ट एण्ड क्राफ़्ट्स' में परिणत कर दिया था। चित्रशाला 'पोतीघर' तथा 'पोथीघर' अर्थात् लाइब्रेरी के अन्तर्गत थी उस समय। शिल्प विद्यालय शुरू हुआ था 'अजबघर' (अर्थात् विचित्र वस्तुओं का घर—अनु.) नाम से (House of Wonders) एक परिचित घर में। रामसिंह के बारे में असितकुमार ने लिखा है :

> रामसिंह ने शिल्प विद्यालय स्थापित कर भारतवर्ष के अनेक स्थानों से अच्छे-अच्छे स्थपति और कारीगर इकट्ठे कर उनको शिक्षक नियुक्त किया था। इसके अलावा जो विशेष कारीगरियाँ उनके राज्य से लुप्त हो बैठी थीं, उनका भी उन्होंने पुनरुद्धार किया था। जैसे Pottery, Lacquer Work (बर्तनों पर नक़्क़ाशी तथा पॉलिश करना) इत्यादि। मद्रास आर्ट स्कूल से कारीगर लोगों ने आकर सबसे पहले जयपुर में (पीतल का) काम विशेष रूप से सिखाया है। लाहौर से कारीगर आकर लोहे के ऊपर चाँदी के तारों का काम आदि सबसे पहले सिखाते हैं। उन सब उस्तादों के साठ से भी ऊपरी उम्र के शिष्य लोग शिल्प विद्यालय के शिक्षक नियुक्त हुए हैं। इन सब शिष्यों के भी शिष्य लोग शहरभर में दुकान कर Curio-dealers—कलाकृतियों के व्यवसायी बनकर सारी दुनिया में कलाकृतियों का प्रचार कर रहे हैं। Art school में बड़े उस्तादों की प्रतिभा का प्रवेश हो और अगर ऐसा नहीं होता है तो कारीगरी का विकास नहीं हो सकता है—यह बात सत्य है।[६]

महाराजा रामसिंह के समय १८६७ में मद्रास से डॉ. कोलिन एस. वेलिन्टाइन स्कूल के पहले सुपरिण्टेण्डेण्ट अध्यक्ष बनकर आये थे। वे कारीगर नहीं थे। विद्यालय का प्रशासनिक काम वे देखा करते थे और उनके सहायक शिल्पी के रूप में मद्रास स्कूल आर्ट से ही आये थे एलेग्जेण्डर हंटर जो कई कारीगर शिल्पी शिक्षकों को भी वहाँ से लिए आये थे। उसके बाद उस स्कूल में मद्रास सरकारी हस्तशिल्प विद्यालय से साधारणतः चुनकर आया करते थे शिक्षक जन। हंटर के परामर्श से स्कूल में बुनियादी छवि आँकना, मूर्ति बनाना, मिट्टी के बर्तन तैयार करना, हाथीदाँत का काम सिखाना शुरू हुआ था। उनके अवसर ले लेने के बाद १८६९ में सुपरिण्टेण्डेण्ट होकर आये थे शिल्पी फेवेक। शौक़ीन शिल्प–रुचि–सम्पन्न महाराजा सवाई माधो सिंह के शासनकाल में भवन को समसामयिक कला विद्यालय के लिए उपयोगी ढाँचे में बना लिया गया था।[७] १८७५ में राजदरबार के सचिव हरिमोहन सेन के पुत्र शिल्पी उपेन्द्रनाथ सेन (१८५२–१९२०) ने वह पद ग्रहण कर लिया था एवं पैंतीस वर्ष उस पद पर रहकर उससे अवकाश ग्रहण किया था। उपेन्द्रनाथ के देहावसान के बाद गुरु अवनीन्द्रनाथ की सिफ़ारिश पर असितकुमार 'महाराजा स्कूल ऑफ़ आर्ट एण्ड क्राफ्ट्स' के अध्यक्ष होकर जयपुर आ जाते हैं।[८] उनके सहकारी के रूप में आये थे शिल्पी शैलेन्द्रनाथ डे (?–१९७९)।

जयपुर आर्ट स्कूल का एक समय सुनाम था पूरे भारत में। किन्तु, असितकुमार ने अध्यक्ष बनकर वहाँ आने के बाद देखा था कि स्कूल कई दशकों की क्रमिक अवनति के मध्य मानो एक शिल्प बाज़ार के रूप में परिणत हो गया है। वहाँ पर एक कमरा तो ठसाठस भरा था बाज़ार में बेचने लायक कलात्मक चीज़ों से, देशी–विदेशी पर्यटकों का आकर्षण भी था राजस्थान के चित्र और कारीगरी से युक्त कलाकृतियों के प्रति। जो अधिकारीगण थे उनकी नज़र भी थी कारख़ाने की तरह शिल्प–कृतियों के उद्पादन और उनकी बिक्री सम्बन्धी लाभ–नुकसान की ओर। वास्तव में माधो सिंह ने स्कूल चलाने के लिए विदेशी अध्यक्ष नियुक्त न कर कम वेतन में अपने गुमाश्ता को अध्यक्ष नियुक्त किया, इससे स्कूल का अधःपतन हुआ था, ऐसा असितकुमार मानते थे। उनकी अपनी भाषा में :

> जयपुर आर्ट स्कूल की दीन दशा उपस्थित हो गयी थी इस समय, जब सिखाने की ओर पर्याप्त मन न देकर उस्ताद शिल्पी लोगों ने अपनी उदरपूर्ति करने के लिए स्कूल को 'अजब घर' (शिल्प

कृतियों की दुकान) बना डाला था। मेरे हाथों में ठीक उस दशा में स्कूल आया था। अर्थार्जन के लिए सभी शिक्षक लोग व्यस्त रहते थे। परिणाम यह हुआ २० विभिन्न शाखाओं में मात्र १० छात्र, वे भी उनके अपने बेटे अथवा आत्मीयों को वहाँ के शिक्षक सिखा रहे हैं। पूरे समय Showroom में चीज़ों को बेचना ही उनका काम था। मुझे इस शोरूम अर्थात् दुकान को सबसे पहले बन्द करने में काफ़ी परिश्रम करना पड़ा था। उसके बाद क्रमश: १०० छात्रों की पढ़ाई की व्यवस्था करनी पड़ी थी। स्कूल की नियमावली आदि सभी मुझे नयी तैयार कर—एक वर्ष में नये रूप में बना लेनी पड़ी थी। बाधा-विघ्न कितने मिले इसकी कोई इयत्ता नहीं है। स्वार्थसिद्धि के अभाव में सभी मास्टरों ने हड़ताल तक करवाने की जुगाड़ की थी। किन्तु, ईश्वर की इच्छा से सभी कुछ सही रास्ते पर आ गया। कितनी रातें मेरी दुश्चिन्ता में बीती हैं इसे अन्तर्यामी ही जानता होगा। 'धोखेबाज़ी' यह नया शब्द मैंने इसी काम के उपलक्ष्य में वहाँ पहली बार सुना था। किसी पर विश्वास करना मानो उनकी जन्मकुण्डली में लिखा ही नहीं था।[९]

जयपुर में असितकुमार ने देखा स्थानीय जागीरदारों के 'मुसब्बर' वंशज जो शिल्पी हैं, उनके बाप-दादाओं द्वारा बनाये गये चित्रों के खसड़ा अर्थात नक़ल को लेकर उन्हीं को पुन: रँगकर यूरोपीय पर्यटकों को बेचा करते थे। उन्हीं के शब्दों में,

आजकल आर्थिक लाभ ही परम लाभ है यह ज्ञान हो गया है। शिल्पकला की रचनाशक्ति नक़ल करने में पर्यवसित हो जाने के कारण उनका मन रस से शून्य हो गया है। पर, उनका अहंकार दुगुना बढ़ गया है। ये लोग सब सूत्रधर अर्थात् जाति से बढ़ई हैं एवं अपने को 'शर्मा' उपाधि से विभूषित कर गले में यज्ञोपवीत धारण करते हैं।[१०]

शिल्पी विलियम रोथेंस्टाइन ने भी अपने पहले भारत-भ्रमण के समय (१९१०-११) उस विद्यालय में एक शिक्षा केन्द्र के उपयुक्त वातावरण नहीं देखा था, पर देखा क्या था, उन्होंने देखा था वहाँ पर शिक्षक और शिक्षार्थी लोग पुराने चित्रों की प्रतिलिपियाँ तैयार करने में मग्न बने हुए हैं। कारण, विदेशी भ्रमणकारियों के समक्ष अन्यान्य वस्तुओं के साथ चित्ताकर्षक राजपूत सूक्ष्म चित्रों की माँग बहुत अधिक थी। असितकुमार वहाँ पर अध्यक्ष होकर गये

हैं, यह जानकर शिल्पी रोथेंस्टाइन ने उनका अभिनन्दन करते हुए २४ अप्रैल, १९२४ में लिखा था :

> यह आपकी महत्त्वपूर्ण और सम्मानजनक पद-प्राप्ति है, ख़ूब आशाव्यंजक, फलप्रद एवं सम्भावनाओं से भरी है। आपके अलावा और किसी की उस पद के योग्य, गुणसम्पन्न के रूप में मैं कल्पना ही नहीं कर पा रहा हूँ। आप अपने सृजनशील काम के साथ वहाँ अन्य लोगों को भी प्रेरणा देने में सक्षम होंगे। इसके अलावा उस पुराने ललित और उपयोगी कला के केन्द्र में निश्चय ही आप नया जीवन संचार कर सकेंगे। मैंने वहाँ चित्रों की निर्जीव प्रतिलिपियाँ तैयार करने के अलावा पुराने जयपुरी सजीव काम के नमूने अधिक नहीं देखे। किन्तु, इस समय आप विस्मयपूर्ण मरुभूमि शहर अम्बर के पास रहेंगे यह जानकर मुझे आपसे ईर्ष्या हो रही है, और मेरे देखे हुए अन्यतम श्रेष्ठ, अभिजात शहर जोधपुर से आप अधिक दूर नहीं रहेंगे।[११]

इसके पहले रोथेंस्टाइन ने ६ फ़रवरी, १९२४ में मेसर्स वेन ब्रदर्स जैसे इंग्लैण्ड के सुविख्यात प्रकाशन को चीन और जापान के सचित्र शिल्प ग्रन्थ प्रकाशन की प्रस्तुति के साथ भारतीय शिल्पकला पर एक विशाल ग्रन्थ प्रकाशित करने के प्रयास की बात बतायी थी। इस ग्रन्थ के लिए असितकुमार से भारतीय भास्कर्य और चित्रकला के अप्रकाशित फ़ोटोग्राफ़ों की खोज भी चाही थी। भारतीय कला के प्रति श्रद्धावनत रोथेंस्टाइन एक सुव्यवस्थित भारतीय कला सम्बन्धी ग्रन्थ संकलन की ज़िम्मेदारी लेकर बन्धु के रूप में उनकी सहायता की प्रार्थना की थी।[१२] गुजरात, बम्बई (अब मुम्बई) काशी होते हुए दो महीने से अधिक के अपने सफ़र के अन्त में पौष उत्सव के पहले १६ दिसम्बर, १९२३ को शान्तिनिकेतन लौटने के अल्पकाल बाद रवीन्द्रनाथ ने भी जयपुर में असितकुमार को लिखा था, डाकघर की मुहर की छाप ७.१.१९२४ की है :

> वहाँ तुम ख़ूब अच्छी तरह जम गये हो यह जानकर ख़ूब ख़ुश हूँ। तेरे दरबार में एक बार सशरीर उपस्थित होऊँ मन में ऐसा संकल्प था किन्तु, घूम-घूमकर हैरान हो गया था इसलिए इस यात्रा के दौरान वैसा हो नहीं सका। तेरे वहाँ (जयपुर में) Crafts (हस्तशिल्प) सीखने के लिए किसी-किसी को भेजने का प्रस्ताव कर देखूँगा। मुझे लगता है जो वास्तव में हस्तशिल्पी हैं, उन्हीं के घर के छात्र

> भेजने पर अधिक काम हो सकेगा। जो आर्टिस्ट होते हैं उनका इस तरह के काम में मन नहीं लगता है। तुम्हें शायद पता है कि ग्रीष्मावकाश नाम की एक चीज़ है। उसी समय यहाँ एक बार आने पर तुम अपना एक कला सम्मेलन कर जाओ—जिससे धीरे-धीरे तू यहाँ से छिटककर दूर न हो जाये।[१३]

बोलपुर छोड़कर आने के बाद भी असितकुमार अपने आत्मीय स्वजन, बन्धु-बान्धवों के साथ चिट्ठी-पत्री के द्वारा नियमित रूप से अपने सम्बन्धों की रक्षा कर चलते आ रहे थे। शान्तिनिकेतन से सतीर्थ शिल्पी नन्दलाल बसु ने ६ जनवरी, १९२४ में उन्हें लिखा था :

> तुम्हारी अच्छी नौकरी हो गयी है, तुम सम्पन्न हो गये हो, यह सोचकर बड़ा आनन्द मिला। अपनी घर-गृहस्थी को लेकर, जो-जो हैं उनके अलावा और कोई नयी बात नहीं है। फिर भी तुम्हारी कमी महसूस कर रहा हूँ।—जब प्राण हाँफने लगते थे, तब तुम्हारे पास बैठकर चित्रांकन करते हुए भी आराम मिल जाता था। कलाभवन पूर्ववत् ही चल रहा है, तुम जिन कई छात्रों को देखकर गये हो, वे मनुष्य बन जायें तो मैं निश्चिन्त हो जाऊँ, फिर भी आर्थिक दृष्टि से देखने पर चारों ओर अँधेरा ही दिख रहा है। तुम लगता है इस समय काम की भीड़ में मग्न हो। यदि वहाँ पर किसी छात्र को हाथ का काम, क्राफ्ट सीखने के लिए भेजूँ, मेरी इच्छा है—जिन्हें पक्का चित्रकार होना है, उन्हें कोई-न-कोई हस्तशिल्प, क्राफ्ट सीख लेना चाहिए तो उससे उनकी आर्थिक स्थिति यदि चले तो चल सकती है। तो भी, यह एक Experiment—प्रयोग ही है। एक बात और है, हम लोग सदलबल तुम्हारे अतिथि होना चाहते हैं—कब, किस समय जाने पर ठीक होगा।[१४]

क्राफ्ट शिक्षार्थियों के बारे में रवीन्द्रनाथ के साथ नन्दलाल का भिन्न मत था। रसिक शिल्पी जयपुर में काफ़ी दिनों रहकर 'थोड़ा मोटा होकर' वापस आयेगा वे ऐसा सोच रहे थे। अवश्य असितकुमार ने अपने स्वल्पकालीन जयपुर निवास में उन्हें और रवीन्द्रनाथ को अतिथि रूप में नहीं पाया।

जयपुर में काम में लगे रहने पर असितकुमार ने शान्तिनिकेतन में कलाभवन के शिल्पप्रांगण की सब प्रकार से उन्नति की बात सोचकर पाठ्यक्रम गृहस्थापत्य आदि के सम्बन्ध में अपनी पूर्व-योजना रवीन्द्रनाथ के सामने

प्रस्तुत करने का प्रस्ताव रखा था। कवि ने अपनी प्रतिक्रिया व्यक्त करते हुए अपने उपर्युक्त पत्र में ही लिखा था :

> कलाभवन का एक आदर्श रूप तैयार करने के लिए जो प्रस्ताव प्रस्तुत किया है, वह तो अच्छा ही लग रहा है। किन्तु, हम लोग तुम्हारी राय के अनुसार ख़ूब बड़ी इमारत तैयार कराकर Endowment का रुपया नष्ट करना नहीं चाहते हैं। जो रुपया हमें मिलेगा उसके द्वारा अपने कलाभवन को चिरस्थायी कर सकेंगे यही हमारा विषय है। इसके बाद धीरे-धीरे बिल्डिंग एवं अन्य सामान बढ़ाया जायेगा। इसी बीच अपने Architect के द्वारा एक नक़्शा तैयार कर अगर भेज दो तो अधिक अच्छा होगा।[१५]

रवीन्द्रनाथ विश्वभारती के लिए अर्थ-संग्रह के उद्‌देश्य से गुजरात, बम्बई की परिक्रमा के लिए गये थे एवं जो धन उस यात्रा में वहाँ के छोटे-बड़े व्यवसायी ज़मींदारों से पाया था और पाने के लिए जिनसे वचन ले आये थे, उस धन से कलाभवन का भवन एवं शिक्षकों के लिए आवासादि के निर्माण के साथ कलाभवन के लिए एक स्थायी कोष बनाने की उनकी योजना थी। गुजरात के भावनगर से उन्होंने रवीन्द्रनाथ को लिखा था,

> कलाभवन में जो मासिक ख़र्चा हो रहा है, उसकी एक पक्की व्यवस्था हो जाने पर वह वस्तु चिरन्तन हो जायेगी। विश्वभारती की अन्य सब चीज़ें यदि चली भी जायें किन्तु, वह नहीं मरेगी।[१६]

चिट्‌ठी का क्या आशय है उसे समझ लेने पर, यह समझने में असुविधा नहीं होगी कि वे मानव सभ्यता के वृहत्तर सांस्कृतिक प्रांगण में अपने विश्वविद्यायतन में संगीत एवं शिल्पकला को एक चिरस्थायी आसन देना चाहते थे। आगे चलकर असितकुमार द्वारा परिकल्पित स्थापत्य कला कलाभवन के भवन-निर्माण में ग्रहण की गयी थी या नहीं यह स्पष्ट नहीं है। हम लोग इस समय प्रचलित तथ्यों के अनुसार शिल्पी सुरेन्द्रनाथ कर को कलाभवन के स्थपति के रूप में जानते हैं।

१८ फ़रवरी, १९२४ ई. में शान्तिनिकेतन से श्रद्धेय चार्ल्स ऐंड्रूज ने इंग्लैण्ड में अर्थाभाव से पीड़ित देश लौटने को व्यग्र शिल्पी मुकुलचन्द्र डे को जयपुर स्कूल में शिक्षक पद पर लेने की सिफ़ारिश करते हुए असितकुमार को लिखा था।[१७] उस समय अवश्य वे जयपुर में अपने सहकारी के रूप में अपने सतीर्थ शिल्पी शैलेन्द्रनाथ डे को बुलाकर ले गये थे।

रवीन्द्र-सान्निध्य छोड़कर जयपुर स्वेच्छा से नहीं आये थे असितकुमार। स्वाभाविक है, उन्होंने अपने मन का दु:ख कभी-कभी अन्तरंग व्यक्तियों को लिखे पत्रों में व्यक्त किया था। ऐसे ही एक पत्र के उत्तर में उनके चित्रों की अनुरागी कोलकाता विश्वविद्यालय में अध्यापनरत आस्ट्रिया की कला-इतिहासकार डॉ. स्टेला क्रामरिश ने २० जुलाई, १९२४ के पत्र में अपने असित दा को उत्साहित करते हुए लिखा था,

> आपका समय बुरा बीत रहा है, यह बात मैं नहीं मान पा रही हूँ कारण, सौभाग्यवश आपके लक्ष्य के प्रेक्षापट पर अन्ततः एक स्कूल के पुनर्गठन का सुअवसर आपको मिला है।[१८]

उन्होंने सही बात लिखी थी। शिक्षा क्षेत्र क्रमशः अवनत होते एक स्कूल के पतन को वहीं रोककर उसके पुनर्निर्माण के प्रति सचेष्ट होना पड़ा था असितकुमार को जयपुर में। वहाँ पर उनके ऊपर आये महत्त्वपूर्ण दायित्व से निराश होने के लिए कोई स्थान था ही नहीं। श्रीमती क्रामरिश ने हाल में परलोकगत उपकुलपति सर आशुतोष मुखर्जी की अनुपस्थिति में आशानुरूप कुछ भी नहीं देखा था कोलकाता विश्वविद्यालय में गवेषणा के क्षेत्र में। यह बात जानकर भी अपनी भारतीय नृत्य और प्रकृति-सम्बन्धी गवेषणा-ग्रन्थ के प्रयोजन से राजपूताने से अल्प दूरी पर स्थित द्वारका में सोमनाथ मन्दिर के पत्थरों पर उत्कीर्ण अनेक वैचित्र्यपूर्ण नृत्य भंगिमाओं के फ़ोटोग्राफ़ संग्रह में असितकुमार की सहायता उन्होंने चाही थी।

सुदूर पेरिस से शिल्पी आन्द्रे कार्पेले ने मिस्र के Messages of d' orient नाम के पूर्वी देशों से सम्बद्ध एक नयी पत्रिका की 'भारतवर्ष' शीर्षक विशेष संख्या की अतिथि सम्पादक का दायित्व पाकर असितकुमार से जयपुर की तत्कालीन जीवन्त लोक संस्कृति, शिल्पकला अथवा प्राचीन राजपूत चित्रकला विषय पर सचित्र निबन्ध माँगा था।[१९] इस तरह से प्रवास में होते हुए भी शिल्पी असितकुमार अनेक सहायतामूलक कार्यों के माध्यम से देश-विदेश में अपने परिचित जनों के साथ सांस्कृतिक अन्तरंग सम्बन्ध कायम रखते थे।

३. आर्ट स्कूल का काम-काज

शिल्पकला के क्षेत्र में ऊपर मरुप्रान्त से घिरा हुआ राजस्थान कभी भी दीन-

हीन नहीं रहा था। वरन उसके विशाल आकार के प्रासाद, हवेलियाँ, दुर्गप्राकार की स्थापत्यकला का अपना वैशिष्ट्य, राजपूत चित्र और लोककला के असाधारण ऐश्वर्य, नृत्य और शास्त्रीय संगीत के प्राचुर्य एवं वहाँ के सामान्य, प्राणवन्त मनुष्यों की रंग-बिरंगी पोशाक और सहज, सरल व्यवहार और जीवनाचरण में स्वभाव से ही भारतवर्ष में अग्रगण्य स्थान ग्रहण किये हुए था। उस युग में विशेष रूप से सृष्टि एवं निर्माण के उत्कर्ष एवं वैशिष्ट्य में जयपुर की चित्रकला के अलावा भी वहाँ की मुखौटा कला, भास्कर्य, काठ और पत्थर की खुदाई का काम, हाथीदाँत का काम, एनामेलिंग, चाँदी के गहनों का निर्माण, अलंकृत टालियाँ, मिट्टी के बर्तन बनाना, काग़ज़ पर लाख का काम (Pepier mache), कोटा का बना हुआ मसलिन का कपड़ा, गलीचा, एम्ब्रायडरी का काम एवं टोंक प्रदेश में बनायी गयी मिट्टी की मूर्तियों की सारे देश एवं विदेशों में भी भारी माँग थी। ब्रिटिश शासनकाल में राजपूताने के करद राज्यों के शौक़ीन राजा लोगों ने जिस तरह से संगीत का पृष्ठपोषण दरबार के उस्तादों का भरण-पोषण करते हुए किया था, वैसे ही उन्होंने अपनी सभा में चित्रशिल्पियों को भी ससम्मान आसन दिया था। वहाँ पर 'हिन्दू राजा लोग शिल्पियों को वंश-दर-वंश चलने वाली जागीर दान कर उनका पालन-पोषण किया करते थे पूजा-पर्व पर अच्छे काम के लिए उन्हें पारितोषिक दिया करते थे।[२०] किन्तु, उन्नीसवीं शताब्दी के अन्तिम दशक में उन्हीं शिल्पियों के शिल्प कर्म का मान काफ़ी निम्नगामी हो गया था। अनेक चित्रकार यूरोपीय निकृष्ट वेशभूषा में भारतीय देवी-देवताओं को अपने चित्रों में सजाने लगे थे। भावनाओं की भिक्षावृत्ति से प्रेरित होकर चित्रकार आलोकमाला से सजे हुए यूरोपीय ढाँचे जैसे ड्राइंगरूम में भगवान शिव को राजकीय सिंहासन पर बैठालकर अथवा सखा-सखी सह फिटन चलाते हुए भगवान श्रीकृष्ण—ये सब अन्य सृष्टि-काण्ड यूरोप की सस्ती छवियों की नक़ल कर छवि आँककर उन्होंने किये थे।[२१]

चित्रांकन में काउंट ओकाकुरा जैसी शिल्परचना के क्षेत्र में परम्परा, प्रकृति और निजीपन के चिरकाल से चले आये गुणों के प्रति अवनीन्द्रनाथ किसी विशेष बँधी-बँधायी प्रणाली का सहारा लिए बिना भी अपने शिष्यों को सदा सचेतन रखते थे। असितकुमार ने लिखा है :

> इन तीन गुणों में से हरेक में जो तीन गुण रहने आवश्यक हैं, वे हैं—
> छन्द, वजन, सन्तुलन (Balance), मान अथवा प्रमाण

> (Proportion)। एक शिल्पी का यदि तीसरा नेत्र खुल जाये तो वह इन्हें प्रकृति एवं अपनी उद्भावना शक्ति में प्रकट होता हुआ देख सकता है।

इस पद्धति को कार्यान्वित करने के लिए कोई सिलेबस तैयार नहीं किया जा सकता है या नहीं, इस सम्बन्ध में गवेषणा करने का अवसर असितकुमार ने जयपुर महाराजा स्कूल ऑफ़ आर्ट एण्ड क्राफ़्ट्स का दायित्व ग्रहण कर पा लिया था। लिखा है उन्होंने :

> वहाँ पर मेरे ऊपर सिर्फ़ चित्रकला नहीं, हस्तशिल्प, कारीगरी और डिज़ाइन सिखाने का भार भी डाल दिया गया। सभी हस्तशिल्प शिक्षक कारीगरों को कारीगरी तो सिखा सकते हैं किन्तु, उनके लिए डिज़ाइन अथवा नक़्शा और रचना प्रणाली सिखाना एक प्रकार से असम्भव है। इसके बाद अपनी शिल्पकला शिक्षा की अभिज्ञता का विश्लेषण कर एक सिलेबस खड़ा कर लिया था, जिससे शिक्षार्थियों को ऐतिह्य, प्रकृति और मौलिकता, इन तीन मुख्य विषयों को शुरुआत से सिखाना होने लगा था। फलस्वरूप यह देखा गया कि छात्र अपनी व्यक्तिगम क्षमता अथवा अक्षमता के मध्य भी एक आदर्श अथवा Standard एक मानक स्तर पर पहुँच सकते हैं—जिसे हम लोग शिल्पकला के द्वार के रूप में कह सकते हैं।

"और उसी द्वार को पार कर जो उसमें प्रवेश कर सकता है उसी को शिल्पी कहा जा सकता है।" इसी निर्णय पर पहुँचे थे शिक्षक असितकुमार।[२२]

जयपुर आर्ट स्कूल में काम करने के दौरान योगदान करते हुए असितकुमार ने तेरह छात्र एवं स्थानीय बंगाली शिक्षक शोभामय घोष, जितेन्द्रमोहन घोष एवं विक्रय केन्द्र के कर्मचारी बाबू बिनोदबिहारी राय को पाया था। इसके अतिरिक्त हस्तशिल्प विभाग में उम्रदराज उस्ताद कारीगर शिक्षक के रूप में थे। उन्होंने पदभार ग्रहण करते ही हस्तशिल्प-विभाग में चलने वाले पन्द्रह विषयों के अलावा और भी पाँच विषय—धातु ढलाई, बढ़ईगीरी (काष्ठकला), काठ खुदाई, तामा एवं मिश्र धातुओं के ऊपर चाँदी अथवा सोने के तार अथवा पत्ता लगाने का काम (Damassin) और लाख का काम जोड़ दिया था। उन्होंने अपने विभाग में चित्रों की प्रतिलिपियाँ तैयार कराने के साथ डिज़ाइन और प्रकृति निरीक्षण का पाठ जोड़कर विभाग को समसामयिक शिल्पविद्यालय को उपयोगी बना डालने के लिए वे प्रयत्नशील हो गये थे।

वेतनमान परिवर्तन की सिफ़ारिश के साथ शिल्पकला के लिए योग्य शिक्षकों की नियुक्ति कर एवं कृती छात्रों को वृत्ति देने की व्यवस्था के साथ वे अल्प समय में विद्यालय की छात्र संख्या तेरह से एक सौ साठ तक बढ़ाने में समर्थ हो गये थे। इस तरह से असितकुमार विद्यालय की क्रमशः होने वाली अवनति को रोकने में सक्रिय हो गये थे।

उन्होंने अपने को सिर्फ़ छात्रों को शिक्षा देने और स्कूल के प्रशासन में ही व्यस्त नहीं रखा। वे जानते थे, 'चूने के द्वारा भित्तिचित्र आँकने की प्रथा जयपुर में बहुत प्रसिद्ध है।' जयपुरी फ्रेस्को पद्धति से सम्बन्धित जानकारी को वहाँ के अनुभवी शिक्षकों से ठीक से सीखने में भी उन्होंने कोई संकोच नहीं किया। कारण, उनका विश्वास था, शिल्पवृत्ति को प्राणवन्त बनाये रखने के लिए एक शिल्पी को आजीवन देखने और सीखने के माध्यम से गुज़रना पड़ता है। आगे चलकर लखनऊ में उनकी वह शिक्षा, बाघगुहाचित्रों की प्रतिलिपि उनके काम में उपयोगी सिद्ध हुई थी। कोलकाता में प्राच्य कला परिषद् में फ्रेस्को सिखाने के लिए गुरु अवनीन्द्रनाथ एक शिक्षक की खोज में थे। उनकी आज्ञा के अनुसार जयपुर स्कूल के शिक्षक शिल्पी नरसिंह लाल द्वारा आँके गये एक चित्र को असितकुमार ने वहाँ पर शिक्षक के रूप में उनके काम की परख कर देखने के लिए भेज दिया था। अवनीन्द्रनाथ ने उस चित्र को वापस भेजते हुए लिखा था :

> जयपुरी पृथीराज (पृथ्वीराज) चित्र कई दिन हुए तुम्हारे पास भेज दिया गया है। उसे उन्हें वापस देकर निश्चिन्त तो हो गये हो? वह व्यक्ति सिर्फ़ अच्छा आँकता नहीं है, यह नहीं है, चित्रांकन करने का उसे बहुत बड़ा दम्भ भी है, वह फिर तुम्हारे साथ होड़ लगाते हुए अपने काम की परीक्षा भी देना चाहता है, अगर वह मेरे पास होता तो मैं एक बार उसकी परीक्षा भी ले लेता। उससे ज़रा पूछो तो किस शिल्प-शास्त्र के अनुसार उसने पृथ्वीराज की छवि में अग्रपृष्ठभूमि के व्यक्तियों को मध्य दूरी पर अवस्थित मनुष्यों की तुलना में विषमता से छोटा-छोटा बना दिया है—ऐसा करने का कारण तो है किन्तु, पेंटर उसे निश्चय ही नहीं जानता है। मुझे पता है वे लोग बिना जाने छवि में छोटे-बड़े के हिसाब से काम करते जा रहे हैं। फ़ोटोग्राफ़ के अग्रभाग का मनुष्य बड़ा दिखायी देता है और छवि में इसका ठीक उलटा है चूँकि छवि में प्रधान जहाँ कहीं भी क्यों न हो वह तो बड़ा ही दिखायी देता है और अन्य लोग जो प्रधान नहीं होते

हैं, वे छोटे ही दिखायी देते हैं।

राजपूताने में 'शय्या प्रकोष्ठ' को 'सुखभवन' कहा जाता है। असितकुमार ने देखा था राजप्रासाद में अन्तःपुर के 'सुखभवन' की तरह धनी गृहस्थों के छोटे आकार के 'सुखभवनों' में भी चूने की मेहराब अथवा पंखों की कारीगरी की गयी दीवालों पर एक प्रकार की विशेष पद्धति से भित्तिचित्र आँके गये हैं—तीर्थ-स्थानों की रंगीन छवियों पर चमकदार पॉलिश ख़ूब सुन्दर लगती है। मुग़ल और राजपूत चित्र सूक्ष्मता की दृष्टि से विश्व की श्रेष्ठतम सम्पदा हैं। असितकुमार ने लिखा है :

> इतनी बारीकी से कूँची चलाने की प्रथा दुनिया में अरब में छोड़कर और कहीं नहीं है। मुग़ल चित्र अगर देखने हों तो उन्हें आतशी शीशे से देखने होंगे।

आर्ट स्कूल में प्रायः लुप्तप्राय उस विशिष्ट शिल्पकार्य को पुनः प्रचलित कराने को असितकुमार के प्रस्ताव को अवश्य कर्तृ पक्ष ने अस्वीकार कर दिया था।[२३]

जयपुर में 'पोतीखाने' की चित्रशाला को गम्भीर कौतूहल के साथ असितकुमार ने देखा था। वहाँ पर सम्राट अकबर के समय से लेकर जितने बड़े-बड़े शिल्पी भारतवर्ष में उत्पन्न हुए थे उनकी छवियाँ सुरक्षित हैं। उन्होंने देखा था अकबर के दरबारी शिल्पियों द्वारा आँके गये चित्रों से भरे चार खण्ड राजनामा अर्थात् रामायण और महाभारत। एक कमरे में मोहर लगे रखे हुए लगभग एक लाख छवियों का सन्धान उन्हें मिला था पोतीखाने में। उन्हें आर्ट गैलरी बनवाकर संरक्षण और उनके प्रदर्शन का प्रस्ताव भी वे कर आये थे।[२४] वे जानते थे मुग़ल, काँगड़ा, राजपूत चित्रकला के अधिकांश ने यूरोप, अमेरिका के बड़े-बड़े म्यूज़ियमों में स्थान पाया है और कुछ-कुछ हमारे देश के अनेक स्थानों के म्यूज़ियमों और कला विद्यालयों में संरक्षित किये गये हैं।

४. जयपुर राजदरबार

राजदरबार में किशोर राजा माधोसिंह (द्वितीय) के विवाह समारोह में शामिल होने पर राजसरकार के नियमानुसार एक मास के वेतन को नज़राने के रूप में देने की चली आयी प्रथा का मर्म हाड़-हाड़ में अनुभव करने के बाद भी

उस समारोह की अभिनव अभिज्ञता असितकुमार की भाषा में यहाँ हूबहू उद्धृत कर रहा हूँ :

> नाबालक (नाबालिग) राजा की उम्र १३/१४ वर्ष, विवाह किया जोधपुर राजा की दीदी से, उसकी उम्र पैंतीस। अनोखा मामला है।...राजा के विवाह के उपलक्ष्य में विशेष दरबार लगा, 'नज़र' स्वीकार करने के लिए। चोबदार आकर मुझसे मेरा दरबार में स्थान कहाँ है उसका 'पास' और नम्बर दे गया और कह गया जुलूस की पोशाक पहनकर आना होगा। प्रासाद के मध्य बने दीवानी ख़ास के हॉल में सभा बैठी। विलायती तर्ज पर मखमल की गद्दी लगी विशाल चेयर पर छोटे शिशु राजा सभासीन हुए।... दरबार में देशी लोगों का विलायती पोशाक में जाना निषिद्ध है। राजप्रासाद की ड्योढ़ी लाँघते ही सिर पर टोपी या पगड़ी पहननी ही पड़ेगी।... जार साही अथवा विलायती रुपये में ही नज़र देनी होगी। राजा को कोर्निश कर हाथ के ऊपर हाथ रखकर उसके ऊपर रूमाल पर रुपया रखना होगा। राजा उसे उठाकर पास रखी एक थाली में फेंक देता है। रुपया लेना हो जाने के बाद राजा को पुनः कोर्निश कर पीछे हटकर अपने स्थान पर जाकर बैठ जाना होगा। हर व्यक्ति जो राजा के पास आता है, उसे नज़र देता है, उसके नाम और पद की घोषणा कर एक व्यक्ति राजा को सुना देता है।

दरबारी अदब-कायदे के अभ्यस्त असितकुमार के परिचित एक व्यक्ति सुबोध बाबू के साथ दरबार में पहली बार जाने और नज़र देने की विचित्र अभिज्ञता भी असितकुमार के वर्णन में बड़ी मज़ेदार थी :

> किसी एक विशेष मजलिस में हुए निमन्त्रण में बड़े-बड़े मन्त्री, अँग्रेज़ रेजीडेंट, प्रेसीडेंट, तलवारधारी सरदार लोग उपस्थित थे। सुबोध बाबू बोले—'मोशाई, राजा आ रहे हैं, आपके पास चाँदी का रुपया आदि है या नहीं। आप नये आये हैं, राजा को नज़र दिये बिना कोई कर्मचारी राजा से पहली बार मिल नहीं पाता है—यह यहाँ की प्रथा है।' मेरे पास अँग्रेज़ सरकार के कई रजत (चाँदी के) सिक्के थे। आँधी की तरह राजा की मोटर उद्यान के सामने आकर हाज़िर हो गयी। सभी लोग कतारबद्ध होकर मार्ग के दोनों ओर खड़े हो गये। मैं भी खड़ा हो गया। एक छोटा मारवाड़ी लड़का (११ वर्ष) तड़क-भड़कदार कपड़े पहने गाड़ी से उतरकर आते ही बूढ़े-बूढ़े

सरदार आदि सभी ने दो हाथ उठाकर उसकी कोर्निश करना शुरू कर दी—लग रहा था जैसे किसी स्टेज पर कोई अभिनय हो रहा है—और मैं उसी को देख रहा हूँ। सुबोध बाबू के सलाम की बारी शेष होते ही रुपया सहित मुझे राजा के पास हाजिर कर दिया नज़र देने के लिए। आश्रम में रहते समय क्या लाट, क्या फ़क़ीर सभी को नमस्कार नहीं हाथ मिलाना—(Shake hand)—भर जानता हूँ। मैं राजा के सामने जाकर क्या करूँ यह सोच ही नहीं पा रहा था। खटाक से सिर झुकाकर सम्मान प्रदर्शित कर दो रुपया जैसे ही राजा को देने जाऊँ वैसे ही मेरे कार्यकलाप देखकर दो मन्त्रियों ने मिलकर झट से मेरा हाथ दबाकर पकड़ लिया—राजा ने भी हाथ उठाया और फिर समेट लिया। तब सुबोध बाबू ने पुनः मेरा हाथ टेढ़ा कर जैसे ही हथेली ऊपर की राजा ने हँसकर रुपया उठा लिया। मेरी ओर से दोनों मन्त्रियों और सुबोध बाबू ने महाराज से क्षमा माँग ली।'[२५]

राजदरबार में 'ऋतु और समयोचित रंग की पोशाक पहनकर दरबारियों को राजसभा में आने की प्रथा' है किन्तु, असितकुमार के शिल्पी मन पर इसकी गहरी रेखा खिंच गयी थी, उनकी लेखनी से :

राजदरबार में एक विशेष नियम मुझे बहुत अच्छा लगा है। दरबार जिस मौसम में लगता है, ठीक उसी के अनुसार रंग की पोशाक दरबारी लोगों को पहननी पड़ती है, राजा भी वैसी ही पोशाक में सजकर रहता है। जैसे, वर्षा के दरबार में पानी के किनारे बने एक विशेष हॉल में सभी हरे रंग की पगड़ी, हरा झब्बा पहनकर दरबार करते हैं। राजा की भी पोशाक, पगड़ी हरी, इसके अलावा भी तलवार, मुकुट के गहने सभी उज्ज्वल, हरे पन्ना से खचित रहते हैं। शरत्पूर्णिमा का दरबार लगता है, खुली छत पर ज्योत्स्ना में। सभी श्वेत वस्त्र पहनेंगे, राजा हीरे-मणियों से भूषित रहेगा। कजरी दरबार—कालीपूजा में रात में दीवाली करने के बाद होता है—तब काली पोशाक, राजा के भी नीले गहने और नीली पोशाक। सालगिरह के दरबार में राजा के जन्मदिन पर सभी लोग लाल अथवा जरी की पोशाक पहनेंगे। राजा भी जरी की पोशाक और रक्तवर्ण के दाने लगे आभूषणों से भूषित होगा।[२६]

दरबार की शिल्प संगत-प्रथा पूर्व में उल्लिखित कोलकाता के बिचित्रा स्टूडियो में रवीन्द्रनाथ और प्रतिभादेवी की वैवाहिक वर्षगाँठ पर लाल

वस्त्र से लेकर लाल मिष्टान्न के आयोजन के विशेष दिन की याद दिला देती है।

५. स्कूल का क्रमिक विकास

१९२३ अक्टूबर से १९२५ जनवरी तक जयपुर के अपने कर्म जीवन में शिल्पी असितकुमार अपने चित्रांकन में अपना कितना मन लगा सके थे, यह प्रश्न मन में उठता है। इसके पूर्व यूरोप परिभ्रमण के समय उनके चित्रांकन के सम्बन्ध में कुछ भी पता नहीं चलता है। मान लेना पड़ता है, उन्होंने उस समय कोई भी चित्र बनाया ही नहीं। सिर्फ़ अपनी प्रेरणा से म्यूज़ियमों में चित्र देखते हुए, यूरोपीय शिल्पियों के साथ बातचीत करने में वे यूरोप घूमते रहे थे। अपने अभ्यस्त चेहरों के रेखांकन करने जैसे काम से भी वे वहाँ विरत रहे थे। दृश्यचित्र रचना में किसी भी दिन उनका वैसा आग्रह नहीं था। विलायत प्रवास में उनके छवि-अंकन का जरा-सा भी संवाद दृष्टिगोचर न होते हुए भी जयपुर में उस समय सबसे कम दो छवियों के आँकने का संवाद मिलता है। इस क्षेत्र में कम आँकने के सम्भावित कारण के रूप में अन्दाज लगाना पड़ता है, सुविख्यात 'महाराजा स्कूल ऑफ़ आर्ट्स' के धीरे-धीरे हो रहे शिक्षा के पतन को रोकने में प्रथमावधि में उनका कर्म-प्रयास और उसमें उनका अधिक समय व्यतीत होना तथा अप्रत्याशित स्त्री-वियोग के कारण उनकी अव्यवस्थित पारिवारिक परिस्थिति। जयपुर में रहते समय असितकुमार के 'आकाश प्रदीप' और 'कुएँ से पानी भरती राधा' इन दो चित्रों की ख़बर मिलती है उनके द्वारा तैयार उनकी विच्छिन्न चित्र तालिका की पाण्डुलिपि से। ये तीनों छवियाँ क्रमशः कलानुरागी ग्रन्थकार श्री एन.सी. मेहता आई.सी.एस. एवं अध्यापक राधाकमल मुखोपाध्याय के संग्रह में चली गयीं। दोनों चित्र सुरेश चक्रवर्ती की उत्तरा मासिक पत्रिका में प्रकाशित हुए थे। इसके अतिरिक्त, जयपुर राजदरबार के एक परिचित जन की चिट्ठी से उनके उस समय के आँके गये कई चित्रों और रेखांकनों की प्राप्ति का समाचार मिलता है।[२७]

६. स्त्री का परलोक गमन

जयपुर में २४ सितम्बर, १९२४ ई. के दिन असितकुमार के व्यक्तिगत जीवन में विपत्ति घट जाती है, अपनी प्रियतमा पत्नी सरोज वासिनी को असमय में खोकर। सन्तान सम्भवा स्थिति में पड़कर अकस्मात् उनकी मृत्यु हो जाती है। स्त्री के चले जाने से असितकुमार और उनके निकटजन एवं परिचित लोग उस समय मातृविहीन छोटा पुत्र अतीश, छोटी बच्ची अतसी के पालन की बात सोचकर चिन्ता में पड़ गये थे। मद्रास (अब चेन्नई) के अड्यार से थियोसोफिकल सोसायटी की अधिकारी श्रीमती एलिस अड्यार ने ५ अक्टूबर, १९२४ के पत्र में शोक से आहत असितकुमार को सान्त्वना देते हुए पुत्र अभिजित को शान्तिनिकेतन आवासीय विद्यालय में भेज देने के लिए कहकर लिखा था—

> मेरी दृष्टि में माँ-विहीन शिशु का जीवन भीषण दुःख का होता है, विशेषकर छोटी अतसी जो अपनी माँ के दुलार से वंचित हो जायेगी— तुम्हें ही एक तरह से उसके माँ-बाबा होकर रहना पड़ेगा।" २८
> स्त्री-वियोग के बारे में असितकुमार ने लिखा था—"जयपुर के साथ और भी एक स्मृति मुझे चिरकाल तक याद रहेगी—जिसे मैं चिरकाल के लिए वहाँ खो आया हूँ।[२९]

असितकुमार थोड़े समय बाद ही १९२५ ई. में लखनऊ में सरकारी आर्ट स्कूल में योग देते ही सद्यः मातृहारा शिशु सन्तान अतसी और अतीश की आपातकाल में देखरेख के लिए एक शिशु कन्या के साथ विधवा साली सरसीबाला को अपने परिवार में बुला लाये थे।

तथ्यसूत्र

१. असितकुमार हालदार, रवितीर्थे, अजन्ता प्रकाशन, कोलकाता, १९५९, पृ. १४८।

२. असितकुमार हालदार, 'रजवाड़ा का मुलुक', उत्तरा, आश्विन १३३३ बं.(१९२७), पृ. २६।

३. तदैव, पृ. २६।

४. आनन्द कुमारस्वामी ने चित्तौड़ से, ११ अक्टूबर, १९१० की चिट्ठी में असित को

लिखा था, 'You must come to Rajputana someday and see the real India. The people and their dress are beautiful. I have got fine lot of old drawings, some nearly life-size.'

५. तदैव, उत्तरा, कार्तिक १३३३, पृ. १२५।

६. तदैव, पृ. १२६।

७. Pratima Seth, 'Notes on Dictionary of Indian Art and Artists, Mopin Publishing 2006, p. 291.

८. शोभन सोम, शिल्प शिक्षा ओ औपनिवेशिक भारत, प्रकाशन विभाग, तथ्य ओ बेतार विभाग, भारत सरकार, मई १९९८, पृ. १३५।

९. 'राजबाडार मुलुक', उत्तरा, कार्तिक, १३३३, पृ. १२७।

१०. तदैव, उत्तरा, आश्विन, १३३३, पृ. ३४।

११. असितकुमार को शिल्पी रोथेंस्टाइन ने लिखा था, 'This is an important and honorable appointment full of hopeful and beautiful possibilities. I can not imagine any one better equipped for such post then yourself. You will be able both to inspire others and to do creative work yourself. Further, you should bring a new life into an old centre of art and craftsmanShip. There was too much lifeless copying and not enough of the old spirit in their Jaipur work I saw. But now I envy you, near as you are to the wonderful deserted city of Amber! And you are not far from Jodhpur, which seemed to me one of the noblest cities I had ever seen.'

१२. असितकुमार को रोथेंस्टाइन ने लिखा था, 'Messers, Benn Brose... have approached me with proposals for an important book on Indian Architecture, painting and sculpture. Mr. Cardington, of the victoria and Albert Museum, will be joint editor... The first volume will deal with architecture and sculpture in northern India---; and the third will be on Indian painting. We are anxious that the illustrations shall give the best impression possible of the greatness of Indian Art and we are anxious also. To include as many possible reproductions not hitherto published. Can you help in supplying us with photographic prints of fine works of sculpture in the Indian private and public collections? I am anxious to illustrate as fully as possible the genius of your Country.'

१३. 'रवीन्द्रनाथ ठाकुर, अप्रकाशित पत्रावली', देश शारदीय, १९९६, पृ. २८।

१४. 'अप्रकाशित पत्रावली', नन्दलाल बसु, देश शारदीय, २००७, पृ. ६३।

१५. 'रवीन्द्रनाथ ठाकुर अप्रकाशित पत्रावली', देश शारदीय, १९९६, पृ. २८।

१६. प्रशान्त कुमारपाल, रवि जीवनी (नवम खण्ड), आनन्द पब्लिशर्स में २००३, पृ. ३९, रवीन्द्रनाथ ठाकुर, चिट्ठी-पत्र २, विश्वभारती ग्रन्थन विभाग, १४१९, पत्र ३८, पृ. १३५।

१७. एक पोस्टकार्ड के फटे अंश में अस्पष्ट लिखावट में देखता हूँ शान्तिनिकेतन से परहित व्रती ऐंड्रूज ने लिखा है : 'Do you know [--] any post for Mukul. He wants [---] badly to return now and he had done some splendid portrait works.'

१८. डॉ. स्टेला ने असितकुमार को लिखा है : I don't agree with you that ill luck goes etc. because you are a lucky man having got the opportunities of reconstructing a school and this means of getting at least the propere background for your aim.

१९. कार्पेल ने लिखा था, 'Could you send me an article about the arts and crafts of Jaipur and the popular art which is still alive in your region, with reproductions, drawings or photos, or something about some old paintings in the museum.'

२०. असितकुमार हालदार, भारतेर शिल्पकथा, कोलकाता विश्वविद्यालय, प्रकाशन, १९३९, पृ. १८७।

२१. S. Sengupta–Highlights and halftones the review of India Art (1850-1905) Asia pacific Research information, Delhi, Sydney 1' published 1997, p. 25.

२२. असितकुमार हालदार, 'शिल्प शिक्षार प्रणाली', आज़ाद, ईद संख्या, १९४७, पृ. १५-१६।

२३. असितकुमार हालदार, 'भारत शिल्प', उद्बोधन, ३८ वर्ष, २य संख्या, पृ. ७०, 'राजबाड़ार मुलुक', उत्तरा, कार्तिक १३३३, पृ. १३०।

२४. 'राजबाड़ार मुलुक', उत्तरा, आश्विन, १३३३, पृ. ३४।

२५. तदैव, पृ. ३१-३२।

२६. तदैव, उत्तरा, कार्तिक, १३३३, पृ. १२८।

२७. जयपुर स्टेट महकमा से उच्च अफ़सर मि. ग्लान्सी ने २५ जनवरी, १९२५ तारीख़ के पत्र में लिखा था, "Very many thanks for the paintings you are kind enough to send me. I think it is most attractive and I feel confident it will have good reception at the exhibition. My wife is delighted with the drawing you were kind enough to send her..."

२८. Mrs. Alice Adyar to Asit Kumar, 'there is to me something so pathetic in a motherless child and especially the tiny Atasi will miss her mother care. You must be father and mother for her now.

२९.उत्तरा, कार्तिक १३३३ (१९२७ ई.), पृ. १३६।

लखनऊ का जीवन (१९२५-६४)

लखनऊ का कार्यक्षेत्र

शिल्पी असितकुमार ने पराधीन भारतवर्ष में संयुक्त प्रदेश की राजधानी लखनऊ में लुप्तप्राय नवाबी संस्कृति और ख़ानदानों के वायुमण्डल में, अँग्रेज़ शासन के अस्तगामी दो दशकों से अधिक समय एवं स्वाधीन भारत में कांग्रेस शासन के सूर्योदय के डेढ़ दशक से अधिक (१९२५-१९६४) का समय बिताया था। हाँ, यह ज़रूर है, वहाँ पर उनका सरकारी शिल्पकला विद्यालय—केन्द्रित कर्मजीवन (१९२५-१९४५) बीता था ब्रिटिश भारतवर्ष में। लखनऊ में वे पराधीन और स्वाधीन भारत में क्रान्तिकाल के साक्षी होकर जीवन के अन्तिम मुहूर्त तक विचरण करते रहे थे सामाजिक और सांस्कृतिक जगत—विशेष रूप से मुख्यतः शिल्पकला और आनुषंगिक सृजनात्मक कार्य-कलापों के बीच।

सरकारी काम के सहायक रूप में जिस तरह से उन्होंने बड़े अन्तरंग भाव में वहाँ के संस्कृतिमना देशी नवाब, राजन्यवर्ग, ज़मींदार, ताल्लुकेदार एवं अँग्रेज़ गवर्नर समेत उच्च अधिकारियों को पाया था, वैसे ही उन्होंने खोजकर पाया था, वहाँ के स्थानीय गुणी अध्यापकों, शिक्षकों, छात्रों और कारीगरों को, हस्तशिल्पियों को, जो आर्ट स्कूल में उनके सांस्कृतिक जीवन के लिए प्राणस्वरूप थे। लखनऊ में आने तक रवीन्द्रनाथ, अवनीन्द्रनाथ, स्टेला क्रामरिश, अर्नेस्ट हेवेल, विलियम रोथेंस्टाइन, निकोलस रोरिक, आन्द्रे कार्पेले—इनके साथ उनका नियमित पत्राचार चलता रहता था मूलतः आर्ट स्कूल और

शिल्पकला को केन्द्र बनाकर।

लखनऊ में रहते समय वे गहरी सख्यता में जुड़ गये थे बैरिस्टर कवि अतुलप्रसाद सेन, लखनऊ विश्वविद्यालय के अध्यापकवृन्द, मर्मी कवि, गीतकार दिलीपकुमार राय, वैज्ञानिक मेघनाद साहा, इलाहाबाद इण्डियन प्रेस के चिन्तामणि घोष, अरुणा आसफ अली (१९०९-१९९६), कवि हरीन्द्रनाथ चट्टोपाध्याय (१८९६-१९९०) और कमला देवी चट्टोपाध्याय (१९०३-१९६२), डॉ. मुकुन्दीलाल (१८८५-१९८२), डॉ. एन.सी. मेहता, विजयलक्ष्मी पण्डित (१९००-१९९०) आदि विभिन्न धारा के कृतिविद्य मनुष्यों के साथ। इसके अतिरिक्त अन्तरंग भाव से वे घुलते-मिलते रहते हैं उत्तर प्रदेश के शिल्पी, कवि और साहित्यकारों के साथ। स्वाभाविक ही है कि इसकी छाया पड़ी थी उनके चिन्तन और चित्रकला पर।

लखनऊ के सामाजिक और सांस्कृतिक जीवन में प्रवासी बंगालियों में सबसे अधिक प्रभावशाली व्यक्ति थे, सफल, व्यवहारजीवी, मर्मी कवि और गीतकार अतुलप्रसाद सेन। १९१६ में शान्तिनिकेतन में कवि के अतिथि अतुलप्रसाद के साथ असितकुमार का पहला परिचय हुआ था। लखनऊ विश्वविद्यालय स्थापित करने की योजना पर्व (१९२०) से ही सक्रिय भाव से जुड़े थे अतुलप्रसाद। नवप्रतिष्ठित विश्वविद्यालय को केन्द्र बनाकर (१९२१) में लखनऊ सारस्वत जगत् में कोलकाता से एक-एक कर उपस्थित हुए थे डॉ. राधाकमल और डॉ. राधाकुमुद मुखोपाध्याय दोनों भाई, धूर्जटीप्रसाद मुखोपाध्याय, विनयेन्द्रनाथ दासगुप्त, निर्मल कुमार सिद्धान्त आदि अपने-अपने क्षेत्र के नामी अध्यापक वृन्द। इसी बंगाली बुधमण्डली के समावेश में १९२५ ई. में शामिल हो गये थे सरकारी आर्ट स्कूल के अध्यक्ष असितकुमार। गौरीपुर आसाम से २४ मार्च, १९२५ को कवि अमियचन्द्र चक्रवर्ती ने लिखा था :

> वहाँ (लखनऊ में) पर बहुत अच्छा विशिष्ट एक बंगाली समाज है, आप भी उसमें शामिल हो गये। इस बार लखनऊ यथारीति साहित्य, शिल्प एवं ज्ञान के मधु-चक्र के रूप में खड़ा हो गया है एवं उसका आस्वादन पाने के लिए देश-भ्रमण के समय देख रहा हूँ कि बंगालियों के मन में सबसे पहले लखनऊ की ही याद आती है।

१९२५ ई. में लखनऊ में हुए प्रवासी बंग साहित्य सम्मेलन के तीसरे अधिवेशन में अतुल प्रसाद ने एक साहित्यिक पत्रिका के प्रकाशन का विषय उठाया था।

उनकी प्रस्तावना थी पत्रिका सचित्र होगी, उन्होंने कहा था, ''मेरा विश्वास है, इस विषय में श्रीयुक्त असितकुमार हालदार, समरेन्द्रनाथ गुप्त, श्री सारदाचरण वकील आदि चित्रकला विशारदों की सहायता अनायास ही मुझे मिल जायेगी।'' उत्तर प्रदेश अंचल से सम्बन्धित होने की वजह से पत्रिका का नाम रखा गया 'उत्तरा'। प्रस्ताव के अनुसार १३३२ आश्विन (१९२५ सितम्बर) उस मासिक पत्रिका का पहला अंक असितकुमार द्वारा आँके गये प्रच्छद पट के साथ प्रकाशित हुआ था। रवीन्द्रनाथ के काव्यात्मक आशीर्वाद के साथ उनकी दो कविताएँ, एक कहानी एवं छह निबन्ध अतुलप्रसाद के सम्पादन में पत्रिका के पहले अंक में निकले थे। प्रबन्ध लिखे थे राधाकमल और राधाकुमुद मुखोपाध्याय महामहोपाध्याय गोपीनाथ कविराज (१८८७-१९७६), फणिभूषण अधिकारी और असितकुमार ने। अतुल प्रसाद चुने गये थे पत्रिका कार्यकारी समिति के सभापति और सम्पादक। बाद में उत्तरा पत्रिका चार दशक तक बनारस से अकेले सम्पादन में चलाते रहे थे सुरेशचन्द्र चक्रवर्ती (१९०१-१९७३)। असितकुमार की शिल्पकला विषयक अनेक रचनायें प्रकाशित हुई थीं उस पत्रिका में।

लखनऊ में प्रशासनिक कार्यों में व्यस्त रहते हुए भी असितकुमार ने नियमित रूप से जलरंग, तैलरंग, टेम्परा आदि अनेक माध्यमों से चित्रांकन अनुशीलन में, अपने द्वारा आविष्कृत काठ के पटिया पर लाक्षारंजित अभिनव लेकासिट पर छवि आँककर (१९२९-३२) रवि दादा और अवन मामा को चौंका दिया था। उस समय (१९३०-३१) रवीन्द्रनाथ की चित्रकला विदेश में प्रशंसा पाने की वजह से कवि के परिकर गणों में बहुतों के एक साथ कवि द्वारा आँके गये चित्रों के गुणगान में मग्न रहने पर भी, ख़ुशामद करने में अनभ्यस्त असितकुमार ने किन्तु, कवि की चित्रकला पर अपने पहले बाङ्ला निबन्ध में (१९३१) अपनी रपट रहित वस्तुनिष्ठ, अवैयक्तिक धारणा व्यक्त की थी। कवि की हीरक जयंती जन्मोत्सव की साहित्य सभा में पढ़ा गया वही निबन्ध स्वयं रवि दादा के अपनी चित्रकला के सम्बन्ध में लिखे लेख के पास में ही प्रकाशित हुआ था।

प्रथम विश्वयुद्ध (१९१७-१९१९), द्वितीय विश्वयुद्ध (१९३९-१९४२) एवं १९४३ में बंगाल में भयंकर दुर्भिक्ष में लाख-लाख लोगों की प्राणहानि जैसी अमानवीय घटना ने शिल्पी के संवेदनशील मन पर प्रबल आघात पहुँचाया था फिर भी वे घटनायें कभी उसके चित्रांकन के विषय नहीं बने।

द्वितीय विश्वयुद्ध में उन्होंने अपने दूसरे पुत्र खोका (विली अतीश, ज. १९२३) को खो दिया था। एक चित्रकार के रूप में युद्ध के ख़िलाफ़ प्रतिवाद में शामिल होकर नात्सी-सेना की अधीनता से चेकोस्लोवाकिया की मुक्ति चाहने वाले स्वाधीन योद्धाओं को श्रद्धांजलि के रूप में समर्पित स्मारक ग्रन्थ के लिए उन्होंने एक प्रतीकात्मक चित्र 'संहार का नृत्य (Dance of Destruction)' आँक कर (१९४३) अपनी सन्तान खोने की व्यथा कुछ निकल जाने का सुयोग पाया था।[२] उस समय बाङ्लादेश में दुर्भिक्ष में मृतप्राय, कंकाल मात्र मनुष्यों के फ़ोटो समाचार-पत्रों से अपनी स्केप बुक में सुरक्षित रखने के बाद भी चित्रांकन के द्वारा उस नग्न रूप को व्यक्त करने के लिए उनके मन ने हामी नहीं भरी थी। शिल्पी असितकुमार एक सामाजिक व्यक्ति होते हुए भी उस समय समाचार-पत्रों के ठप्पा लगे युद्ध अथवा क्रान्ति के शिल्पी नहीं होना चाहते थे। वस्तुतः उस घटनावली की अमानवीय नृशंसा ने उस निःश्छल, सहज व्यक्ति को कूँची हाथ में लेने से विरत कर दिया था।

कोलकाता में अवसरकालीन जीवन बिताने के लिए उन्होंने १९३७ ई. में पार्क सर्कस अंचल में एक घर का निर्माण करवाया था। बड़ी लड़की का विवाह भी हुआ था उस घर में। किन्तु, उस घर में स्थायी रूप से रहने का सुयोग उन्हें नहीं मिला। सरकारी काम से अवसर लेने के समय (१९४५) दूसरी स्त्री के साथ भी उनका अप्रिय क़ानूनी विच्छेद हो गया था। उसी के साथ कोलकाता में अभीप्सित अवकाशकालीन जीवन बिताने की उनकी इच्छा भी ख़त्म हो गयी थी। इसके बाद असितकुमार ने अपने सृजन-मनन के सारे कामों को कायम रखते हुए अपनी सन्तानों का पालन करते हुए लखनऊ में अकेले ही बिताया था अपना जीवन-सायाह्न। एक शब्द में संसार के क्रूर सत्य का मुक़ाबला करना पड़ा था उन्हें जीवन के वानप्रस्थ में आकर।

लखनऊ में असितकुमार के अतिथि-सत्कार की कथा सभी जानते थे। रवीन्द्रनाथ, गगनेन्द्रनाथ, अवनीन्द्रनाथ से लेकर जोड़ासाँको घर के जिस तरह से, संज्ञादेवी, इन्दिरा देवी, प्रमथ चौधुरी (१८६८-१९४६) आदि के अलावा भी अर्धेन्दुकुमार गांगुली, नन्दलाल बसु, डॉ. स्टेला क्रामरिश, आनन्द कुमारस्वामी, नरेन्द्र देव, बुद्धदेव बसु (१९०८-१९७४), हिमांशु राय (१८९२-१९४०) और देविकारानी (१९०८-१९९४), विभूतिभूषण वंद्योपाध्याय

(१८९६-१९६८), कान्तिचन्द्र घोष (१८८६-१९४८) जैसे सज्जन किसी-न-किसी समय में असितकुमार के अतिथि हुए हैं। यह कथा याद करते हुए उम्रदराज अर्धेन्दुकुमार शिल्पालोचक ने लिखा था :

> सुडौल, सुन्दर चेहरा, प्रफुल्ल भाव, हँसी से भरा मुख—वे अपने मन का भाव कभी छिपाकर नहीं रख पाते थे। दु:ख हो, चाहे आनन्द हो, उसे सहज और निष्कपट भाव से व्यक्त कर देना ही था उनका स्वभाव। सौजन्यपूर्ण आतिथेयता का गुण भी उनमें बहुत अधिक था। लखनऊ में...उनकी आतिथेयता देखकर मैं जो मुग्ध हो जाता था, वह कभी भुलाने वाली बात नहीं है।[३]

२. गवर्नमेंट स्कूल ऑफ़ आर्ट्स एण्ड क्राफ़्ट्स, लखनऊ (१९२५-१९४५)

जयपुर से असितकुमार ने लखनऊ आर्ट स्कूल में अध्यक्ष पद पर योग दिया था २ फ़रवरी, १९२५ को। किशोर जयपुर महाराज के उच्च अँग्रेज़ प्रतिनिधि ने २४ जनवरी, (१९२५) को असितकुमार को विदा करते हुए लिखा था, 'हाय, अगर आप जयपुर इलाक़े से जा रहे हैं तो यह कितना दारुण व्यापार है। इस अवसर पर मैं आपको अपनी असाधारण कार्यक्षमता से जयपुर स्कूल को सही रास्ते पर ले आने के लिए धन्यवाद दे रहा हूँ।'[४] यह बात सही है, सीमित समय में पथभ्रष्ट महाराजा स्कूल ऑफ़ आर्ट्स को सही रास्ते पर लाने के लिए असितकुमार का आन्तरिक प्रयास ही अभिनन्दन योग्य था। उसी आन्तरिक कार्यकुशलता का सम्बल लेकर ब्रिटिश सरकारी संचालन के अधीन लखनऊ आर्ट स्कूल में आकर उन्हें और भी व्यापक रूप से स्कूल के सुधार कार्य में हाथ लगाना पड़ा था।

लखनऊ के 'बनारसी बाग़' के (अब चिड़ियाघर) 'विंगफील्ड मंज़िल' पर पहले नवम्बर १८९२ ई. में सबसे पहले केन्द्रीय उद्योग दफ़्तर के अधीन, 'स्कूल ऑफ़ इण्डस्ट्रियल डिज़ाइन' नाम से अस्थायी शिल्प शिक्षालय का प्रारम्भ हुआ था। स्कूल इसके बाद अमीनाबाद और बाद में 'बाँस मण्डी' ले आया गया था। १९०७ ई. में लखनऊ में आयोजित इण्डस्ट्रियल कॉन्फ्रेंस में प्रस्तुत किये गये 'स्कूल ऑफ़ डिज़ाइन' के लिए एक स्थायी भवन का

प्रस्ताव मंजूर हुआ था। लोक निर्माण विभाग के द्वारा वर्तमान बादशाह बाग़ में १९११ में भवन-निर्माण का काम शेष होने पर, उस भवन में उस स्कूल का प्राथमिक काम-काज शुरू हुआ। आयोजकों ने उस समय अपनी दूरदर्शिता से प्रस्तावित स्कूल में सिर्फ़ देश के विद्यालयों के लिए पारदर्शी अंकन शिक्षक ही नहीं निर्मित करना चाहा था एवं स्कूल जिससे कारख़ाने की तरह शिल्प उत्पादन का केन्द्र न बन जाये, इस विषय में भी सावधान करने वाले आदेशों को लिखित रूप में प्रावधान कर दिया था।[५] नवाबी विरासत को वहन करने वाली शिल्पकला, संगीत, नृत्यकला, कपड़ों का बुनना एवं हस्तकला का क्षीण अस्तित्व उस समय भी बरकरार था लखनऊ शहर में एवं उसके आसपास। उस कारीगरी और उस सांस्कृतिक विरासत की विवेचना कर प्रयोगात्मक रूप से सरकार ने 'स्कूल ऑफ़ डिज़ाइन' की स्थापना की थी। इसके पूर्व १९०१ ई. में शिमला में आयोजित केन्द्रीय उद्योग दफ़्तर के सम्मेलन में उद्योग कला शिक्षा के क्षेत्र में एक अप्रत्याशित, लीक से हटकर अधिकारी वर्ग ने एक महत्त्वपूर्ण निर्णय लिया था। उन्होंने चाहा था कि 'आर्ट स्कूल में पढ़ाने का भार उन सब विशेषज्ञों को देना चाहिए, जिन्होंने भारतीय कॉलेज अथवा आर्ट स्कूल में कारीगरी की शिक्षा प्राप्त की हो।[६] उसी निर्णय के आधार पर अवनीन्द्रनाथ ठाकुर अस्थायी रूप से होते हुए भी १९०६ ई. में हेवेल की अनुपस्थिति में कोलकाता सरकारी आर्ट स्कूल में कार्यकारी अध्यक्ष हो पाये थे।

हाँ, यह ज़रूर है १९११ ई. में लखनऊ आर्ट स्कूल में पहले अस्थायी अध्यक्ष होकर लाहौर मेयो स्कूल ऑफ़ आर्ट से आये थे शिल्पी नाथा नियेल नेट हार्ड (Nathaniel Hard) ए.आर.सी.ए.। उनके शासनकाल में मुख्य रूप से काष्ठकला की उन्नति की बात दिमाग़ में रखकर नये स्कूल को उससे जुड़े यन्त्र आदि औज़ारों से सज्जित किया गया था। स्कूल में आवश्यक दक्ष नक़्शाविद और बढ़ईगीरी के शिक्षक नियुक्त किये गये थे। १९१८ ई. तक नेट हार्ड ने यूरोपीय चित्रकला सिखाने की ओर विशेष नज़र रखकर स्कूल का परिचालन और उसका पाठ्यक्रम तैयार कर लिया था। काम में आने वाली चीज़ों के निर्माण करने की परिकल्पना अर्थात प्रक्रिया वहाँ सिखायी जाती थी। किन्तु, बाज़ार की माँग के अनुसार बेची जाने वाली वस्तुएँ स्कूल से लगे हुए एम्पोरियम के द्वारा तैयार और बेची जाती थीं। १९१७ ई. के अन्त में स्कूल राष्ट्रीय डिप्लोमा कोर्स के साथ 'गवर्नमेंट स्कूल

ऑफ़ आर्ट एण्ड क्राफ्ट्स' नाम से एक स्थायी उद्योग विद्यालय में परिणित हो गया था। १९१८ ई. में अध्यक्ष नेट हार्ड ने अपने कर्मक्षेत्र से अवकाश ग्रहण कर लिया था।

इसके बाद तत्कालीन संयुक्त प्रदेश के प्रशासनिक अधिकारियों ने भारतीय चित्रकारों को भी महत्त्वपूर्ण अध्यक्ष पद पर स्थायी रूप से नियुक्त करने की बात पर विचार करना शुरू कर दिया था। इस निर्णय पर पहुँचने के बीच वाले समय (१९१८-१९२४) में यूरोप के कई लोगों को अध्यक्ष पद पर चुना गया था वहाँ पर। शिल्प विद्यालय में स्थायी अध्यक्ष पद के लिए पूरे भारतवर्ष में विज्ञापन जारी होने पर असितकुमार उस पद के शताधिक अभ्यर्थियों में अन्यतम थे। कोलकाता, शान्तिनिकेतन और जयपुर कला विद्यालय में अध्यक्ष पद पर रहते समय पर्याप्त प्रशासनिक और शिक्षण का अनुभव और उनकी शिल्पसृष्टि की कसौटी पर विचार करने के कारण १९२५ में उन्होंने ही लखनऊ सरकारी शिल्पकला विद्यालय में अध्यक्ष पद प्राप्त किया था। इस क्षेत्र में वही सबसे पहले भारतीय शिल्पी थे, जो भारतवर्ष के किसी सरकारी शिल्प विद्यालय के स्थायी अध्यक्ष हुए थे। अध्यक्ष निर्वाचन के विषय में मद्रासी थियोसोफिकल सोसायटी का मुखपत्र New India लिखता है :

> लखनऊ शिल्प विद्यालय में श्रीयुक्त असितकुमार हालदार की अध्यक्ष पद-प्राप्ति, भारतीय सांस्कृतिक आन्दोलन के जगत् में सबसे पहला विशेष महत्त्वपूर्ण एक पदक्षेप है, चूँकि हम लोग इस विषय में सजग हैं कि प्रचलित सामान्य शिक्षा और पाश्चात्य शिल्पकला में जिसका कुछ भी प्रशिक्षण नहीं है, ऐसे एक व्यक्ति को जो विशुद्ध रूप से प्राच्यकला के क्षेत्र में कर्मरत शिल्पी है, उसे ब्रिटिश भारत में यह प्रथम श्रेणी के काम का दायित्व सौंपा गया है।[७]

नेट हार्ड के समय में आर्ट स्कूल की शिक्षाधारा और उसका पाठ्यक्रम मुख्य रूप से यूरोपीय पद्धति का अनुसरण करते हुए अनेक प्रयोगों के माध्यम से चल रहा था। भारतीय चित्रकला सिखाने की तरफ़ उस समय विशेष नज़र नहीं दी गयी। कारीगरों के अलावा शिल्पी बनाने की ओर क़तई दृष्टि नहीं थी ब्रिटिश-भारतीय अधिकारियों की। उसी वजह से अध्यक्ष होकर आते ही असितकुमार को सबसे पहले शुरू से ही आर्ट स्कूल के प्रशिक्षण और उसके ढाँचे में आमूलचूल परिवर्तन लाने के लिए सचेष्ट होना पड़ा था। कहने में

कोई हर्जा नहीं है, यह काम कोई सरल नहीं था।

१९०१ की शिमला बैठक में शासनाधिकारियों का विशेष निर्देश था—आर्ट स्कूल में भारतीय धारा के अनुसार शिल्पकला की शिक्षा-व्यवस्था चालू करने एवं कारीगरी की शिक्षा पद्धति जिससे कहीं मशीनों पर निर्भर होकर न रह जायें इस पर विशेष ध्यान दिया जाये। असितकुमार ने उसी वजह से शुरुआत में ही ललित शिल्पकला के उपयुक्त शिक्षकों की खोज में अवनीन्द्रनाथ की शरण में जाकर सहायता चाही थी। स्वाभाविक ही था उन्हें स्थानीय ऐतिह्यवाही कारीगरी कला के क्षेत्र पर भी समान रूप से ध्यान देना पड़ा था। पुरुष-परम्परा के अनुसार विभिन्न क्षेत्रों के पुरुष कारीगरों और शिक्षार्थियों की उन्नततर परियोजना के अनुसार हस्तकला में उन्हें दक्ष बना देना ही उनका लक्ष्य हो गया था।

३. अभिनन्दन वार्ता

अभी हाल में स्थापित लखनऊ विश्वविद्यालय (१९२१ ई.) से लगे हुए आर्ट स्कूल के परिसर में ही था असितकुमार का निश्चित आवास, एक उद्यान के साथ अच्छे परिसर वाला बँगला। आर्ट स्कूल में योगदान की ख़बर पाकर रवि दादा मोशाई ने एक विनोद भरे अभिनन्दन पत्र में उन्हें लिखा था,

> मैं जानता था, तेरी एक अच्छी ख़बर ज़रूर होगी। वह हो गयी। तू उसे किसी भी तरह दबा के नहीं रख सकेगा। कहे रखता हूँ जब लखनऊ ज़िले में आम पकने लगेंगे तब तुम अपने फलों के लालची दादा को ज़रूर याद रखना।

इसके बाद ग्रीष्म ऋतु की पहली विकट गर्मी में आमों के लालची अपने रवि दादा को असितकुमार ने टोकरी भर लखनऊ के ख़ानदानी 'चौसा' और 'सफ़ेदा' जाति के मीठे सुस्वादु आम भेज दिये थे उनके रोज़ दुपहर और रात में दो आम खाने की ज़िद को मिटाने के लिए। उन्हें पाकर उन्होंने लिखा था—

> आम आ गये हैं। खा रहा हूँ और तुम्हें आशीर्वाद दे रहा हूँ। यह आशीर्वाद कुछ दिन चलेगा। नतबहू को उसका कुछ भाग देना।

लखनऊ आने की ख़बर पाकर गौरीपुर, आसाम से कवि अमियचन्द्र चक्रवर्ती

ने आनन्दपूर्वक लिखा था, २४ मार्च, १९२५ के पत्र में,

> मुझे पता ही नहीं था कि आप लखनऊ चले गये हैं, यह काम बहुत सुन्दर हुआ। यह आपके योग्य है। देश जो गुणियों का समादर करना सीख रहा है, यह एक बहुत बड़ी आशा की बात है। अब तक सागर पार से जिन सब नर-पुंगवों को बुलाया जा रहा था, उनमें जो कुछ कलाप्रियता है, वह दूसरे प्रकार की है—उनके कर्तृत्व के अधीन रहने से बढ़कर दुर्घटना और क्या हो सकती है? आशा कर रहा हूँ आपके हाथों उस अंचल के नये शिल्पियों का दल गढ़ उठेगा एवं देश में सौन्दर्य की साधना और भी सत्य एवं विस्तृत होती रहेगी।

बन्धु जैसे अनुज, आत्मीय, बैरिस्टर तपनमोहन चट्टोपाध्याय ने अपने व्यावहारिक दृष्टिकोण से लखनऊ में सरकारी नौकरी के कारण असितकुमार के पारिवारिक जीवन में आर्थिक स्वतन्त्रता आने की वजह से उन्हें आनन्दपूर्वक लिखा था,

> तुम्हारी इस उन्नति का मूल कारण है बोलपुर छोड़कर विलायत जाना और उसके मूल में थे पियर्सन और मैं। बोलपुर के मोहचक्र को भेदकर अगर तुम अपने को न हटाते तो तुम्हें बसु (नन्दलाल और सुरेन्द्रनाथ कर) कम्पनी के नीचे क़लम घिसनी पड़ती और तुम्हारा आर्टिस्ट नाम डूब जाता।

तपनमोहन और मित्र पियर्सन यदि सचमुच में शुभार्थी होते हुए विलायत परिक्रमा के बहाने असितकुमार को कलाभवन से विच्छिन्न न कर देते, तो वह शिल्पी असितकुमार के लिए दारुण दुःखजनक होता। वे सतीर्थ नन्दलाल एवं रवीन्द्रनाथ के सान्निध्य से दूर रहना कभी नहीं चाहते थे। परवर्ती काल में शान्तिनिकेतन त्यागने के लिए रवि दादा से शिकायत करते हुए एक पत्र में उन्होंने स्पष्ट रूप से ज़िम्मेदार ठहराया था विश्वभारती के तत्कालीन प्रशासनिक अधिकारियों को। सीधे-सीधे कवि को १९३८ के एक व्यक्तिगत पत्र में उन्होंने लिखा था :

> मैं अपने रग-रग से जानता हूँ यहाँ के व्यक्ति शिल्पी के प्रति किस तरह की प्रीति...आप स्वयं ही जानते हैं, आपने मुझे शान्तिनिकेतन में लाकर जब प्रतिष्ठित करने की चेष्टा की (शिल्पी के रूप में न कि अपने आत्मीय के रूप में) वहाँ के व्यक्ति मुझे एक (नाबालिग, पालतू) आत्मीय मानते थे, एक शिल्पी के रूप में वे मुझे एक भी

दिन नहीं खींच पाये। किन्तु, नन्दलाल की बारी आने पर चूँकि वे उस तरह का आरोप नहीं लगा सकते हैं, इसीलिए वे आज भी वहाँ टिके हुए हैं।[९]

४. दूसरा विवाह

लखनऊ में आते ही एक मास से अधिक समय के बीच ही असितकुमार ने पारिवारिक जीवन में स्थायी रूप में जमने के लिए एक संक्षिप्त समारोह में अपनी साली के साथ दूसरा विवाह सम्पन्न कर डाला था। उनके अपने हाथ से लिखे निमन्त्रण का प्रारूप इस तरह से था :

ॐ प्रजापतये नम:

सविनय निवेदन

आगामी ११वीं मार्च १९२५ ई. में २७ फाल्गुन बुधवार स्वर्गीय श्रीयुक्त अमरनाथ चट्टोपाध्याय महाशय की द्वितीय कन्या सरसीबाला देवी के साथ मेरा शुभ विवाह होगा। महाशय बन्धु-बान्धवों के साथ मेरे भवन में निम्नलिखित स्थान में उपस्थित होकर शुभ कार्य सम्पादन कराकर मुझे अनुगृहीत करेंगे। पत्र के द्वारा निमन्त्रित कर रहा हूँ, कोई त्रुटि हो तो क्षमा करेंगे।

प्रिन्सिपल्स बाङ्ला, गवर्नमेंट आर्ट स्कूल, लखनऊ
इति विनीत निवेदक
श्री असितकुमार हालदार

रजिस्ट्री द्वारा किये गये विवाह अनुष्ठान में उनके पिता नहीं आये। रवीन्द्रनाथ ने नवदम्पति को अपने आशीर्वचन भेज दिये थे। विवाह का अग्रिम संवाद पाकर उन्होंने असित को लिखा था,

> विवाह सम्बन्ध में जो संकल्प किया है, वह मुझे अच्छा लग रहा है। तेरे बच्चे माँ की गोद से मौसी की गोद में जा रहे हैं, इसलिए चिन्ता की कोई बात नहीं रहेगी।

हालदार परिवार में यह दूसरा विधवा विवाह था।[१०]

नन्दलाल ने शान्तिनिकेतन से लिखा था,

> तुम्हारे विवाह का निमन्त्रण पत्र आश्रम के हम सभी लोगों को मिल गया है। तुम्हारे शुभ विवाह पर मैंने धन्यवाद देकर तुम्हें पत्र नहीं दिया इस वजह से तुम दुखी हो गये हो। मैं अपने आलस्य दोष के कारण सभी का अप्रिय भाजन हो गया हूँ। किन्तु, सच बात कहने में कोई हर्जा नहीं है, हम कला भवन के सभी लोग ख़ूब आह्लादित हुए हैं। आश्रम के सभी लोग इस विवाह से ख़ूब ख़ुश हैं। मेरी स्त्री को, तुम्हारी भाभी को, विशेष रूप से ख़ुशी हुई है। कारण, वे तुम्हारी साली को जानती थीं और वे बच्चों को भी जतन से पालेंगी, यह सोचकर निश्चिन्त हो गयी हैं। इस समय बाघ की कहानी याद आ रही है। अन्त में लखनऊ में तुम भी बलि पर चढ़ गये। मैं ज़रा-सी दवाई बराबर खाता हूँ। 'अब एक संघ पार था, वहनि मुझे क्या कहूँ' इत्यादि कहानी याद आ रही है और एक बात अपनी साली 'थुड़ी' अपनी बीवी साहिबा को मेरा बहुत-बहुत सलाम कहना।

विवाह के बाद थोड़े विलम्ब से १९२६ जून के ग्रीष्मावकाश में असितकुमार स्त्री सहित मधुचन्द्रिका मनाने नैनीताल गये थे। उस समय भी तीन सन्तान के पिता मध्य यौवन के असित ने अपने वर्णमय उच्छ्वासपूर्ण दिन बिताने के सन्दर्भ में अपने पिता को लिखा है :

> यहाँ आकर हम लोग Lambago गये—ख़ूब पहाड़ पर घूमे और Lake (झील) में नाव चलाते रहे। Cheema Peak (चीमा चोटी) ख़ूब ऊँची है, उस पर हम लोग चढ़े थे—उस जगह से हिमालय की तरफ़ से ढकी श्रेणियाँ बहुत दूर तक साफ़-साफ़ दिखायी देती हैं—यह दृश्य बहुत सुन्दर है। नौकाओं की दौड़ होती है। देखने में बहुत अच्छी लगती है। अचरज है, उस समय उन्होंने कोई दृश्यचित्र नहीं आँका। लगता है, नैसर्गिक दृश्य को चित्रों में क़ैद करने के प्रति उनकी जन्मजात अनिच्छा थी।

आर्ट स्कूल में दो महीने के ग्रीष्म अवकाश में अपने दिन असितकुमार सपरिवार मुख्य रूप से अपने राँची वाले घर और कोलकाता में आत्मीय बन्धु जनों के सान्निध्य में बिताया करते थे; कभी-कभी सपरिवार भ्रमण पर पहाड़ी अंचलों में भी चले जाते थे, लखनऊ की भीषण गर्मी से बचने के लिए। फिर भी उनके अपनी पसन्द के भ्रमण स्थल थे मूल रूप में भारत के पुरातत्त्व स्थल और शिल्प प्रांगण। जब भी मौक़ा मिलता कैमरा हाथ में

लेकर भारतवर्ष के विभिन्न प्रान्तों में पुरातत्त्व क्षेत्रों में अकेले ही घूमा करते थे अथवा कभी-कभी समदर्शी मित्रों के साथ जैसे, पहले-पहल खजुराहो की खोज में उन्हें संग मिला था स्टेला क्रामरिश का। असंख्य फ़ोटोग्राफ़ उन्होंने खींचे थे प्राचीन शिल्प क्षेत्रों के भ्रमण के समय।

सरसीबाला से विवाह कर असितकुमार ने वास्तव में देखा उनके पारिवारिक जीवन में पहले जैसा सहज छन्द आशानुरूप नहीं आया है। नये संसार में पिता के परम स्नेह और आदर-जतन में रहते हुए भी स्वर्गीय पत्नी सरोजवासिनी की सन्तानें घर में ख़ूब स्वच्छन्द भाव से नहीं रह पा रही थीं। सरसीदेवी उनके शिशु हृदय में माँ के अभाव को पूरा नहीं कर सकी थीं। १९२६ ई. में कवि पुत्री मीरादेवी ने लखनऊ आकर असित के परिवार का वास्तविक हाल देखकर, विशेषकर मातृ वियोग से शिशु अतसी का म्रियमाण रूप देखकर उसे शान्तिनिकेतन में वे ले जाना चाहती थीं। शान्तिनिकेतन (१९२१) में जन्म के बाद से ही अतसी को वे प्यार-दुलार की दृष्टि से देखती रही थीं, ज़रूरत होने पर नहाना आदि परिचर्या भी उसकी वे कर देती थीं। किन्तु, अत्यन्त दुलारी कन्या को असितकुमार के छोड़ना न चाहने पर मीरा मौसी ने मन में क्षुब्ध होकर शान्तिनिकेतन वापस आकर शिकायत करते हुए उन्होंने लिखा था,

> यहाँ पर जो तुम्हें पहचानते हैं, उन सभी ने आग्रह के साथ तुम्हारे बारे में जानना चाहा है। और विद्यालय की छात्राओं ने, जिन्होंने अतू को देखा है, एक वाक्य में पूछा है, असित दा ने अतू को क्यों नहीं भेजा है? सच है असित मन के ज़ोर से अतू को अगर कुछ दिनों के लिए देकर देखते तो अन्ततः।

इससे समझ में आ जाता है, इस विवाह से असित का लखनऊ में पारिवारिक जीवन कितना अशान्तिजनक था एवं सम्भवतः स्वच्छन्द रूप से छवि आँकने के लिए जिस मनोभाव की, जिस भाव साधन की सदा ज़रूरत होती है, उसका वे अभाव महसूस करते थे।

५. लखनऊ में अतिथिगण

लखनऊ में आर्थिक सुविधा की बात मानकर भी शिल्पी असितकुमार ने किन्तु, अपनी सरकारी पद-मर्यादा और आर्थिक दिशा को कभी बड़ा करके

नहीं देखा। आर्थिक प्रचुरता में पड़कर भी उनकी सृजनशीलता कभी अवरुद्ध नहीं हुई, स्वयं रवीन्द्रनाथ को भी इस पर संशय था। वे १९२६ जनवरी में नन्दलाल, प्रतिमादेवी, रवीन्द्रनाथ, श्रीयुक्त मोरिस और वाके दम्पति को साथ लेकर अखिल भारतीय संगीत एवं कला सम्मेलन के उपलक्ष्य में लखनऊ आये थे। ठाकुर नवाब अली, राज राजेश्वर बाली, उमानाथ बाली और अतुल प्रसाद के उद्योग से लखनऊ में अनुष्ठित संगीत सम्मेलन के उद्घाटन के लिए आकर रवीन्द्रनाथ ठहरे थे नवाब के प्रासाद मोतीमहल में। प्रासाद के भीतर रानीमहल की बारादरी में चार दिन तक लगातार शास्त्रीय संगीत का अनुष्ठान चला था। वहाँ पर विश्वविद्यालय के प्रांगण में आर्ट स्कूल से लगे हुए अध्यक्ष के बँगले के प्रशस्त हरे-भरे प्रांगण में असितकुमार की व्यवस्था में रवीन्द्रनाथ का अभिनन्दन किया गया था। अनेक पेड़-पौधों से भरे उद्यान में नवाबी दौर का एक अत्यन्त विशाल इमली का पेड़ था दृष्टि को आकर्षित करने वाला। मसृण, सुदृश्य पथ के दोनों तरफ़ अशोक और अन्यान्य वृक्ष राजि, गुलाब का खेत, आर्चड और जापानी विधि से चित्रकार नाती के हाथ से तैयार बड़े जतन से लालित बागान से घिरे बँगले में क्षण भर के लिए अतिथि होने की मधुर स्मृति को याद कर शान्तिनिकेतन से राँची में उनके पिता सुकुमार हालदार को लिखा था तीक्ष्ण दृष्टि वाले कवि ने :

> लखनऊ में असित को देख आया। राजा के हॉल में रह रहा है। किन्तु, गाछ में यदि अतिरिक्त खाद जाये तो पत्ते तो होते हैं, फूल नहीं लगते हैं, अन्त में उसकी वैसी ही पुष्टि की आशंका कर रहा हूँ। परिवार की तरफ़ से वह ख़राब नहीं है। फिर भी, पदमर्यादा से बढ़कर यदि वित्त मर्यादा का आदर रहे तो सोचने की बात है।

लखनऊ में समारोह चलते समय अप्रत्याशित रूप से तार के द्वारा बड़े दादा द्विजेन्द्रनाथ ठाकुर की मृत्यु की ख़बर पाकर रवीन्द्रनाथ को लौट जाना पड़ा था। उपर्युक्त पत्र में उन्होंने सुकुमार को लिखा था,

> बड़े दादा भी चले गये—इस समय मैं ही शीतकालीन वृक्ष में अन्तिम पत्ते की तरह उत्तरी हवा चलने से काँप रहा हूँ—एक दिन झर ही जाना पड़ेगा—डण्ठल भी अलग हो गया है।[११]

रवीन्द्रनाथ के संशय वाले प्रश्न की याद आती है, सम्भवत: १९३० ई. में उन्होंने लखनऊ के सरकारी आवास पर अपेक्षाकृत अधिक स्वस्थ असितकुमार को देखकर टिप्पणी की थी, 'असित, तुम देखने में ख़ूब मोटे लग रहे हो।'

चित्रकार नाती ने जवाब में कहा था, 'रवि दादा, इस समय मैं जो चाँदी का टॉनिक खा रहा हूँ।'[१२] एक बार शान्तिनिकेतन में अपने छात्र चित्रकार धीरेनकृष्ण देववर्मा (१९०२-१९९५) को असितकुमार ने ये बातें बतायी थीं कि शान्तिनिकेतन कलाभवन और लखनऊ के सरकारी क्षेत्र में उनकी आय के तारतम्य के प्रति रवीन्द्रनाथ की उक्ति एक छिपे हुए व्यंग्य से प्रेरित थी। वास्तव में रवि दादा की यह आशंका कभी सत्य में परिणत नहीं हुई। इस प्रसंग में बहुत दिन बाद ३ मई, १९५१ ई. में असितकुमार ने बन्धु एलमहर्स्ट (Leomard Elmherst, १८९३-१९७०) को मन की बात खोलकर लिखी थी,

> मुझे पता नहीं है कि तुम मेरे बारे में ऐसी धारणा बनाये हुए हो या नहीं कि मैं अब तक चित्रांकन करना छोड़कर एक प्रदेशीय आर्ट स्कूल के संचालन और शिक्षण कार्य में व्यस्त रहकर अपने दिन बिताता आ रहा हूँ। किन्तु, मैं ये सब काम करता आ रहा था नितान्त पेट की ख़ातिर। इन्हीं दिनों में मैं अब तक अपने छवि आँकने, साहित्य रचने आदि के काम समान रूप से सरकारी काम के बन्धन में व्यस्त रहने के बाद भी करता आ रहा हूँ।[१३]

लखनऊ में काम में योगदान करने के समय असितकुमार चाहते थे नन्दलाल बसु जयपुर में अध्यक्ष पद पर जाकर योगदान करें। उनके उस उद्देश्य की बात जानकर अपने सतीर्थ असित को नन्दलाल ने लिखा था,

> शैलेन के पत्र से पता चला तुम Lucknow Principal के पद पर आ रहे हो। तुम्हारी इस तरह की उन्नति होने से हम सभी लोग काफ़ी आह्लादित हुए हैं। ... मुझसे जयपुर में नौकरी लेने के लिए तुम अनुरोध कर रहे हो किन्तु, मैं वहाँ कैसे जा सकता हूँ। तुम्हें मेरी स्थिति का ज्ञान है। उन सब कामों के उपयुक्त मैं नहीं हूँ।... office का काम, राज-राजाओं (रजवाड़ों) की ख़ुशामद जैसे काण्ड मेरे द्वारा सम्भव नहीं है। रुपयों के अभाव की परेशानी मेरी कभी दूर नहीं होगी। तुम्हारे प्रयास करने से क्या होगा, ...भगवान ने तो मेरे भाग्य में वह सब नहीं लिखा है। और सुना है लखनऊ में एक बड़ा काम तुम्हारे ह्ठ्ठस्त्रद्गह्ल में है। आर्टिस्ट रमेन को जयपुर अथवा लखनऊ में से किसी एक में घुसा सकते हो या नहीं। एक पत्र लिखने के लिए मैंने उससे भी कहा है।[१४]

इस विषय में असितकुमार ने अवनीन्द्रनाथ के परामर्श से लखनऊ आर्ट स्कूल में बुला लिया था शिल्पी वीरेश्वर सेन (१८९७-१९७४) को। यहाँ

पर यह उल्लेखनीय है, अध्यक्ष के रूप में असितकुमार के प्रयास से १९२५ ई. में आर्ट स्कूल में आयोजित प्रथम वार्षिक अखिल भारतीय प्रतियोगिता मूलक चित्रकला और भास्कर्य की प्रदर्शनी में तथाकथित बाङ्ला स्कूल के सतीर्थों और छात्रों ने भी योग दिया था। नन्दलाल और उनके तरुण छात्र रामकिंकर बैज (१९०६-१९८०) की छवि ने उस प्रतियोगिता में स्वर्ण पदक प्राप्त किया था। गत सत्तर के दशक में शिल्पी रामकिंकर ने शान्तिनिकेतन में अपने आवास पर अपने पहले साक्षात्कार में हँसते हुए लेखक को उस पदक-प्राप्ति के बारे में बताया था।[१५]

असितकुमार के लखनऊ सरकारी शिल्प विद्यालय में योग देने के साथ-ही-साथ काम प्राप्त करने के लिए उनके परिचित जनों के पास से अनेक अर्जियाँ आने लगी थीं। देश-विदेश के मित्र वर्ग में एक शिल्पी के रूप में उनकी बहु-परिचित और लोकप्रियता के परिसर को बताना सहज साध्य करने के लिए पत्रों पर आधारित कई घटनाओं का उल्लेख करना होगा। हाँ, यह ज़रूर है कि रवीन्द्रनाथ की माँग को प्रारम्भ में जानना ज़रूरी है। श्रद्धेय रवि दादा की अर्जी आयी थी उनसे छवि माँगने के लिए। उन्होंने ६ मार्च, १९२५ ई. की चिट्ठी में असित से एक छवि चाही थी विशेष कारणवश। प्रस्तावित चित्र का उपयोग विदेश में लेनार्ड एल्महर्स्ट के आसन्न विवाह के उपलक्ष्य में उसे दहेज के उपहार के रूप में किया जायेगा। चित्र का विषय क्या होगा, इसका वर्णन करते हुए उन्होंने लिखा था :

> अँधेरा पथ—एक रमणी चली जा रही थी, विपरीत दिशा से मशाल हाथ में लिए हुए पुरुष धीरे-धीरे उसके सामने आकर खड़ा हो जाता है—रमणी ने अपने घूँघट को दोनों हाथों से ऊपर उठा लिया है—पुरुष मशाल के उजाले में उसके मुख की ओर ताक रहा है। आकाश में ध्रुवतारा है। ...छवि का नाम, परिचय, Recognition—अच्छी तरह लिख देना।—बताने से क्या होगा, आश्रम निर्माता अर्थात् रवीन्द्रनाथ को छवि का आकार-प्रकार क्या होगा यह पूछने के बाद भी उन्होंने लिखा था—अगर ख़ूब जल्दी हो तो नन्द के द्वारा छवि बनवा लीजिये। उत्तर में अप्रैल १९२५ की चिट्ठी में रवि दादा ने उन्हें लिखा था, चित्र छोटा हो या बड़ा हो इससे कुछ आता-जाता नहीं है—किन्तु, अधिक देर मत लगाना। फिर तू तो केवल एक चित्री नहीं है, तू तो कवि भी है। इसीलिए तेरी तूलिका से दोनों रस झरते हैं, इसीलिए कवि जब छवि चाहता है, तब उसे तेरी ही शरण

में आना पड़ता है।

प्रस्तावित चित्र का एक और वर्णन पेश करते हुए कवि ने लिखा—

> पथ में ही रात शेष हो जाने पर रमणी के पीछे सूर्य उदित होने लगा,
> और पुरुष ने अपनी मशाल फेंक दी, तुम ऐसा भी कर सकते हो।

असितकुमार ने छवि आँकना समाप्त कर दिया है यह जानकर रवि दादा ने लिखा,

> तेरी छवि की प्रतीक्षा में था, रचना समाप्त हो गयी है, यह जानकर ख़ुशी हुई। इस छवि को मैं तुम्हारी प्रणामी के रूप में ग्रहण करूँगा।... कला रूपी सरस्वती अपने चरणरागरक्तिमा से तुम्हारी सकल भावना, सकल कल्पना को चिरकाल तक रंजित कर रखे, यही मेरा आशीर्वाद है।

असितकुमार द्वारा अंकित 'सरल यद्यपि भावव्यंजक' चित्र रवि दादा के मन के मुताबिक़ बना था। शान्तिनिकेतन में अध्यापक फणिभूषण अधिकारी की कन्या रानू (लेडी रानू को) को वह छवि दिखायी थी उसके भानु दादा ने। स्वभाव की उमंग में नाती को उन्होंने लिखा था,

> उसे (रानू को) तेरे द्वारा आँकी छवि दिखायी, उसने कहा, बहुत सुन्दर बनी है। उसकी भाव-व्यंजना को देखकर...यह स्पष्ट समझ में आता है कि वह तुम्हें भूल नहीं पायी है। असित दादा का प्रसंग आते ही वह भावों से उच्छ्वसित हो उठती है।[१६]

३ अप्रैल, १९२५ को धनाढ्य परिवार की कन्या डोरोथी स्ट्रेट (Dorothy Whitmy Strait) के साथ विवाह हुआ था लेनार्ड का। कवि ने १८ अप्रैल को एक टेलीग्राम के द्वारा उन्हें अपनी शुभकामनायें भेजी थीं एवं उसी समय असितकुमार को सम्भवत: एक चिट्ठी भी भेजी थी।[१७]

अन्यान्य जो सब विभिन्नमुखी माँगें और आवेदन अपने सतीर्थ बन्धुओं के पास से असितकुमार ने प्राप्त पत्रों के माध्यम से प्राप्त किये थे, उनमें थे— दिल्ली से शिल्पी सारदाचरण वकील (१८९०-१९७०) का अनुरोध पत्र, लखनऊ आर्ट स्कूल के सह-अध्यक्ष पद के लिए अधिकारियों से सिफ़ारिश करने के प्रस्ताव के साथ। शंघाई से बेसेन्ट स्कूल फ़ॉर गर्ल्स के अध्यक्ष डोरोथी अर्नेल्ड ने अपने बन्धु को उनके पास भेजा था शहर की ऐतिहासिक इमारतों को

घूमकर दिखाने के अनुरोध के साथ। बन्धु विदुषी स्टेला क्रामरिश ने लखनऊ आने की इच्छा व्यक्त करते हुए इसी के साथ अपने आर्थिक संकट की बात बताते हुए उनसे कोई वक्तृता देने अथवा प्रदर्शनी आयोजित करने का दायित्व प्रदान करते हुए उसकी व्यवस्था कर देने के लिए कहा था।

इन सब अनुरोधों के मध्य उन्होंने कल्लोल मासिक पत्रिका के स्थापनकर्ता एवं अन्यतम सम्पादक, साहित्यकार श्री दिनेश रंजन दास (१८८८-१९४१) की चिट्ठी प्राप्त की थी। छवि आँकने की अपनी जन्मजात क्षमता के कारण उन्होंने कुछ समय के लिए कोलकाता सरकारी आर्ट स्कूल में पढ़ाई की थी। उस वजह से वे अवनीन्द्रनाथ और भारत शिल्प आन्दोलन के बारे में भी आग्रही थे। २५ सितम्बर, १९२६ को उन्होंने असितकुमार को लिखा था :

> मेरी इच्छा साहित्यकार, कवि, चित्रशिल्पी सभी के विषय में चर्चा करने की है। शीघ्र ही श्रीयुक्त अवनीन्द्रनाथ ठाकुर महाशय के चित्रों और उनकी संक्षिप्त जीवनी प्रकाशित करने की इच्छा है। वे इस पर सहमत हो गये हैं एवं आपको ही एकमात्र उनकी जीवनी और शिल्प साधना पर लिखने योग्य व्यक्ति के रूप में उन्होंने उल्लेख किया है।

अवनीन्द्रनाथ असितकुमार पर लिखने का दायित्व सौंपकर निश्चिन्त हो गये थे। उन्होंने असित को लिखा था :

> तुम्हें जितने तथ्यों का पता है, वही लिखना, एकदम Pure history—शुद्ध इतिहास, कुछ समालोचना अथवा कल्पना न रहे यही ठीक होगा। तुम्हारे साथ विद्यालय में रहते समय मेरी जो कुछ बातचीत हुआ करती थी, उन्हीं के टुकड़े-टुकड़े चित्र यदि लिख डालो, तो वह अच्छा रहेगा...जैसे किसी चित्र को लेकर कब-क्या चर्चा हुई अथवा किसी विशेष रंग को लगाने की क्या पद्धति है, इसको लेकर मैंने कब-क्या कहा था यही सब छिट-पुट घटनायें यदि याद आ जायें, तो उन्हीं को लिखो, जनसामान्य को यही अच्छे लगेंगे।[१८]

निबन्ध जब लिख गया तब पत्रिका में प्रकाशित करने के लिए उसमें आवश्यक संशोधन भी उन्होंने कर दिये थे। असितकुमार द्वारा लिखी पाण्डुलिपि के मसौदे को अवनीन्द्रनाथ ने उमाप्रसाद मुखोपाध्याय (१९०२-१९९७) के सम्पादन में प्रकाशित होने वाली बंगवाणी में प्रकाशित होने वाली अपनी 'आपनकथा' लिखने में सहायक होगा। इसलिए अपने पास रख लिया था।

लखनऊ चले आने के बाद १९२५-२६ इस स्वल्प काल में असितकुमार ने अपने शुभाकांक्षी व्यक्तियों के अनेक अनुरोधों और सिफ़ारिशों को अपनी चरित्रगत निष्ठा के साथ अपनी सामर्थ्य भर पूरा करने का प्रयास किया था।

६. प्रशासक असितकुमार

जयपुर की तरह अपेक्षाकृत नये लखनऊ सरकारी आर्ट स्कूल में भी योगदान देने के थोड़े समय बाद से ही स्कूल की कार्यावली में गति लाने के प्रयास में असितकुमार ने चालू शिक्षा के पाठ्यक्रम के विषयों से शुरू कर प्रशासनिक काम-काज में ग्रहण, वर्जन और संयोजन में अपने को लगा दिया था। शान्तिनिकेतन में उन्हें सिर्फ़ चित्रकला की शिक्षा के विषय में विचार करना पड़ता था। वहाँ पर वटवृक्ष के रूप में विराजमान थे रवीन्द्रनाथ एवं वही थे कलाभवन में आवश्यक धन के एकमात्र जुटाने वाले। फलस्वरूप असितकुमार जैसे सृजनशील चित्री वहाँ पर आश्रमकर्ता रवीन्द्रनाथ के सान्निध्य और प्रकृति की गोद में अपने निजी काम में प्रभूत खुराक पाने पर भी कलाभवन को एक शिक्षायतन के रूप में आगे ले जाने के पथ पर जिस धन की ज़रूरत होती है, उस प्रश्न पर उन्हें स्वाभाविक रूप से ही प्रतिबन्ध का सामना करना पड़ता था। लखनऊ में सरकारी काम में अध्यक्ष के पद पर आसीन होकर असितकुमार ने आर्ट स्कूल में नया पाठ्यक्रम चालू करने अथवा नये शिक्षकों को नियुक्त करने में कभी किन्तु, अर्थाभाव नहीं देखा। वरन् आशातीत सहयोग उन्होंने पाया था उस समय के अपने अँग्रेज़ सरकारी अधिकारियों की ओर से। प्रतिबन्ध एकदम नहीं था, ऐसा नहीं है। फिर भी उसे युक्ति और तर्कपूर्ण विवेचना के माध्यम से दूर करने का अवसर उनके पास रहता था। फलस्वरूप वहाँ पर शिल्पकला के सभी विषयों में मनोयोग लगाने का सुअवसर पाकर उन्होंने अपनी सामर्थ्य के अनुसार उसके सदुपयोग का प्रयास किया था।

अध्यक्ष के रूप में लखनऊ में असितकुमार के कामों के प्रत्यक्षदर्शी सोमवर्मा की भाषा में, 'लखनऊ कलाभवन का विशेषत्व है शिल्प के सभी विभागों को परिपुष्ट करने का प्रयास।' सारे विभागों में व्यवसायी शिल्पकला के विज्ञापन के प्रारूप से रंगीन लीथो चित्रण एवं हस्तकला के क्षेत्र में सोने,

रूपे, तामे, पीतल एवं लोहे की ढलाई, खुदाई सभी कामों की डिज़ाइन के विषय में वहाँ शिक्षा दी जाती थी। पुरानी खुदाई की कारीगरी, सामान्य मिट्टी का काम, टेराकोटा, प्लास्टर ऑफ़ पेरिस की कारीगरी शुरू से अन्त तक सीख सकते थे शिक्षार्थी लोग उस स्कूल में। छवियों की छपाई, जिल्दसाज़ी, इमारतों के ऊपर कारीगरी, योग्य शिक्षक लोग सिखाया करते थे। पुरुष कारीगर परम्परा के शिल्पी लोग नयी उद्‌भावनी अनुप्रेरणा स्कूल के अनुकूल परिवेश में अनुभवी शिक्षकों के दिशा-निर्देश के द्वारा प्राप्त करते थे। जयपुरी मीना का काम भी असितकुमार ने वहाँ शुरू करा दिया था।

ब्रिटिश शासन के अधीन १९२५ ई. के बाद वाले समय में लखनऊ सरकारी शिल्पविद्यालय की चलने वाली यूरोपीय शिक्षा प्रणाली की विषय सूची का धीरे-धीरे भारतीयकरण अर्थात् विषय सूची में भारतीय शिल्पकला की प्रधानता लाना—असितकुमार जैसे एक नये अध्यक्ष के लिए सहज काम नहीं था। किन्तु, स्वदेशी की हवा में शिल्पाचार्य अवनीन्द्रनाथ और रवीन्द्रनाथ के साहचर्य में ललित शिल्पी ने लखनऊ सरकारी शिल्पशिक्षायतन में ऐतिहासिक दिशा परिवर्तन का काम अपने लक्ष्य पर दृढ़ रहकर सहज अन्तःकरण से कर लिया था। हाँ, यह ज़रूर है, इसके साथ-साथ पाश्चात्य शिल्प कला विभाग को भी उन्होंने समान महत्त्व देकर इंग्लैण्ड के रॉयल कॉलेज ऑफ़ आर्ट में शिक्षा प्राप्त कृती शिल्पी ललितमोहन सेन (१८९८ १९५४) जैसे योग्य शिक्षक के अधीन चालू रखा था। आर्ट स्कूल में अपने सहकारी सतीर्थों के निर्वाचन के विषय में उनकी विचक्षणता की बात कहनी ही होगी। वे जानते थे साउथ केनसिंगटन की शिक्षा धारा इस देश में कभी ग्रहण योग्य थी ही नहीं, जिस वजह से भारतवर्ष में ब्रिटिश युग में आर्ट स्कूल की फ़सल कहने को कुछ दक्ष नक़्शाकार एवं शिल्पी रविवर्मा जैसे यूरोपीय चित्रों के अनुरागी 'पेंटर' अथवा चित्रकारों को ही इस देश ने उन्नीसवीं शताब्दी में पाया था। उन्होंने कोलकाता और जयपुर के अनुरूप लखनऊ आर्ट स्कूल में भी गुरु अवनीन्द्रनाथ ठाकुर के पदचिह्नों का अनुसरण करते हुए ललितकला के पाठ्यक्रम में जोड़ दिया था, 'एडवांस्ड डिज़ाइन इन इण्डियन पेंटिंग', 'पिक्टोरियल डिज़ाइन एण्ड कम्पोजीशन' एवं 'प्रकृति का अध्ययन'।

असितकुमार को नव्य भारतीय शिक्षाधारा में पाठ्यक्रम सुधार को लखनऊ में शुरुआत में छात्रों ने ख़ूब सहज भाव से ही ग्रहण कर लिया था। वे जानते थे शिल्प-शिक्षालय में विषय निर्धारित होने पर भी चित्रकला, मूर्तिकला जैसी

मौलिक सृष्टि की परिकल्पना किसी को सिखायी नहीं जा सकती है। एकमात्र ताकीद से सीखने आये शिक्षार्थियों के हृदय में ही चित्र अथवा मूर्ति या स्थापत्य की एक रूपरेखा विराजती रहती है। इस क्षेत्र में शिक्षार्थियों का काम अगर उनमें अपनी कल्पना को आकार देने की क्षमता (Plastic Sense) न हो तो उनका काम नहीं चलता है। एक शिक्षक का काम, अवनीन्द्रनाथ की धारणा के अनुसार, इस क्षेत्र में छात्र की आन्तरिक प्रेरणा को उकसाकर उसे जल से सींचना भर है। पाठ्यक्रम निर्धारण के समय इन सब समस्याओं के सम्बन्ध में उन्हें सतर्क रहना पड़ा था। शिक्षार्थियों का अपने देश की परम्परा और विरासत के साथ परिचय और योग सूत्र होने की आवश्यकता शिक्षा का एक अपरिहार्य अंग है, ऐसा उनका दृढ़ विश्वास था। शान्तिनिकेतन में कलाभवन की तरह लखनऊ में भी कभी-कभी छात्रों को लेकर पिकनिक के द्वारा शिक्षा-भ्रमण की उन्होंने कभी उपेक्षा नहीं की। स्थानीय प्राचीन मस्जिदें, मन्दिर और नवाबी महल आदि की स्थापत्य कला के साथ छात्रों का परिचय कराना उनकी शिक्षा का अंग हो गया था लखनऊ में।

कारीगरी के पाठ्यक्रम में सामान्य माटी और प्लास्टर ऑफ़ पेरिस के काम के साथ सोने, चाँदी, तामा, पीतल, लोहे की कारीगरी, इमारतों की कारीगरी और उसके नक़्शे से लेकर धातुओं की ढलाई और खुदाई की शिक्षा का प्रचलन स्कूल में था। असितकुमार ने उस शिक्षाक्रम की उन्नति के प्रयास के साथ, काफ़ी कुछ नये विषय जोड़ दिये थे स्थानीय दक्ष कारीगरों को काम के साथ जोड़े रखकर। जिन चार विषयों को उन्होंने जोड़ दिया था वे इस प्रकार हैं :

१. उत्कीर्णन और मीनाकारी का काम, इस विभाग में काम करने वाले एक शिक्षक को जयपुर स्कूल भेजकर मीनाकारी का काम सिखाकर लाया गया था।
२. कृष्णनगर के अनुभव से प्राप्त भारतीय प्रणाली से मिट्टी को सानना, बनाना।
३. धातु की ढलाई आदि।
४. कारीगरी के लिए उपयोगी ड्राइंग और डिज़ाइन।

इसके अलावा वहाँ व्यावसायिक विज्ञापनों की परिकल्पना से प्रिंटिंग विभाग में हॉफटोन, लाइन और ट्राइकलर ब्लॉक के साथ रंगीन लीथो-चित्रण का काम सिखाने का आयोजन किया था उन्होंने, उपेन्द्र किशोर राय चौधुरी (१८६३-१९१५) द्वारा स्थापित कोलकाता की विख्यात यू. राय एण्ड कम्पनी

से एक व्यक्ति को प्रशिक्षित कर लाकर। कारीगरी के विभाग में छवियों की छपाई और पुस्तकों की जिल्दसाज़ी की कला एक आवश्यक विषय के रूप में उनके समय शुरू हो गयी थी। विभिन्न विद्यालयों में बहुत से अंकनविदों की माँग के कारण उन्होंने ड्राइंग शिक्षकों के प्रशिक्षण का एक अलग से शिक्षा केन्द्र प्रारम्भ किया था, जिसका भार था शिल्पी ललितमोहन सेन के ऊपर।

७. आर्ट स्कूल का कर्मयज्ञ

अवनीन्द्रनाथ के परामर्श से लखनऊ में पुरावस्तु और चित्रादि संग्रह कर शिल्प विद्यालय से संलग्न एक प्रदर्शनशाला निर्मित कर देने के प्रति सचेष्ट हुए थे असितकुमार। उनकी नज़र में आया था कि उस समय (१९२५) आर्ट स्कूल के प्रदर्शन कक्ष में किसी शिक्षार्थी के होने की बात तो दूर की बात थी, सामान्य दर्शक के लिए उपयोगी किसी भी तरह का कला संग्रह अथवा कोई पुरावस्तु थी ही नहीं। प्रत्यक्षदर्शी सोम वर्मा के वर्णन के अनुसार,

> 'विद्यालय से सटे हुये म्यूज़ियम में संगृहीत प्राच्यकला के नमूनों में शिक्षा की अपेक्षा हास्यरस के उपादान ही अधिक मिलते थे। उन्हें लाल फीते से बाँधकर एक ओर रस देने का भी कोई उपाय नहीं था।[२०]

स्वभावत: उस दीन–दशा को दूर करने के लिए असितकुमार प्रयासरत हुए थे प्राचीन मूर्तियों, चित्रकला और पुरावस्तुओं के संग्रह कार्य में। फल यह हुआ, अति अल्पकाल में ही म्यूज़ियम की दीवालें असितकुमार के बाघगुहा अलंकरणों से लेकर राजपूत, मुग़ल, कांगड़ा, तिब्बती टंका चित्रावली से सुसज्जित हो उठी थीं, प्रशस्त म्यूज़ियम कक्ष दर्शनीय हो उठा था...खुदाई किये हुए काठ के फलों, हाथीदाँत के कामों, कार्पेट और स्थानीय टेराकोटा मूर्तियों के संग्रह से। इस प्रकार सरकारी सहयोग से आर्ट स्कूल की सर्वांगीण उन्नति के लिए असितकुमार सक्रिय हो गये थे। उस समय उनकी अँगुली हिलाने मात्र से बहुत से सरकारी फ़रमाइशी काम और बाहर के वांछित कामों की उपेक्षा नहीं हो सकी। गवर्नर के अनुरोध पर और अपनी परिकल्पना और विद्यालय के सुदक्ष शिल्पियों की समवेत चेष्टा से मात्र छह मास की अवधि में एक असाधारण शिल्प सुषमामण्डित चाँदी का दीपाधार सर विलियम

मोरिस को उपहार में देने के लिए बनवा दिया था असितकुमार ने। उसी समय वे उस ज़माने के संयुक्त प्रदेश के कलाविद्यालयों के निरीक्षक नियुक्त हुए थे।[२१]

लखनऊ शिल्पविद्यालय में शिल्पी ग़ुलाम मोहम्मद के सह–अध्यक्ष नियुक्त होने पर १९२५ में प्राच्यकला परिषद् में अवनीन्द्रनाथ के अधीन शिक्षा प्राप्त छात्र, कोलकाता विश्वविद्यालय के अँग्रेज़ी साहित्य में प्रथम श्रेणी में प्रथम स्नातकोत्तर डिग्रीधारी कृती शिल्पी वीरेश्वर सेन को उनकी जगह पर हेड मास्टर के पद पर ले आये थे असितकुमार। प्राच्यकला परिषद् में अवनीन्द्रनाथ और क्षितीन्द्रनाथ मजूमदार के छात्र वीरेश्वर सेन त्रुटिरहित अणु चित्र आँकने में पारदर्शी थे। थोड़े समय बाद विश्वभारती कलाभवन के छात्र और आन्द्रे कार्पेल के पास जिल्द–बँधाई के काम में प्रशिक्षण प्राप्त शिल्पी वीरभद्र राउ चित्रों ने (?–१९७४) लखनऊ में जिल्दसाज़ी सिखाने का दायित्व लेकर कारीगरी विभाग में योग दिया था। १९२६ में स्कूल में पौराणिक चित्र–रचना में एक पारदर्शी शिक्षक की ज़रूरत है, यह जानकार अवनीन्द्रनाथ ने शैलेन्द्रनाथ डे, समी उज्जमा आदि अपने छात्रों का नाम देने पर भी जहाज़ के वायरलेस ऑपरेटर अश्विनी राय नामक एक व्यक्ति को उस काम के लिए सबसे उपयुक्त समझकर असित को लिखा था :

> पौराणिक चित्रांकन के लिए, उस जैसे काम के उपयुक्त छात्र अश्विनी राय नामक जो छात्र यहाँ है, मैं उसी को अच्छा समझता हूँ, उसका हाथ भी अच्छा है और पौराणिक चित्र भी अच्छे बनाता है। अश्विनी राय के न मिलने के कारण अन्त में अवनीन्द्रनाथ ने असितकुमार को लिखा था, 'यामिनी राय यदि मिल जायें तो बुरा नहीं होगा। लड़का सज्जन और काम का भी है, उसे बताना अगर उसकी इच्छा हो तो दरख़ास्त देने के लिए कहना। इसके अलावा और मैं किसी के लिए नौकरी जुटाने का भार लेना नहीं चाहता हूँ। सभी आकर मुझे परेशान करते हैं।'[२२]

जयपुर राजकीय आर्ट स्कूल के अध्यक्ष भास्कर हिरण्मय राय चौधुरी को भी असितकुमार लखनऊ आर्ट स्कूल में मूर्तिकला विभाग की स्थापना कर उसके प्रधान पद पर ले आये थे १९२९ ई. में। प्राक्कथन : २९ दिसम्बर, १९२८ ई. को हिरण्मय ने जयपुर से असितकुमार को लिखा था :

> तुम्हारी चिट्ठी और तार सभी मिल गये। किन्तु, सच बात यह है कि सामने उपस्थित और निश्चित (महाराजा स्कूल ऑफ़ आर्ट्स का अध्यक्ष पद) छोड़कर एक धुँधले भावी पथ पर जाने को मन सहजता से मानना नहीं चाहता है। कई दिनों से मन में उधेड़बुन चल रही है। उसके बाद तुम्हारी अन्तिम चिट्ठी से जब पता चला कि अनिश्चित को निश्चित करने की जादुई छड़ी जब तुम्हारे हाथ में है, तब मेरा काफ़ी साहस बढ़ गया। उसके बाद तुम्हारे पत्र से और भी पता चला कि मेरे लिए Sculpture की एक कक्षा खोलने की तुम व्यवस्था भी करोगे तब तो मेरा मन ख़ुशी से उछल पड़ा और पत्र पढ़ते ही तत्काल कानपुर के लिए रवाना हो गया उद्योग विभाग के उपनिदेशक से मिलने के लिए। ...उन्होंने बड़े धैर्य से २ जनवरी को ज्वाइन करने में मेरी कठिनाइयों को सुना और अनुग्रह के साथ मुझसे कहा कि तुम्हारी जल्दबाज़ी के कारण ही उन्होंने जल्दी ज्वाइन करने के लिए तुमसे कहा है। फिर ज्वाइन करने के बारे में उन्होंने कहा कि आप अभी लखनऊ जाकर उनसे (असितकुमार) भेंट कीजिये। स्वयं जाकर स्कूल देख आइये और हेडमास्टर अथवा Vice Principal के द्वारा प्रिन्सिपल को एक पत्र लिखकर अपनी कठिनाइयों को बताना अच्छा रहेगा। वे अगर लिखकर देते हैं कि दो महीना देर करने में कोई हानि नहीं है तब ज्वाइन करने का समय पाने में फिर कोई बाधा नहीं होगी। अब अगर तुम मुझे दो मास का समय नहीं देते हो तो यहाँ से मुक्ति पाना मेरे लिए असम्भव होगा। ...कुल मिलाकर यह नौकरी पाने के प्रति मेरी ज़रा भी अनिच्छा नहीं है फिर भी अगर समय दो तो यहाँ से मुक्त होकर आ सकता हूँ।

उड़ीसा के विख्यात मूर्तिकार गिरिधारी महापात्र के सुयोग्य पुत्र श्रीधर महापात्र को मूर्तिकला विभाग में शिक्षक के रूप में वे ले आये थे। इस तरह से ब्रिटिश सरकार के अधीन अपने स्वाभिमान को बनाये रखते हुए असितकुमार अपने सहज व्यक्तित्व और क्षमता का भरसक प्रयोग करते हुए उपयुक्त और योग्य शिक्षकों की नियुक्ति कर आर्ट स्कूल में शिक्षा का परिवेश तैयार करने के लक्ष्य की ओर बढ़ते जा रहे थे। भारतीय शिल्पकला की सर्वांगीण उन्नति और प्रसार की बात दिमाग़ में रखकर उसके अनुरूप लक्ष्य के अनुसार, मद्रास, आन्ध्र, इलाहाबाद, बनारस, जयपुर के शिल्पकला विद्यालयों में शिक्षकों की नियुक्ति के क्षेत्र में भी उन्होंने अपनी सिफ़ारिश के प्रयोग में ननुनच नहीं की थी।

८. शहर की वास्तु परिकल्पना

डिज़ाइन स्कूल के रूप में शुरू हुए लखनऊ के विद्यायतन में अधिकारियों की तरफ़ से काफ़ी कुछ स्थापत्य विभाग में यथा नक़्शानवीसों (Draftsman) को नियुक्त किया गया था। वास्तव में आगे चलकर आर्ट स्कूल में उन्हें ठीक तरह से काम में लगाया ही नहीं जा सका। स्थपति शिक्षकगण वहाँ पर ऐंग्लो इण्डियन स्थापत्य कला के अनुसार नक़्शा बनाने में अपनी असाधारण दक्षता को बरकरार रखे रहे थे। असितकुमार द्वारा उनकी क्षमता को काम में लगाने से पहली बार वे लोग भी टाउन हॉल निर्माण की परियोजना में सफल हुए थे। उस बौद्ध-हिन्दू मिश्रित स्थापत्य कला से निर्मित टाउन हॉल को देखकर मुग्ध अँग्रेज़ कलेक्टर ने असितकुमार का गढ़वाल टेहरी महाराज के साथ परिचय करा दिया था। वहाँ पर राज्य में नये राजा के अभिषेक के उपलक्ष्य में उनके नाम पर एक शहर निर्माण करने की प्रथा के अनुसार 'नरेन्द्रनगर' निर्माण की परियोजना प्रस्तुत कर असितकुमार ने वह योजना भी प्राप्त कर ली थी। ऋषिकेश और लछमन झूला की मध्यवर्ती ४००० फुट ऊँची एक अख्यात पहाड़ी ग्राम में शहर निर्माण करने में असितकुमार ने शिल्प भावना के साथ शहर-परियोजना में इंजीनियरिंग का अपना जो निर्दोष परिचय प्रस्तुत किया था, वह सचमुच में दर्शनीय था। टेहरी-गढ़वाल की पहाड़ी को असमतल ज़मीन की ढाल के साथ जोड़े रखकर पहाड़ की चोटी पर मन्दिर को केन्द्र बनाकर अपनी योजना के अनुसार परिकल्पित सड़क, जल-प्रणाली के साथ आवासगृह, दुकान, बाज़ार, विद्यालय, हस्पताल, ऑफ़िस के कमरे आदि को स्तर-स्तर पर विन्यस्त कर राजकीय शहर के नक़्शे ने महाराज का अनुमोदन पा लिया था। उनकी परियोजना से निर्मित उस पर्वतीय शहर 'नरेन्द्रनगर' ने भारतीय ऐतिह्य से समृद्ध स्थापत्यकला और कारीगरी के आदर्श प्रतीक के रूप में पर्यटकों के लिए दर्शनीय स्थलों की सूची में आज स्थायी आसन प्राप्त कर लिया है। स्थापत्य विभाग का और एक शिल्पकर्म भी विशेष रूप से प्रशंसित हुआ था। लन्दन में इण्डिया हाउस के प्रदर्शन कक्ष में रखने के लिए सरदार सरोवर झील (Channel) पर सद्य:निर्मित बाँध के हेडवर्क्स का एक आदर्श मॉडल असितकुमार ने मूर्तिकार हिरण्मय बाबू के सहयोग से स्थापत्य विभाग के दक्ष कारीगरों के द्वारा तैयार करवाकर तत्कालीन गवर्नर विलियम मोरिस के हाथ में रख दिया था। पब्लिक वर्क्स विभाग के अधिकारी गवर्नर ने हेडवर्क्स के निर्दोष आकार में

तैयार मॉडल को देखकर विस्मय व्यक्त करते हुए यह कृति इण्डिया हाउस के प्रदर्शन कक्ष में रखने योग्य एक आदर्श नमूना है, यह कहने में कोई संकोच नहीं किया था। इसी तरह से अध्यक्ष के उत्साह और तत्परता से स्थापत्य विभाग टेहरी बाँध और कैनाल समेत देश के काफ़ी कुछ उल्लेखनीय कारीगर निर्माण के नक़्शा बनाने वाले काम में नियुक्त किये गये थे।[२३]

९. विशिष्ट गुणीजनों द्वारा आर्ट स्कूल परिदर्शन (१९२६-२७)

१९२६ ई. के प्रारम्भ में लखनऊ में अखिल भारतीय संगीत और शिल्प सम्मेलन में आमन्त्रित होकर लखनऊ के नवाबघर में अतिथि के रूप में रहते समय असितकुमार के आवास पर सपरिवार आये थे रवीन्द्रनाथ। उसी वर्ष शिल्प-सम्मेलन में अवनीन्द्रनाथ भी आमन्त्रित वक्ता के रूप में असितकुमार के बँगले पर आये थे। अन्य उल्लेखनीय अतिथियों में थे बन्धु आचार्य सुनीति कुमार चटर्जी (१८९०-१९७६) एवं विशिष्ट शिल्पालोचक, 'आर्ट ओ आहिताग्नि' के ग्रन्थकार यामिनीकान्त सेन (१८८१-१९४९) तथा शान्तिनिकेतन से रवीन्द्रनाथ के साथ आये थे रवीन्द्रनाथ, प्रतिमादेवी, बाके दम्पति, अध्यापक मोरिस और नन्दलाल।

चटगाँव के विशिष्ट विधि विशेषज्ञ कमलाकान्त सेन के पुत्र शिल्पालोचक यामिनीकान्त सेन भी थे लखनऊ में आयोजित उस शिल्प-सम्मेलन में अन्यतम आमन्त्रित वक्ता। अध्यक्ष असितकुमार ने उन्हें सरकारी आर्ट स्कूल के काम-काज घूम-घूमकर दिखाये थे। प्रेसीडेन्सी कॉलेज (अब प्रेसीडेन्सी विश्वविद्यालय) के स्नातक युवा यामिनीकान्त ने १९०६ ई. में रवीन्द्रनाथ के आह्वान पर शान्तिनिकेतन ब्रह्मचर्य आश्रम स्कूल में आठ मास शिक्षण कार्य किया था। उस समय रवीन्द्रनाथ ने अपनी जीवन स्मृति का पहला मसौदा उन्हें पढ़ने को दिया था।[२४] शिल्प-समीक्षक के रूप में उनके बारे में रवीन्द्रनाथ ने इन्दिरा देवी को एक पत्र में लिखा था,

> यामिनीकान्त सेन कला सरस्वती के एकनिष्ठ उपासक हैं। इतनी बड़ी निष्ठा क्या निष्फल हो सकती है? उन्हें इसका वरदान मिला हुआ है। वह वरदान है ललित कला के सम्बन्ध में उनकी धारणा शक्ति। पर, मुश्किल यह है कि वह वरदान अधिकतर लोगों को

> नहीं मिलता है। इसी वजह से जनसामान्य में उनकी व्याख्या का यथेष्ट आदर होने की आशा विरल है। इसलिए बाह्य सिद्धि की आशा बिना किये आन्तरिक उपलब्धि का आनन्द लेकर यदि वे ख़ुश हो सकते हैं तभी उन्हें कोई आघात नहीं होगा।[२५]

स्वाभाविक है कला सम्मेलन में उन्हें बुलाया गया था। यामिनीकान्त ने लखनऊ शिल्प विद्यालय का निरीक्षण कर अपने सुझावों से युक्त २७ जुलाई, १९२६ की चिट्ठी में असितकुमार को लिखा था :

> आपके वृहद् स्कूल-परिक्रमा की सुमधुर स्मृति अब भी वहन कर रहा हूँ, वरन् भगवान की कृपा से आपके हाथों वह एक विराट व्यापार में परिणत होगा, इस तरह की एक दृढ़ प्रतीति मेरे मन में पैदा हो गयी है।... हमारे देश में Fine Art (ललित कला) एवं Industrial Art (औद्योगिक कला) के संरक्षण और विधान के मूल में एक बड़ा अभाव है। कोलकाता और अन्यत्र हमारे स्कूल ऑफ़ आर्ट में जो लोग कुछ सीखने आते हैं, वे उस शिक्षा के अति सामान्य अंश के संचय का ही दावा कर सकते हैं। वे लोग सिर्फ़ अपने हाथ को ही पक्का करने का अवसर पाते हैं, मन को पक्का करने का नहीं, इसलिए वे बहुत अच्छे मिस्त्री तो हो जाते हैं, निपुण शिल्पी नहीं हो सकते हैं।... जिस उम्र में लड़के इन सब स्कूलों में आते हैं, उस उम्र में उनकी सारी शिक्षा कच्ची होकर रह जाती है। किसी तरह के Idea, Ideal अथवा Culture (विचार, आदर्श अथवा किसी तरह की संस्कृति से) वे कोई सम्पर्क ही नहीं रखते हैं। इस क्षति की पूर्ति कर इस अभागे देश के युवा जीवन को थोड़ा महत्त्व दिया जा सकता है? किसी तरह के पीड़ादायक करीक्यूलम अथवा पाठ्यपुस्तकों का निर्धारण करके नहीं—सारे देश-कालों के कला समुच्चय का एक इन्द्रधनुष बनाकर उनकी आँखों के सामने प्रस्तुत कर उन्हें यह समझाया जाये कि कैसे अनेक सभ्यताओं, जैसे पारस्य, मिस्र, बेबीलोन, चीन और भारत की अनेक कलालीलाओं के आवर्तों के मध्य अनेक आशाओं और उद्दीपनों की वाणी समाहित है, अनेक साधनाओं और संकल्पों के आग्नेय बीज बोये हुए हैं। इनके भीतर भी किस तरह से फारस और चीन के वासन, इस देश की वस्त्रकला, जापान की धातुओं की कला आदि में भी—किस तरह से जाति के हृदय के अनेक स्पन्दनों की लीला हो रही है—ये सब चीज़ें यदि इन छात्रों के सामने उपस्थित की जायें, तो उनके

> हाथों की निपुणता कम नहीं होगी—चित्त की व्यापकता बढ़ जायेगी—एक विराट भावी कला के बीज का रोपण कर दिया जायेगा।
>
> पुनश्च आधुनिक यूरोपीय शिल्पी की एक गम्भीर विशेषता होती है, उनके Cultural equipments सांस्कृतिक उपादान। चित्र शिल्पी हो, संगीत शिल्पी हो, मूर्तिकार हो, कवि हो, सभी सामान्य भाव सम्पदा से परिपुष्ट, सुशिक्षित, परिष्कृत एवं किसी भी विषय में इस युग के जो मुख्य भावुक होंगे, उनसे पीछे रहने को वे लोग प्रस्तुत नहीं हैं। वे लोग कला-जगत की सारी ख़बरें रखते हैं एवं जिससे कलाचक्र के सभी लोगों की रुचि, पाण्डित्य और भावुकता से सभी की श्रद्धा आकर्षित कर सकें, इसके लिए प्रयत्नशील रहते हैं। इस देश के ही शिल्पियों को क्या अवनत दशा में रहना होगा?

देश के मनुष्यों के मन में सौन्दर्यबोध को जाग्रत करने का साहसपूर्ण व्रत भावुक, कृतविद्य शिल्पी के रूप में असितकुमार ग्रहण करेंगे उनकी ऐसी धारणा लखनऊ आर्ट स्कूल के काम-काज की परिधि, परिवेश और उसका सुष्ठु संचालन देखकर बन गयी थी।

आचार्य सुनीति कुमार चटर्जी ने भी लखनऊ शिल्प विद्यालय का परिदर्शन कर मॉडर्न रिव्यू पत्रिका में स्कूल के बारे में लम्बा सचित्र निबन्ध लिखा था।[२६] निबन्ध रचना को प्रस्तुत करते समय ७ दिसम्बर, १९२६ की चिट्ठी में असितकुमार को उन्होंने लिखा था : 'जो काम आप लोग कर रहे हैं, उसके प्रति अन्य किसी उपाय से अपनी सहानुभूति और समादर दिखाने की शक्ति मुझमें नहीं है।' मुग्ध हो गये थे वे कवि गीतिकार अतुल प्रसाद सेन के घर में जमे अड्डे और मजलिस में दिलीप कुमार राय का गाना सुनकर। उन्होंने लिखा था, 'आप सभी लोगों का अड्डा, इस तरह का संयोग कोलकाता में भी दुर्लभ है।'

लखनऊ सरकारी आर्ट स्कूल के काम-काज की सार्वजनिक परिसीमा देखकर उन्होंने इसे कोलकाता सरकारी आर्ट स्कूल एवं शान्तिनिकेतन में कलाभवन के ऊपर स्थान दिया था उस समय। उत्तर प्रदेश सरकार की आर्थिक सहायता एवं अध्यक्ष असितकुमार के प्रयास से थोड़े समय में ही उस शिक्षायतन का मान काफ़ी उन्नत हो गया था। किन्तु, १९२६ में आर्ट स्कूल को सहसा शिक्षा दफ़्तर से इण्डस्ट्रियल दफ़्तर के अधीन कर देने के सरकारी अधिकारियों के निर्णय को स्वभावतः ही एक विद्वान के रूप में सुनीति कुमार स्वीकार नहीं

कर पाये थे। उन्होंने असितकुमार को लिखा था :

> Nation Building राष्ट्र निर्माण का एक बड़ा अंग है यह स्कूल। दु:ख यह है कि पॉलिटिशियनों के देखने की आँखें नहीं हैं, समझने की शक्ति भी नहीं है।[२७]

१०. सरकार के साथ द्वन्द्व

१८८१-१९०५ की अवधि में ब्रिटिश शासनकाल में काम में आने वाली उपयोगी कला (Practical Art) और ललित कला विभाग दोनों राजस्व और कृषि दफ़्तर के अन्तर्गत थे। उसके बाद क्रमशः १९०५-१९१० ई. के दौरान वाणिज्य और उद्योग दफ़्तर, १९१०-२१ में शिक्षा कार्यालय एवं १९२१ ई. से शिक्षा एवं स्वास्थ्य कार्यालय के अधीन आ जाते हैं।[२८] उसके बाद यूपी सरकार ने १९२६ ई. में पुनः आर्ट स्कूलों को उद्योग कार्यालय के अधीनस्थ कर दिया था, जो देश के अन्य स्थानों पर ऐसा नहीं किया गया था। ऐसी परिस्थिति में असितकुमार ने आर्ट स्कूल से लगे एम्पोरियम को शहर के बाज़ार अंचल में हटा देना चाहा था, जिसकी वजह से उन्हें अधिकारियों के प्रतिरोध का सामना करना पड़ा था। पराधीन देश में अँग्रेज़ सरकारी अफ़सरों के आचरण एवं उनके द्वारा लागू नियम-क़ानून के साथ असहमत होने के कारण उत्पन्न अस्वस्तिकर परिस्थिति से बचने के लिए असितकुमार ने एक समय लखनऊ के काम से इस्तीफ़ा देने की बात भी हेवेल को लिखी थी। कोलकाता सरकारी आर्ट स्कूल के अध्यक्ष पर्सी ब्राउन के आसन्न अवसर ग्रहण का संवाद हेवेल से जानकर कोलकाता में अध्यक्ष पद प्राप्त करने का लक्ष्य उनका हो गया था। किन्तु, शुभचिन्तक हेवेल ने वाणिज्यिक उद्योग विभाग के अधीन सरकारी शिल्प शिक्षा निकेतन में ऊपरवाले लोगों को लाभ-हानि के आँकड़े चाहने के साथ छड़ी घुमाने के आपत्तिजनक कामों के सम्बन्ध में असितकुमार की परिस्थिति के प्रति सहानुभूतिशील होते हुए भी काम इतनी जल्दी न छोड़ने का उन्हें परामर्श दिया था। उदाहरणस्वरूप, उन्होंने मद्रास सरकारी शिल्प विद्यालय के दायित्वपूर्ण पद पर रहते समय अपने वैसे ही अनुभव की बात का उल्लेख करते हुए असितकुमार को लिखा था :

> वहाँ भी उनके ऊपर के अधिकारी स्कूल में तैयार औद्योगिक वस्तुओं

के बाज़ार बिकने के खाते में वार्षिक लाभ-हानि का हिसाब देखकर ही स्कूल की प्रगति या अधोगति के बारे में निर्णय पर पहुँचा करते थे।[२९]

कहने में कोई हर्जा नहीं है, १९२७ ई. में वे आलाप-आलोचनाओं के मध्य एम्पोरियम को स्कूल प्रांगण से हटाने में सक्षम हुए थे।

कोलकाता सरकारी आर्ट स्कूल में अध्यक्ष पद पर आवेदन के लिए हेवेल, रोथेंस्टाइन, विनियान आदि के प्रशंसा पत्र मिल गये थे असितकुमार को। कोलकाता सरकारी आर्ट स्कूल में अध्यक्ष पर्सी ब्राउन के अवसर ग्रहण के पूर्व उन जैसा कोई अँग्रेज़ फिर अध्यक्ष पद पर नहीं आया, ऐसी प्रार्थना करते हुए हेवेल ने उस पद के अभ्यर्थी मुकुलचन्द्र डे की इच्छानुसार उन्हें एक सिफ़ारिशी पत्र दे दिया था। अब असितकुमार उस पद के लिए अन्यतम प्रार्थी हो गये हैं, यह जानकर उन्होंने ६ जनवरी, १९२७ की तारीख़ में लिखा था :

> आप उस पद के अन्यतम प्रार्थी हैं। यह न जानने के कारण मैंने मुकुलचन्द्र डे को एक नन-कमिटल (अवचनबद्ध) सिफ़ारिशी पत्र दे दिया था। अब मैं स्पष्ट रूप से आपके नाम की सिफ़ारिश कर रहा हूँ इस पद के लिए।

उन्होंने पत्र के साथ भेजे सिफ़ारिशी पत्र में लिखा था,

> मैं असितकुमार के कर्मजीवन की धारा को बड़े आग्रह के साथ लक्षित करता आ रहा हूँ, एवं मेरा विश्वास है उस पद के लिए निर्धारित शिल्पकला-सम्बन्धी योग्यता और संगठन-क्षमता दोनों ही उनमें विद्यमान हैं। मैं उनसे अधिक योग्यता सम्पन्न और किसी को नहीं जानता इसलिए बिना किसी द्विविधा के उनकी प्रार्थित पद के लिए मैंने सिफ़ारिश की है।

किन्तु, सरकारी पद को थोड़े समय में त्याग करना समीचीन नहीं है, यह मानो हेवेल के परामर्श पर विचार कर अन्त में असितकुमार पुनर्विवेचना करने के उपरान्त उस आवेदन-पत्र को वापस लेकर लखनऊ में ही रह गये थे। हेवेल भी वह ख़बर पाकर निश्चिन्त हो गये थे।[३०] १९२८ में कोलकाता सरकारी आर्ट स्कूल में पहले भारतीय स्थायी अध्यक्ष नियुक्त हुए उनके छात्र मुकुलचन्द्र डे।

किसी शिल्पकला शिक्षायतन के किसी व्यवसायी वाणिज्य उद्योग दफ़्तर के

अधीन होने से जो सम्भावित फल हो सकता है, एक समय वही हुआ था। १९३२ ई. में लखनऊ आर्ट स्कूल के सप्ताह में चौबीस घण्टे काम के समय को बढ़ाकर चौवालीस घण्टा कर दिया गया था। असितकुमार ने इसका प्रतिवाद किया था। मद्रास सरकारी आर्ट स्कूल के अध्यक्ष हेडवे, कोलकाता आर्ट स्कूल के प्राक्तन अध्यक्ष द्वय—पर्सी ब्राउन और गुरु अवनीन्द्रनाथ ने प्राय: एक ही स्वर में, एक ही युक्ति में असितकुमार के प्रतिवाद का समर्थन किया था। अवनीन्द्रनाथ ने लिखा था :

> कारख़ाने में काम करने की समयावधि को आर्ट स्कूल में लागू करने के बारे में तुमने जो जानना चाहा है, इस सम्बन्ध में किसी तरह के अनुभव के सम्मुख न होते हुए भी इतना कह सकता हूँ, लगातार चौवालीस घण्टे काम करना आर्ट स्कूल में काम के आनन्द को नष्ट कर देगा, फलस्वरूप कोई सुन्दर रचना फिर दिखायी ही नहीं देगी, यहाँ तक कि छत्तीस घण्टा काम भी अधिक है। अत्यधिक यान्त्रिक शक्ति के प्रकोप से बायलर के फट जाने की आशंका भी बनी रहती है। तुम बगीचे के माली को ४४ घण्टा मेहनत करने को यदि कहो तो वृक्ष में फूल और फल खिलने और फलने में अधिक समय लेंगे, तुम्हें बहुत समय तक प्रतीक्षा करनी पड़ेगी, कई ॠतुओं में। सहज भाव से समय बिताना, आनन्दपूर्वक काम का निर्वाह, यही था मेरे समय का नियम, जिसमें तुम लोग प्रशिक्षित हुए हो।[३१]

इन सब युक्तियों से युक्त बातचीत, प्रतिवाद से आख़िर में कोई फल नहीं हुआ। आर्ट स्कूल कारखाने में न बदल जाये (The school must not become a factory) इस तरह की एक सतर्कतापूर्ण उक्ति अधिकारियों ने स्कूल को प्रारम्भ करते समय व्यक्त की थी। किन्तु, वास्तव में असितकुमार ने फिलिस्तीनी ब्रिटिश निदेशक (Director of Industries) और उनके ताबेदार भारतीयों के द्वारा ही उस नियम की उपेक्षा होते हुए देखी थी।

१९२७ ई. में आर्ट स्कूल से सम्बद्ध एम्पोरियम को शहर के बाज़ार क्षेत्र से हटाकर हस्तशिल्प कला के व्यावसायिक पक्ष की देखरेख का भार सरकारी वाणिज्य दफ़्तर पर डालकर उसके प्रशिक्षण के पक्ष को आर्ट स्कूल के अधीन रखा था असितकुमार ने। लखनऊ में वे उपयोगी और काम में आने वाली शिल्पकला के प्रति कभी उदासीन नहीं रहे। अवनीन्द्रनाथ ने सम्भवत: १९२८ में उन्हें लिखा था :

तुम तो वहाँ आर्ट स्कूल के कर्त्ता-धर्ता हो किन्तु, आज तुम्हें एक नयी और चौंकाने वाली चीज़ की ख़बर देता हूँ, जो लखनऊ में तैयार होकर बेची जा रही है, यद्यपि तुमने अब तक उस कला की ख़बर एक बार ही ली ही नहीं। मेरे कई आत्मीय इस बार लखनऊ से टिन के एक बक्सा भर मिट्टी की मूर्तियाँ लाये हैं, उनमें देखा कि कई तो एक इंच की नाप की गढ़ी गईं मिट्टी की कई तरह के पक्षियों की मूर्तियाँ हैं, कई अत्यन्त मज़ेदार खिलौने हैं। यह जिस तरह से पक्षियों की मूर्तियाँ हैं, वैसे ही पशुओं का सेट (set) भी निश्चय ही होगा। जापानियों द्वारा छोटे-छोटे चीनी मिट्टी से तैयार मिट्टी के मनुष्य, पशु, पक्षी इत्यादि तुमने देखे तो हैं, ठीक यही कलात्मक चीज़ें केवल पकी मिट्टी से गढ़कर हाथ से रँगकर बनायी गयी हैं। यही इनमें अन्तर है। खिलौने एकदम बाज़ारू क़िस्म के cheep—सस्ते हैं किन्तु, कला को समझने की दृष्टि से बहुत गम्भीर हैं। तुम यदि इन खिलौनों को ढूँढ़कर दो सेट पक्षियों एवं दो सेट पशुओं आदि के—कम्पलीट (complete) सेट पक कर V.P. से भेज सको तो तुम्हें शत-शत आशीर्वाद देता हूँ। तुम इन चीज़ों को देखकर ख़ुश होगे और तुम्हारे बाल-बच्चे तो इनसे एकदम सन्तुष्ट होकर चहकने लगेंगे। इनके (Artist) निर्माताओं का नाम-धाम भी जानना ज़रूरी है, इन्हें तुम लोग उत्साहित करना।

चिट्ठी के अन्त में उन्होंने पुनः लिखा :

बाज़ार में खोजने से ये मिल जायेंगी। इन खिलौनों में (अन्दाज़ से एक इंची पक्षी का चित्र) इनके ब्योरे (Details) एवं मॉडलिंग (निर्मित) सभी त्रुटिरहित बनायी गयी हैं, देखोगे ये खिलौने एकदम Perfect miniature सूक्ष्म रेखाचित्र जैसे हैं।

जिस प्रकार, मिट्टी से बने 'मोड्की पक्षी' की बात अवनीन्द्रनाथ ने लिखी थी, उस सम्बन्ध में गुरु को जानकारी देते हुए असितकुमार ने लिखा था :

आपका पत्र पाकर ख़ूब आनन्दित हुआ, क्योंकि मैं ठीक यही चीज़ (मोड्की पाखि) तैयार कराकर Emporium के मार्फ़त बहुत प्रचार कर रहा हूँ। अब आपसे उसी चीज़ की प्रशंसा पाकर मैं ख़ूब आनन्दित और अपने को गौरवान्वित अनुभव कर रहा हूँ। मैं जब एम्पोरियम का नियन्त्रक था (१९२७ तक) तब मैंने ऐसी ही छोटी-मोटी चीज़ों का ही प्रचार करने का प्रयास किया है और उसमें सफल भी हुआ हूँ।

१९२३ ई. में शान्तिनिकेतन में अवनीन्द्रनाथ ने अपने संवर्धना समारोह में असितकुमार आदि से गुरुदक्षिणा के रूप में मिट्टी के खिलौने ही चाहे थे किन्तु, वे उन्हें मिल नहीं पाये थे। जीवन सायाह्न में रवीन्द्रनाथ को अफ़सोस था, उनके शिष्यों ने उन्हें गुरुदक्षिणा में खिलौने नहीं दिये इस वजह से।[३२] उस विषय में थोड़े समय बाद (१९२५-१९२७) असितकुमार ने गुरु की इच्छा को पूरा महत्त्व दिया था 'मोड्की पक्षी' की परिकल्पना साकार करके। १९२७ में एम्पोरियम को हटाने के बाद कलात्मक चीज़ों को ख़रीदने-बेचने की ज़िम्मेदारी से मुक्त हो जाने के बाद भी असितकुमार आर्ट स्कूल में हस्तशिल्प से तैयार सामग्री के उत्कर्ष को बरकरार रखने और उसे और उन्नततर बनाने के विषय में अपने उत्तरदायित्व से हट नहीं आये थे।

आर्ट स्कूल में हस्तकला की उन्नति के विषय में विवेचना कर सरकार ने हस्तकला के विभिन्न विषयों में शिक्षा के क्षेत्रों को संयुक्त प्रदेश के विभिन्न स्थानों में फैला दिया था। लखनऊ के अमीनाबाद में कारपेंट्री (काष्ठकला) एवं बाज़ार इलाक़े में (चौक में) बर्तन, पत्रों के ऊपर एवं स्वर्णकार द्वारा सोने-चाँदी के ऊपर उत्कीर्ण करने की कला (चेताई कला) (Repousse) और पुरातन खुदाई करने की हस्तकला के सान्ध्यकालीन स्कूल थे, चाँदी का काम सिखाने का आयोजन किया गया था बनारस, नगीना और मुरादाबाद के हस्तशिल्प स्कूल में। पहले ही कहा जा चुका है कलात्मक वस्तुयें ख़रीदने-बेचने के इम्पोरियम को असितकुमार ने स्कूल की चौहद्दी के बाहर लखनऊ के बाज़ार इलाक़े में स्थानान्तरित कर दिया था। यह काम कोई सहजता से सम्भव नहीं हुआ था। अपने परिवर्तन करने के प्रस्ताव को कार्यान्वित करने के लिए उन्हें ब्रिटिश सरकारी अधिकारियों के साथ समान रूप से युक्ति-तर्क के साथ लड़ाई करनी पड़ी थी। आर्ट स्कूल में असितकुमार की सम्पूर्ण कार्यविधि का अनुधावन करने के बाद एक ब्रिटिश कमिश्नर ने १८ मार्च, १९२९ ई. में उन्हें लिखा था,

> १९२५ ई. में मैंने सर विलियम मोरिस के साथ स्कूल का परिदर्शन किया था, फिर उसके बाद उसे पुनः देखा। यह बात मैं निःसन्देह कह सकता हूँ, गत चार वर्षों में आपकी देखरेख में काम-काज को पूरी तरह से पुनः संगठित करने के माध्यम से स्कूल की प्रभूत उन्नति हुई है।[३३]

इस विषय में यह याद रखना होगा, उस ज़माने में कोई भी ब्रिटिश अधिकारी

भारतीयों के काम की ख़ुशामद करने के लिए प्रशंसा नहीं करता था।

उस समय एकमात्र लखनऊ में प्राच्य और पाश्चात्य उभय पद्धति को समान महत्त्व देकर शिल्पकला शिक्षा का प्रचलन असितकुमार ने किया था। चित्ररचना, मूर्तिकला, पोटरी के अनेक प्रयोग-परीक्षण उनके अधीन आर्ट स्कूल में चल रहे थे। तिब्बती वेनर चित्र, इटली के ऑयल टेम्परा पद्धति, वाटिक केलिको ड्राइंग, लाक्षारंजित चित्रकला, मशीन की सहायता लिए बिना ग्लेज्ड पोटरी का निर्माण, सिरा पेद्रु पद्धति (Cera Podru) से ब्रोंज की ढलाई, फ्रेस्को एवं क्षुद्र आकृति की मूर्तियाँ तैयार करने के ऊपर, हिरण्मय राय चौधुरी एवं उनके सहयोगी शिक्षकगण अपनी स्वकीय क्षमता के अनुसार गवेषणा का काम कर रहे थे स्वाधीन भाव से। पाश्चात्य और भारतीय प्रथा के अनुसार शिल्पकला की शिक्षा धारा को बरकरार रखते हुए असितकुमार ने स्कूल की अभूतपूर्व उन्नति की थी। फ़रवरी १९५९ में एक साक्षात्कार में विश्वभारती कला भवन के प्राक्तन, शिल्पी रामकिंकर के प्रिय छात्र, लखनऊ आर्ट स्कूल के मूर्तिकला विभाग के प्रधान, शिल्पी ए.एस. पँवार ने असितकुमार के कार्यकाल को लखनऊ स्कूल का सर्वोत्तम समय कहकर अपना मन्तव्य प्रकट किया था।[३४] शिक्षायतन की स्थापना के पहले पन्द्रह वर्षों (१९११-१९२५) में शिक्षार्थियों की गिरती हुई वार्षिक संख्या २०७ से बढ़कर उनके कार्यकाल के पहले डेढ़ दशक (१९२५-१९३९) में २५० शिक्षार्थियों तक पहुँच गयी थी। उनके प्रयास से लखनऊ आर्ट स्कूल में १९३१ ई. से प्रादेशिक शिल्प कला और प्रदर्शनी शुरू हो जाती है। १९३६ के शैक्षणिक वर्ष से शिक्षार्थियों के रूप में छात्राओं को लेना शुरू हो गया था।[३५] इसी तरह से वे शिल्प सृजन के अनुकूल परिवेश और वातावरण बना लेना चाहते थे लखनऊ आर्ट स्कूल में।

१९३१ ई. के दिसम्बर के महीने में बनारस हिन्दू विश्वविद्यालय के उपकुलपति सर्वपल्ली डॉ. राधाकृष्णन ने आर्ट स्कूल का निरीक्षण किया था। एक शिक्षाविद् होने के नाते स्वभावत: उन्होंने स्कूल के शिल्पकर्म, गवेषणादि देखकर उसकी उन्नति के क्षेत्र में सुन्दर संचालन एवं पाठ्य सूची तैयार करने में अध्यक्ष और उसके सहयोगियों को अधिकतर स्वाधीनता होनी चाहिए यह कहकर उन्होंने अपना मन्तव्य प्रकट किया था। किन्तु, नयी दिल्ली के सरकारी कर्ता-धर्ता तत्कालीन संयुक्त राज्य के डायरेक्टर ऑफ़ इण्डस्ट्रीज (उद्योग विभाग के निदेशक) श्रीयुक्त डोनाल्डसन से सावधान करते हुए

उन्होंने असितकुमार को लिखा था :

> वह अदूरदर्शी स्कोच व्यक्ति शिल्पकला की उन्नति के बारे में ध्यान देगा, ऐसा नहीं है, वरन् अपने स्वभाव के अनुसार सरकार स्कूल की जो सरकारी आर्थिक सहायता करती है, उसे पूरी तरह से समाप्त करना चाहेगा।

किन्तु, वास्तव में उन्होंने उस व्यक्ति को अपनी कर्मतत्परता और व्यक्तित्व के प्रभाव से अपने वश में कर उसे शिल्पकला के प्रति आग्रही बना डाला था। हाँ, यह ज़रूर है कि इस काम में उन्हें सहायता मिली थी पण्डित नेहरू और सुविख्यात कला संग्राहक, ग्रन्थ रचयिता एन.सी. मेहता की।

११. देश-विदेश के अतिथिगण

विश्वभारती स्थापना के परवर्ती समय में रवीन्द्रनाथ से मिलने के लिए देश-विदेश के विद्वज्जन, जो शान्तिनिकेतन में आया करते थे, वे उनमें से बहुतों को लखनऊ में असितकुमार के पास आर्ट स्कूल के परिदर्शन के लिए भेज दिया करते थे, साथ में सरकारी वक्तृता के आयोजन का अनुरोध भी कर देते थे। कवि को पता था कि इसमें उन्हें असितकुमार का सहयोग मिल जायेगा। असितकुमार का व्यक्तित्व और लोगों से मिलने-जुलने की उनकी जन्मजात प्रकृति देश-विदेश के मानुष जनों को पास खींच लेती थी। कवि के सचिव अमियचन्द्र चक्रवर्ती ने ४ जनवरी, १९३२ की तारीख़ में उन्हें लिखा था :

> Dr. Anna Selig, जिनके बारे में आपको बताया था, लखनऊ के लिए रवाना हो गयी हैं। ये और इनकी मित्र Miss Charlotte Jonas-कुमारी सार्लोट जोनास—दोनों लोग आपको बहुत अच्छे लगेंगे। छ्रह्न. स्द्गद्यद्बद्द बड़ी बढ़िया आदमी हैं—जर्मनी में उनकी बड़ी प्रतिष्ठा है—कवि के लिए सारे आयोजन उन्होंने ही किये थे। इनका यथासाध्य आदर-जतन करने से कवि को बहुत ख़ुशी होगी। एक बार आमन्त्रित करें और V.N. Mehta माल्ती की रानी आदि विशिष्ट जनों के पास ले जायें तो मुझे प्रसन्नता होगी। थोड़े बड़े स्तर के व्यक्तियों के पास ले जायें जो इनके महत्त्व को समझ सकेंगे। इस

> विषय में मुझे कोई अधिक बताने की दरकार नहीं है। आप सब कुछ अच्छा ही करेंगे इसे मैं बहुत अच्छी तरह जानता हूँ। इन्हें साथ में लेकर आप घुमा लायेंगे, इससे इनका बड़ा भला होगा।

१९३० जुलाई में जर्मनी में रवीन्द्रनाथ की चित्र प्रदर्शनी का सारा आयोजन श्रीमती शेलिग ने किया था। रवीन्द्रनाथ के शब्दों में 'पेरिस में विक्टोरिया (ओकाम्पो) जिस तरह से थीं Dr. Selig ने उसी तरह से प्राणपण से मेरा आदर-जतन किया है।' डॉ. शेलिग मुम्बई, पुणे से होते हुए १९३१ नवम्बर में शान्तिनिकेतन आकर कई सप्ताह रही थीं। वहाँ से दिल्ली, लखनऊ, इलाहाबाद, अलीगढ़ इत्यादि विश्वविद्यालय के अधिकारियों को लिखे रवीन्द्रनाथ के अनुरोध पत्र लेकर श्रीमती शेलिग अपनी वक्तृता देने के सफ़र पर निकली थीं।[३७] लखनऊ आर्ट स्कूल में श्रीमती शेलिग की सहचरी बनकर उनके साथ आयी थीं स्विट्ज़रलैण्ड की तरुणी शिल्पी सार्लोट जोनास। सार्लोट जोनास के लिए एक चित्र प्रदर्शनी आयोजित कर देने के लिए नन्दलाल ने भी लिखा था :

> ये पत्र वाहक श्रीमती सार्लोट आर. जोनास Charlotte R. Jonas, ये एक चित्रकार हैं। सिंहल (सिंहल) में कुछ दिनों थीं। यहाँ पर देशी छवि आँकने का कायदा सीखने आयी हैं। महिला बहुत अच्छी हैं। ये कुछ चित्र साथ में ले जा रही हैं। इसीलिए कुछ छवियाँ प्रदर्शित हो जायें इसकी चेष्टा करना। ये अपनी कुछ छवियाँ तुम्हें दिखायेंगी, अपनी पसन्द के अनुसार उनमें से कुछ को प्रदर्शित कर देना।[३८]

यथाविधि शिल्पी जोनास की चित्र प्रदर्शनी हुई थी लखनऊ आर्ट स्कूल में एवं उनके चित्र बिक भी गये थे। विस्मय की बात यह है, जोनास ने असितकुमार के घर में परिवार के एक सदस्य के रूप में दो बरस रहकर उनके पास चित्रकला का सिर्फ़ पाठ ही ग्रहण नहीं किया था, भारतीय आचरण की विधि को मानकर साड़ी पहनकर बड़े आनन्द से अपने दिन बिताये थे। असितकुमार के पैतृक घर राँची में भी गयी थीं। इसके बाद अमेरिका की अधिवासी होकर वह चली गयीं। एक छिन्नपत्र में शिल्पी सार्लोट ने भारतवर्ष में रहने के अपने अनुभवों के बारे में असितकुमार को लिखा था,

> आप कल्पना नहीं कर सकते हैं कि मैं अब भी कितने गम्भीर भाव

> से भारतवर्ष के साथ जुड़ी हुई हूँ और भविष्य में मेरी भावना, अचेतन रूप में होते हुए भी जुड़ी रहेगी और अब भी है आपके देश के साथ।[३९]

शिल्पी सार्लोट के बारे में विशद रूप से कुछ पता नहीं चला।

इसके अलावा रवि दादा ने दीर्घ सोलह-सत्रह वर्ष की अवधि (१९२५-१९४१) में शान्तिनिकेतन से असितकुमार के पास जिन्हें लखनऊ आर्ट स्कूल देखने के लिए भेजा था, उनमें इंग्लैण्ड के पार्लियामेंट के सदस्य अर्नेस्ट थार्‌टल (Ernest Thurle), बेरेन वोन बेनथेम (Baron Von Benthem), मेजर सेनफॉर्ड (Mayar Sanford), ए. विलबी (A. Wilby), एच. हंटर (H. Hunter), ए.एफ. ऐलेन (A.F. Allen), मादाम मेनजियरली (Madam de Manjearly), डॉ. कुमारी पोर्थोज (Ms. Dr. Porthos), अनागारिक गोविन्द (Earnest Lother Hoffmann) प्रमुख थे। इनमें से अर्नेस्ट थारटिल के असितकुमार के घर में रहते समय एक घटना का उल्लेख करना पड़ेगा। गवर्नर हाउस में एक पार्टी में असितकुमार ने उनका गवर्नर एलेक्जेंडर मुडिमेन और उपस्थित अँग्रेज़ और भारतीय अमला तन्त्र के साथ परिचय करा दिया था। भारतीयों में थे वहाँ पर सर ज्वालाप्रसाद श्रीवास्तव, बी.एन. मेहता, एन.सी. मेहता, राजा तिलोई, राजा वेल प्रमुख लोग। असितकुमार ने लिखा है :

> मेरे साथ घर वापस आकर रात्रिभोजन (नैशभोज) के समय Mr. Jhurtle ने दुःखित होकर कहा लाट साहब ने अपने अँग्रेज़ कर्मचारियों को लेकर ही चाय पी और यहाँ के भद्रपुरुषों की तरफ़ कृपा कटाक्षपात करके ही रह गये, इसका मर्म मैं नहीं समझ सका।[४०]

उस समय अँग्रेज़ और भारतीय जो-सो अलग-अलग बैठा करते थे, इस तरह का विषम व्यवहार उनकी नज़र में पड़ गया था।

१२. लखनऊ का स्थापत्य

उन्नीसवीं शताब्दी में देशज संस्कृति के सर्वव्यापी अवक्षयी वातावरण में युक्त प्रदेश (अब उत्तर प्रदेश) की राजधानी लखनऊ में नवाबी दौर के भारतीय स्थापत्य के प्रतीक एक अभिज्ञ शिल्पी की दृष्टि में मुग़ल स्थापत्य

के अवसादग्रस्त चेहरे लिए खड़े हुए थे। नवाब आसफुद्दौला के बाद वाले युग में पाश्चात्य स्थापत्य कला के विश्वग्राही प्रभाव से निर्मित भवन के स्थापत्य यूरोपीय, मुग़ल और हिन्दू स्थापत्य कला की असफल अनुकृति लेकर विभिन्न कलाओं की खिचड़ी हो गये थे वहाँ। औरंगज़ेब के समय से मुग़ल स्थापत्य और चित्रकला की अधोगति की यदि चर्चा की जाये तो असितकुमार ने लखनऊ में एकमात्र दर्शनीय स्थापत्य कला के नमूने के हिसाब से आसफुद्दौला के दौर का इमामबाड़ा ही देखा था। उनके शब्दों में

> इमामबाड़ा का बड़ा हॉल लुब्र, वार्साई के अलावा और कहीं नहीं है। इसकी रचना इस तरह से की गयी है कि जरा-सी आवाज़ भी इसमें स्पष्ट रूप से सुनी जा सकती है।—हॉल में उसकी कोई गूँज नहीं होती है। आधुनिक स्थापत्य के प्रसंग में उन्होंने लखनऊ विश्वविद्यालय, मेडिकल कॉलेज, जयपुर म्यूज़ियम और काशी हिन्दू विश्वविद्यालय में 'भारतीय प्राचीन धारा की कितनी रक्षा की गयी है।'[४१]

यह देखा है। सोम वर्मा छद्म नाम से किसी निबन्धकार ने लखनऊ सरकारी आर्ट स्कूल के सम्बन्ध में अपनी रपट इस तरह लिखी थी :

> लखनऊ में नवाबी दौर के स्थापत्य के अनेक नमूने हैं, किन्तु, उनमें से कई—जिसे कहते हैं rococo एकदम अलंकृत, वही है। और बाक़ी तो मुग़ल स्थापत्य के अवसाद के चिह्न हैं, हिन्दू युग की अक्षम अनुकृति—और उसके साथ यूरोप का सस्ता अनुकरण—इन सबका परिचय मिल जाता है। लखनऊ में इस समय एकमात्र द्रष्टव्य है सरकारी कलाभवन—शिल्पाचार्य असितकुमार हालदार जिसके अध्यक्ष हैं एवं शिल्पी वीरेश्वर सेन जिसके मुख्य संचालक हैं। ...इन दोनों लोगों ने लखनऊ कला भवन के अन्तर्निहित भाव को गढ़कर, जिस विशिष्ट रूप में उसे व्यक्त किया है, उसकी तुलना समग्र भारत में खोजने से मिल सकती है या नहीं इसमें सन्देह है।

अनुभवी लेखक की दृष्टि में लखनऊ भी मुग़ल स्थापत्य की समाधि भूमि एवं उत्तर भारत में उसी भारत शिल्प की श्मशान भूमि में भारतीय शिल्प का पुनर्जीवन आरम्भ हुआ था शिल्पी असितकुमार हालदार को केन्द्र बनाकर।[४२]

१३. शिल्पी जीवन

शत-शत कामों में व्यस्त बहते हुए भी छवि आँकने के प्रति अकृत्रिम प्रेम ने असितकुमार की शिल्पी सत्ता को नष्ट नहीं होने दिया, आर्थिक स्वतन्त्रता ने उनकी सृजनशीलता को कम नहीं होने दिया। ज्येष्ठ कन्या अतसी बरुआ (ज. १९२१) ने लखनऊ में अपने कैशोर काल में पिता को देखा है काम-काज से फ़ुर्सत पाते ही दक्ष हाथों से वॉश, ऑयल पेंटिंग, ब्रश ड्राइंग... टेम्परा इत्यादि विभिन्न माध्यमों से छवि आँकने में निमग्न रहते।

असितकुमार द्वारा आविष्कृत काठ के पटे पर लाक्षारंजित लेकसिट चित्र उस समय के देशी-विदेशी कलारसिकों को नये लगे थे और उन्हें मुग्ध भी किया था। लेकसिट चित्र के बारे में उनकी शिल्पी कन्या अतसी ने लिखा है :

> उन्हें देखती थी काठ के ऊपर एक महिला रसोई बना रही है यह चित्र आँकते। उस समय उनके साथ रहते थे उनके छात्र रामेश्वर (शिल्पी ईश्वरी प्रसाद वर्मा के पुत्र रामेश्वर प्रसाद)। दोनों लोग मिलकर काठ के पटिये को रेगमाल से चिकना कर रहे हैं, यह याद है। काग़ज़ पर आँकी एक रंगीन छवि थी जिसे Plywood board पर Trace किया जा रहा था। दोनों लोगों की बातचीत से पता चला कि जयपुर में माँ अपने हाथ से रसोई बनाकर तृप्त होती थीं। माँ के मर जाने के बाद माँ का वही बिम्ब (रसोई बनाते हुए) बाबा याद रखे रहे थे। चित्र जलीय रंगों से बनाने के बाद उस पर Lacquer Varnish कर दी गयी। बाबा ने काठ के कई दानों के आकार की रेखाओं और रंग की सहायता से नक़्शा रखकर आधुनिक ढंग की पहेली भी बनायी थी जिसे मद्रास के रामास्वामी मुदालियर ने ख़रीद लिया था।[४३]

काठ के पटे पर जल और तैल रंग से छवि आँककर उस पर लाख के लेपन के द्वारा चटाई (मैट) जैसी फिनिश देकर लेकसिट चित्र आँकना शुरू कर दिया था असितकुमार ने १९२८-२९ तक। उन्हीं के शब्दों में,

> मैं काठ के ऊपर रंग के द्वारा चित्र आँककर उसे लाख लगाकर पक्का कर देता था। लाख का चित्र कहने से साधारणत: जापानी, चीनी, ब्रह्मदेश (अब म्याँमार) के काम याद आ जाते हैं। किन्तु, उनमें लाख का प्रयोग नहीं किया जाता है।[४४]

असितकुमार ने अपनी खोज से ऑयल पेंटिंग के चमकदार तैलाक्त चिह्नों को दूर कर धुँधलेपन का आभास लाने के प्रयास और तैलरंग, जलीय रंग और टेम्परा छवियों का स्थायित्व बढ़ाने के लिए लाख का प्रयोग कर लेकसिट चित्रों की उद्‌भावना की थी। उस पद्धति से एक हार्ड बोर्ड पर किसी भी स्थान को रंजित न कर सीधे-सीधे छवि की बाह्य रेखायें जलीय रंग से (भारतीय लाल रंग से) आँकी जाती हैं। इसके बाद विशुद्ध अलसी के तेल से पटे को पूरी तरह भिगोकर एक दिन में उसे सुखा लिया जाता है। इससे चित्र की बाह्य रेखायें पटे पर साफ़-साफ़ उभर आती हैं। उसके ऊपर तारपीन के तेल से मिले हुए तेल से चित्र को आँककर पूरा करना पड़ता है। लेकसिट पद्धति के बारे में उन्होंने विस्तारपूर्वक लिखा था शिल्पी सारदा वकील द्वारा सम्पादित दिल्ली की रूपलेखा अँग्रेज़ी पत्रिका में। 'लेकसिट' चित्र में काठ के पटे पर जल अथवा तैल रंग या टेम्परा में छवि आँककर स्प्रिट में घुले लाख के लेप से रंग को स्थायित्व दिया जाता है एवं छवि के रंग-रूप में एक धुँधलेपन की फिनिश आ जाती है, फिर भी असितकुमार ने उस पद्धति में रंग-प्रयोग की सीमाबद्धता के बारे में कहा है, छवि के प्रकाशमान रूप पर मानो एक छाया उतर आती है।[४५]

१९२२ ई. में शान्तिनिकेतन में शिल्पगुरु की अभ्यर्थना के समय असितकुमार द्वारा लिखी कविता को १९२८ ई. में लाख से रंजित, अलंकृत पटे पर हाथ में पाकर अवनीन्द्रनाथ ने उन्हें लिखा था, 'तुम्हारे अभिनन्दन पट्‌ट को पाकर ख़ुशी हुई, उसे Exhivition में दे दिया है।' काठ का रंग तूलिका के रंग से मिलकर वह वस्तु बहुत दर्शनीय हो गयी है।[४६] गुरु ने उस लेकसिट चित्र के प्रदर्शन के बारे में असित को बताया था,

> इधर एक मज़ेदार बात और हुई है—Nicholas Sperling नामक एक रूसी शिल्पी ने ठीक तुम्हारे स्टाइल में काठ के ऊपर काग़ज़ चिपकाकर एक छवि प्रदर्शित की है—तुम्हारे पटे को देखकर वह तो अवाक् रह गया। वह सोच रहा था उसमें कुछ नयी प्रतिभा आ गयी है—किन्तु, तुम तो उसके पहले ही उसकी सारी कला मार बैठे हो, यह देखकर मुँह से वह कुछ बोला नहीं किन्तु, मन-ही-मन वह थोड़ा विस्मित हो गया।

रूसी शिल्पी निकोलस स्पारलिंग (१८८१-१९४०) जलीय रंगों से सूक्ष्म चित्र आँका करता था। मुग़ल और पर्सियन प्रणाली से सूक्ष्म चित्र अंकन में

पारदर्शिता के साथ वह उस समय मिस्र में काम कर रहा था। ग्रीस में राष्ट्रीय पोशाक आदि की प्रतिलिपि चित्रांकन के काम में उसे नियुक्त किया गया था। मिस्र के राजा ने उसे एशिया की शिल्पकला के सम्बन्ध में ज्ञानार्जन करने के लिए भारतवर्ष भेजा था। कोलकाता की प्रदर्शनी में स्पारलिंग के पाँच चित्र थे। रूसी शिल्पी स्वयं उपस्थित था वहाँ। असितकुमार ने उसके चित्र लखनऊ में देखे थे।

> रूसी आर्टिस्ट के साथ मेरी भेंट हुई। उसकी चित्रांकन प्रणाली के साथ मेरे लाख के चित्र को सहसा देखकर समानता है ऐसा लगता है किन्तु, मेरे और उसके चित्र में काफ़ी भिन्नता थी। वह काठ पर (हाथ से तैयार) काग़ज़ चिपकाकर चित्रांकन कर उसके ऊपर वार्निश चढ़ाया करता था और मैं काठ के ऊपर ही रंग से चित्र बनाकर लाख लगाकर उस चित्र को पक्का करता था।[४७]

अतएव, पद्धतिगत दृष्टि से स्पार्लिंग की छवि और लेकसिट की छवि एकदम भिन्न प्रकार की थी। लाक्षारंजित छवि आँकने की पद्धति असितकुमार के 'सिट' के सहयोग से 'लेकसिट' नामकरण में आत्मप्रचार का आभास पाकर अप्रसन्न हुए थे गुरु अवनीन्द्रनाथ। यद्यपि वह चित्र उन्हें नापसन्द नहीं था।

१९२९ ई. में जन्मदिन पर रवि दादा को भेजे हुए 'लेकसिट' चित्र कवि को ख़ूब अच्छे लगे थे। उन्होंने चित्रों को उदयन-घर के रसोईघर से लगे कमरे में भित्तिचित्रों की तरह दीवाल पर टाँग रखा था। १९३१ में ऐसे ही एक गुच्छ लेकसिट चित्र अपने जन्मदिन पर उपहारस्वरूप अपने हाथ में पाकर रवि दादा ने २४ आश्विन २३३८ बंगवर्ष (१९३१) में उन्हें लिखा था :

> तेरे लाक्षाचित्र ख़ूब अच्छे लगे। अनभ्यस्त आँखों से जो लोग देखेंगे उन्हें ये धुँधले से लगेंगे। रेखा की पत्तों के भीतर-भीतर वेग की जो झोंक है उसे अनुभव करने की बोध शक्ति एवं अभिज्ञता चाहिए।

यह बात बिना किसी सन्देह के कही जा सकती है कि उस समय कोलकाता में भारतीय प्राच्य कला परिषद् की वार्षिक प्रदर्शनी में असितकुमार के लेकसिट चित्र देखकर समकालीन शिल्पी और रवीन्द्र परिकर के लोगों में से किसी-किसी को अच्छे नहीं लगे थे, कवि कथन के अनुसार अनभ्यस्त आँखों को धुँधले लगेंगे।[४८]

१९३४ ई. में कवि लंकाद्वीप घूमकर जब वापस आये तब उन्हें असितकुमार द्वारा भेजी जन्मदिन पर श्रद्धार्घ्य के रूप में मिली थी 'छायासदृश' एक लेकसिट छवि, जिसे उन्होंने अपनी लिखने की मेज़ पर रख रखा था। उन्होंने लिखा था असित को :

> एक पर्दे के भीतर से और एक पर्दे की आड़ से होकर मानो झाँकते हुए लोगों के चले जा रहे हैं कई दल, ऐसा लगता है मानो वे सब जन्म-जन्मान्तर के यात्री हैं। पर्दे के भीतर से कुछ तो देखा जा सकता है और बहुत-सा अनदेखा ही रह जाता है।

रवीन्द्रनाथ जिन दिनों कारबंकल के कारण शैयाशायी थे, उस समय असितकुमार, सम्भवतः १९३७ में उन्हें देखने शान्तिनिकेतन गये थे। उन्हीं की भाषा में,

> देखा, कवि अपनी छवि अंकन के सामानों के बीच मेरे द्वारा बनायी और उनके जन्मदिन पर भेजी गयी लाक्षारंजित काठवाला चित्र फलक बड़े जतन से रखे हुए हैं। मेरे उस लाक्षाचित्र का विषय था, कई धुँधली, काली, सफ़ेद मूर्तियाँ प्रकाश-छाया के पर्दे की आड़ से मानो निकलती आ रही हैं। कवि ने रोगशैया पर लेटे-लेटे कहा— 'देखो, असित, इन्हें मैं समझा नहीं पा रहा हूँ एक व्यक्ति को, मानो कोई मेरा हाथ पकड़कर एक पर्दे की आड़ से और एक पर्दे के भीतर मुझे लिए जा रहा है।'

वह बात सुनकर असितकुमार को सच लगी थी, उन्होंने सोचा आश्रमवासियों के मन से हट जाने के बाद भी आश्रम के स्वामी के मन में मैं आज भी बना हुआ हूँ। उनके मन से मैं दूर नहीं गया हूँ।''[४९]

एक विदेशिनी के हृदय में असितकुमार के जलीय रंग से बने 'लेकसिट' चित्र के आवेदन के सम्बन्ध में आये संवाद को प्रस्तुत करना यहाँ अप्रासंगिक नहीं होगा। 'सुन्दरी' नामांकित चित्र का संग्रह किया था एक बेल्जियन कूटनीतिक अधिकारी की स्त्री काउंटेस हेलेन बेगुर्ड ने। बेंगलोर वासिनी (अब बेंगलुरु) हेलेन ने लखनऊ में प्रदर्शनी में उस चित्र को देखकर ख़ूब पसन्द आने पर कुछ अग्रिम रुपया देकर चित्र ख़रीदने का वचन दे दिया था। चूँकि वह भ्रमण कर रही थी उस स्थिति में चित्र का निर्धारित मूल्य वह दे नहीं सकी थी। स्वभावतः ही बड़ी उद्विग्नता के मध्य उसने बम्बई से १९ जनवरी, १९३४ में असितकुमार को लिखा था—''और एक महीने

में घर वापस जाते ही चित्र का दाम चुका देगी, चित्र जिससे किसी दूसरे के हाथ में न चला जाये इसलिए उसने शिल्पी असितकुमार से विशेष अनुरोध करते हुए कहा था कि उस चित्र पर 'बिक चुका है' यह लेबल लगा दिया जाये।[५०] बाद में बेंगलोर में रहते समय उन्होंने अपने मित्र वेंकटाचलम् के मुँह से सुना था, श्रीमती हेलेन के घर में वह चित्र मार्ग चलने वालों के लिए भी आकर्षण का केन्द्र हो गया था। वर्तमान में वह चित्र इलाहाबाद म्यूज़ियम में सुरक्षित है।

लेकसिट पर काठ के ऊपर आँके अपनी प्रियतमा पहली पत्नी सरोजवासिनी देवी के रसोई बनाने में मग्न रूपचित्र को असितकुमार ने अपनी विस्तृत बैठक वाले कमरे में टाँग रखा था एवं उसी कमरे में १९२२ ई. में अड्यार थियोसोफिकल सोसायटी की ओर से उन्हें एनी बेसेन्ट द्वारा दिया गया उपहार—ड्रेगन का चित्र अंकित चीन देश का एक ड्रम भी रखा हुआ था। शिल्प इतिहासकार और शिल्पी डॉ. एस. संजीव देव ने १९४४ ई. में असितकुमार के अतिथि होकर उनके यहाँ रहते समय उस चित्र को देखकर लिखा था—

> प्रशस्त कक्ष में प्रवेश करने के क्षण जिसने मेरी दृष्टि आकर्षित की वह था बड़े आकार का रसोई बनाती उनकी पहली पत्नी का लाख से बना चित्र। सूक्ष्म रेखाओं से धुँधले रंगों से बने उस चित्र का आवेदन बहुत ही मर्मस्पर्शी था। उनके चेहरे पर मानो आसन्न मृत्यु का धुँधला संकेत मिल रहा था।[५१]

इलाहाबाद म्युनिसिपल म्यूज़ियम में १९३८ ई. में उद्‌घाटित 'हालदार कक्ष' में असितकुमार का 'लेकसिट चित्र' संग्रह संरक्षित किया गया है।

रवीन्द्रनाथ की दृष्टि में असित की चित्र-सृष्टि समय के साथ ताल मिलाती हुई अजन्ता के गिरिगह्वर से निकलकर धीरे-धीरे आगे बढ़ती जा रही थी प्रवहमान नदी की तरह अनेक मोड़ लेती-लेती विचित्र पथ पर। असितकुमार को भी पता था,

> एक शिल्पी का सृजन-पथ एक रास्तागीर के मार्ग की तरह विचित्र गति से टेढ़े-मेढ़े होकर चलता है, केवल अन्तर यह है कि शिल्पी गति के साथ-साथ छन्द की भी योजना कर देता है।

उनकी गति और छन्द में रूपायित एक गुच्छ रेखांकनों के साथ (१९३३)

काव्य पाकर कवि ने उन्हें लिखा था :

> तुमने जो पत्र पंखों पर काव्य चित्रकला को उड़ा दिया है, उसे देखकर बहुत ख़ुशी हुई। लखनऊ के नवाब लोग कबूतर उड़ाने का खेल खेला करते थे। वह याद आ गयी। तुम लखनऊ के राजचित्री हो। तुम अपने दिमाग़ी कबूतरों के झुण्ड में से एक-एक कर चित्र रूपी कबूतर को उड़ाओगे, यह उसी नवाबी कायदे की तरह दिखायी देगा। राजा नल ने उड़ाया था हंस, वह पहुँचा था दमयन्ती के घर—अब इस तरह के खेल की तुम्हारी उम्र बीत गयी है—तुम्हारी दमयन्ती तुम्हारे पास ही है—तुम्हारा दमन करने की विधा से वह अनजान नहीं है।

हेवेल की भूमिका के साथ उनके चित्रों द्वारा अलंकृत एडवर्ड फिट्जराल्ड (Poet Edward Fitzgerald, १८०९-१८८३) के अनुवाद में उमर खैयाम (Omer Khayyam, १०८४-११२२) की रुबाइयात (१९३२) हाथ में पाकर कवि ने उन्हें लिखा था :

> छवियों की रेखाओं की सुनिपुण सुकुमारता और भावों की उमर खैयामी आब-हवा अत्यन्त मनोरम हुई है।

उनके रेखांकनों के साथ संगीत संकलन का पोर्टफोलियो ग्रन्थ खेयालिया (१९३५) पाकर रवीन्द्रनाथ उस ग्रन्थ में उनके रेखांकन अच्छे लगे यह कहकर शान्त हो गये थे। उनके द्वारा रचित संगीत के बारे में एक शब्द भी नहीं कहा था।

१४. अवनीन्द्रनाथ और उनका कला संग्रह (Tagore Collection) ख़रीदने का प्रयास

लखनऊ आर्ट गैलरी को धीरे-धीरे बढ़ाने का परामर्श अवनीन्द्रनाथ ने उन्हें दिया था। असितकुमार ने सक्रिय होकर बहुत-सी पुरावस्तुयें, चित्र आदि अवसर पाते ही उसमें संगृहीत कर ली थीं। उन्होंने १९२६ ई. में लखनऊ में राय राजेश्वर वाली और छतारी के नवाब के साथ रवीन्द्रनाथ और अवनीन्द्रनाथ का परिचय करा दिया था। विश्वभारती के लिए आर्थिक सहायता उनसे कवि को मिली थी। किन्तु, अवनीन्द्रनाथ और गगनेन्द्रनाथ द्वारा संगृहीत

शिल्प सम्भार लखनऊ आर्ट स्कूल की प्रदर्शनशाला के लिए ख़रीदने का प्रयास करने पर सरकारी नियम-क़ानून के चक्र के कारण वे तुरन्त कुछ कर नहीं पाये थे। १९१० ई. तक गगनेन्द्रनाथ और अवनीन्द्रनाथ ने अपना प्राचीन कलात्मक वस्तुओं का संग्रह किया था हेवेल के परामर्श से पार्क स्ट्रीट के प्रख्यात प्राचीन भारतीय शिल्प द्रव्यादि के विक्रेता अब्दुल खालेक के माध्यम से, जो उस समय 'टैगोर कलेक्शन' के नाम से प्रसिद्ध हुआ था। अब्दुल खालेक के अलावा भी असितकुमार ने लिखा है :

> बहुत-से तिब्बती वणिक शिल्प वस्तुयें लेकर बेचने आया करते थे। लखनऊ, लाहौर, अमृतसर, दिल्ली एवं सुदूर दक्षिण से भी वणिक लोग सुन्दर-सुन्दर उपयोगी कलात्मक वस्तुयें और प्राचीन चित्र लेकर आया करते थे। मुग़ल छवियों का उत्कृष्ट संग्रह ईश्वरीप्रसाद के बन्धु माताप्रसाद और बालकृष्ण सेठ लेकर जाते थे उनके पास लखनऊ से।

'सच्ची और झूठी छवि का निर्णय कैसे करना चाहिए' एवं 'प्राचीन शिल्पकला के शिल्पनैपुण्य में जो सब प्रतीक और नक़्शा एवं उनके गुणों पर विचार किस तरह करना पड़ता है' यह सब अवनीन्द्रनाथ ने अपने शिष्यों को सिखाया था।[५२] महामूल्यवान 'टैगोर कलेक्शन' की एक सूची (कैटलॉग) १९१०-११ की अवधि में नन्दलाल की सहायता से आनन्द कुमारस्वामी ने तैयार की थी। उसके बाद भी अत्यन्त मूल्यवान बहुत-सी शिल्प सामग्री शिल्पी दोनों भाइयों ने संगृहीत की थी एवं १९२६ ई. तक शिल्प-संग्रह की एक तालिका भी तैयार की गयी थी, जो उन्होंने असितकुमार को भेज दी थी। संग्रह के प्रति प्रबल प्रेम और आसक्ति होते हुए भी विषम परिस्थिति में पड़ जाने के कारण अवनीन्द्रनाथ ने उसे बेचने के लिए उन्हें कई पत्र लिखे थे। वस्तुतः वे अनन्यभाव से चाहते थे कि वह संग्रह लखनऊ जैसे आर्ट स्कूल से जुड़ी गैलरी में सुरक्षित हो जाये। संयुक्त प्रदेश के गवर्नर से लेकर राज्य के उच्च प्रशासनिक अधिकारियों के वर्ग में असितकुमार की एक शिल्पी के रूप में सुख्याति और प्रभाव के बारे में अभिज्ञ होने के कारण गुरु अवनीन्द्रनाथ उनके ऊपर ही शिल्प-संग्रह को बेचने के मामले में निर्भर कर रहे थे। असितकुमार ने अवनीन्द्रनाथ के एक पत्र के उत्तर में लिखा था,

> मैं राय राजेश्वर वाली मिनिस्टर आदि के द्वारा एक छोटे-से शिल्प केन्द्र को तैयार करने के प्रयास में हूँ। सम्भवतः इसी वर्ष (१९२८)

फ़रवरी में उसकी एक प्रदर्शनी आयोजित की जायेगी। हमारी कोलकाता में प्रदर्शनी ख़त्म हो जायेगी और यहाँ तो फिर बाक़ी सब छवियाँ भेज देने पर बेचने का भी सुअवसर मिल जायेगा। ये लोग दिसम्बर और जनवरी में प्रदर्शनी चाहते हैं किन्तु, मैंने फ़रवरी महीना निश्चित कर रखा है। क्योंकि उसी समय ष्ट्श्ह्व्ठ्ठष्द्ब्ग्र के बड़े-बड़े तालुकेदार, जागीरदार मिल सकते हैं। इस सम्बन्ध में आप गगन मामा को थोड़ा बता दें, मैं अलग से उन्हें पुनः लिखूँगा। आप लोगों के ही भरोसे पर इस वार्षिक प्रदर्शनी का प्रयास कर रहा हूँ।[५३]

'ठाकुर-संग्रह' रखने के लिए एक उपयुक्त प्रदर्शनशाला खोलने के लिए प्रारम्भिक काम असितकुमार ने इसी तरह शुरू किया था। विषय को समझने के लिए १९२६-२८ की अवधि में अवनीन्द्रनाथ ने जो तिथि रहित चिट्ठियाँ असित को लिखी थीं, उनके प्रासंगिक अंशों को यहाँ उद्धृत किया जायेगा। १९२६ में कोलकाता में हिन्दू-मुस्लिम दंगा चलते समय[५४] उन्होंने असित को लिखा था—सम्भवतः यही थी उनकी शिल्प सम्भार बिक्री-सम्बन्धी पहली चिट्ठी :

राय राजेश्वर एवं पन्नालाल दोनों लोगों को अलग-अलग अपने Collection के दो Catalogue भेज दिये हैं किन्तु, किसी तरह की कोई ख़बर अब तक तो मिली नहीं है। उनमें से किसी के भी साथ अगर आपकी भेंट हो तो पता लगा लेना कि काम कहाँ तक आगे बढ़ा। अपने गवर्नर साहब को इस बार थोड़ा इसी कलेक्शन के बारे में याद दिला पाये हो ना? तो फिर चीज़ें तुम्हारे हाथ में ही जा पड़ी हैं। साधारण रूप से कोई इस विषय को लेकर दिमाग़ लगायेगा, ऐसा नहीं लगता है। यह तो एक आर्टिस्ट की ही ग़रज़ है—सुतराम् तुम्हें चीज़ों को थोड़ा इधर-उधर करने की मेरी इच्छा नहीं हो रही है। आर्ट के ऊपर दर्द साहब लोगों को तो है किन्तु, देश के ऐसे कम लोग हैं जो इन सब चीज़ों को गम्भीरता से लेते हैं।

इसके बाद अपनी कई चिट्ठियों में उस शिल्प-संग्रह को बेचने के तगादा से लिखा था :

अपने Collection के यदि अढ़ाई लाख रुपया मिलते हैं तो दे दूँगा, यह बात सभी को बता देना। अगर कर सको तो तुम इस विषय में थोड़ा ध्यान देकर देखो, दाम अगर कुछ कम या अधिक करना चाहो तो मुझे बताकर, परामर्श कर जो होगा उसे निश्चित कर लिया

> जायेगा।... तुम्हारे पास अपने Collection की एक लिस्ट भेज दूँगा। ... Collection के बारे में क्या हुआ, बात कितनी दूर तक बढ़ी? वह क्या सपना होकर रह गया या बात कुछ आगे बढ़ी, राजेश्वर का क्या हुआ? दादा से पता चला पन्नालाल की कोलकाता आने की सम्भावना है Collection देखने के लिए, तुम अगर उठकर इस काम में नहीं लगे तो कुछ नहीं होगा। मेरा Collection तुम्हारे हाथों में आकर देश में ही रहे, इस समय मैं यही कामना कर रहा हूँ... और कोई इच्छा मेरी नहीं है। मैं संघर्ष करते-करते थक गया हूँ, इस समय Indian Art तुम्हारी मुँह ही ताक रही है।

मद्रास की थियोसोफिकल सोसायटी से घनिष्ठ भाव से परिचित असितकुमार को संग्रह के मामले में तगादे के साथ अवनीन्द्रनाथ ने लिखा है :

> Miss Adair की कोई चिट्ठी क्या तुम्हें मिली है? थोड़ा तगादा करके देखो, यदि कोई निश्चित offer मिल जाये तो मामले को तय कर दिया जाये। तुम्हारे राजेश्वरी प्रसाद (वाली) का क्या कहना है। सत्यप्रसाद सक्सेना मेरे पास कैटलॉग माँगने आये थे, मैंने उन्हें टरका दिया है। ...तुम अगर विशेष प्रयास करो तो कोई नतीजा निकल सकता है। मुझे रुपयों की ज़रूरत है, इसलिए पानी की क़ीमत पर Collection बेचने का कोई फल नहीं है, अगर मन के मुताबिक़ कोई offer मिलता है तभी चीज़ें दी जा सकती हैं। तुम्हारे हाथ में यदि Collection आ जाये तो मैं समझूँगा उसकी सद्‌गति हो गयी।... शरीर, मन एकदम अवसन्न लेकर जो स्वयं घूम रहा है, वह Collection की गति करेगा उसके पास इसका कोई उपाय नहीं है, तुम्हारे भरोसे पर हूँ, थोड़ा उठकर लग जाओ और मुझे निश्चिन्त कर दो, नहीं तो सभी चित्र कब दीमक खा जायेगी, इसका कोई ठीक ठिकाना नहीं है।[५५]

उसी समय (२२ जून, १९२७) और एक पत्र में अवनीन्द्रनाथ ने लिखा था, (Collection) मेरी अरक्षणीया कन्या की तरह हो गया है, अब उसके लिए वर खोजते-खोजते हैरान हो रहा हूँ। देखो क्या होता है।' पत्र में उल्लिखित अभिजात प्रतापशाली तालुकेदार के वंशज कृती व्यक्ति राय राजेश्वर बाली (१८८९-१९४४) उस समय (१९२४-२८) संयुक्त प्रदेश सरकार के शिक्षा मन्त्री थे। आगरा विश्वविद्यालय एक्ट एवं भारत में मॉन्टेसरी शिक्षा का प्रचलन, उनके शिक्षा-सुधार सम्बन्धी ये दो उल्लेखनीय काम हैं। डॉ. पन्नालाल

आई.सी.एस. थे विदग्ध उच्च पदस्थ सरकारी अधिकारी। असितकुमार इनकी सहायता से 'टैगोर कलेक्शन' ख़रीदकर अपने आर्ट स्कूल की गैलरी को समृद्ध करने के उद्देश्य से प्रयास करने के बाद भी शीघ्र कुछ करने में समर्थ नहीं हो पाये। उनके शब्दों में,

> मैंने Collection को यहाँ Art gallery खोलकर रखने की व्यवस्था लगभग सब ठीक कर ली थी। किन्तु, Sir Alexander Mudman एवं राय राजेश्वर बाली इन दोनों लोगों की अकाल मृत्यु के परिणामस्वरूप वह हो नहीं सकी।[५६]

सर मुडमेन (१८७८-१९२८) १९२७ ई. में संयुक्त प्रदेश के गवर्नर होकर आये थे। १९२८ में उनका देहान्त हो गया था। राय राजेश्वर बाली का देहान्त नहीं हुआ था किन्तु, १९२८ तक वे थे युक्त प्रदेश के शिक्षा मन्त्री। सरकार के दोनों शिल्पप्रेमी, प्रभावशाली मनुष्यों की उपस्थिति में असितकुमार की 'टैगोर कलेक्शन' ख़रीदने की सारी चेष्टायें व्यर्थ हो गयी थीं। अवनीन्द्रनाथ-गगनेन्द्रनाथ का वह महा मूल्यवान शिल्प-संग्रह अन्त में नाममात्र पचास हज़ार रुपये मूल्य में ख़रीद लिया था अहमदाबाद के कला-रसिक वस्त्र व्यवसायी कस्तूरबा लालभाई (१८९४-१९८०) के परिवार ने।[५७] असितकुमार के प्रयास से उनके स्कूल के म्यूज़ियम में उत्कृष्ट शिल्पराशि संगृहीत हो गयी थी, कारण, जनवरी १९३२ ई. में लखनऊ आर्ट स्कूल के संग्रहालय को देखकर एक ब्रिटिश अधिकारी श्रीयुक्त एडवाड्‌र्स ने लिखा था असितकुमार को,

> आर्ट स्कूल के साथ अभिन्न अंश के रूप में ऐसी असाधारण संग्रहशाला मैंने कहीं, कभी नहीं देखी।[५८]

अवनीन्द्रनाथ के साथ अन्तिम बार १९४९ ई. में भेंट करने गये थे असितकुमार गुप्त निवास में। अपना हाल ही में प्रकाशित रूपरुचि ग्रन्थ श्रद्धार्घ्य के रूप में उनके हाथ में दिया था। उसे हाथ में लेकर उन्होंने मन्द-मन्द हँसते हुए कहा था, 'पुस्तक का नाम रूपरुचि क्यों रखा? 'रूपरोटी' रखते तो ठीक रहता। आजकल सब रोटी-रोज़गार के लिए छवि आँक रहे हैं।'

शिल्पाचार्य का देहान्त १९५२ दिसम्बर में हुआ। १२ दिसम्बर, १९५१, एक पोस्टकार्ड पर नन्दलाल ने असित को मृत्यु का संवाद देते हुए लिखा था,

> पूजनीय गुरु अवन बाबू के देह त्यागने के कारण हम लोग बहुत

असहाय और पतवारविहीन नाव के समान हो गये हैं। ख़ैर जो भी हो उनकी शिल्प कीर्ति प्रस्फुटित पद्म की तरह सदा सौरभ विकीर्ण करती रहेगी।

१५. विश्वभारती के आर्थिक संकट में सहायता (१९३०-३१)

रवीन्द्रनाथ की सरकारी सहायता ग्रहण करने में आपत्ति, प्राकृतिक आपदाओं के कारण ज़मींदारी में प्रजाओं से राजस्व वसूली बन्द एवं नियमित आदमनी की कोई स्थायी व्यवस्था न होने के परिणामस्वरूप एक दशक (१९२०-३०) की लगातार अवधि में विश्वभारती का आर्थिक संकट स्वाभाविक रूप से ही शिखर पर पहुँच गया था। ऐसी परिस्थिति में १९३१ में विश्व कवि की सत्तरवीं जन्म-जयन्ती पर एक बड़े उत्सव का आयोजन चल रहा था। १९३०-३१ में असितकुमार को लिखे कवि के साहित्य-सचिव श्री अमियचन्द्र चक्रवर्ती के कई पत्रों के सूत्र से विश्वभारती के शोचनीय आर्थिक संकट का रूप उद्भासित हो उठता है। यहाँ पर संक्षेप में कुछ प्रासंगिक बातों का उल्लेख किया जा सकता है। विश्वभारती की आर्थिक माँगों का मुक़ाबला करने के लिए रवीन्द्रनाथ ने अपने निजी सहायक तरुण कवि अमियचन्द्र को बार-बार इलाहाबाद, कानपुर, लखनऊ भेजा था। १९३० में स्वयं भी अस्वस्थ होते हुए भी वे इन जगहों पर गये थे। उस समय रवीन्द्रनाथ अपनी विश्वभारती के स्थायी आर्थिक संकट को दूर करने का कोई उपाय न देख पाने के कारण उस परिस्थिति का तात्कालिक मुक़ाबला करने के लिए अपने अनुरागी कुछ प्रवासी कृती व्यक्तियों के द्वार पर भी गये थे।

असितकुमार ने लिखा है :

> १९३० ई. जनवरी में रवि दादा अत्यन्त पीड़ित अवस्था में लखनऊ आये थे—शुरुआत में ही अध्यापक निर्मल कुमार सिद्धान्त, अध्यापक विनयेन्द्रनाथ दासगुप्त, अध्यापक धूर्जटीप्रसाद मुखोपाध्याय आदि व्यक्तियों के साथ परामर्श कर लखनऊ में उन्होंने चन्दा जमा कर एक कोष बनाने का प्रयास किया था। उसके बाद बन्धुवर नवाब साहेब अहमद छतारी के घर रवि दादा गये थे एवं उन्हें एक मित्र के रूप में एक चेक मिला। अमिय बाबू और मैंने उस समय घोर परिश्रम कर चन्दा इकट्ठा किया था। रवि दादा ने कानपुर में धनाढ्य

> व्यवसायियों से चन्दा लेने की बात कही थी। बातचीत हो गयी। किन्तु, अतुलप्रसाद सेन ने उसका समर्थन नहीं किया। मैंने विशेष रूप से कवि की शारीरिक अवस्था देखकर इसके बाद ज्वालाप्रसाद श्रीवास्तव को फ़ोन से सारी बात बतायी। उन्होंने और उनकी पत्नी लेडी कैलाश ने उत्साहित किया कि कानपुर में कवि को यथोचित सम्मान के साथ ग्रहण किया जायेगा।[५९]

१५ जनवरी, १९३०, कानपुर से अमियचन्द्र लिखते हैं असितकुमार को :

> श्रीवास्तव महाशय ने लगभग दस हज़ार रुपया इकट्ठा कर लिया है—कवि को चाय पर आमन्त्रित कर उसी के साथ धनी व्यवसायियों को भी बुला लिया था। जैसे नीलामी हो रही हो, उसी तरह से बोली बोलते-बोलते चन्दा इकट्ठा करने लगे। इसके पहले कवि ने एक वक्तृता दी थी। लौटते समय अँग्रेज़ धनी लोगों से भी कवि और भी कुछ रुपया पायेंगे—कुल मिलाकर बीस हज़ार रुपया इकट्ठा हो जाने की सम्भावना है।

यहाँ का रुपया यदि आप श्रीवास्तव से न कहते तो इकट्ठा ही न होता। आपके टेलीफ़ोन से कह देने पर इतना हो गया।

कवि का स्वास्थ्य अच्छा नहीं था। अपना स्वास्थ्य ख़राब करते हुए विश्वभारती जैसी शिक्षण संस्था के लिए वृद्ध कवि का प्रवास में अर्थ-संग्रह अभियान में आने के कारण सर ज्वालाप्रसाद श्रीवास्तव और लेडी कैलाश श्रीवास्तव को स्वतःस्फूर्त भाव से सहायता के लिए उद्‌बुद्ध कर दिया था, इसमें कोई सन्देह नहीं है। लखनऊ में भी असितकुमार ने रवि दादा महाशय का छतारी के नवाब और राय राजेश्वर बाली जैसे अभिजात वित्तवान तालुकेदारों के वर्ग के मनुष्यों से परिचय कराकर वहाँ पर भी आशानुरूप अर्थ संग्रह करा दिया था। कहने में कोई हर्जा नहीं है, उनके उस काम में सक्रिय सहयोग किया था कवि-अनुरागी, स्थानीय बंगाली कवि मण्डली ने। १९३१ ई. में विश्वभारती की आर्थिक स्थिति और भी अवनत हो गयी थी। २८ नवम्बर, १९३१, अत्यन्त व्यक्तिगत एक पत्र में अमियचन्द्र ने लिखा था :

> आज कानपुर जा रहा हूँ। वहाँ पर कुछ धन इकट्ठा करना होगा। केवल आपको ही खुलकर बता रहा हूँ कि विश्वभारती में विषम आर्थिक संकट उपस्थित हो गया है—अगर थोड़े दिनों में ही दस हज़ार रुपया न मिला तो हमारी भीषण क्षति हो जायेगी। विश्वभारती

के धन का अधिक भाग तो वे देते ही नहीं हैं, यह तो तुम जानते ही हो—इस बार में और भी देने की सामर्थ्य है ही नहीं। इस समय किसी बाहरी अर्थागम की सम्भावना भी बहुत कम है। इन सब मामलों में मन को कितनी दूर तक कष्ट होता है, यह तो तुम जानते ही हो, उनका स्वास्थ्य भी ठीक नहीं है, उसके ऊपर सामने जयन्ती है। वे अपना भग्न स्वास्थ्य लेकर अर्थसंग्रह के प्रयास में निकले थे किन्तु, यह उनके लिए इस समय घातक हो गया है। ...यह बात पब्लिक में विशेष रूप से न फैले केवल यही देखने योग्य है क्योंकि उससे इंस्टीट्यूट की क्षति होगी। इसके अलावा जयन्ती के ठीक पहले इस तरह का दुःखजनक प्रसंग उठना कवि के लिए अधिक वेदनादायक होगा। अत्यन्त विपन्न अवस्था में आपको यह चिट्ठी लिखी है। जानता हूँ जो कुछ उचित है वह आप ज़रूर करेंगे।

रवीन्द्रनाथ अपने असित के ऊपर इस बार भी भरोसा कर रहे थे। कानपुर में अवश्य श्रीवास्तव महाशय ने स्वयं तो कुछ धन दिया किन्तु, बार-बार की तरह सक्रिय नहीं हो पाये। इसलिए आशानुरूप रुपया वहाँ से इकट्ठा नहीं हो पाया। अमियचन्द्र ने १ दिसम्बर, १९३१ में कानपुर से लिखा था :

वहाँ (लखनऊ में) स्थानीय दो-चार लोग दो-दो-एक सौ करके यदि रुपया देते हैं तो कुछ रुपया जमा हो जायेगा, जिससे विश्वभारती की प्राण-रक्षा हो जायेगी। वहाँ पर अगर हज़ार रुपया भी जमा हो जाते हैं तो हमारी मान-रक्षा, प्राण-रक्षा हो जायेगी, हालाँकि दो हज़ार रुपयों की आशा करना हमारे लिए संगतिपूर्ण होगा या नहीं, यह मैं नहीं जानता। कवि ने अन्ततः ऐसा ही होगा यह मान रखा था। अब केवल एक ही प्रार्थना कर रहा हूँ, ख़ाली हाथ कवि के सामने जाकर उनका हृदय विदीर्ण मत कर देना। यहाँ पर तो लगभग कुछ भी जमा नहीं हो सका। यद्यपि काफ़ी आशा लेकर द्वार-द्वार घूम चुका हूँ।

यथानियम अमियचन्द्र इलाहाबाद में भी अर्थ संग्रह के लिए आये थे। उन्होंने असितकुमार को लिखा :

(इलाहाबाद पहुँच गया हूँ) एक Professional beggar—व्यवसायी भिखारी की तरह झोली लेकर दो-एक घरों पर चढ़ाई भी कर आया हूँ। बंगालियों में मैं जिनके पास भी गया उनकी बातचीत सुनकर मेरी छाती दस हाथ बैठ गयी... जवाहरलाल के साथ कल रात ही

> बातचीत हुई—वे एकदम ख़ाँटी सीधे-साधे भद्र पुरुष हैं। उन्होंने कहा, वे यथासाध्य चेष्टा करेंगे और की भी। वे स्वयं अन्तिम कई दिनों कई घरों में हमारे काम से गये। मुझे ख़बर लगी, उन्होंने कई चिट्ठियाँ भी लिखी हैं।... फिर इसके अलावा यथासाध्य उन्होंने रुपया भी दिया है। जवाहरलाल ने कहा, यहाँ का काम समाप्त कर एक बार फिर से लखनऊ देख लीजिये। जवाहरलाल की बात के अनुसार मैंने आपको लिखा है। Art स्कूल देखकर वे बहुत प्रभावित हुए हैं। कई लोगों के सामने यह बात उन्होंने मुझसे कही है। मैंने उनसे कह दिया कि लखनऊ में मैं आपके (असित के) पास ही था।

"अमिय बाबू ने पुन: उसके बाद लखनऊ में आकर द्वार-द्वार भिक्षा माँगकर विश्वभारती के लिए अर्थ संग्रह किया था।" बताने में कोई हर्जा नहीं है, उनके साथ असितकुमार भी थे। कुछ ही समय बाद प्रतिमादेवी और मीरादेवी के लखनऊ आ जाने पर

> उनकी मार्फ़त आश्रम के संगीत-नाट्य-विभाग के छात्र और छात्राओं को अपने यहाँ ले आया एवं शिक्षा विभाग के मिनिस्टर राय राजेश्वर बाली और उनके काका उमानाथ बाली की सहायता से लखनऊ के संगीत विद्यालय में 'चित्रांगदा' का मंचन करवाकर कुछ धन संचय कर भेज दिया था।

यह लिखा है असितकुमार ने।[६०]

विश्वभारती की सहायता के लिए १९३३ में लखनऊ में उस अनुष्ठान के बारे में कन्या अतसी (बरुआ) ने अपने संस्मरणों में लिखा है :

> प्रतिमादी आयी थीं रहने के लिए, साथ में थे सन्तोष भंज (नन्दलाल बसु के जामाता) और देखरेख करने के लिए एक महिला। वह बाबा की मामी माँ अत्यन्त स्नेहशीला और शान्त प्रकृति की थीं। वह ख़ूब सुन्दरता से सजती थीं एवं लड़कियों को नृत्य के लिए अपने हाथों से सजा देती थीं यह मैंने देखा है। कारण, महीनेभर रहने के बाद भी प्रतिमादी उस समय भी वहाँ रह रही थीं, यह निश्चय हुआ, शान्तिनिकेतन का नृत्य का ग्रुप लखनऊ आकर Dance Drama करके विश्वभारती के लिए रुपया जुटायेगा। जैसी बातचीत हो रही थी, वैसा ही काम हुआ। नाच और गाने के दल के पूरे लड़के-लड़कियाँ हमारे घर में आकर हाज़िर हो गये। हमारे लेटने, बैठने, Guest Room, और काँच का कमरा सभी हॉस्टल में बदल गये।

कई चारपाइयों की ज़रूरत पड़ गयी। खाने-पीने की व्यवस्था मेरे डायनिंग हॉल में। ... तब आये शान्तिदेव घोष (नायक), सागरमय घोष (वेहाला बजाने वाले) आदि अनेक लोग। हमारे घर में हेमन्ती चक्रवर्ती, पूपे, नन्दिनी (बड़ी बुआ), निवेदिता (बसु) आदि और गाने के लिए कुइनीदी, अमलादत्त और उनकी दीदी। रोज़ बैठक वाले कमरे में रिहर्सल होने लगा। उसके बाद अमीनाबाद की तरफ़ जाते समय अवध की एक बेगम के विराट चबूतरे के बीच में एक पेवेलियन (Pavellion) नाच और गाने के लिए था। उसी जगह 'शापमोचन' और एक नृत्यनाटिका ('चित्रांगदा') का मंचन हुआ था। चन्दा अच्छा ही हो गया था।

विश्वभारती गतिशील और सक्रिय थी। कोलकाता में टाउन हॉल में २५ दिसम्बर, १९३१ को रवीन्द्रनाथ की सत्तरवीं वर्षगाँठ के उपलक्ष्य में दो मास तक चलने वाले उत्सव का प्रारम्भ उनकी उपस्थिति में यथार्थ मर्यादा के साथ हुआ। उस उपलक्ष्य में यूरोप, अमेरिका में प्रदर्शित होने के बाद कवि की चित्रकला की प्रदर्शनी का भारत में पहली बार आयोजन किया गया था। जयन्ती उत्सव के उपलक्ष्य में और एक अमूल्य उपहार रामानन्द चट्टोपाध्याय के सम्पादन में कवि के प्रति भारत और विश्व के शिल्पी, मनीषीवृन्द के प्रबन्धों और चित्रों से समृद्ध श्रद्धांजलियों का उत्कृष्ट संकलन ग्रन्थ 'द गोल्डन बुक ऑफ़ टैगोर' था। इस ग्रन्थ में असितकुमार का श्रद्धार्ध्य 'लेकसिट चित्र' 'आने-जाने के पथ पर' प्रकाशित हुआ था।

१६. इलाहाबाद म्यूनिसिपल म्यूज़ियम में 'हालदार हॉल' की स्थापना (१९३८)

शान्तिनिकेतन में रहते समय १९११ में अवनीन्द्रनाथ ने असितकुमार को वहाँ पर शिक्षण कार्य के अनुषंग से कलावस्तुओं के प्रदर्शन के लिए एक गैलरी की स्थापना करना ख़ूब ज़रूरी बताया था। लखनऊ में सरकारी आर्ट स्कूल में योगदान करने के बाद भी एक गैलरी स्थापित करने की बात उन्हें याद दिला दी थी। असितकुमार ने भी स्कूल-भवन से लगे हुए एक मामूली शिल्प-संग्रह के कक्ष को यथासाध्य एक दर्शनीय संग्रहशाला में परिणत कर दिया था, जिसका उल्लेख पहले ही किया जा चुका है। अध्यक्ष होकर

सरकारी आर्ट स्कूल की अखिल भारतीय ख्याति के रूपायन में सफल असितकुमार को १९३१ ई. में अभी हाल में स्थापित इलाहाबाद म्यूनिसिपल म्यूज़ियम के कला-संग्रह के काम में शामिल कर लिया गया था। तत्कालीन इलाहाबाद म्यूनिसिपैलिटी बोर्ड के अध्यक्ष पण्डित बृजमोहन व्यास के उद्योग से स्थापित भारतवर्ष का वह पहला म्यूनिसिपल म्यूज़ियम स्थानीय स्वल्प संख्यक संस्कृति प्रेमी मनुष्यों के साथ शिल्पी असितकुमार के सक्रिय सहयोग से धीरे-धीरे एकदर्शनीय संग्रहालय में परिणत हो गया था। कौशाम्बी में प्राप्त प्राचीन मुद्रायें, भरहुत, भूमारा, सारनाथ, गान्धार, मथुरा और खजुराहो की मूर्तियाँ, अत्यन्त प्राचीन टेराकोटा रेलिक्स एवं बहुलांश में भारतीय पुरातत्त्व विभाग की उपहार राशि से थोड़े समय में ही संग्रहालय समृद्ध हो गया था। १९३५ ई. में पण्डित जवाहरलाल नेहरू ने देश-विदेश में अपने भ्रमण के दौरान प्राप्त उपहारादि वस्तुओं के साथ अपने भाषणों की पाण्डुलिपियाँ म्यूज़ियम को दान कर दी थीं। चित्र और पुरावस्तुओं के संग्रह आदि काम में गम्भीर रूप से जुड़कर असितकुमार ने अपने कुछ चित्र-संग्रह के साथ ख़ुद के आँके कुछ चित्र भी म्यूज़ियम को प्रदान कर दिये थे एवं उनके आग्रह से विश्वविख्यात रूसी शिल्पी निकोलस रोरिक एवं बौद्ध धर्मावलम्बी एक बोलिवीय जर्मन शिल्पी लामा अनागारिक गोविन्द (अर्नेस्ट लोथार हॉफमैन, (१८९८-१९८५) ने अपने आँके गये काफ़ी चित्र उस म्यूज़ियम में दान कर दिये थे १९३३ ई. में। फलस्वरूप अमूल्य प्राचीन ऐतिहासिक शिल्प वस्तुओं के साथ म्यूज़ियम में एक आशातीत, मूल्यवान समकालीन चित्र-संग्रह बन जाने की सम्भावना भी दिखायी देने लगी। १९३३ ई. में डॉ. व्यास ने म्यूज़ियम में असितकुमार के विशाल आकार के 'राम और गुह का मिलन' चित्र को पाकर प्रस्तावित 'हालदार हॉल' की स्थापना के बारे में सोचकर उनसे और भी चित्र देने की प्रार्थना की थी। उस समय उस चित्र के फ़ोटोग्राफ़ के साथ एक रपट प्रकाशित हुई थी स्थानीय 'डॉन ऑफ़ इण्डिया' पत्रिका में। असितकुमार ने पण्डित व्यास के अनुरोध के प्रति उत्तर में १९१० से १९२३ की अवधि के दौरान ब्रश और पेंसिल से बनाये आत्मीय-बन्धुओं के चेहरों के छोटे-छोटे आकारों वाले तथा अन्यान्य चित्रों के साथ अपने द्वारा आविष्कृत समकालीन लेकसिट माध्यम से आँके केस्मिक वर्ग में आने वाले अनेक चित्र और मूर्तियाँ संग्रहालय में दी थीं। आर्ट गैलरी के उपयुक्त चित्रादि वस्तुओं का संग्रह हो जाने के बाद, १० मार्च, १९३७ को म्यूज़ियम के रोरिक सांस्कृतिक केन्द्र के साथ जुड़े स्थानीय कलाविद् लेखक

श्री आर.सी. टण्डन ने असितकुमार से यह जानना चाहा था कि आगामी ४ मार्च, १९३७ को 'हालदार हॉल' का उद्‌घाटन सम्भव है या नहीं। फलतः देखा जाये तो नगर निगम संग्रहालय में 'हालदार हॉल' एवं एक ही साथ 'अनागारिक गोविन्द' के नाम वाले हॉल—दोनों के द्वार का उद्‌घाटन किया था दरियाबाद के राजा राय राजेश्वर बाली ने शिल्पीजनों की उपस्थिति में २२ फ़रवरी, १९३८ में शिवरात्रि के पवित्र अवसर पर।[६१] 'हालदार हॉल' के उद्‌घाटन की ख़बर पाकर शान्तिनिकेतन से रवीन्द्रनाथ ने पण्डित व्यास को ८ फ़रवरी, १९३८ ई. को लिखा था :

> मैं इलाहाबाद म्यूनिसिपल कॉरपोरेशन को भारतवर्ष की पहली एकमात्र म्यूनिसिपल आर्ट गैलरी खोलने के लिए साधुवाद देना चाहता हूँ। मैं यह जानकर आनन्दित हुआ कि इस दायित्वपूर्ण काम के प्रति आपका उत्साह ज़रा भी कम नहीं हुआ है। मुझे यह जानकर और भी ख़ुशी हुई कि आप लोगों ने असितकुमार हालदार के शिल्पकर्म के लिए उनके नाम पर एक विशेष कक्ष को समर्पित कर दिया है; जिनके सम्बन्ध में आप लोगों को यह जानकारी अवश्य होगी कि वे अपने जीवन के प्रारम्भिक दौर में मेरे एवं मेरे विद्यालय के साथ एक शिल्पी के रूप में अन्तरंगता के साथ जुड़े रहे थे।[६२]

बनारस हिन्दू विश्वविद्यालय प्रांगण में स्थापित भारत कला भवन में रोरिक के चित्र सम्भार को लेकर 'रोरिक म्यूज़ियम, न्यूयार्क' (१९२९)के छठे शाखा केन्द्र के रूप में खोला गया था।[६३] इलाहाबाद नगर निगम संग्रहालय में भी उनके नाम पर और एक सांस्कृतिक केन्द्र 'The Roorich center of Art and culture'—रोरिक कला और संस्कृति-केन्द्र बन गया था एवं वहाँ से श्री आर.सी. टण्डन द्वारा लिखा असितकुमार का मोनोग्राफ़ (विनिबन्ध-अनु.) 'The Art of Asit K. Haldar, १९३८ ई. में प्रकाशित हुआ था। हालदार हॉल के उद्‌घाटन के पहले १० जुलाई, १९३७ की तिथि को हिमाचल प्रदेश के नागार से शिल्पी निकोलस रोरिक ने असितकुमार को लिखा था, उन्होंने इलाहाबाद की 'Twentieth Century' पत्रिका के जुलाई अंक में 'हालदार हॉल' उद्‌घाटन के उपलक्ष्य में 'Oeuver' शीर्षक रचना को समर्पित किया है। उस पत्र में उन्होंने लिखा था,

> कितनी सुन्दरता से मैंने तुम्हारे भावव्यंजक चित्र को समझा है। पण्डित व्यास ने एक सच्चे शिल्पप्रेमी के रूप में जनसामान्य को

एक शिल्पी के बहुमुखी भावव्यंजक काम के साथ परिचित होने का अवसर प्रदान कर दिया है।[६४]

१९४१ ई. में डॉ. पन्नालाल के प्रयास से संयुक्त प्रदेश सरकार ने इलाहाबाद के एलफ्रेड पार्क (अब आज़ाद हिन्द पार्क) में संग्रहालय निर्माण के लिए उपयोगी ज़मीन का एक अंश प्रदान कर वहाँ पर, दीर्घकाल बाद, स्वाधीन भारत के प्रधानमन्त्री पण्डित जवाहरलाल नेहरू ने म्यूनिसिपल म्यूज़ियम भवन का शिलान्यास १९४७ दिसम्बर में किया। महात्मा गाँधी की प्रेरणा देने वाली आशीर्वाद से युक्त वाणी, 'Every good cause carries the blessings'—हर अच्छा काम अपने आप में एक ईश्वरीय आशीर्वाद लिए होता है—पण्डित व्यास ने सभा में पढ़कर सुनायी। उस आयोजन में आमन्त्रितों में थे पुरातत्त्ववेत्ता डॉ. मार्टिमोर ह्वीलर (Dr. Martimor Wheler), न्यायाधीश पी.एन. सप्रू, पुरुषोत्तमदास टण्डन, विजयलक्ष्मी पण्डित आदि के साथ असितकुमार भी।[६५] वर्तमान में इलाहाबाद नगर निगम म्यूज़ियम केन्द्र सरकार के अधीन इलाहाबाद म्यूज़ियम में रूपान्तरित होकर अखिल भारतीय संग्रहालयों में परिणत हो गया है।

१७. डॉ. मेघनाद साहा

१९२५ ई. में इलाहाबाद विश्वविद्यालय में भौतिक विज्ञान विभाग के डीन, अन्तरराष्ट्रीय ख्यातिप्राप्त खगोल वैज्ञानिक डॉ. मेघनाद साहा (१८९३-१९५६) लखनऊ में सद्य:आगत असितकुमार से परिचित हो गये थे एवं बड़ी जल्दी यह बन्धुत्व अन्तरंगता में परिणत हो गया था। डॉ. साहा ने उस समय १८८७ ई. में स्थापित भारत के ऑक्सफोर्ड नाम से प्रसिद्ध इलाहाबाद विश्वविद्यालय में अन्तरराष्ट्रीय स्तर के शोध केन्द्र 'अकादमी ऑफ़ साइन्स' की परिकल्पना की थी। कार्य को गति देने की वजह से उनका लखनऊ आना-जाना होता था। लखनवी संस्कृति के धारक और वाहक लखनऊ नगर में उस समय की नये लखनऊ विश्वविद्यालय के मुख्य पृष्ठपोषक कवि अतुलप्रसाद सेन के 'हेमच्छाया' घर के अड्डे पर बंगाली अभिजात वर्ग के विद्वज्जनों का स्फटिक की तरह उज्ज्वल जमावड़ा होता था। स्वाभाविक था डॉ. साहा जब भी लखनऊ आते तो उस महफ़िल में ज़रूर शामिल होते थे।

गाने-बजाने के शौक़ीन न होते हुए भी उस अड्डे पर विज्ञानीप्रवर को उत्कृष्ट रवीन्द्र संगीत सुनने का अनुभव हुआ था। अद्वितीय अड्डास्थल था विश्वविद्यालय परिसर में बने आर्ट स्कूल के अध्यक्ष असितकुमार का बँगला। अकारण समय बिताने के घोर विरोधी, अति मितभाषी यह वैज्ञानिक किन्तु, लखनऊ में उस ज़माने के सुधीजनों के समावेश से भरे अड्डे के वैदग्ध्य का आनन्द लेता था। वहाँ पर असितकुमार और डॉ. साहा का सम्पर्क था। हार्दिक और आन्तरिक।

असितकुमार को इलाहाबाद म्यूज़ियम की शिल्प सामग्री ख़रीदने के परामर्शदाता एवं इलाहाबाद विश्वविद्यालय के शिल्पकला विभाग के परीक्षक होने की वजह से प्राय: ही इलाहाबाद जाना पड़ता था। वहाँ पर बेली रोड पर डॉ. साहा के विशाल आकार के 'साइन्स विला' में ज़रूरत होने पर सम्भवत: वे जाया करते थे। १९२७ ई. में इटली में अठारहवीं शताब्दी के जगत्वरेण्य इलेक्ट्रिक स्टोरेज बैटरी (१८०० ई.) और मिथेन गैस के आविष्कर्ता अलेक्जेन्ड्रा वोल्टा (१७४५-१८२७) के तिरोधान की तीन सौ वर्ष पूर्ति के उपलक्ष्य में आयोजित अन्तरराष्ट्रीय विज्ञान महासम्मेलन में भारत के अन्यतम प्रतिनिधि के रूप में आमन्त्रित हुए थे डॉ. साहा वोल्टा के प्रति अपनी और देश की श्रद्धांजलि समर्पित करने के लिए एक आदर्श स्मरणीय उपहार तैयार करने के लिए वे शिल्पी असितकुमार के शरणापन्न होकर उनको २५ मार्च, १९२५ को लिखा था,

> आपके साथ उस दिन लखनऊ में जो बातचीत हुई थी, उसके अनुसार मैंने Volta की छवि एवं हमारे विश्वविद्यालय के Vice-Chancellor ने Volta Centenary के लिए जिस संस्कृत श्लोक की रचना की थी, उसकी प्रतिलिपि भेज दी है।

इलाहाबाद विश्वविद्यालय के उपकुलपति थे महामहोपाध्याय डॉ. गंगानाथ झा (१८७२-१९४१)। उनके द्वारा वोल्टा के स्तवन वाला श्लोक इस प्रकार था :

> अप्रत्यक्षां च चिच्छक्तिं विद्युदरूपायां य: सुधी:।
> प्रत्यक्षां व्यदधल्लोके तस्मै वोल्टात्माने नम:॥

> अर्थात् अप्रत्यक्ष विद्युत्‌रूपा चित् (चैतन्य) शक्ति को जिस सुधी ने इस पृथ्वी पर प्रत्यक्ष कर दिया है, उस वोल्टात्मा (वोल्टा आत्मस्वरूप) को मैं नमस्कार करता हूँ।[६६]

असितकुमार ने उनकी योजना के अनुसार वोल्टा की अनुकृति के अलावा वोल्टा की स्तुति और उसका इटली की भाषा में अनुवाद उत्कीर्ण कर अग्निशिखा से परिवृत खिले कमल दल, बज्र और स्वस्तिक के चिह्न वाही पीतल के फलक को तैयार कराकर यथासमय उन्हें भेज दिया था। उस विज्ञान महासभा में अर्नेस्ट रदरफोर्ड (Ernest Rutherford, १८१७-१९३७), वार्नर हाइजेनबर्ग (Wernar Karl Hoisenbarg, १९०१-१९७६), एनरिको फार्मी (Enrico Fermi, १९०१-१९५४), गुस्तोव हार्ट्ज (Gustav Ludwig Herts, १८८७-१९७५), जाँ पियर (Jean Pierre, १८५९-१९४७), सबसे उम्रदराज़ हाइनरिख लॉरेंज (Hendrik-Antoon Lorentz, १८५३-१९२२) और मैक्स प्लास्क (Max Ernest Planek, १८५८-१९४७) आदि जैसे विश्वविख्यात मनीषी वैज्ञानिकों की उपस्थिति में सम्मेलन में अन्यतम वक्ता के रूप में अपना योगदान करते समय डॉ. साहा ने सुदर्शनीय कलशाकृति प्रतीकात्मक पीतल के फलक को श्रद्धांजलि के रूप में वहाँ अर्पित किया था।

दीर्घकाल बाद कोलकाता विश्वविद्यालय में योगदान कर १९३८ में डॉ. साहा जब सपरिवार काश्मीर परिभ्रमण में गये थे, सहसा पहलगाम में असितकुमार के साथ उनकी भेंट हो गयी थी। शिल्पी उस समय उस अंचल में हस्तशिल्प, कारीगरी और पुरा क्षेत्र परिक्रमा के लिए जाकर एक तम्बू में अकेले रह रहे थे। तब कई बार भेंट और साक्षात्कार होने से उन्होंने वैज्ञानिक डॉ. साहा एवं उनके परिवार के साथ अनेक तरह की बातचीत, यहाँ तक कि विज्ञान की चर्चा में भी अपना समय बिताया था। असितकुमार ने डॉ. साहा के ज्येष्ठ पुत्र युवा अजित कुमार का भी ध्यान अपनी ओर आकर्षित किया था वहाँ पर। काश्मीर के संस्मरणों में उस दिन के सद्यःयुवा पुत्र बाद में एक कृतविद्य न्यूक्लियर भौतिक विज्ञानी डॉ. अजित कुमार साहा (१९२२-१९९१) ने दुरारोग्य कर्कट रोग से ग्रस्त होते हुए भी अपने प्रयाण के थोड़े समय पहले २० अक्टूबर, १९९० के एक संवेदनशील पत्र में लेखक को बताया था :

> १९३८ ई. में हम लोग काश्मीर में पहलगाम में दो मास गर्मियों की छुट्टियों में रहे थे। उस समय असित बाबू भी एक तम्बू में किराये से वहाँ रह रहे थे। अकेले ही रह रहे थे। हम लोगों के साथ उनकी कई बार भेंट हुई। उस समय मुझे याद है मेरे पिता को असित बाबू ने अपनी लिखी हुई कविता की एक पुस्तक उपहार में दी थी। वह पुस्तक इस समय मेरे पास नहीं है। कविता की पहली लाइन अब

भी मुझे याद है—''पथ जे तोमार फूरिये जावे जावेर पथे दिन गुने अर्थात् जाने के पथ पर दिन गिनने में ही तुम्हारा पथ समाप्त हो जायेगा।'' उन्होंने मेरे पिता को और एक कविता उपहार में दी थी—वह आज भी मेरे पास है।

डॉ. अजित कुमार साहा के सौजन्य से मिली असितकुमार द्वारा लिखी कविता में मेघनाद साहा की स्तुति—

जे मन्त्रे मन्द्रिल वेद, अविदित ताहा
समय संस्कार भरे पड़ियाछे वाद
तुमि भेद घुचाइले विज्ञान-विस्मय
गुरु-ज्ञान गाम्भीर्येर भरे मेघनाद!
सूक्ष्म होते सूक्ष्मतर परिणामगुलि
ब्रात्यहीन निष्प्रयुक्त अवेद्य या छिल
सरल बुद्धिर आगे वहि आनि दिल
मिमृक्षा तोमार।
देह, अदेहबद्ध मानि गेल हार।
सुदूरेर सौरचक्र प्रच्छायार मत
दृष्टिर बाहिरे छिल नीलगर्भ परे
स्फुट होल उपग्रह छायापथ तले
देखिले शुक्रेर गति, उल्का थरे थरे
तारा कि जे करे।

अर्थात् जिस मन्त्र से वेद मन्त्रित हैं और जो समय के कारण दबे रह जाने के कारण अभी तक अविदित थे, तुमने उस भेद को मिटाकर विज्ञान का विस्मय भरा आविष्कार कर डाला उसे, महत्त्वपूर्ण ज्ञान की गम्भीरता से अब वह मेघ गर्जन कर रहा है। तुम्हारे स्पर्श ने सूक्ष्म से भी सूक्ष्म जो परिणाम अब तक संस्कारहीन, अप्रयुक्त, अज्ञात थे उन्हें तुम्हारी सरल बुद्धि ने आगे लाकर रख दिया। देह अदेहबद्ध है इसलिए वह हार मान गयी, जो सुदूरवर्ती छाया नीलगर्भ में निहित और दृष्टि से बाहर था, उपग्रह की छाया के छायापथ के नीचे शुक्र की वह गति प्रस्फुटित ही गयीं और उल्कायें भी थर-थर काँपने लगीं, वे और कुछ करने में विवश थीं।

८ जुलाई, १९३८ को डॉ. मेघनाद साहा ने असितकुमार के एक पत्र के उत्तर में लिखा था,

काश्मीर में आपके साथ परिचय होने की सुविधा मिल गयी थी। वह मेरे और मेरे परिवार के लिए एक सौभाग्य का विषय था। बच्चे आपका संग मिलने से केवल सुखी ही नहीं, बल्कि विशेष रूप से उपकृत भी हुए हैं।

१८. साहित्य अनुशीलन

कोलकाता में चित्रकला सीखने के लगभग साथ-साथ साहित्य-रचना का ककहरा सीखने का जो सूत्रपात किशोर असितकुमार का अपनी छोटी नानी स्वर्ण कुमार देवी के पास हो गया था, वह उनका जीवनभर चलता रहा था। बोलचाल की भाषा में 'अजन्ता' धारावाहिक निबन्ध से ही उनकी उल्लेखनीय साहित्य रचना का प्रारम्भ एवं शिल्पाचार्य अवनीन्द्रनाथ की भूमिका के साथ 'अजन्ता' (१९१३) ही उनका सबसे पहला ग्रन्थ है। विश्वभारती में रहते समय 'बाघगुहा और रामगढ़' उनका दूसरा उल्लेखनीय ग्रन्थ (१९२१) है। दोनों ग्रन्थों ने ही कालजयी के रूप में शिल्पकला के इतिहास में अपना स्थान बना लिया है। अजन्ता ग्रन्थ में विद्वानों ने उनकी भाषा में 'गुरु चण्डाली' दोष (तत्सम और देशज शब्दों के मेल से बनी भाषा—अनु.) देखा किन्तु, उसके बाद भी रवीन्द्रनाथ ने उन्हें साहस बँधाया था और 'बाघगुहा और रामगढ़' ग्रन्थ की भूमिका लिख दी थी। कवि और चित्रकार कहकर उन्हें विशेष रूप से रेखांकित किया था। लखनऊ में रहते समय भी प्रवासी, भारतवर्ष, बिचित्रा एवं नयी उत्तरा पत्रिका में भी उनके रवीन्द्रनाथ, अवनीन्द्रनाथ पर केन्द्रित संस्मरणों के साथ कविता, शिल्पकला, दर्शन आदि विषयों पर लिखना उनका रुका नहीं था।

रोचना पत्रिका के पहले वर्ष के पहले अंक में प्रकाशित भाषा सम्बन्धी उनका विचार-प्रसूत एक मौलिक लेख, 'वर्णमाला का संकट और उसका समाधान' रवीन्द्रनाथ की नज़र में पड़ा था। उस लेख में बाङ्ला वर्णमाला सम्बन्धी असितकुमार ने बारह स्वरवर्ण में से छह—ई, ऊ, ऋ, लृ, ऐ, औ एवं ४१ व्यंजन वर्ण में से १०—ज, ञ, ण, व, श, स, र, ँ, ढ़, त् निकाल देने की बात उठाकर घटी-घटि, हाती-हाति, नूतन-नुतन, मयूर-मयुर, ऋषि-रिषि, बैकाल-बईकाल, नौका-नउका, मौचाक-मऊचाक आदि उदाहरणों के साथ उन्होंने लिखा है,

> 'लृ' के स्थान पर जब 'ल' भाषा में चलने लगा है, तब संस्कृत से बाङ्ला भाषा कब की अलग हो गयी है इसलिए उसके चिह्नों को बनाये रखने का कोई अर्थ नहीं है... (इन वर्णों को निकाल देने से) उच्चारण की दृष्टि से भाषा की कोई क्षति नहीं है। अतएव, संस्कृत व्याकरण के हिसाब से शुद्ध न होते हुए भी बाङ्ला भाषा की वर्तनी का इस तरह से सुधार किया जा सकता है।'

रवीन्द्रनाथ ने उनके प्रस्ताव का समर्थन करते हुए भी कुछ मतभेद बताते हुए उन्हें चिट्ठी में लिखा था :

> वर्तनी में सुधार पढ़ा। तीन सकार में मूर्धन्य षकार की रक्षा करने का अर्थ समझ में नहीं आया। 'श' का बाङ्ला उच्चारण में प्रयोग किया जाता है बाक़ी दो का नहीं। 'ज' के बदले 'य' का प्रयोग भ्रमात्मक है। बाङ्ला में हम अन्तस्थ 'य' का वर्गीय (लुटेरों पर) जय की तरह उच्चारण करते हैं। अन्तस्थ 'य' का उच्चारण बाङ्ला में नहीं है। उपसंहार में मेरा वक्तव्य यह है कि यदि बाङ्ला देश में कमाल पाशा का यदि आविर्भाव हो जाये, तभी आजकल प्रचलित वर्तनी में परिवर्तन सम्भव हो सकता है। युक्ति और तर्क के द्वारा यह सम्भव नहीं है।*

भाषा सुधार जैसी समस्या को दूर करने के लिए कमाल पाशाका आविर्भाव न होने के कारण स्वर वर्णों में लृ और व्यंजन वर्णों में अन्तस्थ 'व' के अलावा बाक़ी सभी वर्ण आज भी बाङ्ला में अपनी मर्ज़ी के अनुसार राज्य करते जा रहे हैं।

शान्तिनिकेतन में रविवासर सभा के अधिवेशन में बाङ्ला में नाम के पहले 'श्री' न लिखने के प्रस्ताव को रवीन्द्रनाथ का समर्थन होने के बाद भी असितकुमार ने "वाणी के वरदपुत्र के मतामत के ऊपर कुछ कहना 'ख़ुदा के ऊपर खुदाई करने' के अलावा और कुछ नहीं है," यह कहते हुए भी 'बंगाली का नाम 'श्री' हीन होगा या नहीं?' इस शीर्षक से अपनी आपत्ति का कारण बताते हुए एक चिट्ठी पत्रिका के सम्पादकीय दफ़्तर में लिखी थी :

> (पता चला है शान्तिनिकेतन में रविवासर सभा के अधिवेशन में हुई चर्चा के दौरान कवि ने अपना मत व्यक्त करते हुए कहा है) 'श्री'

---

* बाद में नीरेन्द्रनाथ चक्रवर्ती, उसके पहले राजशेखर बसु (परशुराम) और सुभाष भट्टाचार्य ने बाङ्ला वर्तनी पर विशेष काम किया है—अनुवादक।

> नाम के पहले अगर न लिखा जाये तो 'श्री' हीन बंगाली का नाम 'विश्री' नहीं हो जाता है—वरन् और अच्छा ही हो जाता है क्योंकि 'श्री' एकमात्र ऐसा शब्द है जो 'देवी' या 'देवता' की बात याद दिला देता है, मनुष्य को देवता बना देने की स्पर्धा एकमात्र बंगदेश में ही है और अगर वह न रहे तो भी कोई क्षति नहीं होती है। मुझे याद है मैसूर से आये शिल्प शिक्षार्थी वेंकटप्पा मुझे नाम के पहले 'श्री' लिखते देखकर बेजा ख़फ़ा हो गये थे मेरी धृष्टता पर। उन्हें मैंने समझाने का प्रयास किया था, एकमात्र बाङ्ला देश में ही मनुष्य में 'देवी' का वास माना जाता है। इसीलिए मनुष्य को 'श्री' के द्वारा अलंकृत करने में मुझे कोई संकोच नहीं होता है। इस समय अपने नाम के पहले 'श्री' की रक्षा करने के पक्ष में और भी एक युक्ति है, 'मिस्टर' अथवा 'मासिओ' जैसा और कोई शब्द नाम के पहले न रहने से हमारे लिए देश-विदेश में घूमने-फिरने में भी असुविधा होती है क्योंकि व्यक्ति स्त्री है या पुरुष इसे जान पाने का सुयोग पाना विदेशियों के लिए असम्भव हो जाता है।

हाँ, यह ज़रूर है बंगाली का नाम आज भी 'श्रीहीन' नहीं हुआ है।

जन्मजात शिशु प्रीति से ही अत्यन्त कठिन शिशु साहित्य के क्षेत्र में असितकुमार का कहानी, नाटक और छड़ा लिखने का प्रयास प्रारम्भ हुआ था। लखनऊ में रहते समय योगेन्द्रनाथ गुप्त द्वारा सम्पादित शिशु भारती वार्षिक पत्रिका में बच्चों के लिए सचित्र छड़ा, शिल्प इतिहास के साथ प्रकाशित होती रही थीं उनकी संयुक्ताक्षरों से रहित रूपक कहानियाँ। संयुक्त अक्षरों का वर्जन बाङ्ला में एकदम सम्भव है या नहीं रवीन्द्रनाथ के इस सन्देह को पारकर असितकुमार ने संयुक्त अक्षरों से रहित 'पाथुरे बॉदर रामदास', 'बूनोगप्पो' ये दो पुस्तकें लिखकर कवि की प्रशंसा प्राप्त की थी।

घर पर वे बच्चों के गप्पू दादू बनकर मज़ेदार कहानियाँ सुना-सुनाकर अपने अवकाश का समय व्यतीत किया करते थे। प्राय: छह फुट के लम्बे, नुकीली धारदार नाक, ख़ूब गोरा चमकता हुआ चेहरा, मीठी हँसी और अत्यन्त सरल दो खिंची हुई आँखों वाला यह सुदर्शन पुरुष छलकते हुए प्राणों से जब कहानी सुनाने बैठता था तब छोटे बच्चों को ऐसा लगता था जैसे उन्हीं की उम्र के हैं असितकुमार। लखनऊ, दिल्ली और कोलकाता रेडियो पर उस समय शिशु-सभा में वे कहानियाँ सुनाया करते थे, अथवा कभी-कभी उनके कौतूहली प्रश्नों का सामना करते हुए अपने जीवन की अनेक कहानियाँ

सुनाया करते थे। कहानियों के साथ बच्चों के लिए लिखी अपनी तुकबन्दियाँ भी सुनाना नहीं भूलते थे। जैसे :

> तिन वीर शिकारी चलेछेन काल्नाय
> देखे ताई कालू बड़ पडेछेन भावनाय
> पथे येते धरे यदि तिनजन पेयादा
> चलवे ना आर तार कारदानि 'जेयादा।'
> एक-एक यमदूत भूतुड़े कि चेहारा।
> रामसिंह राजडार फागूसिंह बेहारा
> कालू ताई काँद काँद चले छेन माथा हेंट
> ताई देखे राखालेर हेसे हेसे फाटे पेट।[६७]

> अर्थात् तीन वीर शिकारी शिकार करने कालना जा रहे हैं, यह देखकर कालू बड़ी चिन्ता में पड़ जाता है। वह सोचता है अगर रास्ते में तीन दूतों ने पकड़ लिया तो हम लोगों की कारगुज़ारी अधिक नहीं चल पाएगी। एक-एक यमदूत का भूतों जैसा भयंकर चेहरा है। रामसिंह तो राजा है और फागूसिंह बहरा है। कालू इसीलिए सिर नीचा कर रोते-रोते जा रहा है, उसे देखकर राखाल का तो हँसी के मारे पेट फटा जा रहा है।

बच्चों के लिए उन्होंने प्रारम्भिक पाठ्यपुस्तकों की तरह सचित्र पाठ्यपुस्तकों की रचना से लेकर उनके काम में आने वाले मज़ेदार छड़ों के साथ अनेक कहानियाँ भी लिखीं और उनके लिए उपयोगी नाटिकायें लिखकर उनका मंचन भी करवाया था। सम्प्रति उनके भाई की पुत्री आजकल कनाडा-अधिवासी श्रीमती कमला मुखोपाध्याय (ज. १९२४) के मुख से अपने भाई-बहनों के द्वारा बचपन में राँची में असितकुमार की हनुमान-पाँचाली जैसी 'रेमो केप्पन' नाम से तत्काल लिखी एक नाटिका का एक घरेलू महफ़िल में मंचन कराने की बात सुनी है। नाटिका का एक गाना भतीजी के द्वारा अभिनय के बीच में गवाया था उन्होंने। सुदूर बचपन में गाये हुए उस गाने के विच्छिन्न स्तवक उसकी स्मृति में स्थायी रूप में आसन जमाकर बैठ गये थे, जिन्हें उन्होंने गाकर सुनाया था। मज़ेदार कुछ पंक्तियाँ इस प्रकार थीं :

> किष्किन्धा द्वीप देखो
> बेकार बसे आछे

आर सब चेलागुल छड़्कट मड्कट
तारई गुण गेये
सदा डाले डाले नाचे।

लखनऊ में बच्चों के अभिनय योग्य बनाकर लिखी 'वाँशिर डाक' (बाँसुरी की पुकार) नाटिका की रचना कर (१९२७) असितकुमार ने स्थानीय मंच पर उसका मंचन करवाया था। नाटिका का अभिनय सर्वजन ग्राह्य करने के उद्देश्य से The call of the Flute नाम से उसका अँग्रेज़ी में अनुवाद भी किया था। अड्यार की थियोसोफिकल सोसायटी की श्रीमती एलिस अड्यार के सम्पादन में प्रकाशित द स्टार पत्रिका में १९२८ ई. के दो अंकों एवं उसके बाद एक पुस्तिका के आकार में वह निकली थी। लखनऊ में असितकुमार के अतिथि के रूप में रहते समय कवि हरीन्द्रनाथ चट्टोपाध्याय की पत्नी, अखिल भारतीय राजनीति और सांस्कृतिक क्षेत्र में उस ज़माने की अत्यन्त परिचिता, दक्षिणी कन्या कमलादेवी ने उस नाट्य पुस्तिका को उपहारस्वरूप पाकर और उसे पढ़ने के बाद असितकुमार को जो कुछ लिखा था उसका कमज़ोर अनुवाद इस प्रकार है :

> कल लखनऊ छोड़ने के बाद नाटिका पर निगाह दौड़ाई। इसका ठीक-ठीक भाव समझने में थोड़ा समय लगाने के बाद शाम को पुनः पाठ की तरह उसे पढ़ा। मुझे लगा यह भावों की अपेक्षा चित्र सम्पदा से समृद्ध है। आपके द्वारा वर्णित सभी छोटी-छोटी छवियाँ जहाँ पर मानो एक चित्र के परिप्रेक्ष्य में केन्द्रीभूत हो जाती हैं, एक लड़की जहाँ कमल की पंखुड़ियाँ बहा देती है जल में, वह वास्तव में एक यथार्थ चित्र है। मेरे सहज अनुभव के अनुसार वह वर्णन ही सारे नाट्यचित्र का मूल भाव है। विनय से भरी रंगीन चित्र की तरह बातचीत का भाव और वर्णना मेरे लिए ख़ूब मनोग्राही हुई है। नाटिका का पूरा परिवेश शान्त और कोमल है।

नाटिका के चौथे दृश्यपट का अनुवाद काफ़ी बड़े परिच्छेद में होने और विशेष रूप से वाक्यों के बोझ के कारण उसका अर्थ अस्पष्ट हो जाने की वजह से उसके पुनर्लेखन की ज़रूरत उन्हें महसूस हुई थी। इस प्रकार की समालोचना के बाद उन्होंने पत्र के अन्तिम भाग में लिखा है :

> नाटक बाङ्ला भाषा में निश्चय ही गीतिधर्मी है। गत दिवस मैंने उसे तेज़ी से ढलते हुए दिन में दूसरी बार पढ़ा, कारण, उसी वक़्त के

> दौरान मैं रचना में आपके भाव को समझ सकी। सूर्यास्त की वह वेला थी भी बड़ी अद्‌भुत, असाधारण। आलोक का प्रवाह नहीं था, थी अनेक कोणों से विकीर्ण होती हुई पीली और लाल हल्दिया रंग की आलोकच्छटा एक क्यूबिक चित्र की तरह।[६८]

लखनऊ में आने के समय में ही असितकुमार हरीन्द्रनाथ-कमला दम्पति संस्पर्श में आये थे। ये दोनों ही लोग अवनीन्द्रनाथ और उनकी नव्य-भारतीय चित्रकला के अनुरागी थे।

मद्रास के नेशनल थियोसोफिकल कॉलेजिएट स्कूल के प्रधानाचार्य की तरफ़ से वी.एन. शर्मा ने The Call of the Flute मंचस्थ करने की आवश्यक अनुमति माँगते हुए ४ जनवरी, १९२९ में असितकुमार को लिखा था :

> मैंने स्कूल के बच्चों के लिए आपकी 'द कॉल ऑफ़ द फ्लूट' नाटिका का तेलुगू भाषा में अनुवाद किया है। नाटिका को इसी महीने के अन्तिम सप्ताह में किसी समय अपनी कॉलोनी में मंचस्थ करने का निश्चय किया गया है एवं आन्ध्र स्टेज के साथ उसे जोड़ते हुए उसमें कुछ विषय परिवर्तन करने का हम लोगों ने सोच रखा है। उक्त अनुवाद के ज़रूरी अन्तिम आवश्यक संशोधनादि के लिए ख़ूब आकर्षक रचना को अपने बच्चे-बच्चियों के सामने पढ़कर सुना भी दिया है; आप यह जानकर ख़ुश होंगे कि बच्चों ने आपके नाटक को बड़े प्रेम के साथ ग्रहण कर लिया है। आन्ध्र मंच पर अभिनय की सुविधा के लिए नाटक के चरित्रों के बाङ्‌ला नामों को आन्ध्र देश के नामों में परिवर्तन कर लिया गया है। तेलुगू भाषा में नाटिका का नाम हो गया है 'पिल्लाम गोदू' जिसका अर्थ आन्ध्र भाषा के शब्दों के चयन में होता है 'बाँसुरी की पुकार'। तेलुगू अनुवाद के एक विख्यात पण्डित और नाटककार श्री गारेमेल्ला सत्यनारायण के द्वारा जाँच भी करा ली गयी है।

१९३२ ई. में और एक शिशु नाटिका हनुमान की पांचाली पढ़कर रवीन्द्रनाथ ने विनोदपूर्वक लिखा था इतने दिन बाद उपयुक्त विषय का चुनाव किया है। आधुनिक साहित्य में हनुमान के प्रति सच्ची सहानुभूति दिखा सका हो ऐसे किसी लेखक को तो मैंने देखा नहीं है। लखनऊ के कलाकुंज में उसका आविर्भाव देखकर आश्वस्त हो गया हूँ। बंग साहित्य में इतने दिन बाद किष्किन्धा काण्ड का समस्त रहस्य उद्‌घाटित हो सकेगा—यह अगोचर था,

अब और गुप्त नहीं रह गया है।[६९]

किशोरावस्था से ही असितकुमार की कविता लिखने की शुरुआत हो गयी थी, पितामह के लिखे कविता के खाते और प्रपितामह द्वारा रची गयी सत्यनारायण की पांचाली ने सबसे पहले मेरी काव्यरचना के द्वार खोल दिये। घर में उस समय दादी और माँ का पूजा-पाठ देखकर मन धर्मभीरु हो गया था। पहली कविता १०-१२ वर्ष की उम्र में विभु-वन्दना लिखी थी :

'निरजन पथे नाहि केह साथे
भ्रमितेछे वने एका;
नीरव निर्जन, गभीर कानन
कारो साथे नाही देखा।'

आर्ट स्कूल में भर्ती होने के बाद (१९०६) कोलकाता में भारती पत्रिका में स्वर्णकुमारी देवी के प्रश्रय में प्रकाशित 'सती', 'कवि की निराशा' आदि कविताओं के रचनाक्रम में उन्होंने कवि के रूप में स्वीकृति पानी शुरू कर दी थी। काव्य रचना से वे कभी दूर नहीं हुए।

१९३७ ई. में कोलकाता से प्रकाशित होती है नयी प्रतीकात्मक भाषा में उनकी काव्य प्रचेष्टा कल्पान्तिका पुस्तिका। पुस्तक के परिचय अंश में अध्यापक धूर्जटीप्रसाद मुखोपाध्याय ने लिखा था,

> असितकुमार चित्रकार। ...उनकी प्रतिभा के बहुमुखी विकास में जो सामान्य गुण लक्षित किया जाता है, उसे लिरिकल अर्थात् गीतात्मक स्वाच्छन्द्य कहा जा सकता है। इस प्रकार की सहज गति, किसी समस्या की परवाह नहीं करती है, वह चलती है संगीत के इशारे पर, इसमें संशय का पदस्खलन नहीं है, स्वतःस्फूर्ति ही उसके वेग की उत्पत्ति और परिणति है; सृजन में ही उसका माधुर्य है।

पुस्तक पढ़ने के बाद शान्तिनिकेतन से अभिधानकार श्रद्धेय हरिचरण वंद्योपाध्याय (१८६७-१९५७) ने असितकुमार को लिखा था :

> कल्पान्तिका के पूरे पन्ने शुरू से आख़िर तक उलट-पलटकर देख लिए हैं। 'परिचय' और 'भयंकरी' भी पढ़ डाली है। भयंकरी 'कल्पान्तिका' में कल्पान्त का पहला चित्र—सर्वनाश का भयंकर चित्र—धीर भाव से मन एकाग्र कर जो प्रतीकात्मक चित्र मानस नेत्रों के समक्ष प्रस्फुटित हो उठता है, वह अत्यन्त भयंकर है—वह

अरूप, अवर्ण, अनन्त, अतल आलोक—अन्धकार का चित्र है। यह पाठक को भावुक बना देता है। इसका अन्तर्निहित भाव कल्पना के पथ पर मूर्तिमान होकर पाठक को मार्ग दिखाता है—प्रलोभन का मोह कविता के उस पार उतार देता है। आपकी कविता में यह विद्या मैंने नये रूप में देखी है, विशेष आनन्दित हुआ।

सरकारी काम से सेवानिवृत्त होने के बाद भी उन्होंने अपनी निजी प्रेरणा से संस्कृत साहित्य के क्षेत्र में श्रीमद्भगवद्गीता, ऋतुसंहार, मेघदूत, रत्नावली और मृच्छकटिकम् का काव्यानुवाद किया था। १९४७ ई. में स्वाधीनता के पुण्य वर्ष में उन्होंने अपने श्रीमद्भगवद्गीता के पद्यानुवाद को कर्मयोगी गाँधी जी को समर्पित किया था। चित्रकार कवि ने महात्मा के प्रति श्रद्धावनत चित्त से जिस काव्य की रचना की थी उसका प्रासंगिक अंश विशेष इस प्रकार है:

'हे महात्मा! नरोत्तम!
ब्राह्मण हे! ओहे कर्मवीर!
मौलवी हे! खृष्टभक्त धीर!
वणिक कुलेते जन्मि
शुचि-शुद्ध परमात्माभोगी!
गीता, वेद धर्मे दीक्षा
देशकर्मी, त्यागी, कर्मयोगी!'

समर्पण पत्र के साथ सुललित श्रद्धांजलि दिल्ली में गाँधी जी को मिल गयी थी।[७०] व्यस्त व्यक्ति गाँधी जी की तरफ़ से प्राप्ति-स्वीकार करते हुए पुत्रसम अनुचर विषेन ने २३ अक्टूबर १९४७ की तिथि को बाङ्ला में लिखा था, 'आपकी ८ की चिट्ठी गाँधी जी को मिल गयी। मैं उस पर अपनी राय दे सकूँ इतनी बाङ्ला मैं नहीं जानता। मैं असमर्थ हूँ। आप मुझे क्षमा करेंगे।' किन्तु, ग्रन्थ प्रेस में होने के कारण गाँधी जी ३० जनवरी, १९४८ ई. को एक आततायी के हाथों निहत होने के कारण पुस्तक उन तक पहुँचाने से वंचित हो गये थे असितकुमार। गाँधी परिवार के साथ उनका अन्तरंग सम्बन्ध आजीवन बना रहा था। महात्मा जी की सहधर्मिणी श्रीमती कस्तूरबा बहन के परलोकगत होने पर शिल्पी असितकुमार की आन्तरिक श्रद्धा और शोक ज्ञापक चिट्ठी गाँधी परिवार में परम सान्त्वना और शान्ति की एक वार्ता के रूप में ग्रहण की गयी थी। श्री देवदास गाँधी ने १७ अप्रैल, १९५६ में

असितकुमार को लिखा था :

> आकस्मिक मृत्यु-वेदना में आपके सहानुभूति युक्त पत्र ने हम लोगों को गम्भीर रूप से भावना से युक्त कर दिया। हमारा दुःख दूर करने में आप सहायक हुए। मैं आपके द्वारा प्रेषित सहृदयता से भरी वाणी अपने बड़े भाई रामदास को सेवाग्राम और दक्षिण अफ्रीका में उनके दुखी परिवार को भेज रहा हूँ। आपकी इस वाणी से अपने व्यक्ति को खो देने की वेदना में देश और विदेश में बहुत से व्यक्तियों के भागीदार होने के भाव का अनुभव कर सान्त्वना का स्पर्श अनुभव कर रहा हूँ।[७१]

उनके मेघदूत का अनुवाद इलाहाबाद इण्डियन प्रेस से १९५९ ई. में प्रकाशित हुआ था। असितकुमार के सचित्र अनुवाद में कालिदास के काव्य की सारवस्तु को अविकृत अवस्था में अनुवाद में पाकर दार्शनिक सुरेन्द्रनाथ दासगुप्त की कन्या, संस्कृत शास्त्रज्ञ, चित्रकलाविद् डॉ. विचित्रता देवी गुप्त (१९१९-२००२) ने उन्हें लिखा था :

> संस्कृत को बाङ्ला में रूपान्तरित करना कोई सरल काम नहीं है। फिर उस पर मेघदूत जैसी पुस्तक। यह तो मेघदूत नहीं सौन्दर्य का दूत है—दैनन्दिन संसार से सौन्दर्य के स्वप्नलोक का पथ दिखाने का दूत—और आपने उसी अमूल्य शब्द संचय को लेकर आँका है आँख की सीमा से। इसलिए आपको ही यथार्थ कथाशिल्पी कहना उचित है।

असितकुमार के अनुवाद वाला मेघदूत कण्ठस्थ था ठाकुरबाड़ी के वंशावली विशेषज्ञ कल्याणाक्ष वंद्योपाध्याय को। सुनी है उनके सुकण्ठ से धारावाहिक मेघदूत की आवृत्ति। सम्प्रति अवनीन्द्रनाथ की कन्या सुरूपा देवी की अस्सी से ऊपर उम्र वाली अमेरिका अभिवासी कन्या सुनन्दा वंद्योपाध्याय के सुर में स्मृति से असितकुमार द्वारा किये गये ॠतुसंहार की आवृत्ति मूल संस्कृत श्लोकों के साथ सुनकर मैं अचम्भे में रह गया था। इन सब अनुभवों से असितकुमार के संस्कृत काव्य-अनुवाद की सार्थकता की बात याद आ जाती है।

उनके विशाल आकार के ग्रन्थद्वय सप्तकाण्ड रामायण का काव्यानुवाद रामायणी एवं बुद्ध के जीवन पर आधारित गौतम गाथा काव्य समय सापेक्ष गवेषणा के अन्त में लिखकर अपने जीवनकाल में प्रकाशित कराने में वे असफल रहे थे।

तथ्यसूत्र

१. राज्येश्वर मित्र, अतुल प्रसाद सेन, साहित्य साधक चरितमाला १२५, बंगीय साहित्य परिषद, प्रथम प्रकाशन, आषाढ़ १३९०, पृ. १७-२४।

२. चेकोस्लोवाक सोसायटी के लिए स्पोलेक सोसायटी, कोलकाता के सभापति सी. वेलेन्त ने (C. Volente) बाटानगर से ५.८.१९४३ को लिखा था :

"On the October 28th falls the 25th anniversary of the Chechoslovakia National day. On that occasion the organizing committee of the Chechoslovakia Association propose to publish a book entitled India and Chechoslovakia." The sale proceeds of the book will go to the benefit of the Indian Red Cross Fund and for the Gestops Victims in Chechoslovakia, ... A few touches of your masterly brush would tell the world of the Superhuman effort of the Chechoslovaks to resist the aggressor and finally regain their independence etc.'

३. अर्धेन्दुकुमार गांगुली, भारतेर शिल्प ओ आमार कथा, ए. मुखर्जी एण्ड कम्पनी, कोलकाता १९८१, पृ. १९६।

४. महाराजार दफ़्तरे अँग्रेज़ प्रतिनिधि श्री ग्लान्सि ने असितकुमार को लिखा था : 'It will be a moment to us if you work in Jaipur Zone also... I would like to take this opportunity to thank you for the Excellent work you have done in bringing the school of arts in Jaipur back into the right path.'

५. Bulletin of the Govt. School of Arts and Crafts, Luknow 1911-1939, History, page Two, 'The Lieutenant Governor has come to the conclusion that the Lucknow School of art and crafts now be regarded as a permanency. The principle of the school should therefore have a permanent tenure... with regard to the status of the school, the first provision than must be made clean is that the school is not to be a seminary of drawing masters. The second cordinal principle in the programme of the school of Art and Crafts is that it shall be primarily a seminary of design. This must be its dominant idea and the actual manufacture of saleable work must be entirely subsidiary... In other words the sale-room must be only for the disposal of school works, and the school must not become a factory.'

६. S. Sengupta, Highlights and Halftones, The Rajview of Indian Art

(1850-1905) Asia Pacific Research Information, Delhi, Sydney, Published 1997, p. 88, 91-93, 'teaching in the schools of Art should be the responsibility of experts trained in India colleges or Art schools.'

७. ज्ञानेन्द्रमोहनदास, 'बंगेर बाहिरे नव्य-बंगीय कलाशिल्पी श्री असितकुमार हालदार', प्रवासी, आश्विन, १३३३ (१९२६), निबन्ध में उद्धृत, पृ. ८८९-८९०; "The appointment of Mr. Asit Kumar Haldar as principal of Lucknow school of Art marks a specially important step forward in the cultural movement in India for the first time as we are aware, a working artist in the purely oriental style has been given a front rank appointment of great responsibility in a government school in British India without any of the limitations of training in the western style and without any conventional academically acquirements.'

८. रवीन्द्रनाथ और अवनीन्द्रनाथ के आम के प्रति प्रेम से अवगत होने के कारण असितकुमार गर्मियों में उनके लिए एक टोकरी आम भेजा करते थे।

९. रवीन्द्रनाथ को लिखा असितकुमार का १६.७.१९३८ का पत्र।

१०. परिवार में पहला विधवा विवाह १८६५ ई. में सम्पन्न हुआ था। ईश्वरचन्द्र विद्यासागर की देखरेख में पितामह राखालदास वंद्योपाध्याय की अकाल मृत सौतेली माँ के भाई गगनचन्द्र की युवा पत्नी मोक्षदा के साथ त्रैलोक्यनाथ मुखोपाध्याय का।

११. प्रशान्तकुमार पाल, रविजीवनी (नवम खण्ड)। आनन्द पब्लिशर्स प्राइवेट लिमिटेड, प्रथम संस्करण, मई २००३, पृ. १९३।

१२. श्यामल चक्रवर्ती, चित्रकार धीरेनकृष्ण, अक्षर पब्लिकेशन्स, अगरतला, त्रिपुरा, मार्च २००३, पृ. २१२।

१३. असितकुमार ने अपने मित्र एल्महार्स्ट को ३ मई, १९५१ की तारीख़ वाले पत्र में लिखा था, 'I do not know if you are cherishing an impression that I have got lost to the Art world and remained busy in teaching and administrating a provincial school of art all these years. On the other hand I hated my job and had to stick it for maintaining my family. I never abandoned my brush and pen and did multifarious works in Bengal literature and painting—सौजन्य से—Archival in-charge Dartington Hall Archives, U.K.

१४. अप्रकाशित पत्र असितकुमार हालदार को लिखे श्री नन्दलाल बसु, शारदीय देश, १४१४, पृ. ६३-६४।

१५. शान्तिनिकेतन पत्रिका, छठा वर्ष, सातवाँ अंक, श्रावण १३३२ (जुलाई १९२८),

पृ. २०७, 'लखनऊ All India Art Exhibetion से श्रीयुक्त नन्दलाल बसु और श्रीमान रामकिंकर प्रामाणिक को (प्रामाणिक के स्थान पर बैज होना चाहिए, संशोधन, पृ. २१०) स्वर्ण पदक प्राप्त हुआ है।

१६. रवीन्द्रनाथ ठाकुर, 'अप्रकाशित पत्रावली, असितकुमार हालदार को लिखी शारदीय देश', १४११ (२००४), पृ. ३२।

१७. प्रशान्त कुमार पाल, रवि जीवनी (नवम खण्ड), आनन्द पब्लिशर्स, प्रथम संस्करण, पृ. २७१; 'It will cause me the loss of a companionship which will never be compensated.'

१८. अवनीन्द्रनाथ ठाकुर, अप्रकाशित पत्रावली, असितकुमार हालदार को लिखी; शारदीय देश, १४१७ (२०१०), पृ. ४८।

१९. सोम वर्मा, 'लखनऊ कलाभवन', बिचित्रा, पौष (१३३४) (१९२७), पृ. ३८-३९।

२०. तदैव, बिचित्रा, पौष, १३३४ (१९२७), पृ. ३९।

२१. तदैव।

२२. असितकुमार हालदार को लिखा अवनीन्द्रनाथ का पत्र।

२३. सुनीति कुमार चटर्जी, 'The Revival of Indian Art and Lucknow school of arts and crafts', the Modern Review, April १९२७, P. ४०२-४१४.

२४. पुरावृत्त १ पत्रिका, २००५, पश्चिम बंग पुरातत्व परिषद्, पृ. ३३७-३३८।

२५. रवीन्द्रनाथ ठाकुर, चिठिपत्र, ५, विश्वभारती ग्रन्थन विभाग, कोलकाता, बैसाख, १४०० (१९९३), पृ. ६३।

२६. Suniti Kumar Chatterji, 'The Revival of Indian Art and Lucknow school of Arts and Crafts', The Modern Review April, 1927, p. 402-14.

२७. मनीषियों की लिखी चिट्ठियाँ असितकुमार हालदार को, शारदीय देश, १४२० (२०१४), पृ. ५८।

२८. S. SenGupta, Highlights and Halftones the Rajview of India Art (1850-1905) Asia Pasific Research Information, Delhi, Sydney. 1st Published 1997, p. 15-16.

२९. ४ जनवरी, १८२७ के पत्र में उस काम से तरुण असितकुमार को विरत रहने के लिए लिखा था :

'I quite understand and sympathise with your difficulties at Lucknow. I had just the same in Madras where there was a large Industrial department. The only part of my annual report which interested under secretary who dealt with it was the item "receipt from Sales", if they showed an increase, the school was progressing, if not, it was going astrays, Perhaps I think it undesirable to undertake another work so soon."

३०. शिल्पी मुकुलचन्द्र डे को एक (non-commital) (अ-वचनबद्ध) प्रशंसापत्र देकर भी असितकुमार के आवेदन पत्र के बारे में जानकर हेवेल ने उन्हें उस पद के लिए सबसे योग्य प्रार्थी बताते हुए अपने प्रशंसा पत्र में लिखा था : "I have followed his career with great interest and believe that he had both the artistic qualifications and organizing capacity necessary for the post... I do not know of any candidate so well qualified have no hesitation in strongly recommending his condidature'. असितकुमार के उस आवेदन को वापस लेने के बाद हेवेल ने उन्हें ११ अक्टूबर, १९२७ को लिखा था : 'I think you were right in with drawing from your condidature from the Calcutta school though I understand your desire to be there.'

३१. अवनीन्द्रनाथ का ४.७.१९३२ की तारीख़ में लिखा अप्रकाशित पत्र : In reply to your letter asking for my opinion about the question of introducing factory hours into a school of art, I am sorry to say that though I have very little experience of factory conditions, I can safely say that 44 hours compulsory work mean killing of all joy in our work and naturally nothing beautiful will be the result; even 36 hours I think is too much. Excessive moter force always carries with it the risk of explosion through bursting of a boiler. You may tell your gardener to work 44 hours but even then you will find that the flowers and fruites take a long time to come, making you wait for many many seasons, Leisure rest pleasures in one's work, this was the rule in my school at one time you were trained in that way; so you are the best judge in this matter.'

३२. अवनीन्द्रनाथ ठाकुर, जोड़ासाँकोर धारे, रवीन्द्रनाथेर भूमिका, विश्वभारती ग्रन्थन विभाग, कोलकाता।

३३. Letter from the commissioner Lucknow Division, I remember visiting the school in 1925 in company with H.E., Sir William Morris and I have visited if again since. I have no doubt that the school has greatly improved under your management and that the work has been thoroughly recognized during the four years you have been in charge.

३४. लेखक के सतीर्थ इंजीनियर श्री प्रदीप कुमार दत्त के साथ लखनऊ आर्ट कॉलेज में एक

साक्षात्कार में जो बात मूर्तिकार श्री पनेसर ने कही थी : "Haldar wanted realistic and traditional art side by side. He created an atmosphere like Santiniketan. According to old times Haldar-period of LAC (Lucknow school of Art and Crafts) was the best period."

३५. Bulletine of the Govt. school of Art & Crafts, Lucknow, 1911-1939.

३६. S.P. Shah I.C.S., N. Delhi to Asit Kumar dt. 26.12.1930 'It is gratifying to me to hear that Donaldson is more appreciative of your work.'

३७. प्रवीर कुमार देवनाथ, 'रवितीर्थ विदेशी', मित्र ओ घोष पब्लिशर्स, कोलकाता, २०००, पृ. ७६-७७ : रवीन्द्रनाथ ने पन्द्रह भारतीय विश्वविद्यालयों में अनुरोध पत्र लिखा था, "Dr. Anna Selig, Executive Secretary of the international university service in Germany has arrived in Santiniketan as a visiting professor of Visvabharati, to deliver a series of lectures... I feel that I should offer some of the different universities of India a chance to benefit by her unique experience of international student movements. It would be eminently desirable for us to get in Close touch through her with these various new movements in Europe.'

३८. अप्रकाशित पत्र असितकुमार हालदार को लिखे हुए, श्रीनन्दलाल बसु, शारदीय 'देश' १४१४, पृ. ६४-६५।

३९. शिल्पी शार्ल्ट जोनास का असितकुमार को लिखा तिथिविहीन फटा पत्रांश : 'Surely you can not imagine how deeply I still feel and will always remain connected with India and that all the thoughts concerning my future are unconsciously involved and concerned with your country.'

४०. असितकुमार हालदार, रवितीर्थे, अजन्ता पब्लिशर्स, कोलकाता, १९५९, पृ. १६६-६७।

४१. असितकुमार हालदार, भारतेर शिल्प कथा, कोलकाता विश्वविद्यालय प्रकाशन, १९३९, पृ. ४९-५२।

४२. सोम वर्मा, 'लखनऊ कलाभवन', बिचित्रा, पौष १३३४ (१९२७), पृ. ३९।

४३. श्रीमती अतसी बरुआ की ७ मई, २००८ डायरी के पन्ने से।

४४. असितकुमार की रचनाओं की पाण्डुलिपि।

४५. तदैव।

४६. २५.१२.१९२८ को द स्टेट्समैन पत्रिका के कला समीक्षक ने अपनी रपट में लिखा था, 'Mr. Haldar himself is represented by an interesting series of paintings on wood panels of which the best perhaps is the illuminated address to Dr. Tagore' प्राच्यकला परिषद् में हुई प्रदर्शनी के

लेकसिट के प्रसंग पर चिन्तामणि कर ने लिखा है : प्रदर्शनी में आयी छवियों को लेकसिट नाम देने का तात्पर्य क्या है, अवनीन्द्रनाथ से यह किसी ने पूछा था, इस पर उन्होंने जवाब दिया, अरे! यह तुम्हारी समझ में नहीं आया! लेक (लाख) का लेक और असित का सिट (सित)। इन दोनों के मिलने से शब्द उत्पन्न हुआ लेकसिट। सुनने में कटु इस मन्तव्य से बहुतों को यह लगा कि आचार्य ने शायद अपने शिष्य के इस नयी कला की ओर जाने का एक बार ही समर्थन नहीं किया है।' स्मृति चिह्नित पृ. ४९।

४७. असितकुमार हालदार, रवितीर्थे, पृ. १५९।

४८. श्री पुलिन बिहारी सेन, 'बडदिनेर चित्र प्रदर्शनी', पुरातनी, साप्ताहिक 'देश'।

४९. असितकुमार हालदार, 'रवीन्द्र-संग', उत्तरा, आश्विनी, १३४८, पृ. २१७।

५०. Countess Helena Antonieurez Wygurd's letter, 1901-34, 'In about a month I will get more money from Poland and will be able to pay all the rest for the 'Sunder'. Would you kindly do me the favour to label it already 'Sold' for I am very much 'afraid' somebody also may buy it and would be quite unhappy not to have in my house this picture of your's.'

५१. S. Sanjyva Dev, 'with Asit Haldar in Lucknow', 'the twentieth century, 1944, p. 332-33, 'As soon as we entered the hall the first thing that attracted my attention was a big Lacquer painting depicting his first wife absorbed in kitchen work. The delicate line and the subdued colour of the laequer painting was very touching. It seemed the indistinct shadows of the approaching death had fallen upon the motherly face.'

५२. असितकुमार की पाण्डुलिपि (खसड़ा खाता)।

५३. तदैव।

५४. १९२६ का दंगा भयंकर रूप से पूरे भारत में फैल जाता है। द्रष्टव्य : अमलेश त्रिपाठी, 'भारतेर स्वाधीनता संग्रामे जातीय कांग्रेस' (१९०८-१९४७)', 'देश' साप्ताहिक, १८ जून, १९८८, पृ. १६।

५५. अवनीन्द्रनाथ ठाकुर, अप्रकाशित पत्र, असितकुमार हालदार को लिखे, शारदीय देश, १४१७ बंगाब्द (१९१० ई.), पृ. ५०।

५६. असितकुमार का खसड़ा खाता।

५७. Marg book प्रकाशन के अन्तर्गत, 'A passionate Eye संकलन ग्रन्थ (जनवरी) के अन्तर्गत डॉ. प्रतापादित्य पाल का निबन्ध, 'A tale of two Bharanys and collecting Art in British India', p. १७१.

५८. Letter from W.H.. Edwards, Lucknow, I have never seen an Art school which included such a fine collection as an integral part of the Institute.

५९. रवितीर्थे, (१९५९), पृ. १५९।

६०. तदैव, पृ. १७३।

६१. अनागारिका गोविन्द ने, असितकुमार को इलाहाबाद से (७.२.१९३८) लिखा था, 'The Shiv Ratri day (Feb. 28) has been proposed for the opening of both of halls, because it is a public holiday and would make it possible for you come here etc.'

६२. रवीन्द्रनाथ ने विश्वभारती लेटर हैड पर ८.२.१९३८ तारीख़ में लिखे पत्र में पण्डित ब्रजमोहन व्यास को लिखा था, 'I have had the occasion to congratulate the Allahabad Municipal Corporation in organising the only Municipal Art Gallery in India. I am glad to learn that your interest in the venture dedicated to the art of Asit Kumar Haldar who as you are no doubt aware, was intimately connected with me and my institution in the formative years of his life as an artist.'

६३. नाग्गार से निकोलस रोरिक ने १६.५.१९३२ को लिखा था असितकुमार को, 'Verily everything that comes from you of special significance. From you came the first message and now this correspondence has resulted in the Benaras Museum requesting me send some my paintings to which the Museum is dedicating a special Room as a branch at Roerich Museum, New York, this will be the sixth Branch etc.'

६४. निकोलस रोरिक ने १०.७.१९३७ को असितकुमार को लिखा था, 'How greatly I appreciate your beautiful expressive art. Indeed Pt. Vyas shows himself as a true lover of art, giving public the possibility to aquaint them selves with the multifacetness of creative expression.'

६५. The Leader 18 December, 1947 पत्रिका में New Museum Building Foundation Laying ceremony by Pt. Nehru शीर्षक रपट।

६६. संस्कृत स्तोय का पाठ और उसका बाङ्ला अनुवाद किया है हावड़ा विवेकानन्द इंस्टीट्यूशन के शिक्षक श्री सुभाष सरकार ने।

६७. सुकमल दासगुप्त, 'रंगेर कवि', युगान्तर, रविवासर १९६४।

६८. दिसम्बर १९२८ श्री पी.के. सेन के पटना घर से लिखा हुआ कमलादेवी चट्टोपाध्याय

के पत्र का अंश : "I went through your play yesterday soon after I left Lucknow. I just went through it to catch the spirit of the thing and then read it again in the evening with a view to read it. My expression of it is that it is more a picture than an idea. All the little pictures you depict seem to constitute one central picture. That is it has one background for it that girl sitting and floating lotus petala on the water, is perfect. I feel it is simply the soul of all the whole thing. The soft pastel Shades which these words convey are most appealing the whole atmosphere is cool and subdued as for the translation itself I do wish it could have revised, particularly seen IV... Some of the Paragraphs are too heavy as vague, particularly the longer passages. A translation has to be as much a creation as the original itself and so I feel that in places rendering has been nearly a reproduction and not a recreation. Much of the scenes of production will lie in the setting, for that mainly is responsible for producing the atmosphere and in a play of this picturesque character, atmosphere is an essential feature. I also feel that actors will need to be subtle and suggestive because there is not much movement in it. It is the conditional force that the actors and the setting that will breathe into the atmosphere that will ensure the achievement of what you would call success. The play must be beautifully lyrical in Bengali. When I read the play yesterday for the second time, I chose a time when the daylight was fast fading because that was the hour when I caught a glimpse of your spirit. There was a strang and unusual sunset. Instead of the usual flood of colour there were streaks of light arrange and crimson at various angles and it looked like a cubic picture.'

६९. अप्रकाशित रवीन्द्र पत्र।

७०. असितकुमार हालदार—श्रीमद्भगवद्गीता (पद्यानुवाद) 'द इम्पीरियल आर्ट कॉटेज', कोलकाता, १३५५ (१९४८), 'श्रद्धांजलि'।

७१. श्री देवदास गाँधी ने लिखा था असितकुमार को, 'We are deeply touched by your very kind letter of sympathy in our totally sudden bereavement. You have helped to releive our sorrow. I am tacking the liberty of forwarding your kind message to my elder brother Ramdas at Sevagram and also to the distressed family in South Africa. It given us all much consolation to feel that our sense of loss is shared by a large number of friends all over the country and abroad.'

नितान्त व्यक्तिगत जीवन उल्लेखनीय कई काम

१. गार्हस्थ्य जीवन

असितकुमार ने अपने मन में उद्‌भसित होने वाले छिटपुट विचारों के बारे में लिखा था,

> एक शिल्पी के व्यक्तिगत जीवन के साथ वस्तुतः कला का कोई संसर्ग दिखायी नहीं देता है। शिल्पी के व्यक्तित्व की जो कुछ छाप है वह उसकी कला पर ही चिरकाल तक अमर होकर रहती है। उसके लिए उसके व्यक्तिगत जीवन के विश्लेषण की कोई ज़रूरत नहीं पड़ती है। शिल्पी की कला ही उसके जीवन का एकमात्र बड़ा परिचय है। उसके व्यक्तिगत जीवन की छोटी-मोटी दैनन्दिन जीवन में होने वाली घटनाओं का कोई मूल्य नहीं है। दुनिया में ऐसी अनेक विख्यात कलाकृतियाँ हैं, जिनके रचयिताओं का नाम और जीवन कथा विस्मृति के अतल गर्भ में छिपी हुई है।[१]

असितकुमार की भावनाओं के प्रति श्रद्धा व्यक्त करते हुए भी शिल्पी के नितान्त सांसारिक जीवन के प्रांगण में यथासाध्य झाँककर बिना देखे उसका जीवनालेख्य मानो अधूरा ही रह जायेगा।

पहले ही उल्लेख किया जा चुका है, लखनऊ में योगदान करते हुए विपत्नीक असितकुमार अपनी विधवा साली सरसीबाला से विवाह कर मध्ययौवन में अपने अधूरे जीवन को नयी तरह से शुरू करने की प्रत्याशा में थे। सरसीदेवी

की पूर्व-विवाह से उत्पन्न लगभग छह मास की एक कन्या मणिका (बड़ी) और उनकी विधवा माँ भी उस परिवार में जुड़ गयी थीं। सन्तानों के लिए एक अच्छा सहारा भी मिल जायेगा आत्मीय स्वजनों ने ऐसी आशा भी की थी। अतसी के साथ मणिका को भी 'लॉ मार्टिनेयर स्कूल' में भर्ती करा दिया गया था। वह अतसी के खेलने की साथी भी थी। किन्तु, किसी अज्ञात कारण से थोड़े दिनों के बाद मणिका की उस स्कूल से पढ़ाई छुड़ाकर सरसीदेवी ने उसे अन्यत्र और एक आत्मीय के यहाँ भेज दिया था। इससे घर में फिर से मित्रविहीन हो गयी थी किशोरी अतसी। आत्मीय और परिचित जनों में जो भी उस समय उनके घर में आया करते थे, वे बच्चों को देखकर कोई भी अच्छा अनुभव नहीं करता था। कवि की कन्या मीरादेवी ने तो अतसी को शान्तिनिकेतन ही ले जाना चाहा था। बनारस हिन्दू विश्वविद्यालय के तत्कालीन अध्यापक फणिभूषण अधिकारी की पत्नी (लेडी रानू मुखोपाध्याय की माँ) ने लखनऊ के घर में अतसी का विषादयुक्त चेहरा देखकर उसकी देखरेख करने के लिए बिना कहे बनारस से एक परिचारिका को भेज दिया था। किन्तु, वह वहाँ स्थायी रूप से नहीं रह सकी थी।

परिवार में ऐसे वातावरण में भी दीदी माँ के सान्निध्य में रहकर, उनके मुँह से पुराणों की नाना कहानियाँ सुनकर अतसी के शिशु मन में चित्रांकन के प्रति आग्रह उत्पन्न हो गया था। बाबा को घर में आँकते देखकर भी उसके मन में चित्र-रचना की उत्सुकता पैदा होना स्वाभाविक था। फिर भी बाबा के किसी निर्देश के बिना भी वह अपनी ख़ुशी से चित्र बनाया करती थी। कभी-कभी बाबा को चित्र दिखाने पर 'बहुत अच्छा बना है' वे यह कहकर उसे उत्साहित किया करते थे। असितकुमार ने उसे छवि आँकना नहीं सिखाया था। दीदी माँ और शिल्पी पिता के साहचर्य से अतसी के स्वभाव और व्यक्तित्व का धीरे-धीरे उन्मेष हुआ था। बँगले पर देशी-विदेशी अतिथियों का आना-जाना तो लगा ही रहता था। कभी पिता की अनुपस्थिति में सरसीदेवी के भीतर व्यस्त रहने के समय घर में अतिथियों के आने पर किशोरी अतसी बिना किसी संकोच के उनका अतिथि-सत्कार किया करती थी और उनके साथ बचपने से भरी हुई बातचीत भी जमाना चाहती थी। अतिथि-अभ्यागत जन भी अतसी के व्यवहार से आनन्दित होते थे। इस मामले में एकमात्र व्यतिक्रम घटित हुआ था डॉ. स्टेला क्रामरिश के क्षेत्र में। अतसी देखा करती, उनके घर में एकाधिक बार अतिथि होकर रहने पर भी

बड़े ठण्डे व्यवहार के द्वारा वह मानो बच्चों से अपने को समेटकर रखती थीं। डिनर टेबल पर असितकुमार के साथ भी वह केवल ज़रूरत भर की बात किया करती थी, वह भी गम्भीरता को बरकरार रखते हुए। बैले नृत्य भंगिमा में श्रीमती क्रामरिश का एक फ़ोटो उनके बैठकखाने में रखा रहता था।

उस समय के लखनऊ में असितकुमार के साथ अपने विशुद्ध अड्डे के बारे में शिल्पी धीरेनकृष्ण देववर्मा ने अपने स्मृतिचारण में लिपिबद्ध किया है। धीरेनकृष्ण कई बार लखनऊ अपने एक आत्मीय के घर आया करते थे। वहाँ पर आते ही असित दा से ज़रूर मिलते थे अथवा कभी उनके यहाँ रह भी जाते थे। उन्होंने लिखा है :

> असित दा के घर जाकर ठहर गया हूँ। मेरे आ जाने से वे बहुत आनन्दित हुआ करते थे। कहानी, गाने और उनकी लिखी हुई कविताओं के पाठ से दिन मुखरित हो जाया करते थे। घर में एक आर्गन था, उसे बजाते हुए मेरे पास से जितने सम्भव उनके अ-जाने रवीन्द्र संगीत थे, उन्हें लिखने की वे चेष्टा किया करते थे। मैं यह लक्षित किया करता था कि रवीन्द्र संगीत के प्रति उनका कितना गम्भीर आकर्षण और प्रेम है। असित दा अच्छा ही गाना गाया करते थे। टेनिस के पुराने जाल को काटकर तीन हेमक अथवा लटकने वाले झूले जैसे तैयार कर बड़े-बड़े कई वृक्षों की डाल से लटकाकर बाँध दिये गये थे। झूलों में कम्बल और तकिये रखे रहते थे। सर्दियों में असित दा छुट्टियों का आनन्द लिया करते थे। सवेरे नौ बजे के बीच असित दा, उनका एक फुफेरा भाई जोध दा और मैं झूले पर जाकर आराम से बैठ जाया करते थे एवं अनेक तरह की गपशप, साहित्य और कला के बारे में चर्चा किया करते थे। बीच-बीच में घर निकट होने के कारण वहाँ से खाने-पीने की चीज़ें और चाय भी आ जाया करती थी। शीतकाल की दुपहरी की धूप बहुत मीठी लगती थी।[२]

१९२९ ई. में असितकुमार की अनुपस्थिति में जयपुर से एक दिन भास्कर हिरण्मय राय चौधुरी उनके लखनऊ वाले घर में आये थे। उनकी प्रतिक्रिया इस प्रकार है :

> तुम्हारी स्त्री और बच्चों ने मेरा जो आदर-सत्कार किया उसके बारे में मैं और क्या कहूँ। अभिजित ने तो मुझे देखते ही पहचान लिया

था, यह क्या अचरज की बात नहीं है ? तुम्हारे सभी बाल-बच्चों को देखकर (उस समय दो बेटे और तीन बेटियाँ) मुझे बहुत आनन्द हुआ विशेषकर अतसी को देखकर। उसे कितने दिन बाद देखा था। तुम्हारी मोटर लेकर पूरे शहर में चक्कर काटता रहा था। इस महीने तुम्हारे पेट्रोल का बिल थोड़ा बढ़ जायेगा।'

२. सन्तान सन्तति

असितकुमार की दूसरी स्त्री से एक-एक कर उनकी सुनीरा (निपू, १९२७), रुचिरा (बूड़ो, १९२८), रोचना (पिन्टू, १९३१) और अधीश (लड्डू, १९३३) सन्तानें उनके परिवार में आ जाती हैं। इस प्रकार नन्दलाल के शब्दों में उनकी घर-गृहस्थी की शिक्षा में और प्रायः कुछ बाक़ी नहीं रह जाता है।[३] दूसरी ओर आर्ट स्कूल में कामकाज की व्यस्तता के कारण परिवार में दिनयापन करना धीरे-धीरे जटिल होने लगता है। उन्होंने लक्षित किया सरसीदेवी की अपनी सन्तानों के पैदा होने के बाद से उनकी पहले की सन्तानें जैसे स्नेह से और भी वंचित होने लगीं। असितकुमार सरसीदेवी की पहले की कन्या के सहित अपनी सन्तानों के साथ समान भाव से अपने स्नेह-दुलार का सम्बन्ध कायम रखे हुए थे, किन्तु, दुर्भाग्य से सरसीदेवी के लिए वैसी ही समदृष्टि बनाये रखना सम्भव नहीं हुआ। सन्तानों के प्रति उनके उसी विषमतापूर्ण व्यवहार ने धीरे-धीरे उनके दाम्पत्य जीवन पर धुँधली छाया डालनी शुरू कर दी थी। बचपन में उनके दुर्दिनों की एकमात्र साक्षी नब्बे वर्ष से ऊपर की असितकुमार की कन्या शिल्पी अतसी बरुआ की स्मृतियों में आज भी दुर्भाग्यजनक वह परिस्थिति एक चित्र की तरह स्पष्ट है। उस समय (१९३३) घर-गृहस्थी की चक्की में पिसने वाले दोनों शिल्पी नन्दलाल और असितकुमार मानो एक-दूसरे को अपने पास पाना चाहते थे। नन्दलाल ने लिखा है :

> तुम घर-गृहस्थी के मार्ग पर एक पथश्रान्त पथिक की तरह हो... मैं भी वैसा ही हूँ। अगर दोनों लोग एक ही जगह कुछ दिन और रहते तो दुःख के बोझ से आक्रान्त मन थोड़ा हल्का किया जा सकता था।[४]

घर में वज्रपात की आशंका से बचने के लिए असितकुमार ने कन्या अतसी

का, उसकी स्कूल की पढ़ाई-लिखाई को बीच में ही अधूरा रखकर (O-लेवल) सोलह वर्ष की कम उम्र में ही विवाह कर दिया। दूसरे पुत्र अतीस को (खोका)। लखनऊ में न रखकर कोलकाता भेज दिया एवं वह वाई.एम.सी. हॉस्टल में रहकर सेन्ट जेवियर्स कालेजियट स्कूल में पढ़ने लगा था। उसके विषय में सद्य:विवाहित कन्या अतसी को १९३७ के पत्र में उन्होंने लिखा था, 'खोका की खोज-ख़बर लेती रहना। उसका स्वास्थ्य ज़रा भी ठीक नहीं है, फिर इसके अलावा तुम जानती तो हो उसका स्वभाव, वह अपनी देखभाल करना जानता ही नहीं है।' पत्र के इस अंश में पिता के स्नेह से द्रवित प्रेम और चिन्ता दोनों ही थे। दूसरे महायुद्ध के जारी रहने के दिनों में सहसा सेना में भर्ती होकर अतीस एक तरह से उद्देश्यहीन ही हो पड़ा था। असितकुमार जीवनभर उसके लौट आने की आशा में प्रतीक्षा में बने रहे। उनका जेठा बेटा किशोर अभिजित (लूलू) अपने को पिता के नये परिवार के साथ अनुकूल नहीं बना सका। फल यह हुआ कि मेट्रीकुलेशन के बाद उसकी पढ़ाई-लिखाई आशानुरूप आगे नहीं बढ़ सकी। पिता के परिचय के कारण एक संस्थान में नौकरी पाकर वह हाथरस चला गया और वहाँ वह हताशापूर्ण जीवन बिताने लगा। इस तरह से लखनऊ के घर में असितकुमार के पारिवारिक जीवन में टूट-फूट होने का सूत्रपात हो जाता है। ये सब दु:खद स्मृतियाँ अतसी देवी की हैं।

मध्य कोलकाता में पार्क सर्कस इलाक़े में १९३७ ई. में असितकुमार ने एक घर का निर्माण कराया था, अपने कर्मजीवन से अवकाश प्राप्त करने के अन्त में वहाँ रहने की बात सोचकर। १९३५ ई. में उसके निर्माण कार्य के दौरान एक बार निर्माण स्थल पर प्रत्यक्ष कार्य देखने के लिए लम्बी छुट्टी लेकर वे सपरिवार बालीगंज में किराये पर एक घर लेकर रहने लगे थे। इस प्रसंग पर उनकी कन्या अतसी ने कलकत्ते की बिखरी स्मृतियों में लिखा है :

> गर्मियों के समय हम लोग जतीन दास रोड पर एक दुमंज़िले के छोटे-से फ़्लैट में प्राय: तीन मास रहे थे। कारण, बाबा पार्क सर्कस में एक घर तैयार करा रहे थे। वह घर कर्नल विश्वास रोड पर कोने में चार-पाँच कट्ठा ज़मीन पर बनना आरम्भ हुआ था। घर बनाने की ज़िम्मेदारी जिसे दी गयी थी, वह बाबा को ठग रहा था। जब खोका ने बताया (विली अतीश) कि घर की एक दीवाल टेढ़ी बनायी जा रही है, तब बाबा लम्बी छुट्टी लेकर कोलकाता में जतीनदास

> रोड पर चले आये थे। पूरे दिन वे घर के काम में व्यस्त रहते थे और शाम होने पर खुले हुए बड़े बरामदे में गाने की महफ़िल लगा लेते थे। इस महफ़िल में कान्तिचन्द्र घोष, भवानी भट्टाचार्य, कुन्दनलाल सहगल और शचिनदेव बर्मन गाना गाकर महफ़िल को जमा देते थे। शचिनदेव और सहगल के साथ बाबा का परिचय-आलाप नहीं था। किन्तु, सहगल साहब हमारे घर के सामने ही रहते थे एकतला पर। उनके साथ परिचय होने में बाबा को देरी नहीं लगी। शचिनदेव के साथ उनका परिचय कैसे हुआ यह मैं नहीं जानती।[५]

१९३७ ई. में पी सेवेन्टी नाइन, स्कीम एट सी के अन्तर्गत २२ नं. कर्नल विश्वास रोड, पार्क सर्कस में असितकुमार के घर का काम समाप्त हो गया था। उस समय लिखी हुई एक चिट्ठी में उन्होंने निर्माण काम देखने वाले लोगों के बारे में विनोदपूर्ण टिप्पणी करते हुए अपनी कन्या को लिखा था,

> ललित और सरल मेरे घर के काम का कोई हिसाब तो दे नहीं रहे हैं उलटे सरल धमकी दे रहे हैं कि मैं मुक़दमा करूँगा। सरल भी टेढ़ा हो सकता है यह मैंने पहली बार जाना।

घर-गृहस्थी के चक्र में दिन बिताने के मध्य असितकुमार-सरसीबाला के पारस्परिक सम्बन्धों की धीरे-धीरे होने वाली गिरावट और लम्बे समय तक चलने वाली मानसिक खींचतान की अवश्यम्भावी परिणति क़ानूनी तौर पर विवाह-विच्छेद में हुई थी सन १९४५ में, उनके कर्मजीवन के अवसर प्राप्त करने के साथ हाथ मिलाते हुए। गृहवधू सरसीबाला ने ही अलगाव का प्रार्थनापत्र देकर कोलकाता की अदालत में आवेदन किया था। उनके वैवाहिक जीवन में विश्वास खोने जैसा कोई कारण घटित हुआ था या नहीं यह स्पष्ट नहीं है। ख्याति के मध्यगगन में रहते समय शिल्पी असितकुमार के चरित्र हनन का कोई संवाद नहीं मिलता है।

सरसीदेवी की शिल्प कला में भी असल में कोई आग्रह या रुचि नहीं थी। सम्भवत: असितकुमार जैसे एक शिल्पी के साथ परिवार में मन की कोई ख़ुराक न पाकर उन्होंने प्रौढ़वय में विच्छेद की प्रार्थी होकर क़ानून का घण्टा बजाया था। विस्मय की बात यह है, अपने विच्छिन्न परिवार में सरसीदेवी के अपने चार बच्चों ने ही अदालत में खड़े होकर पिता के पास रहने की इच्छा व्यक्त की थी। इसी वजह से असितकुमार ने क़ानूनी युद्ध में जीतकर सुनीरा और नाबालिक रुचिरा, रोचना और अधीश के पालन का अधिकार

प्राप्त किया था।[६]

उनके बीस वर्ष के विवाह-बन्धन के छिन्न हो जाने पर उनके अस्सी से ऊपर की उम्र के पिता सुकुमार ने असितकुमार को समलाँग वाले घर राँची से १ सितम्बर, १९४५ की तारीख़ में लिखा था :

> अब नयी तरह से जीवन-यात्रा करने का बन्दोबस्त करना होगा। अतीत जीवन के जो अनुभव प्राप्त किये हैं, उनको ख़याल में लेते हुए, जिससे भूल-भ्रान्ति अधिक न हो, जिससे तुम्हें ठगना न पड़े, इस तरह से चलने का प्रयास करना पड़ेगा। इससे अधिक कहना ठीक नहीं होगा। एक दुर्दान्त शत्रु से तुम्हें छुटकारा मिल गया है। यह केवल भगवत् कृपा से हुआ है। अब सोच-समझकर चलने का प्रयास करो।

पत्र के हर शब्द के अन्तर्निहित अर्थ से मानो स्पष्ट हो उठती है, असितकुमार की दो दशक व्यापी दुरूह दाम्पत्य जीवन के अशान्त वातावरण को पारकर आने की छवि।

विवाह-विच्छेद के समय सरसीदेवी अपने नाबालिग दो बच्चों—रोचना और अधीश को लेकर पार्क सर्कस वाले घर में रहा करती थीं। अन्त में कोलकाता में १९४६ के सर्वनाशी साम्प्रदायिक दंगों के समय सरसीदेवी के पार्क सर्कस का घर त्यागकर चले जाने पर, असितकुमार अपना घर बेच देंगे यह सुनकर बड़ी लड़की अतसी के कोलकाता में रहने का प्रश्न उठाने पर, उन्होंने लिखा, 'क्यों, राँची तो है ही और जाऊँगा कहाँ?' किन्तु, १९४८ ई. में पिता की मृत्यु के बाद वहाँ पर भी रहने का उपयुक्त परिवेश उन्हें नहीं मिला। कोलकाता आने पर वे कन्या के घर ही ठहरते थे। विवाह-विच्छेद की ग्लानि और कटु अनुभव के कारण कोलकाता में स्थायीभाव से रहने की इच्छा स्वभावतः ही उनकी रह नहीं गयी थी।

इसके बाद लखनऊ में अकेले पिता के रूप में अपनी घर-गृहस्थी के पालन के व्रती हो गये थे असितकुमार। दूसरी पत्नी की कन्या सुनीरा का विवाह उन्होंने लखनऊ में पड़ोसी, सत्यप्रकाश मुखर्जी (सौम्येन्द्रनाथ ठाकुर के मौसा मोशाई) के रेलवे में कार्यरत पुत्र के साथ कर दिया था एवं साहित्यकार बन्धु सौरीन्द्रमोहन मुखोपाध्याय (१८८४-१९६६) को उन्होंने वैवाहिक सूत्र में बाँध लिया था उनके पुत्र सौम्येन्द्र के साथ अपनी कन्या के विवाह के द्वारा। विश्वविद्यालय में इतिहास की छात्रा छोटी बेटी—जिसका नाम रखा

था रवीन्द्रनाथ ने रोशनारा के अपभ्रंश रूप में 'रोचना', उसके विवाह को लेकर उनकी जितनी भी चिन्ताएँ थीं, अतसी को लिखे पत्रों में व्यक्त कर मानो हल्के हो जाते थे असितकुमार। इस विषय में अपने निस्संग जीवन में घर-गृहस्थी के काम में अनुभवी, बुद्धिमती शिल्पी कन्या की दूरदर्शी सहानुभूति और मतामत को वे बहुत महत्त्व देते थे। सबसे छोटे, कृती सन्तान अधीश की परीक्षा में सफलता, काम में योगदान की ख़बर से उसके लिए योग्य कन्या ढूँढ़ने की छोटी-मोटी बातों के साथ अपनी आशा, आकांक्षा, हताशा, विरक्ति, आनन्द, क्षोभ सभी कुछ वे व्यक्त करते थे अतसी के साथ भेंट होने अथवा उसे लिखी चिट्ठियों में।

३. असितकुमार के जीवन में नारी की अनुप्रेरणा

असितकुमार थे दृष्टिनन्दन चेहरे के प्राणवन्त पुरुष। ऐसा सप्रतिभ आलापी सुदर्शन शिल्पी के जीवन में स्नेहभरे आकर्षण एवं प्रेमानुराग लेकर जीवन के विभिन्न क्षेत्रों में विभिन्न समयों में अनुप्रेरणादात्री के रूप में अनेक स्त्रियाँ ही आती रही थीं। तरुणाई के मध्य गगन में और वयस्क अवस्था में भी उनकी जन्मजात हँसी से रमणी कुल विह्वल हो जाता रहा है। यहाँ यह बता देना ठीक रहेगा कि उनकी शिल्पी सत्ता कभी भी नारी-संसर्ग से कलुषित नहीं हुई है। उनके पारस्परिक रिश्ते में रहता था निर्मल बन्धुत्व का वातावरण।

राँची, कोलकाता, शान्तिनिकेतन और जगद्दल, वे जहाँ भी रहे चित्रांकन करना ही उनका मुख्य काम था। जगद्दल में वे दादी और माँ के सान्निध्य में बिना किसी विघ्न के छवि आँकने और अपनी पढ़ाई-लिखाई में ख़ूब मन लगा पाते थे। कहने में कोई हर्जा नहीं है, सृजनात्मक काम के लिए उस समय उनकी रुचि की आदर्श जगह थी शान्तिनिकेतन। वहाँ पर उनके चित्रों की अनुरागिनी थीं परिवार की आत्मीय महिलाओं में कोई-कोई जैसे प्रतिभादेवी, सवितादेवी, श्रीमती हाथी सिंह आदि महिलायें, जो उनसे चित्र बनाना भी सीखा करती थीं।

माँ सुप्रभा देवी उनकी छवियों की उत्साही दर्शक हो गयी थीं आर्ट स्कूल में पढ़ते समय उनकी चित्र-रचना देखकर। उसके पहले माँ के मुख से रामायण-महाभारत की कथायें पढ़ने के साथ रवीन्द्रनाथ का काव्य पाठ सुनकर

अनुप्राणित होकर किशोर असित दीवालों पर छवि आँकने में मग्न हो जाने पर वे उनके प्रति स्वभावत: नाराज़ हो जाती थीं, इसमें कोई सन्देह नहीं।

सिस्टर निवेदिता ने असितकुमार का स्नेहाशीर्वाद के साथ उनकी चित्रकला की अकृत्रिम आलोचना के द्वारा जो निश्चित पथ प्रदर्शन किया था, उसका आवेदन असितकुमार का चित्रकला के प्रयोग-परीक्षण के माध्यम से पथ पर चलते जाने का आजीवन पाथेय बना रहा था। असित को अनुप्राणित किया था छोटी नानी माँ स्वर्णकुमारी देवी ने उनके द्वारा अपने उपन्यास में अपनी पसन्द के अनुसार चित्रांकन कराकर। हालाँकि वह एकदम नि:स्वार्थ तो नहीं था क्योंकि वह कुछ-कुछ फ़रमाइशी भी था। जैसे १९१२ दिसम्बर को उन्होंने लिखा था :

> मेरी पुस्तक राजकन्या के लिए राजकन्या का एक चित्र बना दो ना! पढ़ा तो है राजकन्या धारावाहिक भारती पत्रिका में। गत वर्ष उसमें निकला था। इस बार पुस्तकाकार छप रहा है।

असित ने राजकन्या का चित्र बना दिया था। राजकन्या का रंगीन चित्र भारती में प्रकाशित हुआ था। छोटी नानी की माँग के अनुसार उनके विलायती चित्रों के प्रति अनुराग के कारण उन चित्रों में उनके विलायती प्रेम का संस्पर्श बना रहता था। परिणाम यह हुआ उनकी अनुप्रेरणा असित के मन में वैसी कोई अंकुरित नहीं हो सकी।

शिक्षा ग्रहण करने का समय समाप्त होते ही विवाह-चक्र में (१९११ में) अर्धांगिनी के रूप में असितकुमार ने पाया था लाहौरवासी किशोरी सरोजवासिनी को, जो असित के पुकारने के कारण हो गयी थी सरोजिनी। उन दिनों लाहौर-प्रवासी एक शिक्षक कन्या एकदम पर्दानशीन नहीं थी। शान्तिनिकेतन में अपने गार्हस्थ्य जीवन में शत अभावों के बीच भी अपने को अनुकूल बनाकर एक चित्रकार के अ-सम्पन्न परिवार में उन्होंने प्रशान्ति का एक वातावरण उत्पन्न कर दिया था। आश्रम का परिवेश सरोजिनी की दृष्टि में बहुत मनोरम था। वहाँ पर असितकुमार जो सब छवियाँ आँका करते थे, उसकी परोक्ष सहायक और प्रेरणाभूमि गृहिणी सरोजिनी थी।

शिशु को गोद में लिए शान्त चित्त उनका मातृरूप देखकर असितकुमार ने एकाधिक बार 'माँ यशोदा' एवं 'माँ और शिशु' का चित्र शान्तिनिकेतन में बनाया था। रवि दादा के संग्रह में चली गयी हैं असित की आँकी वे सब

छवियाँ। जून १९१३ में इंग्लैण्ड से रवीन्द्रनाथ ने वहाँ पर आसन्न प्रकशनाधीन शिशु काव्य ग्रन्थ के अँग्रेज़ी अनुवाद पुस्तक के लिए वैसी ही एक छवि की माँग करते हुए अवनीन्द्रनाथ को लिखा था :

> असित का जो एक चित्र है, उसमें माँ बेटे को दूध पिला रही है, उसे अगर भेज सको तो उसे भी काम में लाया जा सकता है।

उसी समय (अगस्त १९१३) की और एक चिट्‌ठी में उन्होंने दक्षिण वेल्स से अवन को लिखा था :

> प्रवासी के प्रच्छद पट पर मुकुल का (असितकुमार का) जो चित्र छपा है, उसे देखकर रोथेंस्टाइन ख़ूब मुग्ध हुए हैं। उन्होंने कहा यह ठीक मेरे 'परस-पाथर' का चित्र है—उनकी इच्छा है वह यहाँ के किसी एक पत्र में उस कविता के साथ प्रकाशित हो।[७]

असितकुमार का चित्र—'माँ गोद में लिए शिशु' को, जिसमें शिशु अपलक दृष्टि से माँ की ओर देखे जा रहा है, १३२० बंगाब्द में आषाढ़ के प्रवासी के कवर पर निकला था। बच्चों के चित्र छपाने के लिए उस समय पुस्तकें मैकमिलन प्रकाशन के दफ़्तर में भेजी जाती थीं। रवीन्द्रनाथ को आशा थी कि चित्रों की प्रतिलिपियाँ अच्छी छपेंगी और उसी के साथ अवनीन्द्रनाथ और अन्यान्य चित्रकारों की चित्रकला का प्रचार होगा। असित का चित्र विलायत में The Crescent Moon में कवि की कविताओं के अनुषंग में प्रकाशित हुआ था। शान्तिनिकेतन में कई महीने की दो शिशु कन्याओं—अतसी और पूपे (नन्दिनी) को गोद में लिए सरोजिनी के मातृत्व का चिरन्तन, कल्याणी रूप देखकर (१९२२) में असितकुमार और कवि, दोनों ही चमत्कृत हो गये थे। कन्या अतसी देवी की स्मृति में असितकुमार ने वहाँ पर अपने घर के बरामदे में अत्यन्त लम्बे खुले केशों के साथ खड़ी हुई एक ब्रश ड्राइंग बनायी थी।

सरोजिनी उनके घर में अतिथियों का सिर्फ़ स्वागत-सत्कार करके ही सन्तुष्ट नहीं हो जाती थीं, उन्हें खिलाने से भी वे बड़ा प्रेम करती थीं। इसी चीज़ को याद कर लखनऊ में परलोकगत सरोजिनी की याद में उनकी रसोई बनाती हुई एक छवि लेकसिट पर असितकुमार ने बनायी थी। भावव्यंजक, नज़र खींचने वाला वह चित्र उनकी बैठक में फायर प्लेस के ऊपर टँगा रहता था।

उनकी चित्रानुरागिनियों में थीं श्रीमती लतिका घोष (१९०२-१९८९), लेडी

रानू मुखर्जी जैसी तेजस्विनी, सुन्दर रमणियाँ, जिनके चेहरे को कूँची और पेंसिल से आँक रखा था शिल्पी असित ने। इन महिलाओं ने असितकुमार की चित्र रचना को किसी-न-किसी प्रकार से अनुप्राणित किया था।

असितकुमार के जीवन में उनकी दूसरी स्त्री सरसीबाला किन्तु, दुर्भाग्य से उनके शिल्प-कर्म में किसी भी तरह से प्रेरणा का स्रोत नहीं बन सकीं। लखनऊ में चित्रकला के क्षेत्र में अपने ऐसे ही प्रेरणाहीन यान्त्रिक रूप से दिन बिताने के समय शिल्पसृष्टि में उत्साह देने वाली मित्र के रूप में आ गयी थीं श्रीमती कमला देवी चट्टोपाध्याय, कवि, नाटककार हरीन्द्रनाथ चट्टोपाध्याय की दक्षिणी सुन्दरी स्त्री, भारत के राजनैतिक और सांस्कृतिक क्षेत्र में सक्रिय एक नारी। दक्षिण के रूढ़िवादी परिवार की बाल विधवा कमला देवी के साथ हरीन्द्रनाथ का वैवाहिक जीवन स्थायी हुआ था मात्र सात वर्ष। उनके एक पुत्र को लेकर अशान्ति, अस्थिरता की मानसिक उथल-पुथल के बीच लखनऊ में असितकुमार की अतिथि हुई थीं कमला देवी। पटना में बैरिस्टर पी.के. सेन के घर में रहते समय कल्पनाओं से समृद्ध एक अँग्रेज़ी पत्र (१९२८) में कमला देवी ने लिखा था, जिसका अनुवाद इस प्रकार है :

> मैं जब बैठे-बैठे लिख रही हूँ, धूसर मोतियों की तरह भोर का आलोक पृथ्वी पर अलक्षित रूप से आकर विकीर्ण हो रहा है। उस धूसरपन के बीच में सुन पा रही हूँ अरुणिम गुलाब की तरह उच्छल आलोक की स्पन्दन ध्वनि, जो घोषणा करती जा रही है आसन्न प्रभात की, और आलोक की उपस्थिति में ही दिन के काम-काज की पुकार और दायित्व आकर घेर लेंगे। इसीलिए आपको अपनी नयी भावनाओं को इसी समय लिखकर भेज रही हूँ। मैं इस समय भी मानो नींद के अवगुंठन में दिलख़ुश (लखनऊ की नामी रेस्तराँ) की शाम के धुँधलके में रह रही हूँ। वैसी ही प्रशान्ति में मेरी अस्थिर आत्मा के स्वप्न में भी कभी वैसा क्षण नहीं मिला, कभी कल्पना भी नहीं कर सकी। यह आपका महत्त्व है कि आपने अपनी निजी सत्ता का सर्वस्व देकर मेरे जीवन में ऐसे सौन्दर्य और आनन्द का संस्पर्श ला दिया।[८]

दिन की शुरुआत में उषा के आलोक में एक सुदर्शना, शान्तमना नारी अपनी पूर्व सन्ध्या में अतीव सुन्दर एक शिल्पी के घनिष्ठ सान्निध्य में बिताये गये

क्षण को स्वप्निल आलोक में लपेटकर मानो भूलना नहीं चाहती है। इसमें कोई सन्देह नहीं कमला देवी शिल्पी असितकुमार के सृष्टिशील कर्म की प्रेरणा हो गयी थीं। उनके अनुराग की आभा उनके मन में आजीवन स्थायी बनी रही थी।

भारतीय शिल्पकला को उसकी विचित्र भौगोलिक अवस्थिति के परिप्रेक्ष्य में देखकर उस विषय में विशेषज्ञ होने की उच्च आकांक्षा से प्रेरित होकर आस्ट्रिया की शिल्प इतिहासकार डॉ. स्टेला क्रामरिश भारत परिक्रमा के दौरान शान्तिनिकेतन में ही सबसे पहले आयी थीं। वहाँ पर अजन्ता शिल्प की व्याख्या करते हुए असितकुमार के साथ तर्क-वितर्क में उलझकर उन्हें रोना तक पड़ा था। इसके बाद वैयक्तिक जीवन में चुप्पा स्वभाव की रहस्यमयी अकेली जीवनचारिणी कुमारी क्रामरिश के लखनऊ के पत्राचार में 'असित दा' के 'असित' हो जाने में एक घनिष्ठ बन्धुत्व का इंगित मिलता है। लखनऊ से उनकी एक साथ खजुराहो घूमने की योजना—मित्रता का गहरा संकेत ला देती है। असितकुमार के घर वे एकाधिक बार अतिथि भी बनी थीं। तरुणी क्रामरिश का बैले नृत्यमुद्रा में एक फ़ोटोग्राफ़ असित ने अपने कमरे में लगा रखा था। शान्तिनिकेतन में सद्यःआगत क्रामरिश की सुन्दर, गम्भीर अभिव्यक्ति की एक प्रतिच्छवि पेन और स्याही से असितकुमार ने आँकी थी। उनकी हँसना मना है ऐसी मुखमुद्रा की गम्भीरता माने तिरोहित हो जाती है असित को लिखी उनकी चिट्ठियों में। जैसे जयपुर से उनकी इच्छा के अनुसार असित ने जब उन्हें एक सुन्दर, रंगीन स्कार्फ भेजा, तब वे आनन्द से पुलकित हो गयी थीं। वियना में उपचार के लिए जाकर असितकुमार की खजुराहो भ्रमण की योजना की ख़बर पाकर उन्होंने भी भारत वापस आकर उनकी संगी होना चाहा था। श्रीमती क्रामरिश ऐसी कुछ चिट्ठियों के टुकड़ों से आनन्दानुभूति की अभिव्यक्ति से उन्होंने उस समय असित के सृजनशील कामों में उत्साह का ईंधन जुटाया था ऐसा निष्कर्ष निकालना ग़लत नहीं होगा।

भारतीय चित्रकला की आग्रही एक शिक्षार्थी के रूप में लखनऊ में लम्बे दो वर्ष (१९३१-३२) उनके संस्पर्श में रही थी स्विट्ज़रलैण्ड की रहने वाली तरुणी चित्रकार शार्लोट जोनास (Charlotte Jonas)। यूरोपीय होने से चरित्रगत तारुण्य की प्रगल्भता उसकी आँखों में होते हुए भी धीरे-धीरे जैसे बंगाली का ठेठ परिधान साड़ी में वह बहुत कुछ अंशों में ढक जाती थी। लखनऊ में

उसकी अवस्थिति से सरसी देवी के मन में सन्देह का उद्रेक जिस प्रकार स्वाभाविक था, असितकुमार के प्रति सुदर्शना शार्लोट का श्रद्धापूर्वक अनुराग रहना भी अस्वाभाविक नहीं था। शिल्पी के जीवन में शार्लोट ने एक आनन्द की लहर लादी थी, दो-एक फ़ोटोग्राफ़ से उसका आभास मात्र मिलता है। शिल्पी की प्रेरणादात्री होने की उसकी सम्भावना को एकदम उड़ाया नहीं जा सकता है। राँची वाले घर में असितकुमार के पारिवारिक परिजनों के साथ भी वह धीरे-धीरे परिचित हो गयी थी। आकर्षक व्यक्तित्व के अधिकारी असितकुमार के इस तरह के नारी-संसर्ग में प्रेमानुराग की छाया को भी एकदम अस्वीकार नहीं किया जा सकता है।

इसके अतिरिक्त एकदम परिपक्व छासट वर्ष की उम्र में खड़े (१९५६ में) असितकुमार ने स्वयं ही बतायी है एक प्रौढ़ा अँग्रेज रमणी के उनके प्रति बंगलोर में आकर्षण की कथा। कार्य के उपलक्ष्य में वे वहाँ सैन्य विभाग के अवकाशप्राप्त एक अँग्रेज़ दम्पति के घर पेइंग-गेस्ट थे। उनके साथ, विशेषकर कैप्टन डोजसन के साथ पहले दिन से ही उनका बन्धुत्व का सम्बन्ध हो गया था। कभी-कभी सवेरे के समय 'बेड-टी' देने कैप्टन स्वयं आ जाते थे। धीरे-धीरे डोजसन दम्पति के साथ उनका मधुर सम्बन्ध भी बन गया था। उस छोटे से कमरे में एक स्टूडियो बनाकर उनके आग्रह पर असितकुमार ने छवि आँकने के सामान को इकट्ठा कर चित्रांकन करना भी शुरू कर दिया था। उन्होंने उनके आसन्न क्रिसमस की शुभकामनायें देने के लिए क्रूशवहन करने वाले ईशू का एक तैल चित्र बनाया था। क्रिसमस में अपने सद्यः बनाये उस चित्र को श्रीमती डोजसन को 'मेरी क्रिसमस' के उपलक्ष्य में शुभकामनाओं के रूप में उपहार में देने पर रात बिताने के बाद २६ दिसम्बर की सुबह क्या घटित हुआ था—अपनी दिन लिपि में असितकुमार ने लिखा है :

> आज सवेरे मेम साहिबा मेरे प्रति अपना प्रेम निवेदन करने आयी थीं। मैंने उनसे कहा—अब तो उम्र हो चुकी है, फिर मुझे अपना boy friend बनाकर अपने दुःख को बढ़ाने का आपका क्या प्रयोजन है ? मैं तो दो दिन के लिए यहाँ आया हूँ। भाई-बहन की तरह इस उम्र में प्यार करना ही अच्छा है। अपने स्वामी से प्रेम करो। रोते-रोते वे चली गयीं। मुझे दरवाज़े की फाँक से क्षमा माँगते हुए एक चिट्ठी लिखी थी, जो मुझे मिल गयी। वास्तव में,

ईसा मसीह के चित्र के लिए इस तरह का प्रतिदान एक शिल्पी के लिए अप्रत्याशित था।

कन्या अतसी बरुआ थी असितकुमार के शेष जीवन में भगवान बुद्ध की जीवन कथा गौतम गाथा और चित्ररचना की मूल प्रेरणा। १९४७ ई. में अतसी ने घर-गृहस्थी की सैकड़ों व्यस्तताओं के मध्य सीमित अवसर मिलने पर बुद्ध जीवन के रेखाचित्रों की रचना की थी। महाबोधि सोसायटी ने उन चित्रों से युक्त एक पुस्तिका प्रकाशित की थी। अतसी देवी के बुद्ध जीवन के रेखांकनों से असितकुमार के मन में सबसे पहले भगवान बुद्ध की जीवन कथा काव्य में और रेखांकनों में व्यक्त करने की इच्छा जाग जाती है। उन दिनों जैसे ही वे अपनी कन्या के घर आते थे उसके पति बौद्ध शास्त्रवेत्ता डॉ. अरविन्द बरुआ और अतसी के साथ भगवान बुद्ध के जीवन की चर्चा में गम्भीर रूप से मग्न हो उठते थे। उनके काव्य में बुद्ध जीवन कथा 'गौतम गाथा' और उसके अनुषंग से चित्र रचना का सूत्रपात इसी तरह से अतसी की प्रेरणा से हुआ था।

४. स्नेहधन्य कन्या अतसी बरुआ

बच्चों में सबसे जेठी कन्या चित्रकार अतसी शुरू से ही असितकुमार को अत्यन्त प्रिय थी, उनके जीवन की वानप्रस्थ अवस्था में वही हुई थी उनके भरोसे का स्थान। उसके विषय में थोड़े विशद रूप में कहना बड़ा प्रासंगिक रहेगा।

घर-गृहस्थी की चक्की के नीचे पड़कर अतसी के स्कूल में पढ़ते समय ही असितकुमार ने उसे अच्छे पात्र के हाथों सौंप दिया था, कोलकाता के अपने एक परिचित के माध्यम से चटगाँव के महामुनि पहाड़ तली के गाँव के एक अत्यन्त प्रसिद्ध बौद्ध बरुआ परिवार में, शिक्षाव्रती गगनचन्द्र बरुआ के पुत्र युवा बैरिस्टर अरविन्द के साथ (उसका विवाह कर)। चटगाँव के प्रगतिशील बरुआ वर्ग में जातिवर्ण का कोई भेदभाव नहीं था। प्राचीन अराकान राज्य में इनके पूर्व पुरुष सेना में उच्च पदों पर नियुक्त थे। चटगाँव में जन्म लेने के समय विप्लवी श्री अरविन्द घोष की स्मृति में नवजातक का नाम रखा गया 'अरविन्द'। पिता द्वारा स्थापित महामुनि ऐंग्लो पालि उच्च विद्यालय से प्रथम

श्रेणी में प्रवेशिका और इण्टरमीडिएट परीक्षा पास कर कोलकाता विश्वविद्यालय के इतिहास में स्नातकोत्तर डिग्रीधारी अरविन्द ने लन्दन विश्वविद्यालय के 'स्कूल ऑफ़ ओरिएंटल एण्ड अफ्रीकन स्टडीज़' (SOAS) में बौद्धशास्त्र में गवेषणा कर (१९३०-१९३३) सर्वोच्च डिग्री पीएच.डी. प्राप्त की थी एवं उसी समय 'ग्रेजइन' की बैरिस्टरी की परीक्षा में भी उत्तीर्ण हो गये थे।

'हालदार' परिवार में सामाजिक प्रथा के अनुसार सबसे पहले 'असवर्ण' विवाह कर अरविन्द जैसी कृती सन्तान के हाथों बिना किसी संकोच के असितकुमार ने अपनी सबसे प्रिय कन्या को सौंप दिया था। उनके नवनिर्मित पार्क सर्कस वाले घर में विवाह सम्पन्न हुआ था अवनीन्द्रनाथ ठाकुर और शरत्चन्द्र चट्टोपाध्याय (१८८८-१९३८), नन्दलाल बसु, देवीप्रसाद राय चौधुरी, सर गुरुसदय दत्त (१८८२-१९४१), नरेन्द्र देव आदि गुणीजनों और आत्मीयजनों की उपस्थिति में, १८ जून, १९३७ में भिक्षु महाथेर एवं चार बौद्ध श्रमणों ने अतसी को आशीर्वाद दिया था एवं ठाकुरबाड़ी के नियमों का पालन करते हुए उसी दिन Act III के अनुसार पहली बार विवाह पंजीकृत (R रजिस्ट्री) हुआ था। इसके बाद २१ जून को बौद्ध मत से मंगलाचरण के माध्यम से एवं सबसे अन्त में हिन्दू धर्म के आचारादि के अनुसार विवाह का अनुष्ठान सम्पन्न हुआ था। अस्वस्थ पिता की अनुपस्थिति में कन्यादान किया था असितकुमार के मझले काका भूदेव हालदार (१८६७-१९४३) ने। नवदम्पति को रवीन्द्रनाथ ने आशीर्वचनों में लिखा था—

'पूर्णता आसूक आज तोमादेर तरुण जीवने
आनन्दे कल्याणे शुभ लग्ने शुभ सम्मेलने।'

अर्थात् आज तुम्हारे तरुण जीवन में शुभ लग्न, शुभ मिलन में आनन्द और कल्याण के कारण पूर्णता आ जाये।

पिता की योजना के अनुसार तैयार किये गये एक जड़ाऊ गहने को अतसी ने विवाह के दिन पहना था। नन्दलाल बसु ने अपनी कन्या गौरीभंज की कल्पना के अनुसार तैयार कलात्मकता से सम्पन्न एक बाटिक प्रिन्ट साड़ी उपहार में दी थी। ६ नं. तालतला एवेन्यू में किराये के एक घर में शुरू हुआ था अरविन्द और अतसी का नया गृहस्थ जीवन।'

स्वामी के साथ बुद्धगया, त्रिपुरा, कुशीनगर, लुम्बिनी, वैशाली आदि बौद्ध तीर्थ स्थान घूमने के साथ बौद्ध सांस्कृतिक दल के सदस्य बनकर बौद्ध

सम्मेलन में शामिल होकर श्रीलंका और नेपाल गयी थीं अतसी देवी एवं वहाँ पर बौद्ध तीर्थ स्थानों को देखते समय उन्होंने असंख्य रेखाचित्र भी पेंसिल से बनाये थे। एक महिला चित्रशिल्पी के रूप में प्रदर्शनी के माध्यम से उनकी ख्याति पूरे देश में फैल जाती है। फलस्वरूप जैन दिगम्बर ट्रस्ट की तरफ़ से बेलगछिया जैन मन्दिर में पार्श्वनाथ की जीवनकथा के आधार पर भित्तिचित्र रचना की ज़िम्मेदारी पाकर उन्होंने उस काम को असाधारण कौशल के साथ सम्पन्न किया था परिवार की अनेक विघ्न-बाधाओं को जीतते हुए। उनके काम में भारतीय संग्रहालय के तत्कालीन अध्यक्ष डॉ. शिवराममूर्ति (१९०९-१९८३) ने अपने मूल्यवान परामर्श और ग्रन्थादि देकर सहायता की थी। असितकुमार ने आशीर्वाद और अभिनन्दन किया था अपनी कन्या का उसके कृतित्वपूर्ण चिरस्थायी शिल्पकाज के कारण।[१०]

५. लन्दन में 'इण्डिया हाउस' अलंकरण

१९२९ ई. में 'इण्डिया हाउस' अलंकरण के लिए अखिल भारतीय प्रतियोगिता में लखनऊ के ललितमोहन सेन, कोलकाता के सुधांशु कुमार राय चौधुरी, विश्वभारती कला भवन के प्राक्तन छात्र, त्रिपुरा निवासी धीरेनकृष्ण देववर्मा और बनारस के रणदाचरण उकील (१८८८-१९७०) ये चार बंगाली चित्रकार मनोनीत हुए थे। बंगाल के पुनर्जागरण काल के शिल्पियों के प्रति ब्रिटिश अधिकारियों का एकतरफ़ा पक्षपात का प्रश्न उठाते हुए बम्बई के जे.जे. स्कूल ऑफ़ आर्ट के अध्यक्ष सोलोमन ने काफ़ी समय तक टाइम्स ऑफ़ इण्डिया अख़बार में विरोध की एक तरह से बाढ़ ला दी थी। इण्डिया सोसायटी के एकमात्र कर्णधार, रॉयल कॉलेज ऑफ़ आर्ट के अध्यक्ष शिल्पी रोथेंस्टाइन सब कुछ की उपेक्षा करने के बाद भी परेशानी में थे। लखनऊ आर्ट स्कूल में पाश्चात्य शिल्प कला विभाग के शिक्षक ललितमोहन सेन, ए.आर.सी.ए. भारतीय नवजागरण धारा में आँके गये अपने ११×४.५० फुट लम्बे 'देव सेवा' चित्र के कारण चुने गये थे। यूरोपीय एवं भारतीय दोनों तरह की चित्ररचना में वे माहिर थे। शिल्पी असितकुमार ने स्वभावतः ललितमोहन और शान्तिनिकेतन में रहते समय अपने छात्र धीरेनकृष्ण को उस काम के लिए निर्वाचित होते देखकर गौरवान्वित होकर उनका अभिनन्दन किया था। उत्तर प्रदेश के शिल्पीवृन्द की तरफ़ से लखनऊ में असितकुमार द्वारा आयोजित ललितमोहन के

अभिनन्दन-अनुष्ठान में पढ़े गये अभिनन्दन पत्र में लिखा गया है :

> तुम्हारी शिल्प-प्रतिभा अब तक देशवासियों के निकट छिपी हुई थी। तुम्हारी यशोरश्मियाँ आज पूरे भारत में फैल गयीं। तुम आज सुदूर पश्चिम में भारतीय ललित कला की जो प्रतिष्ठा करने जा रहे हो, वह प्राच्य जयगाथा की तरह युग-युग में तुम्हारे देश के ही गौरव की सात समुद्र, तेरह नदी पार आज घोषणा कर दे। तुम्हारे सहयात्री अन्यान्य बंगाली शिल्पी त्रय भी तुम्हारे साथ समान रूप से आज हमारे आदरपूर्ण सम्भाषण का अंश ग्रहण करें। सुदूर भविष्य में तुम्हारा परिचय पाते रहेंगे युग-युग तक देश-विदेश के लोग ब्रिटिश राजधानी में प्रतिष्ठित 'भारत भवन' में आँकी गयी तुम्हारी चित्रकला के माध्यम से।[११]

किन्तु, रवीन्द्रनाथ ने इस काम को सहज रूप में नहीं लिया था। उन्होंने क्षोभपूर्वक असित को लिखा था :

> हमारे देश के छात्रगण इंग्लैण्ड के विद्यालयों में जाकर ठप्पा लगवाकर आते हैं, यह मुझे ज़रा भी अच्छा नहीं लगता है। इसका यह परिणाम होगा कि उनकी यदि अपनी कोई प्रतिभा है भी तो उस पर अपना ठप्पा लगा देगा ब्रिटिश साम्राज्य। हमारी आर्ट रोथेंस्टाइन को बिना ख़ुश किये यदि प्रतिष्ठा नहीं पा सकती है तो वह महाकाल की झाड़ू से ब्रिटिश साम्राज्य के कूड़ाघर में ही स्थान पाने योग्य होगी। ब्रिटिश स्कूल मास्टर की छात्रगीरी तो करेगा ही,—उस स्कूल के बाहर एक बड़ा आँगन है वहाँ पर हमारी छुट्टी है—वहीं पर हम भारतीयों का दरबार है—वहाँ पर वह जिसके ललाट पर जय तिलक लगा देता है, वही धन्य हो जाता है। साउथ केनसिंगटन स्कूल ऑफ़ आर्ट्स के तिलक में कोई गौरव नहीं है—वरन् उससे हमारी सरस्वती का अपमान होता है। इन सब छात्रों की ख़ूब सम्भव है, अपनी कोई शक्ति हो, किन्तु, इतिहास में चिरकाल के लिए यह लिखा रहेगा कि वे लोग अँग्रेज़ गुरुमहाशय के चेला हैं—इस घोषणा में हमारे देश का अगौरव है। धन के लालच में आर्टिस्ट अगर अपनी दैवी शक्ति का असम्मान करने में सहमत हो जाता है तो फिर उसके ऊपर कभी भारती का आशीर्वाद नहीं पड़ेगा।[१२]

उदाहरण रूप में, उन्होंने अपने घर के पास ही उनकी सहायता प्राप्त एक घनिष्ठ शिल्पी को दिखाया था। वही शिल्पी घटनाक्रम से असितकुमार का

छात्र था।

धीरेनकृष्ण को भी रवीन्द्रनाथ ने इसी तरह से लिखा था (२३ श्रावण, १३३६ बंगाब्द) :

> छात्रवृत्ति लेकर तुम इंग्लैण्ड जा रहे हो, इससे मुझे ज़रा भी आनन्द नहीं हो रहा है। अगर तुम विज्ञान सीखने जाते तो मैं कोई आपत्ति न करता। क़िन्तु, चित्रकला? अजन्ता के चित्रकारों पर मुझे चिरकाल यह गौरव रहेगा कि वे एकदम हमारे हैं। वे साउथ केनसिंगटन के लांछन से लांछित नहीं हैं।

उत्तर में धीरेनकृष्ण ने अपना उद्देश्य व्यक्त करते हुए कवि को आश्वस्त किया था। प्रतिउत्तर में कवि ने ११ नवम्बर, १९२९ की तारीख़ में धीरेन को लिखा था :

> विलायती मास्टरों के हाथ के छात्र तुम लोग नहीं बन जाओगे, यह अच्छी बात है। वहाँ के चित्रों को अच्छी तरह देखना, उन पर विचार करना, उससे जितनी पूर्णता से उन्हें तुम अपना बना सको वह प्रयास छोड़ना भी उचित नहीं है, सिर्फ़ अपने सिर को अपने ही कन्धे पर रहने देना।[१३]

किन्तु, इण्डिया हाउस अलंकरण की ज़िम्मेवारी जिसे दी गयी थी, उसके स्थपति हर्बर्ट बेकर (१८६२-१९४६) ने ऐसी व्यवस्था कर रखी थी कि निर्दिष्ट काम शुरू होने के पहले, भारत से चुने गये चारों शिल्पियों को रॉयल आर्ट कॉलेज में भित्तिचित्र दो विशेषज्ञ अध्यापकों—अर्नेस्ट ट्रिसट्रेम (Earnest Tristram) और माइकल डिनकेल (E. Michal Dinkel) के अधीन एक वर्ष आधुनिक भित्तिचित्रों की पद्धति के सम्बन्ध में शिक्षा ग्रहण करनी पड़ेगी क्योंकि रोथेंस्टाइन की धारणा के अनुसार चित्रकार लोग भारतीय परम्परा के अनुसार चित्रांकन में निपुण होने के बाद भी, इनमें से कोई भी आधुनिक भित्तिचित्रों की पद्धति के विषय में उतने अभ्यस्त नहीं हैं। भित्तिचित्रों के काम में प्रशिक्षण देने के बाद, उसी काम में, विशेषकर एग-टेम्परा पद्धति में दीवाल अलंकरण में और भी दक्षता अर्जित करने के लिए इटली के रिनेसाँकालीन महान् शिल्पियों के भित्तिचित्रों को देखने, अध्ययन और अनुशीलन करने के लिए उन्हें इटली में रखा जायेगा। उसी रूटीन के अनुसार वहाँ काम हुआ था।

भारतीय शिल्पीगण ९ अप्रैल, १९२९ को रॉयल आर्ट कॉलेज में पहुँच गये थे। वर्ष के अन्त में ९ अगस्त, १९३० के पत्र में रोथेंस्टाइन ने स्विट्ज़रलैण्ड से असितकुमार को बताया था, 'हमारे तरुण भारतीय बन्धु लोग इटली के भित्तिचित्रों के अध्ययन के लिए इस समय इटली में रह रहे हैं।'[१४] इटली से लौटकर शिल्पियों ने इण्डिया हाउस का काम शुरू किया था अप्रैल १९३१ में। चार शिल्पियों ने मिलकर मूल गुम्बज पर अपनी ड्राइंग की मोटी रूपरेखा प्रस्तुत कर दी थी। ११ अगस्त, १९३१ की तारीख़ में शिल्पी ललितमोहन ने अपने काम के अन्तिम छोर पर पहुँचकर लन्दन से असित दा को अपनी एक व्यक्तिगत चिट्ठी में अपने काम और अपनी मानसिक स्थिति को बताते हुए खोलकर लिखा है :

> हमारा काम-काज एक तरह से चल रहा है। छवि आँकना छोड़कर चले जायेंगे, सभी लोगों ने यही तय किया था—कारण, rumumeration —सम्मान राशि इतनी कम है, तो भी एच.सी.[१५] ने एक तरह से हमें समझा रखा है। देखा जाये अन्त में क्या होता है। हमारा चित्रांकन सितम्बर के अन्त तक शेष हो जायेगा।

रणदा और सुधांशु ने अपने दोनों चित्र पूरे कर दिये हैं एवं धीरेन बाबू को और ७/८ दिन लगेंगे पूरा करने में। यहाँ का नया समाचार कुछ भी नहीं है। आजकल हमारे यहाँ के मौसम की तरह यहाँ बौछारों-की-बौछारें पानी बरस रहा है। इस बार गर्मी यहाँ अच्छी नहीं हुई। एक ही छवि के सामने रोज़ बैठे-बैठे आँकते रहने की इच्छा नहीं होती है। एकरस होने से उबाऊ हो जाती है। अकेले ही Cinema therapy आजकल की जा रही है। कारण, Still Picture में और मन लगता नहीं है—केवल चारों ओर Speed Speed Speed इसीलिए हम लोगों को चक्कर आ रहे हैं। Pathe Baby के साथ मिलने जा रहे हैं।

शिल्पकला के प्रति रुचि-सम्पन्न हाई कमिश्नर सर अतुलचन्द्र चटर्जी (१८७४-१९५५) इण्डिया सोसायटी के अलंकरण में मूल उद्योगी थे और वे शिल्पियों की असुविधाओं के प्रति सहानुभूतिशील भी थे, किन्तु, वह काम जब चल रहा था उसी समय सहसा उनके स्थान पर नियुक्त होकर आ गये थे सर भूपेन्द्रनाथ मित्र (१८७६-१९३७)। शिल्पकला के विषय में अनजान अर्थशास्त्र विशेषज्ञ भूपेन्द्रनाथ की शिल्पियों के काम के प्रति ग़लत धारणा के कारण वे उनकी उचित माँगों को पूरा नहीं करना चाहते थे। अन्त में रोथेंस्टाइन

के हस्तक्षेप के कारण, वे असुविधायें दूर हुई थीं। शिल्पी लोगों का अलंकरण का काम पूरा हुआ था १९३२ ई. की जनवरी में।

इण्डिया हाउस का मूल आकर्षण केन्द्रीय गुम्बद के पूर्वी भाग में शिल्पी ललितमोहन सेन ने आँका था नयी राजधानी फतेहपुर-सीकरी के निर्माण में रत मुख्य स्थपति के साथ बातचीत करते हुए सम्राट अकबर (१५४२-१६०५) एवं लाइब्रेरी हॉल में उनके चित्रांकन का विषय था शिष्यों के साथ भगवान बुद्ध। नव्य भारतीय शिल्पकला के अनुसार दोनों चित्रों के विषयगत चुनाव और आँकने की पद्धति पर असितकुमार का प्रभाव स्पष्ट था। उस गुम्बद के उत्तरी भाग में धीरेनकृष्ण ने आँकी थी सम्राट अशोक (३०४-२३२ ईसा पू.) की कन्या संघमित्रा की बौद्धधर्म प्रचार के लिए सिंहल यात्रा। गुम्बद के दक्षिणी भाग में रणदाचरण के चित्रांकन का विषय था झेलम के युद्ध में पराजित वीर पुरुष के साथ सम्राट एलेक्ज़ेण्डर की भेंट (३०६ ई.पू.) एवं गुम्बद के पश्चिमी भाग में सुधांशु कुमार ने आँका था चन्द्रगुप्त मौर्य के सिंहासनारूढ़ का दृश्य (३२२ ई.पू.) एवं बंगाल की षष्ठी पूजा। भारतीय कला के नवजागरण के प्रकाश से आलोकित चारों शिल्पियों ने यूरोप में अपना दिमाग़ न बेचकर स्थिर विचार से विषय तालिका का चुनाव एवं उसके रूपायन को प्रत्यक्ष करने से रवीन्द्रनाथ मुग्ध हो गये थे।[१६]

६. सरकारी कामकाज का कुछ मूल्यांकन

असितकुमार व्यक्तिगत जीवन में चाहे जिस परिस्थिति में रहे हों, सरकारी नियमानुसार चलने वाले काम-काज में उन्होंने कभी शिथिलता नहीं आने दी। छवि आँकना भी उनका ताकीद के अनुसार चलता रहता था। १९३७-३८, उनके समय में लखनऊ आर्ट स्कूल की कार्यावली उन्नति के प्राय: शीर्ष बिन्दु पर पहुँच गयी थी। उस समयावधि में जो लोग स्कूल देखने आये थे, उनमें से थे संयुक्त राज्य (अब उत्तर प्रदेश) के गवर्नर एवं सरकारी ऑफ़िस के अधिकारियों के अलावा बनारस हिन्दू विश्वविद्यालय के उपकुलपति सर्वपल्ली डॉ. राधाकृष्णन, महाराष्ट्र के दीवान बहादुर एस.टी. काम्बले, पटना की आनन्दीबाई धावला, आरपी परांजपे, बंगाल के सर गुरुसदय दत्त, सेउगढ़ के दीवान योगेन्द्र सिंह प्रमुख थे। उस दौरान लखनऊ

आर्ट स्कूल में भारतीय सांस्कृतिक जगत् के गण्यमान्य व्यक्तियों के अतिरिक्त भी बहुत से विदेशी मनस्वियों का भी आना-जाना था। शिक्षकों के सहयोग से असितकुमार के संचालनाधीन सरकारी आर्ट स्कूल के कारीगरी विभाग की प्रशंसा प्रायः सभी लोगों ने की थी। विद्यालय के कामकाज की प्रशंसा करने के बाद भी कार्य संचालन के क्षेत्र में अधिकारियों की तरफ़ से और भी अधिक स्वतन्त्रता की आवश्यकता पड़ती है, ऐसा ही चाहा था डॉ. राधाकृष्णन ने।[१७] बंगाल की ब्रह्मचारी समिति और ग्रामीण मंगल समिति के संस्थापक गुरुसदय दत्त, आई.सी.एस. (१८८२-१९४७), जो ग्रामीण बाङ्ला की आदिम स्वतःप्रेरित लोक-संस्कृति की सजीवता अखिल भारतीय क्षेत्र में, यहाँ तक कि भारत के बाहर लन्दन में भी प्रचार करने में लग गये थे, उनके लखनऊ आर्ट स्कूल के परिदर्शन की भी चर्चा करनी पड़ेगी। बंगलक्ष्मी पत्रिका के सम्पादन के सिलसिले में भारत शिल्प आन्दोलन एवं असितकुमार के काम के साथ वे परिचित थे। १९३१ ई. में प्रकाशित उनके 'छड़ा संकलन' 'भजार वाँशी' (भजन करने वाले की बाँसुरी) के अलंकरण में असितकुमार और नन्दलाल अवनीन्द्रनाथ के दोनों मुख्य शिष्य ग्रन्थ में अपने रेखांकनों में अपने-अपने वैशिष्ट्य के अनुसार समुज्ज्वल थे। बंगीय राज्य काउंसिल के सदस्य रहते समय (१९३३) उन्होंने भारतीय केन्द्रीय बैंकिंग कमेटी के विवरण में लखनऊ स्कूल की ललित और हस्तकला की अनुकरणीय कार्यसूची के बारे में पढ़कर वे वहाँ उपस्थित हुए थे एवं सब कुछ देख-सुनकर वे निराश नहीं हुए थे। ललित कला के अन्तर्गत एडवांस डिज़ाइन, स्थापत्य, प्रतिलिपि विभाग एवं हस्तकला के अन्तर्गत हाफटोन एवं लीथो प्रिन्टिंग, चाँदी की कारीगरी, असबाब और ज्वेलरी की परिकल्पना विभागों के उत्कर्ष ने उन्हें गम्भीर रूप से प्रभावित किया था। शिल्पियों के वैसे उन्नत कामकाज ने आधुनिक युगोपयोगी योजनाओं के साथ जुड़कर देश में हस्तशिल्प का पुनर्जागरण घटाना सम्भव है, ऐसा ही उन्होंने अपना मत व्यक्त किया था।[१८] बढ़ईगीरी, काष्ठकला विभाग में असितकुमार की योजना के अनुसार तैयार सामान इण्डिया हाउस लन्दन में संरक्षित किया गया था।

असितकुमार इंग्लैण्ड की रॉयल सोसायटी ऑफ़ आर्ट्स के द्वारा सम्मानित फ़ेलो चुने गये थे १९३४ ई. में। भारतवर्ष में एक शिल्पी के रूप में उन्होंने सबसे पहले वह अन्तरराष्ट्रीय सम्मान प्राप्त किया था। उसी वर्ष लन्दन में 'इण्डिया सोसायटी' द्वारा संचालित वर्लिंगटन हाउस की अखिल भारतीय

चित्रकला प्रदर्शनी में लखनऊ स्कूल के चित्रों की सबसे अधिक बिक्री हुई थी। कोलकाता आर्ट स्कूल के चित्रों की आशानुरूप बिक्री नहीं हुई थी। प्रदर्शनी में अध्यक्ष सोलोमन के प्रयास से बॉम्बे जे.जे. स्कूल के चित्र अपेक्षाकृत सुविधाजनक स्थान में रखकर उनके प्रदर्शन की व्यवस्था की गयी थी, फिर भी लखनऊ स्कूल की सफलता से चमत्कृत होकर अर्धेन्दुकुमार ने असितकुमार को लिखा : 'Exhibition में तुम्हारे Section के चित्रों की बिक्री के सम्बन्ध में मुझे विशेष रिपोर्ट चाहिए। कितने चित्र बिके, उनके नाम, ख़रीदने वाले का नाम एवं चित्र का मूल्य इत्यादि।' अर्धेन्दुकुमार लखनऊ आर्ट स्कूल में हरिहर मेड़, वी.एन. जिज्जा, विश्वनाथ मुखोपाध्याय, प्रणव राय, रामेश्वर प्रसाद वर्मा, रामेश्वर चटर्जी, ईश्वर दास, किरणमय धर, सुकुमार बसु आदि कृती प्रतिभाशाली शिल्प-शिक्षार्थियों के बारे में अवगत नहीं थे। वस्तुत: उनके शिल्पकर्म के निजीपन के गुण के कारण वर्लिंगटन हाउस की प्रदर्शनी में समझदार दर्शकों के समक्ष लखनऊ आर्ट स्कूल के चित्र सम्मानित हुए थे।

१९३४ ई. में कोलकाता विश्वविद्यालय में 'अधरचन्द्र मुखोपाध्याय वक्तृता' देने के लिए उन्हें बुलाया था कुलपति श्यामाप्रसाद मुखोपाध्याय (१९०१-१९५३) ने। शिल्पकला के विषय में सर आशुतोष की तरह पुत्र श्यामाप्रसाद की भी रुचि और कौतूहल दोनों ही थे। दरभंगा हॉल में दो दिन उपकुलपति की अध्यक्षता में असितकुमार की वक्तृता का विषय था 'भारत की कारीगरी'। १९४३ ई. में भी उन्होंने कोलकाता विश्वविद्यालय में 'व्यावहारिक कला और रस बोध' वक्तृता दी थी। अवसर प्राप्त होने के बाद भी कोलकाता विश्वविद्यालय में दरभंगा हॉल में ही १९५६ ई. में मार्च में उन्होंने 'तारापद खेतान' वक्तृता दी थी अध्यापक डॉ. नीहाररंजन राय (१९०३-१९८१) के सभापतित्व में।

असितकुमार की अन्तरराष्ट्रीय पहचान को वहन करने वाले कई शिल्पकर्म के सम्बन्ध में अगर कुछ कहना हो तो द्वितीय विश्वयुद्ध के अन्त में (१९४३)चेकोस्लोवाक सोसायटी के एक आवेदन की बात कहनी पड़ेगी। मित्र-शक्तियों के विरोध के कारण जर्मनी यूरोप में अपने अग्रिम मोर्चों से उनके पीछे हटने से विश्व की शान्तिप्रिय जनता ने इसे मित्र शक्तियों की विजय मानी थी। इसी बीच में कोलकाता से एकदम पास २४ परगना (अब दक्षिण २४ परगना) के बाटानगर से चेकोस्लोवाक सोसायटी की शाखा

स्पोलेक सोसायटी (Spolek Society) के सभापति सी. वेलेन्ते (C. Valente) ने ५ अगस्त, १९४३ को एक चित्र के लिए आवेदन करते हुए लखनऊ के शिल्पी असितकुमार को एक पत्र लिखा था। लम्बे पत्र में सार बात यह थी, चेकोस्लोवाक राष्ट्रीय दिवस के पच्चीसवें वर्ष के आसन्न उत्सव मनाने के उपलक्ष्य में चेकोस्लोवाक, ब्रिटिश और भारतीय अग्रणी साहित्यकारों और शिल्पीवृन्द के निबन्ध और चित्र संकलन का एक स्मारक ग्रन्थ India and Chechoslovakia प्रकाशित किया जायेगा। उन्होंने लिखा था :

> नाजियों के आक्रमण के विरुद्ध चेकोस्लोवाकियों के संघर्ष के ऊपर अगर आप थोड़ा समय लगाकर अपनी तूलिका और रंग से अपनी भावना व्यक्त कर सकें। आपकी निपुण तूलिका के कई आघातों से विश्व के सामने प्रकाशित हो सकता है आक्रमणकारियों के विरुद्ध चेकोस्लोवाकियों की स्वाधीनता पुनरुद्धार का अमानुषिक प्रयत्न। सर्वस्व त्याग करके देश की स्वतन्त्रता के युद्ध में जो लोग भाग लेने का प्रण कर बैठे हैं उनके उत्साहवर्धन के लिए क्या आप अपनी तूलिका नहीं पकड़ेंगे ?[१९]

इस तरह के आवेदन से स्वत:प्रवृत्त होकर असितकुमार ने आँका था 'डांस ऑफ़ डेस्ट्रक्शन'—'विध्वंस का नृत्य', जो अब प्राग संग्रहालय में संरक्षित है। वास्तव में यह छवि हो गयी थी दूसरे विश्वयुद्ध में खो जाने वाले उनके अपने पुत्र विली अतीश के प्रति श्रद्धा ज्ञापन भी। उस चित्र-रचना के समय हर पल असितकुमार शायद उसे फिर से पाना चाहते थे।

१९४९ ई. में अमेरिका के साइराक्यूस विश्वविद्यालय (Syracuse University) में अध्यापक डॉ. रेमंड पाइपर (Dr. Raymond Piper), मातिशे (Matisse), पिकासो (Picasso), पॉल क्ली (Paul Klee), ब्रूनर (Brunner) आदि विश्वविख्यात शिल्पियों के साथ असितकुमार का विश्वमातृत्व (Mother Eternal) का चित्र Symbolism of Recent Religious Art शीर्षक वक्तृता का अद्वितीय और आदर्श उदाहरण के रूप में ग्रहण किया गया था एवं इसी चित्र के अनुषंग से असितकुमार के 'Symbolism in Indian Art and Religion' निबन्ध को मूल्यवान समझकर क्लीवलैण्ड ने आहियो के 'Journal of Aesthetics & Art & Criticism' में प्रकाशित होने के लिए भेजा था।

अपने क्रियाशील जीवन में जिस तरह से उन्होंने अपनी चित्रकला को लेकर प्रयोग-परीक्षण और गवेषणा करने का व्रत लिया था, वैसे ही वे शिल्प-

इतिहास की खोज में भारत के विभिन्न प्रान्तों में घूमकर प्राचीन भारत की कारीगरी, चित्र, मूर्तियों और मन्दिर-मस्जिद स्थापत्य आदि के रूपों को प्रत्यक्ष स्थलों पर देखकर, उनके विषय में सिर्फ़ ग्रन्थ-रचना में सीमित न रहकर उन्होंने कोलकाता विश्वविद्यालय की तरह लखनऊ, इलाहाबाद, आगरा, बनारस, बड़ौदा विश्वविद्यालयों में आमन्त्रित होकर वक्तृताएँ भी दी थीं, मुख्य रूप से देश के छात्रों की भारतीय शिल्पकला के प्रति उनकी अज्ञानजनित अवज्ञा को दूर कर उस विषय में उन्हें आन्तरिक प्रयास के द्वारा आग्रही बनाने के लिए। लखनऊ, दिल्ली, इलाहाबाद, कोलकाता के रेडियो पर शिल्पकला के विषय में शिशुओं से लेकर सभी उम्र के व्यक्तियों को अनेक भाषणों और प्रश्नोत्तरों के कार्यक्रमों के माध्यम से शिल्पकथा के विषय में उन्हें जागरूक करने का भी उनका प्रयास होता रहता था।

७. संगीतकार असितकुमार

चित्र रचना, शिल्पकला के विषय में भाषण देना, पढ़ने और गवेषणा से लेकर और जिन विषयों को लेकर स्वत:प्रेरित प्रेम के द्वारा असितकुमार अपना समय व्यतीत करते थे लखनऊ में वह विषय थे संगीत और काव्य-रचना। संगीत में सुर-पद्धति की रचना में भी उन्होंने अपना मन लगाया था। संगीत के विषय में उनकी अब तक उल्लेखनीय बातें इस प्रकार हैं, स्वयं के अलावा उनके संगीत की सुरकार थीं इन्दिरा देवी चौधुरानी उनकी मौसी माँ और सुरसागर हिमांशु कुमार दत्त (१९०९-१९४४)। कई बार असितकुमार अपनी तर्ज बनाये हुए गानों की सुर-रचना में सुधार के लिए निर्भर रहते थे संगीतशास्त्र की जानकार अपनी मौसी पर। १९३३ ई. में लिखी चिट्ठी में उस विषय के सम्बन्ध में इन्दिरा देवी ने लिखा था :

> तुम्हें शायद यह जानने की उत्सुकता होगी किन गानों को मैंने अपनी पसन्द के अनुसार चुनकर उन पर मुहर लगायी है। उनमें से एक इस प्रकार हैं : १. हालका करे दाउगो आमाय, २. समुख पाने देखना चे ये, ३. के वले से माया, ४. पापड़ि झरार आगे—कहने में कोई हर्जा नहीं है, इन्हें मैंने सुर की दृष्टि से लक्षित कर ही रेखांकित किया है। असली अच्छे सुर और अच्छे कथ्य के गानों की उत्पत्ति शुभ विवाह में ही होती है। देखना चाहती हूँ, तुम्हारे चुने हुए गाने मुझे कैसे

> लगते हैं। इसके साथ मैं यह भी बताये देती हूँ कि तुम्हारी बनायी हुई स्वर-लिपि में चिह्नों के उलट-पलट अथवा छोड़ जाने की जो भूल है उससे परेशानी होती है। एक संगीतज्ञ व्यक्ति की इस विषय में इतनी अज्ञता अथवा अवहेलना आश्चर्य का विषय है।[२०]

१९३३ ई. में हिमांशु दत्त ने आजकल के बंगलादेश के कुमिल्ला से उन्हें लिखा था,

> आमार मने पाव साड़ा (मैं अपने मन में उसकी प्रतिध्वनि ज़रूर पाऊँगा) गाना संचरणशील अथवा संचारी से युक्त होने के कारण बड़ी सुविधा हो गयी है, गुनगुनाते हुए मेरा सुर इसमें इस बार बैठ गया है। सुर से युक्त गाना मुझे ख़ूब अच्छा लग रहा है एवं यह गाना काफ़ी लोकप्रिय होगा, ऐसा मेरा विश्वास है। गारा और विहाग से मिश्रित सुर है।

१९३४ जनवरी में कोलकाता से और एक पत्र में उन्होंने संगीतकार को लिखा था :

> आपके दोनों गाने ही respected artist के द्वारा record करा रहा हूँ। महिला गायिकाओं को इस बार नहीं दे पाया, कारण, दोनों गाने ही ताल देते हुए अच्छी तरह गाने होंगे। भद्र महिला artist लोग ताल देते हुए गा नहीं पायेंगी। आशा है recording के विषय में मेरे ऊपर आप पूरा विश्वास करेंगे।

दोनों गानों के लिए असितकुमार को उचित रॉयल्टी मिल गयी थी।[२१] कला के माध्यम से जिस किसी सृजनात्मक काम में उन्होंने हाथ लगाया हो, उसमें वे अपने मनोनिवेश के साथ अपना प्रेम भी उड़ेल देते थे। परिणाम यह होता था कि उनके काम कई क्षेत्रों में सर्वजनग्राह्य होते थे। सुरसागर हिमांशु दत्त ने असितकुमार के किस-किस गाने को किसके द्वारा रिकॉर्ड कराया था—इसकी विशद जानकारी अज्ञात है। १९३६ ई. में उनका सचित्र संकलन ग्रन्थ ख्यालिया प्रकाशित हुआ था। १९६१ ई. में लखनऊ में रवीन्द्र जन्म शताब्दी में असितकुमार के समधी सौरीन्द्रमोहन की तरुणी कन्या, उस समय रवीन्द्र संगीत की नयी प्रतिभा 'गजु' उर्फ़ सुचित्रा मुखोपाध्याय (मित्र) ने उससे उनके रचे और सुर-रचना से युक्त गाने सीखे थे।

तथ्यसूत्र

१. असितकुमार हालदार, 'छिंटे फ़ोटा', परिचारिका, चैत्र १३२५ (१९१८), पृ. ३४४।

२. श्यामल चक्रवर्ती, चित्रकार धीरेनकृष्ण, अक्षर पब्लिकेशन्स, अगरतला, त्रिपुरा, २००३, पृ. २११।

३. अप्रकाशित पत्र, श्रीनन्दलाल बसु, सतीर्थ शिल्पी असितकुमार को लिखे, पत्र ५, शारदीय देश, १४१४, पृ. ६२, नन्दलाल ने मुंगेर से लिखा था, 'वास्तव में जिसने विवाह नहीं किया है, जिसके एक दर्जन लड़कियाँ नहीं हुई हैं, उसकी अभी बहुत सारी शिक्षा बाक़ी है।

४. तदैव, पत्र, १६, पृ. ६५।

५. अतसी देवी के संस्मरणों का एक बिखरा हुआ अंश।

६. एक भेंट में असितकुमार की कन्या स्वर्गीय सुनीरा मुखोपाध्याय के मुँह से सुनी हुई बात।

७. रवीन्द्रनाथ ठाकुर, अवनीन्द्रनाथ ठाकुर को लिखित 'चिट्ठी-पत्री' पत्र १, २, विश्वभारती पत्रिका, कार्तिक-चैत्र १३८३, पृ. ९९-१००, १०५।

८. असितकुमार को लिखा, कमला देवी चट्टोपाध्याय का पत्र : "The pearl grey dawn is just stealing over the earth as I sit and write. But within this greyness I hear the throb of a rose-red glow that will herald the morning and with the coming of light, the plaster walls of duty and responsibility will close in upon me. I therefore want to send my fresh thoughts to you. I am still steeped in that dew-lit twilight of Dilkhush. Such utter peace! I never dreamed my restless soul could ever know these moments of the soul. It was great of you to have given so much of yourself to me and brought so much beauty and joy into my life."

९. 'स्मारक पुस्तिका' बैरिस्टर डॉ. अरविन्द बरुआ, अवसर सांस्कृतिक गोष्ठी, चटगाँव, २०१२, पृ. ८-९, १९-२०।

१०. अतसी देवी से सुनी हुई बात।

११. 'नाना कथा', 'भारतवर्ष', १९२२, पृ. ४८९।

१२. 'पत्रावली', रवीन्द्रनाथ ठाकुर, असितकुमार हालदार को लिखी, पत्र, २९, शारदीय देश, १४०३, पृ. ३४।

१३. श्यामल चक्रवर्ती, चित्रकार, धीरेनकृष्ण, अक्षर पब्लिकेशन्स, अगरतला, त्रिपुरा, २००३,

पृ. ३२१-२२।

१४. Parthe Mitter, The Triumph of Modernism oxford university Press, 2007 p. 211-214; शिल्पी रोथेंस्टाइन ने असितकुमार को लिखा था, 'Our young Indian friends are now in Italy, studying the Italian wall-paintings.'

१५. The Trumph of Moderism, p. 214-217.

१६. Ibid, p. 414.

१७. डॉ. राधाकृष्णन की ५ दिसम्बर, १९३१ की चिट्ठी, ("Principal Asit Haldar was very pleased to take me round the school of Arts, I was greatly impressed by the work done in the school under his guidance. If necessary the principal and his staff are allowed freedom to plan and develop the courses it will grow etc.")

१८. सर गुरुसदय दत्त ने २०.८.१९३३ को लिखा था असितकुमार को, "Ever since reading in the report of the Indian Central Banking inquiry Committee of the fine and exemplary work which was being done by the school towards the promotion of Industrial art I had looked forward to visiting it. ..I was greatly impressed with the high standard of the work in the design class and in the section of drawing for reproduction and big illustration. A great deal orginality was also in evidence in the section of architectural designs and draftsmanship. In the crafts section ... the half-ton and litho process work, in silver smithy both repousses and shape making in jewellary designs in engraving and enamelling in India as well as in the Iron-Smithy and heavy metal work branch were also full of originality and a high level of workmanship. etc.

१९. असितकुमार को लिखे सी. वेलेस्तर के पत्र का अंश, "May I request you, Sir, to spare some time and put your impression on the Chechoslovak's fight against the Nazi's in brush and paint. A few touches of your masterly brush would tell the world of the superhuman efforts of the Checkosvak's to resist the aggressor and finally regain their independence etc."

२०. ठाकुरवाड़ी के पत्र, शिल्पी असितकुमार को लिखे, पत्र-१, शारदीय देश, १४१८, पृ. ६१।

२१. शिल्पी कन्या, अतसी देवी के संग्रह में सुरक्षित, सुरसागर हिमांशु दत्त की अप्रकाशित चिट्ठी।

असितकुमार और रवीन्द्रनाथ की चित्रकला : कुछ खट्टी-मीठी बातें

बाङ्ला भाषा में रवीन्द्रनाथ की चित्रकला के सम्बन्ध में शिल्पी असितकुमार ने अपनी निजी धारणा को व्यक्त करते हुए पहला निबन्ध लिखकर उसको पढ़ा था कोलकाता की एक साहित्य सभा में और वही लेख बिचित्रा[१] की विशेष रवीन्द्र संख्या में निकला था कवि के अपने चित्रों के बारे में लिखे लेख के साथ-साथ।

उन्नीसवीं शताब्दी के अस्सी के दशक में तरुण रवीन्द्रनाथ जब बंगाल की राजधानी कोलकाता के सीमित सांस्कृतिक परिमण्डल में एक साथ कवि, नाट्यकार—और संगीत स्रष्टा के रूप में समादृत थे, इसी समय भतीजे अवनीन्द्रनाथ और निकट के आत्मीय यामिनीप्रकाश गांगुली को जोड़ासाँको भवन में गम्भीर मनोयोग के साथ चित्रकला का अभ्यास करते देखकर बचपन से ही उस प्रयास में असफल कवि सोचा करते थे,

> शब्द-राज्य की सुसम्बद्ध कारा का अतिक्रमण करने की सनद मेरे अदृष्ट ने मुझे नहीं दी है, इस विषय में बिना किसी संशय के मैं उनके कार्यकलापों को थोड़ी ईर्ष्या और आत्मसंकोच के साथ देखा करता था।[२]

वे जानते थे चित्रांकन का अभ्यास करने की साधना में अगर आप तूलिका चलाते-चलाते हैरान नहीं होते हैं तो उसे भी अन्यान्य कलाओं की तरह पाने का सहज उपाय नहीं है।[३]

असितकुमार की दृढ़ धारणा थी, रवीन्द्रनाथ की युवावस्था में 'विलायती पद्धति से मॉडल सामने बैठालकर विपुल अध्यवसाय के साथ छवि आँकने की प्रथा सम्भवत: तब उन्हें अनुकूल नहीं लगी थी।'[४] फल यह हुआ कि छवि आँकने का आग्रह होते हुए भी वास्तव में काव्य सृजन के घोर आवर्त (ऊपर उठकर) से वे चित्रांकन में पारदर्शी नहीं हो सके। यौवन के पहले दौर में रवीन्द्रनाथ की छवि-अंकन की प्रतिबद्धता का कोई चिह्न भी नहीं मिलता है। वे चित्रांकन से अलग हटकर अपनी जन्मजात काव्य-साधना में मग्न हो गये थे। कवि उस समय, असितकुमार के शब्दों में, 'सोनारतरी', 'खेया', 'निरुद्देश्य यात्रा', 'उर्वशी' एवं 'चित्रांगदा' काव्य में अपूर्व चित्रों पर चित्र आँकते जा रहे हैं छन्दायित शब्द ध्वनियों के द्वारा।[५] शान्तिनिकेतन में रहते समय कविताओं की काटाकूटी के मध्य पाण्डुलिपियों में जो कई बार अपार्थिव सब छवियाँ फूट उठती थीं, उन्हें पास में बैठे-बैठे लक्षित कर उनसे असितकुमार ने कहा था, उनको पैटर्न के रूप में पर्दा, आसन, साड़ी आदि कपड़ों की तरह उपयोगी चीज़ें मानकर उन्हें काम में लाये जाने की बात। कवि ने उस बात पर ध्यान ही नहीं दिया एवं उन्होंने करुणार्द्र होकर हाथ का काम एक ओर हटाकर उनका उद्धार कर छन्द के बीच में एक परिणति देने के लिए अपना काफ़ी समय लगाया था।[६] सम्प्रति प्रकाशित अपने सचित्र निबन्ध में अन्तरराष्ट्रीय ख्याति सम्पन्न शिल्प विशेषज्ञ डॉ. प्रतापादित्य पाल ने उनके छवि देखने के गम्भीर बोध और वैदग्ध्य को लेकर रवीन्द्रनाथ के शुरुआती दौर के चित्रांकन रचना के सम्बन्ध में अत्यन्त निपुण विश्लेषण किया है।[७] कोलकाता में आर्ट स्कूल में भर्ती होने के पहले किशोर असित के चित्रांकन अभ्यास को कवि कौतूहल के साथ देखा करते थे। बिना कहे प्रयोजन होने पर चित्र अच्छा बना या बुरा इसका निर्देश देते हुए उनका पथ-प्रदर्शन भी किया करते थे। भारतीय चित्रकला परिषद् की वार्षिक प्रदर्शनी के नियमित दर्शक रवीन्द्रनाथ अपनी पसन्द के चित्रों को वहाँ से संग्रह भी किया करते थे।

समय के साथ ताल मिलाकर देश-विदेश में म्यूज़ियम और गैलरी में छवि देखने से हुई अभिज्ञता के दौरान रवीन्द्रनाथ की चित्रकला के सम्बन्ध में उनके विचार और भावनाओं में क्रमश: परिवर्तन घटित हो गया था। एक समय राष्ट्रीयता के रथ पर समासीन रवीन्द्रनाथ ने आर्ट के सम्बन्ध में सोचा था :

> आर्ट नामक वस्तु में संयम की आवश्यकता सबसे अधिक होती है।

> कारण—संयम ही अन्तरलोक में प्रवेश करने का सिंहद्वार है।... प्रबलतर झोंक के द्वारा हमारे मन को केवल धक्का मारने का प्रयास यूरोपीय आर्ट के क्षेत्र में देखने को मिलता है। कुल मिलाकर यूरोप वास्तव को वास्तव की तरह देखना चाहता है। ...हमारे देश के जो सब छात्र विलायती आर्ट की नक़ल करने जाते हैं, वे इसी प्रकार की प्रणाली के मार्ग पर दौड़ रहे हैं। ...ध्यान की दृष्टि से देखना तो उनकी साधना है ही नहीं।[८]

प्रथम विश्वयुद्ध के बाद अपने यूरोपीय सफ़र में रवीन्द्रनाथ के जीवन के हीरक जयन्ती वर्ष (१९२०-२१) में जर्मनी के वेमार में वे वेसेली केनडिनेस्की (Wesseley Kandensky, १८६६-१९४४), जोहान ईटेन (Johanne Eaten, १८८८-१९६७) आदि जर्मन स्कूल ऑफ़ डिज़ाइन से जुड़े 'बाउहाउस' शिल्पी और शिल्प-शिक्षार्थियों की चित्र प्रदर्शनी देखकर मुग्ध हो गये थे। मूल रूप में उनकी इच्छा के अनुसार शिल्पी ईटेन ने 'बाउहाउस' शिल्पियों के २५० चित्र कोलकाता में दिसम्बर १९२२ से मार्च १९२३ समयावधि में प्रदर्शित करने के लिए भेज दिये थे। उसी सफ़र में कवि ऑक्सफोर्ड में शिल्पकला विशेषज्ञ और भारतीय प्राचीन शिल्पानुशीलन के प्रति जिज्ञासु विदुषी आस्ट्रिया निवासी तरुणी स्टेला क्रामरिश से भी परिचित हुए थे, यह बात पहले ही कही जा चुकी है। उसके परामर्श और रवीन्द्रनाथ की इच्छानुसार शिल्पी गगनेन्द्रनाथ ठाकुर ने जर्मनी के 'बाउहाउस' चित्र सम्भार को भारतीय प्राच्यकला परिषद् की वार्षिक प्रदर्शनी में दिखाने का आयोजन किया था। दिसम्बर १९२२ को समवायमेन्सन में अनुष्ठित भारतीय प्राच्यकला परिषद् की चौदहवीं प्रदर्शनी में भारतीय चित्रकारों के चित्र और मूर्तियों के साथ, उस दुर्लभ 'दे ब्लू राइडर' (Der Blaue Reider) समूह से जुड़े केनडिनेस्की, पॉल क्ली (Paul Klee, १८७९-१९४०), जॉर्ज मुचे (George Mutche, १८९५-?) आदि प्रमुख रूस, स्विस और जर्मन शिल्पियों के मूल चित्रों की प्रदर्शनी का उद्‌घाटन गवर्नर लॉर्ड लिटन (१८७६-१९४१) ने किया था। यूरोप के समकालीन चित्रों ने रवीन्द्रनाथ को विशेष रूप से आकर्षित करने के बाद भी, चित्रों के वे नये रूप असितकुमार को उतने अच्छे नहीं लगे थे। इस विषय में 'मन' के सन्दर्भ में साधक श्रीपरमानन्द की बात याद आती है। उन्होंने लिखा है :

> आँखों से हम नहीं देखते हैं। आँखें तो हमारे चेतन घर की खिड़कियाँ

हैं—मन उन्हीं खिड़कियों से देखता है। सुख-दुःख, प्रेम-घृणा—ये सभी रूपहीन अनुभूतियाँ हैं, मन इन्हें भी देख लेता है।[१०]

रवीन्द्रनाथ ने भी 'छवि के अंग' निबन्ध में लिखा था, 'मनुष्य तो सिर्फ़ आँखों के द्वारा नहीं देखता है आँखों के पीछे उसका मन भी तो है।'[११] प्रसंगवश यहाँ यह उल्लेखनीय है, राइडर वर्ग के चित्रकार उस ज़माने में फ़ोटोग्राफ़ी की प्रयोगगत उन्नति देखकर, उसकी प्रतिक्रिया में अपनी यथार्थधर्मी, प्रकृति के अनुसार चित्र सृष्टि से अलग हटकर थियोसोफिकल सोसायटी की स्पिरिचुअलिटी और भारतीय दर्शन की सतही, उथली ध्यान-धारणा का सम्बल लेकर अपनी अमूर्तधर्मी और अवयवहीन चित्र रचना में मग्न हो उठे थे। कोलकाता प्रदर्शनी के कैटलॉग की भूमिका लिखी थी श्रीमती क्रामरिश ने। केनडिनेस्को के दो और पॉलक्ली के नौ जलीय रंगों से बने चित्रों के साथ जोहान इटेन के लैण्डस्केप लिथोग्राफ़ ग्यारह, जॉर्ज मुच की उत्कीर्णन, गेरहार्ड मार्क्स के २५ काष्ठशिल्प एवं उस स्कूल के शिक्षार्थियों के भी अनेक चित्र उसमें थे। चित्रों की क़ीमत भी उन्होंने निर्धारित कर भेजी थी बिक्री की आशा से। केनडीनोस्की की जलीय रंग से बनी छवियों का निर्धारित मूल्य था १५-२० स्टर्लिंग पाउण्ड एवं पॉल क्ली का १५ पाउण्ड। किन्तु, विस्मय की बात है और कुछ-कुछ लज्जा की भी, चित्र सिर्फ़ बिके ही नहीं, यह बात नहीं है, प्रदर्शनी के बाद वे जर्मनी गये भी नहीं और इस देश में भी फिर उनका पता ही नहीं चला, जिस वजह से आजीवन भारतीय प्रदर्शनी के आयोजनकर्ताओं को दोष देते रहे थे शिल्पी जोहान इटेन, जिन्होंने स्वतःप्रेरणा से कवि की इच्छा के अनुसार अपने चित्रों को भेजा था।[१२]

वाउहाउस प्रदर्शनी के जवाब में १९२३ ई. को भारतीय प्राच्य कला परिषद की तरफ़ से 'रूपम्' पत्रिका के सम्पादक अर्धेन्दुकुमार गांगुली के प्रयास से भेजे गये भारतीय कला आन्दोलन के उपर्युक्त १०० चित्रों को सबसे पहले बर्लिन में पुराने ज़माने के युवराज-महल के एक भाग में प्रतिष्ठित नेशनल गैलरी में प्रदर्शित करने का आयोजन किया था गैलरी के मुख्य अध्यक्ष लुडविंग जुस्टी (Ludwing Justi) ने। श्री गांगुली के उन चित्रों को संगृहीत करने में काफ़ी मशक्कत उठानी पड़ी थी। अवनीन्द्रनाथ, नन्दलाल और असितकुमार की छवियाँ जिन लोगों के व्यक्तिगत संग्रह में थीं, उनमें से कोई भी उन्हें इतने दूर देश में भेजने को राजी नहीं था। नन्दलाल के पास अवनीन्द्रनाथ की 'तापसी पार्वती' (तपस्विनी पार्वती) का जो चित्र था

उसके प्रसंग में असितकुमार को ३ अगस्त, १९२२ की तारीख़ में श्री गांगुली ने लिखा था,

> तुम मेरी बहुत बड़ी मदद करोगे यदि तुम नन्द दा से कहकर अवन बाबू के पार्वती के छोटे चेहरे वाले चित्र को सामयिक आवश्यकता के अनुसार हमें उपलब्ध कराने की व्यवस्था कर दो। यह उनका अन्यतम श्रेष्ठ काम है, इसे वहाँ भेजने की ज़रूरत है, जो जर्मन शिल्पियों को एक विचार दे सकेगा कि आधुनिक भारतीय कला क्या कर सकती है?[१३]

असितकुमार के 'सुरेर आगुन' (सुर की अग्नि) एवं 'रासलीला' ये दो चित्र प्रदर्शनी में भेजे गये थे। कलाभवन से भेजे गये २३ चित्र थे बर्लिन की प्रदर्शनी में। महाविध्वंसकारी पहले विश्वयुद्ध के बाद जर्मनी में नये भारतीय चित्रों की नमनीय रूपकला देखकर डॉ. मैक्स ओसबोर्न (Dr. Max Osborne) ने लिखा था :

> आधुनिक भारतीय चित्रकला प्रदर्शनी के आविर्भाव से भारतवर्ष एक शक्तिशाली और गम्भीर कला आन्दोलन से उत्पन्न कलाकृतियों के विषय में जर्मन शिल्प कला के प्रेमीजन अवगत हो गये एवं जिन्होंने वे चित्र देखे हैं, उनके मन पर उन चित्रों ने गहरी रेखा खींच दी। एक नया, मर्मभेदी, मूल्यवान और सुन्दर दृश्य हमारे सामने उन्मुक्त हो गया।[१४]

उस समय असितकुमार ने विस्मयपूर्वक लक्षित किया है कि रवीन्द्रनाथ भारतीय शिल्पी के मन से कल्पना के द्वारा छवि आँकने की जन्मजात क्षमता के बारे में सोच रहे थे, 'कल्पना जैसी नित्य परिवर्तनशील एक वस्तु को यथार्थ के साँचे में ढाल देना होगा, यह क्या मामूली घटना है।'[१५] फिर उन्होंने ही यूरोपीय नवीन चित्र प्रदर्शनी के धक्के से १९२६ में ढाका विश्वविद्यालय में 'The meaning of Art' वक्तृता में अपने पूर्व मत का आमूल खण्डन कर अपने परिवर्तित मनोभाव को लेकर समकालीन भारतीय शिल्पी और शिक्षार्थियों को लक्षित कर बिना किसी दुविधा के कहा था,

> मैं ज़ोरदार आग्रह के साथ शिल्पियों से निवेदन कर रहा हूँ कि वे पुराने पुनरावृत्ति से दूषित भारतीय चित्रों के ठप्पे वाले न बनें। वे गर्वपूर्वक अपना ठप्पे वाला परिचय सुनना अस्वीकार कर दें।[१६]

शिल्पकला के सम्बन्ध में राष्ट्रीय चेतना से उत्पन्न पूर्वजों की सारी शिल्प-

भावना को, विरासत को झटककर दूर कर देने वाले रवीन्द्रनाथ के मत को स्वभावतः ही शिल्पी असितकुमार मान नहीं पाये थे। फिर भी आधुनिक यूरोपीय चित्रों ने कवि को छवि आँकने का जो ईंधन जुगाया था, उस विषय में वे निश्चित थे। नयी शिल्प भावना के सम्बन्ध में १९२८ में रवीन्द्रनाथ ने अपने नाती चित्रकार को लिखा था :

> आजकल बीच-बीच में क़लम को काव्य से हटाकर चित्रों पर चलाया करता हूँ। उससे जो उत्पन्न हो रहा है उसे चित्र कहा जा सकता है अर्थात् तुम्हारे डरने का कोई कारण नहीं है।

विश्वकवि अपने अप्रशिक्षित पटुत्व को लेकर छवि आँकने में मग्न थे, जो थोड़े समय में हो उठा था, अवनीन्द्रनाथ की भाषा में, 'ज्वालामुखी के विस्फोट की तरह, मैं कमर बाँधकर कोई काम नहीं करता हूँ, जो सहज में आ जाता है, उसी को करता हूँ,' कवि ने एक बार असित से यही कहा है। उन्होंने किन्तु, आर्ट स्कूल के छात्र असित से कहा था चित्रांकन की टेकनीक प्राणपण से आयत्त करने के लिए। किन्तु, उन्होंने स्वयं अवश्य उस प्रयास में समय ख़र्च न करते हुए छवि आँकने के पथ पर पैर बढ़ा दिये थे। समकालीन शिल्पानुशीलन में रवीन्द्रनाथ की निजी भरोसे की वस्तु थी उनका छन्द। उनकी रचना में हमें मिलता है :

> सभी तरह की कलाओं में जो चीज़ वर्तमान है, वह है छन्द का तत्त्व, जो जड़ पदार्थ को भी सजीव वस्तु में बदल देता है। इसके साथ अपने सहज परिचय के माध्यम से एवं इसके प्रयोग कार्य में अपनी साधना के सुयोग के कारण मैंने यह समझ लिया था कि रेखा और रंग शिल्प में कोई तथ्य प्रकाश नहीं करते हैं, चित्र में वे एक छन्द की मूर्ति धारण करने की चेष्टा करते हैं।[१७]

सतीर्थ नन्दलाल ने उस समय (२२.०१.१९२९) शान्तिनिकेतन में रवीन्द्रनाथ के छवि-आँकने को लक्षित कर असित को बताया था,

> गुरुदेव आजकल ख़ूब चित्रांकन कर रहे हैं। एकदम नयी-नयी चीज़ें। बिना देखे इसकी व्याख्या नहीं की जा सकती है। छवि के छन्द आदि सब ठीक-ठाक हैं। लगभग २०० चित्र ३/४ महीने में बना लिए हैं।[१८]

असितकुमार को याद आया रवि दादा ने उनसे कहा था शान्तिनिकेतन में, 'मेरे हाथ में यदि तूलिका और रंग रहता तो मैं रंग-पर-रंग, रेखाओं-पर-

रेखा द्वारा छवि आँककर (आकाश को) भर देता।' छवि अंकन का नया पर्व शुरू करने के पीछे उनकी अत्यन्त अनुरागिनी विक्टोरिया ओकाम्पो की उकसाहट (१९२४) के अलावा कवि का एक गम्भीर जागतिक उद्देश्य निहित था। २० फ़रवरी, १९२९ तारीख़ में उन्होंने अपनी चित्र-रचना के सम्बन्ध में असित को एक विशद व्याख्या के दौरान लिखा था :

> जो स्वभाव से ही घोर आलसी होते हैं, उन्हें जब हम काम अथवा अकाज में लगे पाते हैं, तब फिर उनका चिह्न भी देखने का उपाय नहीं रहता है। पद्मा के एक पार जैसे निचली तलहटी में बालू की चर रहती है, वैसे ही अन्य पाड़ पर ऊँचा टीला एवं वस्तु रहती है— आजकल मेरे जीवन-प्रवाह की वैसी ही दशा है—एक ही साथ उसके एक पार अत्यन्त बेकार का काम है—मीलों तक—वह है छवि आँकना, अन्य किनारे पर नियमानुसार जिसे काम कहा जा सके ऐसा कर्तव्य काम है, जो शान्तिनिकेतन से जुड़ा हुआ है, अर्थात् इसके एक ओर है दायित्वहीन आकाश एवं आलोक एवं वर्णविभंग और दूसरी ओर है लोकयात्रा और उसके असंख्य दायित्व। छवि आँकना भी एक काम है, उसके लिए जो सचमुच में आर्टिस्ट है, मेरे लिए तो वह मतवालापन है। मतवालेपन में भद्रता नहीं रहती है, जीवन यात्रा के नित्य-नैमित्तिक काम एकदम धुँधले पड़ जाते हैं, समय के ऊपर से एक तरह की बाढ़ बहती रहती है—उसके बाद जैसे ही वह बाढ़ उतर जाती है, तब यह देखने को मिलता है, उसके मार्ग भर में पत्थर के सारे ढोके सजे हुए हैं, उससे किसी का कोई काम नहीं हो सकता है। यह मनमौजी सृजनकर्ता का निरा बचपना है, समय के जो अधीश्वर हैं, वे इसी तरह से बीच-बीच में कमर बाँधकर समय नष्ट करते रहते हैं, इस सम्बन्ध में उन्हें कोई लज्जा नहीं है, किसी के सामने किसी तरह की कैफ़ियत भी वे स्वीकार नहीं करते हैं। यद्यपि इसकी बाढ़ का वेग काम-अकाज की धारा की तुलना में अत्यन्त प्रबल होता है। विधाता का वही बचपना जब मनुष्य के चित्त में आविर्भूत हो जाता है, तब उसके पास से चिट्ठी के जवाब की प्रत्याशा करना मिथ्या है। इन चार महीनों में मैंने २०० चित्र बनाये हैं। वे अनेक आकार के पत्थर के ढोंके सजाने की तरह हैं। यद्यपि इस समय शान्तिनिकेतन के सारे दायित्व ले रखे हैं— विस्तारपूर्वक काम कर रहा हूँ। उस काम में दुश्चिन्ताओं का कोई अन्त नहीं है। किन्तु, ख़ाली पेट काम, अन्न जुटता नहीं है और

> भिक्षा भी नहीं मिलती है। अन्त में समझ गया काम करना होगा स्वदेश में और भिक्षा माँगनी होगी विदेश में, यही था मेरा भाग्य। ख्याति के बारे में भी सम्भवतः वही एक बात है—कर्म इस पार और यश उस पार। शायद मेरे छवि आँकने की ललाटलिपि में भी यही लिखा हुआ है।[१९]

कवि थोड़ी-सी ज़मींदारी और पुस्तकों की रॉयल्टी से जो आय होती थी, विश्वभारती का भारी ख़र्चा उससे पूरा नहीं होता था। विश्वभारती के चरम आर्थिक अभाव के कारण रवीन्द्रनाथ को भिन्न प्रान्तों में धनी व्यक्तियों के द्वार-द्वार पर घूमना पड़ा था अर्थसंग्रह के लिए। सम्भवतः ही तात्पर्यपूर्ण उस पत्र में परिस्फुट हो उठा था विश्वभारती के कारण अनिश्चितता को साथ लेकर उनके छवि आँकने के अर्थागम की सम्भावना से युक्त तीसरे मार्ग को ग्रहण करना। तूलिका कैसे चलायी जाये इसका प्राथमिक ज्ञान तो कवि को था ही, शिल्पी नन्दलाल के सान्निध्य में आवश्यकतावश उसका अच्छी तरह से अभ्यास कर लिया था। उनके दिखाये हुए भारतीय पद्धति से हाथ-पैर आँकने में असफल होकर कवि ने उन्हीं की राय से यूरोपीय चित्रकला के ग्रन्थों से रेखांकन में अपना हाथ माँज लिया था। छन्द तो उनके रक्त में था ही। इसके बाद वे चित्रानुशीलन में चुपचाप मग्न हो गये थे। चित्रसृष्टि के सम्बन्ध में असितकुमार के प्रश्नों का उत्तर देते हुए चित्रांकन में निमग्न रवि दादा ने दिसम्बर १९२९ में जो विचार व्यक्त किये थे, उनमें मानो अपने काम के भी एक प्रच्छन्न कारण का संकेत था। उन्होंने लिखा था :

> प्रतिभा की साधना किस पथ पर चलती है यह सहसा समझा नहीं जा सकता है—पहले तो एक पहेली-सी लगती है, फिर देखने को यह मिलता है कि वह कहीं पहुँचकर अपना तात्पर्य व्यक्त करती है।... जब ऐसा लगता है कि मार्ग मिल गया है, उस पथ को छोड़कर और कोई गति नहीं है, तब उच्चैःश्रवा (अश्व) चारों पैर उठाकर दौड़ता चला जाता है उस पथ पर जिस पर कोई निशान पड़ता ही नहीं है—इधर हम लोग अरे-अरे चिल्लाते रहते हैं, साइंस को गालियाँ देते हैं, हवा में साँय-साँय करते हुए चाबुक उठाते हैं, किन्तु, देव का घोड़ा अपनी गति के द्वारा पथ निकाल लेता है, नये ऐश्वर्य का मार्ग। सभी प्रकार की सृष्टि का यही इतिहास है—अनासृष्टि के रास्ते के द्वारा।[२०]

१९३० ई. में ऑक्सफोर्ड विश्वविद्यालय में हिवार्ट भाषणमाला देने के अलावा

भी रवीन्द्रनाथ की ग्यारहवीं विदेश परिक्रमा का अन्यतम उद्देश्य था वहाँ पर अपने चित्रों की प्रदर्शनी। उन्होंने अनासृष्टि के पथ पर सृजित अपने चित्रों को लेकर दौड़ लगायी थी यूरोप में उनके प्रदर्शन के लिए। पश्चिम में उनकी छवियों ने चित्ररसिकों के मन में मिश्र प्रतिक्रिया जगायी थी। उनकी अनुरागिनी विक्टोरिया ओकाम्पो (Victoria Ocampo, १८९०-१९७९) के अकेले उद्योग, बन्धु लिओनार्ड एलमहार्स्ट की आर्थिक सहायता एवं शिल्पी आन्द्रे कारपेल के आयोजन में पेरिस में गैलरी पीगल में अनुष्ठित उनके १२५ चित्रों की पहली प्रदर्शनी इम्प्रेसनिष्ट शिल्पियों और कवियों को ख़ूब मनोग्राही लगी थी। उस बात को याद कर दीर्घ समय बाद (१९३८ में) रवि दादा ने असित को लिखा था :

> Paul Valery का नाम सुना है या नहीं, पता नहीं उन्होंने कहा था Your pictures will be a lesson to our artists। वहाँ के चित्रकारों के सामने ऐसी बात भी सुनी है–You have done what we attempted to reach and have failed![२१]

प्रसंगतः यह स्मरणीय है, समकालीन फ्रांसीसी नोबेल पुरस्कार प्राप्त उपन्यासकार मनीषी रोमाँ रोलाँ ने उस समय, २० अगस्त, १९३० में कवि के साथ जिनेवा में अपनी भेंट के सन्दर्भ में अपनी डायरी में लिखा था :

> 'मुख्य रूप से जिस वस्तु से उनका मन जुड़ा हुआ है, आजकल जिससे वे भरपूर हैं, वह है चित्रांकन। ...एक के बाद एक लगभग ५७० चित्र उन्होंने बना डाले हैं; ...वे यथार्थ का कोई रूप प्रस्फुटित करना नहीं चाहते हैं, यहाँ तक कि अपने मन के किसी स्वप्न को भी (वे रूपायित नहीं करना चाहते हैं—अनु.)। वे अपनी अँगुलियों को रंग और रेखाओं से खेलने देते हैं। उससे जो अनपेक्षित सामंजस्य उन्हें प्रत्यक्ष मिल जाता है, उससे वे अवाक् रह जाते हैं। एक सरल उल्लास से वे कहने लगे, रंग कितने अद्भुत हैं। उनका और भी कहना है, मेरा बाक़ी सभी शिल्पकर्म के प्रति इस समय कोई आग्रह नहीं है। एकमात्र जिस चीज़ का मुझे गर्व है, वह है मेरी छवियाँ। उनके चित्रों ने यूरोप में जो अभ्यर्थना पायी है, उससे वे विभोर हैं। इसमें दम्भ और मिथ्या भद्रता का अंश कितना है, इसे वे समझ नहीं पा रहे हैं।[२२]

उस समय जिनेवा में रवीन्द्र चित्र प्रदर्शनी के समालोचक ने समालोचना करते हुए प्रश्न उठाया था,

> बहुत अच्छा तो है, न हो तो इन आड़ी-तिरछी रेखाओं से एक विन्यास, एक डिज़ाइन (कविता की पाण्डुलिपि में काट-कूट करने से जो डिज़ाइन बन जाती है) तो अकस्मात् निकल आती है, किन्तु, उन्हें लेकर सार्वजनिक प्रदर्शनी आयोजित कर इतनी हलचल क्यों? कवि के चित्र मानसिक विकारग्रस्त दशा में बनाये गये चित्र समालोचक को लगे थे।[२३]

जिनेवा में प्रदर्शनी के पूर्व मई १९३३ में लन्दन में रॉयल एकेडमी में अध्यक्ष शिल्पी विलियम रोथेंस्टाइन के घर में कवि के चित्रों को देखने का सौभाग्य मिला था आचार्य जगदीशचन्द्र बोस के भान्जे एक समय शान्तिनिकेतन आश्रम विद्यालय के छात्र रहे अरविन्द मोहन बसु (१८९२-१९७७) को। वहाँ पर प्रदर्शन के लिए बड़े आनन्द से रवीन्द्रनाथ को बक्से से अपने हाथों से एक-एक चित्र निकालकर रखते हुए उन्होंने देखा था।[२४] रोथेंस्टाइन उन दिनों लन्दन में नहीं थे। जून १९३० में बर्मिंघम की प्रदर्शनी में कवि की चित्रकला सबसे पहले देखने के बाद उन्होंने स्विट्ज़रलैण्ड से असितकुमार को लिखा था (९.८.१९३०), जब इंग्लैण्ड में था तब रवीन्द्रनाथ से भेंट हुई थी। वे ख़ूब ख़ुश थे। उनके चित्रांकन ने उन्हें नया जीवन दिया है। उनके चित्रांकन आश्चर्य रूप से तेजोद्दीप्त हैं।[२५]

इसके बाद डेनमार्क, जर्मनी, जिनेवा, रूस की परिक्रमा करते हुए रवीन्द्र चित्र १९३०, अक्टूबर में अमेरिका पहुँच गये थे।[२६] बोस्टन और न्यूयार्क में चित्र प्रदर्शनी के उपलक्ष्य में प्रकाशित पुस्तिका की भूमिका में शिल्परसज्ञ आनन्द कुमारस्वामी ने लिखा था :

> रवीन्द्रनाथ के चित्रों की प्रदर्शनी विशेष कौतूहलजनक है, कारण, यह हमारे सामने सर्वप्रथम आदिम छवियों के नमूने के रूप में आती है। ...एक पुराने श्रद्धेय, प्रौढ़ हृदय के चिर यौवन के उदाहरण के रूप में है, यह वास्तव में मौलिक है, यथार्थ में सरल भावव्यंजक है। शिशुओं की तरह पर शिशुसुलभ नहीं है।

विशुद्ध रेखांकन में दक्ष, विश्ववरेण्य कला व्याख्याता कुमारस्वामी का रवीन्द्र चित्र देखने का यह था उनका अनुभव सार सत्य। उस समय देश के मनुष्यों के प्रति उनके चित्रों की ग्रहण-योग्यता के विषय में सन्देह होते हुए भी एक समय उनकी छवियाँ विदेश की धरती पर बिक जायेंगी, ऐसी प्रत्याशा भी कवि के मन में जाग रही थी। उन्होंने प्रतिभा देवी को अमेरिका से लिखा था,

और चाहे जो कुछ हो, अपनी छवियों को देश में वापस नहीं जाने दूँगा। अयोग्य लोगों के हाथों अवमानना असह्य होती है।[२७]

किन्तु, चित्र आलोचकों की प्रशंसा और निन्दा के मध्य यूरोप और अमेरिका में आशानुरूप ख़रीदार कवि को नहीं मिले। जो छवियाँ बिक भी गयी थीं, उससे चित्र भेजने और उससे जुड़े अन्य ख़र्चे भी पूरे नहीं हो सके। हालाँकि वह ख़र्चा भी दूसरों का था।

फ़रवरी १९३१ में देश में लौटकर रवीन्द्रनाथ शान्तिनिकेतन में काम-काज की भीड़ में व्यस्त हो गये थे। विदेश से बिना बिकी छवियाँ उस समय भी लौटकर नहीं आयी थीं। इसी बीच में जन्मदिन के उपहारस्वरूप वियना से कवि द्वारा भेजे गये प्रख्यात फ़ोटोग्राफ़र स्ट्रेलिस्कीफियोक (Dr. Streliskyfiok) द्वारा खींचे गये एक आवक्ष फ़ोटोग्राफ़ को देखकर असितकुमार द्वारा तैयार चाँदी की शुभ्र आवक्ष मूर्ति फलक जन्मदिन पर पाकर ९ मई, १९३१ के पत्र में रवीन्द्रनाथ ने उन्हें लिखा था, 'ख़ूब अच्छी मूर्ति बनी है'। असित को आशीर्वचनों में उन्होंने लिखा था :

आमार मूर्ति पूर्ण करि
मुक्ति पेल तोमार शक्ति;
रेखाय रेखाय नित्य शिखाय
दीप्ति पेल तोमार भक्ति।
चक्षे तोमार प्राणेर मन्त्र
ताइतो तोमार ध्यानेर दृष्टि
तोमार रसे आमार रूपे
रचिले ताई नूतन सृष्टि।[२८]

दुर्भाग्यवश वह शुभ्र रवीन्द्र फलक नोबेल पुरस्कार पदक के साथ ग़ायब हो गया था रवीन्द्रभवन की प्रदर्शनशाला से। कवि ने अपनी छवि के बारे में असित को लिखा था ११ मई, १९३१ के पत्र में,

तेरे साथ जब भेंट होगी, तब अपनी छवियों के बारे में अपना कर्तव्य निश्चित करूँगा।[२९]

कोलकाता में १६ मई, १९३१ को महामहोपाध्याय हरप्रसाद शास्त्री (१८५३-१९३१) के सभापतित्व में यूनिवर्सिटी इंस्टीट्यूट हॉल में अपने सत्तरवें जन्म महोत्सव के प्रारम्भ होने के अन्त में विश्राम कर रहे थे कवि अपने जोड़ासाँको

के भवन में एवं लखनऊ आर्ट स्कूल की गर्मियों की छुट्टियों में असितकुमार उस समय सपरिवार चौरंगी इलाक़े के एक होटल में ठहरे हुए थे, जो इस समय लुप्त हो चुका है। फ़ोन पर रवि दादा की बुलाहट पाकर कवि की निर्धारित दार्जिलिंग यात्रा के ठीक एक दिन पहले २६ मई, १९३१ मंगलवार को असितकुमार अपने भाई दीप्तिमय (१८९४-१९५७) और भांजे जीमूतेन्द्रनाथ चट्टोपाध्याय (१९११-१९९७) को साथ लेकर ट्राम से सवेरे नौ बजे जोड़ासाँको भवन में उपस्थित हो गये थे। वे लोग तिमंज़िले के बरामदे के बराबर वाले दक्षिण छोर के कमरे में पहुँच गये, हलके मेरून स्ट्राइप सिल्क का कुर्ता और लुंगी पहने हुए कवि ने ज्वराक्रान्त होते हुए भी हँसकर उनको स्नेह के साथ लिया था। उस दिन वहाँ उपस्थित थे सुरेन्द्रनाथ दासगुप्त (१८८७-१९५२) और उनकी कन्या मैत्रेयी देवी (१९१४-१९९०)। थोड़ी बातचीत के बाद रवि दादा के निर्देश पर घर के एक कोने में रखे विशाल पुलिंदे (Parfolio) को जीमूतेन्द्रनाथ ने खोला था, जिसमें उनकी सफ़ेद कार्ड बोर्ड में बँधी हुई प्रायः एक सौ छवियाँ रखी हुई थीं। इसके बाद रवि दादा ने उनके नामकरण का आदेश असित को दिया था। अपने चित्रों के नामकरण में चिरदिनों से अनभ्यस्त असित को ठीक उसी समय बचा लिया था गुरु अवनीन्द्रनाथ एवं समरेन्द्रनाथ ठाकुर (१८७०-१९५१) ने वहाँ पर उपस्थित होकर। रवि काका के कहने से शिल्पाचार्य छवियों के नामकरण में लग गये। कवि के आदेशानुसार दीप्तिमय दूर से एक-एक छवि उठाकर रखने लगे थे। पहले चित्र का नाम रख दिया अवन ने 'अग्नि कुक्कुट', यद्यपि इंजीनियर दीप्तिमय ने उसे अज्ञानवश उलटा पकड़ रखा था। कवि के झिड़कने के बाद छवि को सीधा रखने के बाद भी अवन ने उसका नाम बदला नहीं था। इस तरह से 'तरुण अवनीन्द्रनाथ', 'आदिम बूढ़ी', 'नृता', 'आरण्यक', 'ऊपरवाला' आदि अनेक पहेली जैसे शब्दबन्धों में अवनीन्द्रनाथ बिना किसी आयास के नाम रखते हुए चले जा रहे थे एवं कवि और अवन मामा के मध्य बैठे हुए असित रवि दादा के चित्र देखने के साथ-साथ चित्रों के उस अभिनव नामकरण अनुष्ठान को देखते हुए उसका आनन्द लेते जा रहे थे उस दिन सवेरे साढ़े ग्यारह बजे तक। कॉलेज के छात्र तरुण जीमूतेन्द्रनाथ ने छवियों के पीछे रंगीन स्याही से नामों को लिख डाला था। हाँ, यह ज़रूर है कि इसके पहले रवि दादा ने उसकी वर्तनी की परीक्षा ले ली थी। ज्वर के कारण दुर्बल हुए रवि दादा ने गुनगुनाते हुए असित आदि को एक गाना भी सुनाया था। इसी समय कवि से भेंट करने एक-एक कर उपस्थित हुए थे

लेखिका राधारानी देवी, नाट्याचार्य शिविर कुमार भादुड़ी (१८८९-१९५९), नरेन्द्रनाथ ठाकुर एवं ये सब मिलकर चले भी गये थे। असितकुमार ने उस दिन कवि और अवनीन्द्रनाथ के कई फ़ोटो खींचे थे अपने अभी हाल में ख़रीदे क़ैमरे से। 'अब मुझे छुट्टी दो' यह कहकर कवि उठकर खड़े हो गये। विदा के पहले असितकुमार के अपनी 'आलो और कालो' नाटिका रवि दादा को उपहार में देने पर, कवि ने भी अपनी एक छवि अँग्रेज़ी और बाङ्ला में उस पर दो स्तबक आशीर्वचन के लिख अपने प्रिय कवि-चित्रकार को उपहार में दी थी।[३०]

लखनऊ लौटकर रवि दादा के साथ असित का पत्र-व्यवहार नियमित रूप से चलता रहा था। इस विषय में असित को लिखे उनके कई पत्र उल्लेखनीय हैं, जिनमें उन्होंने अपने चित्रों के बारे में अपने विचार भी व्यक्त किये हैं। १८ सितम्बर, १९३१, कोलकाता से उन्होंने लिखा था :

> छवि की बात तो मैं भूल ही गया हूँ। यदि स्वस्थ और प्राणवन्त देह को लेकर शान्तिनिकेतन में एक बार फिर घूम-फिर सकूँ तो फिर एक बार तूलिका लेकर बैठूँगा। तब तेरी बातें याद करूँगा। इस समय तो दिमाग़ ठीक नहीं है। तुम लोग लखनऊ में प्रदर्शनी कर रहे हो यदि प्रणामी मिलने की आशा हो तो फिर उसमें शामिल होने का वचन रहा।

३० सितम्बर को उन्होंने लिखा :

> तेरी लिखी हुई कविता के बदले अपने द्वारा आँके एक चित्र को भेजे दे रहा हूँ। चित्र का नाम है तेरिया।' पत्र लिखने का काग़ज़ सामने पड़ा हुआ था। रेखायें खींचते-खींचते धीरे-धीरे इस चेहरे को बना डाला है। अमेरिका की प्रदर्शनी से मेरे चित्र देश वापस आ गये हैं। बम्बई के कस्टम हाउस में कापालिक के हाथों पड़ गये हैं। कुछ ख़ून निकाल लेने के बाद ही छोड़ेगा।

११ अक्टूबर को लिखा,

> मेरा चित्र (तेरिया) अब तक अवश्य तुम्हें मिल गया होगा। विशेष कोई बात नहीं है। मैं कमर कसकर नहीं आँकता हूँ। एकाएक फ़ालतू काग़ज़ हाथ में पाते ही जो-सो आँकना शुरू कर देता हूँ, उसके बाद उसे रंग-बंग लगाकर जो कुछ हो जाता है उसी को बना डालता हूँ।'[३२]

रवीन्द्र जयन्ती के अन्तिम दौर में कई गण्यमान्य व्यक्तियों की उपस्थिति में टाउन हॉल में आयोजित बारह दिन का मेला और शिल्पकला प्रदर्शनी शुरू हुई थी २५ दिसम्बर, १९३१ को। प्रदर्शनी की अन्यतम आकर्षण थीं रवीन्द्रनाथ की छवियाँ। अमेरिका से लौट आये चित्र भी प्रदर्शनी में थे। एकल प्रदर्शनी न होते हुए भी मेले के अनुषंग से प्रदर्शनी में वही पहली बार भारत की धरती में उनके चित्र दिखाये गये थे। असितकुमार के भी चार-पाँच चित्र थे वहाँ। जयन्ती मेला के अन्त में कोलकाता की इस फालतू हलचल से त्राण पाकर खड़दह गंगातीर पर बने आवास में विश्राम करते समय जनवरी १९३२ में रवीन्द्रनाथ ने असितकुमार को लिखा था :

> अगर तुम अपनी प्रदर्शनी में मेरे चित्र चाहते हो तो स्वयं आकर चुनकर ले जाओ। चुनने की दृष्टि सभी लोगों की एक-सी नहीं होती है। इसके अलावा डाक से भेजने में बड़ा झंझट है। कई अच्छे चित्र नेपाल के महाराजा ने ख़रीद लिए हैं—माँगे भी हैं और अच्छे दाम भी दिये हैं मन के मुताबिक़। चित्रों की मुश्किल यह है कि वे मानो घर की कन्या हैं, कन्यादान हो जाने पर ठिकाना पाने के लिए कौन किस दिशा में दौड़ लगा दे। स्वयं गौरी पति के घर वर्ष में तीन दिन के लिए आती हैं किन्तु, चित्र दूसरे के घर में जाते हैं चिरकाल के लिए। यूरोप, अमेरिका में मेरे जो चित्र बिक गये हैं, उन्हें एक तरह से छोड़ ही दिया है।[३३]

असितकुमार के न आ पाने के कारण सतीर्थ नन्दलाल ने कवि के चित्र अपने ख़ुद के चित्रों के साथ लखनऊ प्रदर्शनी में भेजकर उन्होंने ३ फ़रवरी, १९३२ को लिखा था :

> गत दिवस अपने चित्र एवं ३३ ब्लॉक में प्रिन्ट एवं पूज्य गुरुदेव के चित्र भेज दिये गये हैं।...'' पु. हमारे चित्रों की (संख्या ४३, उड ब्लॉक प्रिन्ट १३१, लीथो ९)।

कुल २६ रवीन्द्र चित्रों में थे, मुखौटे ७, अद्भुत दर्शन चित्र ४, पूर्ण अवयव २, पुष्प २, जन्तु (विशाल आकार के) ३, जन्तु २, (क्षुद्राकार) दृश्यचित्र (रंगीन) २, दृश्यचित्र (स्याही से) ४। भारत में रवीन्द्रनाथ की एकल चित्र प्रदर्शनी अध्यक्ष मुकुल डे (१८९५-१९८९) के प्रयास से सबसे पहले कोलकाता के सरकारी आर्ट स्कूल में हुई थी १९३२ ई. में २० से २९ फ़रवरी तक। वहाँ से कवि के साहित्य सचिव अमियचन्द्र चक्रवर्ती ने असितकुमार

को ३ मार्च के पत्र में लिखा था :

> यहाँ पर प्रदर्शनी ख़ूब जमी हुई है। बिक्री भी ख़ूब अच्छी हो रही है। लोगों के आग्रह से सात दिन प्रदर्शनी और बढ़ा दी गयी है। रवीन्द्रनाथ ख़ूब ख़ुश हैं और एकाग्रमन से छवियाँ आँक रहे हैं। वहाँ के समाचारों को जानने के लिए ख़ूब उत्सुक हूँ। निश्चय ही कवि के चित्रों के वैचित्र्य ने लोगों के मन में हलचल मचा दी है।

इधर २ मार्च के पत्र में रवि दादा ने लिखा है,

> लिखना-विखना छोड़कर चुपचाप बैठा हुआ हूँ। चिट्ठी लिखने में भी जी नहीं लगता है, न मन उधर जाता है। सम्पादकों का बन्द द्वार देखकर लौट आता है। यहाँ पर चित्र ६-७ हज़ार तक में बिक गये हैं—लखनऊ के चित्र भी अगर यहाँ होते तो वे भी इस दुर्दिन में काम में आ जाते। चित्र कब वापस भेज रहे हो? मुझे फिर से फारस जाना होगा।

लखनऊ की वार्षिक प्रदर्शनी में रवीन्द्रनाथ के चित्रों ने किस तरह हलचल मचा दी थी इसकी ख़बर हमें असितकुमार के लखनऊ से लिखे ७ मार्च, १९३२ के पत्र से मिलती है। उन्होंने कवि को लिखा था :

> आपका कार्ड पाकर ख़ूब ख़ुश हुआ, चित्रों की ख़ूब बिक्री हो रही है, विशेषकर यह जानकर। आपके मुझे चिट्ठी लिखने के बाद ही शायद वीरेश्वर आपकी छवियों का पुलिन्दा लेकर यहाँ हाजिर हो गया है। यहाँ पर नाममात्र के चित्र बिके हैं वे भी सब १०-२०-३० रुपये की क़ीमत में। यहाँ पर लोगों ने चित्र देखना भी नहीं सीखा है। थोड़ी देर समय लेकर चित्रों को देखना चाहिए ऐसे लोग यहाँ मुझे एक-दो ही मिले हैं। हमारे चीफ़ सेक्रेटरी क्ले साहब ने भी देखा कि चित्र देखने में उन्होंने काफ़ी कष्ट उठाया था। लाट साहब ने भी काफ़ी छानबीन के साथ चित्र देखे थे।
>
> आपकी छवियों को समझने का प्रयास न करने पर भी विश्वविद्यालय के धूर्जटीप्रसाद के छात्रों ने काफ़ी बकवास करते हुए मेरा सिर खाया था। आप 'सोनारतरी' कविता लिखकर जिस विपत्ति में पड़ गये थे उसकी आध्यात्मिक व्याख्या के उपद्रव से छवि आँककर भी वही संकट उपस्थित हो गया है।

इसके बाद कवि के चित्रों को देखने के सम्बन्ध में विशेष रूप से उन्होंने

दर्शकों और उनकी प्रतिक्रिया को व्यक्त करते हुए लिखा था :

> लोग तो छोटी-मोटी सभी चीज़ें देखते हैं किन्तु, रूपरेखाओं का मोटे रूप में, सूक्ष्म सौन्दर्य उनकी नज़र में नहीं आता है। हाँ, छोटे-छोटे बच्चों की निगाह में आ जाता है। इसीलिए जर्मनी में देखा है कि शिल्पियों के एक अत्यन्त आधुनिक और दुस्साहसी दल ने शिशु जिस विन्यास में छवि आँकते हैं उसी ढाँचे में छवि आँकने का एक्सपेरीमेंट किया है। उसका मर्म मैं तो अच्छी तरह समझ सकता हूँ किन्तु, जनसामान्य को समझाना चाहना विडम्बना मात्र है। आपने भरहुत की प्रस्तर प्रतिमाओं आदि में अवश्य ही देखा होगा छोटी-मोटी विरलता और सरलता के भीतर कितनी सुन्दर भंगिमायें विद्यमान हैं। यूरोप में देखा है मानो देह को ही जैसे नये रूप में आविष्कृत करते हुए वे चले जा रहे हैं, वही शुरू से ही शिशुओं के साथ घुटने चलने से आरम्भ कर।

१९३६ में लखनऊ विश्वविद्यालय का २५वाँ स्थापना वर्ष-पूर्ति पर विशेष रूप से अखिल भारतीय प्रदर्शनी के उपलक्ष्य में असितकुमार ने शान्तिनिकेतन से छवि पाने की आशा में विश्वभारती के आचार्य रवि दादा की शरण में जाकर २०.१०.१९३६ की तारीख़ में लिखा था :

> रथिमामा और नन्दलाल को लिखकर भी प्रदर्शनी के लिए छवि नहीं मिल पा रही हैं। इसीलिए आपको फिर से परेशान कर रहा हूँ, कुछ अन्यथा नहीं मानेंगे। मेरे गुरु अवन मामा तो चित्र देंगे नहीं, यह उन्होंने लिखा है। सभी मिलकर यदि असहयोग की हवा बहायेंगे तो मैं बेहाल हो जाऊँगा। इसके अलावा उत्तर प्रदेश के उत्सवक्षेत्र में रस संचार का प्रयास मात्र कर रहा हूँ। अब अगर इसमें आप लोग सहायक नहीं होते हैं तो इसमें मेरा दोष क्या? इस देश में धनकुबेर ताल्लुक़ादारी लेकर बैठे हुए हैं। आर्ट और कल्चर जैसी उनके लिए कोई बला ही नहीं है। अगर कहीं मुझे उनके सामने शिल्पकला का कलश रखने का सुयोग मिल जाता, शिल्पी लोग अगर रस परोसना न चाहें तो भला मैं क्या कर सकता हूँ, बताइये? आपकी पहले की चिट्ठी पाकर मुझे ख़ूब भरोसा हो गया था। इस समय निराश हो गया हूँ।[३४]

कहने में कोई हर्जा नहीं है, पत्र में उल्लिखित वीरेश्वर, धूर्जटी, रथिमामा, नन्दलाल क्रमशः इस प्रकार हैं—शिल्पी वीरेश्वर सेन, अध्यापक धूर्जटी

प्रसाद मुखोपाध्याय, रथीन्द्रनाथ ठाकुर और शिल्पी नन्दलाल बसु। असितकुमार के अनुरोध पर काम हुआ था या नहीं, इसका पता नहीं चला। लम्बे एक वर्ष के बाद योगेन्द्रनाथ गुप्त (१८८३-१९६५) द्वारा सम्पादित शिशुभारती कोशग्रन्थ में रवि दादा से उपहार में मिले चित्र 'तेरिया' को असितकुमार के उनके लिखे एक 'छड़ा' के साथ प्रकाशित करने की अनुमति चाहने पर ९ नवम्बर, १९३३ में रवि दादा ने उन्हें लिखा था :

> इतने दिन बाद मेरी उस 'तेरिया' छवि को भद्र समाज में अपना परिचय पत्र देकर तुम भेज रहे हो, इससे भद्र समाज अगर कोई आपत्ति नहीं करता है तो फिर मेरी आपत्ति का कोई कारण नहीं है। अभ्यर्थना का ऐसा आयोजन उसके भाग्य में घटित होगा, यह बात उसके सृष्टिकर्ता ने कभी सोची नहीं थी।[३५]

रवीन्द्र जयन्ती के उपलक्ष्य में बिचित्रा जयन्ती के अंक में रवि दादा की चित्रकला के सम्बन्ध में अपने पहले निबन्ध में असितकुमार ने लिखा था :

> उनकी क़लम अपने आप जिस तरह से अपरूप रूपलोक की सृष्टि करते हुए चलती है, उनके चित्र भी ठीक वैसे ही हैं, फिर भी, एक तो है उनके सारे जीवन की साधना का फल और दूसरा अवलीला क्रम से जो आता गया है उसी को वे आँकते गये हैं। उसमें साधना के स्थान पर है, अत्यन्त आनन्द। ...रेखा, रंग परिस्फुट करने की विशेष शिक्षा एक शिल्पी के रूप में कवि की न रहने पर भी, कवि के रूप में रंग और रेखा को काव्य के पन्ने-पन्ने पर वे जो प्रस्तुत करते आये हैं, उसका आस्वादन युग-युग तक शिल्पीजन ग्रहण करेंगे और युगों-युगों में उसे नया जन्म मिलेगा। उनके इन चित्रों में शिक्षा, संयत-रेखा-विन्यास या वर्ण-विन्यास हमें ज़रूर नहीं मिलता है किन्तु, हमें मिलता है अपूर्व एक रचना-कौशल जो कवि के करतलगत हुआ है अपने आप और उसकी व्याख्या नहीं की जा सकती है।

मई १९३१ में रवीन्द्रनाथ के चित्र पहले-पहल देखने की अभिज्ञता के सन्दर्भ में उन्होंने रविवासर में पठित उसी निबन्ध में आगे और भी लिखा था :

> उनके चित्रों में कभी-कभी आदिम युग के जीव-जन्तुओं के आकार की मूर्तियाँ देखकर किसी-किसी भावुक व्यक्ति ने कहा है, वे मूर्तियाँ अत्यन्त आधुनिक यूरोपीय फ्यूचरिस्ट लोगों की भी अपेक्षा

> अति भविष्य युग की शिल्प कला की नींव कवि ने आज डाल दी है। अपनी कविता लिखने के वक़्त काटाकूटी वाले अंशों पर अन्यमनस्क भाव से क़लम चलाते-चलते वे अंश कई विचित्र जीव-जन्तुओं के आकार धारण कर लेते थे। उनकी छवियाँ भी ठीक उसी उपाय से क़लम की नोक पर अपने आप जो रूप ग्रहण कर लेती थीं, उसे अच्छी तरह समझा जा सकता है। उनकी सहज छन्दोबद्ध रेखायें छन्द पकड़ने का ही अनुसन्धान करती हैं उनकी इस चित्रकला में एवं उसका जो आनन्द रस कवि प्राप्त कर रहा है वह इन चित्रों में एकदम जाज्वल्यमान हो रहा है।[३६]

कवि के साथ ऐसे मधुर सम्बन्धों के बीच में आख़िर में १९३८ ई. में उनके चित्रों को लेकर ही रवि दादा के पत्र में असितकुमार ने अप्रत्याशित रूप से कड़वा स्वाद पाया था। नन्दलाल के सम्बन्ध में असितकुमार के मन्तव्य कई बार अवनीन्द्रनाथ और कवि को क्षुब्ध कर देते थे। जैसे बिचित्रा में 'आन्ध्र शिल्पी चित्रवीर और आधुनिक बाङ्लार शिल्पकला' निबन्ध में उन्होंने लिखा था :

> जिस समय वर्तमान लेखक आदि लोग पूजनीय अवनीन्द्रनाथ के शिष्यत्व में शिक्षा प्राप्त कर रहे थे तब (जो लोग) इस शिल्पी संघ की ओर कभी झुके नहीं—अचरज होता है जब देखता हूँ कि नन्दलाल की जिस चित्रकला पर उनका नाम और सारी प्रतिष्ठा आधारित है, उनकी खोज-ख़बर जो लोग ज़रा भी नहीं रखते हैं, वे भी नन्दलाल अवनीन्द्रनाथ के प्रिय शिष्य हैं सिर्फ़ यही ख़बर रखने के कारण नन्दलाल की बहादुरी की कथा समाज में ज़ाहिर करने में व्यस्त हो उठते हैं। किसी वजह से शिल्पगुरु अवनीन्द्रनाथ, नन्दलाल या लेखक का कोई शिष्य विशेष प्रिय हो जाये तो क्या इतने से ही वह शिल्प जगत् में उच्च स्थान अधिकार करने के योग्य हो जायेगा यह बात सत्यसिद्ध नहीं है, काल की कसौटी पर उपयुक्त रसिक जौहरी के हाथों कसने के बाद ही वह शिल्पी टकसाली होता है।[३७]

बिचित्रा फाल्गुन में प्रकाशित लेख पढ़कर शान्तिनिकेतन से रवीन्द्रनाथ ने ६ चैत्र १३४० के पत्र में अवन को लिखा था :

> बिचित्रा में असित ने चित्रा (काव्य) के चित्रों की प्रशंसा का उपलक्ष्य लेकर नन्दलाल के ऊपर क्रूर कटाक्षपात किया है। शायद तुमने इसे देखा हो। मुझे विस्मय भी हुआ और मैं क्षुब्ध भी हुआ हूँ। अर्धेन्द्र

> और मुकुल के अलावा नन्दलाल से इस तरह का विद्वेष और कोई कर सकता है, ऐसा मुझे नहीं लगता है।'[३८]

बिचित्रा जैसी पत्रिका में शिल्पाचार्य, कवि और शिल्पी नन्दलाल के जीवनकाल में इस तरह की अप्रिय टिप्पणी करने का सत्साहस असितकुमार में था।

बिचित्रा के जयन्ती (१९३१) अंक में रवि दादा की चित्रकला सम्बन्धी पहले निबन्ध का परिवर्धित अँग्रेज़ी अनुवाद के साथ १९३८ में प्रकाशित 'आर्ट एण्ड ट्रेडीशन' निबन्ध संकलन ग्रन्थ कवि को भेजकर उन्हें बहुत बड़ी विडम्बना में पड़ना पड़ा था। कवि के चित्रों के बारे में अपनी निजी भावना उस लेख में उन्होंने व्यक्त करने का प्रयास किया था—व्यक्ति-निरपेक्ष स्वच्छ भावना के साथ। असितकुमार ने सहज भाव से रवि दादा की चित्रकला के सम्बन्ध में लिखा था :

> उनके चित्रों में हम देखते हैं, सीखने की ज़रूरत को दरकिनार कर एक बच्चे की तरह आनन्दित होते हुए पूरी तरह मन की मौज़ में वे अपने चित्रों को आँकते चले गये हैं, जर्मन चित्रकार कुवीन के चित्रों से अनुप्राणित होकर कवि ने आँकने की एक अद्वितीय प्रणाली का सृजन किया है जिसे समझने के लिए शिशु जैसे हृदय और उसका आस्वादन करने के लिए शिशु जैसी शक्ति की आवश्यकता है।

ग्रन्थ की भूमिका में लॉर्ड जेटलैण्ड (लॉर्ड रोनाल्ड से) ने रवीन्द्रनाथ के चित्रों के सम्बन्ध में अपनी धारणा व्यक्त करते हुए, असितकुमार के मत को संगत मानते हुए कवि के चित्रों के सम्बन्ध में लिखा था,

> चित्रकार कवि के सम्बन्ध में असितकुमार के कथनानुसार यह कहा जा सकता है, हम लोगों को उनके चित्रों में एक सघन आनन्द की अभिव्यक्ति मिलती है एवं उस विषय में उनके रेखांकनों में यथार्थ ज्ञान का अभाव एवं प्रयोग-पद्धति की जानकारी न होना है, पर इससे उनके चित्रों के प्रति हमारा आकर्षण कम नहीं होता है।[३९]

स्टेला क्रामरिश की तरह असितकुमार ने भी कवि के चित्रों में जर्मन शिल्पी एलफ्रेड कुबिन (१८७७-१९५९) के चित्रों की छाया देखी थी। कवि के साथ कुबिन के चित्रों की तरह कुबिन के मनोजगत् की भी कुछ समानता थी। कुबिन भी स्कूल-कॉलेज के नियमों के अनुसार चलने वाली शिक्षा पद्धति में बँधना नहीं चाहते थे। आर्ट स्कूल से भी अलग हटकर अपनी मर्ज़ी के मुताबिक़ देखने में अद्‌भुत चित्रों को आँककर शिल्पी-समुदाय में हलचल

मचा दी थी। स्टीफेन ज्बिग (Stefen Zwig), हेरमन हेस (Harmann Hesse) जैसे साहित्यकार थे उसके चित्रों एवं रचनाओं के अनन्य अनुरागी। उनकी कहानियों और उपन्यासों का अलंकरण करने से भी कुबिन को ख्याति मिली थी। १९२१ में पहले विश्वयुद्ध के बाद हुई म्यूनिख चित्र-प्रदर्शनी में ब्लू राइडर समुदाय के इस चित्रकार के चित्रों ने निश्चय ही रवीन्द्रनाथ को अनुप्राणित किया था छवि आँकने के आनन्द में छवि आँकते जाना। रवीन्द्रनाथ का अपनी कल्पना में चित्रकला के साथ उनका मिलन हुआ था गोधूलि वेला में। आसन्न रात्रि के सम्मुख जब उसे कहा जाता है हनीमून में, निर्जन में उसके सम्भोग का आयोजन किया था कवि ने एकान्त में, ठीक इसी मुहूर्त में मानो असित का रसभंग करने वाला 'आर्ट एण्ड ट्रेडीशन' ग्रन्थ हाथ में पाकर उनके सम्भोग का सारा आयोजन नष्ट हो गया था।[४०] पुस्तक की भूमिका में उनकी चित्रकला के सम्बन्ध में जेटलैण्ड के निर्णय में आपत्ति का वैसा कोई कारण था ही नहीं—किन्तु, सीमा से अधिक मिज़ाज ख़राब हो जाने के कारण २ बैसाख १३४५ (१५ अप्रैल, १९३८) को रवि दादा ने लिखा था :

> पेरिस और बर्लिन में अपने चित्रों के सम्बन्ध में वहाँ के मुख्य समाचार-पत्रों में प्रमुख चित्र समीक्षकों के हाथों मैंने जो अकुण्ठित प्रशंसा पायी है, उसमें पीठ थपथपाने जैसी स्कूल मास्टरी नहीं थी। ...लॉर्ड जेटलैण्ड (Lord Ronaldsay, Marques of Zetland) राजनैतिक क्षेत्र में एक प्रसिद्ध कार्यकर्ता हैं, किन्तु, उनके स्वदेश का कोई तृतीय श्रेणी का आर्टिस्ट भी चित्रों के सम्बन्ध में उनकी सिफ़ारिश की बात टाइफाइड के समय होने वाले प्रलाप में भी अपने मुख से उच्चारण नहीं करता है। अधिकारी वर्ग के सामने लम्बे सलाम की भूलुण्ठित नम्रता हमारे अभागे देश में ही सम्भव है। उसके द्वारा शायद जल्दी काम हो सकता है, किन्तु, उसको लेकर बहादुरी करते हुए घूमते फिरने का दृश्य हमारे लिए लज्जाजनक लगता है, सरकारी ऑफ़िसियल की दृष्टि से नहीं, एक स्वाधीनचेता आर्टिस्ट की दृष्टि से भी। आज तक कोई भी यूरोपीय आर्टिस्ट गवर्नमेंट सेक्रेटैरियट पॉलिटिकल दफ़्तर के मुखिया से वाह-वाह चाहता हुआ नहीं घूमा है—सिर्फ़ आर्टिस्ट ही नहीं, उनके वैज्ञानिक अथवा साहित्यकार भी नहीं। ...मेरे शिल्प समादर के बारे में तुम मत सोचो, जो भी प्रशंसा वहाँ पर मुझे मिली है, इस देश के किसी से भी उसे भीख माँगने

की दरकार नहीं होगी।[४२]

कवि की प्रतिक्रिया को किस तरह से झेला होगा असितकुमार ने उसका अनुमान लगाना बहुत कठिन है। ग्रन्थ की जेटलैण्ड द्वारा लिखित भूमिका के कारण ही असित के प्रति विश्व कवि क्रुद्ध हुए थे, सिर्फ़ यही नहीं है, उनकी अपने चित्रों पर लिखित रचना ने भी उन्हें क्षुब्ध कर दिया था। उस समय कवि के अनुरागी भक्तों ने उनकी चित्रकला के सम्बन्ध में विशुद्ध प्रशंसा के अलावा खुलकर आलोचना अथवा समालोचना किसी ने भी नहीं की थी। उस विषय में एक शिल्पी के हिसाब से मिथ्याचरण न कर कवि की छवियों के सम्बन्ध में मन की बात खुले रूप में लिखकर प्रवीण कवि हृदय की असहिष्णुता का ताप असित को सहन करना पड़ा था। कुछ बिखरे रूप में होते हुए भी असित ने पत्र पढ़कर उसके उत्तर (१६ अप्रैल, १९३८) में रवि दादा को लिखा था :

> आपने इतने अस्वस्थ होते हुए भी इतना कष्ट कर इतनी जल्दी जवाब दिया है, देखकर आनन्दित हो रहा हूँ। आपने ठीक बात ही लिखी है कि शिल्प जगत् में शिल्पी लोगों को सरकारी अधिकारियों के परिचय पत्र की कोई ज़रूरत नहीं है। यह बात हम शिल्पी मात्र ही जानते हैं। किन्तु, यह बात भी ख़ूब ठीक है कि हमारे देश की शिल्पकला को उन्होंने ही शुरुआत में विलायत से मास्टर लाकर नष्ट किया था, वही लोग हमारे देश की शिल्पकला को बचाने में भी सहायक हुए थे। यह बात नन्दलाल निश्चय ही स्वीकार करेंगे कि सबसे पहले हमारे लॉर्ड किचेनार से कार्माइकल, रोनाल्ड तक जिस तरह से सहायक हुए थे, अगर उनका अनुग्रह हमें न मिलता तो आज इतनी जल्दी इस अभागे देश में हमारी कला कभी आदर नहीं पा सकती थी। इसीलिए इस अभागे देश के लोगों को अगर देश की शिल्पकला समझायी जाये तो क्यों न इस पुराने शिल्प बन्धुओं के निकट (फिर वे चाहे सरकारी अधिकारी हों या कोई अन्य हों) न जाने को कह रहे हैं ? इसके अलावा आपने अपने स्वयं के जीवन में उसे देख लिया है कि विदेशी 'हॉलमार्क' अगर न हो तो देश के लोग देश के शिल्प या शिल्पी को पहचान ही नहीं पाते हैं। इस विषय में मैं इसीलिए जेटलैण्ड को अपने देश के शिल्पी और शिल्प का हितैषी बन्धु मानता हूँ—उसे रायबहादुर टाइटल लेने के लिए मैंने अपने ग्रन्थ 'आर्ट एण्ड ट्रेडीशन' की भूमिका नहीं

लिखायी है।

१९४१ में नववर्ष के उपलक्ष्य में ब्रिटिश सरकार द्वारा दी गयी 'रायबहादुर' उपाधि पाने के दुर्भाग्य को असितकुमार किसी तरह टाल नहीं पाये। उस उपाधि के मिलने पर वर्धमान के महाराजा द्वारा अभिनन्दित होने पर, उनका यह सौभाग्य रहा कि उस समय रवि दादा के जीवन-मरण की सीमा पर होने की वजह से उनकी प्रतिक्रिया से वे बच गये। हाँ, यह ज़रूर है कि स्थानीय द लीडर दैनिक ने अपने सम्पादकीय में असितकुमार जैसे महान् शिल्पी के लिए राष्ट्र का अपमान करने वाले उस सम्मान को सरकार की वेदनादायक विचार बुद्धि की भूल बताकर अपने मत को व्यक्त किया था।[४१]

शान्तिनिकेतन में रवि दादा के साथ शिल्पकला के अनेक विषयों में असितकुमार का विचार-विनिमय होता रहता था। उनके ही शब्दों में :

> रवि दादा ने चित्रों में विषयवस्तु के माहात्म्य को व्यक्त करने की बात उन्हें समझायी थी। केवल अव्यक्त, अस्फुट, मूक आकार अथवा पैटर्न की बात मुझसे नहीं कही। ...मेरे द्वारा ही उन्होंने सबसे पहले आश्रम के लिए एक मोनोग्राम का ख़ाका बनवाया था। वेदान्त में जो एक पक्षी अपने बच्चे को खाना खिलाना सिखा रहा है, इसी परिकल्पना की बात उन्होंने मुझसे कही थी। आश्रम के प्रतीक स्वरूप सप्तपर्णी के सात पत्तों के नीचे तीन शिखाओं से युक्त दीप की स्थापना का एक नक़्शा मैंने बनाया था। रवि दादा उसे देखकर ख़ूब ख़ुश हुए और अध्यापकों को बुलाकर उसके अन्तर्निहित अर्थ की उन्होंने व्याख्या की। बिधुशेखर शास्त्री महाशय ने उस समय नयी शान्तिनिकेतन पत्रिका निकाली उसी चित्र को प्रच्छद पट पर छापकर।[४३]

असितकुमार कवि के जीवनकाल में उनके चित्रों के बारे में जिस निर्णय पर पहुँचे थे, उससे वे फिर हटे नहीं। उनके विचार में रवि दादा के

> चित्र सिर्फ़ रेखा प्रधान हैं, केवल डिज़ाइन बनाने वाली प्रणाली से रेखा खींचने का नैपुण्य ही उनकी चित्रकला में है।'

रवीन्द्रनाथ ने स्वयं अपने चित्रों के बारे में कहा था,

> वे घटना की डाक ले जाने वाले हरकारा का काम नहीं करते हैं। अपना संवाद वे स्वयं ही हैं। जगत् के रूपों का आना-जाना चल

रहा है, उसके साथ मेरे चित्र भी एक-एक रूप हैं, अजाना से निकलते आ रहे हैं अजाना के द्वार पर। वे प्रतिरूप नहीं हैं।

इनकी प्रति-धारणा से असितकुमार इस निर्णय पर पहुँचे थे कि उनके चित्र प्रतिरूप होते हुए भी चित्रकला हो जाते तो फिर न रेखा चलती न रंग और रूप की सम्पूर्णता यदि रहती।[४४] संगीत में सुर और छन्द के साथ गायक की लय के अभाव की तरह कवि के छन्द प्रधान चित्रों में भावों का अभाव देखा था असितकुमार ने। एक पत्रात्मक निबन्ध में उन्होंने लिखा है :

> (कवि वृद्धावस्था में) अशिक्षित हाथों की रेखाओं से जो आज दिखा रहे हैं, उसके ऊपर समालोचना करना नहीं चल सकता है। उन्होंने जिस तरह काव्य प्रतिभा के द्वारा हमारी कल्पना को जगा दिया था हमारे काम में, वैसे ही आज हमारी शिल्प प्रचेष्टा से कवि भी सहसा जाग उठे हैं चित्रकला की साधना में। उनके द्वारा आँके गये चित्रों के साथ अति यथार्थवादियों की तुलना की जाती है, किन्तु, वह हम लोग नहीं करेंगे। किन्तु, उनके चित्रों को देश की शिल्पकला का आदर्श मानने को भी किसी से नहीं कहूँगा। उन्होंने शिशु की तरह सरल मन से एवं शिशु की तरह अप्रशिक्षित हाथों से जो कुछ किया है, वह उन्हीं को शोभित होता है एवं उसी के लिए हम लोग उनकी कद्र चिरकाल तक करते रहेंगे।[४५]

रवीन्द्रनाथ ने अपनी 'यूथभ्रष्ट श्रेणीहीन अशिक्षित अँगुलियों के खेल से तैयार छवियों को देश के समझदार चित्र रसिकों को दिखाने में कुण्ठित होते हुए भी उन छवियों के गूढ़ उत्स सन्धान की दृष्टि से लिखा था : मेरी चेतना के अन्तःपुर में रेखारूप का जादू करने वाली नर्तकियाँ एक दिन पर्दानशीन थीं, आज पर्दा हटाकर वे निकल आयी हैं। मेरे लिए उस अद्‌भुत प्रकाशलीला में यथेष्ट आनन्द है।[४६] असितकुमार का अनुमान है, कवि अपनी कहानियों, उपन्यासों, नाटकों, काव्य और संगीत में जो व्यक्त नहीं कर पाये अथवा व्यक्त करने में दुविधाग्रस्त थे, अन्तिम समय में किसी एक अमोघ दबाव से सुरसुराते हाथों से चित्रों में उसे सहज में ही व्यक्त कर उन्होंने चैन की साँस ली थी।

> कवि के मन में जो रंग था, उसी से उन्होंने हरे, नीले इस निखिल के रूप को गानों और कविता में रूपायित किया है। किन्तु, अपनी चित्रकला में उन्होंने हरे रंग की कोई छाप ही नहीं दी, सिर्फ़ स्याही

की रेखाओं पर छवियाँ आँक गये हैं। वर्ण-वैचित्र्य का विकास उस क्षेत्र में उनके मन में ही रह गया है, थोड़ा भी प्रस्फुटित नहीं हुआ है।[४७]

असितकुमार शेषपर्यन्त कवि की चित्रकला के सम्बन्ध में ऐसे ही स्थिर, निश्चित निर्णय पर पहुँचे थे।

तथ्यसूत्र

१. असितकुमार हालदार, 'रवीन्द्रनाथ ओ तार चित्रकला', बिचित्रा, आश्विनी १३३८, पृ. ३१२-३१४।

२. रवीन्द्रनाथ ठाकुर, 'चित्रप्रदर्शनी की भूमिका', बिचित्रा, आश्विन, १३३८, पृ. ३०२।

३. रवीन्द्रनाथ ठाकुर, छिन्नपत्र, विश्वभारती ग्रन्थन विभाग, आश्विन, १३५५, पृ. १७९।

४. असितकुमार, 'स्मृतिते रवीन्द्रनाथ', पाण्डुलिपि।

५. तदैव।

६. अतनुराय, 'रवीन्द्रनाथ आधुनिक शिल्पकालार उत्स', पश्चिमबंग संवाद, ६ मई, १९८७, पृ. चार-पाँच।

७. Dr. Pratapaditya Pal, The Tender Shoots, some Early Drawings of Rabindranath Tagore, Marg, March 2013, p. 40-53

८. रवीन्द्रनाथ ठाकुर, पथेर संचय, 'अन्तर बाहिर', रवीन्द्र रचनावली, (त्रयोदश खण्ड) विश्वभारती १२५वीं जयन्ती, सुलभ संस्करण, पृ. ६५६-५७।

९. कमल सरकार, 'रूपदक्ष गगनेन्द्रनाथ', रवीन्द्रभारती सोसायटी, दिसम्बर १९८६, पृ. १३५, Dr. Partha Mitter, The Triumphs of Modernism, Indian Artists and the Avant-garde, 1922-47, Oxford University Press, 2007, p.17.

१०. श्री परमानन्द सरस्वती उत्तर मीमांसा, श्री श्री विजयकृष्ण साधन आश्रम, नरेन्द्रपुर, २४ परगना, १९८२, पृ. ७०।

११. रवीन्द्र रचनावली (द्वादश खण्ड), सुलभ संस्करण, ६२९।

१२. The Triumph of Modernism, p. 17, 230-31।

१३. अर्धेन्दुकुमार ने असित को लिखा था, 'You will be helping us a great deal if you can get 'Nanda Dada' to lend Avan Babu's picture of the little head of 'Parvati'. It is one of his very best and ought to go–if

German artists are to be given an idea of what Modern Indian Art is capable.' गत दिसम्बर २०१३ में शिल्पी नन्दलाल बसु के पौत्र को उत्तराधिकार सूत्र से प्राप्त उनके संग्रह के अन्तर्गत 'तपस्विनी पार्वती' का वह चित्र न्यूयार्क में क्रिस्टी (Christie) की नीलामी में एक समझदार अमेरिकी शिल्प संग्राहक ने सबसे अधिक मूल्य (५.५५ लाख अमेरिकी डॉलर, अनुमानित ३.३५ करोड़ रुपये) में ख़रीदा है। भारतीय राष्ट्रीय शिल्पी की सृष्टि, एक चित्ररत्न इस तरह एक भिन्न देश में चले जाने से इस देश के विदग्ध मनुष्यों के मन में रंचमात्र भी प्रतिक्रिया उत्पन्न नहीं हुई थी। गत अस्सी के दशक में असाधारण वह चित्र रामकृष्ण मिशन के विदग्ध संन्यासी स्वामी अब्जजानन्द की तत्परता और चातुर्य से शिल्पी नन्दलाल बसु के पुत्र के संग्रह में रहते समय मुझे देखने का सौभाग्य मिला था। उस दिन मुझे पता चला था कि नन्दलाल गुरु के बनाये उमा के उस चित्र को श्रीरामकृष्ण-सारदा माँ की बग़ल में उनकी पूजा वेदी पर रखकर नित्य एक स्केच आँककर उस वेदी पर अर्घ्य देने के बाद ही प्रतिदिन अपना प्रात:कालीन आहार ग्रहण करते थे।

१४. अर्धेन्दुकुमार गांगुली, 'भारतेर शिल्प ओ आमार कथा' ग्रन्थ (ए. मुखर्जी एण्ड को. प्रा. लि. अप्रैल १९६९) रूपम जुलाई-दिसम्बर १९२३ के अंक में प्रकाशित निबन्ध से उद्धृत, पृ. २८७-८८, 'The manifestation of modern Indian painting exhibited convey as it does, to the German Art lovers the first intelligence of a forceful and deep striking movement in India, and has created a very strong impression upto all who saw these art works. A new world of enchanted riches and quiet beauty has opened before our eyes'.

१५. असितकुमार हालदार, रवितीर्थे (संशोधित और परिवर्धित) पाण्डुलिपि में रवीन्द्र रचनावली से १२ मई, १८९३ में लिखे पत्र का उदाहरण।

१६. बिचित्रा, आश्विन, १३३८, पृ. ३०२, रवीन्द्रनाथ ठाकुर, चित्र प्रदर्शनी की भूमिका में उद्धृत, 'I strongly urge our artists vehemently to deny their obligation carefully to produce something that can be lablled as Indian art according to some old world mannerism. Let them proudly refuse to he herded into a pen like branded beasts.'

१७. रवीन्द्रनाथ ठाकुर, 'चित्र प्रदर्शनी की भूमिका', बिचित्रा, आश्विन, १३३८, पृ. ३०२।

१८. अप्रकाशित पत्र, श्री नन्दलाल बसु, सतीर्थ शिल्पी असितकुमार हालदार को लिखे, शारदीय 'देश' १४१४, पत्र १४, पृ. ६४।

१९. 'पत्रावली', श्री रवीन्द्रनाथ ठाकुर (असितकुमार हालदार को लिखे गये), शारदीय देश, १४०३, पृ. ३३-३४।

२०. तदैव, शारदीय 'देश', १४०३, पृ. ३४

२१. तदैव, शारदीय 'देश', पृ. ३९

२२. रोमाँ रोलाँ, भारतवर्ष (१९१५-१९४३), दिन पंजी, (अनुवाद) अवन्ती कुमार सान्याल, रेडिकल बुक क्लब, कोलकाता, १२, १९७६, पृ. २८०।

२३. केतकी कुशारी डाइसन और सुशोभन अधिकारी, रंगेर रवीन्द्रनाथ, आनन्द पब्लिशर्स, कोलकाता-९।

२४. Marg, March २०१३, p. ५१.

२५. शिल्पी असितकुमार हालदार को लिखे विलियम रोथेंस्टाइन के अप्रकाशित, पत्रगुच्छ, शारदीय साहित्य और संस्कृति १४१८, पृ. १७६, 'I saw Rabindranath when he was in England. He seemed to be in great spirit, his drawings has given him a fresh interest in life. The drawings are astonishingly vigorous.'

२६. Ananda Coomarswamy, Forward of the booklet Exhibition of painting by Rebindranath Tagore, The Fifty Sixth Streak Galleries, New York, Nov. 1930, unpaginated, 'An exhibition of drawings by Rabindranath Tagore of particular interest because it puts before us, almost for the first time, genuine example of modern primitive art. This is a genuinely original genuinely naive expression, extra ordinary evidence of eternal youth persistent in a hairy and venerable personage childlike, but not chiledish.'

२७. रवीन्द्रनाथ ठाकुर, चिट्ठी-पत्र ३, विश्वभारती ग्रन्थन विभाग।

२८. आशीर्वचन का कवि के द्वारा किया अनुवाद :

It is a freedom for your spirit to
confirm up a vision from the inert, to
illumine its line with the flame of your devotion.
You have the magic of life's touch
in your eyes and therefore your dream
has come out in a creation in which
are made one my form and your delight.

२९. 'पत्रावली', शारदीय 'देश', १४०३, पृ. ३५।

३०. विद्यासागर कॉलेज के स्नातक शेष पर्व के छात्र जीमूतेन्द्रनाथ ने अपनी दैनन्दिनी में लिखा था : ''सँझले मामा (असितकुमार), नये मामा (दीप्तिमय) and myself proceeded, by train to Dr. Rabindranath Tagore's place at Jorasanko. Went straight on the 2nd floor southernmost room on the Varandah, where we found Rabindranath in a silk Lungi and silk panjabi (both with faint brown stripes). We knew that he was due to start for

Darjeeling on the next day for a change after his recovery from illness. He was talking with the Principal of Sanskrit College (Dr. Surendra Nath Dasgupta) and his daughter (Maitryei Devi). In spite of the bad state of his health he was cheerful and with his snowwhite hair, rosy completion, flowing beard and broad wrist, he was looking quite well... He was much glad to see Sijomama whom he invited to come over phone the day before. After a little while the poet pointed a huge portfolio and directed me to open it. I opened it and there were original paintings by the poet all mounted on white cardboard containing nearly 100 paintings and drawings... Then he asked Sijomama to attribute name to each of his drawings, In the mean time Abinindranath and Somarenderanath had come there,. Nutanmama was silent all the while and the poet said as he was an Engineer he should support the pictures from a distance. Nutanmama held the wrongly and was rebuked by the poet. Then came Sisir Bhaduri Abanindranath was requested by the poet to Christen the painting Abaninadranath named the first painting 'अग्नि कुक्कुट', but the picture was held upside down and Nutanmama had to hold it properly and the picture was still named as such etc.'

३१. पत्रावली, 'शारदीय देश', १४०३, पृ. ३८–३९।

३२. कान्तिचन्द्र घोष के माध्यम से खड़दह में माड़वारी उद्यान नामक परिन्वित उद्यानघर शिवालय में कवि रुके हुए थे। जीवन में विभिन्न समयों में कुल मिलाकर पचास दिन रहे थे कवि उस घर में। गंगातट पर धीरे–धीरे गिरता हुआ वह घर १९७० ई. में गंगा में ही विलीन हो जाता है। इस समय उद्यानघर का भग्नप्राय प्रवेश द्वार उस घर के चिह्न के रूप में खड़ा हुआ है। इस घर में रहते समय कवि ने रोम्याँ रोलाँ, हेमन्तकुमारी देवी आदि को बहुत मूल्यवान पत्र लिखे थे। सुरक्षित घर के अवशिष्ट प्रांगण में स्थानीय विद्वज्जनों ने कवि की मूर्ति भी स्थापित कर दी है।

३३. पत्रावली, शारदीय देश, १४०३, पृ. ३७।

३४. तदैव।

३५. रवीन्द्रभवन, आर्काइव्ज।

३६. असितकुमार, 'रवीन्द्रनाथ ओ तार चित्रकला', बिचित्रा, आश्विनी १३३८, पृ. ३१२–१३।

३७. बिचित्रा, फाल्गुन, १३४०, पृ. २०४–२१२।

३८. रवीन्द्रनाथ ठाकुर, 'अवनीन्द्रनाथ ठाकुर को लिखे गये पत्र, 'चिट्ठी–पत्र', पत्र ५, विश्वभारती पत्रिका, कार्तिक–चैत्र, १३८३ (१९७६), पृ. १०३।

३९. Art and Tradition ग्रन्थ की भूमिका में लॉर्ड जेटलैण्ड (रोनाल्डसे) ने असितकुमार की सम्भावना को संगत मानते हुए कवि के चित्रों के सम्बन्ध में लिखा था, "In the case of the poet become painter the explanation would seem to be similar one, for to use Mr. Haldar's words we see here the outcome of concentrated *ananda* and in such circumstances any lack of precise knowledge of the technique of line and colour does not distract either from the value or the attractiveness of the resulting picture."

४०. Asitkumar Haldar, Art and Tradition, The Univershal Publishers Ltd., Hazrat Gunj, Lucknow, 1st edition 1938, Revised edition 1952, p. ii, iii, p. 85-86 संकलन में 'Rabindranath–The Painter' निबन्ध में असितकुमार ने लिखा था, "From his paintings we can see that he has eschewed the necessity of learning and giving himself entirely to the joy of the child in drawing whatever his fancy dictated; the poet has created a unique style of art, inspired by a German artist Kubin, the appreciation of which requires a child's heart and capacity for enjoyment' राइडर समूह के जगद्‌वरेण्य शिल्पी अल्फ्रेड लिओपोल्ड कुबिन (Alfred Leopold Kubin), १८७७-१९५९ थे स्वशिक्षित चित्रकार। विधिवत् उनकी स्कूली शिक्षा भी नहीं थी, यद्यपि संगीत और चित्रकला के प्रति वे माँ के प्रभाव से बचपन से ही अत्यन्त आकर्षित हो गये थे। छोटी उम्र में ही माँ को खोकर (१८८७) वे स्वाभाविक रूप से एक तरह से जीवन से निराश हो गये थे। ऐसे ही एक क्षण में अपने चित्रशिल्पी होने का मार्ग उन्होंने आकस्मिक रूप से पा लिया था म्यूनिख में एक संगीत-महफ़िल में। ऑर्केस्ट्रा की झंकारों के मध्य जैसे एक आलोकवृत्त उन्हें एक अपार्थिव जगत् में ले गया था, आसपास के मनुष्यों को वे अर्ध-पशु और अर्ध-मनुष्यों के रूप में देखने लगे थे। हॉल से बाहर आने के बाद भी उनका यह दृष्टि-भ्रम गया नहीं था। चाय की दुकान पर जाकर वहाँ पर भी उन्होंने परोसने वालों को मोम की मूर्तियों की तरह देखा था। घर लौटकर ऐसी दशा में उन्होंने एक प्रबल आवेग में इण्डियन इंक ड्राइंग में काफ़ी चित्र बना डाले थे, अपने प्रिय शिल्पी गोया, फेंडर, एडवर्ड मुंच, मार्क आदि की कलाकृतियों को याद करते हुए। चित्रकार बन्धुओं ने पाया सृष्टि से परे आँके गये चित्रों में एक असाधारण कल्पनाप्रवण और अंकन क्षमता सम्पन्न अपने बीच एक विशिष्ट चेहरे वाले शिल्पी को ड्राइंग और विभिन्न माध्यमों से अभिनव नवीन चित्र एवं ग्रन्थ—अलंकरण ने विश्व में उसकी ख्याति फैला दी थी। रवीन्द्रनाथ उसके चित्रों से परिचित थे। कोलकाता में १९२२ में ब्लू राइडर समुदाय की प्रदर्शनी में भी उसके चित्र थे या नहीं, यह स्पष्ट नहीं है। [Paul Raabe (Compiler), Artist Alfred Kubin, A documentary Biography], सौजन्य श्रीमती क्रिस्टिल दास, तत्कालीन (१९८०) ग्रन्थागारिक, मैक्समूलर भवन, कोलकाता।

४१. पत्रावली, शारदीय देश, १४०३, पृ. ३९।

४२. स्थानीय दैनिक, द लीडर, जनवरी ३, १९४१, सम्पादकीय लेख, We cannot congratulate the Government on having dismissed the great artist Mr. A.K. Haldar Principal of the School of Art and Crafts, Lucknow with the title of Rai Saheb. This throws a lurid upon the Government is very faulty appreciation of values.'

४३. असितकुमार की 'स्मृतियों में रवीन्द्रनाथ', पाण्डुलिपि।

४४. असितकुमार हालदार, रवितीर्थे ग्रन्थ का संशोधित, परिवर्धित संस्करण की पाण्डुलिपि में रवीन्द्रनाथ के लेख से उद्धृत।

४५. असितकुमार हालदार, 'रवीन्द्रनाथेर शिल्पकला', श्री हर्ष, शारदीय संख्या, वर्ष १, पृ. १५८–५९।

४६. रवीन्द्रनाथ ठाकुर, चिट्ठी-पत्र ११, विश्वभारती ग्रन्थन विभाग, पृ. २३३।

४७. रवितीर्थे ग्रन्थ का संशोधित, परिवर्धित संस्करण की पाण्डुलिपि।

नव्य-भारतीय चित्रकला के प्रचार में जेम्स काजिन्स (१९२४-५१)

नव्य-भारतीय चित्रकला के प्रचार में
जेम्स काजिन्स (१९२४-५१)

जेम्स काजिन्स के अकेले प्रचार से भारतीय शिल्प आन्दोलन की लहर सिर्फ़ दक्षिण भारत में ही सर्वत्र नहीं फैल गयी बल्कि भारत के बाहर भी फैल गयी थी। वे दक्षिण भारत में अनेक क्षेत्रों में उच्च विद्यालयों के एक अध्ययन-कक्ष को कई दिनों के लिए एक प्रदर्शनशाला में बदलकर पूरब की नयी चित्रकला के साथ वहाँ के छात्रों, शिक्षकों को परिचित कराया करते थे। इसमें कोई सन्देह नहीं, चित्र प्रदर्शनी सूत्र से इसी तरह से नव्य-भारतीय शिल्प आन्दोलन के विषय में अपनी अकृत्रिम निजी भावना, वक्तृता एवं दक्षिण भारत के न्यू इण्डिया और श्यामा एवं कोलकाता के रूपम्, मॉडर्न रिव्यू आदि उस समय की लोकप्रिय पत्र-पत्रिकाओं में उनके सचित्र निबन्धों के माध्यम से वह भारत के सभी स्थानों में प्रचारित हो गया था। काजिन्स की इस अकेली कर्म तत्परता की ख़बर पाकर चित्रशिल्पी रवि वर्मा के अन्यतम प्रधान साधना क्षेत्र मैसूर (आजकल महीसुर) के शिल्पप्रेमी राजा श्रीकृष्ण राजा वाडियर ने अगस्त १९२४ ई. में आधुनिक भारतीय और यूरोपीय चित्र प्रदर्शनी का आयोजन करने के लिए वहाँ पर उन्हें बुलाया था। काजिन्स ने १९२४, १२ सितम्बर के पत्र में असितकुमार को लिखा था,

> मैसूर राज्य में इस समय भारतीय शिल्प कला की धूम मची हुई है। जुलाई में प्राचीन (भारतीय) शिल्पकला की प्रदर्शनी हुई थी, बंगलौर और मैसूर में अगस्त में वहाँ हुई पूर्व-पश्चिम की युग्म शिल्पकला

की प्रदर्शनी। इसी सिलसिले में महाराजा की तरफ़ से मैं भारतीय चित्रों का एक छोटा, स्थायी प्रदर्शनालय तैयार करने की देखरेख में जुटा हूँ, जिसका आकार धीरे-धीरे बढ़ता जायेगा।'[१]

नयी निर्माणाधीन गैलरी के लिए असितकुमार की अजन्ता और बाघगुहा चित्रों की प्रतिलिपियाँ एवं 'नीग्रो प्रिन्स' छवि को उन्होंने राजा को उपयुक्त दामों में बेच दिया था। उन्होंने 'राई-राजा' जैसा और भी उनका कोई चित्र चाहा था। इसी तरह से दक्षिण के आग्रही सामान्य दर्शकों के लिए उनके प्रयास से सबसे पहले अवनीन्द्रनाथ और उनके अग्रणी शिष्यों के आधुनिक चित्रों का एक स्थायी संग्रहालय 'जगन्मोहन चित्रशाला' तैयार हो गया था।

डॉ. जेम्स काजिन्स को १९२५ ई. में यूरोप परिभ्रमण पर जाकर अपने संग्रह के मात्र चालीस नव्य भारतीय चित्रों की चुनी हुई प्रतिलिपियों को फ्लोरेंस के एक क्लब में दिखाने का सुअवसर मिला था। वहाँ के दर्शक, काजिन्स के शब्दों में भारत के उन चित्रों की प्रतिलिपियाँ देखकर मुग्ध हो गये थे। कारण, दर्शकों ने उन चित्रों में अपने देश के चित्रों का कोई अनुकरण या प्रतिफलन नहीं देखा था। उनके द्वारा अब तक न देखी गयी एक नवीन जीवनधारा का मौलिक चित्र उनकी नज़र में आया था।[२]

भारतीय अर्थात् उत्कृष्ट प्रिन्ट, शिल्पियों के मूल चित्र देखने के अभ्यस्त हैवेल की आँखों को ख़ूब नीरस लगे थे। नव्य भारतीय चित्रकला की प्रतिलिपियों के प्रसंग में असितकुमार और नन्दलाल के अनन्य प्रधान छात्र बिनोदबिहारी मुखोपाध्याय (१९०४-१९८०) ने एक साक्षात्कार में सत्यजित राय से अनायास ही कहा था, प्रवासी, मॉडर्न रिव्यू में चित्रों को प्रकाशित करके रामानन्द चट्टोपाध्याय ने अवनीन्द्रनाथ के शिष्यों की क्षति की थी।[३] यद्यपि उन्होंने इस बात पर विचार नहीं किया था कि यदि उस समय पत्र-पत्रिकाओं में छवि प्रकाशित न होतीं तो अवनीन्द्रनाथ के भारतीय कला आन्दोलन की लहर भारत की सभी दिशाओं के जनसामान्य तक पहुँचा देना सहज नहीं होता। उस समय पूरे बंगाल में बहुत से कला रसिक मॉडर्न रिव्यू और प्रवासी में प्रकाशित छवियों को बड़े आग्रह के साथ अपने संग्रह में रखते थे एवं बहुत से अत्यन्त सामान्य स्तर की उन प्रतिलिपियों के प्रभाव में आकर चित्रांकन सीखने को प्रेरित होकर कोलकाता चले आया करते थे। इस यात्रा के दौरान काजिन्स ने पेरिस और न्यूयार्क

में भी प्रतिलिपियों की प्रदर्शनी में उनकी जानकारी देने के समय आधुनिक भारतीय शिल्प कला के नवीन रूपों पर आवश्यक वक्तव्य भी सुधी दर्शकों और चित्र समालोचकों के समक्ष प्रस्तुत किया था।[४]

१९२८ ई. में कॉजिन्स अवनीन्द्रनाथ एवं उनके अखिल भारतीय शिष्य-प्रशिष्यों के १४० भारतीय रिनेसाँ कालीन मूल चित्रों का ढेर यूरोप में प्रदर्शन के लिए ले गये थे। जिनेवा में आर्ट स्कूल के एथेनी (Athenee) स्कूल की गैलरी में उन चित्रों को दिखाने का आयोजन किया गया था। स्कूल के सभापति, उस देश के एक नामी अनुभवी प्रौढ़ तैल चित्रकार, जो भारतवर्ष के युगान्तकारी शिल्प आन्दोलन के बारे में बिन्दु-विसर्ग भी नहीं जानते थे, उसके पहले, उस नव्य भारतीय शैली के चित्रों को पहली बार देखकर, उन्होंने उन चित्रों की तीन विशेषतायें खोज डालीं, जिनके बारे में उन्होंने खुले रूप में अपनी बात व्यक्त की थी काजिन्स के सामने। सबसे पहले उन्होंने शिल्पियों, यहाँ तक कि शिक्षार्थी चित्रकारों के छवि-अंकन में असाधारण नैपुण्य को देखा था, द्वितीयतः, उन्होंने अनुभव किया था कि हर छवि में एक पवित्र भाव का संकेत है, एवं तीसरी विशेषता, उस चित्रावली में उन्होंने पहले कभी न देखे अत्यन्त सभ्य जगत् के परम्परा से प्राप्त ऐश्वर्य की अभिव्यक्ति।[५] ब्रसेल्स में विख्यात बेल्जियम शिल्पी देलवेल्ली के विशाल आकार वाले चित्रों की एकदम पास में लगी उस गैलरी में भारतीय चित्रों की प्रदर्शनी में दर्शकों की भीड़ चौंकाने वाली थी। परिणाम यह हुआ कि उस समय देलवेल्ली की प्रदर्शनी बन्द रखनी पड़ी थी। एक महिला दर्शक वहाँ पर प्रदर्शनी में घण्टों बैठे रहकर भारतीय चित्रों के सौन्दर्य और आध्यात्मिकता से प्रेरित होकर 'ॐ' का जप कर रही थी। किसी-किसी के अनुभव में भारतीय छवियाँ, यौनभाव से रहित, पूर्ण प्रेम का प्रतीक थीं, जो उस देश के व्यक्तियों के लिए एक सोच से परे की बात थी। हॉलैण्ड में भी वह प्रदर्शनी ख़ूब लोकप्रिय हुई थी।[६]

१९३० अप्रैल में काजिन्स दूसरी बार यूरोप और अमेरिका में भाषण देने के उद्देश्य से लम्बे सफ़र के समय भारतीय जागरणकालीन चित्रावली प्रदर्शन के उद्देश्य से लेकर गये थे। १९३१ ई. में अमेरिका के लाउस ऐंजिल्स काउण्टी म्यूज़ियम ऑफ़ आर्ट में चित्रों को सजाते समय प्रदर्शन कक्ष से लखनऊ आर्ट स्कूल में असितकुमार के छात्र रहे सुकुमार बसु (१९१२-१९८६) का एक चित्र अप्रत्याशित भाव से चोरी हो गया था।

उस बात को व्यक्त करते हुए प्रदर्शनी के भार-प्राप्त काजिन्स ने असितकुमार को ७ अगस्त, १९३१ तारीख़ के पत्र में लिखा था :

> आनन्दप्रद छोटे आकार का चित्र सहज में ही छिपाया जा सकता है। जितनी तरह से सम्भव है, खोजने के बाद भी उसका कोई फल नहीं निकला। दुर्भाग्यवश मैं विशाल आकार के म्यूज़ियम के एक भले कर्मचारी के ऊपर निर्भर था और चित्रों का बीमा भी नहीं कराया गया था।

विदेश में हुई इस अप्रत्याशित चोरी की घटना से हुई हानि की काजिन्स ने न्यूनतम क्षतिपूर्ति के हिसाब से स्वयं अपनी जेब से एक सौ रुपया चित्रकार को भेजा था सौजन्यबोध के कारण।[७]

भारतीय शिल्प आन्दोलन से सृजित चित्रकला भारत और भारत से बाहर यथार्थ महत्त्व के साथ स्वत: प्रेरणा से होने वाले प्रचार कार्य के लिए १९३३ ई. में अवनीन्द्रनाथ और अर्धेन्दुकुमार गांगुली के प्रयास से कोलकाता प्राच्यकला परिषद् में काजिन्स का अभिनन्दन हुआ था। चित्रकार राजा रविवर्मा के निजी राज्य त्रिवांकुर के कला अनुरागी राजा थिरुनाल भी उन्हें १९३४ में बुलाकर ले आये थे कला-शिक्षक के रूप में एवं उस काम में काजिन्स १९४८ तक सक्रिय रहे थे। १९३५ ई. में राजधानी शहर त्रिवेन्द्रम में काजिन्स के उद्योग से राजप्रासाद से लगे दो भवनों को प्रदर्शनशाला के उपयुक्त बनाकर 'श्री चित्रालयम' नाम से एक स्थायी चित्रशाला स्थापित हो गयी थी, जिसके एक भवन के विशाल आकार के तीन कक्षों में तीन पर्वों में विभक्त भारतीय रिनेसाँ चित्रावली ने स्थान प्राप्त किया था। पहले कमरे में थे शिल्पाचार्य अवनीन्द्रनाथ ठाकुर और उनके प्रमुख शिष्य शिल्पी नन्दलाल बसु, असितकुमार हालदार आदि प्रमुखों के चित्र। द्वितीय कमरे में थे उनके प्रशिष्य शिल्पी अर्धेन्दु प्रसाद वंद्योपाध्याय, वीरेश्वर सेन, व्रतीन्द्रनाथ ठाकुर और उनके समकालीन आदि लोग, एवं तीसरे कमरे में अहमदाबाद के शिल्पी रविशंकर रावल (१८९२-१९७९) और उनके छात्र शिष्य कानू देसाई (१९०७-१९८०), रसिकलाल पारीख (१९१०-१९८२), छगनलाल यादव (१९०३-१९८७), लखनऊ के असितकुमार के छात्र ए.एच. मेड़ एवं दक्षिण के शिल्पी आनन्दमोहन और राममोहन शास्त्री आदि अन्यान्य प्रदेशों के समकालीन नव्य भारत की विरासत को वहन करने वाले शिल्पियों की चित्रराजि।[८] १९३६ ई. में

काजिन्स मदनपल्ली कॉलेज के अध्यापन से अवकाश लेकर अड्यार में भारत की प्रख्यात नृत्यांगना रुक्मिणी अरुंडाल के सहयोग से कला क्षेत्र में योगदान करते हुए वहाँ पर भी भारत की रिनेसाँ चित्रावली के प्रचार में सक्रिय बने रहे थे।

दक्षिण के सांस्कृतिक जगत् के साथ आजीवन असितकुमार जुड़े रहे थे अड्यार में वार्षिक चित्र प्रदर्शनी और थियोसोफिकल सोसायटी के व्यक्तियों के साथ अन्तरंगता से। काजिन्स के अलावा भी थियोसोफिकल सोसायटी की शीर्ष व्यक्तित्व श्रीमती एलिस अड्यार, डॉ. एनी बेसेन्ट, जिद्दू श्री नारायण कृष्णमूर्ति आदि के साथ उनकी घनिष्ठता थी। सरोजिनी नायडू की बहन मृणालिनी चट्टोपाध्याय के सम्पादन में प्रकाशित थियोसोफिकल सोसायटी के मुखपत्र श्यामा (Shyama) के पहले अंक का प्रच्छद पट शिल्पी असितकुमार ने आँका था।

असितकुमार सरकारी काम से अवकाश लेने के बाद १९४८ में लखनऊ छोड़कर मद्रास चले गये थे, स्वर्गीय रामस्वामी मुदालियर के पौत्र एस.डी. रामकृष्णन के प्रस्ताव के अनुसार उनके पिता की स्मृति से संयुक्त शिल्प संग्रहालय की देखरेख का दायित्व लेकर। मद्रास के किल्पक में १७० नं. पूनामुल्लि हाई रोड के ऊपर प्रासादोयम भवन के एक सुसज्जित कक्ष में उस ज़माने के कला-रसिक रामस्वामी मुदालियर ने अपनी अमूल्य सारी शिल्प सम्पदा रखी थी एवं उनके न रहने पर पौत्र रामकृष्णन ने उनके संरक्षण और जनता के समक्ष उसके प्रदर्शन के बारे में विचार कर पितामह के परिचित शिल्पी असितकुमार को म्यूज़ियम का दायित्व सौंपना चाहा था। मद्रास में असितकुमार गये थे किल्पक में फोर्ट सेन्ट जोजेस में ३१ जनवरी से ३ फ़रवरी, १९४८ की समयावधि में केन्द्रीय शिक्षा मन्त्री सैयद अब्दुल कलाम आज़ाद के पौरोहित्य में होने वाले 'फोर्ट सेन्ट जॉर्ज म्यूज़ियम' के उद्घाटन के उपलक्ष्य में पुरातात्त्विक प्रदर्शनी के लिए शिल्पालय के संगठन के काम के कारण।[९] ३१ जनवरी, १९४८ में असितकुमार मद्रास पहुँचकर रुके थे मुदालियर-भवन में। फोर्ट म्यूज़ियम उद्घाटन के अनुषंग में प्रदर्शित हुई थी मुदालियर संग्रह के नव्य भारतीय चित्रों के साथ प्राचीन भारतीय शिल्प सामग्री। इसके बाद मद्रास से श्री रामकृष्णन के परिवार के साथ कन्या रोचना को लेकर तीन महीने के लिए ऊटी गये थे असितकुमार। नीलगिरि के उस पार्वत्य नगर में निर्मल परिवेश में उन्होंने भारतीय इतिहास के तीस चित्र

के काम के साथ वाल्मीकि रामायण का संस्कृत से बाङ्ला में पद्यानुवाद भी शुरू कर दिया था। किन्तु, वह निर्जनवास श्री रामकृष्णन मुदालियर की स्त्री और असितकुमार की कन्या को पसन्द न होने के कारण वे लोग मद्रास चले आये थे। वहाँ की प्रचण्ड गर्मी के कारण उनका काम आशानुरूप नहीं हो सका था।

ऊटी में रहते समय केन्द्रीय सरकार द्वारा प्रस्तावित मिनिस्ट्री ऑफ़ इन्फ़ार्गेशन के अधीन 'हेड आर्टिस्ट' पद पर बुलाये जाने को उन्होंने एकदम अस्वीकार कर दिया था। इसके बाद वहाँ पर केन्द्रीय सरकार के सांस्कृतिक मन्त्रालय से पेरिस में यूनेस्को सांस्कृतिक कार्यालय में शिल्पकला विभाग के अध्यक्ष के रूप में योगदान करने का उन्हें एक सुअवसर मिला था।[१०] मद्रास लौटकर १४ जून, १९४८ को किल्पक से उन्होंने यूनेस्को के पद के बारे में अपनी कन्या को लिखा था :

> मेरा जाना इस समय पेरिस के Director General Jaulian Hurxley के Confirm करने से ही होगा। ऊटी में Dr. Radhakamal बाबू थे। उनसे पता चला UNESCO में विभाग का मुख्य अधिकारी होना ख़ूब गौरव की बात है क्योंकि सारी दुनिया के चित्रकारों में यदि वे लोग मुझे चुनें तभी भारतवर्ष का गौरव है। हाँ, यह ज़रूर है मेरा नाम भारत सरकार के द्वारा भेजे जाने से मेरा गौरव तो बना रहा और देश का मान अगर वे लोग रखेंगे तभी मेरा जाना हो पायेगा।

स्वर्ण अवसर उन्हें नहीं मिल सका। उस पद पर पेरिस गये चीन के अमेरिका-प्रवासी विख्यात लेखक डॉ. यू तांग।[११] मद्रास में रहते समय लखनऊ से अधीश और पिंटू (रोचना) के मैट्रीकुलेशन परीक्षा में उत्तीर्ण होने का और एक शुभ संवाद पाकर उसी चिट्ठी में अतसी को लिखा था, 'उनके पास होने से मेरे पसीना के साथ आने वाले ज्वर ने मुझे छोड़ दिया। इस बार उन्हें मद्रास में सरलता से भर्ती कराया जा सकेगा।' किन्तु, वह भी न हो सका। वहाँ पर गर्मी में दोपहर बारह बजे के बाद उनका चित्रांकन करना सम्भव नहीं हो पाता था। इसके बाद पुत्री अतसी को उन्होंने जानकारी दी, 'मद्रास का पानी अच्छा नहीं लगता है। मेरा उस बार जनवरी में जिस तरह पैर फूल गया था, इस बार भी वैसा ही हो रहा है।[१२] असितकुमार मद्रास के काम में इसके बाद अधिक दिन रह नहीं सके।

मद्रास में असितकुमार के और एक अनुरागी थे रामस्वामी मुदालियर के

पड़ोसी किल्पक निवासी सर्जन डॉ. सी. सत्यनारायण। अड्यार की प्रदर्शनी सूत्र से एवं १९४८ में चिकित्सा के सिलसिले में वे शिल्पी असितकुमार के साथ घनिष्ठ रूप से परिचित हुए थे। लखनऊ में आकर असितकुमार के घर में चित्र देखने की अभिज्ञता भी उन्हें हो गयी थी। १९५५ ई. में असितकुमार के लखनऊ वाले घर में आकर उनके द्वारा आँके गये बुद्धजीवनी के चित्रों में बुद्धदेव को उन्होंने मानो भारत की धरती पर सचल स्थिति में देखा था। कलानुरागी डॉक्टर के अनुरोध पर असितकुमार ने अमेरिका के 'हॉल ऑफ़ फेम' के लिए आयुर्वेदाचार्य सुश्रुत का एक चेहरा आँककर (१९५६) में भेज दिया था।

तथ्यसूत्र

१. काजिन्स की १२.२.१९२४ की चिट्ठी, 'Yes, there has been quite an outbreak of Indian Art in Mysore state. I organized for H.H. a small permanent gallery of Indian paintings. This will expand gradually.' Partha Mitter, Art and Nationalism in colonial India 1850-1922 Cambridge University Press, 1944, p. 329.

२. असितकुमार को लिखे पत्र में काजिन्स के शब्दों के अनुसार : 'Not because they found in them copies or reflections of their own art, but something different, something illustrative of the law of life, the law of minor unity and outer diversity internationality in spirit and nationality in expression.'

३. बिनोद बिहारी मुखोपाध्याय क्रोड पत्र (परिशिष्ट-अनु.) बंगदर्शन ८-९ जनवरी-दिसम्बर, २००४, पृ. १६-१७।

४. James Henry Cousins, The Renaissance in India, Introduction, Dilip Kumar Chatterji, 1st Reprint, Standard Book Agency, Kolkata, 2005, P. LXXX, Art and Nationalism in Colonial India, p. 329.

५. रवितीर्थे, संशोधित पाण्डुलिपि में जेम्स कॉजिन्स के (The Faith of the Artist) ग्रन्थ के पृष्ठ ८५ से उद्धृत : Three years later, in 1928, I look a collection of one hundred and forty original Indian paintings (of the Renaissance School of Bengal) to the western world. In Geneva they were exhibited for a week in the hall of the senior art institution of the city. The president of the school had a Preview. He was an elderly artist, confirmed in western oil painting. He knew nothing of the history of the movement in India, and he did not enquire. He took the pictures as works of art and he made three discoveries as he proceeded in his survey of the collection, discoveries which he quietly but with intensity communicated to me at intervals... discovery number one was, 'the mastery' on even the painting of the student-artist; number two the spirit of 'consecration' in all the paintings; number three, behind the paintings 'great civilisation'.

६. P. Mitter, Art and Nationalism in colonial India १८५०-१९२२, P. ३३०, 'Full of Love without eroticism.'

७. कॉजिन्स की ७.२.१९३१ की चिट्ठी, 'When I was putting up the pictures for the months show in the Los Angeles Museum, California, one of them was stolen. It was the one entitled 'Ties of Love' (three women) by Sukumar Bose, a delightful small piece easily hidden. Search was made in every way, but with no result, unfortunately. I had relied on the supervision of a guard staff in a Vast Museum, and I had not insured I as therefore sending you Rs. 100 which I hope the artist will accept, am I hope to pay it out of my own pocket etc.'

८. Dr. J.H. Cousins, An Artistic Decade in South India, a booklet, Trivandram, 1946.

९. S.V. Ramkrishnan Catalogue of Paintings, S.V. Ramaswamy Mudaliar Silpoalay and Haldar Kala Bhavan, Booklet, 1948, p. 1. 'Sri Asit Kumar has at present come to organize the silpalay for the forth coming art and archaeological exhibition to be held from the 31 January to 3rd February, 1948 at Fort St. George at Kalpauk on the occasion of the meeting of the conference of the Advisory Board of Archaeology.' Google net, V. Sriram, 'The Father of Fort Museum. म्यूज़ियम स्थापना के उद्देश्य के बारे में कहा गया था, 'for the exhibition of antiquities illustrating the historical evolution of the Province since the days of the East India Company.

१०. केन्द्रीय सांस्कृतिक मन्त्रालय से भेजा गया तार, 'Your name proposed post head of Art & letter section UNESCO Secretariat Paris salary united states dollars 8,300 per annum plus available allowances equivalent dollars 7,200. Please telegraph if willing. कहने में कोई हर्जा नहीं है, अन्तरराष्ट्रीय पद को ग्रहण करने की स्वीकृति असितकुमार ने दे दी थी।

११. Amrita Bagar Patrica, १५. ७. १९४८.

१२. श्रीमती अतसी बरुआ को लिखा पत्र।

१३. १९५७ में यूरोप और अमेरिका से अवसर लेने के बाद वहाँ के विख्यात पुरातत्त्व संग्रहालय और चित्रशालाओं को देखने के बाद डॉ. सत्यनारायण ने उन्हें लिखा था : Every time I remembered your pictures and their images distinctly and as a matter of fact I told many of the Americans and others about you.

बन्धु चित्रकार निकोलस रोरिक

असितकुमार के साथ बड़े भाई जैसे सतीर्थ विश्वविख्यात रूसी परिव्राजक चित्रकार निकोलस रोरिक (१८७४–१९४७) का पत्राचार शुरू हुआ था १९२४ ई. में, जिस समय वे हिमालय अभियान के शुरुआती पर्यवेक्षण के काम से पहली बार भारत आये थे। प्रत्यक्ष रूप से भेंट न होने पर भी उनके साथ रोरिक का पत्राचार के माध्यम से घनिष्ठ सम्बन्ध अक्षुण्ण था, मुख्य रूप से पारम्परिक सृजन कार्य के प्रति उनके आन्तरिक अनुराग और श्रद्धा के कारण। एक साथ शिल्पी, पुरातत्त्ववेत्ता, नृवंशविद्, विधि विशेषज्ञ एवं परिव्राजक यह अनन्य साधारण सृजनशील व्यक्ति परिचय की कोई अपेक्षा नहीं रखता है।

फ़रवरी १९१७ ई. में सेंट पीटर्सबर्ग शहर (अब लेनिनग्राड) में ख़ूनी बोल्शेविक क्रान्ति में उन्हें सपरिवार रसिया छोड़कर फ़िनलैण्ड (१९१७–१९) में एवं १९२० में चित्र प्रदर्शनी के सिलसिले में इंग्लैण्ड में शरण लेनी पड़ी थी। लन्दन में रवीन्द्रनाथ सबसे पहले उनकी कला के साथ परिचित हुए थे।[१] उसी वर्ष आबाल्य भारतवर्ष में हिमालय दर्शन की प्यास त्यागकर निकोलस शिक्षानुशीलन सहित अनेक प्रकार की सुविधा–सुयोग पाकर एवं अर्थागम की आशा से अमेरिका का आमन्त्रण स्वीकार कर वहाँ के आप्रवासी होकर चले आते हैं। १९१७–२३ समयावधि के दौरान आँके गये उनके लगभग पाँच सौ चित्र और रेखांकन न्यूयार्क समेत अमेरिका के अग्रणी उनतीस शहरों में घुमन्तू चित्र–प्रदर्शनी (१९२०–१९२३) के माध्यम से दिखाने के सुअवसर और प्रचार के मध्य उनकी काफ़ी कुछ छवियाँ वहाँ के विभिन्न अग्रणी म्यूज़ियम और व्यक्तिगत संग्रहों में बिक जाती हैं। अभी हाल में

समाप्त हुए पहले विश्वयुद्ध के बाद के अमेरिका के विपरीत राजनैतिक आब-हवा में बोल्शेविक विरोधी रूसी निकोलस अपने को एक शिल्पी के रूप में ही सिर्फ़ नहीं, अपने को एक पादप विज्ञानी, नृवंश विज्ञानी एवं एक शान्तिकामी साधक के रूप में उपस्थापित कर अति अल्प समय में वहाँ के उच्च वित्त वर्गीय मनुष्यों का चित्त जीतने में सफल हो गये थे। उस योगायोग के फलस्वरूप न्यूयार्क में चित्रानुरागियों के प्रयास से उनके चित्रों के संरक्षण के लिए एक संग्रहशाला की स्थापना का अभूतपूर्व उद्योग भी चलने लगा था। इसके बाद १९२४ ई. में उनके तीन सौ चित्रों का संग्रह लेकर न्यूयार्क में 'रोरिक म्यूज़ियम ऑफ़ आर्ट्स' स्थापना जैसी घटना घट गयी थी।[२]

इसी बीच में अमेरिका के प्रभावशाली राजनीतिज्ञ वालेस के माध्यम से और अमेरिकी सरकार की प्रचुर आर्थिक सहायता से निकोलस १९२३ ई. के मई के महीने में अपने बहुप्रतीक्षित एशिया और हिमालय अभियान के प्रस्तुति पर्व में भारतवर्ष में आते हैं। हिमालय पर्वतमाला के सुदुर्गम अरण्यांचल और भयंकर उजाड़ सूखे मरुस्थल में वनस्पतियों का अनुसंधान और गवेषणा थी उनके पाँच वर्ष व्यापी अभियान का मूल उद्देश्य।[३] भारत में पहुँचकर निकोलस अपने अभियान सम्बन्धी काम के सिलसिले में कोलकाता आते हैं और प्राच्यकला परिषद् में गगनेन्द्रनाथ, अवनीन्द्रनाथ और उनके शिष्यों के नवधारा के भारतीय चित्रों से परिचित हो जाते हैं। १९२४ में अपना अभियान शुरू करने के पहले प्राच्यकला परिषद् की प्रदर्शनी में असितकुमार के चित्र देखकर मुग्ध निकोलस ने उन्हीं को न्यूयार्क में सद्यःस्थापित अपने नाम वाले म्यूज़ियम के भारतीय शिल्पकला के एकमात्र परामर्शदाता के रूप में पाने की इच्छा से हिलसाइड दार्जिलिंग से २ अगस्त, १९२४ की तारीख़ को 'अदेखे मित्र' के सम्बोधन के साथ असितकुमार को लिखा था :

> आप शायद जानते हैं कि मैं आपके चित्रों का मर्म समझता हूँ और आपका नाम अपने मित्रों में (कला-परामर्शदाता के रूप में) अगर देख पाऊँ तो मुझे बहुत ख़ुशी होगी।[४]

कहने में कोई हर्जा नहीं है, असितकुमार ने वह सम्मानजनक पद ग्रहण कर लिया था। उस पत्राचार के प्रारम्भ होने से दो भिन्न मार्गीय चित्रकारों का बन्धुत्व गहरी अन्तरंगता में परिणत हो गया था।

१९२३ ई. में कोलकाता पहली बार आकर निकोलस ने सम्भवतः प्राच्यकला

परिषद् में अवनीन्द्रनाथ और उनके शिष्यों के चित्र वार्षिक प्रदर्शनी में देखे थे एवं उस समय परिषद् की पत्रिका रूपम् के सम्पादक अर्धेन्दुकुमार के साथ प्रत्यक्ष परिचित होकर असितकुमार की चित्र-रचना के सम्बन्ध में विशद रूप से जान भी गये थे एवं सम्भवतः मॉडर्न इण्डियन आर्टिस्ट सीरीज़ के दूसरे खण्ड, असितकुमार हालदार मोनोग्राफ़ में प्रकाशित उनकी चित्र प्रतिलिपियों ने भी उन्हें प्रभावित किया था शिल्पी को न्यूयार्क के म्यूज़ियम में परामर्शदाता के पद से उन्हें जोड़ने में।[५] असितकुमार भी रूसी चित्रकार की हिमालय दृश्य चित्रावली के अनुरागी थे। उनके साथ अन्तरंग पत्राचार के सूत्र से निकोलस ने इलाहाबाद म्यूनिसिपल म्यूज़ियम में १९ चित्र प्रदान कर दिये थे। निकोलस के सम्मान में शिल्पी के नाम से एक सांस्कृतिक केन्द्र भी वहाँ प्रारम्भ हुआ था, आजकल जिसका कोई अस्तित्व नहीं है। १९३२ ई. में असितकुमार और उनके मित्र, चित्ररसिक एन.सी. मेहता के मिलने से भारतवर्ष में सर्वप्रथम निकोलस रोरिक म्यूज़ियम की छठवीं शाखा का केन्द्र स्थापित हुआ था बनारस हिन्दू विश्वविद्यालय के अधीन राय कृष्णदास द्वारा स्थापित भारत कला भवन केन्द्र में। निकोलस गम्भीर रूप से आह्लादित हुए थे उनका 'वेनर ऑफ़ पीस' चित्र असितकुमार जैसे व्यक्ति को बहुत अच्छा लगा है यह बात जानकर।[६]

तथ्यसूत्र

१. रवीन्द्रनाथ ठाकुर, पितृस्मृति, जिज्ञासा, १३ अग्रहायण १३७३/१९६६, पृ. १७१; जिज्ञासा पब्लिकेशन्स, १३९५/१९८८, पृ. १४९-५०।

२. उनके समकालीन शिल्परसज्ञ पण्डित डॉ. आनन्द कुमारस्वामी ने शिल्पी के जीवनकाल में उनके चित्रों के किसी संग्रहालय की स्थापना युक्तिहीन कहते हुए अपने मत को इस प्रकार व्यक्त करते हुए लिखा था : "It is unnecessary for Museums to exhibit the works of living artists, which are not in imminent danger of destruction or at least, if such works are exhibited it should be clearly understood that the Museum in really advertising the artist and acting on behalf of the art dealer etc." Why exhibit works of Art.' The Indian Magazine, Vol. 9, Dec. 1988.

३. A.V. Yarmenko, Nicholai Konstantinovich Roerich. His life and Creations, during the Past forty years, Central Book Trading

Company New York, 1931 मध्य एशिया में अभियान चलते समय रोरिक के अनुरागी मित्र के रूप में परिचित हार्श (Harsh) के षड्यन्त्र से मार्किन मन्त्रिसभा के सदस्य रोरिक के भक्त हेनरी वालेस (Henry Wallace) को यह बताया जाता है कि अभियान के उद्देश्य को जलांजलि देकर निकोलस एशिया की राजनीति में लिप्त होकर तिब्बत में बौद्ध सम्प्रदाय में विद्रोह को उकसा रहे हैं। इस अफ़वाह का परिणाम यह हुआ कि वालेस ने उनका साथ छोड़ दिया। निकोलस वास्तव में किसी भी तरह की राजनीति से नहीं जुड़े हुए थे एवं अन्त में भारत में हिमालय प्रदेश में काँगड़ा नाग्गार में औषधीय पौधों का गवेषणा केन्द्र स्थापित कर आजीवन वहीं बने रहे थे। अमेरिका में उनके चित्रों से युक्त 'निकोलस रोरिक म्यूज़ियम' षड्यन्त्रकारी हार्श के अधिकार में चला जाता है। द्रष्टव्य : Encyclopedoa Britanica CD.

४. निकोलस रोरिक ने असितकुमार को लिखा था : The officers of my museum in New York want to elect you as a Honorary Advisor of Museum. This is a purely honarary position and only new friends can be created by it to you. You know how I appreciate your art and how glad I shall be to see your name amidst my friends.

५. James H. Cousins, Asit Kumar Haldar, Modern Indian Artist Series, Vol. II Publisher and Printer : Haromshan Mukharji, Calcutta 1923, (Limited Edition of 225).

६. हिमाचल प्रदेश की कुल्लू घाटी नाग्गार (Naggar) से १६ मई, १९३२ को निकोलस ने लिखा है असितकुमार को : I was deeply touched that you liked so much my paintings dadicated to my Banner of peace.

बंगलोर डिज़ाइन सेंटर (१९५६-५७)

असितकुमार कर्नाटक की राजधानी बंगलोर (इस समय बेंगलुरु) में एक वर्ष से एक मास अधिक (२ जून, १९५६, १२ जुलाई, १९५७) तक रहे थे। वहाँ पर उनका कार्यक्षेत्र हस्तशिल्प पर केन्द्रित था। लखनऊ में हस्तशिल्प की सर्वांगीण उन्नति से असितकुमार का प्रयास इस क्षेत्र में स्मरणीय है। असितकुमार को पता था :

> असल में ललित कला का जो सुनम्य अर्थात Plastic गढ़ने योग्य रूप है वही हस्तशिल्प है! हस्तशिल्प अर्थात् Crafts ललित कला की और एक प्रकार की अभिव्यक्ति मात्र है... कला की दो दिशायें हैं, हस्तकला और ललित कला की विषयवस्तु को यदि देखा जाये तो पता चलेगा कि दोनों में ही जो रस विद्यमान है, इसीलिए उन्हें आर्ट अथवा कला कहा जाता है। जो चित्रकला के उपासक हैं, उन्हें दुनिया की हर वस्तु की गढ़न आँकनी पड़ती है पट के ऊपर, उस आँकने में हस्तकला के अन्तर्गत आने वाली वस्तुयें भी छूटती नहीं हैं। सुतराम् एक चित्रकार का काम हस्तकला को छोड़ देने से नहीं चलता है।[१]

उनकी शिल्पकला के विशेष अनुरागी मित्र, उस समय केन्द्रीय हस्तकला बोर्ड के सर्वोच्च पद पर आसीन श्रीमती कमलादेवी चट्टोपाध्याय की एकमात्र इच्छा से बंगलोर में 'रीजनल डिज़ाइन सेंटर' के निर्देशक (Director) पद पाने की चिट्ठी १० मई, १९५६ को उन्हें मिली थी। इसके पहले फ़रवरी में उन्हें कमलादेवी के सहचर पत्रकार बन्धु श्री जी. वेंकटाचलम[२] तथा बेंका से हस्तकला बोर्ड के अधीन डिज़ाइन सेंटर में अपने चुने जाने की ख़बर मिल

गयी थी। उन्होंने अप्रैल में ही बंगलोर के सेंटर के काम-काज में योग देने का उनसे अनुरोध किया था। किन्तु, वह सम्भव नहीं हो सका था। दिल्ली में लोक सेवा आयोग बोर्ड में आर्टिस्ट चयन का काम समाप्त कर मद्रास होते हुए बंगलोर में उन्होंने २ जून को अपना कार्यभार सँभाल लिया था।

बंगलोर जाते समय मार्ग में मद्रास स्टेशन पर एक दुर्घटना घट गयी थी। असितकुमार की १ जून, १९५६ की दिनलिपि के विवरण के अनुसार,

> 'दोपहर की गाड़ी में चढ़ते ही देखा कि चमड़े का Wellet Missing—बटुआ नदारद है। पूरा सामान उतारकर रेलवे पुलिस की शरण ली एवं कई घण्टे की मशक्कत के बाद बटुआ मिल गया। ८.२० बजे पर पैसेंजर से बंगलोर के लिए रवाना हो गया। कार्य-भार सँभालते हुए अपनी कन्या को लिखा था : 'बहुत ठण्डा स्थान है। नया घर, ऑफ़िस भी ख़ूब व्यवस्थित और सजा-बजा है। ऑफ़िस से लगे हुए कारख़ाने में साउथ इण्डियन ब्रोंज की ढलाई, पत्थर और लकड़ी की खुदाई तथा तराशना एवं मूर्तियों की तैयारी इस सेंटर में होती है। अन्य चीज़ें मैं जोड़ दूँगा। मेरा छात्र अम्बिका प्रसाद दुबे मेरा तकनीकी सहायक है। खाने-पीने की चीज़ें ख़ूब सस्ती हैं। मछली, भात, रोटी सब कुछ आसानी से मिल जाती हैं।

इसके ऊपर ऑफ़िस से जुड़ा हुआ क्वार्टर पाकर उन्होंने उस दिन ख़ूब ख़ुश होकर पुनश्च कहकर अतसी को पुनः लिखा था : 'यहाँ का काम देखकर तुम विस्मय में पड़ जाओगी। (भास्कर श्रीधर) महापात्र इनके सामने कुछ भी नहीं हैं।' ऑफ़िस से लगा हुआ एक कमरा, स्नानघर, बैठकखाना, रसोई उन्हें मिली थी। प्रचण्ड गर्मी में दिल्ली का काम समाप्त कर प्रखर लू-लपट में ट्रेन में तपते हुए बंगलोर पहुँचकर वहाँ की समशीतोष्ण जलवायु उन्हें ख़ूब अच्छी लगी थी। इस पर उन्होंने लिखा था अपनी बेटी को : 'सुन्दर आब-हवा लग रहा है, जैसे मसूरी, नैनीताल में हूँ।' फिर भी उन्हें पानी के बारे में शिकायत थी, 'मद्रास जैसा ही ख़राब है। आते ही पैर फूल गये यहाँ का जल पीकर। आज (७ जून) से उबाले हुए पानी को ठण्डा कर पीने की व्यवस्था की है।' बंगलोर में असितकुमार के शुरुआत के छह मास में रहने के दिनयापन का विवरण उनकी डायरी से दिया गया है। किन्तु, उनकी ख़बर ज्येष्ठा कन्या शिल्पी अतसी बरुआ को लिखे पत्रों से मिलती है।

बंगलोर आकर ५ जून की रात में उन्होंने एक विचित्र सपना देखा था।

राधाकमल भाषण देने के बाद बीमार हो गये—मेरे घर आये, मैंने उन्हें एक बड़ी चेयर पर बैठा दिया,—अवन मामा, बरसाऊ दिन, बादल छाये, गाँव के रास्ते से जा रहे हैं...मेघ धान के खेतों की तरह चौकोर आकार में बहते देखकर मेरे किसी साथी ने कहा—इस तरह के मेघों के चित्रण का साहस तुम्हारे गुरुदेव ही कर सकते हैं... और कोई इनका चित्र नहीं बना पायेगा। ... गुरुदेव ने चलते-चलते अकस्मात् पीछे मुड़कर हँसते हुए कहा—मेघ क्या केवल गोल-गोल ही होते हैं, चौकोर भी तो होते हैं। इतना कहकर रास्ता पकड़कर चले गये। —उनके पास बाद में जाऊँगा, यह विचार भी तब मेरे मन में आया था। ८ नं. क्रुफाड रोड पर क्राफ्ट सेंटर से लगे उनके क्वार्टर के लिए मासिक १० प्रतिशत सरकारी किराया निर्धारित होने पर ३० जुलाई शाम को असितकुमार सरकारी आवास से गाड़ी से पन्द्रह मिनट की दूरी पर १९ एल, लावेल रोड पर अवकाश प्राप्त एक अँग्रेज़ कैप्टन श्रीयुक्त डोजसन के घर एक सुरुचिपूर्ण चीज़ों से सजे-बजे घर में ७५ रुपये मासिक किराये पर चले आये थे एवं वहीं पर २२५ रुपये में रहने और चार बार खाने की व्यवस्था कर ली थी। दिनलिपि : Captain Dodgson के घर में बहुत आराम से हूँ। गलीचा बिछा हुआ कमरा, स्प्रिंगदार चारपाई, गोदरेज की लोहे की अलमारी, बड़े शीशे वाली ड्रेसिंग टेबल, चेयर, टेबल से सजा हुआ कमरा। सवेरे-सवेरे नारंगी, रोटी, माखन और चाय।'

वहाँ पर उन्होंने मोटरगाड़ी के अलावा ऑटो रिक्शा, साइकिल रिक्शा, ताँगा, बैलगाड़ी, स्कूटर, साइकिल, बस सभी वाहन देखे थे ट्राम को छोड़कर।

केन्द्र सरकार के अखिल भारतीय हस्तकला बोर्ड (All India Handicrafts Board) के अन्तर्गत बंगलोर के 'रीजनल डिज़ाइन सेंटर' कमलादेवी चट्टोपाध्याय की अकेली परिकल्पना और प्रयास से स्थापित हुआ था। अभी हाल में स्वाधीन हुए भारत की सर्वांगीण उन्नति के क्षेत्र में प्रधानमन्त्री जवाहरलाल नेहरू द्वारा परिकल्पित पश्चिमी ढाँचे के कारख़ानों में मशीनों की सहायता से तैयार सभी वस्तुओं के प्रचुर मात्रा में उत्पन्न होने की तरफ़ अधिक ध्यान देने का परिणाम यह हुआ कि हाथ से बनायी कलात्मक गुणों से भरपूर नित्य व्यवहार और साज-सज्जा के लिए उपयोगी बहुत-सी भारतीय वस्तुयें धीरे-धीरे अपना अस्तित्व खोकर लुप्त ही होने लगीं, ऐसे समय सामूहिक विपत्ति की सम्भावना श्रीमती कमला देवी ने जिस प्रकार देखी थी,

ठीक ऐसी ही सम्भावना देखी थी पराधीन भारत में हैवेल और कुमारस्वामी ने। इसी वजह से उनके प्रयास से यह विषय केन्द्र सरकार की नज़र में लाया गया था। इसके अलावा उन्नीसवीं शताब्दी के मध्यवर्ती समय में यूरोप की औद्योगिक क्रान्ति की लहर के प्रभाव से एक शताब्दी के भीतर भारतवर्ष में राष्ट्रीय हस्तशिल्प कला की माँग धीरे-धीरे रसातल को पहुँच गयी थी। उस समय शिल्प विशेषज्ञों ने यह लक्षित किया था देश के लोगों के समक्ष माँग कम हो जाने के बाद भी विदेशों में अन्तरराष्ट्रीय शिल्पमेला और प्रदर्शनी में भारतीय हस्तकला से मण्डित चीज़ों को अप्रत्याशित माँग कार्य रूप में भारत के लिए पूरी करना सम्भव नहीं हो पाया। इस परिस्थिति में १९५२ में नयी दिल्ली में केन्द्रीय सरकार के अधीन देशभर में हस्तकला के उत्पादन और गुणात्मक दृष्टि से उसका मान बढ़ाने के उपायों पर विचार करने के उद्‌देश्य से अखिल भारतीय हस्तशिल्प संघ की सृष्टि हुई थी कमला देवी की अध्यक्षता में संघ का मूल उद्‌देश्य था देश में पारम्परिक हाथ से बनी वस्तुओं के उत्पादन में वृद्धि करना और इसके अलावा परम्परा के अनुरूप कलात्मक दृष्टि से उनके उन्नत स्तर के कौशल को सिखाना। परियोजना के अनुसार नयी दिल्ली में 'हस्तकला एम्पोरियम की स्थापना की गयी थी। भारतवर्ष के विभिन्न प्रान्तों के ग्रामीण अंचलों में हस्तकला से उत्पन्न वस्तुओं को उस एम्पोरियम के माध्यम से देश के विभिन्न प्रान्तों एवं भारत के बाहर उनके विक्रय की व्यवस्था करना।'

१९५६ ई. में दक्षिण भारत में बंगलोर में कमलादेवी ने सबसे पहले 'रीज़नल डिज़ाइन सेंटर' की स्थापना की थी। वहाँ पर आकर असितकुमार के काम का सबसे पहला मूल उद्‌देश्य था स्थानीय जो सब हस्तकलायें अनेक कारणों से धीरे-धीरे लुप्त होती जा रही हैं, उनको पुनर्जीवित करना। उन्नीसवीं शताब्दी और उसके बहुत पहले से बंगलोर के निकटवर्ती ग्रामीण अंचल थे उत्कृष्ट कारीगरी के अखाड़े। जैसे चेन्नापत्न ग्राम हाथ से बनाये लाख की कारीगरी से समृद्ध काठ के रंगीन खिलौने और अन्यान्य व्यावहारिक चीज़ों के कारण प्रसिद्ध था; शिवारपातना और देवनाहल्ली अंचल ख्यात था पत्थर खुदाई और मूर्ति निर्माण के काम में और धातुकला में दक्ष कलाकार रहते थे नागामंगला में। ये सभी लोग पारिवारिक परम्परा से देशीय विरासत को वहन करने वाले काम किया करते थे। वहाँ पर अपने कार्य के प्रसंग में असितकुमार ने ७ जून, १९५६ को अपनी चित्रकार कन्या को लिखा था :

यह कोई स्कूल नहीं है। यह गवर्नमेंट ऑफ़ इण्डिया की तरफ़ से जो ऑल इण्डिया हैंडीक्राफ़्ट्स बोर्ड है, उसी का एक सेंटर है, इसमें जो-जो आर्ट (हस्तशिल्प) लुप्त होती जा रही हैं उन्हीं को पुनर्जीवित करना होगा। आपातत: यहाँ खोला गया है, १. South Indian Bronze Casting, 2. South Indian Sculpture and Carving, 3. Tanjore Lacquared work, इन तीनों हस्तकलाओं के लिए कारख़ाना खोला गया है एवं हस्तकला के शिक्षक नियुक्त किये गये हैं। मुझे उनके द्वारा काम कराना होगा एवं प्राचीन डिज़ाइन के अच्छे-अच्छे नमूने बनवाने होंगे।

•

हर विभाग में स्थानीय दक्ष कारीगरों का चुनाव किया गया है पुनरुज्जीवन के काम में सहायक के रूप में। वहाँ पर मैसूर में जो ब्रोंज ढलाई के काम में वंश-परम्परा से अपनी दक्षता दिखाते आ रहे हैं, उनमें से एक शिल्पी चिन्नाचार्य नियुक्त किया गया था। हाइलाविद और वेलूर के मन्दिर में मूर्तियाँ बनाने में मूर्तिकारों की तरह पत्थर खुदाई कारुशिल्प में असाधारण रूप से दक्ष उदीपी के शिल्पी डी. वासिराज एवं शिवारपातना और देवनाहल्ली अंचल के एस.एन. गंगाधर आचारिया और सी. परमेश्वराचारी काठ और प्रस्तर मूर्तियों के काम में जुड़े हुए थे। और वहाँ तंजोर के कारुशिल्प के मास्टर-कार्वर (Master Carver) के अन्नास्वामी राव थे। एक वर्ष अपनी अवस्थिति के समय असितकुमार वहाँ के निकटवर्ती हर ग्रामांचल से कुछ काफ़ी दक्ष कारीगरों को सेंटर में लाये थे एवं उनकी दक्षता बढ़ाने के लिए आवश्यक प्रशिक्षण की व्यवस्था कर उनके सहयोग से डिज़ाइन सेंटर को संगठित एवं युगोपयोगी बनाने का प्रयास करते रहे थे। आगे चलकर उनमें से कई शिल्पी राष्ट्रीय पुरस्कार से सम्मानित भी हुए थे।

उन्होंने डिज़ाइन सेंटर में सिर्फ़ प्रशासनिक गतिशीलता ही नहीं लादी, बल्कि अल्प केन्द्रीय बजट के द्वारा अपनी क्षमता के अनुसार ब्रोंज ढलाई से लेकर प्लास्टिक की मूर्तियाँ तैयार करना, पत्थर और काठ की खुदाई के काम का स्तर बढ़ाकर कारीगरी की लोकप्रियता बढ़ाने में वे सफल हुए थे। इस क्षेत्र में उन्होंने कोई काम अकेले नहीं किया। वहाँ के केन्द्रीय सिरामिक सेंटर के प्रिन्सिपल शिल्पी पी. हरिहरन के सहयोग और सेंटर के कृतविद्य कारीगरों

के साथ उनकी अभिज्ञता बाँटकर सब काम उन्होंने किये थे। उन्होंने वहाँ पर अपनी पसन्द के तंजौरी इनले का काम सीख लिया था। तंजौर के कारीगर अन्नास्वामी राव के पास बैठकर वे सिगार के बक्स के ऊपर काँच और सोने का पत्र अथवा सोनाली पत्तर के द्वारा ७ दिन में तंजौरी आर्ट धीरे-धीरे गढ़ने में अन्य कार्यों से मिली फ़ुर्सत के बीच में सफल हो गये थे। घर की मालकिन श्रीमती डोजसन को तंजौरी आर्ट का बॉक्स काफ़ी पसन्द आने पर उन्होंने अपनी उस पहली तंजौरी कलाकृति को उन्हें दे दिया था। हालाँकि अपना हाथ माँजने के लिए उन्होंने वैसे और भी काम किये थे। सर्वोच्च पद पर होते हुए भी आग्रहपूर्वक प्लास्टिक की मूर्तियाँ बनाना भी उन्होंने वहाँ पर सीख लिया था।

डोजसन-भवन के एक छोटे परिसर में असितकुमार ने छवि आँकने का एक स्थान बना लिया था। वहीं पर उन्होंने शुरू की थी शूलीबिद्ध ईसा की छवि। यीशु की छवि वैसे पहले भी उन्होंने बनायी थी। जैसे उन्होंने आँकी थी यशोदा और कृष्ण की छवि। समागत क्रिसमस के समय प्रौढ़ अँग्रेज़ दम्पति के आतिथ्य के संसर्ग ने शायद उन्हें यीशु की छवि बनाने के लिए प्रेरित किया था। इसके पहले उन्होंने एक निश्चित शुभ दिन १४ अगस्त, १९५६ ई. को स्थानीय एक पूजा मण्डप की दीवाल पर अपनी परिकल्पित दुर्गा का एक पटचित्र बनाकर दुर्गा मूर्ति गढ़ने का शुभ प्रारम्भ किया था सेंटर के मूर्तिकार बरदराज के द्वारा।

अपने काम में योगदान देने के दिन कई लोगों के मध्य सहसा एक दिन डिज़ाइन सेंटर में उपस्थित हो गये थे कोलकाता आर्ट स्कूल के सहपाठी बंगलोर निवासी शिल्पी के. वेंकटप्पा। पैंतालीस वर्ष बाद यह थी पहली भेंट। ७ जुलाई, १९५६ की दिनलिपि में असितकुमार ने लिखा है :

> आज सवेरे ऑफ़िस के बाहर खड़े Venkatappa ने एक कार्ड भेजा, उसमें उनके नाम के नीचे लिखा था Fine Art Student- Office के बाहर जाकर उनका आलिंगन किया। १९११ के बाद यहीं दुबारा मिलना हुआ। तब उनकी नाराज़गी दूर हो गयी। वे ऑफ़िस में आकर बैठ गये। पता चला कि इस इलाक़े में वे बड़े असामाजिक और अहंकारी के रूप में प्रसिद्ध हैं।

निकटवर्ती मालेश्वरम में वेंकटप्पा के घर वे एक दिन उपस्थित हुए थे। किन्तु, उनका उस दिन का अनुभव आशानुरूप आनन्द का नहीं रहा था।

उनके शब्दों में,

> क़ैमरा लेकर गया था उनका फ़ोटो खींचने। वे नाराज़ होकर कहने लगे, मैं प्रचार नहीं चाहता। इस पर मैंने कहा—दोनों गुरुभाई हैं, १९११ के बाद १९५६ में जब सुदूर दक्षिण में दोनों मिले उसका एक रिकॉर्ड फ़ोटो खींचकर रखना चाहता हूँ। उनके बार-बार ना-ना कहने के कारण, फिर मैंने कुछ नहीं कहा। उन्होंने मुझे अपनी बनायी हुई ६म साढ़े ४ फुट की ५ छवियाँ दिखायी थीं। जिस तरह उनकी कोई मानसिक उन्नति नहीं हुई, वैसे ही क्ङ्कुस्र स्त्रह्ड्ड2द्बठ्ठद्द है एवं विषयवस्तु की प्रकृति न समझने के सारे दोष उनके चित्रों में विद्यमान हैं। जिसे महाभारत युद्ध की छवि कहा जाता है, उसमें लाठी हाथ में लिए महर्षि टारजन काँग्रेस की टोपी लगाये लोगों को तीर-धनुष लेकर लीड कर रहे हैं, असहयोग आन्दोलन की छाया उस चित्र में विद्यमान है। फिर एकलव्य सिल्क का एक जाँघिया पहनकर तीर चला रहा है। मना कर देने पर द्रोणाचार्य की प्रतिमा भी दिखायी नहीं दे रही थी।[६]

डायरी में अपने सहपाठी के चित्र की व्यंग्यात्मक वर्णना को असितकुमार के सामयिक रूप से सन्तुलन खोने की संवाद के रूप में समझना होगा।

थियोसोफिकल सोसायटी के परिसर में श्री वेंकटाचलम के घर में होने वाले सान्ध्यकालीन अड्डे पर प्रायः ही असितकुमार शामिल हुआ करते थे। उनके साथी होते थे शिल्पी मनीषी डे (१९१२-१९६७)। उस अड्डे पर कर्नाटकी गाने सुनने की उन्हें अभिज्ञता हुई थी। एक दिन मद्रदेशीय सफ़ेद लुंगी और कुर्ता पहने एक कनाडियन पुरोहित को प्रहसन का पाठ कर सभी का मनोरंजन करते हुए अभिनय देखकर वे अवाक् रह गये थे। वेंकटाचलम से ही असितकुमार ने सुनी थी अपने लेकसिट चित्र 'सुन्दरा' की कथा। हॉलैण्ड की काउन्टेस हेलेन वेगुर्ड (Countess Helen Antonieurez Wygurd) ने १९३४ में उस चित्र का संग्रह किया था लखनऊ की अखिल भारतीय चित्र प्रदर्शनी से। उस चित्र के सम्बन्ध में २३ फ़रवरी, १९३४ को श्रीमती हेलेन ने बंगलोर में क्रिसेंट रोड पर स्थित अपने 'क्रिसेंट विला' से असितकुमार को लिखा था, 'वे अपने घर में 'सुन्दरा' को मुख्य चित्र के रूप में रखने का आयोजन पूरा कर बेहद ख़ुशी के साथ चित्र की प्रत्याशा में प्रतीक्षा कर रही हैं।[७] वेंकटाचलम ने उन्हें बताया था कि श्रीमती हेलेन के बंगलोर के घर में विशेष जतन के साथ टाँगकर रखा हुआ असितकुमार का

सुन्दरा चित्र खुले जँगले से पथ पर चलने वाले रसिक राहगीरों की दृष्टि आकर्षित किया करता था।

शान्तिनिकेतन कलाभवन में शिल्पी नन्दलाल बसु के छात्र शिल्पी पी. हरिहरण असितकुमार को गुरु की तरह मानते थे। बंगलोर में उन्होंने कई बार उन्हें शहर के विशिष्ट गण्यमान्य व्यक्तियों के साथ परिचित करा दिया था। उनमें से अनेक लोग भी उनका साथ पाने के लिए असितकुमार के पास चले आया करते थे। 'हरिहरण का विराट कारखाना देखने योग्य' असितकुमार ने अपनी कन्या को लिखा है : 'चीनी मिट्टी के बर्तन, Elect. Insulation, Plaster of Peris आदि उस कारख़ाने में तैयार हो रहे हैं।' उन्होंने लखनऊ से दक्ष शिल्पी कन्हैयालाल को लाकर हरिहरण के कारख़ाने में चीनी मिट्टी का काम सिखा लिया था। हरिहरण और उनकी जापानी स्त्री के आन्तरिक व्यवहार से असितकुमार मुग्ध हो गये थे। उनके घर में एक दिन दोपहर का भोजन ग्रहण करने के सन्दर्भ में उन्होंने अपनी दिनलिपि में लिखा था,

> आज दोपहर में हरिहरण के घर में निमन्त्रण था। उन्होंने जापानी Porcelain के बर्तन में भोजन कराया। थोड़े ऊँचे किनारे वाले बाङ्लादेशी पीतल के बासन की डिज़ाइन पर तैयार वह बर्तन बहुत सुन्दर था। उनकी जापानी स्त्री ने स्वयं अपने हाथों से भोजन परोसा था। बड़ी थाली के बीच में छोटी थाली रखी हुई है एवं निम्नांकित रूप में (रेखांकन के द्वारा) सजायी हुई है। मेरी थाली गहरे लाल रंग की है एवं उसके ऊपर सोने के पानी का काम किया हुआ है। मनीषी को सफ़ेद रंग के ऊपर नीले रंग से पद्मांकित थाली में भोजन परोसा गया है। इस तरह के बर्तन राजा-महाराजाओं के पास भी नहीं होते हैं।

भोजन रसिक शौक़ीन तबीयत के असितकुमार बर्तनों की कलाकृतियों की परिकल्पना एवं उनके अभावित सौन्दर्य से विभोर होकर यह भूल गये कि जापानी गृहिणी ने जतन से तैयार खाद्य द्रव्यों में से क्या-क्या परोसा था, इसलिए इसका उन्होंने उल्लेख मात्र भी नहीं किया।

बंगलोर में परिवार से अलग शिल्पी का १० सितम्बर, १९५६ का विशेष दिन किस प्रकार बीता था—उसका शुरुआत से अन्त तक का विवरण इस प्रकार था :

> आज ६६वें वर्ष में पैर रख दिया है। सवेरे लावसिंह फूलों से बनी

माला, केक आदि लेकर हाज़िर हुआ। Design Centre में दुबे ने सिल्क की चादर देकर प्रणाम किया। A.C. (Assistant Clerk) श्री वेंक्टेश ने अंगूर आदि फल देकर प्रणाम किया। यह सब नृत्य लावसिंह का कारवार था। मुझे किस तरह से ख़ुश किया जा सकता है, यही नहीं सोच पाता है। डाक में अतू की चिट्ठी आयी है। ८ सितम्बर के A.B.P. (अमृत बाज़ार पत्रिका) में निकला है कि मेरी 'गौतम गाथा' बंगाल सरकार की बुद्धजयन्ती समारोह समिति के फण्ड से छापी जायेगी। U.P. Govt. : A.G. Office के पत्र से मेरी LKO (Lucknow) Trasury की Pension पाने का रास्ता खुल गया है। एक पत्र Town and Village Planner Mr. Mishra से मिला है। उन्होंने मेरे ३० चित्रों की Bill Estate Officer, Govt. of U.P. को payment के लिए भेज दिया है। अन्त में रात में Dinner के बाद Capt. & Mrs. Dodgson ने मुझे बधाई दी।

जन्मदिन पर उन्हें जो तीन ख़ुशी की ख़बरें मिली थीं उनमें पहली ख़बर में जेठी बेटी श्रीमती अतिसी बरुआ की दैनिक पत्र की कतरन के साथ भेजी गयी चिट्ठी से जन्मदिन की बधाई और शुभकामनाओं के साथ उन्हें पता चली थी अपनी सचित्र गौतम गाथा पुस्तक के प्रकाशन की बात। दूसरा सुसमाचार था यू.पी. सरकार द्वारा बन्द अवसरकालीन भत्ता पुनः चालू होने एवं तीसरा था लखनऊ में काउंसिल भवन को सजाने में उनके द्वारा बनाये ऐतिहासिक कहानियों पर आधारित जो तीस चित्र सरकार द्वारा ख़रीदे गये थे, उसकी अर्थ प्राप्ति से जुड़ा हुआ।

बंगलोर में असितकुमार के देखे गये कई सपनों का वृत्तान्त बहुत कौतूहलप्रद है :

स्वप्न-१, ३१.१०.१९५६, आज सवेरे ५ : ५५ मिनट।

घोर नींद में पता चला कि धूर्जटी के एक लड़की हुई है। पिन्टू से कहा, यह तो बहुत अच्छा हुआ। उनकी बहुत दिनों से वांछित कन्या आज पैदा हो गयी। उसके बाद ही निक्सन धूर्जटी के मित्र से कैसी तो एक बात हुई। वास्तव में धूर्जटी मुँह के कैंसर का ऑपरेशन कराने स्विट्ज़रलैण्ड गये हुए हैं। तब उपर्युक्त सपने का क्या अर्थ लगाया जाये, पता नहीं है। उनके साले भानु को इलाहाबाद पत्र लिखने के बाद भी कोई जवाब नहीं आया। धूर्जटी प्रसाद के मित्र कैम्ब्रिज विश्वविद्यालय के प्राक्तन छात्र रोनाल्ड निक्सन ने अलमोड़ा

में 'यशोदा माँ' से वैष्णव धर्म में दीक्षित होने के बाद नाम ग्रहण किया था श्रीकृष्णप्रेम।

स्वप्न-२, २.१२.१९५६धूर्जटी मुखर्जी लखनऊ के घर में मुझसे कह रहे हैं, 'लड़कों की साहित्यिक मजलिस अपने घर में करो—देखना जिससे बाहर के लोगों को भी जगह मिल जाये।' मैंने जवाब दिया, 'आचार्य नरेन्द्रदेव के बड़े चबूतरे से मिले हुए बरामदे में यदि की जाये तो कैसा रहे?'

स्वप्न-३, १६.१२.१९५६ 'देखा, जैसे कोई नारी स्वर में कहने लगा धूर्जटी बाबू के लड़का हुआ है। मैं देखने दौड़ा गया—देखा बोधिसत्व की तरह ख़ूब बड़े बच्चे को एक नौकर अथवा नौकरानी कन्धे पर लेकर प्रसूतिगृह से ला रहे हैं। धूर्जटी ने शूटेड-बूटेड होकर हँसते-हँसते आकर मेरा स्वागत किया।'

दिनलिपि न मिलने से जनवरी से जुलाई १९५७ की अवधि में बंगलोर में रहने के बाक़ी दिनों में उनके दैनिक कार्य-कलापों के विषय में कुछ जाना नहीं जा सका। १२ जुलाई, १९५७ में बंगलोर सेंटर में असितकुमार की विदावेला में सरकारी कायदे से अनुष्ठान का आयोजन किया गया था उनके छात्र और टेक्निकल असिसटेंट शिल्पी दुबे और शिल्पी बरदाचारी की देखरेख में। उस समारोह में शिल्पी हरिहरण ने अपने आन्तरिक वक्तव्य में सेंटर में असितकुमार ने जो अपना महत्त्वपूर्ण दायित्व अच्छी तरह निभाया है, एवं अपने थोड़े समय के अवस्थान में स्थानीय सांस्कृतिक कार्यकलापों में भाग लेकर वे वहाँ पर जनसाधारण के श्रद्धाभाजन हो गये थे, यह बात उन्होंने कही थी। सेंटर के और एक शिल्पी श्रीयुक्त दर्शन ने उन्हें कविता के द्वारा अपनी श्रद्धा निवेदित की थी।[८]

तथ्यसूत्र

१. असितकुमार हालदार, भारत की हस्तकला और कारीगरी, कोलकाता विश्वविद्यालय प्रकाशन, १९३९, पृ. १-३।

२. श्रीमती कमला देवी के अनुगामी श्री गोविन्दराज श्री वेंकटाचलम थे पत्रकार, कला-समीक्षक, गवेषक और ग्रन्थाकार। देश-विदेश में भारतीय सांस्कृतिक दौत्यकाम के

कारण ख़ूब लोकप्रिय होने की वजह से उन्हें भारत के चलते-फिरते सांस्कृतिक दूत कहा जाता था। राजनैतिक और सांस्कृतिक वर्ग में अबाध मिलना-जुलना होते हुए भी किसी भी काम में वे अपना मन नहीं लगा सके थे।

३. ओडीसा के प्रख्यात मूर्तिकार गिरिधारी महापात्र के पौत्र मूर्तिकार श्रीधर महापात्र, उन दिनों लखनऊ आर्ट स्कूल में मूर्तिकला के शिक्षक थे।

४. गूगल नेट पर प्राप्त निबन्ध, डॉ. तारा कश्यप, 'Handicrafts in Bangalore'.

५. १९२९ वसन्त पंचमी पर होली की शुभकामनाओं के साथ 'गर्ल डामसेल' चित्र पाकर कमलादेवी ने लिखा था असितकुमार को, 'I saw your gift picture in Bengalore while I was there for a day. How good of you to give me that famous picture of yours. It hardly seems true that it is in my possession now.'

६. असितकुमार की १९५६ की बंगलोर की दिनलिपि।

७. काउन्टेस हेलेन वेगुर्ड ने लिखा था—"I can not tell you how anxious I am to have 'Sundara' already in my house and how badly I am waiting for this beautiful picture. In fact I arranged everything here with the idea of 'Sundara' being the Central and Principal point of all the house."

८. Mysindia, २१.१.१९५७, Bangalore.

कन्या चित्रशिल्पी अतसी बरुआ को लिखे पत्रों की रोशनी में (१९४७-१९६४)

कन्या चित्रशिल्पी अतसी बरुआ को लिखे पत्रों की रोशनी में (१९४७-१९६४)

रवीन्द्रनाथ ने अपनी प्रियतमा पत्नी मृणालिनी देवी (छोटी) को लिखा था,

> 'दूर रहने का एक बहुत बड़ा मुख्य सुख होता है चिट्ठियाँ—प्रत्यक्ष देखने-सुनने के सुख से भी बड़ी उसकी एक और विशेषता होती है। वस्तु छोटी है किन्तु, उसकी क़ीमत बहुत है—दो-चार बातों को पूर्ण रूप से अपने हाथों में पाया जाता है। उन्हें सँभालकर रखा जा सकता है, उनमें जो कुछ, जितना भी है उसे नि:शेष रूप से पाया जा सकता है।'[१]

पत्रों के सम्बन्ध में कवि का कथन मन में रखते हुए अनुमान लगाया जा सकता है, स्वाधीनोत्तर भारतवर्ष में लखनऊ से लिखी चित्रकार असितकुमार की चिट्ठियों (१९४७-१९६४) से चित्रकार कन्या अतसी पिता के सुख-दु:ख की अनुभूति का संस्पर्श पा लेती थी कोलकाता में। पत्रों को वह पढ़ पाती थी घर-गृहस्थी के कामों से फ़ुर्सत मिलने पर एकान्त में। प्रसंगवश यह उल्लेख करना पड़ता है, असितकुमार १९४५ ई. में विवाह-विच्छेद और सेवानिवृत्त जीवन के वानप्रस्थ आश्रम में अपनी जितनी बातें थीं कन्या अतू तथा अतसी बरुआ के साथ बाँटकर मानो शान्ति पाया करते थे। विश्रम्भालाप की तरह था अपनी ज्येष्ठा कन्या को लिखा उनका वह निरवच्छिन्न पत्रालाप। असितकुमार ने जीवन में अपने सफल-विफल सभी कामों में जानबूझकर सत्य को कभी अँगूठा नहीं दिखाया था। उसी कारण दो पत्रों में विकीर्ण रूप से होते हुए भी, अस्तगमनोन्मुख दिकदर्शी एक शिल्पी के अन्तर्लोक के

आनन्द, वेदना, क्षोभ, द्वेष, द्वन्द्व, हताशा की एक निर्मम सत्य की छवि प्रस्फुटित हुई है। अतसी बरुआ को लिखे (ज. १९२१) असितकुमार के जीवन के अन्तिम पर्व के पत्रों के एकदम असंलग्न अंश विशेष प्रासंगिक तथ्यों के साथ काल क्रमानुसार यहाँ उद्धृत किये गये हैं :

> १९४७ ई. का १५ अगस्त, ऐतिहासिक स्वाधीनता के पहले दिन के पुण्य प्रभात में किशोर पुत्र अधीश ने बड़े आनन्द से राष्ट्रध्वज से सजाया था पूरा घर। बाहरी आनन्द-उल्लास से दूर रहकर लखनऊ शहर के एक छोर पर अपने 'प्रान्तिक' कुटीर में बैठे-बैठे निस्संग शिल्पी असितकुमार को अतर्कित रूप से ज़रा ने आकर—'घूर्णिकाल चक्रे से त/ घरिल जे केश श्वेत।' (अर्थात् कालचक्र के प्रभाव से केश सफ़ेद हो गये हैं।) स्मृतियों की जुगाली करते हुए दीर्घ कविता में छन्दों में उन्होंने गूँथी थी 'सत्तावन साल की गाथा'। स्मृतियों में सबसे पहले उन्हें याद आया था १९३९ ई. के शुरुआती छह बरसों में व्याप्त द्वितीय विश्वयुद्ध का भय उत्पन्न करने वाला हिटलर, जिसने 'विपुल सैन्येर वले/ गड़ि नाना अस्त्र प्रहरण/ धरणीर शिक्षा-दीक्षा/ संस्कार करिल हरण।' युद्ध शेष होते-न-होते १९४३ में बंगाल का अकाल और महामारी देखी थी शिल्पी ने कोलकाता में भूखे—झुण्ड के झुण्ड दूर से/कंकालों का प्रवाह बहता आ रहा है/ मरणासन्न हैं, फिर भी आ रहे हैं किसी तरह/भात का फेन ही दे दो, दे दो फेन/ अन्न नहीं है, शिशु छाती पर ही मर जाते हैं।' उस विषम और असह्य समय में कवि की तूलिका नहीं उठ पाती है हाथ में। उसके बाद उसने देखा जापान में—अग्निरूपी वज्र अणुबम गिरा दिया/ धूलिसात् कर दिया/ हीरोशिमा नागासाकी/ राजद्रोही सुभाष का पलायन होने से / बाद में ब्रह्म देश गये। आज़ाद हिन्द फ़ौज का उन्होंने गठन किया/ आसाम इम्फाल में आकर दासता का दैत्य नष्ट कर दिया/ दिल युद्ध। आज़ादी सैनिक देशोद्धारेर सतत निर्भीक सैन्यिकदेर देखलेन तिनि सवर्गे इंगरेज विरुद्धे युद्धरत।...

१९४७ ई. में अतसी के साँची स्तूप के सम्बन्ध में एक प्रश्न के उत्तर में उस समय की एक चिट्ठी में साँची स्तूप के एक रेखांकन के साथ एक पोस्टकार्ड में असितकुमार ने लिखा था : "मैं ठीक से यह नहीं समझ पा रहा हूँ कि साँची भग्नावशेषों का चित्र तुम्हें किस तरह का चाहिए। तुम अगर चाहती हो कि जिस भग्नावशेष को लेकर स्तूप के बीच में रखने जा रही हो तो उस तरह

से (पेन स्केच) शंखध्वनि, पताका आदि को एक जुलूस में आँकना होगा, नहीं तो और क्या हो सकता है, पता नहीं।[२]

१९४८ : मद्रास के परलोकगत धनी वणिक कलासंग्राहक दिवंगत एस.डी. रामस्वामी मुदालियर के किल्पक में राममन्दिरमगृह में मुदालियर के पौत्र श्री रामकृष्णन के आह्वान पर नवनिर्मित गैलरी का उत्तरदायित्व लेकर उन्हीं के घर में थे असितकुमार। २८.६.१९४८ को वहीं से उन्होंने लिखा है : 'यहाँ पर भयंकर गर्मी पड़ रही है। सवेरे से १२ बजे तक चित्रांकन कर पाता हूँ, उसके बाद काम नहीं कर पाता हूँ। वाल्मीकि रामायण का पद्यानुवाद ऊटी में प्रारम्भ किया था, गर्मी के कारण और आगे नहीं बढ़ पा रहा है।' स्वास्थ्य के कारण वे वहाँ रह नहीं सके। तीन-चार खण्ड में प्रकाशित होने योग्य रामायण का काव्यानुवाद 'रामायणी' शीर्षक से असितकुमार ने पचासवें दशक (१९५१) में पूरा कर डाला था जिसने आज भी प्रकाशन का उजाला नहीं देखा है।

२१ अगस्त, १९४८ : लखनऊ में तार द्वारा पिता सुकुमार हालदार की मृत्यु की ख़बर पाकर उन्होंने अतसी को लिखा था : 'बाबा की बीमारी की ख़बर पाकर राँची जाने की तोड़-जोड़ कर रहा था कि आज तार द्वारा ख़बर मिली कि बाबा गतकाल रात्रि में मर गये।'

१९४९ : कोलकाता महाबोधि सोसायटी से प्रकाशित अतसी देवी की अजन्ता चित्रों के ऊपर पुस्तिका पाकर २२ जनवरी को लिखा था—'तुम्हारे चित्रों वाली पुस्तक मिली। ब्लॉक बहुत सुन्दर छपे हैं। केवल बुद्ध की जीवनी यदि अरविन्द संक्षेप में अँग्रेज़ी में लिखकर शुरू में ही छपा देते तो बहुत सुन्दर होता। भोपाल में साँची का स्तूप देखने का सुअवसर मिल गया। आकाशवाणी पर अपने जीवन दर्शन पर मेरी वार्ता प्रसारित होने की बात है।'

२९.१.१९४९ : लखनऊ से चिट्ठी द्वारा बताया। 'आज यूनिवर्सिटी की सिल्वर जुबली समाप्त हो गयी। तुम्हारा चित्र बहुत सुन्दर बना है। सभी ने उसे सराहा है। काफ़ी भीड़ हुई थी। रोज़ लगभग ४-५ हज़ार लोग देखने आये हैं। आज बुरी तरह थका हुआ हूँ। Catalogue भेज दिया है।' लखनऊ विश्वविद्यालय के पच्चीस वर्ष पूरे होने के उपलक्ष्य में लगी चित्र-प्रदर्शनी में बेटी अतसी द्वारा भेजे चित्र भी थे। प्रबल आँधी-वर्षा में पथिकों के एक दल ने वृक्ष के नीचे आश्रय लिया है, चित्र उसी पर बना हुआ था। ...कोलकाता

बेलगछिया जैन मन्दिर में अतसी देवी के भित्तिचित्र बनाने का अतसी देवी को अनुबन्ध मिलने पर २२.४.१९४९ तारीख़ में उन्होंने लिखा था : 'तुम्हारी फ्रेस्को पेंटिंग के ऑर्डर की बात सुनकर ख़ूब ख़ुशी हुई। श्रीमती ठाकुर टेम्परा पेंटिंग सिखाने की जो कक्षायें ले रही हैं तुम उसमें जाना शुरू कर दो एवं श्रीमती के साथ इस विषय में बात पक्की तौर पर निश्चित कर लो। तुम अकेले यह काम नहीं कर सकोगी। तुम्हें अन्य आर्टिस्ट की सहायता लेनी होगी। श्रीमती को इस विषय में बड़ा उत्साह है। और छात्र भी हैं। सौम्येन्द्रनाथ ठाकुर की पत्नी, चित्रकार और नृत्यकला पटीयसी श्रीमती ठाकुर की सहायता ली थी अतसी ने पिता के परामर्श के अनुसार। अतसी की प्रतिभा का परिचय उस काम के परिकल्पना पर्व में असाधारण, जीवन्त रेखांकनों के माध्यम से मिलता है।

१९५०—४.४.१९५० : केन्द्रीय सरकार उनके चित्र ख़रीदेगी इस प्रसंग में उन्होंने कन्या को विरक्ति के साथ लिखा था : "India Govt. मेरी १८०० छवियाँ ख़रीद रही है, इसका कारण पब्लिक का मुँह बन्द करना है। उन लोगों ने शेरगिल की ५०,०००, मैडम ब्रूनर की ६०,००० एवं मि. तोपोलोस्की की १,५०,००० छवियाँ ख़रीदी हैं। इस विषय को लेकर आन्दोलन हो रहा था। मैंने एकदम पेट की ख़ातिर आधे दामों में तीन छवियाँ बेची हैं—नहीं तो उनको अपने चित्र देना एक तरह का पाप है। ...बैंक में एक पैसा नहीं है, ४० हज़ार की देनदारी हो गयी है। दिल्ली का रुपया आज भी नहीं मिला है। इधर रेडियो में भी सब जगह ख़बर फैल गयी है मेरी छवियाँ ख़रीदने के विषय में। हमारी स्वदेशी गवर्नमेंट ख़ूब अच्छी गवर्नमेंट है।''

२.६.१९५० : डॉ. अरविन्द बरुआ के साथ एशिया के बौद्ध सम्मेलन में योगदान करने के लिए लंकागामी अपनी बेटी को लिखा है, ''अगर हो सके तो अनुराधापुर जाकर कुछ स्केच ज़रूर करना। वहाँ पर बहुत कुछ देखने योग्य है। सिगिरिया पेंटिंग्स की Copy कोलम्बो Museum में हैं, देखना। Suzzane को (कार्पेल) मेरा नमस्कार कहना। उसकी दीदी Andra की पेरिस से चिट्ठी मिली थी। उन्होंने लिखा था, अपना एक बॉक्स एवं उसके भीतर अजन्ता के स्केच आदि उसके घर में मैं छोड़ आया था। श्रीमती सिद्धान्त (डॉ. निर्मल सिद्धान्त की पत्नी चित्रलेखा) विलायत गयी हैं। मैंने उनसे लाने के लिए कहा है। किन्तु, लगता है वे लायेंगी नहीं। तुम्हारे स्केच की बात सुनकर मुझे बहुत ख़ुशी हुई है। जल्दी से स्केच (सरसरी तौर पर)

कर लो, डिटेल की ओर बिना ध्यान दिये। बाद में मन से सारे ब्योरों को बना डालना। वहाँ पर कला को खोजना बहुत कम लोग जानते हैं, फिर भी चित्रकार अगर यहाँ जायें तो उन्हें ख़ूब आदर मिलता है।'

१४.६.१९५० : श्रीलंका से लौट आयी अपनी बेटी को उन्होंने लिखा है : 'जो-जो लिखा उस पर एक लेख लिख डालो, उसके बाद उसी को बढ़ाकर बड़े रूप में लिखकर अपने स्केच के द्वारा किसी पत्रिका में छपा लेना। मेरा तो केवल अनुराधापुर एवं कोलम्बो दो बार देखना हुआ है और सिगिरिया नहीं गया। Kandy College में मेरी एक Painting (The Eagle) Principal Frazer ख़रीदकर दान कर गये हैं। ...मैं जबलपुर जा रहा हूँ। वहाँ पर एक Art Exhibition हो रही है, उसमें एक Block में मेरे बनाये चित्र रखे जायेंगे। अगर वहाँ मेरे चित्र बिक जाते हैं तभी मेरा वहाँ जाना सार्थक होगा।' केन्डी ट्रिनिटी कॉलेज के अध्यक्ष रेव. ए.जी. फ्रेजर ने असितकुमार को ६ फ़रवरी, १९२२ के पत्र में लिखा था : 'तुम्हारे 'द ईगल' चित्र ने सिर्फ़ मुझे ही नहीं, सभी दर्शकों को प्रभावित किया है और उसने आनन्द भी दिया है। मैंने इसे अपने कॉलेज के लिए ख़रीद लिया है और उस चित्र का सन्देश भविष्य में और भी अनेक लोगों को अनुप्राणित करेगा।'

१२.११.१९५० : आनन्द से लिखते हैं, 'बौद्ध युग की चित्रकला के विषय में भी लिखने की इच्छा है। कल अख़बार में देखा कि बनारस हिन्दू विश्वविद्यालय इस बार के अपने दीक्षान्त समारोह में नन्दलाल बसु को Dlit उपाधि दे रहा है। देसी आर्ट की वे लोग जो कद्र कर रहे हैं उससे मुझे बड़ी ख़ुशी हुई है। बम्बई वाले उठकर लग गये हैं Illustrated Weekly में—कला समीक्षक कह रहे हैं बंगाल स्कूल सूख गया है, अब उसमें कोई प्राण नहीं बचे हैं। बंगाल स्कूल का कहना है—कहे ना रिनेसाँ स्कूल—इस तरह का उलटा प्रोपेगंडा चला रहे हैं। O.C. Ganguly आदि चुपचाप और गुमसुम हैं। ये सब कला समीक्षक अवसरवादी हैं। जब जिस तरफ़ सुविधा हुई उसी तरफ़ झुक गये। हाँ, मेरे बिना जाने acadamy ने मुझे Patron बना दिया है। लेडी रानू ने लिखा था, उस पर मैंने अपने पाँच तैल चित्र भेज दिये हैं। यहाँ की शिक्षा नामक एक Govt. Edn Dept. की पत्रिका में मेरे लेख के साथ तुम्हारी बुद्ध श्रृंखला की एक ड्राइंग छपी है।'

१९५१—चिट्ठी १०.१.१९५१ : आज जगदीश के छोटे भाई (टिक्कू) दो डिब्बे चाय के दे गये। कितने सुन्दर दोनों टिन के डिब्बे हैं। देखकर आँखें

ठण्डी हो गयीं। ख़ाली हो जाने पर तुम्हें एक टिन दे दूँगा। हज़ार मंज़िल में फ़िल्म लेक्चर होगा Flemish Painter Pal Rubens के ऊपर, भाषण देंगे प्रो. Suzzane Lactereq, University of Liege, Belgium के मेरे चित्रों की फिर कोई बिक्री नहीं हुई। सिर्फ़ मन की साध के अनुसार चित्रांकन करता जाऊँगा। बुद्ध के ऊपर १६ डिज़ाइन बना डाली हैं। इस बार रंगीन चित्र शुरू करूँगा... अपने चित्रों के बारे में उन्होंने और भी लिखा था ५ फ़रवरी १९५१ में, '१९०९ ई. में रानू के ससुर Sri R.N. Mukherjee ने मेरा यशोदा वाला चित्र ५०० रुपये में ख़रीदा था एवं मेरे चित्र की १९५१ ई. में भी उससे अधिक दर पर बिक्री कोलकाता में भी नहीं हुई। लक्ष्मी का वाहन इसीलिए ऋषि-मुनियों ने बड़ी अक्ल लगाकर उल्लू को बनाया था। Humour—विनोद का बोध उन्हें था। वे रसिकता करना जानते थे।' 'माता यशोदा' चित्र १९०९ ई. में कुमारस्वामी ने सर आर.एन. को ख़रीदने के लिए मनाया था। प्रवासी में जब उस चित्र की प्रतिलिपि निकली थी।

४ मार्च, १९५१ : पहली पत्नी सरोजवासिनी को खो देने की दुःखद स्मृति को लेकर जयपुर से लौटकर कन्या को उन्होंने लिखा है : तुम्हारी माँ की मृत्यु २२ सितम्बर, १९२४ को जयपुर में हो गयी। अब उसी घर में Draftsman की कक्षायें लगती हैं। मैं वहाँ गया था, मन उन सब स्मृतियों से भर गया था—बच्चों का काम मनोयोगपूर्वक देख ही नहीं पा रहा हूँ। आर्ट स्कूल को काँग्रेस दो टुकड़ों में बाँटकर नष्ट किये दे रही है। शैलेन अपना Painting Section लेकर मन्दिर में चला गया है। ये लोग आर्ट स्कूल में कारख़ाना लगायेंगे। गुरुभाई शिल्पी शैलेन्द्रनाथ डे उस समय जयपुर आर्ट स्कूल के अध्यक्ष थे।

१३.३.१९५१ : 'जयपुर से ४५ मील दूर लड़कियों का एक वनस्थली विद्यापीठ है। देख आया, लड़कियों को ख़ूब घुड़सवारी करना, साइकिल और तैरने का अभ्यास करना, लाठी चलाना, चित्रांकन करना, घरेलू काम-काज आदि सिखाये जा रहे हैं। मात्र ४० रुपया मासिक वेतन है। बहुत अच्छा लगा। एक पूरे दिन वहाँ बना रहा था। मेरी रामायण (रामायण का पद्यानुवाद—अनु.) लगभग शेष है केवल उत्तरकाण्ड बाक़ी रहा है। उसका अनुवाद हो जाने पर सातों काण्डों का अनुवाद पूरा हो जायेगा। छवि आँकना बन्द है। एक Ivory Miniature अभी आँका है। टेकनीक जानता था किन्तु, प्रत्यक्ष रूप से कभी बनायी नहीं थी। अच्छी ही बनी है सभी का यही कहना है।' वाल्मीकि

रामायण का काव्यानुवाद 'रामायणी' का काम उन्होंने गम्भीर मनोयोग के साथ तीन वर्ष तक लगातार किया था।

१५.५.१९५१ : रवि दादा अवन मामा की तरह उन्हें भी अति प्रिय फलों का राजा आम के बारे में अतसी को बता रहे हैं: 'यहाँ पर ११२° गर्मी है, लू चल रही है। आम इस बार लखनऊ में ज़रा भी नहीं हुए बौर के समय ही सब झर गये हैं। मलीहाबाद के Mango King नाम के मेरे एक मित्र हैं। उनके यहाँ हर वर्ष मैं एक बार ज़रूर जाता हूँ। पेट भरकर आम खा आता हूँ। इस बार अब वैसा नहीं हो पायेगा।'

२.६.१९५१ : इधर कोलकाता नेशनल बैंक के फेल हो जाने से मेरा तो सर्वस्व ही चला गया। अब पेंशन के ऊपर ही निर्भर रहना होगा।

अन्य चित्रों के बिकने की आशा कहाँ है ? देखो ना! रानू तक कुछ नहीं कर पायी। समय की बलिहारी है सब।

१४.७.१९५१ : 'मेरा रामायण लिखना पूरा हो गया है। भूमिका लिखकर शौरीन को भेज दी है। वे भारतवर्ष को छपने को देंगे। मेरा भारतवर्ष में छन्दों पर लिखा लेख निकला है, क्या तुमने देखा है ? यहाँ पर जून के अन्त में दो-एक झला पानी बरसने के बाद एकदम बन्द है। १०६/०९° तापमान होने से भभका-सा निकल रहा है। प्राण अब गये, तब गये, कर रहे हैं। छवि आँकना नहीं हो पा रहा है। इसलिए फिशर का यूरोपियन इतिहास पढ़ रहा हूँ। रामायण को लेकर तीन वर्ष अच्छी तरह बीत गये हैं। चित्र भी उस काम के साथ बहुत-से बनाये हैं। चित्र जो दो-एक बिके भी हैं, दाम देते समय उन्होंने गफलत की है।' भारतवर्ष मासिक में कई किस्तों में रामायणी की भूमिका प्रकाशित हुई थी।

२८.१२.१९५१ : 'इण्डियन आर्ट के आज दुर्दिन हैं। बरदा उकील All India Fine Art Society दिल्ली में Govt. of India के द्वारा recognised किये गये हैं, उस पर भी Academy की तरह Indian Art की दुर्दशा है। हर वर्ष प्रदर्शनी हो रही है किन्तु, ठीक कोलकाता की एकेडेमी की तरह सब खिचड़ी व्यापार है। हमारी प्राच्यकला परिषद् की तरह Imaginative का कोई स्कोप नहीं है। इस समय सिर्फ़ दुकानदारी और विज्ञापन चल रहा है। अवन मामा के मर जाने से उनका रास्ता साफ़ हो गया है।'

१९५१ वर्ष के अन्त में असितकुमार ने अपनी छवियों की बिक्री के बारे में

अपनी कन्या को यह जानकारी दी,

> मैंने अपने नौ चित्र ५०० रुपये में आगरा कॉलेज को अभी हाल में बेचे हैं पेट की ख़ातिर। लड्डू पिन्टू की फीस एवं श्वउडुद्व की फीस एक साथ जमा करनी पड़ी।... लेडी रानू ने मुझे आने के लिए लिखा था। किन्तु, उन्होंने गत वर्ष एकेडेमी में मेरे साथ जो व्यवहार किया, उससे जाने की इच्छा नहीं है—लेडी रानू और उनकी माँ का मेरे प्रति Soft Corner है यह मैं जानता हूँ। O.C. Ganguly ने जनवरी अथवा फ़रवरी में A.N. Tagore के सम्बन्ध में वक्तृता देने के लिए कोलकाता आने के लिए मुझे लिखा है। पर उस व्यक्ति पर मुझे विश्वास नहीं होता है।

अपने द्वारा बनाये ब्रह्मा, विष्णु, महेश और उनकी तीन संगिनी के छह चित्र उन्होंने आगरा कॉलेज को बेच दिये।

१९५२ : ६.१.१९५२ : 'मैं एकदम ठीक हूँ। छवि आँक रहा हूँ, कविता लिख रहा हूँ, मन के आनन्द में हूँ।... मुझे पैरों का दर्द नहीं है, यह कहा जा सकता है। जर्मन डॉक्टर की चिकित्सा से काफ़ी फ़ायदा हुआ है। अपनी गौतम गाथा लिख रहा हूँ। जग ज्योति के सम्पादक थोड़ा-थोड़ा करके उसे छाप देंगे ऐसा उन्होंने मुझे लिखा है। आज राधाकमल मुखर्जी उसका थोड़ा अंश सुन गये, उन्हें ख़ूब अच्छी लगी है। बुद्ध के जीवन के विषय में इस बार अनेक पुस्तकें पढ़ी हैं। अब मनोयोगपूर्वक लिखने से ही काम हो जायेगा। अनेक कामों के कारण चित्त में विक्षेप हो जाता है।'

१७.१२.१९५२: कुमारस्वामी के जोड़ासाँको-भवन में रहते समय (१९०९-१९१०) कोलकाता विश्वविद्यालय के छात्र मुकुन्दीलाल को उनके सहायक के रूप में असितकुमार पहचानते थे। उनके बारे में अतसी को उन्होंने लिखा था, 'तुम्हें बचपन में जानते थे यहाँ की council में पूर्व Dy Speaker थे एवं अल्पवय में ही Dr. A.K. Coomaraswamy के शिष्य बनकर भारतीय कला का अनुशीलन किया था मुकुन्दीलाल (बैरिस्टर) ने। वे तुम्हारी बुद्ध जीवनी के चित्रों वाली पुस्तक को देखकर मुग्ध हो गये हैं एवं उसे ले भी गये हैं। लेंटर्न-Slide दिखाकर वे लेक्चर देते रहते हैं। तुम्हारे चित्रों की उन्होंने Slide बना ली हैं। मेरे विशेष पुराने मित्र हैं। मुकुन्दीलाल के लिखे Art के ऊपर निबन्ध मोलाराम के विषय में पढ़े या देखे तो हैं!'...

चिट्ठी २०.१२.१९५२ : लिखा था,

तुम अगर फ्रांसीसी भद्रपुरुष को चित्रों के ब्लॉक दे दो तो वे पेरिस से बहुत अच्छे तरीके से छपवा देंगे। किन्तु, इस बार ऐसी भूल मत करना। संक्षेप में बुद्धदेव की जीवनी अँग्रेज़ी और फ्रांसीसी भाषा में देनी होगी। अरविन्द से अँग्रेज़ी में लिख देने के लिए कहो। हासिराशि देवी को मैं जानता हूँ। तुम अगर उनके द्वारा अपनी कला के विषय में भारतवर्ष में लिखा लो तो बहुत अच्छा रहे। चित्रों के फ़ोटोग्राफ़ विशेषकर जैन मन्दिर के चित्र उन्हें दे देना। प्रणवेश एक व्यस्त लड़का है—अगर कोई काम न हो तो वह बहुत परेशान हो जाता है।... शान्तिनिकेतन का प्राक्तन छात्र है, इसी वजह से उसके साथ मेरी अच्छी मित्रता है।... अजिन के लड़के के साथ मेरी बेटी का विवाह नहीं होगा एक गोत्र फिर चचेरा होने की वजह से। पिन्टू के लिए शिक्षित अच्छा लड़का, ग़रीब मध्यवित्त परिवार का हो, जिसके पास खाने-पीने को हो, अध्यापक या व्यवसायी हो तो काम चल सकता है। विवाह तो कर दूँ पर उसके लिए रुपया कहाँ है ? यह भी तो एक समस्या है।... अर्धेन्दुकुमार गांगुली के साथ आज सवेरे भेंट हुई है। A.N. Tagore Memorial School of Art के विषय में बातचीत हुई। इस तरह से एक बड़े नाम की छाप देकर वे उनके पुनर्जागरण-सम्बन्धी अभियान को एक व्यक्तिगत काम बनाना चाहते हैं। मैं इसके पक्ष में नहीं हूँ। Oriental Art Society (प्राच्यकला परिषद्—अनु.) जिसकी स्थापना अवन मामा कर गये हैं, उसे ही अच्छी तरह चलाइये ना ? उसे पहले की तरह इतना आदर्श बना दीजिये जिससे मन से आँकी Original Indian Painting के अलावा और कोई अवैध (नक़ली) छवि रखी ही न जा सके। 'Tagore School', 'Bengal School' इस नाम की बार-बार घोषणा करके असल में (जिस) रिनेसाँ को Indian Art में अवन मामा ले आये थे उसका सर्वनाश हो गया। अन्य प्रान्त के लोगों का कहना है कि बंगाल स्कूल अब नष्ट हो गया है। उसके लिए ओ.सी. गांगुली आदि लोग उत्तरदायी हैं। अगर उनका स्मारक बनाना हो तो किस तरह से पूरे भारतवर्ष में कलाशिक्षा की परियोजना मुख्य हो उसी का प्रयास करना होगा। Central College of Art उसके लिए बहुत आवश्यक है, जिसे मैं त्रश1ह्ल. श्द्ध ढ्ढठ्ठस्र्द्धड्ड के माध्यम से करना चाहता था। आजकल कला के जगत् में भी राजनीति के कार्य-कलाप चलने लगे हैं। एक अमेरिकन महिला पत्रकार चित्र देखने घर आयी थी। उसने अमेरिकन Milliomeer Art Collector मित्र

> का पता दिया है। उसको लिखने के लिए कहा है, देखिये क्या होता है।

महर्षि के पौत्र अरुणेन्द्रनाथ के एकमात्र पुत्र अजीन्द्रनाथ ठाकुर आत्मीयता के सूत्र से परिवार के घनिष्ठ, समगोत्री (शांडिल्य) थे। इसी वजह से उनके पुत्र अभीन्द्रनाथ के साथ कन्या का विवाह करना सम्भव नहीं था। अवनीन्द्रनाथ के परलोक गमन के बाद १९५२ ई. में उनके अनुगामियों और गुणग्राहियों ने कोलकाता में अवनीन्द्रनाथ की स्मृति रक्षा के लिए उनके नाम से एक आर्ट स्कूल की स्थापना का प्रस्ताव रखा था। उसमें असितकुमार की सहमति नहीं थी। १९४९ में केन्द्रीय शिक्षामन्त्री अबुल कलाम आज़ाद के सभापतित्व में कोलकाता में गवर्नर हाउस में आयोजित शिल्पकला विषयक पहली अखिल भारतीय परिचर्चा सभा में सेंट्रल आर्ट कॉलेज की स्थापना कर अवनीन्द्रनाथ केन्द्रित कला आन्दोलन को स्थायी रूप देने के जिस प्रस्ताव को प्रस्तुत करने में असितकुमार सफल नहीं हुए थे, यह बात गुरु अवनीन्द्रनाथ को बताने पर अस्वस्थ गुरु ने अपने ज्येष्ठ पुत्र अलोकीन्द्रनाथ (१८९६-१९७१) के माध्यम से बताया था :

> नाम की दुहाई देकर अपना स्वार्थ सिद्ध किया जाता है, ज़ोर-शोर से विज्ञापन के द्वारा प्रचार करना चलता रहता है, किन्तु, उससे शिल्प साधना नहीं होती है। जो सचमुच का शिल्पी होता है वह चुपचाप एकान्त में साधना करता रहता है। नयी-नयी सृष्टि-रचना के आनन्द में वह मग्न बना रहता है, जनसाधारण के समक्ष वह अपने को जाहिर नहीं करता है। राष्ट्रीय कला में नियमानुसार भाटे के लक्षण दिखायी दे रहे हैं, इसमें कोई सन्देह नहीं है।' अर्थाभाव। चित्रों की बिक्री नहीं हो रही है। चित्र देखने तो आते हैं बहुत से देश-विदेश के लोग। किन्तु, हताश शिल्पी सहज में ही किसी के सामने हाथ पसारने वाला मनुष्य तो था नहीं।

१९५३—पत्र ३.०१.१९५३ : Benaras Engineering College Exhibition से छवियाँ लौट आयी हैं—एक भी नहीं बिक सकी। Art School के कई छात्रों की भूदृश्य छवियाँ विलायती ढंग की थीं, उनकी बिक्री हो गयी है। हमारी छवियाँ धूल-कीचड़ से लथपथ होकर लौट आयी हैं। इस समय तामसिक भाव चल रहा है कलियुग में, जिसमें कल्पना, विचार अथवा बुद्धि की कोई आवश्यकता नहीं होती है। सात्त्विक भावों की शुद्ध बुद्धि लेकर विचार और परिकल्पना के द्वारा इस समय काम नहीं चलेगा। ... A.N.

Tagore Memorial Art School पार्क स्ट्रीट में खुल गया है एवं मुझे उसका Vice President बनाना चाहते हैं। मैंने उसका कोई जवाब नहीं दिया। मेरे साथ O.C. Ganguly की भेंट हुई है यहाँ। मैंने उन्हें अपना अभिमत बता दिया है। सम्प्रति एक लम्बा पत्र टाइप करके उन्हें दे दिया है एवं उसकी copy नन्दलाल, क्षितीन मजूमदार, आलोक ठाकुर आदि को भेज दी है। वे अवन मामा का नाम भुनाकर कुछ रुपया रोज़गार करना चाहते हैं—Memorial के नाम से सभी काम व्यवसाय की भावना से हो रहे हैं। आन्तरिकता किसी में भी नहीं है।' अवनीन्द्रनाथ के नाम से स्कूल स्थापित करने में उनकी सहमति नहीं थी। इसे उन्होंने लिखित रूप में अर्धेन्द्रनाथ गांगुली को बता दिया था। पत्र की प्रति उन्होंने अपने दो सहपाठियों एवं स्वर्गीय अवनीन्द्रनाथ के बड़े बेटे अलोकेन्द्रनाथ को भेज दी थी।

२३.२.१९५३ : बुद्ध जीवनी के ऊपर सचित्र मुक्त छन्द में काव्य गौतम गाथा का जब लेखन चल रहा था उस समय अपनी कन्या को उन्होंने लिखा है : 'मेरी १६ आना गौतम गाथा का छवि आँकना शेष हो चुका है। अब उनमें रंग भरूँगा। मेरी आँखों का धुँधलापन अभी गया नहीं है। आँखों के कारण परेशानी में पड़ गया हूँ। फिर भी काम करता जा रहा हूँ। पैसे के अभाव में १७ तारीख़ को मोटर की बिक्री कर दी है। क्या करता? हारमोनियम भेज दूँ किन्तु, मिस्त्री नहीं मिल रहा है जो उसी से भिजवा सकूँ। मैं जल्दी ही बाक़ी सब छवियाँ गौतम गाथा की तुम्हें भेज दूँगा। तुम सभी को अरविन्द के हाथों प्रेस में जगज्ज्योति में दे देना।'

३.४.१९५३ : 'रूसी लड़की को अपनी छात्रा ज़रूर बना लो। सबसे पहले वह ड्राइंग के बारे में कितना जानती है इसकी जाँच कर लो। उसके बाद मन से अपने देश की किसी चीज़ का चित्र बनाने को उससे कहो। मेरा Method यह है (१) अच्छी छवि देखना फिर उसकी कॉपी करना = ट्रेडीशनल आर्ट, (२) आदमी को बैठालकर फिर उसका चित्र बनाना = Nature Study, (३) एकदम मन से कल्पना कर (Subject Matter) फिर उसका चित्र बनाना। सब तैयार हो जाते हैं। Art School का पाठ्यक्रम मैंने इसी दृष्टि से तैयार किया है। ... कल अन्तरप्रान्तीय कवि सम्मेलन हुआ—राजपाल ने उसकी अध्यक्षता की थी। 'प्रज्ञा' कविता का मैंने पाठ किया। राजपाल ने अपनी रचना पढ़ी गुजराती भाषा में।'

१९.५.१९५३ : 'मैं सीतापुर आँख दिखाने गया था। दोनों आँखों में काले

दाग़ दिखायी दिये हैं, इसीलिए छाया की तरह आँखों के सामने जल की तरह झिलमिलाने लगता है। यह एक ऐसी बाधा आ गयी है कि मन की साध के अनुसार चित्र बनाना और लिखना अब आगे नहीं हो पायेगा। बाद में तो हो सकता है सब कुछ बन्द ही हो जाये। इस समय यहाँ गर्मी चल रही है। गर्म खोल में जैसे भुने जा रहे हैं। यहाँ ऐसा लग रहा है। धर्मांकुर सभा में बैसाख पूर्णिमा २७ को होगी। Professor Mrs. Dasgupta और मैं वक्तृता देंगे, इस तरह की बात चल रही है। मैं बाङ्ला में वक्तृता दूँगा।'

२०.६.१९५३ : को उन्होंने लिखा है : 'गौतम गाथा रचना लेकर व्यस्त हूँ। इस समय बुद्ध के जीवन की कई घटनाओं का पता चला है। इसलिए पुस्तक को फिर से लिख रहा हूँ। छानबीन के साथ कई पुस्तकों को घोंट डाला था। ज्ञानानन्द ने लिखा है बिहाराध्यक्ष महोदय के मत से, आपके द्वारा अंकित बुद्ध के हाथ का भिक्षापात्र थोड़ा छोटा है, इसलिए उसे थोड़ा बड़ा कर देने के लिए आपके पास पुनः भेजने के लिए कह रहे हैं। लेकिन यह बात मेरी समझ में नहीं आयी। बुद्ध एक बड़ा कठौता अथवा डलिया लेकर तो घूमते नहीं थे। इसलिए मुझे तो लगता है कि मैंने तो ठीक ही आँका है। उससे बड़ा आकार चित्र में असंगतिपूर्ण लगेगा।' भिक्षु ज्ञानानन्द कोलकाता में बौद्ध धर्मांकुर सभा के दफ़्तर में काम करता था।

१९.७.१९५३: 'गौतम गाथा गत सोमवार को समाप्त हो गयी है। काफ़ी बड़ी हो गयी है, लगभग ५५० पृष्ठ की। ... इसी बीच एक झमेला उपस्थित हो गया है। धर्मांकुर सभा के अध्यक्ष ने मुझे कैलेण्डर में छपने योग्य कई भद्दे प्रिंटेड चित्र भेजकर मुझे लिखा है कि उनमें जितना बड़ा भिक्षापात्र आँका गया है, उतना बड़ा भिक्षापात्र अपने चित्र में आँककर बुद्ध के हाथ में अंकित कर मुझे देना होगा। बुद्ध के चित्र के विषय में मेरे पास बहुत से अनुभव हैं। मैंने जीवन में इतनी बड़ी हड़िया हाथ में लिए हुए बुद्ध की कोई छवि नहीं देखी है और न सुनी है। यही पहली बार देखी है। ४७ वर्ष की अभिज्ञता और साधना को जलांजलि देकर अपनी स्वयं की छवि का पिण्डदान इस ६३ वर्ष की उम्र में बताओ कैसे कर दूँ? ...इसके अलावा मैंने जीवन में कभी फरमाइसी काम नहीं किया है। आगे करूँगा भी नहीं। ... इससे यह समझ में आ रहा है कि वे लोग मेरी छवि का मूल्य ही नहीं समझ रहे हैं। लन्दन में 'बोलार हेट' लेकर भिखारी लोग जिस तरह से भीख माँगते हैं, बुद्ध के हाथ में इस तरह का 'हंडा' मैं किसी भी तरह नहीं दे सकता।' कोलकाता में

उनके एक नामी साहित्यकार बन्धु और प्रकाशक ने 'गौतम गाथा' हस्तगत कर उन्हें ठगा था। उस धोखेबाज़ी को लेकर एक मुक़दमा भी उन्होंने किया था परलोकगत मित्र के पुत्र के ऊपर।

३१.७.१९५३ : Dr. Nag से मेरे बारे में बात करो। Cultural Vision में मुझे क्यों छोड़ दिया, उनसे ज़रा पूछो तो? Indian Art के जो पुजारी हैं तो क्या वे Uncultured हैं। डॉ. कालिदास नाग थे असितकुमार के घनिष्ठ बन्धु!

१९५४—पत्र १.२.१९५४ का : 'मैंने गौतम गाथा में बुद्ध के जीवन की घटना (बहुत-सी पुस्तकों को पढ़कर तथा गवेषणा कर) परम्परा को क्रमबद्ध कर तब लिखा है। दु:ख का विषय यह है कि जिस तरह से बाइबिल में ईसा मसीह की जीवनगाथा एवं रामायण में राम का जीवन पूर्ण रूप से दिखाया गया है एवं उसका फल यह हुआ है कि लोगों के मन में सहज रूप में ही उनका जीवन गुँथकर रह गया है, बुद्ध के बारे में वैसा नहीं किया गया है। बुद्ध के भक्तों ने उनके सुन्दर-सुन्दर वचनों अथवा उनके दर्शन को लेकर सूक्ष्मता के साथ उनके सिद्धान्त निर्धारित करने का प्रयास किया है—किन्तु, उनकी जीवनी को कोई बड़ी जगह नहीं दी है। इसलिए उनका जीवन लोगों के सामने लोकप्रिय भी नहीं हुआ है।'

२०.२.१९५४ : 'सोच रहा था इस बार कोलकाता जाकर कोई Talk दूँगा। मार्च के महीने में मेरी एक Talk यहाँ है।—नरेनदेव और राधारानी कविद्वय ने मेरे 'मानस मुकुर' काव्य को पढ़कर बहुत सुन्दर चिट्ठी लिखी है। इण्डियन प्रेस इलाहाबाद से १९४६ में प्रकाशित सचित्र रूपक खण्ड काव्य 'मानस मुकुर' लिखने की प्रेरणा मुझे शिल्पी महाकवि कालिदास के मेघदूत का पद्यानुवाद करते समय मिली थी।

१.३.१९५४ : 'कोलकाता के शिल्पी चित्रकारों में दलबन्दी तो लगी ही रहती है। इसीलिए मैं उनके बीच रहना नहीं चाहता हूँ। एक तो वे लोग तथाकथित आर्टिस्ट नामधारी हैं पर वास्तव में उनमें से कोई भी सच्चा Creative Artist नहीं है। Lady रानू मुझे चाहती हैं। तुम उनके साथ सदा वही भाव बनाये रखो। दलबन्दी में पड़ने का हमारे लिए कोई प्रयोजन नहीं है।' अर्धेन्दुकुमार के प्रसंग में उन्होंने लिखा था : 'O.C. Ganguly सम्प्रति लखनऊ विश्वविद्यालय में वक्तृता देकर गये हैं। मेरे डेरे पर वीरेश्वर को लेकर आये थे। वीरेश्वर यह पहली बार ही मेरे डेरे पर आये थे। मेरे एक छात्र सनत् ने मेरे बनाये हुए एक

गाने को उन लोगों को सुनाया।' आर्ट स्कूल में चित्रकला विभाग का प्रधान था शिल्पी वीरेश्वर सेन। वासा कहने का अर्थ था लखनऊ शहर के छोर पर गोमती नदी के तटवर्ती ट्रान्स गोमती सिविल लाइन्स का किराये का घर। ऊपर उल्लिखित सनत्, वर्तमान में शिमला निवासी शिल्पी सनत् । कुमार चटर्जी ने (ज. १९३५) स्कूल की पढ़ाई पूरी करने के बाद कॉलेज में पढ़ते समय अपनी प्रेरणा से असितकुमार से चित्रकला सीखना शुरू किया था। इलाहाबाद प्रयाग संगीत विद्यालय में संगीत में एवं लखनऊ आर्ट कॉलेज का डिप्लोमाधारी शिल्पी सनत् कुमार इस समय गिनीज़ बुक में विश्व के सबसे वृहद् चित्र रचनाकार के रूप में प्रसिद्ध है।

२९.३.१९५४ : पश्चिम का अन्धानुकरण करने वाले आधुनिक चित्रकारों के प्रति स्वाभाविक रूप से क्षुब्ध असितकुमार ने लिखा है : 'जिस देश में विलायती जूठन का इतना आदर है, उस देश में अरणी जैसे शिल्पी ही तो होंगे ? इस देश में अगर काम करना हो तो अपना-अपना काम करते जाओ। सर्टिफिकेट देने वाला व्यक्ति कौन है ? रमेन ने नन्दलाल की एक बड़ी Exhibition की है एवं डॉ. राधाकृष्णन से उसका उद्घाटन कराया है यह बात अख़बार में देखी है।' असितकुमार के मौसेरे भाई अवनी सी. बनर्जी, वॉर-एट-लॉ के पुत्र अरणी स्टेट्समैन पत्रिका में कला समीक्षक के रूप में परिचित थे। उनके सम्बन्ध में अवनीन्द्रचरितम्-ग्रन्थ प्रणेता शिल्पी प्रबोधेन्दुनाथ ठाकुर के पुत्र (१९०७-१९६५) जापान-प्रवासी शिल्पी सन्दीप ठाकुर ने स्मृतिचारणमूलक जनदिगन्त पुस्तक में (आईएमएच नई दिल्ली, १९९९, पृ. २९) लिखा है : 'शिल्प समालोचक अरणी बंद्योपाध्याय जापान आकर मेरे अतिथि हुए थे। उन्होंने कहा, अवनीन्द्र-नन्दलाल द्वारा स्थापित शिल्पधारा कहानी के सचित्रीकरण के अलावा और कुछ नहीं है। मैंने जब पश्चिम के अन्धभक्त इस नामी शिल्प विशेषज्ञ को आँख में उँगली डालकर यह दिखाया कि प्राचीन और मध्ययुग के संसार के सभी महान् चित्रकारों ने उपकथा-कहावतों, कहानियों का इलस्ट्रेशन ही तो किया है, तब वे चुप हो गये।'

१.६.१९५४ : 'गर्मी में चित्रांकन नहीं कर रहा हूँ। आँखों के डर से ही स्थगित कर रखा है। बैठे-बैठे Short Stories—लघु गल्पों की पुस्तकें पढ़ रहा हूँ। मेरा एक नाती जैसा छात्र ४ वर्षों से कॉलेज से आ-आकर छवि आँकना सीख रहा है—मेरी गर्मियाँ इसी तरह से बीत रही हैं। इच्छा हो रही है सनत् को लेकर कोलकाता जाऊँ और उसके मुँह से अपने गाने तुम्हें

सुनवाऊँ। चित्रांकन में उसका बहुत बढ़िया हाथ है। मन से वह अबाध रूप से निरन्तर छवि आँकता रहता है। अच्छा लड़का है।'

२८.७.१९५४ : 'मेरी शिशु सभा में Lucknow AIR से पहली अगस्त के सवेरे हिन्दी में वार्ता सुनोगी ८ मिनट की। २८ अगस्त ९ बजे १५ मिनट की फिर अँग्रेज़ी वार्ता होगी। एक स्केच :

स्नेहेर अरिन्दम :
बाबला खेले घुड़ि निये
जन्मदिने तार
सबाई देखे बले हेंके
वेश त हुशियार—दादू

अतसी देवी का एकमात्र पुत्र अरिंदम कॉलेजों में जब वह छात्र था, तभी बीमार होकर अकाल में मर गया था।

२८.९.१९५४ : रामायण पुस्तक इण्डियन प्रेस ने आज भी छापना प्रारम्भ नहीं किया है। ३५०० पृष्ठों की पुस्तक है। अपने जीवनकाल में इस पुस्तक को छपा हुआ देखकर जाऊँगा या नहीं, यह नहीं जानता हूँ। सचमुच में, चमड़े की जिल्द में बँधी बड़े जतन से रखी, चार खण्ड रामायणी पाण्डुलिपि आज भी नहीं छपी है।

२४.११.१९५४ : में लिखा है : 'शुभा हस्पताल से घर आ गयी है तुम्हारे कार्ड से ख़बर पाकर ख़ूब आनन्दित हुआ हूँ। तुम भूलकर भी उसे छोड़कर बर्मा अथवा और कहीं घूमने जाने की बात मन में भी मत लाना। माँ होने के कारण बड़े त्याग की ज़रूरत पड़ती है। तुम मेरी तरफ़ से एक काम करोगी ? सुविधा के अनुसार अगर लतिका घोष के पास जाओ एवं मैंने अपनी गौतम गाथा के अँग्रेज़ी अनुवाद का जो प्रारम्भ किया था तथा जिसे मैंने उनके पास भेजा था उसके बारे में थोड़ा पता करो, तो अच्छा रहे। उस अनुवाद के बारे में उनके मतामत की विशेष ज़रूरत है। अगर उन्हें लगे कि अनुवाद अच्छा हो रहा है तो मैं पूरी पुस्तक का अँग्रेज़ी अनुवाद कर डालूँगा। मैंने गद्यात्मक पद्य लिखते हुए अँग्रेज़ी अनुवाद किया है।' बड़ी नातिन शुभा आजीवन रक्ताल्पता रोग से पीड़ित कमजोर स्वास्थ्य के कारण माँ-बाबा की स्नेह छाया में समय बिताती रही थी।

चिट्ठी ८.१२.१९५४ : 'मैं बहुत व्यस्त था Soviet Cultural Delegates

को लेकर Citizen Committee का President चुने जाने के कारण, अब वह झंझट भी समाप्त हो गया है। ठण्ड लगने के कारण, कान बन्द, सर्दी, उसके ऊपर यह सब हंगामा। उनमें से दो व्यक्ति मेरे घर आकर छवि देख गये। ... मुझे एक बैज जैसा तुमने दिया था जापान और श्रीलंका का वैसा ही एक Casket Laquar का जिसमें मछली के दो अण्डे काँच के पात्र में हैं, दे गये हैं। मछली के अण्डे का सेण्डविच बनाया जायेगा।

तो फिर लतिका ने मेरी गौतम गाथा के अँग्रेज़ी अनुवाद को Hopeless कहकर फेंक नहीं दिया है एवं देखकर मुझे भेज दिया है।' उसी पत्र में नाती को एक छड़ा (तुकबन्दी) में यह लिखा है :

'देखो देखो रामू शामू कथा कय कि करे
रास्ताय दुजनाय शीते तारा शिहरे
जाओ तुमि बलो गिये येते चले घरेते
लेगे जदि ठण्डा पस्तावे परेते।'

असितकुमार ने अँग्रेज़ी अनुवाद आरम्भ किया था गौतम गाथा का। श्री अरविन्द के भाई प्रेसीडेन्सी कॉलेज के अँग्रेज़ी साहित्य के प्रख्यात अध्यापक मनमोहन घोष की ऑक्सफोर्ड में शिक्षाप्राप्त कन्या, डेविड हेयर ट्रेनिंग कॉलेज में महिला विभाग की अध्यापिका लतिका घोष (१९०२-१९८७) को अनुवाद का प्रारम्भिक अंश असितकुमार ने भेजा था।

२०.१२.१९५४ : [गौतम गाथा का] अँग्रेज़ी तर्जुमा लतिका देखकर जब भेज देगी तभी (seriously) उसमें लगूँगा। नहीं तो व्यर्थ प्रयास नहीं करूँगा।... बुद्धजीवनी के १६ चित्रों में ६ चित्र आँक लिए गये हैं तैल माध्यम से। इस समय १० चित्र बाक़ी रह गये हैं।

१९५५—चिट्ठी ७.३.१९५५ : 'दिल्ली से कल शाम लौटा हूँ। जवाहरलाल जी का Plasticine द्वारा एक छोटा-सा Pleaque बनाकर ले गया था उन्हें दिखाने, उन्हें बहुत अच्छा लगा है। उसे देखकर थोड़ा ठीक कर लिया है अब उसकी ढलाई करूँगा।' पण्डित जवाहरलाल और उनके परिवार के साथ घनिष्ठ थे असितकुमार। १९५० में अपनी हीरक जयन्ती वर्ष में नयी दिल्ली में असितकुमार की एकल चित्र-प्रदर्शनी का उद्घाटन प्रधानमन्त्री पण्डित जवाहरलाल नेहरू ने किया था।

१० अगस्त अवनीन्द्र जयन्ती के उपलक्ष्य में कोलकाता के आयोजन में

सौम्येन्द्रनाथ ठाकुर अपने असित दा को अध्यक्ष के रूप में पाना चाहते थे। इधर असितकुमार को ख़बर मिली उनके छात्र कोलकाता सरकारी आर्ट कॉलेज के अध्यक्ष शिल्पी रमेन्द्रनाथ चक्रवर्ती की अभी हाल में अकाल मृत्यु हो गयी है। ११.७.१९५५ को अतसी को उन्होंने लिखा था, 'तुम रमेन की पत्नी से तुरन्त जाकर मिलो। हम लोगों का यह एक विशेष कर्तव्य है। मणि गुप्त ने रमेन के विषय में रविवार के आनन्द बाज़ार पत्रिका में काफ़ी अच्छा लिखा है। रमेन इतनी जल्दी चले जायेंगे यह मैंने सपने में भी नहीं सोचा था। ... तुम सौम्य को फ़ोन से ख़बर दे दो जिससे वे किसी अन्य योग्य व्यक्ति को अवनीन्द्र-जयन्ती की अध्यक्षता करने को कह दें।

१९५६—३.३.१९५६ की चिट्ठी में उन्होंने लिखा : '५ मार्च को रवाना होकर इलाहाबाद जा रहा हूँ। वहाँ पर meeting एवं Exam ६/७/८ मार्च को निपटाकर ८ मार्च रात ८:३० बजे बॉम्बे मेल से कोलकाता जाऊँगा। साथ में पिन्टू रहेगी, उसे भेज दूँगा कोर्डामा में। मैं तुरन्त ९ मार्च ११:४० की भोर हावड़ा पहुँचूँगा एवं तुम्हारे पास आऊँगा। मुझे १५ को लौट जाना होगा। १२/१३/१४ को यूनिवर्सिटी में लेक्चर देना होगा।[१] डॉ. नीहार रंजन राय के सभापतित्व में कोलकाता विश्वविद्यालय में उनकी तीन दिन टी.पी. खेतान वक्तृता का विषय था क्रमशः 'The aspects of Indian Art and Culture', 'Modern Indian paintings', 'The Ideal of Indian art and crafts'।

उन्होंने तीसरे दिन की वक्तृता दी थी एपीडिओस्कोप चित्रों के सहयोग से।

२.५.१९५६ : 'अपने पब्लिकेशन को लेकर मैं इस तरह व्यस्त हूँ कि कहीं भी निकल नहीं पा रहा हूँ। दो नये बड़े चित्र ईसा मसीह के एवं एक चिरन्तन माँ यशोदा का बनाया है। Size ४/३ फुट, अब भी उनमें रंग नहीं भरा गया है। कैसी गर्मी है!'

१६.५.१९५६ : '१३ कैथोलिक चर्च हॉल में बालीगंज में रवीन्द्र जयन्ती का अध्यक्ष बनकर उद्घाटन किया हिन्दी भाषा में भाषण देकर। इस समय domestic Bulletine तुम्हें दे रहा हूँ। ९ तारीख़ को तेज़ (नौकर) झगड़ा-झंझट करके खिसक गया। मार्च में होली के समय से माउसी देश चला गया। वह अर्थात् तेज समय पर लौटा नहीं इसलिए नाराज़ होकर चला गया। उसके जाने के दूसरे दिन १० मई को बंगलोर में Directer of Design Post का Appointment letter मिल गया १००० रुपये वेतन पर। १ जून को

ज्वाइन करूँगा यह मैंने लिख दिया है। तेज़ १५ वर्ष नौकरी करने के बाद दग़ाबाज़ी कर गया। मेरी दो बड़े आकार की छवियाँ बनाना सार रहा। चित्र बनाकर समाप्त करूँ कि वैसे ही २८ को सवेरे Union Service Commission दिल्ली में Interview मुझे लेना होगा। वहाँ से अगर मैं तुरन्त रवाना नहीं हुआ तो १ जून को मैं बंगलोर में ज्वाइन नहीं कर पाऊँगा नौकरी पर।' तेज़ असितकुमार का वैयक्तिक सहायक था और माउसी रसोई आदि किया करता था। दोनों पहाड़ी नौकर असितकुमार के डेरे पर रहा करते थे।

१९.५.१९५६ : इस समय चाकर रहित अवस्था है। सनत् मेरा छात्र सवेरे आकर मुझे बनाकर कुछ खिला देता है और रात में रसोई बनाकर घर चला जाता है। बर्तन माँजने को कोई व्यक्ति नहीं है। समझ लो एक बार। इधर यूनियन पब्लिक सर्विस कमीशन का एडवाइजर होकर मुझे २८ को दिल्ली जाना है Artist का चुनाव करना है और वहाँ से तुरन्त बंगलोर चला जाऊँगा। शनि का ग्रह कटे इसके पहले गर्दन में मोच आ गयी है।

बंगलोर में वे जून १९५६ से भारतीय हैंडीक्राफ्ट्स बोर्ड के शाखा केन्द्र के निदेशक हो गये थे। वहाँ से लिखा ६.७.१९५६ का पत्र : ९ को यहाँ से रवाना होकर लखनऊ एक मीटिंग में जाना होगा। (Council House Decoration Committee) की मीटिंग है। सुनकर तुम्हें ख़ुशी होगी मेरे उन्हीं तीस ऐतिहासिक चित्रों को गवर्नमेंट ख़रीदकर (Council House) के सम्मेलन कक्ष को सजाया जायेगा। इस समय वीरेश्वर एवं उसके मित्र (Town Planner) का प्रयास कर रहे हैं जिससे सभी चित्र कहीं न ख़रीद लिए जायें। इसीलिए यह (Clause) दिया गया है : 'अगर ३० चित्र सभी दीवाल पर आ जाते हैं (तो उन्हें ख़रीद लिया जायेगा—अनु.) नहीं तो जितने आ जायेंगे उन्हीं को ख़रीद लिया जायेगा।' हालाँकि छह बार मीटिंग हो चुकी है एवं कमेटी रूम भी देखा जा चुका है। मेरे ३० चित्र ही दीवाल पर अच्छी तरह से लगाये जा सकेंगे। इसीलिए जा रहा हूँ मीटिंग अटेंड कर उन लोगों के षड्यन्त्र को नष्ट करने के लिए। मुँह पर तो वे लोग कुछ कह ही नहीं सकेंगे।

१७.९.१९५६ : 'मेरे १७ ठौ बुद्ध के चित्र बिके नहीं हैं। मेरे ३० ठौ भारतीय इतिहास पर बने चित्र यू.पी. सरकार की विधान परिषद् के सम्मेलन कक्ष-अलंकरण समिति ने ख़रीद लिए हैं। मैंने उनकी क़ीमत कम कर दी है। १००० प्रति चित्र की जगह कम कर ६५० रुपया निश्चित हुए हैं। पिन्टू के

विवाह के बारे में वर खोज रहा हूँ। जैसे ही मिलेगा विवाह कर दूँगा। निपू ने एक वकील लड़के के बारे में बताया है। सुबोध राय मेरा एक मित्र पुलिस का दरोगा हो गया है, इस तरह का एक बंगाली लड़का यूपी में है। अब देखो कहाँ क्या हो पाता है। सौरीन बाबू लोगों की हालत ख़ूब ख़राब हो गयी है, बूडो ने लिखा है। सचमुच में कोलकाता की चाल बरकरार रखने की वजह से कितने घर धूल में मिल गये हैं, उपन्यासकार होने की वजह से इसे शायद वे स्वयं भी जानते हैं।... तुम लोगों को लगता है शीघ्र घर छोड़कर अपने घर में जाकर रहना होगा, मुझे ऐसा ही दिखायी दे रहा है। पर, यह अच्छा रहेगा। किराये के घर में रहने का क्या कष्ट है, इसे मैंने अपनी हड्डी-हड्डी से महसूस किया है। मेरे पैरों का बात अब एड़ियों तक उतर गया है। इसी वजह से रोज़ १ घण्टा राजकीय उद्यान में घूम नहीं पाता हूँ।' जिनका ऊपर उल्लेख किया गया है बूडो, पिन्टू, नीपू उनके दूसरे विवाह की तीन कन्यायें और सौरीन बाबू—बेटी के ससुर उपन्यासकार सौरीन्द्रमोहन मुखोपाध्याय। 'घर छोड़कर अपने घर में जाकर रहने' का मतलब है अतसी-अरविन्द परिवार का सेवक वैद्य स्ट्रीट के किराये के घर को छोड़कर अपने निजी ४६/२ गड़ियाहाट रोड के नये निर्माणाधीन घर में चले जाना।

२५.१०.१९५६ : लिखा है, 'प्रणवेश [बंद्योपाध्याय] ने Prospectus भेजकर बुद्ध जयन्ती के लिए छवि चाही है। मैं भेजूँगा नहीं, उसे लिख दिया था। मैं देख रहा हूँ छवि के नाम पर जो-सो लस्टम-पस्टम आँक रहे हैं आधुनिकता की दोहाई देकर। यहाँ तक कि नन्दलाल ने भी बुद्ध की जो छवि बनायी है, देखकर रोना आता है। तुम जितने असभ्य और बर्बर तरीक़े से आँकोगे, उतने ही मॉडर्न कहाये जाओगे। उसी मॉडर्न के ढेर में मेरे चित्र ज़रा भी संगतिपूर्ण नहीं होंगे। One man show करने की भी इच्छा नहीं है। छवि देखने वाले लोग हेवेल, कुमारस्वामी, रवि दादा, अवन मामा जैसा कौन है? केवल काग़ज़ी बाबू मुझे जो-सो लिखेंगे और मेरी शान्ति भंग करेंगे। मैं स्वयं माँगकर अशान्ति नहीं लेना चाहता। सर राधाकृष्ण ने पब्लिसिटी डिवीज़न के सेक्रेटरी Govt. of India के —एवं यूपी के मुख्यमन्त्री, बुद्ध की छवि देखकर तारीफ़ करने के अलावा इन लोगों ने कुछ नहीं किया। मैं अपने बुद्ध के पूरे सेट को ख़राब कर (३३ चित्र) उनमें से २-४ भेज न सकूँगा। रानू को फ़ोन से बता दो।'

३.१२.१९५६: 'तुम्हारे नेपाल के रेखाचित्र देखने की ख़ूब इच्छा हो रही है।

वहाँ के छोटे-मोटे बोधिसत्व अथवा कुछ ताम्र मूर्तियाँ नहीं ला सकीं ? तुम अपने रेखांकनों को कोलकाता में एक छोटी-सी प्रदर्शनी कर अगर दिखाओ तो बहुत अच्छा रहे। रानू के द्वारा उसका उद्घाटन करा सकती हो।'

१९५७—कोलकाता आर्टिस्ट हाउस में (इस समय पार्क स्ट्रीट में इस घर का कोई अस्तित्व ही नहीं है) कन्या अतसी के शताधिक चित्रों की एकल प्रदर्शनी होने पर, शिल्प समीक्षकों ने जिसकी जैसी रुचि उसके अनुसार प्रशंसा की थी। प्रदर्शनी के सम्बन्ध में स्टेट्समैन की शिल्पकला रपट में कुछ व्यंग्यपूर्ण मन्तव्यों ने अतिसी देवी को कुछ परेशान किया था उस विषय में पिता को बताने पर वर्ष के शुरुआती दिन में अतसी को लिखी चिट्ठी में असितकुमार ने लिखा था, 'आर्ट को कुतरने वाले समीक्षक मानो गिद्ध की तरह कला के भाँड़ में काट-कूट करते ही रहते हैं। तुम अपने अवनी काका को देखो ना! बचपन में बराबर एक घर में रहते थे—तब मेरे चित्र देखने के लिए एक दिन भी ताक-झाँक नहीं की। सहसा Oxford से लौटते ही एकदम कला समीक्षक हो गये। तुम...अभ्रक की तरह छिद्रान्वेषियों की बात एक कान से सुनो और दूसरे से निकाल दो।... ये लोग अवसरवादी, कर्ताभाजा दल के लोग हैं। जब तक अवन मामा बने रहे तब तक हेवेल, कुमारस्वामी एवं उनकी तरफ़ देखकर मेरी कला की तारीफ़ किया करते थे। अब इस समय उलटा सुर रख लिया है। मैं उनके ग्राह्य के मध्य आता ही नहीं हूँ। अवनी काका, उस ज़माने के अवनी सी.बनर्जी, वॉर एट लॉ थे असितकुमार की छोटी मौसी माँ स्वयंप्रभा देवी व अश्विनीकुमार बंद्योपाध्याय के पुत्र। एक ही घर कहने से एंटाली में ४४ नं. बेनियापुकुर स्ट्रीट पर स्थित महर्षि की कन्या शरतकुमारी देवी के घर की बात ही उन्होंने समझानी चाही है।

१९५७ ई. में सेवक वैद्य स्ट्रीट वाले किराये के घर में गड़ियाहाट रोड पर अपने नये घर में आने के बाद लड़कियों के चित्रांकन का एक क्लास शुरू किया था अतसी देवी ने। इसका पता चलने पर असितकुमार ने परामर्श देते हुए लिखा था, 'सिखाते-सिखाते स्वयं की भी उन्नति होती है। तीन कॉपियाँ बनवाना। १. पुराने चित्र देखकर आँकना, २. सामने कोई वस्तु या व्यक्ति देखकर आँकना, ३. एकदम मन से आँकना। इस तरह से वह सब एक साथ करके देखोगी कि तुम्हारी छात्रायें अपने आप तैयार होती जा रही हैं।'

७.१०.१९५७ : तुम्हारे नये घर से लिखे कार्ड को पाकर सुखी हुआ

'गृह तब होक मधु
मधु होक तोमार हृदय
धनधान्य पूर्ण गृह
रहे येन सदाई संचय।'

८.११.१९५७ : 'Dr. S.N. Mathur के हस्पताल की खाट पर लेटे-लेटे लिख रहा हूँ। मेरे हार्निया का ऑपरेशन ३१ को हो गया है। १० नवम्बर को टाँके खोले जायेंगे। १२ को घर जाऊँगा। ५ दिन सिर्फ़ बाक़ी हैं। Painless operation हुआ है। उत्तर भारत में यही सबसे प्रसिद्ध सर्जन हैं। इस समय मैं करवट नहीं ले पाता हूँ। १० को ले सकूँगा।'

बचपन से ही हार्निया की यह विपत्ति उनके लिए मैदान में खेलने-कूदने और साइकिल पर चढ़ने में एक बाधा बनकर खड़ी रही थी।

१२.११.१९५७ : बाढ़ के बाद घर की मरम्मत करा ली है। अगर यह घर छोड़ दूँ तो इतने सस्ते में इतना अच्छा दूसरा घर यहाँ अथवा कोलकाता में किराये पर नहीं मिलेगा। ४ नवम्बर को लड्डू एवं ५ नवम्बर को संजीव, निपू चारों को लेकर यहाँ आ गया है। लड्डू आज शाम को देहरादून लौट गया है। संजीव लोग भी २/३ दिन में वापस चले जायेंगे। ख़ूब हँसी-ख़ुशी के साथ दीवाली का समय बिताया गया।

१९५८—पोस्ट कार्ड २०.३.१९५८ : 'कालू और मैं क्षितीन मजूमदार को लेकर यहाँ आ गये हैं। क्षितीन ने हरिसभा में दो दिन कीर्तन किया। वेदान्त ओर वैष्णव धर्म की बड़ी सुन्दर व्याख्या की। धीरेन देव वर्मा ने शान्तिनिकेतन से तुम्हारे ठिकाने पर रवि दादा की Portrait की drawing (Tracing) भेजी है। तुम उसे अविलम्ब मेरे पास भेज दो। मैं उसकी copy कर प्रेस में भेज दूँगा।' परम वैष्णव शिल्पी क्षितीन्द्रनाथ की छवि भी थी एकदम वैष्णव रस से सिक्त। धीरेनकृष्ण के द्वारा अनुकृति किया गया आलोच्य असितकुमार का सरल रेखाओं द्वारा आँका गया रवीन्द्रनाथ के चेहरे का मूल रेखाचित्र कलाभवन में संरक्षित है।

भग्नदशा प्राप्त प्राच्यकला परिषद् की पचास वर्ष पूर्ति के उपलक्ष्य में होने वाले अनुष्ठान के सन्दर्भ में निदेशक श्रीमती ठाकुर की कार्यसूची के अन्तर्गत वार्षिक चित्र प्रदर्शनी के सन्दर्भ में कन्या को लिखी चिट्ठी में उन्होंने लिखा है, 'श्रीमती (ठाकुर) ने Oriental Art Society के संस्थापक चित्रकारों में

से किसी को भी न तो जानकारी दी और न आमन्त्रित किया है। उन्होंने उसे अपनी व्यक्तिगत Property बना ली है और सोच रही हैं कि इसके द्वारा हमारे ऊपर अपना हुकुम चलायेंगी। फिर भी, हाकिम मुहम्मद, समी उज्जमा, समरेन गुप्त, शैलेन डे, क्षितीन मजूमदार इनके चित्र थे या नहीं थे, यह पता लगा लेना। नन्द और मुकुल के चित्र तो रहेंगे ही यद्यपि मुकुल अवन मामा के छात्र नहीं हैं। सात नये तैल रंग में चित्र बनाये हैं एकदम नयी प्रणाली के।' अवनीन्द्रनाथ के शिष्य लखनऊ निवासी चित्रकार हाकिम मुहम्मद के साथ असितकुमार का मिलना-जुलना होता रहता था। सतीर्थ की एक आवक्ष मूर्ति भी उन्होंने बनायी थी। उनकी मृत्युशैया के पास भी असितकुमार बैठे रहे थे। किन्तु, और एक लखनऊ वासी सतीर्थ शिल्पी समी उज्जमा ने उनके साथ कोई सम्बन्ध नहीं रखा। उनके भाई बंगलादेश बनने के पहले पूर्वी पाकिस्तान के गवर्नर थे।

१७.६.१९५८ को लिखा है उन्होंने : 'मैंने १४ से २० दिसम्बर तक Artistry House, १५ पार्क स्ट्रीट में Exhibition को किराये पर ले लिया है। यथासमय चित्रों को लेकर उसके पहले कोलकाता पहुँच जाऊँगा।'

११.८.१९५८ : आज Lady रानू एवं ललित को भी लिख दिया था अपने रिज़र्व किये Artistry House में अतू की छवियों की प्रदर्शनी होगी—और मैं Lady रानू मुखर्जी की Academy के साथ Exhibition करूँगा। तुम इस बार ललित को फ़ोन कर अथवा मिलकर सब कुछ निश्चित कर लो, यह तिथि वे लोग बदलेंगे या नहीं—Lady रानू मुखर्जी के साथ यह पुरानी डेट टकरायेगी [१८-२० दिसम्बर]।' उनकी प्रदर्शनी का स्थान लेडी रानू के प्रयास से अकादमी ऑफ़ फ़ाइन आर्ट्स में बदल जाने से, आर्टिस्ट्री हाउस में उनकी बेटी अतसी देवी के एक सौ से अधिक चित्रों की प्रदर्शनी हुई थी।

२२ अक्टूबर, १९५८ में गोमती नदी की भयंकर बाढ़ के विषय में उन्होंने लिखा था, ''७ दिनों तक बाढ़ का पानी घर को घेरे हुए था। १४ को ११ बजे सवेरे पानी नीचे उतरा। शेफालिका वृक्ष और हासनाहाना (एक छोटा-सा सुगन्धित फूलों का जापानी पौधा) के प्राण चले गये।' यह उनकी अनवद्य काव्यात्मक अभिव्यक्ति थी। लखनऊ शहर की प्रान्तवर्ती गोमती नदी के तीर की नीची दलदली ज़मीन पर निर्मित होने के कारण 'प्रान्तिक' घर हर वर्षा में जलमग्न हो जाता था। हर वर्ष असुरक्षित घर में वर्षा की बाढ़ के प्रकोप से प्रौढ़ शिल्पी के प्राण होंठों तक आ जाते थे। बीच-बीच में वर्षा के

कारण उन्हें घर भी छोड़ना पड़ता था।

२२.११.१९५८ : 'मैं क्यों प्रदर्शनी नहीं करना चाहता अब समझ जाओगी। ईर्ष्या, द्वेष इतना अधिक है हमारे देश में कि गुणी की कदर तो होगी ही नहीं वरन् उसके विरुद्ध गुटबन्दी शुरू हो जाती है। उस पर कटूक्तियाँ करना भी लोग नहीं छोड़ते हैं।' आर्टिस्ट्री हाउस पार्क स्ट्रीट में अतसी देवी के शताधिक चित्रों की प्रदर्शनी (१५-२० दिसम्बर) देखकर २६ दिसम्बर, १९५८ के युगान्तर पत्रिका में कला समीक्षक ने अतसी देवी के चित्रों पर पिता के प्रभाव को देखा था। उनकी अंकन रीति की मौलिकता की बात करते हुए भी टिप्पणी की थी। अधिकांश चित्र अलंकरण धर्मी हैं। समालोचक के शब्दों में, 'पेंसिल से स्केच और ड्राइंग के समन्वय विभिन्न देशों के नेतृ स्थानीय बौद्ध व्यक्तियों के चेहरे की भंगिमाओं को आँकने में जिस सच्चे ज्ञान का परिचय दिया है, वह वास्तव में प्रशंसनीय है। रेखायें ही श्रीमती बरुआ का मुख्य सहारा हैं, संयत और दबे रंगों के प्रयोग ने उनके चित्रों को गम्भीरता दे दी है।... विषयवस्तु के हिसाब से धार्मिक प्रेरणा और शैली के अंग के हिसाब से रेखायें, बंगाल के कलाक्षेत्र में ये दोनों निश्चय ही एक प्रशंसनीय पुनरुज्जीवन हैं।'

१९५९— चिट्ठी ७.२.१९५९ : 'जयपुर के गवर्नर ने पार्टी दी थी। मुझसे आर्ट कॉलेज की स्कीम माँगी है। उनका पुराना आर्ट स्कूल आजकल बहुत ख़राब स्थिति में चल रहा है। इसीलिए नयी तरह से बड़ी स्कीम चाह रहे हैं।'

२८.२.१९५९ : 'Rajasthan University Exbition Lectures देने के लिए कल उदयपुर रवाना हो रहा हूँ। राणा भूपाल सिंह कॉलेज में लेक्चर दूँगा ४ एवं ५ मार्च को। लौटते समय फिर जयपुर में रुकूँगा। उन्होंने मुझसे Govt. College of Art and Crafts की Scheme एवं Budget माँगा था। मैंने बनाकर भेज दिया था। उसी विषय में बातचीत करनी है। मैं १० मार्च को लौटूँगा। कोलकाता से आकर यहाँ घूमा-घामी कर रहा हूँ। काम करने बैठ नहीं पा रहा हूँ।'

१६.५.१९५९ की चिट्ठी : 'लू चल रही है, बड़ी गर्मी है। और एक अच्छी ख़बर दे रहा हूँ। Council House Decoration का ४५००० रुपये का नया आदेश मिला है।' यू.पी. विधानसभा के ८० नं. समिति कक्ष में असितकुमार

के भारतीय सभ्यता के ऊपर आँके गये तीस चित्र रखे जायेंगे इस तरह का निर्णय विधानसभा के कर्ता-धर्ताओं ने लिया था। इसके अलावा अन्य भवन में भित्तिचित्र आँकने के काम में भी सुधीर खास्तगीर, वीरेश्वर सेन, हरिलाल मेड़ आदि चित्रकारों के साथ असितकुमार को भी शामिल किया गया था।

२८.७.१९५९ : चित्रिता देवी ने मेघदूत पाकर ख़ूब सुन्दर चिट्‌ठी लिखी है। लिखा है, 'आपका मेघदूत पाकर अभिभूत हो गयी हूँ।'

३१.७.१९५९ : 'यहाँ पर अच्छी वर्षा न होने के कारण भीषण गर्मी पड़ रही है। मैं छोटी-छोटी नयी छवियाँ आँक रहा हूँ।' उन्होंने लेकसिट माध्यम से छोटे आकार में पक्षी, मधुमक्खी की दृष्टि से विश्व प्रकृति जैसी काफ़ी कोस्मिक छवियाँ आँकी थीं उस समय।

३.८.१९५९ : 'मुझे उमर खैयाम के दो सेट मिल गये हैं। मैं पुराने छापे के चाहता था क्योंकि उसी का बाङ्‌ला Edition छापा जायेगा। छवियों की नाप आदि एवं हेवेल की भूमिका की ज़रूरत थी। तुम्हें ब्रोंज की बनी गोपाल की मूर्ति एवं चिकन का पीस मिल गया होगा। मुझे एक बार नीपू के पास से होते हुए इलाहाबाद जाना होगा, उसके बाद लौटकर दिल्ली ललित कला अकादमी की मीटिंग में जाऊँगा।'

हेवेल की भूमिका के साथ फिटजेराल्ड (Fitzerald), उमर खैयाम के अनुवाद के साथ असितकुमार के चित्रों का पोर्टफोलियो संस्करण १९३१ ई. में प्रकाशित हुआ था। भूमिका में हेवेल ने लिखा था, 'कई भारतीय और यूरोपीय शिल्पियों ने उमर खैयाम के काव्य का अलंकरण किया है किन्तु, असितकुमार के स्वतःस्फूर्त और स्वच्छन्द रूप से आँके चित्रों की तरह काव्य के सूक्ष्म सौरभ को उनमें से कोई भी नहीं पकड़ पाया है।[२]

१४.८.१९५९ : 'उमर खैयाम का कवर आदि चित्रित करने के कार्य में मैं बहुत व्यस्त था। अब माँज-घिसकर मेरा बाङ्‌ला तर्जुमा बहुत अच्छा हो गया है। कल राधाकमल आद्यन्त अँग्रेज़ी के साथ उसे मिलाकर देखने के बाद ख़ूब सन्तुष्ट हो गये। कहने लगे, इतने कठिन काम को इतनी सुन्दरता और सहजता से कैसे कर डाला? अब इलाहाबाद जाकर छपने के लिए पूरी पाण्डुलिपि दे आनी होगी।' ऊपर उल्लिखित राधाकमल लखनऊ विश्वविद्यालय के अध्यापक डॉ. राधाकमल मुखोपाध्याय हैं। असितकुमार के बाङ्‌ला अनुवाद में उमर खैयाम का सचित्र काव्य इलाहाबाद के इण्डियन

प्रेस ने प्रकाशित किया है।

६.११.१९५९: 'गजि (गजू) यहाँ पर अपने बान्धवों के घर आयी थी। मेरे पास रोज़ आती थी, इस बार उससे ख़ूब गाने सुने। रवि दादा के गाने अपूर्व सुन्दरता से गाती है। यही पहली बार उसके मुँह से गाना सुनने का मुझे अवसर मिला। टेपरिकार्ड पर मेरे गाने सुनकर उसने ३ गाने सीख लिए।' कहाँ तक कहें, गजि, असितकुमार के वैवाहिक सम्बन्ध से समधी, प्रख्यात साहित्यकार सौरीन्द्रमोहन मुखोपाध्याय की कन्या रवीन्द्र संगीत कलाकार सुचित्रा मित्र (१९२४-२०११) बिहार में शालवन में जंगली इलाक़े में ट्रेन में यात्रा करते समय एक अख्यात स्टेशन गुजुड़ी में जन्म लेने के कारण उसके रोज़ बुलाने का नाम 'गजू' पड़ गया था।

१९६०—१०.१.१९६० : '[तुम्हारे वहाँ आने में] २८/२९ जनवरी हो जायेगी। उसके पहले चित्रों के एलबम छपाने के काम के कारण नहीं आ सकूँगा। पहुँचने पर दो महीना रहूँगा तुम्हारे पास, तब नाती-नातिनों के साथ मेरा समय अच्छी तरह बीतेगा। मुझे अगर विधानसभा के कक्ष को सजाने का काम पुनः मिलता है, तब मैं कुछ दिनों तो यहाँ से हिल भी नहीं पाऊँगा।'

२.४.१९६० : 'आर्ट कॉलेज की परीक्षा लेने मेरे सहपाठी क्षितीन मजूमदार आये हैं। आज रात की गाड़ी से इलाहाबाद लौट जायेंगे। आते ही विश्वविद्यालयों की परीक्षा की कॉपियाँ भी उन्हें देखनी होंगी। मेरे आर्ट स्कूल की भी उन्हें परीक्षा करानी है।'

६.४.१९६० : 'सनत् ने कल आकर हमारे डॉक्टर बाबू की छवि फ़ोटो देखकर मेरे सामने आँक डाली। ख़ूब बढ़िया बनी है। फ़ोटो तो बहुत ही ख़राब और Defective है। सिर के बालों के साथ दरवाज़े का कोना जुड़ जाने के कारण गुच्छा-गुच्छा केश दिखायी दे रहे हैं। उन सब कमियों को सँभालकर सुन्दर चित्र बनाया है। सनातन में प्रतिभा है, इसलिए उसने बड़ी जल्दी बना डाला और पोर्ट्रेट भी बहुत अच्छा बना है।' चेहरे के भावों को आँकने की उसकी दक्षता का परिचय तो राँची रामकृष्ण मिशन में रखी हुई श्रीरामकृष्ण, श्रीमाँ और स्वामी जी की छवि में मिला है। अपने गुरु असितकुमार का एक पूरे कद का पोर्ट्रेट शिल्पी ने उनके लखनऊ-घर के लिए किया था।

१९.४.१९६० : 'तुम्हारे पत्र में Rowing Party की कथा पढ़कर इस समय बड़ा लालच हो रहा है। इस बार ठीक पहले बैसाख के पहले दिन से ही गर्मी

का आरम्भ हो गया है। उसके पहले बड़ा ठण्डा मौसम चल रहा था। इस समय तो प्रचण्ड गर्म लू चल रही है। पानी में तैरने की इच्छा हो रही है। कोलकाता आते ही मन झील की तरफ़ उड़ने लगता है।' तैरने और ड्राइविंग करने में अभ्यस्त शिल्पी कोलकाता आने पर लेक क्लब में तैरकर ग्रीष्म के तीक्ष्ण ताप को काटा करते थे।

१२.५.१९६० : 'मुझे सहसा Prostrate gland की तकलीफ़ हो रही है। डॉक्टर लोग ऑपरेशन करने के लिए कह रहे हैं। जड़ी-बूटियों से बनी एक दवा खा रहा हूँ। बाबा को इसके प्रयोग से इस रोग में बहुत फ़ायदा हुआ था। पथरचटा के पत्ते गाय के ताज़े दुहे हुए कच्चे दूध में रोज़ पन्द्रह दिन तक खाने होंगे ख़ाली पेट। पत्ते मिल नहीं रहे हैं, इसलिए मुश्किल में पड़ा हुआ हूँ। जुलाई के बाद सर्जन माथुर से ऑपरेशन कराऊँगा।'

२३.७.१९६० में गोमती नदी की प्रचण्ड बाढ़ के बारे में लिखा था : '१० से लेकर १४ जुलाई तक घर बाढ़ के जल में डूबा रहा था। फ़र्श से मात्र तीन इंच नीचे जल था। मेरी १५.७.१९६० तारीख़ में दिल्ली में मीटिंग थी, उसमें जा नहीं सका था। उन लोगों ने पुनः १८.७.१९६० को दिल्ली में मीटिंग बुलायी थी। Keeper of the National Museum Art Gallery के व्यक्ति को निश्चित कर दिया। Dr. A.K. Bhattacharya, M.A., Ph.D. को चुन लिया गया।'

२.११.१९६०: सर्दियों में गोमती नदी की भीषण बाढ़ के बारे में लिखा था : '२०.१०.१९६० में इस घर में आ गया हूँ। स्वयं अपनी तरफ़ से जितना घर सँभाल सकता हूँ, उसी प्रयास में हूँ। १९ को जल घर से रास्ते में उतर गया है। पाकड़ाशी लोगों के घर में १४ दिन काटे। इन लोगों ने अपने सोने के कमरे को मेरे लिए छोड़ दिया था। स्वयं वे लोग फ़र्श पर सो जाते थे और इस तरह दिन बिताते रहे। तुम्हीं एकमात्र ऐसी मुझे दिखायी दे रही हो, जो मेरे नुकसान को सही-सही समझ सकती हो। अधीश और अभिजित ने लिखा है सम्भवतः सामान की कोई विशेष क्षति नहीं हुई है। घर में अगर आठ फीट गहरा पानी भरा हो तो सामान कैसे ठीक-ठीक रह सकता है, ज़रा सोचकर बताओ तो? आधा घण्टे में पानी सर-सर करता हुआ बढ़कर आठ फीट ऊँचा हो गया, फिर उसने सारे कमरों को घेर लिया। अब पुनः सब कुछ पूर्ववत करने का प्रयास कर रहा हूँ। घर के फ़र्श पर छह इंच मिट्टी दीवाल, दरवाज़े और सामान में लग जाने से सब कुछ मिट्टी हो गया है। एक-एक

कर सनत् और एक चित्रकार के साथ मैं स्वयं चीज़ों को निकालने का प्रयास कर रहा हूँ। जानता हूँ अधिक कुछ कर नहीं पाऊँगा।' घर में मूल्यवान चिट्ठियों, काग़ज़ातों के नुकसान के अलावा उनके बनाये १७० चित्र बाढ़ के इस जल में डूबकर नष्ट हो गये थे।

३०.११.१९६० : 'यहाँ पर कई कामों में उलझा हुआ हूँ। परीक्षक के रूप में यहाँ की मीटिंगों से कुछ आमदनी वर्ष में पेंशन के अलावा हो जाती है।'

१९६१—६.१.१९६१ : 'शान्तिनिकेतन तुम्हारा जन्म स्थान है। तुम्हारे अच्छे लगने की यही बात है। इसके अलावा तुम्हारी माँ की याद आना भी स्वाभाविक है। मीरा मौसी तुम्हें और खोका को नहलाती थीं और खाना खिलाती थीं। तुम्हारी माँ की मदद करती थीं। जब लखनऊ आ जाती थीं तब भी खोका को नहलाती-धुलाती थीं और उसकी देखरेख किया करती थीं।' कविकन्या मीरादेवी १९२६ में लखनऊ गयी थीं। खोका—अर्थात् विली अतीश।

२८.३.१९६१ : 'यहाँ पर फिर से ललित कला अकादमी से एक Art Journal निकालेंगे उन लोगों ने लिखा है। उद्घाटन अंक में प्रारम्भ से ही अवनीन्द्रनाथ एवं उनके शिष्यों की आर्ट के विषय में लेख निकाले जायेंगे। मॉडर्न आर्ट के विषय में हुमायूँ कबीर से संसद में प्रश्न किया गया था। वे फिर ठीक-ठीक जवाब नहीं दे सके। अख़बारों में देखा है कि लोगों ने उन्हें घेर लिया था। इसलिए अब वे नयी तरह से फिर से प्रारम्भ करना चाहते हैं। ललित कला अकादमी का मुखपत्र ललित कला Contemporary No.1 जून १९६२ में प्रकाशित हुआ था साहित्यकार मुल्कराज आनन्द के सम्पादन में। जिन लोगों ने उसमें लिखा था उनमें हैं हेरमन गोयेज, जी. वेंकटाचलम्, शिल्पी बिनोद बिहारी मुखोपाध्याय के अलावा स्वयं सम्पादक मुल्कराज आनन्द के साथ बाक़ी थे साहित्य जगत् के व्यक्ति। अवनीन्द्रनाथ और उनकी परम्परा के वाहक अग्रणी चित्रकारों के सम्पर्क में प्रकाश-निक्षेप किया था बिनोद बिहारी ने। असितकुमार के 'जगाई-मधाई और नित्यानन्द', 'अप्सरा', 'राम और 'गुहकेर मिलन', 'अनन्त यात्रा' और 'माँ यशोदा' चित्रों को उसमें रचना के प्रसंग में लिया गया था। लखनऊ के समय का कोई भी चित्र उसमें नहीं लिया गया था।

१९.६.१९६१ : विश्वभारती के पहले कुलपति रथीन्द्रनाथ ने नये केन्द्रीय विश्वविद्यालय में राजनीति का घिनौना षड्यन्त्र देखकर उदासीन होकर अपना

पद त्यागकर उत्तर भारत में देहरादून में अपने मित्र निर्मल चन्द्र चट्टोपाध्याय के घर में आश्रय लिया था। प्रतिमादेवी शान्तिनिकेतन में ही रहती थीं। उत्तर भारत में रवीनाथ की जन्मशताब्दी मनाने की प्रबल व्यस्तता के मध्य से ही रथीन्द्रनाथ की आकस्मिक मृत्यु की ख़बर जानकर असितकुमार ने अपनी पुत्री को लिखा था, 'रथीमामा की मृत्यु की ख़बर अख़बारों में पढ़कर मैंने प्रतिमादेवी को लिखा था—पर उसका मुझे कोई जवाब नहीं मिला' देहरादून से निर्मल बाबू की स्त्री मीरादेवी (१९२९-१९७८) ने १५ जून, १९६१ को लिखा था असित दा को, गहरी वेदना में आप लोगों की सहानुभूति पाकर मन उससे भर गया। कहाँ से क्या हो गया अब भी ठीक-ठीक समझ नहीं पा रही हूँ। मन में सिर्फ़ यही लग रहा है :

''जे पथ दिये चले छिलेम
मिलि ये दिल तारे
आवार कोथाय चलते हवे
गभीर अन्धकारे।''

चिट्ठी २४.७.१९६१ 'इस बार १५ अगस्त को पश्चिम बंग काँग्रेस ने पुनः मेरा सम्मान करने के लिए बुलाया है, स्वयं अतुल्य घोष ने लिखा है। पश्चिमी बंगाल प्रान्तीय काँग्रेस की तरफ़ से श्री प्रमथनाथ विशी ने १९६० में असितकुमार को उस सम्मान के बारे में बताया था। किन्तु, आसाम में चलने वाले आन्दोलन की झंझट के कारण वह अनुष्ठान करना सम्भव नहीं हुआ था। फिर से १९६२ ई. में मानपत्र देकर सम्मानित किया था उन्हें प्रदेश काँग्रेस ने।

२०.१०.१९६१ : '१३/१० को अभिजित को लेकर बाढ़ के भय से भाग आया। आज लौटा हूँ। इस बार भी भयंकर बाढ़ आयी थी। अब कल से थोड़ा-थोड़ा पानी कम हो रहा है। मैंने घर का सारा सामान, काग़ज़-पत्र आदि कोलकाता जाते वक़्त सनत् के घर में हटाकर रख दिये थे। कल भी दुर्गा प्रतिमा का विसर्जन बाढ़ के कारण नहीं हो सका है।'

२३.१२.१९६१ तारीख़ में, 'गत परसों LXD यूनिवर्सिटी में दीक्षान्त सप्ताह का उद्घाटन उपकुलपति ने किया, मैंने भाषण दिया Altruism and Tagore अर्थात् परोपकार और टैगोर—साढ़े तीन बजे के लगभग। ३६.५° तापमान में भी सर्दी से ही-ही करते हुए ओवरकोट पहनने के बाद भी काँपना पड़ा है। कुहरा दिन-रात परसों से आज तक चल रहा है।

३०-३१ दिसम्बर कानपुर मिलन क्लब में गजू और द्विजेन चौधुरी रवीन्द्र संगीत गाने के लिए आ रहे हैं। मुझे उद्घाटन करने जाना पड़ेगा एवं ३० और ३१ को सजनीकान्त दास भाषण देंगे और मैं लेन्टर्न स्लाइड्स के द्वारा रवि दादा के चित्र दिखाऊँगा। तुम लोग अगर होती तो बहुत अच्छा रहता।''- रवीन्द्र जन्म-शताब्दी में भारत में वर्षभर चलने वाले जिस उत्सव में मग्न था लखनऊ विश्वविद्यालय और कानपुर का अनुष्ठान भी उसी के अन्तर्गत था।

१९६२— २२.१.१९६२ में भारतीय अड्डे के मित्र समधी मोशायी साहित्यकार सौरीन्द्र मोहन मुखोपाध्याय की बीमारी के समाचार के प्रसंग में उन्होंने लिखा था : 'आज तुम्हारे और बूड़ो (रुचिरा) के कार्ड को एक साथ पाकर समझ में आ गया कि पक्षाघात अथवा एपोप्लेक्सिर का आघात नहीं है। Bileary Trouble—पित्ताशय की परेशानी सौरीन को हुई थी। मुझे भी इसके पहले यह बीमारी कई बार हो चुकी है। मैं आजकल Alisatin रसून Preparation खा रहा हूँ, उससे मेरा काफ़ी भला हुआ है। सौरीन, खाने के शौक़ीन होने की वजह से डर लग रहा है, नहीं तो उनके लिए आघातकारी कुछ नहीं है।'

चिट्ठी—३.२.१९६२ : '१५ को दिल्ली में मीटिंग है—Dy Director Textile Board का चुनाव करना पड़ेगा। सुकुमार के घर ही जाऊँगा।... सुकुमार का एक छात्र बहुत बड़ा पब्लिशर है। वह मेरी अँग्रेज़ी की एक पुस्तक Cultural Heritage and Ideology छापेगा, वह पुस्तक ठीक विलायती art की पुस्तक की तरह होगी। दाम २०/२५ रुपया, उसमें अनेक चित्र रहेंगे। इस बार जाकर उसकी छपायी की सारी चीज़ें ठीक कर आऊँगा।' लखनऊ में उनके कृती छात्र शिल्पी सुकुमार बसु उन दिनों राष्ट्रपति भवन के शिल्पकला विभाग के संरक्षक थे। २८.२.६२ सुकुमार के घर (दिल्ली में) में मेरे साथ मलिना देवी Cinemaster की भेंट हुई—उन्होंने पता नहीं क्यों मेरे चेहरे की ख़ूब प्रशंसा की। विशेषकर मेरी दंतपंक्ति का सौन्दर्य देखकर चमत्कृत हो गयीं। अब तक तो मैंने उन्हें पर्दे पर ही देखा है अब उन्हें पर्दे से अलग प्रत्यक्ष देखा। वे अत्यन्त शान्त प्रकृति की हैं। ज़रा भी अहंकार नहीं है।' मलिना देवी ने उनके पैरों की धूल लेकर बड़े भक्तिभाव से उन्हें प्रणाम किया था।

२८.२.१९६२ की चिट्ठी में उन्होंने लिखा है : 'Miss Ingriad Aall B. Litt (Oxon) art historian from Norway मेरे घर आकर मेरे चित्र देख गयीं।

तुमसे मिलेंगी।'

१९६३— १३.६.१९६३ : 'कोलकाता पार्क स्ट्रीट आर्टिस्ट्री हाउस में अपनी आसन्न प्रदर्शनी के प्रसंग में उन्होंने लिखा था, 'मेरी Drawing २० एवं चित्र १२/१४ जलीय रंग में और १६ तैलीय चित्र छोटे-छोटे, और तैल में ही दो विशाल आकार के इसमें हैं। यहाँ पर सब अगर एक साथ दिखाये जायें तो मेरी समवेत उपलब्धि को लोग देख सकते हैं। किन्तु, उन सबको मैं भेजूँ किस तरह? Oriental Art Society समाप्त हो जाने के बाद इस तरह के चित्रों को देखने का सुअवसर किसी को भी नहीं मिला।' वह प्रदर्शनी अन्ततः हुई ही नहीं।

१७.८.१९६३ : अपनी लड़की को उन्होंने लिखा : 'तुम चुपचाप क्यों हो? मैं इस बार दिल्ली, मसूरी एवं इलाहाबाद एक-के-बाद एक घूम आया। मसूरी में राष्ट्रीय प्रशासनिक अकादमी में ३५० आई.ए.एस. के सामने Art Appreciation विषय पर भाषण दे आया। गत वर्ष से मेरे द्वारा ही यह नया Art Appreciation का पाठ्यक्रम शुरू किया गया था। मैं अब नहीं जाऊँगा इसलिए ४ प्रवक्ताओं में मैंने अरविन्द का भी नाम दे दिया है। सम्भवतः वे लोग आते वर्ष जुलाई मास में उसे बुला सकते हैं।'

३१.१०.१९६३ में अतसी की कन्या सोमा उर्फ़ पुचकू के विवाह की ख़बर पाकर उन्होंने लिखा था, : 'पुचकू का विवाह २८ नवम्बर को होना निश्चित हो गया है, यह जानकर ख़ूब आनन्दित हुआ हूँ। मैं ७ नवम्बर को आगरा यूनिवर्सिटी की मीटिंग में जा रहा हूँ। उन लोगों ने मुझे Dry and Painting की Doctarate के परीक्षक मण्डल का सदस्य बनाया है। उसके बाद अगर और कोई इसी तरह का काम आया तो उसे लूँगा नहीं। मैं निश्चय आऊँगा।'

१९६४—१.१.१९६४ : अतसी को उन्होंने अपने अन्तिम पत्र में लिखा था, 'आज सवेरे बुरा समाचार लेकर नेडा की गिरिडी से लिखा हुआ पोस्टकार्ड आया। उसके बाबा (रण दा) २७ दिसम्बर को मर गये हैं—राजसिंह का शोक से शायद हार्ट फेल हो गया है। मेरा अपना भाई तो कोई है नहीं, एक-एक कर अन्य भाई लोग भी चले जा रहे हैं। दुनिया भी तो यही है।' असितकुमार के मौसेरे भाई रण दा थे शरत्कुमारी देवी की बड़ी बेटी सुशीला और लाहौर ट्रिब्यून पत्रिका के प्रथितयशा सम्पादक शीतलाकान्त चट्टोपाध्याय के ज्येष्ठ पुत्र रणेन्द्र कुमार। नेडा—शीतलाकान्त और सुशीला देवी का दूसरा

पुत्र अनूप कुमार। राजसिंह था रणेन्द्रनाथ का ज्येष्ठ पुत्र।

गौतम-गाथा रचना का इतिवृत्त

अतसी को नियमित रूप से लिखे हुए धारावाहिक पत्रों का अगर अवलोकन किया जाये तो असितकुमार की भगवान बुद्ध की जीवन कथा का काव्य रूप 'गौतम-गाथा' और उसके अँग्रेज़ी अनुवाद एवं बुद्ध-जीवन पर आधारित चित्रों की एलबम-रचना की इतिकथा (१९५१-१९६२) की जानकारी प्राप्त की जा सकती है। आर्ट स्कूल में भर्ती होने के पहले (१९०५) अनागारिक धर्मपाल के पास बुद्धदेव की कहानी सुनकर उन्होंने कुछ चित्र आँके थे। अजन्ता और बाघगुहा चित्रों की नक़ल करने के काम के माध्यम से जिनकी शिल्पी सत्ता का निखार हो गया था, जीवन-सायाह्न में वही चित्रकार कवि असितकुमार काव्य में भगवान बुद्ध के जीवन और कर्म का अनुधावन करेंगे—इसमें अभावित कुछ भी नहीं था। 'गौतम-गाथा' लिखनी उन्होंने शुरू की थी १९५१ दिसम्बर में। कोलकाता की जगज्ज्योति पत्रिका में धारावाहिक प्रकाशन के आश्वासन से उत्साहित होकर लेखन कार्य करते रहे थे। जगज्ज्योति पत्रिका में धारावाहिक प्रकाशन शुरू भी हो गया था। उस समय दिसम्बर १९५२ में साँची से आये बौद्ध भिक्षुओं ने अपने आराध्य देव भगवान बुद्ध की जीवनगाथा का पाठ स्वयं लेखक को भावसमृद्ध कण्ठ से सुना था। असितकुमार को लगा था छह मास के भीतर यह रचना समाप्त हो जायेगी, किन्तु, ऐसा हुआ नहीं। इसी बीच में बुद्ध जीवन पर आधारित २६ रेखांकन समाप्त कर चित्रों में रंग भरने का काम अविलम्ब शुरू कर देंगे शिल्पी असितकुमार ने यह निश्चित कर लिया था। बुद्ध जीवन के अन्तिम भाग के विषय में अपनी बेटी को वे लिखते हैं : 'हाथ में जो विषय लिया है, यह अत्यन्त महत्त्वपूर्ण विषय है। किस सीमा तक कृतकार्य हो सकूँगा, पता नहीं है। अनेक पुस्तकें इकट्ठी कर उन्हें पढ़ना पड़ा है। बुद्ध जीवन के अन्तिम समय की घटनाओं के क्रम को ठीक तरह से समझ सकना देख रहा हूँ बहुत कठिन है।' इस समस्या के समाधान के लिए लखनऊ विश्वविद्यालय के पालिभाषा के विशेषज्ञ अध्यापक डॉ. चरणदास चट्टोपाध्याय की शरण में उन्हें जाना पड़ा था। फ़रवरी १९५३ ई. में पुस्तक का लेखन समाप्त हो जाने के बाद भी—और भी छोटी-मोटी चीज़ें सूक्ष्म रूप से देखकर अच्छी तरह से उसे पुनः

लिखना पड़ेगा यह उन्होंने अपनी कन्या को बताया था। जून १९५३ में हम देख रहे हैं कि वे अपनी पाण्डुलिपि के पुनर्लेखन में व्यस्त हैं। 'बहुत-सी पुस्तकों को घोंटकर उन्हें आत्मसात् करना पड़ा था। सभी पुस्तकों में घटनाओं का क्रम एक-सा नहीं दिया गया है।' जुलाई १९५३, गौतम-गाथा समाप्त कर उन्होंने यह बताया था कि ५५० पृष्ठों की पाण्डुलिपि दो कॉलमों में प्रवासी पत्रिका के आकार के ३३० पृष्ठों की पुस्तक बनेगी। फ़रवरी १९५४ में उन्होंने लिखा है :

> गौतम-गाथा अनेक पुस्तकें पढ़कर, गवेषणा करते हुए जीवन के घटनाक्रम को व्यवस्थित रूप से विन्यस्त कर लिखी है। खेद का विषय है बाइबिल में क्राइस्ट की जीवनी एवं रामायण में राम की जीवनी पूर्ण रूप में दिखायी गयी है, एवं मनुष्य के मन में सहज रूप में ही गुँथी रह गयी है। वैसा बुद्ध के बारे में नहीं हो सका है। शिष्यों ने उनके द्वारा कहे हुए वचनों अथवा दर्शन को लेकर उनके सूक्ष्म सिद्धान्तों को निर्धारित करने का प्रयास किया है, उनकी जीवनी को कोई बड़ा स्थान नहीं दिया है। इस समय उसको पुनः देखकर जहाँ, कहीं, जिस—किसी चीज़ के सुधारने की आवश्यकता है, उसी को सुधारने का प्रयास कर रहा हूँ।

गाथा रचना के साथ मुख्य रूप से जुड़े हुए ग्रन्थ के सम्बन्ध में असितकुमार ने उस समय अपनी बेटी को बताया था :

> डॉ. राधाकमल बाबू के Jennings की पुस्तक लाइब्रेरी से न लेने के कारण मुझे V.P. से ५४ रुपये ख़र्च कर कोलकाता से लानी पड़ी। The Vedantic Buddhism पुस्तक बहुत चमत्कारपूर्ण है। भद्रपुरुष ने Bihar Prov. में ३० वर्ष नौकरी करने के बाद सेवानिवृत्त होने पर २० वर्ष साधना करने के फलस्वरूप इस पुस्तक को प्रकाशित किया है। बुद्ध के जीवन पर इतनी अच्छी पुस्तक आज तक नहीं निकली है। १९४७ में यह पहली बार निकली है। असितकुमार ने जेम्स जार्ज जेनिंग्स की (James Gearge Jennings, १८६६-१९४७) ऑक्सफोर्ड यूनिवर्सिटी प्रेस लन्दन से प्रकाशित (The Vedantic Buddhism of the Buddha) पुस्तक अपने कार्य के प्रयोजन से ख़रीदी थी।

ग्रन्थ के लिए प्रारम्भिक पर्व में बुद्ध जीवन के १६ चित्र रूपों की उन्होंने परिकल्पना की थी एवं १९५२ ई. में ही काग़ज़ पर रेखांकन और रंग भरना शुरू कर दिया था उन्होंने। अक्टूबर १९५३ में अपनी पुत्री को उन्होंने लिखा

है, 'Edward J. Thomas की The life of Buddha १९४९ की पुस्तक ३-४ मास के लिए मुझे मिली है। मैंने बुद्ध के जीवन की घटनाओं को जिस तरह से क्रमबद्ध किया है, इसमें भी उसी तरह से दिया गया है। दोनों को मिलाकर देखने का मुझे बड़ा अवसर मिला है। कैनवॉस पर चित्रांकन में असुविधा होने की वजह से चित्रों को उन्होंने फाइवर बोर्ड पर बड़े आकार में आँकने की योजना पहले ही बना ली थी। पुनः योजना बनाने से १६ की जगह ३२ चित्र बनाने की बात उनके मन में आ गयी थी। आँखों से धुँधला दिखायी देना, गर्मियों में छवि आँकने में आयी बाधा को पार कर १५ तैल रंग से आँके चित्रों को मई १९५५ में शिल्पी असितकुमार ने बनाकर शेष कर डाला था। जून महीने में उनके कलानुरागी बन्धु मद्रास सरकारी स्टेलनी हस्पताल के विख्यात सर्जन डॉ. सत्यनारायण ने लखनऊ घर में आकर रात एक बजे तक मूल चित्रों को देखा था। चित्रों में उन्होंने जैसे जीवन्त बुद्ध को भारत के पथ पर चलते हुए जन-जन को उपदेश देते हुए देखा था। असितकुमार के साथ चर्चा करने के समय उन्होंने अंगुलिमाल का चित्र और जोड़ देने का परामर्श उन्हें दिया था। शिल्पी असितकुमार ने लिखा था—'रंगों में छवियाँ ख़ूब प्रस्फुटित हुई हैं।' लिखना और रचना के आनुषंगिक चित्रों की रचना समाप्त हो गयी है। इसके बाद १९५६ ई. में पश्चिम बंग सरकार की बुद्ध-जयन्ती समिति से गौतम-गाथा प्रकाशन की बात हुई थी। 'सचमुच में गौतम-गाथा को प्रकाश प्राप्त होगा उसे दीमक नहीं खायेगी' यह जानकर बड़ा आनन्द हुआ था उन्हें। 'अगर पुस्तक छप जाती है तो मेरा जयन्ती मनाना सार्थक हो जायेगा,' उन्होंने अतसी को लिखा था।

सरकारी आर्थिक सहायता के बावजूद १९५५ से १९६४ एक दीर्घ दशक में भी अनेक खींचतान की बलि चढ़कर गौतम-गाथा अप्रकाशित ही रह जाती है। पाण्डुलिपि भी फिर प्रकाशक के दफ़्तर से लौटी नहीं।

१९५४ वर्ष के आधे भाग के अन्त में असितकुमार ने गौतम-गाथा का अँग्रेज़ी में तर्जुमा शुरू किया था। श्री अरविन्द के भाई की पुत्री अध्यापिका लतिका घोष (१९०२-१९८७) को भेजा था अनुवाद का शुरुआती अंश। 'गौतम-गाथा' का अँग्रेज़ी तर्जुमा लतिका देखकर जब भेज देगी तभी मैं सीरियसली इस काम में लगूँगा। नहीं तो व्यर्थ में प्रयास नहीं करूँगा। इसके बाद उन्हें पता चला कि लतिका ने (उनके) गौतम-गाथा के अँग्रेज़ी पद्यानुवाद को (hopeless) कहकर फेंक नहीं दिया। फिर अँग्रेज़ी तर्जुमा में गौतम-

गाथा The Panorma of Buddha's Life' असितकुमार ने समाप्त कर दी थी। दिल्ली में कवि हरीन्द्रनाथ चट्टोपाध्याय ने असितकुमार के तर्जुमा को देखा था। उन्हें अच्छा ही लगा था।

१९६२ ई. में उन्होंने बुद्ध जीवन पर बने ३२ चित्रों का संक्षिप्त विवरण लिखकर उसी नाम से एलबम के आकार में प्रकाशन के लिए विदेशी प्रकाशन संस्था ओरिएंट ग्रीन पब्लिकेशन लिमिटेड के लन्दन ऑफ़िस में Dummy बनाकर भेजी थी। वहाँ पर वह रचना प्रकाशन योग्य मानी जाने पर संस्था के अधिकारियों ने पाण्डुलिपि कोलकाता में अपनी शाखा ओरिएंट लांगमेन के ऑफ़िस में भेज दी थी। उन लोगों ने भी असितकुमार से १५ अक्टूबर, १९६२ को दूरभाष पर कहा— 'चित्र भेजते ही बुद्ध के ऊपर लिखी पुस्तक छपाई के लिए और सब चीज़ें निश्चित की हुई रखी हैं। किन्तु, १६ अप्रैल, १९६३ को असितकुमार ने अपनी दिनलिपि में लिखा है, Orient Longman Ltd. Calcutta को लिखा Panorma of Lord Buddha's Life की मेन्युस्क्रिप्ट ड्राइंग, फ़ोटो सब कुछ वापस भेज देने को लिख दिया है। उन लोगों ने नहीं छापूँगा ऐसा लिखा है।' १९९० में असितकुमार की जन्म-शताब्दी वर्ष में चित्र प्रदर्शित हुए थे कोलकाता महाबोधि सोसायटी के हॉल में। अभी हाल में २०१५ कोलकाता की एक प्रकाशन संस्था ने भगवान बुद्ध के चित्रों की वही एलबम परिवर्तित शीर्षक के साथ 'A Panorma of the Life of Lord Buddha' के नाम से प्रकाशित की है शिल्पी असितकुमार की १२५वीं जन्म-जयन्ती के उपलक्ष्य में।

तथ्यसूत्र

१. रवीन्द्रनाथ ठाकुर, चिट्ठी-पत्र, प्रथम खण्ड, विश्वभारती ग्रन्थालय कोलकाता, प्रथम संस्करण, १३४९ बंगाब्द (१९४२)।

२. असितकुमार के १२ चित्रों से युक्त कवि फिटजोराल्डकृत उमर खैयाम की रुबाइयात के अँग्रेज़ी अनुवाद की संक्षिप्त भूमिका में अर्नेस्ट हेवेल ने लिखा था (१६.९.१९३०): 'There have been many illustrations of the Rubaiyat, Indian and European, but none have caught the delicate flavours of the poetry with more spontaneity and sureness of touch, while following the best traditions of the Mughal Court painters in the technique, Mr.

Haldar has stamped each subject with his own creative fancy in the feeling for rhythmic beauty.'

३. असितकुमार हालदार, A Panorama of the Life of Lord Buddha, सम्पादक, सुप्रिया राय ओ सुशोभन अधिकारी, कारीगर प्रकाशन, कोलकाता, ५ जनवरी, २०१५।

असितकुमार का शिष्य वर्ग और उनकी अन्तिम वेला

असितकुमार का शिष्य वर्ग
और उनकी अन्तिम वेला

१. असितकुमार के कई गुणी छात्रगण

असितकुमार ने शान्तिनिकेतन, कोलकाता, जयपुर और लखनऊ में अपने लम्बे अध्यापन काल में बहुत से गुणी, प्रतिभावान छात्रों की जातीय ऐतिह्य के प्रति सचेत शिल्पी होने में सहायता की थी। शान्तिनिकेतन में अध्यापन के प्रारम्भिक पर्व (१९११-१९१६) में शिल्पाचार्य के पथ-निर्देशन में 'पाखि के पढ़ाते होले पाखि होये' अर्थात् पक्षी बनकर ही एक पक्षी को पढ़ाया जा सकता है' इस तरह से पढ़ाने का प्रयास करते समय छात्र के रूप में आश्रम विद्यालय में उन्हें मिले थे मणीन्द्र भूषण गुप्त, अन्नदाप्रसाद मजूमदार, शरदिन्दु सेन राय, बिनोदबिहारी मुखोपाध्याय, द्विजेन्द्रलाल राय, धीरेनकृष्ण देव वर्मा। शिल्पकला का पाठ लेने के लिए कभी-कभी असितकुमार के क्लास में उपस्थित हुआ करते थे ड्राइंग शिक्षक सन्तोष कुमार मित्र। इसके अतिरिक्त छात्र के रूप में वहाँ पर उन्होंने पाया था मुकुलचन्द्र डे को।

१९१७ ई. में जोड़ासाँको में स्थित बिचित्रा स्टूडियो में अपने चित्रांकन में व्यस्त रहने के बीच वे और नन्दलाल ठाकुरबाड़ी और उनके परिचित परिवारों के लड़के-लड़कियों को छवि आँकना सिखाया करते थे। उस समय किसी के भी शिक्षण के अधीन प्रत्यक्ष रूप से न रहकर आड़ में रहकर असितकुमार के अनजाने में उनके जलीय रंग में चित्रांकन देख-देखकर सुनयनी देवी ने किस तरह से इस माध्यम को आयत्त कर लिया था, इस बात का उल्लेख मैं

पहले ही कर चुका हूँ। अध्यक्ष पर्सी ब्राउन के आह्वान पर कोलकाता सरकारी आर्ट स्कूल में अध्यापन करते समय (१९१८–१९१९) छात्र के रूप में उन्होंने अन्यान्य छात्रों में पाया था हीराचाँद दुग्गर, अर्धेन्द्र प्रसाद बंद्योपाध्याय, काली किंकर घोष एवं रमेन्द्रनाथ चक्रवर्ती को। उसी समय शिल्पी देवीप्रसाद राय चौधुरी ने पाश्चात्य चित्र विभाग के रहते समय मुग्ध होकर असितकुमार को अपने कमरे में चित्रांकन में मग्न स्थिति में देखा था। बाद में शिल्प रसज्ञ एस.वी. रामस्वामी मुदालियर के माध्यम से देवीप्रसाद के मद्रास सरकारी आर्ट स्कूल का अध्यक्ष पद–प्राप्ति में उन्होंने सहायता की थी, जिस तरह से उन्होंने की थी शिल्पी प्रमोद कुमार चट्टोपाध्याय की आन्ध्र शिल्प विद्यालय के निदेशक पद प्राप्ति के क्षेत्र में एवं डी.आर. चित्रा को लखनऊ में और लखनऊ से मद्रास सरकारी आर्ट स्कूल में अध्यापन का अवसर प्राप्त करा देने में। नेपथ्य में रहकर असितकुमार नव्य भारतीय शिल्प–आन्दोलन के प्रसार–कार्य में यथासम्भव पक्षपातरहित और निष्ठापूर्वक अपनी क्षमता का प्रयोग करते हुए प्रयत्नशील रहे थे।

कोलकाता आर्ट स्कूल के काम से लम्बी छुट्टी लेकर रवीन्द्रनाथ के आह्वान पर शान्तिनिकेतन में नव प्रतिष्ठित विश्वभारती के कला भवन में आकर (१९१९ ई. में) एवं कोलकाता आर्ट स्कूल से त्यागपत्र देकर स्थायी रूप से कला भवन के पहले अध्यक्ष बनकर आते समय (१९२०) कोलकाता आर्ट स्कूल के तीन कृती छात्रों—हीराचाँद, अर्धेन्दु प्रसाद और काली किंकर को वे अपने साथ लिए आये थे एवं रमेन्द्रनाथ ने वहाँ कुछ समय बाद योग दिया था। आश्रम विद्यालय के छात्र धीरेनकृष्ण, मणीन्द्रभूषण के अलावा उन्होंने वहाँ पर अधिकारियों की आपत्ति के बाद भी आँखों से कमज़ोर बिनोदबिहारी मुखोपाध्याय को छात्र के रूप में स्वीकार कर लिया था। महाराष्ट्रीय विनायक मासोजी ने बॉम्बे के जे.जे. स्कूल ऑफ़ आर्ट में तीन वर्ष की अपनी पढ़ाई समाप्त करने के बाद कला भवन में असितकुमार और नन्दलाल बसु से पाठ ग्रहण करने के बाद परवर्ती काल में, १९२५ में लखनऊ सरकारी शिल्प विद्यालय में असितकुमार के पास अपनी शिक्षा समाप्त की थी। वाल्टेयर निवासी वीरभद्र राव चित्रा ने कला भवन में १९२० ई. में योग देकर असितकुमार और नन्दलाल के पास चित्रांकन की पढ़ाई समाप्त होने के बाद वे शिल्पी आन्द्रे कार्पेल के पास पुस्तकों की जिल्द बाँधने के हुनर को सीखकर लखनऊ आर्ट स्कूल में उसी विभाग के दायित्व में आ गये थे।

१९१७ ई. में श्रीहट्ट से स्कूल शिक्षक रमेशचन्द्र बसु मजूमदार अपनी आन्तरिक प्रेरणा से आर्थिक अभावों के बीच भी चिट्ठी-पत्री के माध्यम से अवनीन्द्रनाथ और असितकुमार के साथ सम्पर्क बनाकर उसी के सहारे १९२० ई. से शान्तिनिकेतन में ग्रीष्मावकाश में कला भवन में आकर जलीय रंगों, वाश में छवि आँकने में संलग्न हो गये थे। चित्रकार रमेश के सम्बन्ध में असितकुमार ने लिखा था :

> इनका शिल्प में अगाध अनुराग है।' २३ दिसम्बर, १९१७ तारीख़ में सुनामगंज श्रीहट्ट से असितकुमार को उन्होंने श्रीहट्ट ले जाने के उद्देश्य से लिखा था : 'सर्दियों के दिन यहाँ बहुत सुन्दर होते हैं। दूर आकाशचुम्बी पहाड़-सरोवर की तरह बड़े-बड़े पोखर, उनमें शत सहस्त्र हंस क्रीड़ा करते हुए घूमते रहते हैं—गहरी निस्तब्धता उसके भीतर जलचर पक्षियों की कलकल ध्वनि। ऐसा लगता है अगर आपको यह सब न दिखा पाऊँ तो मेरा यह सब देखना बेकार है।

असितकुमार ने बाल्यकाल से ही राँची, अविभक्त बंगाल के नदी मातृक ग्रामीण क्षेत्र, कर्मजीवन के दौरान बोलपुर, राजस्थान, दक्षिण भारत, काश्मीर और अवश्य ही लखनऊ जैसे प्राकृतिक दृश्य प्रधान स्थान में दिनयापन करने के बाद भी भू-दृश्यों का वैसा चित्रांकन नहीं किया है। वे श्रीहट्ट गये थे या नहीं इसका पता नहीं चला है, फिर भी भारतीय प्राच्यकला परिषद् में संरक्षित उनके वृक्ष वनस्पतियों से घिरी हुई विशाल झील में उड़ते हुए हंसों के एक झुण्ड वाला दृश्य चित्र उस स्थान पर जाकर उसके पर्यवेक्षण की प्रेरणा से आँका हुआ हो सकता है।

शान्तिनिकेतन में आश्रम विद्यालय का हिसाब-किताब रखने वाले श्री राजेन्द्रनाथ बंद्योपाध्याय के पुत्र सत्येन्द्रनाथ ने कोलकाता विश्वविद्यालय में अपनी स्नातकोत्तर की पढ़ाई समाप्त कर कला भवन में असितकुमार और नन्दलाल से चित्रांकन सीखने के उद्देश्य से योग दिया था। छात्र जीवन में राजनीति में दीक्षित और एक प्रतिभावान शिक्षार्थी हरपद राय ने उनकी अध्यक्षता के समय योगदान किया था कला भवन में चित्रांकन सीखने के उद्देश्य से। कला भवन में प्रतिमा देवी, सविता देवी, सुकुमारी देवी, श्रीमती कृष्णा हाथीसिंह की कन्या—बाद में सौम्येन्द्रनाथ ठाकुर की घैरतिन श्रीमती ठाकुर—इन सबने असितकुमार से शिल्पकला में पाठ ग्रहण किया था। शिल्प गुरु ने

शुरुआत में असितकुमार को सावधान कर दिया था, मास्टरी करते हुए शिक्षार्थियों को वे जैसे डरने न दें। इस वजह से कला भवन में शिक्षार्थियों के अग्रज बन्धु होकर स्नेहपरायण होकर शिक्षा देते थे एवं सभी के पुकारने में वे हो गये थे असित दा।

जयपुर राजकीय शिल्प विद्यालय में एक वर्ष से कुछ अधिक दिन अपनी अध्यक्षता के समय (१९२३ अक्टूबर, १९२५ जनवरी) विपथगामी शिल्प विद्यालय को यथार्थ मर्यादा के साथ ठीक मार्ग पर लाने में समर्थ होने पर भी शिल्प शिक्षार्थियों को चित्रकला में दीक्षित करने का अधिक अवसर असितकुमार को नहीं मिला था जो आगे चलकर उनके सहकारी शिल्पी शैलेन्द्रनाथ डे को मिला था वहाँ पर भारत-वरेण्य शिल्पी राजगोपाल विजयवर्गीय (१९०५-२००३) जैसे शिक्षार्थियों को नव्य भारतीय शिल्पकला में दीक्षित कर। असितकुमार इसके बाद लखनऊ सरकारी विद्यालय में दो दशक तक अध्यक्ष पद पर स्थायी रूप से रहते समय बी.एन. जिज्जा, सुकुमार बसु, विश्वनाथ मुखोपाध्याय, एच.एल. मेड़, रणवीर सक्सेना, ए.डी. टामस, बी.पी. मित्तल, हरीशचन्द्र, प्रफुल्ल विश्वास, सुव्रत लाहिड़ी, श्रीमती कमला राठौड़, श्रीमती लीला मेहता, पुलिन बंद्योपाध्याय, राम चट्टोपाध्याय, रामेश्वर प्रसाद आदि बहुत से शिक्षार्थियों को उन्होंने नव्य-भारतीय शिल्प कला में दीक्षित किया था। भारत में विभिन्न प्रान्तों में आयोजित प्रदर्शनी में स्वर्ण पदक प्राप्त उनके कृती छात्रद्वय, पी.आर. राय और वी.एन. जिज्जा ने कोलकाता मेट्रो सिनेमा हॉल में भित्तिचित्र बनाकर सुख्याति प्राप्त की थी।

असितकुमार की व्यक्तिगत देखरेख में उनके स्टूडियो में रहकर मूर्तिकला का पाठ लिया था उन्नीसवीं शताब्दी के सुप्रसिद्ध ब्राह्म नेता रामतनु लाहिड़ी के प्रपौत्र सुव्रत लाहिड़ी ने (ज. १९३५)।[२] असितकुमार ने उसकी कलाकृतियों में चिरकालीन वैदिक भावनाओं का स्फुरण एवं प्रतिभा देखी थी। उत्तर प्रदेश सरकार और यूनेस्को की फ़ेलोशिप पर वह मिशिगन स्टेट विश्वविद्यालय में गया था। कोलकाता, लखनऊ विश्वविद्यालय समेत मिशिगन, न्यूयार्क, अरकांसस विश्वविद्यालयों में उसने अध्यापन कार्य किया था। वैष्णव भावधारा में लालित सुव्रत वृन्दावन में अन्तरराष्ट्रीय श्रीकृष्ण सोसायटी (इस्कॉन) के आचार्य भक्तिवेदान्त तीर्थ प्रभुपाद के सान्निध्य में आकर उनसे दीक्षा लेने के

अन्त में श्रील आचार्य गोपाल गोस्वामी बन गये थे। अमेरिका अधिवासी शिल्पी ने गुरु के आदेश से अमेरिका और यूरोप में कई स्थानों पर श्रीकृष्ण और चैतन्य महाप्रभु की विशाल आकार की मूर्तियाँ स्थापित की थीं। वे अन्तरराष्ट्रीय वैष्णव ललित कला सोसायटी के संस्थापक भी हैं।

उनके और एक शिष्य ए.डी. टॉमस ने ईसा मसीही चित्र-रचना आदि में अन्तरराष्ट्रीय ख्याति अर्जित की थी। लखनऊ स्कूल में पढ़ाई समाप्त करने के बाद उन्होंने काउंटेस ऑफ़ विलिंगटन के द्वारा स्वीकृति पाकर नयी दिल्ली के वाइसरीगल चेपल में भित्तिचित्र बनाये थे। इटली में भित्तिचित्र रचना में उच्च शिक्षा ग्रहण कर कृती शिल्पी टॉमस उसी देश में स्थायी रूप से बस कर भित्तिचित्र रचना में ही संलग्न हो गया था। वह अपनी चित्र रचना में कभी भी असितकुमार की नव्य-भारतीय शिल्प धारा प्रभाव से अलग नहीं हुआ, गुरु के साथ पूरे जीवन नियमित रूप से योगायोग रखकर वह चलता रहा था।

शिल्पी सुकुमार बसु (१९१२-१९८६) ने लखनऊ राजकीय आर्ट स्कूल में असितकुमार से चित्रकला और भास्कर्य में शिक्षा ग्रहण करने के बाद सबसे पहले रायसीना हिल्स पर वायसराय हाउस तथा स्वाधीनोत्तर राष्ट्रपति भवन में चित्रकला संरक्षक के पद पर वे (१९४५-१९७०) नियुक्त हो गये थे। ऐतिहासिक राष्ट्रपति भवन में उसके उल्लेख योग्य म्यूरल (भित्तिचित्र शृंखला) द्वय—'द नेटिविटी' और सम्राट जहाँगीर के दरबार में 'सर टॉमस रो', 'ब्रिटिश राज्य का अरुणोदय'। उनके 'द बर्थ ऑफ़ क्राइस्ट' चित्र को इटली के वेटिकन पोप के प्रासाद में स्थान मिला है।

लखनऊ आर्ट स्कूल के एक और कृती छात्र शिल्पी शरदिन्दु सेन राय ने अपनी पार्लियामेंट हाउस अलंकरण की अभिज्ञता लेकर कोलकाता में शिपिंग कारपोरेशन ऑफ़ इण्डिया के नवनिर्मित प्रधान ऑफ़िस भवन की दीवालों पर गुप्त, चालुक्य, चोल राज्य के समय समुद्री-व्यापार के ऐतिह्यमय इतिहास को चित्रित किया था।

आर्ट स्कूल की छत्रच्छाया में असितकुमार के समय के दौरान न आने पर भी, उनकी व्यक्तिगत देखरेख में शिल्पकला में दीक्षित हुए थे शिल्पी सनत कुमार चट्टोपाध्याय (ज. १९३५)। लखनऊ प्रवासी निर्मल कुमार चट्टोपाध्याय और दुर्गादेवी के पुत्र सनत कुमार ने मेट्रीकुलेशन की परीक्षा में द्वितीय श्रेणी में

उत्तीर्ण होने पर शिल्पी असितकुमार के पास रहकर ज़रूरत पड़ने पर नि:स्वार्थ गुरु सेवा में अपने को लगाकर यथार्थ गुरु-शिष्य परम्परा को मानकर चित्रकला, मूर्तिकला यहाँ तक कि संगीत में भी पाठ ग्रहण किया था।

आजकल शिमला-निवासी शिल्पी सनत कुमार ने लेखक को १९८८ ई. के पत्र में अपने प्रसंग में लिखा है :

> वे (असितकुमार) मुझे लम्बे चौदह वर्ष (१९५० से १९६४) अपने साथ ही रखकर अपने अनन्य मानसपुत्र की तरह अपनी चित्रकला की सारी साधना सिखाकर चले गये। शिमला के इस पहाड़ पर (उनका) मुझे भेजने का कारण यह था कि भारतीय शिल्प जिससे शीघ्र आधुनिक कला धारा में समाप्त न हो जाये उसी के लिए। उनकी धारणा थी कि औरंगज़ेब के समय जिस तरह से उस ज़माने के शिल्पियों ने पहाड़ पर आकर भारतीय चित्रशैली को सुरक्षित रखकर दुनिया की श्रेष्ठ काँगड़ा पेंटिंग्स की स्थापना की थी, वैसे ही मेरे द्वारा अवनीन्द्रनाथ के विराट आर्ट मूवमेंट को इस पहाड़ पर, जंगलों में भेजकर साधना द्वारा और भी सुन्दर रूप से (नियमानुसार) मैदान में लाने के लिए। उनकी आज्ञानुसार इस पहाड़ी प्रदेश में बैठकर प्रचुर काम और प्रदर्शनी करते हुए छात्र तैयार कर नियमित रूप से काम करता जा रहा हूँ।

गुरु असितकुमार के आदेशानुसार वे अपने लखनऊ आवास पर न रहकर शिमला के पार्वत्य इलाक़े में निवास पर अवनीन्द्रनाथ के भारतीय कला की धारा को बरकरार रखे हुए हैं।

उन्होंने जलीय रंग में जिन सब विशाल आकार के चित्रों की रचना कर भारत और भारत के बाहर ख्याति अर्जित की है, उनमें से एक चित्र का विषय था 'जीव का क्रम विकास' डारविन और पौराणिक मत के अनुसार, तार्किक और आध्यात्मिक मिलन के जटिल सिद्धान्त को लेकर एवं ९४ × १०" के सिल्क पर वाटर कलर से आँके गये विश्व के सबसे बड़े चित्र का विषय है 'शक्ति और गति'। असंख्य विशाल और छोटे आकार के चित्रों की रचना, मूर्ति निर्माण तथा सहस्राधिक बाङ्ला और हिन्दी गानों की रचना करते हुए उन्होंने अपने दिन बिताये हैं। आजकल उम्र और अस्वस्थता की वजह से चलने-फिरने में असमर्थ होने पर भी उनका सृजन-कार्य अव्याहत रूप से चल रहा है। अवनीन्द्रनाथ के भारतीय रिनेसाँ शिल्प के

सार्थक वाहक होकर उसी धारा को अक्षुण्ण बनाकर चले जा रहे हैं शिल्पी सनत कुमार। शिमला में उनका घर आज शिल्प प्रेमियों के लिए तीर्थ-स्थान की तरह हो गया है।

२. जीवन सायाह्न

जीवन सायाह्न में पहुँचकर भी सत्तर से ऊपर की आयु में शिल्पी असितकुमार ने किन्तु, प्रचलित आचरण के अनुसार अवकाशकालीन जीवन आरामतलबी में नहीं बिताया था। उस अवधि की (१९६१-१९६४) उनकी दिनलिपि पर अगर नज़र डाली जाये तो यह समझने में कोई असुविधा नहीं होगी—इस शिल्पी व्यक्ति ने उस समय सिर्फ़ लखनऊ में केन्द्रित होकर जीवन-यापन नहीं किया। चिरकाल से ही स्वावलम्बन के अभ्यस्त असितकुमार ने दिन व्यतीत करने के प्रयोजन से अपना बहुत-सा समय व्यतीत किया था दिल्ली, आगरा, मथुरा, इलाहाबाद, बनारस, कानपुर, अजमेर, जयपुर के विभिन्न शिक्षा संस्थानों में अध्यक्ष, अध्यापक और शिक्षकों का चुनाव करने के कार्यक्रम के अनुसार सरकारी कमीशनों की बैठकों में योगदान करते हुए, आर्ट स्कूल, कॉलेज और विश्वविद्यालयों के परीक्षक होकर अथवा इन्हीं से सम्बन्धित उत्तरपुस्तिकाओं के जाँचने में। वृद्धावस्था में दो पुत्र कन्या को लेकर, अपनी ख़र्चीली चिकित्सा आदि के मध्य रहते हुए पेंशन के सहारे दिन-यापन करना उनके लिए असम्भव था। उन दिनों चित्रकारों की छवियों की बिक्री आशानुरुप नहीं होती थी। इस पर भी चित्र, मूर्ति-रचना, लेखा-लेखी के अलावा अनेक सामाजिक कामों में उन्होंने अपने को आमृत्यु सक्रिय रूप से जोड़े रखा था, सहज आनन्द के साथ उन कार्यों से प्रेम करते हुए।

१९६१-६२ का वर्ष था भारत और पूरे विश्व में महाकवि रवीन्द्रनाथ जन्म शताब्दी वर्ष की जयन्ती मनाने का। शिल्पी असितकुमार के लिए भी यह वर्ष रवीन्द्र अनुशीलन का हो गया था। कोलकाता, दिल्ली, बनारस, कानपुर और लखनऊ के बहुत से अनुष्ठानों में उनकी पुकार हुई थी। उनकी दिनलिपि से उन सब अनुष्ठानों का कुछ संक्षिप्त संवाद का यहाँ उल्लेख मात्र किया जा सकता है। किन्तु, १९६१ वर्ष की डायरी के पत्रों के सहारे आगे बढ़ने पर हम देखते हैं कि नये वर्ष के पहले दिन में रात भोर की वर्षा के बाद बदरोंही

शीत से आक्रान्त वेला में वृथा ही वे एक केक बनाकर प्रिय अतिथियों की राह देखते हुए अकेले प्रतीक्षा में थे गोमती के तट पर लखनऊ में अपने 'प्रान्तिक' निवास पर। उन्होंने अपनी दिनलिपि में लिखा है : 'नये वर्ष का दिन निस्संग स्थिति में भगवान की कृपा से अच्छा ही व्यतीत हुआ।' रवीन्द्रनाथ की जन्मशताब्दी को स्मरणीय बनाये रखने के लिए असितकुमार ने एक विदेशी फ़ोटोग्राफ़र द्वारा खींची गयी तस्वीर के आधार पर पकी मिट्टी का एक रवीन्द्र-फलक तैयार करने की बात सोची थी। मूर्ति को गढ़ने के उस प्रयोजन से निसातगंज कुम्हारों के टोले में हबीब कसगर को उन्होंने खोज निकाला था, वह उस मूर्ति को पकाकर देने को राजी हो गया था। रवीन्द्र-फलक का साँचा तो असितकुमार ने तैयार कर लिया था। उस साँचे से कुम्हारों द्वारा दी गयी माटी के द्वारा वे अपने छात्र शिल्पी सुभाष राय, प्रभात दास और सनत कुमार चट्टोपाध्याय की सहायता से मूर्ति तैयार करने में लगे रहे थे जनवरी के कई दिनों तक। फ़रवरी में हबीब कसगर ने रवि दादा के ५५० फलक, ८ पकाकर दिये, ४ उपलों से और ४ बख़्शीश में। अपनी दिनलिपि में असितकुमार ने लिखा है :

> पकी माटी के रवीन्द्र फलक अन्दाज़न ५५० पैक किये गये कोलकाता ले जाने के लिए। भगवान श्री रामकृष्ण ने कहा है, 'टाका माटी, माटी टाका।' इस समय इस कथन का अन्तिम अंश यदि फलित होता है तो फिर मिट्टी से ही कुछ रुपया आ जायेगा।

भगवान श्री रामकृष्ण देव नित्यानित्य वस्तु पर विचार करते हुए 'टाका माटी, माटी टाका' कहकर मिट्टी सहित कई मुद्रायें गंगा में फेंककर मनुष्य के मन में कांचन के प्रति जो आसक्ति है उसे निर्मूल करने के लिए विसर्जन कर देते थे।[३] किन्तु, वास्तव में गंगा में मुद्रा विसर्जित कर देने के बाद भी अष्टपाश में बद्ध संसारी व्यक्ति मोह त्याग नहीं कर पाता है। असितकुमार ने उस विषय में मिट्टी से बने रवीन्द्र फलकों में जो श्रमदान किया था उससे शायद कोलकाता के बाज़ार में कौड़ी-गंडा से वसूल हो जायेंगे ऐसा उन्होंने सोचा था। वास्तव में देशव्यापी जन्मशतवर्ष पूर्ति के वातावरण में वे आकर्षक रवीन्द्र-फलक उत्तर प्रदेश समेत देश के सभी स्थानों पर लोकप्रिय हुए थे एवं उसकी नक़ल कर बहुत से लोगों ने रवीन्द्र मूर्तियाँ बनाकर बेची भी हैं देश के अन्यान्य स्थानों पर। २१.२.१९६१, कोलकाता में रहते समय उन्होंने सवेरे-सवेरे सपने में देखा।

> जैसे शाम का अँधेरा घना होता जा रहा है—बरामदे में खड़े हुए हैं शैलेन और मैं सहसा एक सफ़ेद कबूतर आकाश से नीचे आकर मेरे सिर पर बैठ गया। बाद में देखा सनत् को सन्ध्या का आकाश मानो Blue Black काली स्याही में लाल स्याही से मिला हुआ दिखायी दे रहा है। जैसे उसने धुआँ के कुहासे में अद्भुत रूप धारण कर लिया हो।

जन्मशतवर्ष के उपलक्ष्य में आयोजित कोलकाता में रवीन्द्र मेला का मूल तोरणद्वार की परिकल्पना भी बनाकर देनी पड़ी थी असितकुमार को लखनऊ में बैठे-बैठे। विश्वभारती के तत्कालीन उपकुलपति श्री सुधीररंजन दास (१८९४-१९७७) ने कोलकाता नगर निगम द्वारा संचालित उस मेले का उद्घाटन किया था २४ फ़रवरी को अपनी उपस्थिति में। कोलकाता में ३ मार्च रवीन्द्र जन्मशतवार्षिकी के अधिवेशन में असितकुमार को वक्ता के रूप में उपस्थित होना पड़ा था एंटाली पद्म सरोवर पर। साहित्यकार अध्यापक प्रमथनाथ विशी ने अधिवेशन की सभा में उनका परिचय प्रस्तुत किया था। उनकी नातिन अतसी की बेटी सोमा ने सभा के प्रारम्भ में असितकुमार द्वारा रचित, सुररचना समेत 'वाणी तव धाय' गीत को सुनाया था। कोलकाता से लखनऊ वापस आने के मार्ग में १७ मार्च को बनारस में एनी वीसेन्ट कॉलेज की रवीन्द्र-जन्म-शताब्दी के अनुष्ठान में आमन्त्रित वक्ता के रूप में उन्होंने रवीन्द्रनाथ की कथा सुनायी थी उपस्थित छात्रों और उपस्थित श्रोतृ मण्डली को।

कवि की जन्मशती वर्ष में लखनऊ में राज्य सरकार की ओर से विधान परिषद भवन में सभा का आयोजन किया गया था ४ अप्रैल को। आमन्त्रित होते हुए भी सरकारी 'गेट पास' के झमेले के कारण असितकुमार उस सभा में शामिल नहीं हो सके थे। फिर भी उन्होंने उस दिन सरकार को दो प्रस्ताव भेज दिये थे : १. यूपी के विश्वविद्यालयों में बंगाली साहित्य की पीठ स्थापित करना। २. टैगोर लाइब्रेरी लखनऊ में रवीन्द्रनाथ की जो विशाल आवक्ष प्रतिमा प्लास्टर ऑफ़ पेरिस की है उसे पत्थर की बनवाना, किंग जॉर्ज पंचम की हजरतगंज में जो सूनी छतरी है, उसे उसमें रखवाना अथवा उसे रवीन्द्र रंगालय में रखवाना। १८ अप्रैल को राज्य सरकार के समाज कल्याण विभाग की मन्त्री श्रीमती सुचेता कृपलानी (१९०८-१९७४) के सभा नेतृत्व में अनुष्ठित रवीन्द्र शतवर्ष समिति की सभा में असितकुमार ने

अपने उपर्युक्त दोनों प्रस्ताव पुनः रखे थे, इसके अलावा रवीन्द्रनाथ की रचनाओं का एक संचयन हिन्दी और उर्दू में प्रकाशित करने का भी एक प्रस्ताव उन्होंने प्रस्तुत किया था। 'प्रस्ताव पर बाद में विचार किया जायेगा, यह कहकर उसे अलग रख दिया गया था। केवल नाच-कूद कर रवीन्द्र जयन्ती समाप्त कर दी गयी। दिनलिपि में शिल्पी की यही टिप्पणी है। ३ मई लखनऊ भातखण्डे म्यूज़िक कॉलेज में रवीन्द्र जन्मोत्सव में मुख्य वक्ता असितकुमार के भाषण का विषय था, 'रवीन्द्र संगीत की अन्तःप्रकृति'। उनके घर आये थे लखनऊ विश्वविद्यालय के अध्यापक डॉ. राधाकमल मुखोपाध्याय और शिल्पी अमृतलाल नागर सरकार की ओर से अगले रवीन्द्र-जन्म-जयन्ती के मुख्य उत्सव में असितकुमार के द्वारा रवीन्द्रनाथ के उपासना के समय पढ़े गये वेद और उपनिषद के स्त्रोतों का पाठ कराने का प्रस्ताव लेकर। बाङ्ला कविता में कवि प्रशस्ति भी उन्हें करनी होगी—यह बात भी उन लोगों ने कही थी। उसके अनुसार असितकुमार ने कवि-प्रशस्ति की रचना कर ८ मई को रवीन्द्र-जन्मशताब्दी वर्ष के वार्षिक अनुष्ठान में बंगाली क्लब में सवेरे साढ़े छह बजे उस कविता का पाठ किया था। किन्तु, उस अनुष्ठान के अनुषंग से उपनिषद आदि के पाठ के लिए अन्यत्र 'मे फेयर' हॉल में साढ़े आठ बजे उपस्थित होते ही वे अप्रस्तुत हो गये थे। उन्होंने अपनी दिनलिपि में लिखा है :

> गवर्नमेंट की तरफ़ से राधाकमल और अमृतलाल ने मुझसे कहा था रवि दा जिन सब वेद मन्त्रों का पाठ उपासना के समय करते थे, मुझे उनकी आवृत्ति करनी होगी। ओ माँ, वहाँ जाकर क्या देखता हूँ AIR द्वारा उसकी व्यवस्था की गयी है, मुझे अलग कर। राधाकमल, CB Gupta C.M. के पास Mrs. Kriplani को लेकर ज़मीन पर बैठे हुए हैं। इन सब लोगों ने मेरी ओर भ्रूक्षेप भी नहीं किया।

रवीन्द्र-चिन्तन, मनन के साथ असितकुमार के अन्यान्य ग्रन्थों की रचना भी समान रूप से चलती रहती थी। उन्होंने रूपदर्शिका बाङ्ला पुस्तक लिखी थी। इसी के साथ इस पुस्तक के हिन्दी संस्करण का भी काम उन्होंने किया था। ललित कला अकादेमी से उनकी चित्रकला के विषय में श्रीमती मुक्ति मित्र की प्रकाशनाधीन सचित्र अँग्रेज़ी पुस्तिका के लिए सहायक तथ्यादि भी उसी समय लिखकर देने पड़े थे। पुस्तिका के लिए आवश्यक चित्रों के फ़ोटोग्राफ़ उन्होंने स्थानीय फ़ोटोग्राफ़र के द्वारा खिंचवाकर दे दिये। उसी वर्ष

उनके बाङ्ला में अनूदित सचित्र उमर खैयाम काव्यग्रन्थ के प्रकाशन की जोड़-तोड़ चल रही थी। इलाहाबाद के इण्डियन प्रेस से वह पुस्तक प्रकाशित हुई थी। इसी बीच में उनकी पुस्तक Art and Tradition का स्वयं किया गया हिन्दी अनुवाद 'ललित कला की धारा' पुस्तक यूपी सरकार द्वारा पुरस्कृत की गयी थी। उसी वर्ष उनका एक और उल्लेखनीय काम है, भारत सरकार की सहायता से प्रकाशित सचित्र ग्रन्थ Indian Culture at a Glance। इसी दौरान बुद्ध जीवन के ऊपर उनके ग्रन्थ 'गौतम गाथा' के प्रूफ़ देखना एवं चित्रों में बुद्ध जीवनी A Panorma of Buddha's Life पुस्तक भी छपाने की तैयारी चल रही थी।

१९६१ ई. में स्वतन्त्रता दिवस के उपलक्ष्य में सप्ताहभर चलने वाले अनुष्ठान के प्रारम्भ में कोलकाता में राज्य काँग्रेस ने मानपत्र देकर उन्हें सम्मानित किया था। उस विशेष दिन में ४० मिनट के अनुष्ठान के प्रसंग में अपनी दिनलिपि में असितकुमार ने लिखा था :

> १५ अगस्त स्वतन्त्रता उत्सव के उपलक्ष्य में मुझे सम्मानित किया गया। सतीश सिंह ने उसकी अध्यक्षता की। कवीन्द्र ठाकुर ने सोमा बरुआ का परिचय दिया। सोमा ने प्रारम्भ में मेरा एक गाना गाया।

९ दिसम्बर वीएसएसडी कॉलेज, कानपुर में रवीन्द्र जयन्ती पर होने वाले उत्सव की बैठक में अध्यक्षता करते हुए असितकुमार ने रवीन्द्रनाथ के बारे में अँग्रेज़ी में अपना वक्तव्य वहाँ प्रस्तुत किया था। २१ दिसम्बर शीतार्त वेला में लखनऊ विश्वविद्यालय के वार्षिक समावर्तन समारोह में उपकुलपति डॉ. राव की अध्यक्षता में 'अतुल प्रसाद सेन हॉल' में आयोजित सभा में मुख्य वक्ता असितकुमार की वक्तृता का विषय था 'Altriuism and Tagore' अर्थात् परोपकार और टैगोर। १९६१ साल के अन्तिम दिन बदरोंहा आसमान, काफ़ी ठण्ड में घर में ही उन्होंने दिन बिताया था। एक स्फुट काव्य कणिका में उन्होंने लिखा था :

> बछरेर शेष प्रतिवत्सरे
> आसे जे दिवसगुलि
> चिह्न जे तार कोथा मुछे जाय
> जाय ता सकले भूलि।
> नव वरषेर राग अनुराग
> उठे जवे अवगाहि

कर्मेर स्रोते सुख चले भेसे
देखेना तो फिरे चाहि ?

अर्थात् वर्ष के अन्त में हर वर्ष जो दिन आते हैं, पता नहीं उनका चिह्न मिटकर वे दिन कहाँ चले जाते हैं। और नये वर्ष के राग-अनुराग का जब उठकर अवगाहन करता हूँ तब कर्मों के स्रोत में सुख बहता हुआ चला जाता है, फिर वह पीछे मुड़कर नहीं देखता है ?

३. जीवन की प्रान्तवेला में कर्मव्यस्त शिल्पी

१९६२ साल में भी असितकुमार के लखनऊ में दिन समान रूप से बीत रहे थे। केवल शारीरिक स्वाच्छन्द्य कम जाने से, दृष्टि का कम हो जाना आदि उम्र के उपद्रवों के बीच लिखना, सभा-समिति, सफ़र, वक्तृता आदि की व्यस्तता से छवि आँकने की गति कम हो गयी थी यद्यपि उनके घर में छवि देखने देश-विदेश के अतिथियों का समागम में भाटा नहीं पड़ा था। २५ फ़रवरी रविवार को एक विदेशिनी ऑक्सफोर्ड की स्नातक कुमारी इनग्रीड आल (Miss Ingrid Aall) ने उनके घर में अतिथि होकर शाम-सवेरे छवि देखने और चर्चा करने में बिताया था। नार्वे वासिनी महिला ने स्नातकोत्तर पर्व में शिकागो विश्वविद्यालय में भारतीय शिल्प कला सम्बन्धी अपने शोधपत्र का विषय चुना था 'Santiniketan School of Painting on Indian response to the impact of European and British Education'. असितकुमार ने अपनी बेटी अतसी को लिखकर बताया :

> (कुमारी आल) इस थीम पर रिसर्च करने शान्तिनिकेतन जायेंगी। कोलकाता में तुमसे भेंट करेंगी। उन्हें अपने चित्र दिखाना। इनका कहना है अँग्रेज़ों ने ही हमारे देश में आकर आर्ट के विषय की चेतना जगायी है। ये चाहते हैं कि मॉडर्न आर्ट इस देश के लोग और अच्छी तरह सीख लें। Christion soul ईसा मसीह की पाप भावना इस देश में नहीं है इसलिए इस देश के लोगों को वे लोग सिखायेंगे उनका यही भाव है। हालाँकि आल (Aall) बातचीत में बहुत मीठी हैं।

हमें उनकी दिनलिपि में मिलता है, कुमारी इनग्रीड ऑल ने असितकुमार के घर में उनकी छवियाँ देखकर उन्हें एक श्रेष्ठ शिल्पी कहकर उनकी तारीफ़ की थी—दो चित्रों के उसने फ़ोटो भी खींचे थे। दूसरे दिन असितकुमार ने

उनकी वक्तृता की व्यवस्था भी आर्ट कॉलेज में कर दी थी। वक्तृता में :

> उसने विलायत की प्राचीन एवं फ्रांस की आधुनिक छवियों के बाद रवीन्द्रनाथ की छवि दिखाकर यह समझाने का प्रयास किया था कि यूरोप भारत को कितनी आर्ट सिखा सकता है। अध्यक्ष सुधीर खास्तगीर ने वक्तृता के बाद मुझसे प्रश्न करने को कहा था। मैंने कहा : Modern French Art seems to have destroyed all dignity of Fine Art and requires explanation to understand its value where as Fine Art Speaks for itself. भद्र महिला को मेरी बात ज़रा भी पसन्द नहीं आयी। सुनकर नाराज़ हो गयी।

असितकुमार के निकट के लोग जानते थे—मन की सच्ची भावना चाहे जितना कठोर क्यों न हो, कहकर वे झंझट पैदा कर बैठते थे। शिल्प इतिहास की उस गवेषिका ने असितकुमार के साथ बातचीत के दौरान सुना था अवनीन्द्रनाथ के पथ निर्देशक भारत की युगान्तरकारी 'रिनेसाँ स्कूल ऑफ़ पेंटिंग' के अस्तित्व के अलावा 'शान्तिनिकेतन स्कूल ऑफ़ पेंटिंग' जैसे किसी स्कूल का अस्तित्व भारतवर्ष में नहीं है।[४] फलस्वरूप कोलकाता जाने के रास्ते में बनारस से लिखे पत्र में कुमारी आल अपने शोध विषय के शीर्षक के सम्बन्ध में संशय दूर करने के लिए पुनः असितकुमार की शरण में आयी थीं। उत्तर में असितकुमार ने उन्हें लिखी थी, भारतीय कला आन्दोलन के प्रारम्भ से ही रवीन्द्रनाथ के आह्वान पर उनके एवं नन्दलाल के शान्तिनिकेतन के 'भारतीय रिनेसाँ स्कूल ऑफ़ पेंटिंग' के प्रसार की कथा। रवीन्द्रनाथ ने भी वही चाहा था। अपने दीर्घ पत्र के अन्तिम अंश में उन्होंने गवेषिका को लिखा था :

> नये बर्बर यूरोपीय शिल्पी जनों ने ललित कला में अबाध स्वच्छन्दता लाकर एक ही समय ध्वस्त कर दी है मनुष्य की सात्त्विक सृष्टिशीलता को। दूसरे शब्दों में ईसाई पाप बोध ने शेष पर्यन्त स्वर्गीय शिल्प कला (चारु शिल्पकला) को ग्रास कर नारकीय विश्रृंखलता की सृष्टि कर डाली है।[५]

उन्होंने भारतीय शिल्प आन्दोलन की पृष्ठभूमि को संक्षेप में बताते हुए कुमारी आल से शोधपत्र का सटीक शीर्षक निर्धारित करने के लिए कहा था। विदेशी शिल्पकला के प्रादुर्भाव से भारत में मन से अपनी कल्पना के अनुसार छवि आँकने की परिपाटी प्रायः समाप्त हो जाने के कारण अथवा

शौक़वश किसी भी वृत्ति के लोगों के छवि आँकने के साथ जुड़ जाने से उन लोगों ने जिस प्रकार का परिवेश इस देश में तैयार किया था उससे स्वाभाविक रूप से देशी चित्रों में विशृंखल परिवेश-सृष्टि की प्रवणता बढ़ जाने की बात उन्होंने कुमारी आल को समझा दी थी। इसके बाद वह कोलकाता में शिल्पी अतसी बरुआ के घर में कई दिन उसका चित्र-कर्म और उसके साथ चर्चा आदि समाप्त करके शान्तिनिकेतन चली गयी थी। विश्वभारती कला भवन में शिल्पियों के काम और उनके दृष्टिकोण की समालोचना कर जिस निर्णय पर वह पहुँची थी, उससे असितकुमार के साथ एक अंश में सहमत होकर शिकागो विश्वविद्यालय के अन्तर्गत पीएच.डी. शोधपत्र के शीर्षक में आमूलचूल परिवर्तन कर उसका शीर्षक उसने रखा था, 'The conflict of tradition and change in the work and public image of the Bengali Artist Abanindra Nath Tagore : A Study in the dialouge between traditionalism and modernity'. इस रचना का नामकरण समझने में कोई असुविधा नहीं होती है, अधिकांश यूरोपीय शिल्प-इतिहासकारों की पूर्व धारणा के अनुसार कुमारी आल ने कलागुरु अवनीन्द्रनाथ को अखिल भारतीय कला-इतिहास के परिप्रेक्ष्य में न देखकर बंगाल की भ्रमात्मक द्वन्द्वपूर्ण पृष्ठभूमि में देखा था। उनके नेतृत्व में हुए शिल्प जागरण की धारा को कुमारी आल समझ ही नहीं पायी थीं। शिल्पियों की छवि देखना और उनके साथ चर्चा करने के मध्य सतही द्वन्द्व का संघात ही उनकी नज़र में पड़ा था। थोड़े समय बाद असितकुमार और नन्दलाल के न रहने पर विश्वभारती के साथ शिक्षार्थी एवं कर्मसूत्र से युक्त, अवनीन्द्रनाथ और नन्दलाल के विशिष्ट छात्र, शान्तिनिकेतन कलाभवन के संरक्षक शिल्पी प्रशान्त राय (१९०८-१९७३) ने जापान प्रवासी सतीर्थ सन्दीप ठाकुर को (ज. १९३२) १९६६ के पत्र में कलाक्षेत्र में आये तत्कालीन परिवर्तित परिवेश के प्रसंग में आशंकित होकर लिखा था :

> कलाभवन का चेहरा बदलता जा रहा है। आधुनिक और यूरोपीय तमगाधारी चित्रकार आकर यहाँ शान से बस गये हैं। पता नहीं नन्दलाल के कलाभवन का क्या होगा और क्या होगा उनकी शिल्प धारा का।

यत मत तत पथ में विश्वास करने वाले शिल्पी ने इसके बाद लिखा है—

> हम लोगों को कठोर ज़मीन पर खड़ा होना होगा। ऐतिह्य को बनाये

> रखना ही काम की बात नहीं है, किन्तु, पश्चिम की हवा को ही एकमेवाद्वितीयम् सर्वस्व मानना और भी ख़तरनाक है।

कलाभवन के और एक प्राक्तन शिल्पी कला-इतिहासकार हवाई विश्वविद्यालय के शिल्पविद्या के अध्यापक डॉ. पृथ्वीश नियोगी (१९१८-१९९१) ने भी अपनी विश्वभुवन घूमने से प्राप्त अभिज्ञता की दृष्टि से होनोलूलू में बैठकर सन्दीप ठाकुर के साथ विचार-विनिमय के समय तथाकथित भारतीय चित्रकारों के चित्र दर्शन के बारे में कहा था :

> तुम्हें तो पता है आजकल एकल प्रदर्शनी देखने जाने पर, पहली छवि देखना ही यथेष्ट होता है, बाक़ी सब एक सी ही हैं, पुनरावृत्ति मात्र। आजकल तो नयी कला का अर्थ ही है एब्स्ट्रैक्ट—अमूर्त कला लक्ष-लक्ष अमूर्त शिल्पियों से दुनिया छा गयी है। ... अमूर्त कला में अच्छे-बुरे का भेद नहीं किया जा सकता है, इसीलिए शिल्पी, दलाल, समालोचक, रसिक सभी को किसी-न-किसी का ख़ुशामदी होना पड़ता है।[७]

आधुनिक शिल्प के सम्बन्ध में सच्ची बात उन्होंने कही थी। पाश्चात्य 'हनुकरण' (अनुकरण) से उत्पन्न (द्विजेन्द्रनाथ ठाकुर का श्लेषात्मक शब्दबन्ध) समकालीन भारतीय कला में असितकुमार द्वारा देखी गयी अराजकता उपर्युक्त दोनों मन्तव्यों के अनुसार अस्वीकार नहीं की जा सकती है।

भारतवर्ष के नेतागणों की शुभ बुद्धि से केन्द्रीय सरकार के अधिकारियों ने देहरादून में National Academy of Administration के शिक्षार्थियों को भारतीय शिल्पकला और उसके इतिहास के बारे में अभिज्ञ बनाये रखने के लिए उस विषय में शिल्पी असितकुमार हालदार को सबसे पहले वक्तृता देने के लिए बुलाया था। अभिनव था यह निर्णय। मसूरी के प्रशासनिक भवन में उन्होंने प्राय: साढ़े तीन सौ युवा प्रशासक शिक्षानवीसों की उपस्थिति में १५ सितम्बर, १९६२ को 'एप्रीशियेशन ऑफ़ फ़ाइन आर्ट'—ललित कला की समालोचना—विषय पर एपीडिओस्कोप स्लाइड के सहयोग से वक्तृता दी थी। भारत के भावी प्रशासकों के लिए उनकी वक्तृता काफ़ी मनोग्राही हुई थी। दूसरे दिन देश के उन्हीं भावी प्रशासकों की एक चित्र प्रदर्शनी का उद्घाटन असितकुमार ने किया था। उसी उपलक्ष्य में सत्यजित राय की फ़िल्म 'अपूर संसार' को दिखाने का आयोजन किया गया था। चलचित्र असितकुमार को वैसा हृदयग्राही नहीं लगा था। प्रशासकों और शिक्षार्थियों का चित्रकला के

बारे में आग्रह देख एवं उनकी आन्तरिक व्यवस्था से सन्तुष्ट शिल्पी असितकुमार ने अपना हाल में ही बनाया 'ईसा मसीह' का चित्र उपहारस्वरूप देहरादून के प्रशासनिक भवन में भेज दिया था। उनकी कला समालोचना सम्बन्धी वक्तृता ऑल इण्डिया रेडियो लखनऊ से भी संक्षेप में प्रसारित हुई थी। वक्तृता देने के बाद की अवधि में प्रशिक्षुओं में से कई व्यक्ति कला के गवेषक होकर असितकुमार के घनिष्ठ सम्पर्क में आ गये थे।

वर्षभर चलने वाले रवीन्द्र-जन्म-शताब्दी के अन्तिम अनुष्ठान (८ मई, १९६२) में पूरे देश के साथ लखनऊ में भी हजरतगंज की सभा में असितकुमार उपस्थित हुए थे। मुख्यमन्त्री चन्द्रभान गुप्त की उपस्थिति में केन्द्रीय मन्त्री हुमायूँ कबीर वक्ता थे। सुचित्रा मित्र ने उस अनुष्ठान में रवीन्द्र संगीत प्रस्तुत किया था। रवि दादा के प्रति श्रद्धावनत असितकुमार अवश्य अनुष्ठान के बीच में ही लौट आये थे। सम्भवतः, अन्य किसी चिन्ता के कारण उनका मन अस्थिर था। उस दिन सवेरे रवीन्द्रनाथ की यह पंक्ति 'मरण रे तुहूँ मम श्याम सुमान' याद आ जाने से उन्होंने लिखी थीं चार पंक्तियाँ :

> मरणेर तरे हेथा रयेछि वांचिया।
> मरणेर पार होते हेथाय आसिया
> येते हवे मरणेते जानि पुनराय
> खुलेछे मरण द्वार जीवन उषार।

> अर्थात् मृत्यु के पार से यहाँ आकर मृत्यु के ही नीचे जो मैं बचा हुआ हूँ, पता है पुनः मृत्यु में ही जाना पड़ेगा। क्योंकि जीवन रूपी उषा ने मरण के द्वार खोल रखे हैं।

वर्ष १९६२ में उन्होंने कोई विशेष चित्रांकन नहीं किया। आर्ट कॉलेज में बाढ़ से क्षतिग्रस्त अपने ६ × ३" के ऑयल चित्रों में रंग लगाकर उनकी मरम्मत के अलावा मई महीने में प्रचण्ड लू में मात्र दो चित्र 'तपोवन' और 'तम्बू में प्रहरी' उन्होंने आँके थे। अभी हाल में हॉलैण्ड से वापस आये पुत्र अधीश को लेकर २५ जून से २५ अगस्त तक वे कोलकाता में कन्या अतसी और अरविन्द बरुआ के गड़ियाहाट रोड वाले घर में रहे थे। कोलकाता में लम्बे समय तक रहने की अवधि में आत्मीयजनों से मिलना-जुलना इत्यादि सामाजिक कामों के मध्य वे अपनी प्रकाशनाधीन पुस्तकें रूपदर्शिका, सम्भावित तीन खण्डों में रामायणी काव्यानुवाद और गौतम-गाथा के प्रकाशन को लेकर व्यस्त रहे थे। रामायणी पुस्तक प्रकाशित करने के लिए अग्रिम धनराशि

लेने के बाद भी पुस्तक प्रकाशित करने में टालमटोल करने से साहित्यकार स्वर्गीय सजनीकान्त दा के पुत्र को वकील के माध्यम से नोटिस देने जैसे अप्रिय काम में उनका समय व्यतीत हुआ था। उस समय लखनऊ में आर्ट स्कूल के सहकर्मी बन्धु, मूर्तिकार हिरण्मय राय चौधुरी का मृत्यु संवाद उन्हें मिला।

४. अन्तिम कई दिन

१९६३ साल में ही दुनिया में सभी जगह रामकृष्ण मठ और मिशन द्वारा संचालित स्वामी विवेकानन्द की जन्म शताब्दी मनायी जा रही थी। स्वामीजी जन्म शतावर्षी जयन्ती उत्सव के मुख्य दायित्व प्राप्त स्वामी सम्बुद्धानन्द (१८९१-१९७४) एक दिन लखनऊ में असितकुमार के घर चित्र देखने आये थे। महाराज की पसन्द वाली एक छवि असितकुमार ने आनन्दपूर्वक उन्हें भेज दी थी।

यह वर्ष भी पूर्व वर्षों की तरह असितकुमार का विभिन्न सरकारी पदों के लिए यूपी एससी की चयन प्रक्रिया के अन्तर्गत होने वाली बैठकों, ग्रन्थ प्रकाशन के अनुषंग में प्रूफ देखने, एवं नेशनल एकेडेमी ऑफ़ एडमिनिस्ट्रेशन मसूरी में उनकी दूसरी आर्ट एप्रीसिएशन वक्तृता (Appreciation of Fine Art : an Eidetic Value) इत्यादि व्यस्तता के चक्कर में व्यतीत हुआ था। इन सबके बीच सरकार द्वारा अधिगृहीत होने के बाद जयपुर राजकीय हस्तशिल्प विद्यालय की शोचनीय दशा देखकर राजस्थान के शिक्षामन्त्री के बुलाने पर असितकुमार ने स्कूल के आमूलचूल सुधार की योजना प्रस्तुत की थी। कहाँ तक कहा जाये, उस परियोजना को महत्त्व देकर सरकार की ओर से विस्तृत चर्चा हुई थी वहाँ के विशिष्ट शिल्पी और प्रशासनिक अधिकारियों के साथ। इसी बीच में अपनी नातिन सोमा के विवाह के उपलक्ष्य में नवम्बर में कोलकाता आये थे। उसी समय रवीन्द्र भारती सोसायटी के आमन्त्रण पर बहुत दिन बाद जोड़ासाँको भवन देखने गये थे। वहाँ पर अभी हाल में स्थापित रवीन्द्र भारती विश्वविद्यालय के उपकुलपति डॉ. हिरण्मय वंद्योपाध्याय के साथ उनका परिचय हुआ था (१९०५-१९८५)।

रवीन्द्र भारती म्यूज़ियम के अध्यक्ष, स्व. सुरेन्द्रनाथ ठाकुर के जामाता

श्री कुलप्रसाद सेन (१९०२-१९८५) के उद्योग और उनकी योजना के अनुसार असितकुमार के सुर में रवि दादा से सीखे हुए विशेष-विशेष गाने टेप रिकार्डर पर टेप कर लिए गये थे रवीन्द्र गीतों के विशेष वैशिष्ट्य को कौतूहली जन सामान्य के लिए बचाये रखने की इच्छा से।[८] दूसरे दिन जोड़ासाँको-परिक्रमा के समय रवीन्द्र भारती म्यूज़ियम के लिए टेराकोटा पैनल में रवीन्द्रनाथ की जीवनकथा रचना का प्रस्ताव पाकर असितकुमार उसे स्वीकार करने को राजी हो गये। कुलप्रसाद सेन के साथ प्रत्यक्ष भेंट और पत्राचार द्वारा उस विषय का विशेष रूप से प्रदर्शित करने के कक्ष में टेराकोटा पैनल के लिए उपयुक्त स्थान का चयन आदि कई अंशों में निश्चित हो गया था।

१९६४ ई. के शुरुआत में सवेरे-सवेरे असितकुमार ने अपनी बड़ी मासी माँ सुशीला सुन्दरी और शीतलाकान्त चट्टोपाध्याय (१८५६-१८९७) के पुत्र रणेन्द्रनाथ का मृत्यु संवाद प्राप्त किया। रणेन्द्र-पुत्र अनूप कुमार के वरगंडा गिरिडी से लिखे पत्र के द्वारा। दिनलिपि में उन्होंने लिखा :

> नववर्ष के दिन, गम्भीर रूप से एक छाया घनी होकर मन पर छा गयी। मेरे ८ भाई और २ बहनों में मैं एवं मिनी (जलदीन्द्रनाथ चट्टोपाध्याय की स्त्री) बहन बचे हुए हैं।

ख़राब मन में घिर आये दुःख के मेघों को हटाने के लिए उन्होंने सवेरे एक छवि आँकी थी और डॉ. राधाकृष्णन की लाइफ साइज़ लो रिलीफ़ का काम Plesticine में शुरू किया था। घर में परिचित लोगों का आना-जाना चल रहा था। छवि आँकने का पाठ लेने आते थे युवा शिल्पी सनत्कुमार चट्टोपाध्याय, कोई आता था गाना सीखने। आँखों में मोतियाबिन्द हो गया था। उन्हें बार-बार डॉक्टर के चेम्बर में जाना पड़ता था। वहाँ पर प्रतीक्षा करते-करते परेशान होकर प्रार्थना करते थे, हे भगवान रक्षा कीजिये इन सब डॉक्टर जल्लादों के हाथों से।' प्रचण्ड शीत। उसी सर्दी में अपनी लाइफ साइज़ रिलीफ़ आर्ट कॉलेज में उनके नामांकित 'हालदार हॉल' के लिए ढलाई करने के लिए भेज दी १३ जनवरी को। सुधीर खास्तगीर के अवकाश ग्रहण करने के पहले बीमार होने से छुट्टी पर रहने के कारण असितकुमार के छात्र शिल्पी हरिहर लाल मेड़ लखनऊ आर्ट कॉलेज के कार्यकारी अध्यक्ष थे उस समय। इसी बीच में वे अपनी अजन्ता पुस्तक का संशोधन और परिवर्धन शेष करने के बाद रवितीर्थे पुस्तक के परिमार्जन में लग गये थे।

उनकी Indian Culture at A Glance सचित्र पुस्तक उस समय भारत सरकार की आर्थिक सहायता से प्रकाशित हो रही थी। पुस्तक की जिल्दबँधायी की देखभाल भी उन्हें करनी पड़ती थी। देहरादून से आये थे उनसे मिलने छात्र शिल्पी रणवीर सक्सेना, जो वहाँ डी.ए.वी. कॉलेज में शिल्पकला का दर्शन पढ़ाते थे स्नातकोत्तर क्लास में। बातचीत के दौरान उन्होंने बताया— उस विषय की कोई पाठ्यपुस्तक नहीं है। अनेक कामों के साथ चश्मा बनवाने के लिए भी असितकुमार को सर्दी के दिनों में बार-बार शहर में दौड़ लगानी पड़ती थी। २५ जनवरी की दिनलिपि में हमें मिलता है :

> दाँत किटकिटाने वाली भीषण सर्दी चरम बिन्दु पर पहुँच गयी है। कालू की कार में जाते समय रास्ते में अहिन मित्र ने मुझे एक चिट्ठी दिखायी, जयपुर के मिनिस्टर हीरालाल शास्त्र श्वस्त्रह्ल मिनिस्टर कैलाश प्रकाश को हिन्दी में मेरे विषय में लिखा है। वे चाहते हैं ललित कला विश्वविद्यालय वनस्थली मारी विश्वविद्यालय के पास १९६४ जुलाई से स्थापित होगा। मैं उसका अध्यक्ष होकर जा सकूँगा या नहीं मुझसे यह जानकर उन्हें बताने के लिए उन्होंने उसे लिखा है। अहिन के घर जाकर पत्रोत्तर का मसौदा तैयार कर दे आया।

ठण्ड का प्रकोप चल रहा था और इसी में उनका शहर में घूमना भी चल रहा था, परिचितों का उनके घर आना-जाना। बीच में सर्दी लगने से वे शय्याशायी भी हो गये थे। इन सब झंझटों के बीच 'रवितीर्थे' पाण्डुलिपि के संशोधन आदि का काम उन्होंने शेष कर लिया था।

६ फ़रवरी, १९६४ : जीवन की अन्तिम दिनलिपि में उन्होंने लिखा था—

> आज रात से ठण्ड कम हो गयी है। आज सजनीदास के सुपुत्र रंजन को तकाजे के साथ पत्र दिया है गौतम-गाथा छापकर शीघ्र भेजने के लिए। जिससे वह अतसी को ११०० प्रतियाँ दे दे। हिन्दी समिति सूचना विभाग के श्री ठाकुर दयाल सिंह को तकाजे के साथ लिखा Indian Culture at a Glance पुस्तक की रॉयल्टी का हिसाब-किताब तैयार करने के लिए। Sri H. Ghosh General Manager, Indian Press को तकाजा करते हुए लिखा बाङ्ला अनुवाद की हुई उमर खैयाम पुस्तक शीघ्र प्रकाशित करने के लिए।

असितकुमार के जीवन में रवीन्द्रनाथ के अपरिसीम प्रभाव की कथा वे स्वयं ही पूरे जीवन अपने चित्रों, मूर्तियों, काव्य, साहित्य और स्मृतिचारण में

व्यक्त कर गये हैं। उनकी शेष वेला की मुख्य आकांक्षा थी रवि दादा के जीवन को पक्की मिट्टी के बास-रिलीफ (Bas relief) में रूपायित करेंगे उनके ऐतिहासिक जोड़ासाँको भवन में। वहाँ पर अभी हाल में स्थापित रवीन्द्रभारती म्यूज़ियम में पकी मिट्टी के फलक पर रवीन्द्रनाथ की जीवनकथा रचना का प्रस्ताव ग्रहण कर सर्वाध्यक्ष श्री कुलप्रसाद सेन को असितकुमार ने १२ जनवरी, १९६४ की तारीख़ में लिखा था :

> Terracotta में रवीन्द्र जीवनी के चित्र फलक ख़ूब नये तरह के होंगे एवं ये तुम्हारे, मेरे एवं हिरण्मय बाबू के विशेष अवदान (चिरसम्पदा) होकर रह जायेंगे। टेराकोटा के चित्रों में जिसे अच्छी तरह से प्रस्फुटित किया जा सकता है उसकी ओर लक्ष्य कर मैं विषयवस्तु की एक सूची भेजूँगा एवं उसी के अनुसार डिज़ाइनें भी तैयार करूँगा। तुम्हें यह विषय पूरी तरह मेरे ऊपर छोड़ देना पड़ेगा। मैं कवि के बचपन से लेकर शेषपर्यन्त एक सुन्दर पेनोरमा गढ़ डालूँगा टुकड़े-टुकड़े Bas relief में।

नाममात्र की क़ीमत पर प्रस्तावित बीस टेराकोटा बास-रिलीफ शृंखला में रवीन्द्र-जीवन की विषयवस्तु कवि की छेलेवेला, जीवनस्मृति और छिन्न पत्रावली से चुनकर उन्होंने श्रीसेन को ५ फ़रवरी, १९६४ की तारीख़ में लिखकर भेज दी।

(२ × १" के वे पैनल थे) उनके द्वारा महर्षि भवन के तिखण्डे के कमरों को यदि सजाया जाये तो अच्छा रहेगा एवं बिचित्रा हॉल की सज्जा विचित्र रूप में सोची जायेगी—एक ही तरह की चीज़ें हॉल में फबेंगी नहीं।

२० पैनल में रवि दादा की विलायत जाने तक की विषय-सूची उन्होंने चुन डाली एवं हर पैनल के बावत नाममात्र पाँच सौ रुपया क़ीमत उन्होंने निर्धारित की थी उस काम के लिए। शिल्पी ने बताया था, 'विषय-सूची' पर दो सप्ताह लगेंगे स्केच तैयार कर भेजने में। स्केच तैयार हो जाने पर गढ़ने के काम में लगूँगा।' थोड़े समय बाद ८ फ़रवरी, १९६४ को लिखे अन्तिम पत्र में उन्होंने कुलप्रसाद को लिखा था :

> मैंने रवितीर्थे का परिवर्धित और संशोधित नया संस्करण कोलकाता से आने की अवधि के दौरान शुरू कर दिया है। इसके समाप्त होते ही २० पकी मिट्टी के चित्र फलकों की डिज़ाइनों में हाथ लगाऊँगा।

> तुम भी तब तक अपनी कमेटी से विषय को पास करा लोगे असली काम के लिए।

रवितीर्थे की पाण्डुलिपि, साथ में उन्हें प्राप्त रवीन्द्रनाथ की सारी चिट्ठियाँ उन्होंने रवीन्द्र भारती सोसायटी को प्रदान करने का वचन दिया था। उसी दिन उन्होंने प्रतिमादेवी को लिखा था :

> रवितीर्थे पुस्तक तुम्हें अच्छी लगी थी पहले ही तुमने इसकी जानकारी दी थी। इस समय उसका परिवर्धित और संशोधित संस्करण छपाने के लिए पाण्डुलिपि तैयार कर मेरे तुम्हारे पास जोड़ासाँको और शान्तिनिकेतन में रहते समय यदि कोई विशेष घटना याद आ जाये तो मैं कृतार्थ होऊँगा। रवि दा के साथ रहने के समय की अनेक घटनायें निश्चय ही तुम्हें याद होंगी।

रवितीर्थे का काम उन्होंने शेष कर डाला था। किन्तु, रवि जीवनी के प्रत्याशित डिज़ाइन के काम में वे हाथ नहीं लगा सके। ८ फ़रवरी की शाम को अपनी लिखने की टेबल पर शिल्पकला सम्बन्धी गुरु अवनीन्द्रनाथ के प्रति लिखे गये एक अपमानजनक निबन्ध के प्रतिवाद में एक निबन्ध लिखने में दत्तचित्त असितकुमार मस्तिष्क से रक्त गिरने के कारण अकस्मात् संज्ञाहीन हो गये। शेफर्स पेन उनके हाथ से फिसल पड़ा एवं और उनका सिर टेबल पर ही लुढ़क गया। घर में उस समय अपना कोई व्यक्ति था नहीं। घर का नौकर तेज जब लौटा तब उसने कमरे में उन्हें बेहोश देखकर पड़ोसी स्वर्गीय हिरण्मय राय चौधुरी के घर उनके बेटे को ख़बर देने पर अविलम्ब असितकुमार को स्थानीय के.जी. मेडिकल कॉलेज ले जाया गया था। वहाँ पर उपचार किये जाने पर भी फिर उन्हें होश नहीं आया। अन्त में मध्यरात्रि (१:५५ बजे) में १३ फ़रवरी शिल्पी असितकुमार का जीवनावसान हो गया था; जैसा कि उन्होंने अपने जीवन देवता से चाहा था :

> मृत्यु तुमि घूमेर ओषुध
> आमार अनिद्राय
> अनायासे करवे मोरे
> जीवन खेयार पार।[६]

> अर्थात् हे मृत्यु, मेरी अनिद्रा में तुम नींद की औषधि हो, तुम अनायास ही जीवन रूपी खेया नाव से मुझे पार उतार दोगी।

लखनऊ शिल्प महाविद्यालय के बहुत से अनुरागी शिक्षक, छात्र, श्रद्धानुरक्त

बन्धु एवं शोकाहत परिवार परिजनों की उपस्थिति में गोमती नदी के तट पर भैंसा कुण्ड पर उनका अन्तिम संस्कार कर दिया गया था।[१०] भारत-शिल्प आन्दोलन के अग्रगण्य पथिक, रवीन्द्रनाथ के स्नेहधन्य 'रंगेर कवि' ने धरती का पान्थनिवास छोड़कर अचीन्हे लोक की ओर दौड़ लगा दी।

तथ्यसूत्र

१. अवनीन्द्रनाथ की नव्य भारतीय शिल्प कला की गुरु-शिष्य परम्परा का एक चार्ट तैयार किया था असितकुमार ने। द्रष्टव्य Asit Kumar Haldar : Art and Tradition The Universal Publishers Ltd., 1952.

२. Srila Acharya Gopal Goswamy, Saint Mira, Acharya International Lalit Kala Society, Arcansas, USA, 1986, p. 56, 77. उनके सन्बन्ध में गुरु असितकुमार ने लिखा है :

Gopal's family were my neighbour but he practically lived in my studio. My very favourite student a man of action and unlimited talent. His works have superb quality of 20th century humanism stemming from pure vadic aesthetics of art.

३. स्वामी सारदानन्द, श्रीरामकृष्ण लीला प्रसंग (प्रथम भाग) उद्‌बोधन कार्यालय, कोलकाता ३, २०११, पृ. १२८।

४. Asit Kumar Haldar, 'Santinekatan School of painting?' Rhythm, Vol. X No 1 April 1962, p. 15-17.

५. असितकुमार ने कुमारी आल को लिखा था, 'The neo-primitive Artists of Europe have indeed liberated Fine Art at the same time destroyed creative awareness (Sattvic Guna) which could ennoble the inobles and inspire people for altruistic activities. In other words with the advent of neo-printing School, the heavenly muse (Fine Art) has fallen to the (Christian) 'Original sin' and finally engulfed it to the Hellish Chaos.'

६. Partha Mitter, Art and Nationalism in Colonial India, 1850-1922, Cambridge University Press, 1994, p.442.

७. सन्दीप ठाकुर, जनदिगन्त, आईएमएच नयी दिल्ली, ११००४८, १९९९, पृ. २१२-२१३, २१६।

८. असितकुमार ने लिखा था, श्री कुलप्रसाद सेन (मटरू) ने २२ अगस्त, १९६२ की चिट्ठी में 'रवीन्द्र संगीत गाने की जिस विशेष भंगिमा की बात तुमने अपनी चिट्ठी में लिखी है कि सुर के अलावा भी रवीन्द्र संगीत में ऐसा कुछ है जो भाषा और भाव को प्रस्फुटित कर देता है, उसे बचाये रखना ही हमारी योजना का उद्देश्य है।'

९. नींद कम आने से थके शिल्पी की ४ नवम्बर, १९६२ की दिनलिपि से।

१०. अन्तिम दिन की बात, 'The Pioneer' १५.२.१९६४ की रपट और कन्या अतसी देवी के मुख से सुनी हुई बात।

वंश तालिका

नित्यानन्द चक्रवर्ती (निवास : ईसा की सोलहवीं शताब्दी में कृष्णनगर के उत्तरी भाग में बेनोवली ग्राम)

बलराम चक्रवर्ती

रूपनारायण हालदार (कृष्णनगर के राजा रघुराम राय द्वारा दी गयी उपाधि हालदार)

जनार्दन हालदार (आजकल उत्तर चौबीस परगना के जगद्दल इलाक़े के प्रसिद्ध ज़मींदार के रूप में परिचित थे)

राधावल्लभ हालदार (पिराली वंश में विवाह के कारण कुल से गिरा दिये गये)

हरिनारायण हालदार

दुर्गाप्रसाद (वंश में सबसे पहले अँग्रेज़ी पढ़े पश्चिम में विवाह सूत्र से पंजाबी निवासी—लुधियाना)

इन्द्रनारायण हालदार

बेचाराम

(ईस्ट इण्डिया कम्पनी में काम करते समय भारत के सिविल एक्जीक्यूटिव इंजीनियर के पद पर नियुक्त १८३६ ई.)

ज्वाला प्रसाद

राखालदास

किरणकुमारी

सुकुमार भूदेव अशोकचन्द्र निर्मलचन्द्र

सुप्रभा सुन्दरी

सनत्कुमार प्रभात कुमार असितकुमार दीप्तिमय मीना नीला परितोष देवनाम

रजत कुमार ज्योतिर्मय शुकदेव

असितकुमार

सरोजवासिनी सरसीबाला

अभिजित अतसी विली–अतीश सुनीरा रुचिरा रोचना अधीश (हॉलैण्ड)

डॉ. अरबिन्द संजीव सौम्येन्द्रे फणीन्द्र कोवी (Coby)

बरुआ मुखोपाध्याय मुखोपाध्याय साहा

परिशिष्ट-१

१३ जून (१९१९) की तारीख़ में सुकुमार हालदार को लिखा रेव. सी.एफ. एंड्रूज का पत्र :

मेरे प्रिय, मि. हालदार, जून १३ (वर्ष १९२०)

आप असित से पुनः सरकारी सेवा में जाने को कहकर बहुत भारी भूल कर रहे हैं ऐसा मैं सचमुच में महसूस कर रहा हूँ। निश्चय ही यह उसकी कला को नष्ट कर देगी, जो कि उसे आजकल के अग्रणी चित्रकारों की श्रेणी में शीघ्र लाये दे रही है और इससे उसे यूरोप में ज़रूर एक पहचान मिलेगी।

मैं स्वयं एक चित्रकार हूँ जिसने कला को लगभग एक व्यवसाय ही बना डाला था, इसलिए मुझे जिसका अनुभव है मैं वही कह रहा हूँ। असित उन दो या तीन युवा चित्रकारों में एक है, जिन्हें निश्चय ही यूरोप में प्रतिष्ठा मिलेगी, अगर असित को स्वतन्त्रता दी जाये और उसे अनुकूल परिवेश में काम करने का मौक़ा मिले। अब मैं यहाँ शान्तिनिकेतन में रह रहा हूँ, और मैं सचमुच में पूरी तरह से उसकी देखरेख करता रहूँगा और उसे उत्साहित करता रहूँगा ऐसा मैंने निश्चय कर लिया है। और आगे चलकर मैं उसके लिए पैसा इकट्ठा करूँगा जिससे उसे यूरोप भेजा जा सके, जब वहाँ सारी चीज़ें ठीक से व्यवस्थित हो जायें और उसकी स्वयं की प्रतिभा व्यक्तिगत और दृढ़ रूप से अधिक विकसित हो जाये। मुझे नहीं लगता है कि इस काम के लिए वहाँ धन प्राप्त करने में कोई बाधा आयेगी, जब अनुकूल समय आ जायेगा।

मैं आपसे सिर्फ़ यह चाहता हूँ कि आप उसे मेरे हाथों में सौंप दें, मुझे उसमें

भारी रुचि है और मैं उसे बहुत स्नेह करता हूँ, मेरी इच्छा उसे उन कुछ भारतीयों में देखने की है, जिसकी शोहरत उसकी कला के कारण यूरोप में फैल जायेगी और वह कला के कारण लोकप्रिय होगा। मुझे आशा है, आप उसे मुझे सौंप देंगे। आप इस पर विश्वास करेंगे कि मैं उसके जीवन की प्रगति के लिए उसके आर्थिक पक्ष और उसकी कलात्मक दिशा पर ध्यान देता रहूँगा। आजकल उसकी उन्नति की जो गति है, उस पर अगर विचार किया जाये, तो बहुत थोड़े समय में ही उसके चित्रों की बिक्री विस्तृत क्षेत्र और भारी दामों में होने लगेगी। अगर भविष्य में कभी ऐसा समय आया और यह (इस या उस वजह से) आवश्यक लगा कि उसे केन्द्र अथवा राज्य सरकार की नौकरी में पुन: जाना पड़ा, तब मुझे विश्वास है कि बड़े आराम से यह उसके लिए सुरक्षित रहेगी किन्तु, मुझे ऐसा नहीं लगता कि इसकी ज़रूरत पड़ेगी क्योंकि वह आजकल जिस पढ़ाई में लगा हुआ है, मुझे विश्वास है उससे वह बहुत अच्छी कमाई कर सकेगा।

क्या आप सहजता से मेरे हाथों में नहीं सौंप देंगे? मैं आपको वचन देता हूँ मैं उसके लिए अपनी तरफ़ से अच्छे-से-अच्छा करूँगा और उसका जो सर्वोत्तम हित है, आर्थिक तथा अन्य दृष्टियों से उसे ध्यान में रखूँगा।

अगर आप मुझसे मिलना चाहते हो तो मैं आपसे मिलने स्वयं राँची आ सकता हूँ किन्तु, मेरा स्वास्थ्य अच्छा नहीं है, और इस समय कमज़ोरी हालत में मेरे लिए यात्रा करना बहुत ही थका देने वाली चीज़ है। किन्तु, मेरी अभीप्सा को आप पत्र द्वारा भी पूरी कर सकते हैं, वह यह है कि मेरा निर्णय उचित है इस पर आप विश्वास करते हैं असित के मामले में और आप उसे मेरे हाथों में सौंप देंगे।

आपका बहुत ही विश्वासभाजन
सी.एस.एफ़. एंड्रूज

परिशिष्ट-२

असितकुमार हालदार के बाघगुहा चित्रों के ऊपर प्रस्ताविक अँग्रेज़ी ग्रन्थ के लिए रोथेंस्टाइन का मुखबन्ध से जुड़ा पत्र :

मेरे प्रिय असित,

कॉसलज़ा/Coux-Sur

Montreux/९.८.१९३०

इस पत्र के साथ तुम्हारी आने वाली पुस्तक के लिए संक्षिप्त भूमिका है। यह पुस्तक लिखे जाने के लिए मैं पहले से ही सोच रहा था। तुम जानते हो गुहाचित्रों की तुम्हारी प्रतिकृतियों ने मुझे कितना उत्तेजित कर दिया था। और मैं यह जानकर कितना प्रसन्न हूँ कि उनका पुनः सृजन किया जा रहा है। तुम्हारे अलावा इन चित्रों पर लिखने के लिए दूसरा कोई भी व्यक्ति इतना योग्य नहीं है। हमारे युवा भारतीय मित्र आजकल इटली में हैं। वे इटली की भित्तिचित्र कला का अध्ययन कर रहे हैं। मैंने रवीन्द्रनाथ को तब देखा था, जब इंग्लैण्ड में थे। वे बड़े ही ऊर्जावान लग रहे थे; उनके चित्रों ने जीवन के प्रति उनमें नयी रुचि जाग्रत कर दी थी। उनके रेखांकन आश्चर्यजनक रूप से ओजपूर्ण हैं। मैं अपने परिवार के साथ यहाँ पेंटिंग पहाड़ पर हूँ। सितम्बर के मध्य में इंग्लैण्ड लौटने की मैं आशा कर रहा हूँ। मुझे आशा है तुम्हें बड़े प्रतिभाशाली छात्र मिले हैं और तुम स्वयं भी बहुत अच्छे चित्र बना रहे हो। फ़ोटोग्राफ़ से बनाये गये कृपाकर तुम अपने हाल के चित्र भेजोगे, इसमें मुझे थोड़ा सन्देह है। तुम्हारा भला है, इससे मुझे सदा ख़ुशी होती है।

मुझे आशा है सेन और उसके मित्र कॉलेज में मेरे साथ काम करते हुए संघर्ष

करते रहे हैं। किन्तु, उनके साथ काम करते हुए मैंने ख़ूब आनन्द उठाया। वापस आने पर नये भारत भवन (इण्डिया हाउस) में उन्हें काम करने के लिए एक कक्ष मिल जायेगा। बड़ी गर्मजोशी के साथ बधाइयाँ। तुम्हारा सदा से निष्ठावान

W. रोथेंस्टाइन

भूमिका

कुछ वर्ष पहले (कितना इसे मैं भूल गया हूँ) क्योंकि जैसे कोई व्यक्ति बूढ़ा होता जाता है, उसे समय याद नहीं रहता है, मैंने ऐसी अफवाहें सुनी हैं कि बाघगुहा में कुछ ऐसे चित्र हैं जो अजन्ता से भी प्रतिस्पर्धा करते हैं। फिर इसके बाद एक दिन मेरे पुराने मित्र असितकुमार लन्दन आये। उन्होंने कहा वे अपने साथ कुछ ऐसी चीज़ें लाये हैं जो मुझे अच्छी लग सकती हैं।

मैं बिना समय गँवाये उनके डेरे पर चला गया। वहाँ उन्होंने जो कुछ फैलाकर मुझे दिखाया वह मुझे आश्चर्यजनक रूप से कला का काम लगा। व्याख्या करते हुए उन्होंने बताया कि बाघगुहा मन्दिर के लम्बे अग्र भाग पर बने महान् चित्र बल्लरी के चित्र हैं, जो सब अवशिष्ट रह गये हैं। वे महान् भित्तिचित्र शृंखला की अनुकृतियाँ हैं और वे सचमुच में अजन्ता के चित्रों से प्रतिस्पर्धा करने वाले थे और असित ने कितनी प्रशंसनीय प्रतिलिपियाँ उन भित्तिचित्रों की बनायी थीं। उन्होंने उनके अन्तर्निहित सौन्दर्य, अद्‌भुत लय और उत्कृष्ट मूल चित्रों की उज्ज्वल दीप्ति को बड़ी कुशलता के साथ पकड़ लिया है।

मुझे असित से कितनी ईर्ष्या हो रही है क्योंकि उसे इन चित्रों को देखने, उनकी प्रतिलिपियाँ करने का अवसर मिला। यह कितना महान् और भव्य कार्य था। भौतिक कठिनाइयों का सामना करते हुए उसने ये प्रतिलिपियाँ बनायीं यह अपने आप में एक विजय थी। और कितनी विरल बुद्धिमत्ता है, उन्होंने भित्तिचित्रों की जो व्याख्या की उससे पता चलता है कि चित्रों के रूपाकार और उनकी भाव वस्तु की कितनी संवेदनशील समझ है उन सुन्दर भित्तिचित्रों की।

इस काम के भीतर यहाँ यथार्थ में अनुरागजनित सच्चा परिश्रम था और इसके साथ ही असित ने भारत की प्राचीन कला की जानकारी के क्षेत्र में कितना महत्त्वपूर्ण अवदान दिया है। अब असितकुमार हालदार ने बाघ भित्तिचित्रों के बारे में बोधगम्य, स्पष्ट और अलंकृत विवरण के द्वारा हमें और ऋणी बना लिया है। एक कलाकार के मत से (अगर मुझे कहने की अनुमति दी जाये) तो एक कलाकृति को सबसे पहले अर्थगर्भित होना चाहिए, इसके अलावा जिस चारदीवारी को वह ऐक्यबद्ध करता है, उसकी जब उसने अनुकृति की हो, तब उसमें अनिवार्यतया एक अद्वितीय विवेक तो दिखना ही चाहिए।

अभी तक मैंने ऐसी अनुकृतियाँ नहीं देखीं जिन पर यह पुस्तक लिखी गयी है किन्तु, अगर ये अनुकृतियाँ मूल चित्रों के साथ न्याय करती हैं तो भारतीय चित्रकला के विद्यार्थियों के लिए ये अद्वितीय रूप से मूल्यवान होंगी। लम्बी विगत शताब्दियों में, भारतीय प्रतिभा ने मूर्तिशिल्प, चित्रकला और वास्तुनिर्माण में अपनी प्राचीन शक्तिमत्ता और अद्विहीयता का जो प्रत्यक्षीकरण किया है, उसे सर्वत्र स्वीकार किया जायेगा और जो भारतीय कला शिल्पी हैं, स्वयं उनके अलावा इस कला के माध्यम से सेवा करने के काम की सराहना करने में हमारी और कोई सहायता नहीं कर सकता है।

एल. विलियम रोथेंस्टाइन

परिशिष्ट-३

श्रीमती पावलोवा का छपा हुआ पत्र

ANNA PAVLOWA'S HOME
FOR RUSSIAN CHILDREN
7, BIS RUE DE CHEMIN DE FER
SAINT CLOUD, PARIS

Sir Rabindranath Tagore,
Tagore Castle, Pathuria Ghata,
Jorasukha (Jorasanko)

Grand Hotel Ltd.,
Culcutta 20th Jan., 1923

Cher Maitre.

कुछ ही दिनों में मैं कोलकाता छोड़ रही हूँ, और आपको अपना व्यक्तिगत सम्मान समर्पित करने के अवसर का लाभ उठाये बिना मेरे लिए यह करना अत्यन्त विषादजनक होगा। जीवन और संसार के उत्पीड़न के प्रति आपका दृष्टिकोण, आपकी सुन्दर काव्य रचनायें और इनमें आपने जो आराधना की है, वह आपके देशवासियों और पूरे पाश्चात्य जगत् इन दोनों ही आपकी स्मृतियों के संचित कोष के माध्यम से आपसे मिलने का सुयोग पाते रहेंगे। दुर्भाग्य से, हम दोनों पर काम के भारी दबाव और आपके आवास की काफ़ी दूरी होने की वजह से इस तरह की भेंट की व्यवस्था करना कठिन लगा था।

अपने भारत परिदर्शन को मैंने गहरे आनन्द और मुग्धता से भरा हुआ अनुभव किया था। अपने आश्चर्यपूर्ण प्रभाव के कुछ कोमल साक्ष्यों को मैं अपने घर ले जाने की सोच रही हूँ, और मेरा विचार आपके देश की किसी काव्यात्मक

लोकगाथा पर आधारित कोई नयी नाट्य कृति प्रस्तुत करने का है। इसके अलावा मैं अपने रूसी कला के नृत्य नाट्य में भारतीय नृत्य नाटिका को जोड़ना चाहती हूँ, जिससे मुझे भारतीय लोगों के काव्य, उनके चरित्रों, उनके संगीत, देशी व्यक्तियों के लोक-नृत्य को प्रतिफलित करने का मौक़ा मिलेगा, यह सब बहुत ही आकर्षक और अपनी रंगत में बहुत ही भव्य होगा, हालाँकि यह मेरे लिए बहुत ही दुराशापूर्ण होगा, क्या मैं इसके लिए आपकी राय पा सकती हूँ ? और किसी वस्तु से नहीं सबसे अधिक आपके ही नाट्य विषयों में मैंने यह विचार ग्रहण किया है, वही मेरी इस नृत्य-नाटिका का आधार होगा। अगर मैं आपको इस विषय में अनुमति देने और कुछ परामर्श देने के लिए राजी कर सकी। अगर मैं ऐसा नहीं कर सकी तो क्या मैं इस खोज के दौरान आपसे मेरा मार्गदर्शन करने का आग्रह कर सकती हूँ, जिससे आप मुझे एक काव्यात्मक और वर्णाभ कोई गाथा अथवा कोई ऐसा विषय जो भारतीय लोगों के किसी रोमांटिक उपाख्यान पर आधारित हो, फिर इनमें से आप जिसे उपयुक्त समझें, फिर मुझे पता है आपका स्वयं का साहित्य इन दोनों दृष्टियों से अक्षय रूप से समृद्ध है।

कलकत्ते से मेरी रवानगी अगले मंगलवार को होगी और मुझे यक़ीन है कि आप उसके पहले मेरे पत्र का उत्तर देकर मेरा सम्मान बढ़ायेंगे—अगर सम्भव हुआ और इस विषय में आपके परामर्श से मैं कुछ कहूँ इससे भी अधिक समृद्ध होऊँगी।

आपकी एक उत्कट प्रशंसक, अन्ना पावलोवा

पुनश्च : सम्भवतः इस विषय में आप जो कुछ कहना चाहते हैं उसके लिए आपको पर्याप्त समय मिलेगा, आप उसे एक्सेल्सिअर थियेटर बॉम्बे के पते पर भेज सकते हैं, जहाँ मैं यहाँ से जा रही हूँ।

परिशिष्ट

My dear Mr. Haldar, June 13 (year 1920)

I feel very strongly indeed that you are making a very great mistake in asking Asit to go back into Government Service. It will certainly ruin his Art, which is now rapidly bringing him into the rank of the leading artists of the day and will soon win him recognition in Europe.

I am an Artist myself, who very nearly made Art my profession, so that, I am speaking of what I know. Asit is one of the two or three younger artist, who are certain to win a European reputation– if he is allowed to work in freedom and in congenial surroundings. I shall now be remaining here at Shantiniketan and I have fully intended to look after him and encourage him and later on to obtain funds to send him to Europe when things are more settled there and his own genius is more strongly & individually developed. I do not think there would be any difficulty at all in obtaining the necessary funds for this, when the time comes.

What I want you to do is to leave him in my hands. I have a very great interest in him & affection for him; and desire to see him one of the few Indians whose name will be known and loved for his Art in Europe. I hope you will leave him in my hands. You may be certain that I shall consider the financial as well as the artistic side of his career. It will be but a very short time, at his present rate of progress, when his pictures will command a wide

& a high sale. If at any future time, it were necessary (for some reason or other) for him to go back in Government or State Service I could feel certain, with the greatest ease secure it for him; but I do not think that need will come, because I am certain he will make a far better income from the course he is one pursuing.

Will you not simply leave him in my hands? I will promise to do my best for him and to consult his best interest,–financial and otherwise.

If you could care to see me. I am even willing to come over to Ranchi to see you; but I am not well in health, and travelling is very tiring to me in my present weak health. But what I hope you will be able to do by letter, is to give me the assurance that you will trust my-judgement in the matter and leave him in my hands.

Yours very sincerely,
C.F. Andrews

কলিকাতা
বৃহস্পতিবার

প্রিয় অসিত—

তুমিতো [illegible] art school-এ [illegible] কিন্তু [illegible]

নতুন ও [illegible] তৈরি হয় [illegible]

[illegible] art [illegible]

[illegible]

[illegible]

[illegible] set [illegible]

[illegible]

[illegible] art [illegible]

[illegible] cheap কিন্তু art [illegible]

[illegible] দুই set [illegible];

দুই set [illegible] — complete set [illegible] pack

[illegible]

[illegible]

[illegible]

[illegible]

[illegible] আশীর্বাদ নিও

আশীর্বাদক
[illegible]

[illegible]

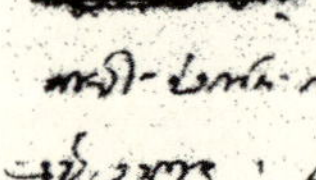

[illegible] detail ও modelling
[illegible]
[illegible] perfect miniature

लखनऊ आर्ट स्कूल स्टूडियो में चित्र रचना में संलग्न असित कुमार। सौजन्य : श्रीमती अतसी बरुआ।

सरकारी आर्ट स्कूल प्रांगण में गुरु अवनीन्द्र को घेरे हुए उनके छात्रगण। सौजन्य : अद्वैत आश्रम केन्द्र कलकत्ता। पिछली पंक्ति में कवि सत्येन्द्र नाथ दत्त, अवनीन्द्र नाथ, हाकिम मोहम्मद खाँ, सुरेन्द्रनाथ कर। बीच में के. वेकटप्पा, नन्दलाल बसु। सामने दुर्गेश सिंह, असित कुमार हालदार, शैलेन्द्र नाथ दे, क्षितीन्द्र नाथ मजूमदार।

दादी किरण कुमारी देवी के साथ असित कुमार हालदार और उनके भाई-बहन, काँठालपाड़ा, गंगा केलर पर (१९०९)।

सुकुमार हालदार और सुप्रभा सुन्दरी।

पहली स्त्री सरोजवालिनी देवी।

असित कुमार की चित्रकला के पचास वर्ष पूर्ति के उपलक्ष्य में नयी दिल्ली में आयोजित उनकी चित्र प्रदर्शनी के उद्‌घाटन में तत्कालीन भारत के प्रधानमन्त्री जवाहरलाल नेहरू, पद्मजा नायडू और भारत आये चीन देश के सांस्कृतिक प्रतिनिधिगण। सौजन्य : श्रीमती अतसी बरुआ।

लखनऊ में स्थानीय बालिका विद्यालय की सहायता के उपलक्ष्य में असित कुमार द्वारा लिखित और निर्देशित आपद विदा में और बाँसुरी की पुकार नाटक में भाग लेने वाले आर्ट स्कूल के शिक्षक, छात्र एवं स्थानीय नाट्‌यकार गण। नीचे बैठे हुए नाट्‌य दल के मुख्य कलाकार और गायक पहाड़ी सान्याल। सौजन्य : श्रीमती अतसी बरुआ।

लखनऊ आर्ट स्कूल में अनुष्ठित व्यावसायिक पोस्टरों की प्रदर्शनी में असित कुमार और श्रीमती विजय लक्ष्मी पण्डित (१९३९)। सौजन्य : श्रीमती अतसी बरुआ।

असित कुमार की ज्येष्ठ कन्या शिल्पी अतसी बरुआ, अपने कलकता घर में।

अजन्ता में फर्दापुर के तम्बू में नन्दलाल और असित कुमार १९०९-१०।
सौजन्य : श्री सत्यश्री उकील, मुकुल दे आरकाइव, शान्तिनिकेतन।

जोड़ासांको ठाकुरबाड़ी के बरामदे में असितकुमार, १९६२–६३।

चित्तौड़गढ़ के राणा कुम्भा के विजय स्तम्भ के सामने, असित कुमार (१९५९)। सौजन्य : श्रीमती अतसी बरुआ।

लखनऊ में असितकुमार के सरकारी बँगला के प्रांगण में रवीन्द्रनाथ के अभिनन्दन ज्ञापन अनुष्ठान, १९३०, इसमें उपस्थित थे प्रतिमा देवी, कवि अतुल प्रसाद सेन और आर्ट स्कूल के शिक्षक वृन्द। सौजन्य : श्रीमती अतसी बरुआ।

लखनऊ आर्ट स्कूल की प्रदर्शनशाला में बाघगुहा चित्रों की प्रतिलिपि करने में संलग्न असित कुमार।

अजन्ता अभियान में फर्दापुर, १९०९-१०। पिछली पंक्ति में बीच में खड़ी हुई हैं शिल्पी क्रिश्चियाना हेरिंघम, बगल में असित कुमार। चेयर पर बैठे दाहिनी तरफ से तीसरे नन्दलाल। सौजन्य : श्रीमती अतसी बरुआ।

असित कुमार का हस्तशिल्प। काठ से बना गहना बक्स। तंजौरी 'कट-ग्लास' शिल्प का नमूना, बंगलौर, १९५७-५८। सौजन्य : श्रीमती अतसी बरुआ।

अग्निमयी सरस्वती (सुर की अग्नि) ६४×४७, ३० सेमी, जलीय रंग, १९१४, संग्रह संख्या १६१६। सौजन्य : कला भवन, विश्वभारती।

भैरवी, १०.४०×८.५० सेमी, जलीय रंग, संग्रह संख्या 1560।
सौजन्य : कलाभवन, विश्वभारती।

वंशीवादक, जलीय रंग, सौजन्य : इंडियन म्यूजियम, कलकत्ता।

अमल और दहीवाला (डाकघर नाटक), १४.०५×९.३० सेमी., जलीय रंग, १९१२, संग्रह संख्या, १५५८। सौजन्य : कलाभवन, विश्वभारती।

रवीन्द्र अनुकृति, १०.९०×८.६० सेमी, जलीय रंग, संग्रह संख्या १५५४।
सौजन्य : कलाभवन विश्वभारती।

ध्रुव की तपस्या, जलीय रंग, १९१०।
सौजन्य : अद्वैत आश्रम केन्द्र, कलकत्ता।

कोल नारी, ब्रश वर्क, १९१३, सामलोंग, राँची।
सौजन्य : श्रीमती अतसी बरुआ।

इलाहाबाद दुर्ग निर्माण देखने में मग्न सम्राट अकबर, ११५ सेमी × १६६ सेमी (फ्रेम के साथ) टेम्परा (काठ पर) संग्रह संख्या नं. ए.एम.ओ.जी. ८०। सौजन्य : इलाहाबाद म्यूजियम।

परिशिष्ट

My dear Asit, Casul Za / Caux/sur/Montreux/९.८.३०

Here is a brief preface to your forthcoming work. I much look forward to bring this. You know how much yr. [your] copies excited me, and I am delighted to know they are to be reproduced. No one is so well qualified to write on these paintings as yourself. Our young Indian friends are now in Italy, studying the Italian wall paintings. I saw Rabindranath when he was in England. He seemed to be in great spirit; his drawing has given him a fresh interest in life. The drawings are astonishingly vigorous. I am here with my family, painting mountains. I expect to return to London about the middle of September, I hope you get gifted students, and you yourself are producing much fine work. From the photograph you kindly sent me of yr. [your] recent paintings I have little doubt about this.

It is always a pleasure to yr. [your] welfare.

I hope that Sen and his friends have been contended working with me at the college. I atleast have enjoyed working with them. They will in their return, have a work room at the new India House. With as very warm greetings, your always most sincerely.

W. Rothenstein

भूमिका

Some years ago- (how many I forget, for as one grows older time become foreshortened)- I heard rumours of certain paintings at Bagh which were said to rival those of Ajanta. Then one day there came to London my old friend Asit Kumar Haldar. He had brought with him, he said something that could interest me.

I lost no time in going to his lodgings, where he unrolled what at once seemed to me an astonishing work of art. It was his copy he explained of the great frieze over the long front of the Bagh cave Temple; all that remained of a great series of wall paintings that did indeed rival those of Ajanta and what admirable copies Asit had made! He had captured the grave beauty, the marvellous rhythm and the glowing radiance of the original masterpiece.

How I envied Asit, the privilege of seeing, and copying, so grand a work! To have made such copies in the face of the physical difficulties he endured was a triumph; and what a rare intelligence, what a sensitive understanding of the form and spirit of the noble wall painting his interpretation showed!

Here was a true labour of love; at the same time Asit had made a important contribution to our knowledge of ancient art. Now Asit Kumar Haldar has put us still more in his debt by writing a clear and illuminating account of the Bagh wall paintings. An artist's opinion (if I may be permitted to say this) of a folk of art is likely to be significant one; and when the artist has, in addition, copied that wall of which he unites, it must of necessarily show an unique discernment.

I have not yet seen the reproductions for which the text has been written; but if they do justice to the original copies, they will be unique value to students of Indian paintings.

At long last to centuries- old power and uniqueness of the Indian genius shown in sculpture, painting and in building is everywhere recognized and none can help us to appreciate this serving better than Indian artists themselves.

L. William Rothenstein

ANNA PAVLOWA'S HOME
FOR RUSSIAN CHILDREN
7, BIS RUE DE CHEMIN DE FER
SAINT CLOUD, PARIS

Sir Rabindranath Tagore, Grand Hotel Ltd.,
Tagore Castle, Pathuria Ghata, Culcutta 20th Jan., 1923

Jorasukha [Jorasanko]
Cher Maitre

Within a few day I shall be leaving Calcutta, and it will be a feeling of the most intense disappointment to have to do so without leaving had the privilege of rendering you my personal homage. Your attitude towards life, and the world's suffering, your beautiful poetry and the adoration you are held in, both amongst your Countrymen and the entire western world would have made meeting you a recollection to be treasured. Unfortunately with the pressure of work heavy upon us both, and the considerable distance to your residence, such a meeting seems difficult to arrange.

I find my visit to India so full of deep interest and fascination, that I am anxious to bring home some Tangible proof of my wonderful impression; and my idea is, to produce a new work based on some Poetical Legend of your country, and to add to my reportoir of Russian Art a Indian Ballet, which would give me an opportunity of reflecting the character, and the Poetry of its people, the music and dance of the Natives and all the picturesque and splendor of its colouring. Would it be too presumptuous on my part, Cher Maitre to ask your advice on this matter? I would of course more than anything else–treasure the idea of utilizing one of your Themes as a basis for the Ballet, if I could persuade you to consent and to make a suggestion in that direction. If not may I beg of you to guide me in the way of finding a Poetical and colourful Legend, or perhaps a subject based on some Romantic Episode of the Indian people either of which would be suitable; and your literature, I know is inexhaustibly rich in both.

My departure from Calcutta takes place next Tuesday and I trust you will honor me by a reply before then–if possible and by your advice in this matter which shall be treasured more than I can say./ by Your Ardent Admire/ Anna Pavlowa

P.S.:-Perhaps it would give you more leisure in the matter to address your reply to the Excelsior Theatre, Bombay, whither I am going from here.

परिशिष्ट–५

पिता के बारे में स्मृति कथा

अतसी बरुआ

कई वर्ष पहले डॉ. कालीदास नाग ने मुझसे अपने बाबा असितकुमार हालदार के सम्बन्ध में लिखने का अनुरोध किया था। किन्तु, उस समय उनकी बात को मैं क्रियान्वित नहीं कर सकी थी। इसलिए वेला देवी ने जब मुझसे एक लेख देने की बात कही तब मैंने अपने बाबा के बारे में कुछ लिखूँगी यह निश्चय कर लिया।

बचपन की बहुत–सी बातें धुँधली हो जाने के बाद भी कुछ बातें साफ़–साफ़ याद आ रही हैं। धुर बचपन में ही माँ को खो देने की वजह से मेरा अधिकांश समय बाबा के साथ ही कटता था। मेरी उम्र उस समय तीन के लगभग और मेरे छोटे भाई की उम्र डेढ़ वर्ष की थी, तभी १९२४ ई. में जयपुर में मेरी माँ सरोजवासिनी देवी की मृत्यु हो गयी। बाबा उस समय वहाँ के महाराजा कॉलेज में नियुक्त थे। उसके बाद १९२५ ई. में हम लोग जयपुर से लखनऊ चले आये। लखनऊ आर्ट कॉलेज में बाबा को प्रिन्सिपल का स्थायी पद मिल गया। यहाँ पर आने के बाद मैं और मेरा छोटा भाई अतीश La Martuivere स्कूल में भर्ती हो गये। सवेरे चाय की टेबल पर बाबा हम लोगों को कविता कण्ठस्थ कराते थे एवं अनेक विषयों की चर्चा किया करते थे। बचपन से ही उनका असीम स्नेह हम लोगों को मिला है। मातृहीन थे इसलिए अनेक कामों में व्यस्त रहते हुए भी हमारी ओर सभी विषयों में अपनी नज़र रखते थे। ख़ूब याद है बड़े होने तक भी वे कभी–कभी अपने हाथ से हमें खिलाते थे। बाबा जब तक जीवित रहे मुझे सब समय सभी

विषयों में ख़ूब उत्साहित किया करते थे।

बाबा थे असाधारण सुपुरुष। उनकी ऊँचाई थी छह फुट, रंग ख़ूब गोरा, सिर पर घने केश। अन्तिम उम्र तक उनके दाँत अक्षुण्ण थे, देखकर नक़ली दाँत लगाये हुए हैं ऐसा अनेक लोग ग़लती कर बैठते थे। एवं अन्तिम वय में भी वे सीधे होकर चलते थे, चेहरे पर वृद्धावस्था की छाप होते हुए भी, वे ख़ूब सौम्य और सुन्दर दिखायी देते थे। उनके चेहरे और स्वभाव में ख़ूब सादृश्य था। बाबा को जिन्होंने देखा है, अथवा उनके साथ बातचीत की है, उनमें से बहुत से लोग आज भी मुझसे उनकी प्रशंसा करते हैं।

एक शब्द में बाबा की प्रकृति थी अत्यन्त अमायिक, निश्छल एवं उनके पास कोई किसी भी दिन यदि सहायता के लिए आया तो उसे वापस नहीं जाना पड़ता था। यहाँ तक कि उनके निजी उपयोग की अथवा ख़ूब प्रिय वस्तु की भी यदि कोई प्रशंसा करता तो उसके साथ ही उसे तुरन्त दे देते थे। वे सभी वर्गों एवं उम्र के लोगों के साथ समान भाव से घुलमिल सकते थे। मेरी मित्रों के प्रति वे विशेष स्नेहशील थे। मैं अकेली रहती थी इसलिए बाबा मेरी सहेलियों को अकसर घर लाया करते थे और उन्हें पहुँचा भी देते थे। वे लोग भी बाबा को ख़ूब चाहती थीं। मेरे साथ वे बहुत-सी गपशप किया करते थे, हँसते-हँसाते थे और कभी-कभी कई तरह का वेश धारण कर हमारे सामने आकर खड़े हो जाते थे। इससे हम सब लोग अचम्भे में पड़ जाते थे और मज़ा भी ख़ूब लेते थे।

बाबा की बातचीत, व्यवहार, पहनावा, वेशभूषा, घर सजाना, बगीचा लगाना आदि अनेक विषयों में उनके शिल्पी मन का विकास झलकता था। घर सजाने में बाबा का वैशिष्ट्य देखने योग्य था। बैठक वाले कमरे को उन्होंने पूरी तरह देसी तर्ज पर सजाया था। घर का सभी सामान आर्ट कॉलेज से अपनी डिज़ाइन देकर तैयार करवाते थे। घर में अनेक चित्रकारों की अपने हाथ से आँकी हुई छवियाँ कमरे में सजी रहती थीं। इसके अलावा नयी-पुरानी चीज़ों की अनेक कलाकृतियाँ घर में थीं। हमारे घर में प्रवेश करते ही यह समझ में आ जाता था कि यह घर एक कलाकार चित्री का है। वे अकसर घर को अदल-बदलकर सजाया करते थे। उनका सजाया हुआ बगीचा भी देखने योग्य था। बागान की एक-एक दिशा को एक-एक बार ख़ाका बनाकर तैयार करते थे। एक ओर Japanese Garden, और एक

तरफ़ पहाड़ी, उसके बाद केक्टश, इसके अलावा गुलाबों का बगीचा और मौसमी फूलों के समावेश से बगीचा ख़ूब मनोरम हो गया था। बड़े-बड़े वृक्षों के नीचे बैठने के लिए सीट बनी रहती थी। एक नीचे वृक्ष में दो झूले पड़े रहते थे। इसके अलावा एक विशाल इमली के पेड़ के नीचे पत्थर का एक घोड़ा, Sea-saw और झूला रहता था, छोटे बच्चों के खेलने के लिए। आम, अमरूद और खजूर के पेड़ भी थे। बाबा बगीचे का काम अपने हाथ से स्वयं करते थे इसलिए उनके हाथ के कारण बगीचे ने एक असाधारण रूप ग्रहण कर लिया था। उस बगीचे को देखने के लिए हमारे घर बहुत से लोग आते थे और उसकी ख़ूब प्रशंसा किया करते थे।

बाबा थे एक साथ शिल्पी, कवि, साहित्यकार, गायक और पण्डित। उनकी लिखी हुई बाङ्ला, अँग्रेज़ी और हिन्दी की बहुत-सी किताबें हैं, इसके अलावा उन्होंने बहुत-से बाङ्ला गानों की रचना की थी। उनकी अधिकतर पुस्तकें शिल्पकला के बारे में लिखी हुई हैं। इसके अतिरिक्त नाटक, कविता, छड़ा, प्रबन्ध इत्यादि उन्होंने बहुत-से लिखे थे। अपनी हर पुस्तक में उन्होंने स्वयं चित्र आँके थे, उनमें उमर खैयाम, ख्यालिया, राजगाथा, ऋतु संहार, मेघदूत आदि विशेष उल्लेखनीय हैं।

बाबा और बाद में मीरादेवी से शान्तिनिकेतन में अपने जन्म का वृत्तान्त जान सकी। मीरा दी ने अपने पिता रवीन्द्रनाथ के पास ले जाकर मेरा नामकरण करवाया था। मीरा दी अपने 'अतसी' नाम का प्रयोग नहीं करती थीं इसलिए उनके पिता के कथनानुसार उनका वही नाम मेरा नाम हो गया। बाद में मीरा दी लखनऊ जाकर हमारे घर कुछ दिन रही थीं। उस समय मैं बहुत छोटी थी। वे जितने दिन रही थीं मेरा और अभीश का ख़ूब जतन करती थीं, रात में हम लोग उन्हीं के पास सोते थे। मीरा दी से ही हम लोगों ने शान्तिनिकेतन की कुछ कहानियाँ भी सुनी थीं। मेरा जन्म वहाँ के कच्चे घर का है। उसके कुछ दिन बाद हम लोगों के जयपुर चले जाने पर वह घर भस्मीभूत हो गया था। शिल्पी नन्दलाल ने वह दृश्य आँककर बाबा को जयपुर भेज दिया था।

बाबा का जन्म १८९० ई. में जोड़ासाँको ठाकुरबाड़ी के प्रसूत घर में हुआ था, जिसमें कविगुरु रवीन्द्रनाथ का जन्म हुआ था। मेरी दादी सुप्रभादेवी थीं रवीन्द्रनाथ की बहन, शरत् कुमारी देवी की कन्या। बाबा से मैंने ठाकुर परिवार की काफ़ी कहानियाँ सुनी थीं। उनकी लिखी 'रवितीर्थे' पुस्तक में

इसका विवरण वे दे गये हैं। उनके शान्तिनिकेतन में रहते समय बहुत से गण्यमान्य अतिथि और आश्रमवासी उनके पास आया करते थे। विली पियर्सन, सिलवाँ लेवी, फ्रांसीसी महिला शिल्पी द्वय—कुमारी आन्द्रे कार्प्ले एवं उनकी बहन कुमारी सुजा कार्प्ले, विलियम रोथेंस्टाइन, एंड्रूज साहेब इत्यादि उनके विदेशी व्यक्ति एवं महात्मा गाँधी, कस्तूरबा बाई, इसके अलावा क्षितिमोहन सेन, सुधा कान्तराय चौधुरी, पण्डित विधुशेखर शास्त्री महाशय एवं और भी बहुत से व्यक्तियों के साथ उनका परिचय था। बाबा से मैंने सुना है एक बार विली पियर्सन साहब ने आश्रमवासियों के सामने मुझे अपना 'स्वीट हार्ट' कहकर मेरा परिचय दिया था। उस समय मेरी उम्र सिर्फ़ कुछ महीनों की ही थी।

१९०९-१० ई. में बाबा और नन्दलाल बसु अजन्ता गुफाओं के चित्रों की सबसे पहले नक़ल कर ले आये थे। बाद में उन्होंने 'अजन्ता' नाम से एक पुस्तक लिखी थी, वह पुस्तक उन्होंने अपनी छोटी नानी स्वर्णकुमारी देवी को समर्पित की थी। भूमिका लिखी थी बाबा के अवन मामा अर्थात् अवनीन्द्रनाथ ठाकुर ने। बाबा से मैंने उनके रवि दादा के तीन भाइयों के बारे में अर्थात् द्विजेन्द्रनाथ ठाकुर (बड़े दादा), सत्येन्द्रनाथ ठाकुर (मझले दादा) और ज्योतिरिन्द्रनाथ ठाकुर (नये दादा) की कहानियाँ सुनी थीं। उन्होंने बड़े दादा से काग़ज़ काटकर अनेक तरह की चीज़ें बनाने की पद्धति सीख ली थी। इसीलिए हमारे स्कूल की कापी-पुस्तकों के कवर बाबा बहुत सुन्दरता से तैयार कर देते थे। मझले दादा से उन्होंने कविताओं की आवृत्ति करना सीख लिया था एवं अभिनय करने में बाबा ख़ूब निपुण थे, इसका विशेष कारण है, रवि दादा जैसे गुणी व्यक्तियों के सान्निध्य में ही इस विषय में उन्होंने ककहरा सीखा था।

ख़ूब याद है, कोलकाता आने पर हम लोग सुरेन्द्रनाथ दादा (सत्येन्द्रनाथ ठाकुर के पुत्र सुरेन्द्रनाथ ठाकुर) के पास जाया करते थे। उनकी पत्नी संसारदेवी हमें खूब प्यार करती थीं। इसके अतिरिक्त जोड़ासाँको में गगन दादा, अवन दादा सभी से हम लोग मिला करते थे। दीनू दादा (दीनेन्द्रनाथ ठाकुर) की हमें ख़ूब याद आती है। वे बहुत ही हँसी-ख़ुशी से रहने वाले व्यक्ति थे।

लखनऊ में रहते समय भी अनेक लोग हमारे घर आया करते थे। हर रविवार को गाने की महफ़िल होती थी। कवि अतुलप्रसाद सेन प्राय: ही अपने नये

गाने और अपनी कविता सुनाया करते थे। इसके अलावा आर्ट कॉलेज के प्रोफ़ेसर एवं लखनऊ यूनिवर्सिटी के प्रोफ़ेसर हमारे घर आया करते थे। उनमें हैं विनय दासगुप्त, धूर्जटीप्रसाद मुखोपाध्याय, राधाकमल मुखोपाध्याय एवं राधाकुमुद मुखोपाध्याय, ये मुझे ख़ूब याद आते हैं। एक बार दिलीप कुमार राय कुछ दिनों के लिए हमारे घर में ठहरे थे। मैं उस समय बहुत छोटी थी। और एक बार प्रतिमादी आकर हमारे घर तीन महीने रुकी थीं। उसी समय शान्तिनिकेतन से एक दल लखनऊ आया था। हमारे घर आकर लड़कियाँ रुकी थीं और Art College में छात्रों के रुकने की व्यवस्था की गयी थी। ख़ूब याद है उस समय लखनऊ में 'शापमोचन' का मंचन किया गया था।

देविकारानी और उनके पति हिमांशु राय के आने पर प्रायः वे लोग हमारे घर आया करते थे। उस समय उनकी 'Karma' पुस्तक रिलीज़ हुई थी। बाद में बाबा के बंगलोर में रहते समय देविकारानी ने बाबा को अपने घर ले जाकर उनका काफ़ी जतन किया था।

बाबा ने छोटी उम्र से ही कई पुस्तकें लिखी थीं। बच्चों के लिए उपयोगी छवि, नाटक, छड़ा और कहानियाँ अगर पहले की पत्र-पत्रिकाओं को उलटा-पलटा जाये तो उनमें मिलेंगी। हमारे घर में कई बार बाबा का लिखा नाटक मंचित किया गया था। अपने छात्रों के साथ वे स्वयं भी अभिनय किया करते थे। बाबा के नाटक में मैंने भी दो बार अभिनय किया था। वे स्वयं स्टेज पर साज-सज्जा किया करते थे। एक बार बाङ्ला स्कूल की सहायता से दो नाटक खेले गये थे। १९२७ ई. की चर्चा कर रही हूँ, बाबा ने भी अपने उन स्व-रचित नाटक—'आपद विदाय' और 'बाँशीर डाके' (विपत्ति की विदायी और वंशी की पुकार) में अभिनय किया था।

छवि आँकने के समय बाबा ख़ूब तन्मय हो जाते थे। छुट्टी के दिन थोड़े समय विश्राम कर दोपहर में छवि आँकने बैठा करते थे। उस समय मेरे अलावा उनके पास रहने की किसी को भी अनुमति नहीं मिलती थी। मुझसे अकसर रंग घोल देने के लिए कहते थे। 'उमर खैयाम', 'खेयालीरा', 'सुन्दरम्' भित्तिचित्र आँकते समय मैं देखती थी कि किस तरह बाबा परिश्रम किया करते थे। एक तरफ़ आर्ट कॉलेज का काम था, और एक तरफ़ छवि आँकने की प्रेरणा। एक ओर प्रशासनिक काम, दूसरी ओर Creative urge-सृजनात्मक प्रेरणा, उसे बरकरार रखना बहुत ही कठिन है।

उम्र के अन्तिम समय में सेवानिवृत्त होकर बाबा किराये के एक घर में रहा करते थे। बीच में बंगलोर में डिज़ाइन सेंटर में कुछ दिन डायरेक्टर के रूप में उन्होंने काम किया है एवं मद्रास में भी वे क़रीब एक वर्ष रहे थे। इसके अतिरिक्त भारतवर्ष में प्रायः कई जगह उन्हें काम के कारण जाना पड़ता था। वे हरदम अपने को काम में ही डुबाये रखते थे। मरने के पहले तक उनकी क़लम रुकी नहीं थी। बाल्यकाल में बाबा के साथ अधिक दिन रहने का मुझे अवसर नहीं मिला। सोलह वर्ष की उम्र में विवाह होने के बाद मैं कोलकाता चली आयी। कोलकाता आने पर वे अधिकतर मेरे पास ही ठहरते थे। बाबा को मैंने चिरकाल के लिए अपना आदर्श मान लिया था। उनकी परिश्रम के प्रति निष्ठा, प्रचेष्ठा, शिल्पी मन आदि में मेरा विशेष आकर्षण था। बाबा के साथ मेरा अटूट बन्धन था। १९६४ ई. में उनकी आकस्मिक मृत्यु से मैं कितनी मर्माहत हुई थी इसे भाषा में व्यक्त नहीं किया जा सकता है। हमारे देश ने कितना बड़ा रत्न खो दिया है इस सम्बन्ध में शायद बहुत से लोग अवगत नहीं हैं। उनके बहुत से काम अधूरे रह गये। बाबा की मृत्यु से बंगाल का एक तारा टूटकर गिर गया।

शिल्पी असितकुमार द्वारा स्वयं चुनी गयी उनके चित्रों की कालक्रमानुसार तालिका

शिल्पी असितकुमार द्वारा स्वयं चुनी गयी उनके चित्रों की कालक्रमानुसार तालिका

कोलकाता और शान्तिनिकेतन में रहते समय आँके गये चित्र (१९०३-१९२२)

१९०२	द्रोणाचार्य से अर्जुन की अस्त्र शिक्षा	जलरंग	इलाहाबाद म्यूज़ियम
१९०६	भारतमाता	जलरंग	अवनी सी. बनर्जी, कोलकाता/अधीश हालदार, हॉलैण्ड
	नृत्यरता अप्सरा	ब्रश ड्राइंग	म्यूज़ियम ऑफ़ फ़ाइन आर्ट्स, बोस्टन
१९०८	अशोक वन में सीता	जलरंग	राजा प्रफुल्लनाथ ठाकुर कोलकाता
	यशोदा और शिशु कृष्ण	जलरंग	म्यूज़ियम ऑफ़ फ़ाइन आर्ट्स बोस्टन
	विरहिणी यक्षिणी वीणावादनरता	जलरंग	भास्कर हिरण्मय राय चौधुरी कोलकाता
	मोयाज्जिम	जलरंग	?
	मन्दिर पथ	जलरंग	?
	अनिर्देश यात्रा	जलरंग	भास्कर, हिरण्मय राय

			चौधुरी, कोलकाता
१९०९	दमयन्ती और हंस	जलरंग	म्यूज़ियम ऑफ़ फ़ाइन आर्ट्स, बोस्टन
	वीणा वादिनी	जलरंग	भास्कर लिउनार्ड जेनिंग्स, इंग्लैण्ड
	यशोदा, नन्द और कृष्ण	जलरंग	सर आर.एन. मुखर्जी, कोलकाता
१९११	स्वर्ग (कपड़े पर)	टेम्परा	महाराजा, वर्धमान
१९१२	कच और देवयानी	जलरंग	रामानन्द चट्टोपाध्याय, कोलकाता
	पद्म (४, प्रभात, मध्याह्न–अपराह्न, रात्रि)	जलरंग	राजा प्रफुल्लनाथ ठाकुर, कोलकाता
	प्रणाम	ब्रश ड्राइंग	रवीन्द्रनाथ ठाकुर, शान्तिनिकेतन
१९१३	कृष्ण की जल क्रीड़ा	जलरंग	राजा सुबोधचन्द्र मल्लिक, कोलकाता
	कृष्ण की माखन चोरी	जलरंग	राजा प्रफुल्लनाथ ठाकुर
	बाउल, पथ के किनारे	जलरंग	अवनीन्द्रनाथ ठाकुर
	ध्रुव की तपस्या	जलरंग	डॉ. आनन्द केन्टिस कुमारस्वामी
१९१४	अग्निमयी सरस्वती	जलरंग	रवीन्द्रनाथ, शान्तिनिकेतन
	रहस्यमयी प्रकृति	जलरंग	तदैव
	नया आलोक (प्रकृति)	जलरंग	रामानन्द चट्टोपाध्याय, कोलकाता
	श्रेष्ठ भिक्षा	जलरंग	श्रीमती जे.जे. स्ट्रेसी, न्यूयॉर्क
	डोन हिस्पर टू द नाइट	जलरंग	रवीन्द्रनाथ, शान्तिनिकेतन
	वर्षा लक्ष्मी	जलरंग	रामानन्द चट्टोपाध्याय
	ग्राम की दृश्यावली, बोलपुर (४०)	ब्रश ड्राइंग	न्यायाधीश के तैलंग मद्रास (इस समय बम्बई) एवं कुख्यात अधीक्षक चार्ल्स टेगर्ट

	माँ	जलरंग	रवीन्द्रनाथ, शान्तिनिकेतन
१९१५	राम और गुह का मिलन	टेम्परा	इलाहाबाद म्यूज़ियम
	द स्प्रिट ऑफ़ स्टॉर्म	जलरंग	त्रिवेन्द्रम आर्ट गैलरी
	पद्म हाथ में लिए एक बालक	ब्रश ड्राइंग	रवीन्द्रनाथ, शान्तिनिकेतन
	बन्दिनी	जलरंग	महात्मा गाँधी
१९१६	आपद विदाय	जलरंग	रामाननद चट्टोपाध्याय
	ईगल	जलरंग	रेव, फ्रेज़र कान्डि सिंहल (अब श्रीलंका)
	बिचित्रा में रवीन्द्रनाथ (सरल रेखांकन)	ब्रश ड्राइंग	रवीन्द्रनाथ, शान्तिनिकेतन
	नृत्यरत वृद्ध बाउल	जलरंग	कान्तिचन्द्र घोष शान्तिनिकेतन
१९१७	डांस ऑफ़ द ओल्ड एण्ड न्यू	जलरंग	रामानन्द चट्टोपाध्याय, कोलकाता
	नीग्रो प्रिन्स	टेम्परा	इलाहाबाद म्यूज़ियम
१९१८	अनिर्देश यात्रा	जलरंग	राजा प्रफुल्लनाथ ठाकुर, कोलकाता
	नन्दिनी राजकुमारी	जलरंग	एसडी रामस्वामी मुदालियर क्लिपक मद्रास
	हर-पार्वती	जलरंग	बेरिस्टर पी.आर. दास, पटना
१९१९	राई-राजा	जलरंग	एस.सी. रामस्वामी मुदालियर क्लिपक मद्रास
	बोधि वृक्ष तले कुणाल और अशोक	जलरंग	राजा प्रफुल्लनाथ ठाकुर, कोलकाता
	रास-लीला	जलरंग	ऐ/सुरेश नेवटिया, कोलकाता
१९२१	वृद्ध वीणावादक	जलरंग	निकोलस रोरिक म्यूज़ियम न्यूयॉर्क
१९१५-१०२३	छोटे आकार की प्रतिकृतियाँ (३००)	पेंसिल ड्राइंग	इलाहाबाद म्यूज़ियम में दी गयीं ९९ एवं २०१ शिल्प

का संग्रह

जयपुर और लखनऊ में रहते समय बनाये गये (१९२३ से १९६४)

१९२४	कुआँ से राधा का जल भरना	जलरंग	एन.सी. मेहता अहमदाबाद, गुजरात
	आकाशदीप	जलरंग	अध्यापक, राधाकमल मुखोपाध्याय, लखनऊ
१९२६	प्रतीक्षारता	जलरंग	ल्यूनार्ड एलमहर्स्ट के विवाह में भेंट
१९२८	उमर खैयाम (१२ चित्र)	जलरंग	एस.डी.रामस्वामी मुदालियर मद्रास
१९२९	राम की पादुका ले जाते भरत	टेम्परा	राजा साहब तिलोई, लखनऊ/नयी दिल्ली
	आत्म-प्रकृति	लेकसिट	म्यूज़ियम, न्यूयॉर्क
	द ओमनिफॉर्म	लेकसिट	एस संजीव देव गुंटूर
	रसोई बनाती	लेकसिट	शिल्पी अतसी बरुआ, कोलकाता
	निर्माता अकबर	फ्रेस्को	इलाहाबाद म्यूज़ियम
	तदैव	फ्रेस्को	गवर्नमेंट स्कूल ऑफ़ आर्ट, लखनऊ
	ऑन द थ्रेस होल्ड ऑफ़ इनफिनिटी	लेकसिट	डॉ. राधाकमल मुखोपाध्याय, लखनऊ
	द ओमनी पोटेंट	लेकसिट	डॉ. राधाकमल मुखोपाध्याय, लखनऊ
	नित्यानन्द जगाई और मधाई	लेकसिट	इलाहाबाद म्यूज़ियम
१९३०	निरवयव चित्रमाला (१२)	लेकसिट	रवीन्द्रनाथ, शान्तिनिकेतन
	निरवयव चित्रमाला (१२)	लेकसिट	इलाहाबाद म्यूज़ियम
	यमको माला देना	लेकसिट	इलाहाबाद म्यूज़ियम
	धनुर्विद (निरवयव)	लेकसिट	कैप्टन आई. जे. मुखोपाध्याय, लखनऊ
	द डिल्यूज	लेकसिट	कैप्टन आई.जे. मुखोपाध्याय, लखनऊ

	सुन्दरा	लेकसिट	काउंटेस हेलेना वेगार्ड बंगलोर
१९३१	भिक्षुकगणों को अशोक का अन्तिम भिक्षा देना	फ्रेस्को	इलाहाबाद म्यूज़ियम
	कार्टून चित्र	जलरंग	इलाहाबाद म्यूज़ियम
१९३२	मोबाइल फॉर्मस (निरवयव) ८	जलरंग	इलाहाबाद म्यूज़ियम
	द वेल्स ऑफ़ डेज़ एण्ड नाइट	लेकसिट	रवीन्द्रनाथ, शान्तिनिकेतन
१९३३	ऋतुवर्तन (श्रीकृष्ण, राधा और गोपीगण)	जलरंग	इलाहाबाद म्यूज़ियम
१९३४	लेडीज़ बर्शिपिंग अशोक वन	जलरंग	इलाहाबाद म्यूज़ियम
१९३५	बेबी बे (निरवयव)	लेकसिट	कैप्टन आई जे मुखोपाध्याय
	फोर्स	लेकसिट	कैप्टन आई.जे. मुखोपाध्याय
१९३७	आसन्न विपद और शान्ति की वाणी	जलरंग	रिगा म्यूज़ियम लाटविया
	जीव की दृष्टि से विश्व प्रकृति (निरवयव) ६ चित्र	जलरंग	इलाहाबाद म्यूज़ियम
१९३८	द्वार पर छाया	लेकसिट	डॉ. राधाकमल मुखोपाध्याय, लखनऊ
१९४०	भिक्षुणी और शिशु	जलरंग	रण दा उकील बनारस
	ख्यालिया (संगीत संकलन ग्रन्थ के ३६ चित्र)	ब्रश ड्राइंग	इलाहाबाद म्यूज़ियम
	पार्वती की तपस्या	जलरंग	इलाहाबाद म्यूज़ियम
१९४१	शाहजहाँ और जहाँआरा	जलरंग	टैगोर लाइब्रेरी लखनऊ
	पहाड़ी रास्ता	जलरंग	इलाहाबाद म्यूज़ियम
१९४२	द डांस ऑफ़ ट्राइब (कपड़े पर)	जलरंग	इलाहाबाद म्यूज़ियम
	मेघदूत (८ चित्र)	जलरंग	टैगोर लाइब्रेरी लखनऊ
	जीवन की घटना राजि (१२ चित्र)	जलरंग	''
१९४३	ऋतुसंहार (६ चित्र)	जलरंग	एस.वी. रामस्वामी मुदालियर मद्रास

	राजस्थान की कहानी (९ चित्र)	जलरंग	शिल्पी
	ध्वन्स का नाच (द डांस ऑफ़ डेस्ट्रक्शन)	जलरंग	जान वारोज चेकोस्लोवाकिया
	रानी लक्ष्मीबाई झाँसी	जलरंग	डॉ. अमरनाथ झा, इलाहाबाद
१९४४	विश्वरूप (श्रीमद्‌भगवद्‌गीता)	जलरंग	डॉ. राधाकमल मुखोपाध्याय, लखनऊ
	कोसमस इन द मेकिंग	लेकसिट	,,
१९४६	जीवन की घटना राजि (काठ के पटे पर) (१८ चित्र)	तैलरंग	एस.वी. रामस्वामी मुदालियर, मद्रास
	द अवेकनिंग (काठ के पटे पर)	तैलरंग	अध्यापक मोर्फे, यूएसए
	जीवन की घटना राजि (१७ चित्र) (काठ के पटे पर)	तैलरंग	शिल्पी
	ग्रैन्डपोस डिलाइट फुल लोड (कैनवॉस पर)	तैलरंग	डॉ. मोहित पाकड़ासी, लखनऊ
	जीवन की घटनाराजि (६ चित्र) कैनवॉस पर	तैलरंग	शिल्पी
	डाईवेथर व्यवसायी (काठ के पटे पर)	तैलरंग	नेशनल आर्ट गैलरी, नयी दिल्ली
	समर रेस्ट इन मेडीवल इण्डिया (काठ के पटे पर)	तैलरंग	,,
१९४७	गार्गी का वेदपाठ (काठ के पटे पर)	तैलरंग	डॉ. सम्पूर्णानन्द सी.एस. यूपी
	छन्द और आलोक (हार्ड बोर्ड)	तैलरंग	नेशनल आर्ट गैलरी नयी दिल्ली
	वडिंग् विद (हार्ड बोर्ड)	तैलरंग	शिल्पी
	योगी बन्य पशुओं को खिला रहा है (काठ)	तैलरंग	टैगोर लाइब्रेरी, लखनऊ
१९४७	ग्राम्य बधू	जलरंग	एस.डी. उपाध्याय, एम.जी. नयी दिल्ली
	ऑन द ओपेन	तैलरंग	शिल्पी

१९४७	भारतीय इतिहास पर आधारित	जलरंग	काउंसिल हाउस, लखनऊ
१९४८	चित्र (३०)		
१९४८	प्रेम पत्र (हार्ट बोर्ट)	तैलरंग	के.एन. मिश्र, लखनऊ
	आ सेड ट्यून	तैलरंग	शिल्पी
	टू दा वेल (हार्ड बोर्ड)	तैलरंग	''
	हास्किंग ग्राम	तैलरंग	''
	स्पेन्डिंग थॉट	तैलरंग	शिल्पी
१९५१	क्रूश वाहक यीशू (हार्ड बोर्ड)	तैलरंग	प्रशासन भवन, मसूरी
	कृष्ण और यशोदा (हार्ड बोर्ड)	तैलरंग	शिल्पी
	सपत्नी, ब्रह्मा, विष्णु और महेश (६ चित्र)	जलरंग	आगरा कॉलेज
१९५२	रामायण के चित्र (८)	?	?
१९५५			
१९५६	श्रीनाथ	?	गवर्नमेंट स्कूल ऑफ़ लखनऊ
१९५७	बुद्धजीवनी	तैलरंग	अधीश हालदार, हॉलैण्ड
१९५८	(२"×३"; ३२ चित्र हार्ड बोर्ड)		
	सुश्रुत मुनि (हार्ड बोर्ड)	तैलरंग	हॉल ऑफ़ फेम, नयी दिल्ली
	बाढ़ से ध्वस्त पथ	जलरंग	आचार्य जुगल किशोर लखनऊ
	सूरदास और कृष्ण (हार्ड बोर्ड)	तैलरंग	शिल्पी
१९५९	आधुनिक जीवन (विशाल आकार के १२ चित्र)	जलरंग	शिल्पी
	ईश्वर की लुकाछिपी लीला (हार्ड बोर्ड)	तैलरंग	''
	कवि की मृत्यु (हार्ड बोर्ड)	तैलरंग	''
	आत्म-कृति	तैलरंग	''
	जीवन की घटना राजि (२० चित्र)	ब्रश ड्राइंग	''
	द प्रोविडेंशियल हेल्प (हार्ड बोर्ड)	तैलरंग	शिल्पी
	आधुनिक शिल्प विद्यालय	?	शिल्पी

	अंडर द कर्टेन	?	''
	द एण्ड ऑफ़ बर्स (६" × ४") (हार्ड बोर्ड)	तैलरंग	''
१९६०	आ रिफ्यूज़	ड्राइंग	शिल्पी
	सहायक	ड्राइंग	''
	शिल्पी का मोहभंग		
	कॉस्मिक (Cosmic) चित्रावली		
	१. द स्पिरिट ऑफ़ एअर		
	२. द स्पिरिट ऑफ़ फाउंटेन		
	३. द स्पिरिट ऑफ़ फायर		
	४. द स्पिरिट ऑफ़ उड		

- 'राम और गुह का मिलन' चित्र का एक भित्तिचित्र भी बनाया था इलाहाबाद म्युनिसिपल म्यूज़ियम में १९२५ के बाद
- निर्माता अकबर भित्तिचित्र गवर्नमेंट स्कूल ऑफ़ आर्ट लखनऊ
- नित्यानन्द, जगाई और मधाई भित्तिचित्र गवर्नमेंट स्कूल ऑफ़ आर्ट लखनऊ

असितकुमार द्वारा लिखे ग्रन्थ

१. अजन्ता, भट्टाचार्य एण्ड सन, कोलकाता १३२० बं

इसी का सटीक संस्करण, लालमाटी, कोलकाता, जनवरी २०१०

२. बाघगुहा ओ रामगढ़, इण्डियन प्रेस लिमिटेड, इलाहाबाद, १३२८ बं

इसी का सटीक संस्करण, न्यू एज पब्लिशर्स, कोलकाता, दिस. २०१२

३. भारतेर शिल्पकथा, कोलकाता विश्वविद्यालय प्रकाशन, १९३९

४. भारतेर कारुशिल्प (कारीगरी) '' १९३९

५. यूरोपेर शिल्पकला '' १९४०

६. रूपरुचि '' १९४९

७. रूप दर्शिका, बुकलैण्ड प्रा. लिमिटेड, कोलकाता, १९६३

८. रवितीर्थे, अजन्ता पब्लिकेशन, कोलकाता, १९५९

९. Art and Tradition, L.H.N. Agarwal Agra, 1938,

Ravised Edition, The Universal Publication Ltd., Hazrat Ganj, Lucknow, 1952.

१०. The Heritage of Indian Art

११. Our Heritage in Art, Heren Sen, Lucknow.

१२. Glimpses of Indian History

१३. Rubaiyat of Omer Khayyaam [Fitzgerald's Versions, 1859] 12 Illustrations, the Indian Press, Allahabad.

१४. Our Heritage and Ideology, MSS

काव्यानुवाद

१५. श्रीमद्‌भगवद्‌गीता, श्री धीरेन्द्रनाथ धर, द इम्पीरियल आर्ट कॉटेज, कोलकाता, १३५५ बं

१६. ऋतु संहार, द इण्डियन प्रेस लिमिटेड, इलाहाबाद

१७. मेघदूत, द इण्डियन प्रेस लिमिटेड, इलाहाबाद

१८. राजगाथा, द इण्डियन प्रेस लिमिटेड, इलाहाबाद

१९. खेयालिया (सचित्र, संगीत संकलन, स्वरलिपि), द इण्डियन प्रेस लिमिटेड, इलाहाबाद

२०. मानस मुकुर (सचित्र काव्य ग्रन्थ), द इण्डियन प्रेस लिमिटेड, इलाहाबाद

२१. कल्पान्तिका (काव्य पुस्तिका), श्रीयुक्त योगेशचन्द्र चट्टोपाध्याय, पार्क सर्कस कोलकाता

शिशुओं के लिए पाठ्य पुस्तकें

२२. पाथुरे बाँदर, रामदास, द इण्डियन प्रेस लिमिटेड, इलाहाबाद

२३. बूनो गप्प, द इण्डियन प्रेस लिमिटेड, इलाहाबाद

एकांकी नाटिका

२४. राजार सजा, पॉपुलर एजेंसी, कोलकाता

२५. कुणाल, द इण्डियन प्रेस लिमिटेड, इलाहाबाद

२६. दृष्टिदान, ,,

२७. आलो आर कालो, ,,

२८. आपद विदाय ,,

२९. वॉशीर डाक, ,,

३०. फललाभ ,,

पाण्डुलिपि

३१. रामायणी (मूल संस्कृत से अनुवाद)

३२. गौतम-गाथा (गद्य छन्द में काव्यगाथा)

३३. रत्नावली (नाटक)

३४. मृच्छकटिक (नाटक)

स्मृति कथा

३५. रवितीर्थे (संशोधित और परिवर्धित संस्करण)

असितकुमार द्वारा लिखी गयी अग्रन्थित (जो पुस्तकाकार नहीं छपीं)

रचनाओं की सूची

शिल्पकला सम्बन्धी

प्रवासी (पत्रिका में प्रकाशित)

१. कला सम्मिलन, आश्विनी १३१६, पृ. ३८९

२. भारत शिल्पेर अन्तःप्रकृति, आषाढ़ १३२१, पृ. ३३६

३. रामगढ़, कार्तिक १३२१, पृ. ५५

४. बाङ्लार शिल्प, ज्येष्ठ १३२२, पृ. २३०

५. भारतेर स्थापत्य, फाल्गुन १३२३, पृ. ४८९

६. चित्र शिल्पेर विचार, आश्विन, १३२३, पृ. ५६१

७. बाघगुहा, भाद्र १३२४, पृ. ४७८

८. शिल्पे सामयिक प्रभाव, श्रावण, १३२७, पृ. ३८२

भारती

९. विलियम रोथेंस्टाइन, चैत्र, १३१७, पृ. १०२३–२६

१०. अवनीन्द्रनाथ ठाकुर ओ भारतीय चित्रांकन पद्धति, ज्येष्ठ, १३१८, पृ. १५०–५५

११. बौद्ध ओ प्राचीन मुग़ल चित्र, कार्तिक, १३१७, पृ. ६०७–६१४, अग्रहायण १३१७, पृ. ६३६–४१

१२. अजन्तार प्राकृतिक शोभा, आश्विन, १३१९, पृ. ५९१–९८

१३. अजन्ता का उत्कीर्णन (खोदित) शिल्प, १३१९, पृ. ९२१–२८

१४. भारत शिल्प, चैत्र १३१९, पृ. १२४१

१५. शिल्प प्रसंग, पौष, १३२३, पृ. ९४२–४४, फाल्गुन, १३२३, पृ. ११४३–४५

१६. छिंटे फोंटा, आषाढ़, १३२४, पृ. २२५–२६

१७. भास्कर्य, आश्विन, १३२४, पृ. ५७२–७८

१८. छिंटे फोंटा, पौष १३२४, पृ. ८८३–८५

१९. मोडेल, श्रावण, १३२५, पृ. ३३८–४४

शान्तिनिकेतन

२०. भारतीय शिल्पकलार अनुवृत्ति, बैसाख, १३१७, पृ. ४०–४५

२१. शिल्पे सामयिक प्रभाव, ज्येष्ठ, १३२७, पृ. ७७–८४

२२. शिल्पेर छन्द, श्रावण, १३२७, पृ. २०६–११

२३. चित्र कलार विषय, आश्विन, १३१७, पृ. ३३२–३९

उत्तरा

२४. शिल्प ओ जीवनेर योगसूत्र, आश्विन, १३३२, पृ. ३३-३४, (प्रथम वर्ष, प्रथम संख्या)

२५. शिल्पी ललित मोहन सेन, कार्तिक १३६१, पृ. १८७-८८

२६. रवीन्द्रनाथेर काव्ये ओ संगीते चित्राभास, फाल्गुन, १३६८, पृ. ३२१-३०

२७. बैसाखी सम्मेलन, (सभापति का भाषण) बैसाख १३४१, पृ. ६७६-७८

२८. अभिभाषण (सभापति का भाषण, दिल्ली) फाल्गुन, १३५५, पृ. ४४०-४६

बंगलक्ष्मी

२९. अल्पनार कल्पना, श्रावण, १३३५, पृ. ६२२-२५

३०. कवि ओ शिल्पीर खेयाल, जयन्ती उत्सर्ग, १३३८, पृ. १७४-७६

बिचित्रा

३१. शिल्पीर अभिनन्दन, भाद्र, १३३५, पृ. ३४३-४५

३२. शिल्पगुरु अवनीन्द्रनाथ शिष्य ओ नाति शिष्यवर्ग, अग्रहायण, १३३५, पृ. ८४०-५१

३३. आन्ध्र शिल्पी चित्रवीर और आधुनिक बाङ्लार शिल्पकथा, फाल्गुन, १३४०, पृ. २०४-१२

३४. रवीन्द्रनाथ ओ ताँर चित्रकला, आश्विन, १३३८, पृ. ३१२-३१५

३५. शिल्पी ललित मोहन सेन ए.आर.सी.ए., आश्विन, १३३६, पृ. ५५६-५९

छन्दा साप्ताहिक (प्रथम वर्ष, प्रथम संख्या)

३६. कल्पनार मुक्ति, ११ बैसाख, १३४३, पृ. ५

उद्‌बोधन

३७. भारत शिल्प (चित्रकला) ३८ वर्ष २ संख्या (१३४४) पृ. ६८–७२ नवशक्ति

३८. चित्र और उच्चित्र, बैसाख, १३४५, पृ. १३–१६

श्री सुदर्शन

३९. भारत शिल्पेर रस तत्त्व, अग्रहायण, १३५७, पृ. ९३–९६

४०. शिल्पसृष्टि ओ योग दृष्टि, कार्तिक १३६०, पृ. ४९–५०

शारदीय लोक सेवक

४१. चित्रे कल्पनार मूल्य, शारदीय, १३६१, पृ. ३–५

गल्प भारती

४२. चित्रशिल्पे भारतीय संस्कृतिर एर्काट रूप, पृ. ३६५–३६९

४३. विचित्र सभा, १९४८

आज़ाद

४४. शिल्प शिक्षार प्रणाली, ईद संख्या, पृ. १५–१६

पुष्पपत्र

४५. सुदूरेर सन्धाने, पृ. ३५७–६२

शिशु भारती वार्षिकी

४६. शिल्पकथा : भारतेर स्थापत्य (प्राचीन कला), पृ. ७३१-३०

वही पृ. ८०१-१०

वही (मुस्लिम काल) पृ. ८८०-९०

काठ शिल्प (काठ का काम) पृ. ९३९ ४९

अलका

४७. व्यावहारिक शिल्प ओ रसबोध, अग्रहायण, १३५०, पृ. ८९-९४

बेतार जगत्

४८. शिल्पे रीतिसर्वस्वता Vol. XXIX No. २०, पृ. २० भारतवर्ष

४९. आर्टेर-छिंटे फोंटा, माघ १३६६, पृ. ६५५-५६

समकालीन

५०. शिल्पीर काज, आषाढ़, पृ. १३७-३९

सहायक ग्रन्थ सूची

१. अग्निवर्ण भादुड़ी, ए. कालेर शिल्पचिन्ता, सुवर्णरेखा, कोलकाता, १९८६।

२. अर्धेन्दुकुमार गांगुली, भारतेर शिल्प ओ आमार कथा, ए मुखर्जी एण्ड सन्स, कोलकाता, १९८१।

३. अवनीन्द्रनाथ ठाकुर, जोड़ासाँकोर धारे, विश्वभारती, ग्रन्थन विभाग, कोलकाता।

४. अवनीन्द्रनाथ ठाकुर, शिल्पायन, आनन्द पब्लिशर्स प्रा. लि., १९९४।

५. अवनीन्द्रनाथ ठाकुर वागीश्वरी शिल्प प्रबन्धावली, आनन्द पब्लिशर्स प्रा. लि. कोलकाता, २०१०।

६. असितकुमार हालदार, रवितीर्थे, अजन्ता प्रकाशन, कोलकाता, १९५९।

७. असितकुमार हालदार, अजन्ता, प्रथम संस्करण, भट्टाचार्य एण्ड सन्स, कोलकाता १३२०। सटीक संस्करण, प्राक्कथन, लालमाटी प्रकाशन कोलकाता, २०१०।

८. असितकुमार हालदार, बाघगुहा, ओ रामगढ़, शान्तिनिकेतन प्रेस, प्रथम प्रकाश १९२१। सटीक संस्करण, न्यू एज, कोलकाता, २०१२।

९. असितकुमार हालदार, भारतेर शिल्पकथा, कोलकाता विश्वविद्यालय, प्रकाशन, १९३९।

१०. असितकुमार हालदार, यूरोपेर शिल्पकथा, तदैव, १९४०।

११. असितकुमार हालदार, भारतेर कारुशिल्प, तदैव, १९३९।

१२. असितकुमार हालदार, रूपदर्शिका, बुकलैण्ड पब्लिशर्स, कोलकाता।

१३. इन्दिरा देवी चौधुरानी, स्मृति सम्पुट (प्रथम खण्ड) रवीन्द्र भवन, विश्वभारती, पब्लिकेशन, २०००।

१४. कमल सरकार, रूपदक्ष गगनेन्द्रनाथ, रवीन्द्रभारती, सोसायटी, दिसम्बर १९८६।

१५. केतकी कुमारी डाइसन ओ सुशोभन अधिकारी, रंगेर रवीन्द्रनाथ, आनन्द पब्लिशर्स प्रा. लि., १९९७।

१६. खगेन्द्रनाथ भौमिक, पदवीर उत्पत्ति ओ क्रमविकाशेर इतिहास, संचयन प्रकाशन, कोलकाता, ७०००০९, तृतीय संस्करण, २००४।

१७. देवेन्द्रनाथ ठाकुर, आत्मजीवनी, विश्वभारती, सम्पादन, अजित कुमार चक्रवर्ती, चतुर्थ संस्करण।

१८. धीरेनकृष्ण देववर्मा, स्मृतिपटे, गवेषणा प्रकाशन विभाग, विश्वभारती, शान्तिनिकेतन, १९९१।

१९. चन्द्रशेखर बंद्योपाध्याय, गंगाधर शर्मा उर्फ़ जटाधारी रोज़नामचा प्रथम संस्करण, १८८३।

२०. चित्रादेव, ठाकुरबाड़ी अन्दर महल, आनन्द पब्लिशर्स प्रा. लि. कोलकाता, तृतीय परिवर्धित और परिमार्जित संस्करण तृतीय मुद्रण, २००७

२१. पंचानन मण्डल, भारत शिल्पी नन्दलाल (प्रथम–चतुर्थ खण्ड), राढ़ गवेषणा पार्षद, वीरभूम।

२२. प्रशान्त कुमारपाल, रविजीवनी (प्रथम–चतुर्थ खण्ड) आनन्द पब्लिशर्स प्रा. लि.

२३. प्रभात कुमार मुखोपाध्याय, रवीन्द्रजीवनी (नवम चतुर्थ खण्ड) विश्वभारती ग्रन्थन विभाग, १९५२।

२४. प्रमथनाथ विशी, पुरानो सेइ दिनेर कथा, मित्र ओ घोष, पब्लिशर्स कोलकाता, १९८५।

२५. ब्रह्मचारिणी बेला देवी, आमार देखा समय, दक्षिणेश्वर रामकृष्ण संघ, आद्यापीठ, कोलकाता, ७०००७६, प्रथम प्रकाश २००३।

२६. भारतकोष (प्रथम खण्ड), बंगीय साहित्य परिषद्।

२७. मुकुल डे, आमारकथा, विश्वभारती ग्रन्थन विभाग, पौष, १४०२।

२८. फादर द्येतियेन, बाङ्ला गद्य परम्परा, अनन्या प्रकाशन, कोलकाता, १९७७।

२९. रवीन्द्रनाथ ठाकुर, पितृस्मृति, जिज्ञासा पब्लिकेशन्स, १३९५।

३०. रोमाँ रोलाँ, भारतवर्ष (१९१५–१९४३) दिन पंजी, (अनुवाद–अवन्तीकुमार सान्याल) रेडिकल बुक क्लब, कोलकाता, १९७६।

३१. रवीन्द्र रचनावली (सुलभ संस्करण) विश्वभारती, ग्रन्थन विभाग, कोलकाता।

३२. रवीन्द्रनाथ ठाकुर, चिट्ठी–पत्र १, विश्वभारती ग्रन्थन, विभाग, कोलकाता, प्रथम संस्करण, २५ बैसाख १३४९।

३३. रवीन्द्रनाथ ठाकुर, चिट्ठी–पत्र ५, विश्वभारती ग्रन्थन विभाग, प्रथम मुद्रण, बैसाख १४००।

३४. रवीन्द्रनाथ ठाकुर, चिट्ठी–पत्र ११, विश्वभारती ग्रन्थन विभाग, कोलकाता १९७४।

३५. रवीन्द्रनाथ ठाकुर, छिन्न पत्र, विश्वभारती, ग्रन्थन विभाग, कोलकाता, पुनर्मुद्रण, आषाढ़ १४११।

३६. राज्येश्वर मित्र, अतुल प्रसाद सेन, साहित्य साधक चरित्रमाला, १२५, बंगीय साहित्य परिषद, प्रथम प्रकाश, आषाढ़ १३९०।

३७. शंकरी प्रसाद बसु, विवेकानन्द ओ समकालीन भारतवर्ष (पंचम खण्ड) मण्डल बुक हाउस, कोलकाता

३८. शंकरी प्रसाद बसु, लोकमाता, निवेदिता (चतुर्थ खण्ड) आनन्द पब्लिशर्स प्रा. लि.

३९. शोभन सोम, शिल्प शिक्षा ओ औपनिवेशिक भारत, प्रकाशन विभाग, तथ्य ओ बेतार मन्त्रालय, भारत सरकार, १९९८।

४०. श्यामल चक्रवर्ती, चित्रकार धीरेनकृष्ण, अक्षर पब्लिकेशन्स, अगरतला त्रिपुरा, मार्च २००३।

४१. श्री परमानन्द सरस्वती, उत्तर मीमांसा, श्री विजयकृष्ण साधन, आश्रम, नरेन्द्रपुर, दक्षिण २४ परगना, १९८२।

४२. सरलादेवी चौधुरानी, जीवनेर झरापाता, देज़ पब्लिशर्स, कोलकाता १३८२।

४३. सैयद मुज़तवा अली, गुरुदेव ओ शान्तिनिकेतन, मित्र ओ घोष पब्लिशर्स, कोलकाता, १९८४।

४४. सौरीन्द्र मित्र, ख्याति अख्यातिर नेपथ्ये, आनन्द पब्लिशर्स प्रा. लि. कोलकाता, द्वितीय संस्करण, १९९५।

४५. हिरण्मय बंद्योपाध्याय, ठाकुरबाड़ी कथा, शिशु साहित्य संसद प्रकाशन, कोलकाता।

४६. हीरेन्द्रनाथ दत्त, शान्तिनिकेतन एक युग-विश्वभारती ग्रन्थन विभाग, आश्विन, १७८७।

47. Asitkumar Haldar, Art and Tradition, The Universal Publishers Ltd., 1952.

48. Benoy K Behl, The Ajanta Caves, Pb., Thames & Hudson, London, 2005.

49. Chambers Biographical Dictionary, Chambers Harrap Publishers Ltd., Reprint 2003.

50. James H. Cousins, Modern Indian Artists, Asit Haldar, Vol. II annotations on the plates by Ordhendra Coomar Gangoly, Printer & Publishers Hari Mohan Mukhurjee, Calcutta, 1923.

51. James Henry Cousins, The Renaissance in India (Edited by Dilip Kumar Chatterjee), Standard Book Agency, Kolkata, 2005.

52. Mary Logo, Christiana Herringham and the Edwardian Art scene, university of Missourie Press, Columbia, USA & Lund Humphries, London, 1996.

53. Partha Mitter, Much Malinged Monster (pb) Chicago University

Press Chicago, 1992.

54. Partha Mitter, Art and Nationalism in Colonial India, 1850-1922, Cambridge University Press, Cambridge, U.K., 1994.

55. Partha Mitter, The Triumph of Modernism : Indian Artists and the Advant garde, 1922-47, Oxford University Press, 2007.

56. Paul Raabe (compiler), Artist Alfred Kubin A documentary : Biography.

57. Pratima seth, Notes on Dictionary of Indian Art and Artists, Mopin publishing, 2006

58. Rakhaldas Haldar, An English Diary of an Indian Student 1861-62, Asutosh Library,. Dacca, 1903.

59. S. Durai Raja Singam, a Monograph, Anand Coomaraswamy in Ceylone, A Study of a world Teacher, Vol. 1, Malaysia 1973.

60. S. Durai Raja Singam, Ananda Coomaraswamy A Study of Scholar Colossus, & Supplement-1 and 2, Malaysia, 1977

61. S. Durai Raja Singam, The Life and Letters of Sir Mutu Coomara Swamy, Malaysia 1973.

62. S. Haldar, A Mid-Victorian Hindu, Samlong Farm, Ranchi 1921.

63. S. Sengupta, High Lights and Halftones, the Rajview of Indian Art (1850-1985), Asia Pacific Research Information Delhi, Sydnay, 1997.

64. Sankari Prasad Basu (ed.) Letters of Sister Nivedita Vol. II, Naba bharat Publishers, Kolkata, April 1982.

65. Srila Acharya International Lalit Kala Society, Arcansas, USA, 1986

66. Swami Vivekananda, The complete works, Volume-V, Mayavati Memorial Edition Advaita Ashram Calcutta, 1989.

67. Tapti Guha Thakurta, The Making of a New Indian Art : Artists, Aesthetics and Nationalism in Bengal, 1850-1920 Cambridge University Press, 1992.

68. William Rothenstein, Men and Memories Vol. 1, Ist edition.

...